Herausgeber:

SI Städtebau-Institut
Universität Stuttgart

Prof. Dr. Helmut Bott, Prof. Dr. Johann Jessen,
Prof. Dr. Franz Pesch

Städtebau-Institut
Universität Stuttgart
Fakultät Architektur und Stadtplanung
Keplerstraße 11
70174 Stuttgart
www.uni-stuttgart.de/si

Das Werk ist urheberrechtlich geschützt.
© 2014, Städtebau-Institut
7., überarbeitete Auflage, Stuttgart 2014
ISBN 978-3-930548-29-3

Universität Stuttgart
Layout und Redaktion: Johann Jessen,
Britta Hüttenhain
Layout Cover: Doris Fischer-Pesch
Mitarbeit: Kerstin Mayer, Saskia Niklas, Brigitta Stöckl

Hinweis: Es war nicht in allen Fällen möglich, die Inhaber der
Urheberrechte zu ermitteln. Sollten noch Ansprüche bestehen,
setzen Sie sich bitte mit uns in Verbindung.

Städtebau-Institut

Lehrbausteine Städtebau

Basiswissen für Entwurf und Planung

Fakultät Architektur und Stadtplanung, Universität Stuttgart

Inhaltsverzeichnis

Einführung

Die europäische Stadt FRANZ PESCH - JOHANNES KAPPLER	9
Globale Verstädterung ECKHART RIBBECK	19
Stadtbaugeschichte und Stadtkultur HELMUT BOTT	29
Stadtentwicklung – Wachsen und Schrumpfen JOHANN JESSEN	41
Planung im ländlichen Raum KERSTIN GOTHE	51

Grundlagen der Stadtentwicklung

Ökologische Grundlagen der Stadtplanung ANTJE STOKMAN - JOHANNES JÖRG	61
Demographische und soziale Grundlagen der Stadtentwicklung STEFAN SIEDENTOP - PHILIPP ZAKRZEWSKI	75
Wohnen CHRISTINE HANNEMANN	87
Arbeiten BRITTA HÜTTENHAIN - ANNE MAYER-DUKART	97
Infrastruktur und Zentrengliederung HANS JOACHIM AMINDE - URSULA GRAMMEL - ANNETTE STIEHLE	105

Stadtplanung und Städtebau

Leitbilder der Stadtentwicklung und des Städtebaus JOHANN JESSEN	125
Nutzung und Dichte TILMAN SPERLE - DAN TEODOROVICI	133
Stadtraum und Gebäudetypologie im Entwurf HELMUT BOTT	149
Wohnformen und Gebäudetypologie THOMAS HAFNER - CHRISTIAN HOLL - JOHANN JESSEN	159
Siedlungen und Quartiere – Städtebauliche Strukturen THOMAS HAFNER - JOHANN JESSEN - CHRISTINA SIMON-PHILIPP	169

Arbeitsorte in der Stadt BRITTA HÜTTENHAIN - ANNE MAYER-DUKART	189
Der öffentliche Raum FRANZ PESCH - STEFAN WERRER	203
Stadtgestaltung HELMUT BOTT	221

Fachplanung

Städtischer Verkehr RALF HUBER-ERLER	233
Umweltgerechte Stadtplanung SIGRID BUSCH - ANTONELLA SGOBBA FACHBERATUNG: JÜRGEN BAUMÜLLER, OLAF HILDEBRANDT	253
Landschaftsarchitektur und Freiraumplanung FRANK ROSER	271
Versorgung und Entsorgung in Stadtquartieren HEIDRUN STEINMETZ - SVEN ECKARDT	287

Methoden und Verfahren

Raumordnung als überkommunale Gesamtplanung – rechtliche Rahmenbedingungen HANS BÜCHNER - REINHARD HEER	303
Bauleitplanung als kommunale Gesamtplanung und die Zulässigkeit von Bauvorhaben HANS BÜCHNER - REINHARD HEER	313
Städtebauliches Projektmanagement GERD BALDAUF	335
Projektentwicklung als Handlungsfeld der Stadtplanung THOMAS KRÜGER	347
Stadterneuerung und Städtebauförderung CHRISTINA SIMON-PHILIPP	357
Geoinformationssysteme in der Stadt- und Landschaftsplanung BERND EISENBERG - KAROLINE BROMBACH	369
Stadtplanung und Kommunikation – Gründe, Methoden und Voraussetzungen KLAUS SELLE	383

Vorwort

Das Städtebau-Institut legt hiermit eine veränderte und aktualisierte Neuauflage der Lehrbausteine Städtebau vor. Die Lehrbausteine erschienen vor elf Jahren zum ersten Mal. Sie dienen als Arbeitsmaterialien für die Studierenden der Architektur und Stadtplanung an unserer Fakultät und sind als Einstieg bei städtebaulichen Entwürfen und Seminaren sowie als Nachschlagewerk gedacht. Die Lehrbausteine versuchen, das gesamte Spektrum des Städtebaus in seinen Grundzügen abzudecken. Die Beiträge umfassen Einführungen in Stadtbaugeschichte, Stadtentwicklung, Stadtökologie und die Morphologie der Stadt. Es werden Bezüge des Wohnens, des Arbeitens und der Mobilität zur Stadt ausgebreitet. Ein Teil der Beiträge widmet sich Einzelelementen des städtebaulichen Entwurfes (Wohnbau- und Freiräumtypen, Erschließungsmuster) und es sind fachplanerische Beiträge zum Stadtverkehr, Stadtklima und städtischen Freiraum sowie zur sozialen und technischen Infrastruktur enthalten. Schließlich wird ein Überblick über die rechtlichen, fördertechnischen, organisatorischen und kommunikativen Grundlagen des Städtebaus gegeben.

Dieser thematischen Breite verdankt sich vermutlich auch der große Zuspruch, den die Lehrbausteine erfahren haben. In den vergangenen Jahren hat sich das Einführungswerk zu einem heimlichen Bestseller entwickelt. Es wurde mehrfach wiederaufgelegt. Auch andere Stadtplanerschulen zeigten Interesse und haben immer wieder Exemplare geordert. Im vergangenen Jahr sind die Lehrbausteine sogar in mongolischer Sprache erschienen und unterstützen die Lehre der Stadtplanung an der Mongolian University of Science and Technology (MUST) in Ulaanbaatar.

Für diese Neuauflage wurden alle Beiträge aktualisiert, einige Themen vollständig neu bearbeitet. Die meisten Beiträge kommen von jetzigen und ehemaligen Mitarbeitern des Instituts, Lehrbeauftragten und Kollegen aus benachbarten Instituten. Wir konnten auch Kollegen von anderen Fakultäten und Hochschulen für Beiträge gewinnen. Dafür sind wir ihnen zu großem Dank verpflichtet. Die Redaktion dieser Neuauflage lag in den Händen von Britta Hüttenhain und Johann Jessen. An der technischen Durchführung und graphischen Aufbereitung waren Kerstin Mayer, Saskia Niklas und Brigitta Stöckl beteiligt. Ihnen sei für ihr besonderes Engagement sehr herzlich gedankt.

Wir hoffen, dass die Neufassung der Lehrbausteine eine ähnlich große Zustimmung wie die erste Ausgabe findet und nicht nur Studierende unserer Fakultät sie intensiv und mit Gewinn verwenden.

Für den Herausgeber
Johann Jessen

Stuttgart, im September 2014

FRANZ PESCH
JOHANNES KAPPLER

Die europäische Stadt

1 Lyon aus der Luft: die Innenstadt erhält durch den Zusammenfluss von Rhône und Saône ihre markante Form

1 Die europäische Stadt heute

„Was ist aus den Städten geworden, den klassischen Brütern der Zivilisation? Ihre Herzen leeren sich, während die Regale überlaufen; zwischen den Slums und shantytowns und den bewohnbaren Tresoren gehen immer besser sichtbare Mauern hoch. Was einmal eine Stadt war, ist jetzt ein Standort, ein touch down, ein meeting place, ein Basislager, eine Servicestation für ein paar Überflieger, die die Welt mit ihren shareholder values beherrschen und die Stadt nur noch brauchen, um sich darin zu zeigen. Alles ist Stadt auf diesem Planeten und nichts ist mehr urban."[1]

Der Schweizer Schriftsteller Adolf Muschg beschreibt die Gegenwart der europäischen Stadt als Erfahrung eines Verlustes: Die Stadt – ihrer urbanen Eigenschaften beraubt – kann der Stadtgesellschaft keinen adäquaten Lebensraum mehr bieten. Sie wird nicht mehr von der Gemeinschaft ihrer Bürger getragen, sondern ist den Agenten des internationalen Kapitals ausgeliefert. Jahrzehntelange Suburbanisierung und entgrenzende Medien haben zur Auflösung der Stadt geführt: Alles ist Stadt und nichts ist mehr urban.

Keine Frage: Im global gesteuerten Modernisierungsprozess ist vieles auf der Strecke geblieben, das zur Lebendigkeit, zur Individualität und zur Lebensqualität der europäischen Stadt und ihrer Quartiere besonders beigetragen hat. Und doch wäre es ein Leichtes, ebenso viele Stadterfahrungen zu beschreiben, die genau das Gegenteil vermitteln: eine Stadt, die Lebendigkeit und Vielfalt ausstrahlt, Initiativen, die mit Engagement und Bürgersinn für die Stabilisierung von Nachbarschaften eintreten.

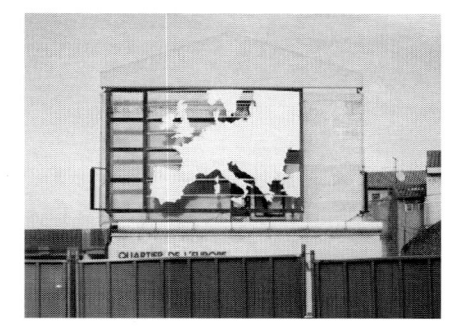

2 Gemeinsames Haus Europa

Zunächst gilt es zu konstatieren, dass in den letzten Jahrzehnten die Vorzeichen für eine Renaissance der europäischen Stadt günstig waren. So sind in der Stadtentwicklung seit den 1970er Jahren, mit der Etablierung der Postmoderne in der ästhetischen Diskussion, wieder Positionen auf die Tagesordnung gerückt, die lange Zeit obsolet waren: eine Rückkehr des menschlichen Maßstabs, auch was die Zumutbarkeit und Geschwindigkeit von städtebaulichen Veränderungen angeht, die Lust an Formenvielfalt und Ornamentik, die Wiederentdeckung historischer räumlicher und architektonischer Qualitäten als schützenswertes Kulturgut, die Skepsis gegenüber großmaßstäblich geplanten, monofunktional strukturierten Entwürfen. Die Wertschätzung der europäischen Stadt schlägt sich auch in der Zahl und inhaltlichen Aus-

3 Impressionen aus dem Museumsquartier Wien

4 Memorandum der Bundesregierung zur städtebaulichen Entwicklung der deutschen Städte

richtung vieler Veröffentlichungen nieder, die sich mit der Stadt beschäftigen. Unter den Autoren nimmt der italienische Architekturhistoriker Leonardo Benevolo eine Sonderstellung ein. Mit seinem Werk „Die Stadt in der europäischen Geschichte" gelingt ihm 1993 ein Befreiungsschlag, indem er den architektonischen und städtebaulichen Reichtum der europäischen Stadt eng mit ihrer spezifischen politischen und sozialen Kultur verbindet. In dieser Tradition hat die Bundesregierung die „Leipzig Charta zur nachhaltigen Europäischen Stadt" als Grundlage für eine europäische Städtebaupolitik auf den Weg gebracht.

Hinter diesen Aktivitäten steht die Auffassung, dass die europäische Stadt ein Produkt einer politischen Gemeinschaft in einem Kulturraum mit gleicher Geschichte, kollektiven Erinnerungen und Werten ist. So findet die politische, wirtschaftliche und kulturelle Annäherung der Staaten inzwischen auch ihren Ausdruck in einem gemeinsamen Verständnis der europäischen Stadt und ihrer konstituierenden Merkmale. „Ich meinerseits halte die europäische Stadt für die bedeutendste europäische Leistung"[2], schrieb der ungarische Schriftsteller György Konrád. Wenn Leonardo Benevolo die Existenz eines europäischen Stadttyps als eine wesentliche – vielleicht die hauptsächliche – Ursache für Europas historische Einheit zu erkennen glaubt, so verweist er zugleich darauf, dass sich „Europa" begrifflich nicht in geografischen Dimensionen erschöpft, sondern historische, kulturelle, politische, wirtschaftliche, rechtliche und ideelle Aspekte integriert.

2 Die Stadt und ihre Geschichte

2.1 Die Stadt in den vorindustriellen Epochen

Die Geschichte der europäischen Stadt gründet in der Antike. Schon die Polis, der antike griechische Stadtstaat, war weniger räumlich denn politisch bestimmt und basierte auf dem Prinzip der wirtschaftlichen Unabhängigkeit der Haushalte, auf dem Besitz der Parzelle, auf Gleichheit vor dem Recht und politischer Selbstverwaltung. Der urbane Lebensstil – ausgerichtet auf geistige und körperliche Vervollkommnung, politische Verantwortung und Selbstorganisation – stützte sich auf Privilegien, die der von den Mühen täglichen Broterwerbs befreite Städter in einer agrarischen Sklavenhaltergesellschaft für sich beanspruchen konnte.

Auf den Trümmern der untergegangenen antiken Welt erholt sich das Städtewesen im Mittelalter nur langsam. Vom 10. Jahrhundert an gewinnen die Stadtgründungen an Dynamik. Bis 1500 steigt in einer beispiellosen Gründungswelle die Zahl der deutschen Städte auf rund 3.000[3]. Ausgangspunkte für das sich bildende europäische Städtesystem sind zunächst funktionsfähige Reste römischer Städte, aufstrebende Bischofssitze und Knotenpunkte wichtiger Handelsstraßen. In Abhängigkeit von der topographischen Lage und unter dem Einfluss von zunehmend verfeinerten Gestalt- und Ordnungsprinzipien entstehen vielfältige Stadtgrundrisse und -ansichten mit gemeinsamen morphologischen und stadträumlichen Eigenschaften. Die meisten Städte hatten in dieser Zeit kaum mehr als 1.000 Einwohner; begünstigt durch den Fernhandel erlangen einzelne freie Reichsstädte wie Augsburg mit 30.000 Einwohnern oder Köln mit 40.000 Einwohnern überregionale Bedeutung.

Mit dem Beginn der Neuzeit nimmt die Zahl der Stadtgründungen ab. Es entstehen neue Residenzstädte (Karlsruhe, Versailles) und große Stadterweiterungen (Berlin Friedrichstadt), die, dem Gedanken einer zentralistischen Staatsmacht verpflichtet, nach den Gesetzen der Perspektive entworfen werden. Kennzeichnend für die Entwürfe ist das einheitliche Stadtbild auf geordnetem Grundriss mit geometrisch definierter Stadtmitte. Avenuen und Königsplätze traten an die Stelle der verwinkelten mittelalterlichen Gassen.

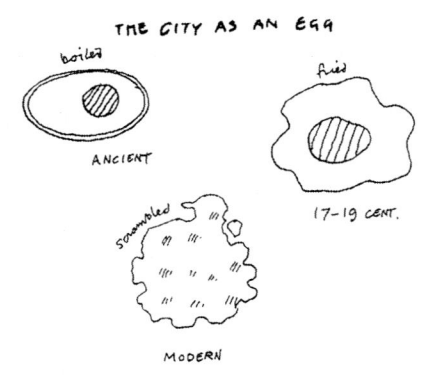

5 Cedric Price: Entwicklungsphasen der europäischen Stadt von der Antike bis zur Moderne – ironischer Vergleich mit dem Aggregatzustand eines Frühstückseis

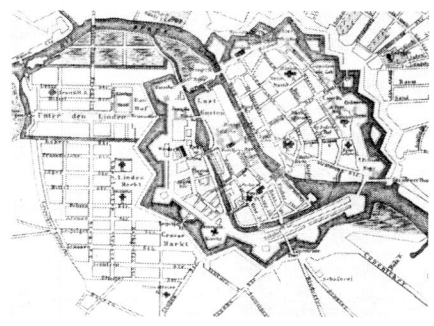

6 Europäische Stadt in der Neuzeit: Stadterweiterung Friedrichstadt, Berlin

2.2 Die Stadt im Zeitalter der Industrialisierung

Obwohl seit 1805 auch die ehemals freien Reichsstädte ihre Selbstständigkeit eingebüßt hatten, boten sie als Verwaltungs- und Finanzzentren Raum für wirtschaftliche Betätigung. Mit Fleiß und Ideenreichtum eroberte sich das Bürgertum als „dritter Stand" im ausgehenden 18. Jahrhunderts eine dominante Position in vielen gesellschaftlichen Bereichen. Mit Napoleons Code Civil schließlich „verwandelte sich die hierarchisch gegliederte Ständegesellschaft in eine von sich widersprechenden Interessen geprägte Klassengesellschaft."[4]

Die industrielle Revolution bestimmte das Tempo der Stadtentwicklung. Aus der Leibeigenschaft entlassene Bauern strömten in die Städte und füllten dort das wachsende Industrieproletariat auf. In Zeche, Eisenhütte und Werkstätten finden sie schwierigste Arbeitsbedingungen vor, in den überbelegten Arbeitervierteln fristen sie ein unwürdiges Dasein. Das Gesicht der Stadt verändert sich radikal. Fördertürme und Schlote verändern die Silhouette; Schienenstränge und Radialstraßen durchschneiden den Stadtkörper. Die eigentliche Revolution des Städtebaus vollzieht sich aber im Untergrund. Während Architektur und Städtebau hauptsächlich auf das Repertoire früherer Bauepochen zurückgreifen, werden in der Versorgung der neuen Stadtviertel wissenschaftliche und technische Errungenschaften angewandt. Die neuen Netze für Kanalisation, Frischwasser und Elektrizität sollten nicht nur für Komfort sorgen; die technische Hygiene wurde als Mittel gesehen, um die Seuchengefahr in den verdichteten Wohnvierteln zu reduzieren.

Das Industriezeitalter förderte die räumliche Auflösung der Stadt. Als Gegenbild zum Gesamtkunstwerk der absolutistischen Raumkonzeption entstand die auf Selbstregelung ausgerichtete moderne Großstadt. Städtische Planung bleibt darauf verwiesen, neues Terrain zu erschließen, Verkehrsmitteln Raum zu geben und ein Minimum an öffentlichen Räumen freizuhalten. Die Entwurfsprinzipien und -bausteine der Gründerzeitstadt: Orthogonale Gitternetze, Baublöcke in unterschiedlichen Formaten, Ringstraßen und Alleen, Bahnhofs- und Kreisverkehrsplätze. Camillo Sitte und Karl Henrici, die sich an den städtebaulichen Leistungen des Mittelalters orientieren und sich enthusiastisch für einen „Städtebau nach seinen künstlerischen Grundsätzen" einsetzen, bleiben einsame Rufer. Für feinsinnige räumliche Konzepte ist in der Wachstumseuphorie insbesondere seit der Gründerzeit kein Platz.

Die Großstadt wird zum Inbegriff des urbanen Lebens – im Zentrum präsentiert sie sich als kultureller Mittelpunkt des aufstrebenden Bürgertums, ausgestattet mit modernster Infrastruktur, im Ring der Arbeiterviertel als Moloch mit problematischer Verdichtung und ungesunden Wohnverhältnissen.

2.3 Die Stadt in der Moderne

Die konfliktreiche Geschichte der Industriestadt ist von Anbeginn begleitet von Reformprojekten, die sich zur Aufgabe gemacht haben, menschenwürdige Wohnverhältnisse zu erreichen. Ebenezer Howard gelang es, mit seiner Schrift „Garden Cities of Tomorrow" eine glaubwürdige Alternative zu begründen. Seine Vorstellungen von lebenswerten Städten, die sich mit dem Land versöhnen, fand ihren Niederschlag in der Gartenstadtbewegung. In ihrer großstadtfeindlichen Grundhaltung legte die Gartenstadtbewegung auch den Grundstein für eine völlig neue Lesart der Stadt: Die von der Kernstadt gelöste, wenn auch mit ihr verbundene Trabantenstadt wurde vorstellbar. Der Landschaftsbezug wurde nicht mehr als Gegensatz zur urbanen Lebensform begriffen.

Als mit dem Ende des Ersten Weltkriegs eine Neuorientierung des Städtebaus anstand, schien es unmöglich, an die Bilder der Gründerzeit anzuschließen. Die Stadt der Moderne – wie sie unter der Federführung von Le Corbusier in der Charta von Athen (1933) propagiert wurde – stand für die Anpassung der städtischen Strukturen

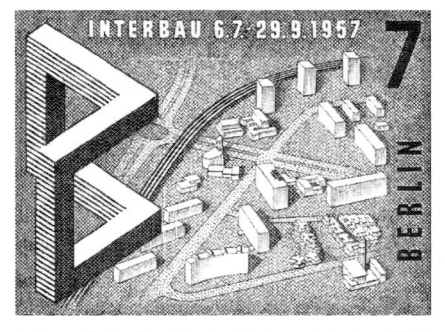

7 W. N. Pugin: Der Wandel der Stadtansichten im Industriezeitalter

8 Camillo Sitte: Der Städtebau nach seinen künstlerischen Grundsätzen – eine Streitschrift für den pittoresken Städtebau

9 Europäische Stadt in der Moderne: Interbau 1957 im Hansaviertel Berlin

10 Stadtlandschaft nach der Vorstellung von Le Corbusier

11 Stadtlandschaft an den Siedlungsrändern: Auflösung des Stadtraums in der Agglomeration

an die Erfordernisse des motorisierten Massenverkehrs, für die strikte Trennung der bisher verflochtenen städtischen Funktionen, für eine rationale Organisation der Gebäude und für normierte und typisierte Bauprozesse. Begünstigt durch städtische Wohnungsbauprogramme entstanden in den 1920er Jahren in vielen europäischen Großstädten riesige Siedlungsprojekte. Mit dem funktionalistischen Siedlungsbau gewinnen die Städte zwar bessere Wohnungen, eine gesündere Umwelt und eine gute Infrastruktur, in den monofunktionalen und räumlich getrennten Stadtquartieren verlieren sie aber wesentliche urbane Eigenschaften. Nach dem zweiten Weltkrieg ändern sich zwar die Leitbilder – auf den Funktionalismus des Neuen Bauens folgen das Leitbild der „gegliederten und aufgelockerten Stadt" (1950 bis 1960) und das Leitbild „Urbanität durch Dichte" (1960 bis 1970) –, an den Grundprinzipien des Städtebaus hält die Gesellschaft fest.

Wachsender Wohlstand, rasante Motorisierung und konsequente Funktionstrennung verändern die Stadt: den Stadtrandsiedlungen und Trabantenstädten fehlt es an urbanem Leben, in den Einkaufszentren an der Peripherie verblasst das Einkaufserlebnis zur reinen Bedarfsdeckung, viele Wohngebiete am Innenstadtrand werden von hoch belasteten Zubringerstraßen stranguliert, die öffentlichen Räume in den monofunktionalen Zentren drohen zu veröden.

In seinem 1964 erschienenen Buch „Die gemordete Stadt" spricht Wolf Jobst Siedler vom „Verlöschen des eigentlich Städtischen, das von Babylon bis zum kaiserlichen Berlin durchhielt und ein besonderes Wohngefühl, nämlich: das emotionale Stadterlebnis, möglich machte"[5]. Pate für die Rückbesinnung auf die Werte der europäischen Stadt stand Aldo Rossis Werk „L'architectura della città", das sich um eine Klärung des Stadtbegriffs jenseits der Moderne bemüht. Ihn interessieren an der Stadt die über lange Zeit perfektionierten Räume, die konstituierenden Elemente und das spannungsreiche Wechselspiel von urbaner Textur und Monument.

2.4 Die europäische Stadt im globalen Kontext

In unserer globalisierten Welt haben sich die Voraussetzungen für das Zusammenleben in der Stadt in einer Weise verändert, die in der Geschichte ohne Beispiel ist. Die gegensätzlichen urbanen Szenarien – explodierende Megastädte auf der einen und implodierende Industriestädte auf der anderen Seite – produzieren nicht nur neue, teilweise befremdliche Stadtbilder, sondern stellen auch überkommene urbane und soziale Leitbilder auf den Prüfstand. Weltumspannende Kommunikations- und Verkehrsnetze, Wirtschaftsbeziehungen und Wanderungsbewegungen verändern das Verhältnis zum Ort grundlegend und lösen bisher gültige Zusammenhänge zwischen Verhaltensnormen, sozialer Bezugsgruppe und städtischem Raum auf.

Es ist eine Art stadtkulturelle „Unschärferelation" entstanden: Urbane Merkmale sind nicht mehr an einen Ort und eine Kultur gebunden, und auch die Bewohner der Städte scheinen es nicht mehr zu sein. Der hoch mobile, in globalen Netzen agierende Mensch des 21. Jahrhunderts erscheint der Stadtkritik eher als elektronisch vernetzter Nomade denn als urbaner Bürger mit Bindung an einen Ort.

Die europäische Stadt ist erkennbar das Ergebnis einer langen und sehr wechselvollen Geschichte. Auf Wachstumsphasen folgten stets Phasen der Stagnation oder auch des Verfalls, Bestand hatte allein der Wandel. Dieser Wandel hat die Städte geprägt, den Stadtgrundriss und die Silhouette geformt, attraktive Räume entstehen lassen und eine große Formen- und Nutzungsvielfalt herausgebildet.

Immer wieder hat der Wandel aber auch die Städte vor Herausforderungen gestellt, die nur mit einer Bündelung aller Kräfte, mit Phantasie und Beharrlichkeit einer engagierten Bürgerschaft zu bewältigen waren. Die Qualitäten der europäischen Stadt dürfen jedenfalls nicht allein auf ihre Gestalt, auf den historischen Kern, auf ihre kompakte Form oder ihre Nutzungsdichte bezogen werden.

12 Stadträume werden austauschbar: Sony Center am Potsdamer Platz in Berlin

3 Eigenschaften der europäischen Stadt

3.1 Historisch-politische Dimension

Konstituierend für die europäische Stadt ist nach Max Weber ihre Autonomie – eine Autonomie, die nach Walter Siebel auf der Selbstverwaltung der Bürgerschaft aufgebaut ist. Hartmut Häußermann spricht von den mittelalterlichen Städten in diesem Zusammenhang von „Inseln einer aufscheinenden Modernität in einem feudal strukturierten Umland"[6]. Nirgendwo sonst auf der Welt habe es im Mittelalter und in der frühen Neuzeit bereits Vorformen des Marktes, der Demokratie und des Individualismus gegeben: „Es waren die Städte, nicht die Staaten, die die technische Infrastruktur und die politisch-soziale Organisation einer neuen Gesellschaft planten."[7] So ist die Entwicklung der europäischen Stadt im doppelten Sinne eine Geschichte der Emanzipation – zum einen, indem die Stadtbürger sich unabhängig machen von der Natur, zum anderen, indem sie sich von den feudalen Zwängen der Landbevölkerung befreien. Aus diesem Spannungsverhältnis – so folgert der Historiker Helmut Böhme – erwächst die Notwendigkeit, die Stadt „als inneres politisches Gefüge" zu organisieren.

Die Stadt, die im Mittelalter entsteht, definiert sich durch ihre Bürger. Als Schutz- und Trutzgemeinschaft nehmen sie sich die „Freiheit", ihre Geschicke selbst zu bestimmen. Aber bereits mit dem „institutionalisierten Flächenstaat" des Absolutismus verlor die Bürgergemeinde ihre politische Autonomie. Staatliche Gesetze legten den Rahmen für eine eher administrative Selbstverwaltung fest. Für das Selbstverständnis der Bürgerschaft, des Bürgers und damit der Stadt, bedeutete dies einen Wandel. Der Gemeinsinn ließ spürbar nach.

Wenn man rückblickend die geschichtliche Entwicklung vom antiken Stadtstaat mit seinen wenigen Aktivbürgern zur polyzentrischen Stadtregion unserer Zeit mit ihren Millionen von Einwohnern verfolgt, so haben sich in diesem langen Prozess nicht nur Funktion und Gestalt der europäischen Stadt verändert, sondern mit den sozialen und politischen Verhältnissen auch das Verhältnis der Bürger zur Stadt, das im ausgehenden 20. Jahrhundert kaum mehr leidenschaftlich genannt werden konnte, sondern deutlich abgekühlt war. Helmut Böhme konstatiert nüchtern: „Die Stadt und ihre Bürger haben sich auseinander gelebt in den langen Jahrhunderten eines zunächst engen, sich gegenseitig bedingenden und dann immer loseren Aufeinanderangewiesenseins, als der Bürger immer mehr zum bloßen Bewohner, zum Schlafstättennutzer in Suburbia wurde, im Pendelstrom moderner Arbeitsmigration."[8]

Böhme meint, heute eine „Wiederannäherung – ja eine neue Solidarität – zwischen Stadt und Bürger" festzustellen. Erste Anzeichen eines wiederbelebten politischen Selbstbewusstseins der Stadtbürger sind unverkennbar. Bürgergruppen der lokalen Agenda, Aktionsgemeinschaften oder Baugruppen wollen – und müssen – mitreden und mitgestalten können. Die Kommunalpolitik ist gefordert, den Bürgern hierfür geeignete Möglichkeiten anzubieten und die notwendigen Rahmenbedingungen dieses für die europäische Stadt konstitutiven politischen Diskurses immer wieder neu abzustecken.

3.2 Soziale Dimension

Der Soziologe Hans Paul Bahrdt bezieht sich in seiner Charakterisierung der europäischen Stadt auf Max Weber (1964) und definiert die Stadt als Marktort mit charakteristischen Verhaltensmerkmalen, die sich aus den Marktbeziehungen ergeben. Das Besondere der Begegnung auf dem Markt besteht in ihrer Spezialisierung und ihrer Beliebigkeit. Denn der Tausch der Ware gegen Geld findet in der Regel nach Walter Siebel „zwischen einander prinzipiell Unbekannten" statt. Für diese unvoreingenommene Begegnung fehlt ein vorgegebenes soziales Bezugssystem. Auf dem Markt-

13 Partizipation der Bürger an der Entwicklung der europäischen Stadt beim Zukunftsforum Ludwigsburg 2005

14 Europäische Stadt als Marktort: Campo de' Fiori in Rom

15 Marktplatz in Schwäbisch Gmünd

platz befindet sich das Individuum in einer widersprüchlichen Situation – in der frei wählbaren Kontaktaufnahme mit Fremden entsteht Unsicherheit. Denn man begibt sich in räumliche Nähe zum Verkäufer der Ware, verbleibt aber in sozialer Distanz. Nach Bahrdt entsteht in dieser Situation ein Bedürfnis nach geschützter Privatheit, einem „Schonraum, in dem sich Entfaltungschancen für Individualität bieten, für die Kultivierung von Emotionalität und Intimität"[9].

Als Herausgeber des Sammelbands „Die Europäische Stadt" schlägt Walter Siebel fünf Merkmale vor, die den Typus der europäischen Stadt aus heutiger Sicht charakterisieren:

Erstens: Präsenz von Geschichte. Damit ist mehr gemeint als das physische Alter oder die Folge der Bauepochen. Als zu Stein gewordene Erinnerung verkörpert die europäische Stadt den Weg zur modernen Gesellschaft.

Zweitens: Hoffnung auf Emanzipation. Wer das Land hinter sich lässt und in die Stadt zieht, hofft auf ein besseres Leben, befreit aus dem Naturzwang. Später – im Mittelalter – steht die Stadt für die Emanzipation des politischen Bürgers, des Citoyen, aus der feudalistischen Herrschaft.

Drittens: Urbane Lebensweise. In der alltäglichen Begegnung mit Fremden und dem permanenten Erleben des Gegensatzes zwischen Öffentlichkeit und Privatheit entsteht die Mentalität des Städters. „Gleichgültigkeit, Distanziertheit und Intellektualität" sind die Eigenschaften, die der Philosoph und Soziologe Georg Simmel dem modernen Großstadtmenschen zugeschrieben hat, um als Individuum mit der physischen Nähe des sozial und kulturell Fremden zurecht zu kommen.

- Sozial: Die Öffentlichkeit wird als Ort stilisierter Selbstdarstellung wahrgenommen, in der lediglich ein enger Ausschnitt der eigenen Persönlichkeit präsentiert wird. In der Privatsphäre können sich Intimität, Körperlichkeit und Emotionalität entfalten.
- Funktional: Der Öffentlichkeit von Straße und Platz sind die Funktionen Markt und Politik zugeordnet, in der Privatsphäre von Betrieb und Wohnhaus finden Produktion und Reproduktion ihren Ort.
- Juristisch: Im öffentlichen Raum gilt das öffentliche Recht, in dem das Verhältnis zwischen den Trägern öffentlicher Gewalt und dem privaten Subjekt geregelt ist. Im privaten Raum gilt das Hausrecht, in dem die Beziehung zwischen den Subjekten geregelt ist.
- Materiell/symbolisch: Im architektonischen und städtebaulichen Repertoire kommt die Polarität zwischen Öffentlichkeit und Privatheit zum Ausdruck. Zugänglichkeit und Ausgeschlossenheit werden über die Semantik des Raums vermittelt.
- Normativ: hier steht das Ideal bürgerlicher Öffentlichkeit – demokratisch und integrativ – gegen das Ideal des ökonomisch selbständigen Individuums und der Selbstverwirklichung in der bürgerlichen Familie.

Viertens: Gestalt. Die Gestalt der europäischen Stadt ist nach Walter Siebel „Gefäß und Symbol der urbanen Lebensweise". In Rathaus, Markt und Kirche bildet sich die kommunale Autonomie ab. In der urbanen Textur der Bürgerhäuser – ihrer Dichte und Funktionsvielfalt – zeigt sich das Miteinander der sozialen Gruppen, unterschieden nach Einkommen, Status, Alter und Herkunft.

Fünftens: Geplante Stadt. Die genialen urbanen Schöpfungen der europäischen Stadt, gekennzeichnet durch Landschaftseinbindung, Silhouette, Stadtgrundriss und Stadträume, sind kein Zufallsprodukt. Die Raumbilder und Architekturen verdanken wir bewusster Planung. So sind die Städte nicht zuletzt auch das Ergebnis von Stadtplanung und sozialstaatlicher Regulierung.

Siebel weist darauf hin, dass keines dieser fünf Merkmale ausschließlich in der europäischen Stadt anzutreffen ist. Auch finden sich nach seiner Meinung nicht alle Merkmale gleichermaßen in jeder europäischen Stadt wieder. Aber in ihrer Gesamtheit bezeichnen sie für ihn einen Idealtypus, mit dem das Besondere der Städte in Europa im Vergleich zu Städten anderer Kontinente herausgestellt werden kann.

16 „Die soziale Rückeroberung der Stadt". Ein Neubauprojekt mit innerstädtischer Nutzungsmischung: CiBoGa-Terrain Groningen

17 Bespielung des öffentlichen Raums: Straßencafé im nordfranzösischen Blois an der Loire

18 Zugänglichkeit des öffentlichen Raums: Uferpromenade entlang der Limmat in Zürich

3.3 Räumliche Dimension

Gibt es ein spezifisches Raumbild, das für die europäische Stadt konstituierend ist? In der Stadtdiskussion der letzten Jahrzehnte gewinnt man den Eindruck, es gäbe eine eindeutige Definition, die sich in folgenden Merkmalen zusammenfassen lässt: Kompaktheit, Funktionsmischung, städtebauliche Dichte. Dann aber ließe sich das heute vorherrschende Bild der suburbanen Stadt mit diesem verengten räumlichen Leitbild der europäischen Stadt nicht fassen.

Der Stadtsoziologe Hartmut Häußermann bietet einen Weg zum Verständnis an, wenn er formuliert: „Die europäische Stadt hat in jüngster Zeit eine erstaunliche Anpassungsfähigkeit gegenüber dem ökonomischen Wandel gezeigt. Die Tendenzen zur Suburbanisierung und Dekonzentration blieben immer auf die historische Stadt bezogen, sie mussten bisher stets als Erweiterung beziehungsweise Ergänzung der traditionellen Stadt, nicht jedoch als deren Auflösung interpretiert werden."[10] Viele europäische Städte haben sich im 20. Jahrhundert in Regionalstädte mit weitläufigen und gesichtslosen suburbanen Zonen verwandelt. Unser Begriff von Stadt reicht somit heute von der verträumten Kleinstadt über die weltstädtische Metropole bis hin zum ausufernden Stadtarchipel, das den Jahrtausende alten Gegensatz von Stadt und Land in ein kaum noch überschaubares Mosaik von Siedlungsfragmenten und Freiräumen auflöst.

Dabei kristallisiert sich ein Zukunftsbild heraus, das man als eine Stadtregion, einen Verbund von Orten, bezeichnen könnte, in den sich die traditionellen urbanen Kristallisationspunkte ebenso einbinden lassen wie die neuen Einkaufs- und Vergnügungszentren in der Peripherie. Diese modernen Stadtregionen entwickeln sich zunehmend unabhängig von der traditionellen Zentrenhierarchie. Zusammengehalten wird dieses Gebilde durch hochwertige Freiräume und Wegenetze. Dieser siedlungsstrukturelle Flickenteppich, der je nach Perspektive von Thomas Sieverts auch als Zwischenstadt oder von Franz Oswald und Peter Baccini als Netzstadt oder als Patchwork benannt wird, bietet mehr das Bild einer Ansammlung zersplitterter Wohn- und Gewerbegebiete mit Landschaftsfragmenten als das von Zentrum und Peripherie.

19 Dramaturgie des Stadtraums: Piazza del Campo in Sienna

20 Piazza delle Erbe in Verona

4 Urbane Struktur der europäischen Stadt

4.1 Morphologie

Während sich eine kleine Siedlung noch frei im Raum entwickeln kann, sind städtische Strukturen auf eine räumliche Ordnung angewiesen. Die europäische Stadt hat in ihrer langen Geschichte eine große Vielfalt an Stadträumen und urbanen Texturen hervorgebracht. Zu unterscheiden sind regelmäßige Strukturen, die einer geometrischen Ordnung gehorchen – das orthogonale Gitternetz, lineare oder sternförmige Muster – oder unregelmäßige Strukturen mit geschwungenen Straßen und ungleichmäßigen Baufeldern. Ihren Reichtum an städtischen Strukturen bezieht die europäische Stadt aus der Anpassung dieser Grundprinzipien an die geographischen und topographischen Bedingungen, aus sich ändernden Nutzungen und Volumen, vor allem aber aus der politisch-kulturellen Auseinandersetzung mit der räumlichen Organisation der Stadt.

Der Blick in die Stadtgeschichte zeigt, dass jede Epoche die Morphologie der europäischen Stadt weiterentwickelt hat. In vielen Städten sind die versunkenen Epochen nach wie vor im Stadtgrundriss präsent. Ein eindrucksvolles Beispiel für die suggestive Kraft der Stadtmorphologie ist Dresden, wo die barocke Innenstadt den mittelalterlichen Grundriss nachzeichnet und das Innenstadtkonzept von 1994 sich

21 Morphologie der europäischen Stadt: Rom

22 Straßenraum der Fortunagasse in Zürich

wiederum auf die Grundrissfigur von 1944 bezieht. Gerhard Curdes spricht deshalb von der „hohen rekonstruktiven Kraft" des morphologischen Systems.

Wenn von den städtebaulichen Merkmalen der europäischen Stadt gesprochen wird, orientiert man sich am Bild der kompakten, durchmischten Stadt der kurzen Wege. Erika Spiegel hat dem Begriff der Dichte in diesem Zusammenhang eine besondere Rolle zukommen lassen. Sie unterscheidet drei Definitionen von Dichte: die physische Dichte, also das Verhältnis von der Baumasse zur Stadtfläche, die Bevölkerungsdichte, also die Zahl der Bewohner pro Stadtfläche und die soziale Dichte, also die Häufigkeit, mit der Kontakte zustande kommen, und sieht hier den eigentlichen sozialen Gehalt der Urbanität. In der europäischen Stadt sind diese drei Dimensionen von Dichte traditionell eng miteinander verbunden.

4.2 Stadtraum

Der städtische Raum ist mehr als nur der Raum zwischen Häusern. Er war und ist das Gefäß, in dem sich das öffentliche Leben in der Stadt abspielt. Spiro Kostof hat den öffentlichen Raum als ein „universelles Merkmal des Städtischen" bezeichnet. Klaus Selle hebt hervor, dass nichts das Bild der europäischen Stadt mehr bestimmt, als das seiner öffentlich nutzbaren Räume. Sie sind äußerst vielfältig und erfüllen unterschiedliche Funktionen. Straßen und Wege haben transistorische Funktionen, Plätze und Parks sind auf Aufenthalt, Kommunikation und Erholung angelegt.

Leonardo Benevolo sieht in dem ausgewogenen Verhältnis von Individualrecht und öffentlicher Kontrolle die wesentliche Ursache urbaner Eigenschaften. Nach seiner These ist die europäische Stadt nur dort wirklich funktionsfähig, wo die Interessen der privaten und öffentlichen Hand angemessen vertreten sind. „Die Rue Corridor, ein Ableger des mittelalterlichen und barocken Straßenraums, auf den hinaus sich die Häuserfassaden öffnen, ist weder für den islamisch-orientalischen Raum geeignet, wo die Häuser auf den Innenhof blicken, während die Straße selbst von untergeordneter Bedeutung ist, noch für die zeremoniellen Aufzüge in den Großstädten Asiens, deren Straßenzüge eher als eine axiale Aneinanderreihung von einzelnen, selbständigen Einfriedungen betrachtet werden können."[11]

23 Stadtsilhouette des Elbufers in Dresden

4.3 Stadtbild

Die europäische Stadt ist ein lebendiges Geschichtsbuch. Die vertrauten Bilder von den Marktplätzen der Renaissance oder den Boulevards der Neuzeit prägen unsere Vorstellungen von städtischer Kultur. Sie entstanden in unterschiedlichen Epochen, ausgehend von der griechischen Polis über die mittelalterliche Stadt bis hin zur bürgerlichen Gesellschaft des 19. Jahrhunderts, als ein politischer, sozialer und ökonomischer Strukturwandel einen einzigartigen Prozess der Verstädterung auslöste. Generiert wurde das Stadtbild sowohl in langen Prozessen als auch als zeitlich begrenzte Stadtumbau- oder Stadterweiterungsmaßnahme.

Das Bild der Stadt – sei es die Silhouette oder die Front der Bürgerhäuser am Marktplatz – stand für das Selbstverständnis der Stadtgesellschaft oder der Regentschaft. Keine Baumaßnahme stand für sich allein. Sie hatte ihren Beitrag zum Gesamtkunstwerk „Stadt" zu leisten. Die neue Nutzung bedeutete dabei stets eine Herausforderung. Die hohe Kunst des europäischen Städtebaus zeigt sich dort, wo neue Nutzungen und Volumen zu integrieren waren.

Zum feinsinnigen Weiterbau der Stadt – wie sie Jahrhunderte lang als Erfolgsrezept europäischer Stadtkultur galt – ist heute kaum noch Zeit und Bereitschaft vorhanden. Grundstücks- und Baukosten, Finanzierungsbedingungen und Renditeerwartungen zwingen zu beschleunigten Planungs- und Realisierungsverfahren, in denen die Festlegung der endgültigen Gestalt eines Projekts ohne kontextuelle Bezüge frühzeitig erfolgen muss.

24 Rekonstruktion der Frauenkirche in Dresden: Neben der symbolischen Bedeutung ein Beitrag zur Rückgewinnung des vertrauten Stadtbilds

5 Quo vadis, europäische Stadt?

Gingen viele Stadtforscher noch vor wenigen Jahren davon aus, dass weltumspannende Kommunikations- und Verkehrsnetze, Wirtschaftsbeziehungen und Wanderungsbewegungen zu einer neuen Ortlosigkeit und einem globalen Nomadentum führen werden, erleben wir heute eine völlig andere Wirklichkeit. „Place Matters" – so bringt der Zukunftsforscher Matthias Horx den neuen Trend auf den Punkt. Die Innenstädte sind längst nicht mehr Wohnstandort von gesellschaftlichen Gruppen ohne Alternative auf dem Wohnungsmarkt. Für die neuen Lebensstilgruppen, die Beschäftigten der Wissensökonomie und die neuen Selbstständigen werden sie als urbane „Hot Spots" zum Anziehungspunkt.

Langfristig haben wir nach den Prognosen der Bevölkerungswissenschaften überall in Europa mit einem Rückgang der Bevölkerung zu rechnen. Mittelfristig prägen noch gegensätzliche Szenarien die Stadtentwicklung. Im Abstand von einigen Fahrtstunden kann man sich von einer (noch) stark wachsenden, zu einer stagnierenden oder schrumpfenden Stadt begeben.

Mit der „Leipzig Charta zur nachhaltigen Europäischen Stadt" wurde die Grundlage für eine europäisch ausgerichtete Stadtentwicklungspolitik mit dem Ziel geschaffen, das erfolgreiche Leitbild der Europäischen Stadt weiterzuentwickeln, um auch zukünftig Wachstum und Innovation, sozialen Zusammenhalt und gute Wohn- und Lebensqualität zu sichern, die soziale Balance innerhalb und zwischen den Städten aufrechtzuerhalten, ihre kulturelle Vielfalt zu ermöglichen und eine hohe gestalterische, bauliche und Umweltqualität zu schaffen.

Bisher war die europäische Stadt noch immer ausreichend stabil, um selbst Zerstörung durch Kriege, Epidemien und ökonomische sowie politische Umwälzungen zu bewältigen. Auch die rasanten Entwicklungen im Individual- und öffentlichen Nahverkehr sowie das Entstehen neuer öffentlicher Räume im Internet hat sie überstanden. Es liegt nun an den Stadtplanern und Architekten, ob nachhaltige Lösungen für den Umbau des Bestands, energieeffiziente Neubaumaßnahmen und umweltverträgliche Mobilität gefunden werden. Die Transformation der europäischen Stadt geht weiter – Richtungen deuten sich an:

- Der demographische Wandel trifft auf eine ausufernde Stadtlandschaft, die unter den Bedingungen einer wachsenden Gesellschaft entstanden ist. Wie kann diese Siedlungsstruktur an die Bedürfnisse einer stagnierenden beziehungsweise schrumpfenden Bevölkerung angepasst werden? Bereits heute deutet sich an, dass zentrumsferne Siedlungsgebiete in altindustriellen Gebieten oder im ländlichen Raum nur noch schwer zu versorgen sind und zunehmend unter Abwanderung leiden. Eltern wollen Beruf und Familie vereinbaren, ältere Menschen weiterhin aktiv am städtischen Leben partizipieren, hoch qualifizierte Arbeitskräfte sich nicht langfristig an einen Standort fern der urbanen Zentren binden.
- Europäische Stadt und Migration gehören seit jeher eng zusammen. Zuwanderung fördert urbanen Wandel, die Integration von Menschen mit unterschiedlichen Ethnien und Erfahrungen hat die sozioökonomische Entwicklung der Stadtgesellschaft geprägt. Will die europäische Stadt als Erfolgsmodell bestehen, darf sich die Stadtgesellschaft nicht von den Integrationsproblemen lähmen lassen; sie muss in Minoritäten wieder ihr soziales und wirtschaftliches Potenzial erkennen und bereit sein, nicht auf Anpassung zu beharren, sondern auch sich selbst kontinuierlich zu verändern.

Die erkennbaren Trends weisen also in durchaus gegensätzliche Richtungen und verlangen nach Weichenstellungen in der Kommunalpolitik. Darin liegt eine große Chance. Denn die europäische Stadt ist mehr als nur ein geographischer Ort. Sie ist in ihrer Geschichte, Differenzierung und Vielfalt eine permanente Inspirationsquelle und wichtigster Innovationsraum einer globalisierten Gesellschaft. Und sie wird sich deshalb wieder einmal neu erfinden.

25 Anpassungen an den demographischen Wandel: Wohnungsbaukampagne „De Intense Stad"

26 Nutzungsmischung auf innerstädtischen Konversionsflächen: Carlsberg-Areal Kopenhagen

27 Sehnsucht nach der europäischen Stadt: HafenCity Hamburg

Literatur

Beckmann, Klaus J.: Die Europäische Stadt – Auslaufmodell oder Kulturgut und Kernelement der Europäischen Union. Berlin 2008

Benevolo, Leonardo: Die Stadt in der europäischen Geschichte. München 1993

Bodenschatz, Harald: 30 Jahre Kampf um die Europäische (Groß-) Stadt. In: Die Alte Stadt 26/1999, S. 205–209

Böhme, Helmut: Thesen zur „europäischen Stadt" aus historischer Sicht. In: Hassenpflug, Dieter: Die europäische Stadt – Mythos und Wirklichkeit. Münster 2000, S. 49ff.

Dirlmeier, Ulf/ Fouquet, Gerhard/ Fuhrmann, Bernd: Europa im Spätmittelalter 1215-1378. München 2003, S. 71

Frey, Oliver/ Koch, Florian (Hg.): Die Zukunft der Europäischen Stadt. Stadtpolitik, Stadtplanung und Stadtgesellschaft im Wandel. Wiesbaden 2010

Häußermann, Hartmut: Warum wir uns daran erinnern sollten, wie großartig die europäischen Städte sind. In: Kulturaustausch 3/2006, Institut für Auslandsbeziehungen (Hg.). Stuttgart 2006

Hassenpflug, Dieter (Hg.): Die europäische Stadt – Mythos und Wirklichkeit. Münster 2001

Lampugnani, Vittorio Magnago (Hg.): Urbanität und Identität zeitgenössischer europäischer Städte. Ludwigsburg 2005

Lenger, Friedrich/ Tenfelde, Klaus: Die europäische Stadt im 20. Jahrhundert. Köln 2006

Schubert, Dirk: Mythos europäische Stadt. Zur erforderlichen Kontextualisierung eines umstrittenen Begriffs. In: Die Alte Stadt 4/2001, S. 270-290

Siebel, Walter (Hg.): Die europäische Stadt. Frankfurt am Main 2004

Siedler, Wolf Jobst/ Niggemeyer, Elisabeth: Die gemordete Stadt. Abgesang auf Putte und Straße, Platz und Baum. Berlin 1964/1993

Endnoten

1. Muschg, Adolf zitiert nach Bundesministerium für Verkehr, Bau- und Stadtentwicklung/Bundesamt für Bauwesen und Raumordnung: Auf dem Weg zu einer nationalen Stadtentwicklungspolitik. Berlin 2007, S. 15
2. Konrád, György: Der verbale Kontinent. In: FAZ vom 2.7.1988
3. Seraphim, Peter-Heinz: Deutsche Wirtschafts- und Sozialgeschichte. Wiesbaden 1962, S. 42
4, 8. Böhme, Helmut: Thesen zur „europäischen Stadt" aus historischer Sicht. In: Hassenpflug, Dieter: Die europäische Stadt – Mythos und Wirklichkeit. Münster 2000, S. 65
5. Siedler, Wolf Jobst/ Niggemeyer, Elisabeth: Die gemordete Stadt. Abgesang auf Putte und Straße, Platz und Baum. Berlin 1964/1993, S. 7
6, 7, 10. Häußermann, Hartmut: Warum wir uns daran erinnern sollten, wie großartig die europäischen Städte sind. In: Kulturaustausch 3/2006, Institut für Auslandsbeziehungen (Hg.). Stuttgart 2006, S. 51–52
9. Siebel, Walter: Urbanität. In: Häußermann, Hartmut (Hg.): Großstadt – Soziologische Stichworte. Opladen 1998, S. 265

Abbildungsnachweis

Fotos: Pesch, Franz/ Kappler, Johannes/ Grunwald, Barbara. Mit Ausnahme von:

1, 2	Städtebau-Institut der Universität Stuttgart: Dia-Archiv
4	Bundesministerium für Verkehr, Bau und Stadtentwicklung/Bundesamt für Bauwesen und Raumordnung: Auf dem Weg zu einer nationalen Stadtentwicklungspolitik. Berlin 2007, Titelblatt
6	Schneider, Wolfgang: Berlin. Leipzig / Weimar 1983
7	Benevolo, Leonardo: Geschichte der Stadt. Frankfurt / New York 1984, S. 796
8	Sitte, Camillo: Der Städtebau nach seinen künstlerischen Grundsätzen (Reprint der 4. Auflage). Basel 2009, Titelblatt
9	Deutsche Bundespost Berlin: Briefmarke zur internationalen Bau-Ausstellung Interbau, 1957
10	Benevolo, Leonardo: Geschichte der Stadt. Frankfurt / New York 1984, S. 913
13	Pressebüro der Stadt Ludwigsburg: Zukunftskonferenz Ludwigsburg 2005
16	Oosterman, Arjen: The social recapture of the city. Rotterdam 2004, Titelblatt
19, 20	Städtebau-Institut der Universität Stuttgart: Dia-Archiv
21	Allan B. Jacobs: Great Streets. Cambridge 1993, S. 240
23	Exposer: Canaletto Blick. Dresden 2008
24	Kreutel, Ronny: Frauenkirche. Dresden 2008
25	Platform GRAS, Stadt Groningen: De Intense Stad. Groningen 2004, Collage
26	Entasis: Carlsberg-Areal Kopenhagen, 2007

ECKHART RIBBECK

Globale Verstädterung

1   Zur Stadtgeschichte

Die Stadtgeschichte wurde maßgeblich von der westlichen Forschung geschrieben, die sich vor allem für die klassischen Kulturen Europas interessiert. Diese eurozentrische Sicht bringt eine Vernachlässigung der außereuropäischen Kulturen mit sich und verdrängt die Tatsache, dass Europa in der Stadtgeschichte ein Nachzügler ist. Städte sind in einigen Regionen rund 2.000 Jahre älter als im gräko-romanischen Europa und fast 4.000 Jahre älter als im nicht romanisierten Nordeuropa. Frühe Stadtkulturen gab es in Mesopotamien, Ägypten, Persien, Indien, China, Mittel- und Südamerika. Babylon hatte um 1800 v. Chr. rund 300.000 Einwohner, Bagdad und die chinesische Kaiserstadt Changan um 850 über eine Million, ebenso Edo – das heutige Tokio – und Istanbul um 1700. Weder die Stadtgeschichte noch die Metropolen-Geschichte ist in Europa beheimatet, wo erst um 1800 London eine Million Einwohner erreichte.

1 Aleppo, mit über 5.000 Jahren Stadtgeschichte eine der ältesten Stadtkulturen der Welt

Der Aufstieg Europas um 1500 hatte die Zerstörung zahlreicher außereuropäischer Kulturen zur Folge. Die europäische Dominanz zeigte sich zunächst als traditioneller Kolonialismus, dem im Zuge der industriellen Revolution der moderne Kolonialismus folgte. Im 16. Jahrhundert konzentrierte sich die europäische Kolonialisierung vor allem auf Lateinamerika. Das Aztekenreich wurde 1521 von den Spaniern zerstört, die an gleicher Stelle Mexiko-Stadt gründeten, auch die Hochkultur der Inka wurde zerschlagen und die indianische Bevölkerung durch Krieg, Ausbeutung und Krankheit dezimiert. Der nachfolgende koloniale Städtebau der Spanier war jedoch einzigartig. Schon um 1700 gab es einige hundert Städte und Siedlungen auf dem neuen Kontinent, die meist nach dem Modell der *Leyes de las Indias* (1571) angelegt wurden – ein frühes Städtebau-Gesetz, das genaue Anweisungen zur Gründung der spanischen Kolonialstädte enthielt.

2 Die Azteken-Metropole Tenochtitlán, 1521 von den Spaniern zerstört, um an der gleichen Stelle Mexiko-Stadt zu gründen

Der moderne Kolonialismus begann um 1800 und richtete sich vor allem auf Asien und Afrika. Die jungen Industriestaaten suchten Rohstoffe und Märkte für ihre enorm angestiegene Warenproduktion, dabei wurde das traditionelle Handwerk der unterworfenen Länder systematisch zerstört und damit auch ihre städtische Kultur. In Indien besaßen die großen Städte im 17. Jahrhundert – zum Beispiel Agra, Delhi und Ahmedabad – blühende Manufakturen und betrieben Handel mit fernen Regionen, was aber mit der englischen Kolonialherrschaft verschwand. Stattdessen entstanden neue Zentren wie Bombay, Kalkutta und New Delhi, die fortan das Land und den Handel kontrollierten. 1840 begannen mit dem Opium-Krieg die Interventionen in China. Auch wenn das Land nicht zur Kolonie degradiert wurde, so stagnierten auch hier die traditionellen Städte, während die westlichen Konzessionsgebiete sich zu modernen Zentren entwickelten, allen voran Shanghai und Kanton.

Auch in Afrika gab es, wenn auch weniger ausgeprägt, städtische Kulturen, die bis ins 9. Jahrhundert zurückreichen, etwa die Hauptstädte alter Königsreiche wie

Kano, Mombasa und Ibadan. Von 1500 bis 1900 wurden aus Afrika einige Millionen Sklaven verschleppt, was viele traditionelle Siedlungssysteme zerstörte. Die koloniale Aufteilung des Kontinents erfolgte 1880, wobei die Ausbeutung von Rohstoffen – Gold, Diamanten, Edelholz, Kaffee – im Vordergrund stand. Durch den Bau von Eisenbahnen entstanden viele neue Städte wie Nairobi, während die traditionellen Zentren an Bedeutung verloren. Bis 1950 blieb die Verstädterung südlich der Sahara aber gering, im Unterschied zum arabischen Raum, wo es in einigen Regionen schon in der Antike ein dichtes Städtenetz gab. Auch dort wertete die französische und englische Kolonialisierung die orientalisch-islamische Stadt drastisch ab, gleichzeitig wurde – wie etwa in Algier und Kairo – ein repräsentativer kolonialer Städtebau implantiert, der die Städte sozial und räumlich spaltete.

2 Pendelschläge

Die Pendelbewegung der Verstädterung zwischen Ost und West, Nord und Süd ist keineswegs neu. So springt die Stadt, vor rund 5.000 Jahren im Nahen und Mittleren Osten erfunden, in der Antike nach Europa über. Der Höhepunkt des frühen europäischen Städtebaus ist etwa zur Zeitenwende erreicht, als Rom fast eine Million Einwohner hat. Der Zusammenbruch der antiken Welt löst eine neue Bewegung aus: Das Verstädterungs-Pendel schwingt nun wieder in die islamische Welt, die eine eindrucksvolle Blüte erfährt und wo um 1000 n. Chr. die größten und mächtigsten Städte zu finden sind.

3 London im 19. Jh.

Um 1700 gab es rund 70 große Städte auf der Welt, davon 60 im Süden und zehn im Norden, also in Europa. Die quantitative Städte-Dominanz der außereuropäischen Kulturen hielt bis um 1800 an, wobei der Entwicklungsstand der damaligen Stadtkulturen durchaus vergleichbar war, wie zeitgenössische Berichte aus der islamischen Welt, aus Japan, China und Indien zeigen. Erst in der Neuzeit durchbrach Europa dieses relative Gleichgewicht. Die Industrialisierung löste einen neuen Pendelschlag der Weltverstädterung aus, so dass es um 1850 schon ebenso viele große Städte in Europa gab wie im Rest der Welt. Um 1900 erreichten die jungen Industrieländer, zu denen sich nun auch Nordamerika gesellte, mit rund 200 großen Städten die absolute Städte-Dominanz.

4 Globale Verstädterung

Nach 1900 ließ das Wachstum der Industriestädte jedoch nach, während die Verstädterung in Asien, Afrika und Lateinamerika an Fahrt gewann. Dies beschleunigte sich mit der Entkolonialisierung in den 1950/60er Jahren, so dass um 1970 das Verstädterungs-Pendel einen neuen Wendepunkt erreichte. Mit etwa 1000 großen Städten holte der Süden den Norden wieder ein, seitdem stagniert die Zahl der Nord-Städte, während die Verstädterungskurve im Süden steil in die Höhe schießt. 1990 gab es in Asien, Afrika und Lateinamerika schon 1.500 große Städte und im Jahr 2000 rund 2.000. Damit ist ein Verhältnis von 1:2 erreicht, das in einigen Jahrzehnten auf 1:3 und weiter auf 1:4 steigen wird – eine quantitative Dominanz der außereuropäischen Städte, die fast der des 17. Jahrhunderts entspricht. Der Schwerpunkt der Weltverstädterung wandert wieder dorthin, wo er in vorindustrieller Zeit beheimatet war: in den Süden. Die quantitative Verstädterungs-Dominanz Europas und Nordamerikas war also eine relativ kurze Phase, die nur rund hundert Jahre gedauert hat.

3 Weltverstädterung

Die Weltbevölkerung betrug zur Zeitenwende rund 250 Millionen und benötigte 1.600 Jahre, um sich auf 500 Millionen zu verdoppeln. Danach verkürzte sich die Verdopplungszeit auf 200, 80 und 50 Jahre. Gegenwärtig gibt es 6,6 Milliarden Menschen auf der Welt – eine Zahl, die in den nächsten 50 Jahren wohl nicht auf 15 Milliarden anwachsen wird, wie frühere Prognosen meinten, sondern „nur" auf neun oder zehn, weil die Geburtenrate fast überall sinkt. Zehn Milliarden Menschen – das entspricht etwa der maximalen Tragfähigkeit der Erde, welche die Vereinten Nationen mit Blick auf die natürlichen Ressourcen Boden, Wasser und Energie errechnet haben. Gleichzeitig wurde eine andere Schwelle überschritten: Die Hälfte der Weltbevölkerung lebt nun in Städten, insgesamt 3,3 Milliarden Menschen, davon eine Milliarde im Norden und zwei im Süden. Die Stadtbevölkerung hat sich in Europa und Nordamerika seit 1960 verdoppelt; in Afrika, Asien und Lateinamerika ist sie achtfach angewachsen.

Die Städte wachsen durch natürliches Bevölkerungswachstum, durch die Zuwanderung vom Land und durch das Zusammenwachsen der Städte, wobei sich wie in China riesige Agglomerationen bilden, deren Namen noch fast niemand kennt.

Aber auch exotische Peripherieländer werden von der Verstädterung überrollt, etwa Nepal, das in den 1970er Jahren noch fast unzugänglich war. Katmandu, vor drei Jahrzehnten noch eine traditionelle Palast- und Tempelstadt, hat heute über 2 Millionen Einwohner und zeigt alle Probleme einer rasch wachsenden Metropole. Ein enormes Verstädterungspotential haben aber nicht nur ferne Regionen, sondern auch der südliche und östliche Mittelmeerraum, wo sich die Bevölkerung in den nächsten drei oder vier Jahrzehnten verdoppeln wird.

Die Verstädterung verläuft dort am schnellsten, wo die Bevölkerung noch überwiegend auf dem Lande lebt, wie in Afrika. Dort weisen die Städte extrem hohe Wachstumsraten auf, weil der Wanderungsstrom hin zur Stadt unaufhaltsam anschwillt. In Asien, wo ebenso noch zwei Drittel der Bevölkerung auf dem Lande leben, liegen die Dinge ähnlich. Die Gründe für die Land-Stadt-Wanderung sind Landmangel, Überbevölkerung, Armut und Unsicherheit oder eine boomende städtische Wirtschaft wie in China, die Millionen Bauern als *floating people* in die Städte zieht. Der Anteil der Stadtbevölkerung an der Gesamtbevölkerung beträgt in Asien etwa 35 und in Afrika 40 Prozent. Im Unterschied dazu hat Lateinamerika, wo schon rund 75 Prozent der Menschen in den Städten leben, eine ähnlich hohe Verstädterung erreicht wie Europa und Nordamerika.

Wo nur noch eine Minderheit auf dem Lande lebt, ebbt auch die Landflucht ab, was sich deutlich im verlangsamten Wachstum der lateinamerikanischen Metropolen zeigt, so in Mexiko-Stadt und São Paulo, wo das Bevölkerungswachstum unter zwei Prozent pro Jahr gesunken ist. Mit seinem hohen Verstädterungs- und Metropolisierungsgrad ist Lateinamerika ein „urbanes Laboratorium", wo sich viele urbane Phänomene zeigen, die es in Zukunft auch in anderen Süd-Regionen geben wird. In den Industrieländern schließlich, wo schon 80 Prozent der Bevölkerung in Städten leben, wächst die Stadtbevölkerung praktisch nicht mehr, dort hat eine räumliche Diffusion und teilweise auch schon eine Stadt-Schrumpfung eingesetzt, bei der Stadt und Land gleichermaßen zerfließen.

Die globale Verstädterungswelle, die zuerst Europa, dann Nordamerika und ein halbes Jahrhundert später Lateinamerika erfasst hat, überrollt jetzt mit Macht auch Afrika und Asien, die beiden noch wenig urbanisierten Kontinente. Dort wird sich in den nächsten Jahrzehnten ein dramatischer Strukturwandel vollziehen, der die noch überwiegend ländlich geprägten Gesellschaften in städtische verwandeln wird. In China und Indien bekommt dies durch die riesigen Menschenmassen eine gigantische Dimension, weil mit einem Zuwachs von einigen hundert Millionen Stadtbewohnern in wenigen Dekaden gerechnet werden muss.

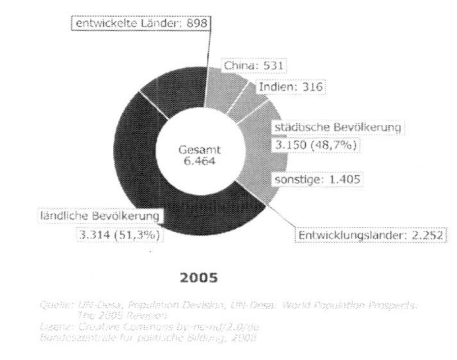

5 Städtische und ländliche Bevölkerung 2005

6 Katmandu/ Nepal

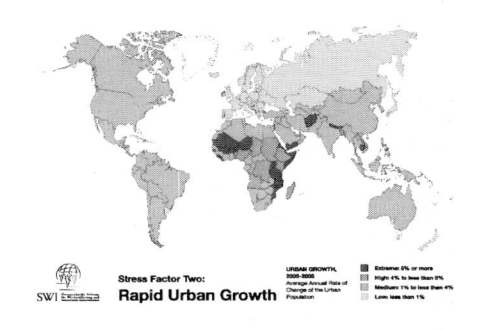

7 Regionen mit schnellem Städtewachstum

8 Subsistenzlandwirtschaft in Äthiopien

9 Teilweise verlassenes Dorf in China

Vergleicht man die gegenwärtige Weltverstädterung mit der des 19. Jahrhunderts, so gibt es zweifellos viele Ähnlichkeiten, etwa die städtische Armut und die schlechten Wohnverhältnisse, die in den frühindustriellen Städten oft noch kritischer waren als in vielen Süd-Städten heute. Gleichzeitig gibt es aber auch gravierende Unterschiede: Das Wachstum der frühen Industriestädte war deutlich geringer, sie waren kleiner und ein dichter Unterbau an vorindustriellen Siedlungs- und Gewerbestrukturen erleichterte den Verstädterungsprozess. Die heutige Verstädterung in Asien, Afrika und Lateinamerika vollzieht sich unter schwierigeren Bedingungen, auch wenn man sich auf die Erfahrungen und Technologien der Industrieländer stützen kann. Vor allem muss eine unvergleichlich größere Bevölkerungsmasse in den Städten aufgenommen, versorgt und beschäftigt werden. Kolonial geprägte Siedlungsstrukturen, nachhinkende Industrialisierung und ökonomische Abhängigkeit sind ebenso verantwortlich dafür, dass die Verstädterung im Süden heute wesentlich anders verläuft als im Europa des 19. Jahrhunderts.

4 Ländliche Entwicklung

Die ländliche Entwicklung in Asien, Afrika und Lateinamerika wurde und wird vielfach vernachlässigt, was die Wanderungsströme in die Städte verstärkt und beschleunigt hat. Aber auch wenn sich die Lebensbedingungen auf dem Lande verbessern, kann nicht erwartet werden, dass dies die Verstädterung wesentlich eindämmt. In den alten Industrieländern sind nur noch rund vier Prozent der Beschäftigten aktiv in der Landwirtschaft tätig, deshalb ist es unwahrscheinlich, dass anderswo die bäuerliche Bevölkerung bei 50 oder 60 Prozent der Bevölkerung stabilisiert werden kann.

Weltweit hat sich die ländliche Bevölkerung von 80 Prozent im Jahr 1950 auf heute 50 verringert, in absoluten Zahlen ist sie aber von 1,5 auf rund drei Milliarden gewachsen. Nur in Lateinamerika nimmt die ländliche Bevölkerung nicht nur relativ, sondern auch absolut ab, in Asien und Afrika wird es dagegen zunehmend schwierig, die immer noch wachsenden ländlichen Massen auf dem Land zu halten. Schon jetzt sind in vielen Süd-Ländern die natürlichen Ressourcen extrem überlastet, wie Zersiedlung, ausgelaugte Böden, Wassermangel, Umweltprobleme und ein verschärfter Kampf um den Boden zeigen. Weder die traditionelle noch die moderne Landwirtschaft wird in der Lage sein, die wachsende ländliche Bevölkerung zu absorbieren, deshalb ist eine verstärkte Land-Stadt-Wanderung unvermeidlich. Dabei stellt sich nur die Frage, wohin der Wanderungsstrom gelenkt werden soll: in die regionalen Klein- und Mittelstädte, in die großen Metropolen oder hin zu weiter entfernten Zielen, das heißt in andere Länder und Kontinente.

5 Mythos „europäische Stadt"

Fast haben wir uns in Europa daran gewöhnt, historische Privilegien, ökonomischen und technologischen Vorsprung gegen eine immer härtere Konkurrenz zu verteidigen. Eine letzte Bastion europäischer Überlegenheit schien bislang noch unberührt: die europäische Stadt und ihre einzigartige Qualität. Dies gründet sich auf eine lange Geschichte, die römische Ursprünge und Mittelalter, Renaissance und Barock, Gründerzeit und Moderne gleichermaßen umfasst. Ein Versuch, die europäische Stadt genauer zu beschreiben, ist aber bei der regionalen und historischen Vielfalt schwierig. Als Merkmale werden oft genannt: städtebauliche Kompaktheit und Homogenität, kleinteilige Parzellierung und Nutzungsmischung, urbane Dichte und die Bedeutung des öffentlichen Raums. Ebenso können aber auch völlig andere Merkmale als

„typisch europäisch" gelten, etwa die Brüche in der Stadtstruktur, welche die Kriege und rasch wechselnde Leitbilder hinterlassen haben. Deshalb ist die eigentliche Charakteristik der europäischen Stadt weniger in ihren städtebaulich-architektonischen Merkmalen zu suchen, sondern in ihrer langen Geschichte als „Bürgerstadt", also im politischen und sozio-ökonomischen Bereich.

In den hochentwickelten Ländern ist der Umbau der klassischen Industriestadt hin zur modernen Dienstleistungsstadt in vollem Gange. Auch wenn man vor allem in Deutschland auch von einer „Renaissance" der modernen Industrie sprechen kann, so leben die Städte heute weniger von der materiellen, sondern von der immateriellen Produktion: Geld- und Informationswirtschaft, Ausbildung, Forschung und Entwicklung, Kultur und Tourismus. Gleichzeitig gibt es die Alltagsstadt, aus der die Armut noch längst nicht verschwunden ist und wo ein ungebremster „Turbo-Kapitalismus" die Gesellschaft zu spalten beginnt. Wird die „Zwei-Drittel-Stadt", in der ein Drittel der Menschen vom Wohlstand ausgeschlossen sind, in arme und reiche Ghettos zerfallen? Eine solidarische Bürgerschaft war immer das wichtigste Merkmal der europäischen Stadt, geht diese verloren, so brechen auch deren Fundamente weg. Drastische Auswirkungen hat auch der demographische Wandel, weil bald nicht mehr die Jungen, sondern die „jungen Alten" – das heißt die 50- bis 60-Jährigen – das Stadtbild prägen werden, natürlich nimmt auch die Zahl der „alten Alten" dramatisch zu. Eben noch auf die konsumfreudige Jugend abgestellt, werden sich die Städte nochmals umbauen hin zu den Bedürfnissen der Älteren und Alten. Wie die „Stadt der Alten" konkret aussehen wird, vermag noch niemand zu sagen.

10 Heidelberg

Gleichzeitig wird die „Immigrant City" Realität, in der multikulturelle Lebensformen selbstverständlich sind. Aber auch eine verstärkte Einwanderung kann die Vergreisung der europäischen Städte nicht stoppen, allenfalls lebendig bereichern. Bleibt der Weg in die Integration jedoch versperrt, kann die Einwanderung auch aggressive Subkulturen hervorbringen, auch dies wäre ein neues Phänomen in der „europäischen Stadt".

Zur postindustriellen Stadt gehören auch neue Leitbilder, etwa die nachhaltige oder zukunftsfähige Stadt, die ein dauerhaftes Gleichgewicht zwischen der gebauten und natürlichen Umwelt anstrebt. Wo immer möglich, soll Masse durch Intelligenz, quantitatives durch qualitatives Wachstum ersetzt werden. Energiearmes Bauen, Rohstoff- und Flächen-Recycling, intelligenter Verkehr – die Ideenvielfalt scheint unbegrenzt. Aber noch ist die Vision einer zukunftsfähigen Stadt hoffnungsvoll und trügerisch zugleich. Die Städte wuchern weiter, obwohl die Bevölkerung stagniert, der Verkehr nimmt zu, obwohl er sich zunehmend selbst blockiert. Während in den Süd-Ländern die Massen in die Städte drängen, zieht es den postindustriellen Menschen in die Natur, dabei wird die Landschaft zur „Zwischenstadt", also zu einem amorphen, semi-urbanen Gebilde ohne Anfang und Ende.

11 Berlin Friedrichstraße

Als wäre die allgegenwärtige Kommunikation noch nicht genug, drängt es die Menschen zur totalen Mobilität, die jeden Ort beliebig verfügbar macht. Konsum- und Freizeitwünsche, Übermotorisierung, schnelle Züge und billige Flüge bringen ein „modernes Nomadentum" hervor, das die Verkehrsflut unaufhaltsam anschwellen lässt. Statt im vertrauten Quartier zu verharren, driften die Lebenskreise immer weiter auseinander: Wohnen in einer Stadt, arbeiten in einer anderen, kulturelle Erbauung und Freizeitvergnügen in einer dritten. Deutschland, Europa, die ganze Welt wird zur eng vernetzten Städte-Stadt, die jedermann und jederzeit verfügbar ist.

12 Berlin-Kreuzberg

Von der Last der alt-industriellen Produktion befreit, hat die europäische Stadt auch die funktionalistische Moderne abgestreift. Neue urbane Konzepte könnten im Zuge einer zweiten oder dritten Moderne den unterschiedlichsten Lebensstilen einen Rahmen bieten. Daran muss aber noch gearbeitet werden, damit es nicht bei glitzerndem Investoren-Städtebau und putzigen Altstädten bleibt.

13 Hongkong

14 Dubai

6   Die post-europäische Stadt

Die globale Verstädterung bringt gewaltige quantitative Umbrüche, aber auch qualitative Sprünge hervor. Wie zur Mitte des 19. Jahrhunderts, als die junge Industriestadt auf dem Plan erschien, erleben wir heute eine städtische Revolution, die eine ganze Reihe neuer Stadttypen hervorbringt: Mega- und Gigastädte, Global Cities und Hüttenmetropolen. In den letzten Jahrzehnten ist die Weltwirtschaft enorm gewachsen, dabei hat sich der Abstand zwischen den reichen und armen Ländern aber nicht verringert, sondern vergrößert. Einige asiatische Länder haben spektakulär aufgeholt, während große Teile Afrikas aus der Weltwirtschaft herausgefallen und in Armut versunken sind. Auch viele post-kommunistische Länder sind heute wieder Entwicklungsländer, weil die alten Strukturen verschwunden und neue noch nicht hinreichend entwickelt sind. Insgesamt hat sich der „Block der 77" Entwicklungsländer, den es noch in den 1970er Jahren gab, in verarmte, stagnierende und stürmisch wachsende Länder gespalten, die sehr unterschiedliche Interessen haben.

Dies wird von einem ebenso unterschiedlichen Städtebau begleitet: futuristische High-Tech-Städte, improvisierte Low-Tech-Städte und No-Tech-Städte, die eher riesigen Flüchtlingslagern gleichen. Offensichtlich koppelt sich die Stadtentwicklung in großen Teilen der Welt von Europa ab, das lange ein unbestrittenes Vorbild war. Eurozentrisch neigen wir dazu, die neuen Stadtgebilde als Fehlentwicklung einzustufen, weil sie zu groß, zu arm, zu hoch, zu dicht, zu hässlich sind – kurz, eine Zukunft zum Fürchten. Dabei sollte man sich aber an die frühe Industriestadt erinnern, die für viele eine Katastrophe war, wie die zeitgenössischen Berichte zeigen, und die dennoch zu einem erfolgreichen Stadtmodell aufstieg. So kann auch heute niemand sagen, ob die neuen Äste, die der „Städte-Stammbaum" gegenwärtig treibt, lebensfähig oder zum Absterben verurteilt sind.

Viele neue Städte, die überall auf der Welt entstehen, sind nicht mehr mit konventionellen Maßstäben zu messen, haben aber eine eigene Qualität: eine unbändige Dynamik, starke Kontraste, ständige Veränderung und Improvisation. So stellt die außereuropäische Stadtentwicklung auch eine Erneuerung und Herausforderung dar, ganz ähnlich wie im 19. Jahrhundert, als die noch unfertige Industriestadt auf dem Schauplatz erschien. Wohin die rasante Weltverstädterung letztlich führt, ist allerdings noch offen. Das Spektrum der Stadt- und Bauformen war möglicherweise noch nie so groß wie heute – eine Vielfalt, die sich aber rasch reduzieren könnte. Schon sehen sich in vielen Ländern kommerzielle Zentren und Luxus-Ghettos, Straßenmärkte und Spontansiedlungen zum Verwechseln ähnlich: Ein globalisierter, aber sozial polarisierter Städtebau, der zunehmend die lokalen Baukulturen verdrängt.

7   Laboratorium Megastadt

Mit der Weltbevölkerung wachsen auch die Städte, das Leben in Großstädten und Metropolen wird deshalb ein Merkmal des 21. Jahrhunderts sein. In den Industrieländern ist fast jeder zweite Stadtbewohner ein Großstädter, in Lateinamerika jeder Dritte, in Indien und China jeder Zehnte. Die Süd-Länder holen aber rasch auf, wobei die Zahl der Menschen, die in Städten mit fünf, zehn oder 20 Millionen Einwohnern leben, besonders schnell steigt. Gesicherte Erfahrungen im Umgang mit Megastädten fehlen, deshalb sind unsere Vorstellungen stark durch Vorurteile geprägt. Katastrophenberichte tragen dazu bei, das schlechte Image der Megastädte noch zu verstärken. Aber auch Megastädte sind ein neuer Stadttyp, von dem niemand weiß, ob er vermeidbar oder unvermeidbar, lebensfähig oder zum Scheitern verurteilt ist.

Von den 30 größten Städten der Welt liegen 25 im Süden und fünf im Norden, also in Europa, Nordamerika und Japan. Die Liste der Megastädte wird längst von den Süd-Metropolen dominiert, während der Norden von den oberen Plätzen bis auf Tokio und New York verschwunden ist. Dies war 1960 noch umgekehrt, als kaum eine Stadt im Süden an die großen Industriemetropolen Europas und Nordamerikas heranreichte. Gegenwärtig gibt es etwa 20 Megastädte, in wenigen Jahren werden es 30 sein. Gleichzeitig wird die Zahl der „kleinen" Millionen-Städte auf über 300 steigen. Die meisten Megastädte befinden sich in Asien. In Lateinamerika, Europa, Nordamerika und Afrika gibt es dagegen jeweils nur drei oder vier Megastädte.

Der Begriff „Megastadt" bezieht sich auf die Bevölkerungszahl, nicht auf den Reichtum oder die räumliche Ausdehnung einer Stadt. Es gibt also reiche und arme, kompakte und ausufernde, gut organisierte und chaotische Megastädte. Jeder Vergleich zeigt, dass die flächen- und energiefressenden „Stadtmonster" im Norden zu finden sind. Verglichen mit New York oder Los Angeles (11 Millionen Einwohner/5.000 Quadratkilometer Fläche) ist Mexiko-Stadt (20 Millionen Einwohner/1.400 Quadratkilometer Fläche) geradezu „klein". Noch drastischer fällt ein Vergleich der nordamerikanischen mit den hoch verdichteten asiatischen Metropolen aus.

Die Megastädte in Asien, Afrika und Lateinamerika sind zweifellos „Bevölkerungsmonster", gleichzeitig aber dichte „Sparstädte", die mit geringen Ressourcen die Menschen über Wasser halten, wenn auch unter prekären Bedingungen. Auch wenn die reichen Nord-Städte den Anspruch erheben, die Avantgarde einer nachhaltigen Stadtentwicklung zu sein: tatsächlich sind es die unfreiwilligen „Sparstädte" des Südens, die den Ressourcenverbrauch der urbanisierten Welt bislang in Grenzen halten. Natürlich haben auch die Süd-Städte einen Anspruch auf Entwicklung, die aber nicht mehr nach den üppigen Standards des Westens erfolgen kann, wie jede Hochrechnung zeigt. China mit einem Motorisierungsgrad wie Europa würde der Welt eine halbe Milliarde Autos bescheren und die Übertragung nordamerikanischer Flächen- und Energiestandards auf die Megastädte Asiens, Afrikas und Lateinamerikas würde in kurzer Zeit zum ökologischen Kollaps führen. Die Unmöglichkeit, alle Städte der Welt nach westlichen Standards auszustatten, bringt zwangsläufig neue, post-europäische Stadttypen hervor, die andere Strukturen und ein anderes Stadtbild aufweisen als die europäische Stadt.

Das Megastadt-Experiment hat gerade erst begonnen und hält sicher noch Überraschungen bereit. Dazu gehört etwa, dass die großen Städte neben der erwiesenen Fähigkeit zur planlosen Selbstbildung anscheinend auch die Fähigkeit zur Selbstbremsung besitzen, wenn eine bestimmte Wachstumsstufe erreicht ist. Dies zeigt sich derzeit in Lateinamerika, wo viele mittelgroße Städte und regionale Zentren deutlich schneller wachsen als die Metropolen. In China allerdings, das erst jetzt von der globalen Verstädterungswelle voll erfasst wird, gilt dies noch nicht. Dort wachsen die Megastädte bereits zu „Gigastädten" heran, zu riesigen Stadtregionen und Städtebändern, deren Dimension alles bisher Bekannte in den Schatten stellt.

15 Mexiko-Stadt

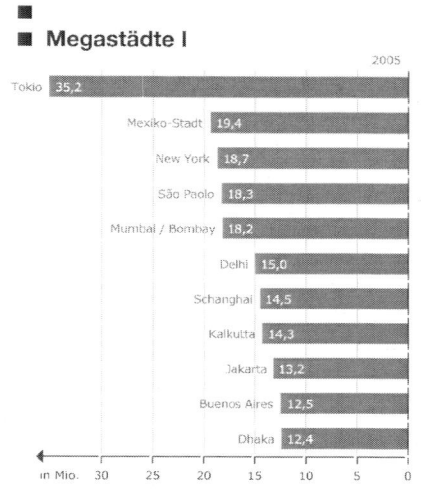

Megastädte I

2005

Stadt	in Mio.
Tokio	35,2
Mexiko-Stadt	19,4
New York	18,7
São Paolo	18,3
Mumbai / Bombay	18,2
Delhi	15,0
Schanghai	14,5
Kalkutta	14,3
Jakarta	13,2
Buenos Aires	12,5
Dhaka	12,4

Quelle: UN, Department of Economic and Social Affairs, Population Division (2006). World Urbanization Prospects: The 2005 Revision. Lizenz: Creative Commons by-nc-nd/2.0/de, Bundeszentrale für politische Bildung, 2008

16 Städtische Agglomerationen mit mehr als zehn Millionen Einwohner

8 Global Cities

Der postindustrielle Strukturwandel, die Globalisierung von Kapital und Märkten bringen einen markanten neuen Stadttyp hervor: die *Global Cities* oder *World Cities*. Dies sind die Drehscheiben der globalen Wirtschaft, die sich strategisch über alle Kontinente und Zeitzonen verteilen und die oft engere Beziehungen untereinander unterhalten als zu ihrem eigenen Hinterland. Die *Global Cities* sind nicht automatisch die Hauptstädte großer Länder und auch nicht die weltoffenen Großstädte, die es schon früher gab, sondern hoch spezialisierte Dienstleistungszentren, die die weltweiten Finanz- und Warenströme steuern. Diese Kontroll- und Steuerfunktion ist auf historische Städte aufgesetzt wie in New York, London und Tokio oder weitgehend neu geschaffen wie in Hongkong, Singapur und Shanghai.

Das grenzenlos vagabundierende Kapital hat seine eigenen Gesetze: Konzentration und Konkurrenz, Profit und Prestige. Die geballte Wirtschaftsmacht erzeugt Großbauten von nie gekannter Komplexität, die Konkurrenz treibt die Türme der Banken und Konzernzentralen immer höher, Prestige zeigt sich in einer opulenten Architektur, die die Geldmacht versinnlicht und die *corporate identity* stärkt. So sind die *Global Cities* auch das Treibhaus einer globalen Kommerz-Architektur, die Nord- und Süd-Metropolen gleichermaßen durchdringt. Auch die kleinen Städte werden davon erfasst, in den alten, nach einer neuen Rolle suchenden Industriestädten, die *global architecture* fast beschwörend zelebriert, um eine neue Prosperität zu erzeugen.

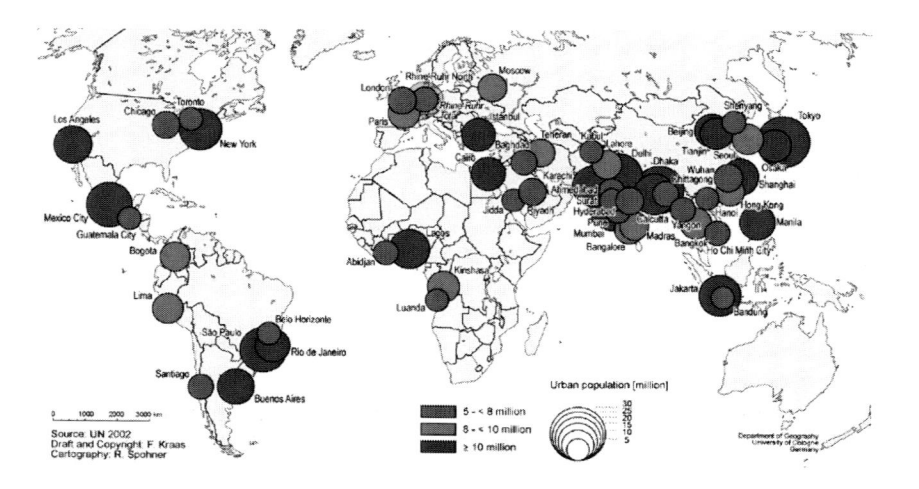

17 New York

18 Größe und geographische Verteilung der Megastädte

9 Globalisierte Metropolen

Die Globalisierung setzt nicht nur die alten Industriestädte, sondern auch die Südmetropolen unter Druck, die eben noch damit beschäftigt waren, den Industrialisierungsrückstand aufzuholen und heute bemüht sind, den Anschluss an die postindustrielle Entwicklung nicht zu verlieren. Um nicht zu „urbanen Dinosauriern" abzusinken, plant man hier hypermoderne Zentren, in der Hoffnung, damit in die elitäre Gruppe der *World Cities* aufzusteigen. Besonders spektakulär zeigt sich dies in der 13-Millionen-Metropole Shanghai, die sich gerade mit einem einmaligen Kraftakt in eine moderne Weltstadt verwandelt. In anderen großen Städten muss noch abgewartet werden, ob die aus dem Boden gestampfte, futuristische Skyline, sich tatsächlich mit internationalen Finanz- und Handelsaktivitäten füllt.

19 Shanghai

Auch wenn sich in São Paulo oder Bombay die Banken und Firmenzentralen in ähnlicher Weise ballen wie die *global players* in New York, London oder Tokio, so sind die meisten Südmetropolen doch keine echten *World Cities*, sondern eher „globalisierte Metropolen", die den wechselnden Kräften des Weltmarkts weit mehr ausgeliefert sind als die etablierten Weltstädte. Als Transmissionsriemen treiben sie die Globalisierung in Asien, Afrika und Lateinamerika voran, wobei der Kurs aber von den echten Weltstädten bestimmt wird. Gleichzeitig wirkt sich die Globalisierung im Süden noch drastischer aus als im Norden, wo die urbane Transformation durch Planung und Wohlstand in gewisser Weise abgefedert wird. In den Südmetropolen dagegen weitet sich ungebremst die Kluft zwischen Arm und Reich, zwischen einem elitären *Global-City*-Sektor und einer wachsenden *street economy*, die einen großen Teil der Stadtbevölkerung über Wasser halten muss. Diese sozial polarisierte und räumlich fragmentierte Stadt kann nur noch mühsam zusammengehalten werden, was ein ständiges Klima der sozialen und politischen Spannung schafft.

Die Stadtplanung ist in den globalisierten Südmetropolen deshalb in einer schwierigen Lage, da sie weder die exklusiven Ansprüche der neuen Elite noch die Grundbedürfnisse der Massen befriedigen kann, wie die abgeriegelten Luxus-Quartiere ebenso zeigen wie die ärmlichen Spontansiedlungen. Einkaufszentren, Universitäten und ganze Büroviertel, die sich in sozial und räumlich abgeschottete, für die schlecht verdienende Bevölkerung kaum mehr zugängliche Stadtinseln, in *gated districts* verwandeln, stehen armen Stadtzonen, unsicheren Ghettos, in die sich kein Fremder je verirrt, gegenüber.

Wo der Anschluss an den globalen Markt nicht gelingt, bleibt dem Süden die Chance einer abhängigen Industrialisierung, die in den hoch entwickelten Ländern zu teuer oder zu umweltbelastend geworden ist. Ein Beispiel sind die *maquiladoras* in Mexiko, schnell errichtete Fabriken, die Massenprodukte für den nordamerikanischen Markt produzieren. Ähnliches findet man in anderen strukturschwachen Ländern, die zum *sweatshop* transnationaler Konzerne geworden sind. Längst lassen auch Taiwan, Südkorea und Singapur, die bereits zur ökonomischen Mittelklasse aufgestiegen sind, in anderen „Billig-Ländern" produzieren, was teilweise mit einer rücksichtslosen Ausbeutung von Arbeitskräften und Umwelt verbunden ist.

20 „Street economy" in Mexiko-Stadt

21 Hüttensiedlung in Rio de Janeiro

10 Hüttenmetropolen

In Regionen, die von der globalen Wirtschaft völlig übergangen werden, wachsen die Städte ohne jede wirtschaftliche Basis, so dass die Armut in aller Schärfe sichtbar wird. Der trotz allem meist moderne Kern ist von einer riesigen Armuts-Peripherie umgeben. So wie die *Global Cities* die Laboratorien für eine opulente High-Tech-Architektur sind, so sind die Hüttenmetropolen die Laboratorien im Low-Tech- und No-Tech-Städtebau. Niemand kann mehr erklären, wie diese Minimal-Städte, die oft einige Millionen Einwohner haben, funktionieren und was sie zusammenhält. Dies gilt insbesondere für viele afrikanische Großstädte, wo die Bevölkerung nur durch informelle Aktivitäten, Selbstversorgung und eine intensive Fluktuation zwischen Stadt und Land überlebt. Selbst Millionen-Städte scheinen in gewisser Weise zu verländlichen, wie eingeschossige, improvisierte Wohnquartiere zeigen. Auch diese Hüttenmetropolen sind ein neuer und extremer Stadttyp, der vor allem die ungeheure Zähigkeit zeigt, mit der selbst völlig desolate Städte ums Überleben kämpfen.

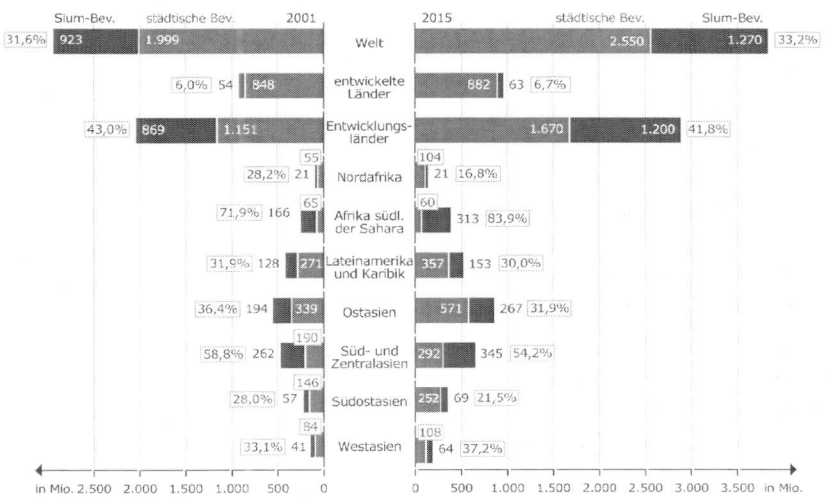

Region	Slum-Bev. % 2001	Slum-Bev. Mio. 2001	städtische Bev. 2001		städtische Bev. 2015	Slum-Bev. Mio. 2015	Slum-Bev. % 2015
Welt	31,6%	923	1.999		2.550	1.270	33,2%
entwickelte Länder	6,0%	54	848		882	63	6,7%
Entwicklungsländer	43,0%	869	1.151		1.670	1.200	41,8%
Nordafrika	28,2%	21	55		104	21	16,8%
Afrika südl. der Sahara	71,9%	166	65		60 / 313		83,9%
Lateinamerika und Karibik	31,9%	128	271		357	153	30,0%
Ostasien	36,4%	194	339		571	267	31,9%
Süd- und Zentralasien	58,8%	262	190		292	345	54,2%
Südostasien	28,0%	57	146		252	69	21,5%
Westasien	33,1%	41	84		108	64	37,2%

Quelle: UN, World Urbanization Prospects: The 2001 Revision; UN-Habitat, Global Urban Observatory, 2005
Lizenz: Creative Commons by-nc-nd/2.0/de
Bundeszentrale für politische Bildung, 2009

22 Anteil der Slum-Bewohner an der städtischen Bevölkerung

Literatur

Benevolo, Leonardo: Die Geschichte der Stadt. Frankfurt a. M. 1983

Beckel, Lothar (Hg.): Megacities. Salzburg 2001

Birch, L., Eugenie/ Wachter, Susan, M. (eds.): Global Urbanization (City in the Twenty-First Century) University of Pennsylvania Press. Philadelphia 2011

Bott, Helmut u.a. (Hg.): Stadt und Kommunikation im digitalen Zeitalter. Frankfurt 2000

Bronger, Dirk: Metropolen, Megastädte, Global Cities. Die Metropolisierung der Erde. Darmstadt 2004

Bundeszentrale für Politische Bildung (bpb); Dossier „Megastädte". In: http://www1.bpb.de/themen/TFUJPW,0,0,Megast%E4dte.html

Katalog der 10. Biennale Venedig: Cities, Architecture and Society. Venedig 2006

Gaebe, Wolf: Urbane Räume. Stuttgart 2004

Topos H. 64/2008: Growing Cities München

Marcuse, Peter u. a. (Hg.): Globalizing Cities – a new spatial order? Oxford 2000

Parnell, Susan et al. (eds.): The Routledge Handbook on Cities of the Global South. London 2014

Ribbeck, Eckhart: Die Welt wird Stadt. Berlin 2005

Sassen, Saskia: Metropolen des Weltmarkts. Frankfurt a. M. 2006

Stren, Richard u.a. (Hg.): Sustainable Cities – Urbanization and the Environment in International Perspective. Oxford 2000

UN-HABITAT: State of the World's Cities. 2010/11

UN-HABITAT: The Challenge of Slums. in: http://www.unhabitat.org/pmss/getPage.asp?page=bookView&book=1156

Siehe auch zahlreiche Texte im www: Verstädterung, Global Cities, Megastädte,...

Abbildungsnachweis

Fotos: Ribbeck, Eckhart. Mit Ausnahme von:

2	Gemälde von Diego Rieviera, Palácio del Gobierno
3	Frühe Fotografie, Autor unbekannt
4	Satellitenbild Earth by Night in: http://antwrp.gsfe.nasa.gov; 8. Februar 2010
5, 16, 22	Bundeszentrale für Politische Bildung (bpb), Dossier Megastädte, in: http://www1.bpb.de/themen/TFUJPW,0,0,Megast%E4dte.html; 8. Februar 2010
18	UN 2002 und Geographisches Institut, Universität Köln

HELMUT BOTT

Stadtbaugeschichte und Stadtkultur

1 Einleitung

Erst nach der „neolithischen Revolution", der Einführung des Ackerbaus ab 10.000 v. Chr., konnten Städte entstehen. Um Städte ernähren zu können, mussten auf landwirtschaftlichen Anbauflächen so große Überschüsse an Nahrungsmitteln erwirtschaftet werden, dass sie Stadtbewohner mitversorgen konnten, die nicht mehr in der Landwirtschaft tätig waren. Dies bildete die Voraussetzung für die gesellschaftliche Arbeitsteilung. Die in einer Stadt benötigten Lebensmittel und Rohstoffe wurden über unterschiedliche Tausch- oder Abgabesysteme in die lokale Wirtschaft eingespeist. Die konkrete Form dieser Stadt-Umland-Beziehungen und des Austauschs und der Abgaben zeigte in den verschiedenen Kulturen und Epochen ein sehr breites und vielfältiges Spektrum, je nach politischen Strukturen und verfügbaren technischen Mitteln.

Die räumliche Ausformung der Stadt resultierte zunächst aus den Standortbedingungen sowie den funktionalen, technischen und militärischen Erfordernissen und Möglichkeiten: geographische Lage, Topographie, Klima, Vorkommen natürlicher Baumaterialien, Art der Lebensmittel und Form der Wasserversorgung. Mit der technischen Entwicklung trat die unmittelbare Abhängigkeit von den natürlichen Gegebenheiten mehr und mehr gegenüber den Fähigkeiten zurück, durch technische Mittel die Natur zu überformen, Baumaterialien herzustellen (Mauerziegel, Dachziegel, Kacheln, Metalle) und Standortnachteile durch komplexe Systeme auszugleichen (Wasserleitungen, Rohrleitungssysteme, Verteidigungsanlagen, Dämme und Deiche, Kanalsysteme, Pfahlgründungen ...).

In allen Stadtgesellschaften bis zur industriellen Revolution bildete die technische Infrastruktur die gemeinschaftliche Voraussetzung für die Nutzung und Bebauung jedes einzelnen Grundstücks (Erschließung und Versorgung durch Lebensmittel, Wasser, Brennmaterial, Baumaterial, Gebrauchsgegenstände, Anlieferung von Rohstoffen, Abtransport von Waren, Lagerung und Speicherung, Entsorgung) und die Sicherheit (Feuer, Wasser, Raub und Krieg).

Aber schon in den frühen Kulturen wurden Ordnungs- und Gestaltungsprinzipien ausgebildet, die über die unmittelbaren funktionalen und technischen Notwendigkeiten hinauswiesen. Sie wurden aus Erklärungen oder Interpretationen der erfahrbaren Lebensabläufe und Lebenszusammenhänge abgeleitet und übertragen, die mit Ritualen verbunden waren oder analoge Übertragungen allgemeiner Erklärungsmodelle gesellschaftlicher, natürlicher, religiöser oder kosmischer Ordnungen darstellten. Diese menschlichen Grunderfahrungen verwiesen auch auf Richtungen und Abläufe in Raum und Zeit und tauchten in den räumlichen Ordnungsvorstellungen vieler Kulturen immer wieder auf. In ihnen wurden die Erfahrungen des Körpers, der menschlichen Entwicklung in der Zeit, der Regelmäßigkeiten der sozialen Lebenswelt, der Erscheinungen des natürlichen Lebensraumes (Natur, Klima, Jahreszeiten) und der überirdischen Phänomene (Sonne, Mond, Gestirne) zu Mythen und „Erklärungen" verdichtet, in denen das Leben in seinen periodischen Abläufen (Geburt – Tod) mit den natürlichen zyklischen Abläufen (Tag – Nacht, Jahreszeiten und Wetterphänomene) und den kosmischen Zyklen (Sonnenstände, Mondzyklen, Planetenbewegung) verknüpft wurden. Diesen Grunderfahrungen wurden Richtungen und Bereiche des Hauses und Siedlungsraumes zugeordnet. So entstanden schon in kleinen, noch wenig arbeitsteiligen Gesellschaften komplexe räumliche Ordnungsmodelle.

2 Anthropomorphe Prinzipien

Sehr häufig wurde die Dreiteilung des Körpers mit Haupt – Rumpf – Unterleib einschließlich Geschlechts- und Ausscheidungsorganen und Beinen ins Verhältnis zur Dreiteilung Himmel, Welt der Vorfahren – Lebenswelt der Menschen – Unterwelt, Dämonen gesetzt. Diese Dreiteilung wurde auf allgemeine räumliche Ordnungsprinzipien übertragen.

Oft wurden Gebärmutter, Raum und Grab mit den gleichen beziehungsweise voneinander abgeleiteten Begriffen bezeichnet. Besonders häufig galt der Nabel als Symbol für die organisierende Mitte, für das Zentrum der Kraft und der Verbindung zum Kosmos. Die Nabelschnur war schließlich die Verbindung zur ununterbrochenen Kette der Vorfahren, denen jeder Mensch seine Existenz verdankt. Jeder Mensch war über die Nabelschnur mit seiner Mutter verbunden, diese wiederum mit ihrer Mutter, eine weit zurückreichende Verbindungslinie, die letztlich zu den ersten, mythischen Vorfahren und deren göttlichen Schöpfern führte. Bis hin zum römischen Stadtgründungsritual und darüber hinaus in der Neuzeit sind solche anthropomorphen Übertragungen auffindbar.[1]

Ausgehend von den Körpererfahrungen wurden in der sozialen Gruppe unterschiedliche Funktionen der Geschlechter wahrgenommen und konstruiert. Männlich – weiblich wurden zu Spannungspolen der Lebenswelt, der Natur und der Welt der Götter erklärt und mit kosmischen Ordnungsvorstellungen verbunden.

3 Kosmologische Modelle

In großen, intensiven Ackerbau betreibenden Gesellschaften konnten unter der Voraussetzung arbeitsteiliger Spezialisierung und entwickelter Schrift die empirischen Erfahrungen der natürlichen und gesellschaftlichen Phänomene aufgezeichnet, zu Regeln verdichtet, mit Mythen und religiösen Traditionen verbunden und mit Berechnungen zu kosmologischen Systemen der Weltordnung verknüpft werden.

Die Widerspiegelung der kosmischen Ordnung in der menschlichen Welt diente in den ersten großen Stadtkulturen des Orients, Ägyptens und Asiens, phasenverschoben auch Süd- und Mittelamerikas, auch dazu, die Notwendigkeit eines zentralen Herrschers und/oder einer Priesterkaste zu begründen und diese zu legitimieren: Pharaonen, chinesische Kaiser, Gottkönige der Sumerer oder Maya, die alle als Vermittler zwischen Gesellschaft und Himmel zu agieren behaupteten. Diese zentralen gesellschaftlichen Instanzen beanspruchten unter anderem für sich die Pflicht und das Privileg, die himmlische Unterstützung für den Ackerbau zu erbitten: Regen und Sonne zur rechten Zeit, das regelmäßige Nilhochwasser oder den Schutz vor Unwetter, Kälteeinbrüchen, Dürren und Naturkatastrophen.

Die Bestimmung des richtigen Zeitpunkts der Aussaat war für Ackerbau treibende Gesellschaften fundamental. Dort wurden von Spezialisten die ersten Kalender zu komplexen Systemen entwickelt und diese Kenntnisse an den Machtzentren bewahrt

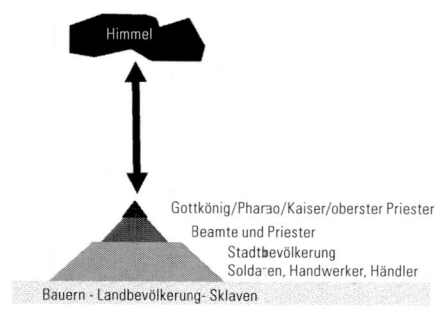

1 Gesellschaftlicher Aufbau der großen Bewässerungskulturen, Basis der „Alten orientalischen Stadt"

und als Teil der Herrschaftsausübung und -legitimation monopolisiert. Die kosmische Ordnung als Lauf der Gestirne wurde auf diese Weise unmittelbar mit der sozialen Lebenswelt, dem bäuerlichen Alltag und Lebensrhythmus sowie dem Herrschaftssystem verbunden. Geometrische und arithmetische Kenntnisse (Geometrie (griech.) = Landvermessung) und Höhen-Nivellement waren in diesen frühen Hochkulturen auf der Grundlage langer Erfahrungen der Landvermessung und -einteilung, des Damm- und Kanalbaus und der Steuerverwaltung bereits weit entwickelt.

Die frühen Stadtgesellschaften waren streng hierarchisch strukturiert. Die ökonomische Basis bildeten die Bauern, die durch Abgaben und Fronarbeit das staatliche System der Herrscher trugen. Die Stadtbevölkerung, insbesondere die Beamten, Priester, aber auch die Soldaten, wurden direkt durch Gaben an die Tempel oder indirekt über die Steuern von den Bauern getragen. Die Basis der städtischen Ökonomie war also der Surplus der Landwirtschaft.

So entstanden große, axial organisierte Tempel- und Palastbauten, die an den Sonnenständen orientiert waren und als Widerspiegelung der kosmischen (göttlichen) Ordnung verstanden wurden. Die Stadtgrundrisse waren meist rechtwinklig angelegt und die Dominanz der Herrschafts- und Tempelbauten war deutlich ausgeformt. Große Grabanlagen der herrschenden Dynastien dokumentierten den Ewigkeitsanspruch der „Gottkönige". Die städtischen Regelbausteine (Wohnbauten) waren in der Regel ein- bis zweigeschossige Hofhäuser, in dichten Strukturen gepackt und entsprechend der sozialen Hierarchie in Nähe beziehungsweise Distanz zu den herrschaftlichen und religiösen Zentren angeordnet.

2 Anlage der Pyramiden der Cheops, Chephren und Mynkerinos, 4. Dynastie (2723–2563 v. Chr.)

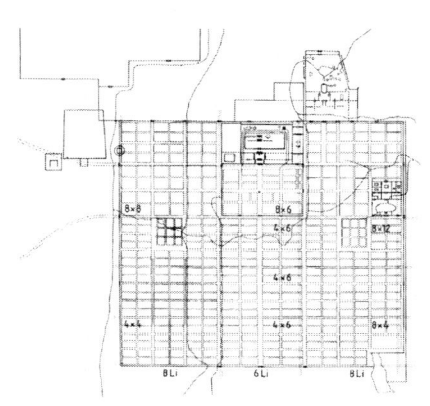

3 Stadtgrundriss von Chang'an, der alten Hauptstadt Chinas in der Zeit der Tang-Dynastie (618–907 n. Chr)

4 Städtebau in der Antike

4.1 Die griechische Polis

Die griechische Polis war das urbane Zentrum des Umlandes. Die mit Sklaven bewirtschafteten Güter bildeten die ökonomische Grundlage der freien Vollbürger. Hinzu kamen Fischerei, Handel und Handwerk. Bereits ab 800 v. Chr., in der archaischen Zeit, in der die Siedlungen nach der Ablösung von Stammeskönigen durch Adelsgeschlechter dominiert waren, gründeten einzelne Stadtstaaten Kolonien, zunächst vor allem in Unteritalien und Sizilien (Magna Graecia), dann im gesamten Mittelmeerraum. Während der klassischen Epoche (550–336 v. Chr.), in der Athen die Vormachtstellung unter den griechischen Städten innehatte, entwickelte sich die Adelsgesellschaft hin zu frühen Formen von Demokratie. Die gemeinschaftliche Verwaltung und Organisation der Polis blieb den besitzenden, freien Männern vorbehalten.

Der nordgriechische König Phillip von Makedonien besiegte im Jahre 338 v. Chr. Athen und seine Verbündeten. Danach setzte er wieder die zentrale Königsmacht durch. Sein Sohn Alexander verbreitete als Eroberer die griechische Kultur im Orient von Kleinasien bis nach Ägypten. Zwar zerfiel das Reich nach Alexanders Tod in die Diadochenreiche, in denen dann jedoch die griechische Kultur in Auseinandersetzung mit den lokalen Bedingungen und Traditionen weiterentwickelt wurde (Hellenismus).

Zur Entwicklung des Städtebaus der griechischen Antike
Die älteren Siedlungen und Städte waren wie in allen Kulturen zunächst „gewachsen", das heißt sie folgten keinem vorher geometrisch festgelegten Plan. Aber schon ab dem achten Jahrhundert v. Chr. wurden die in Süditalien gegründeten griechischen Kolonien als „Streifenstädte" nach einem präzisen Plan, rechtwinklig und mit gleich großen Grundstücken geplant.

In der *klassischen Phase* wurde diese geometrische Stadtplanung zu einem durchdachten Gesamtmodell weiterentwickelt. Pythagoras, Philosoph und Mathematiker

4 Gewachsener Grundriss von Athen in der klassischen Epoche

5 Priene. Das Beispiel einer 353/52 v. Chr. geometrisch geplanten Stadt der klassischen Periode

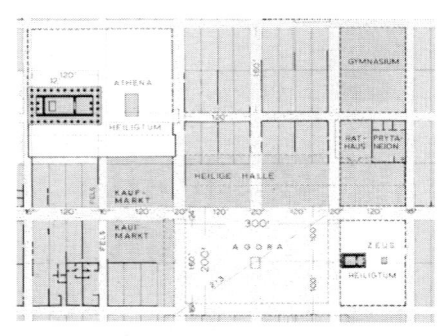

6 Stadtzentrum von Priene. Tempel (1:2) und Agora (2:3) wurden gemäß der höchsten (Oktave) und zweithöchsten (Quinte) Harmonie angelegt.

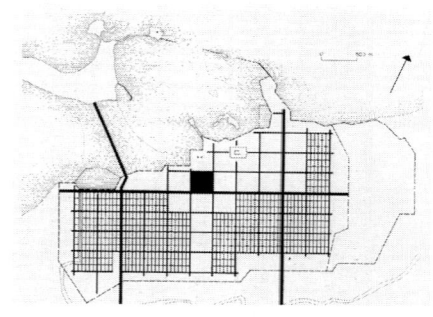

7 Plan des antiken Alexandria

8 Das Stadtzentrum Roms zur Zeit Marc Aurels, Rekonstruktion im Museo della Civiltà Romana, Rom

(6. Jahrhundert. v. Chr.) entwickelte die Vorstellung, dass das Universum durch den Schöpfer nach Zahl, Maß und Proportion in „kosmischer Harmonie" geschaffen wurde und dass es eine „Sphärenharmonie" analog zu den Harmonien der Musik gibt. Die Ideen des Pythagoras wurden auch Grundlage räumlicher Ordnungsvorstellungen der Stadtplanung. Die Polis sollte analog zur „kosmischen Harmonie" proportioniert und so zu dieser in Beziehung gesetzt werden.

Als Begründer des geometrisch-planmäßigen Städtebaus der klassischen Zeit gilt Hippodamos von Milet (geboren um 510 v. Chr.). Er entwickelte das bereits rechtwinklig-geometrische Prinzip der Streifenstädte weiter zu einem durchgängig nach geometrischen Grundsätzen und quantitativen Proportionen geplanten Gesamtsystem mit zentral gelegenen Baufeldern für die Tempelanlagen, öffentlichen Bauten und Märkte sowie den Baufeldern für die privaten Wohnbauten (insulae). Besonders deutlich wird die Anwendung der Harmonielehre in der Stadtplanung von Priene, das 353/52 v. Chr. nach Zerstörung in den Perserkriegen mit demokratischer Verfassung und Volksversammlung neu gegründet wurde. Die ummauerte Stadt umfasste 60 *insulae*, knapp 500 Häuser und etwa 5.000 Einwohner. Die Proportionen der Tempel, öffentlichen Bereiche und *insulae* wurden präzise nach den Regeln der pythagoräischen Harmonienlehre geplant: Das Heiligtum des Athena-Tempels hatte im Grundriss das Verhältnis der Oktave (2:1), die als schönste Harmonie galt, die Agora als der Bereich der Öffentlichkeit war im Verhältnis der nächst minderen Harmonie, der Quinte (3:2), die *insulae* für die Privathäuser schließlich im Verhältnis der Quarte, der einfachsten Harmonie (4:3), angelegt. Die Privatgrundstücke jeder *insula* waren nicht nur gleich groß, sie waren sogar mit Typenhäusern bebaut. Der Gleichheitsgrundsatz war offenbar so stark ausgeprägt, dass man die individuelle Hervorhebung einer Familie durch eine spezielle Hausform verhindern wollte.

In der *hellenistischen Epoche* wurde das System der regelmäßigen Stadtplanung bei vielen Neugründungen in dem von Alexander eroberten Riesenreich und in den Teilreichen seiner Nachfolger weiterentwickelt. Die Proportionslehre der Klassik ging jedoch verloren. Die größte und in der Spätantike bedeutendste Stadt war Alexandria in Ägypten, das zur Hauptstadt der letzten, griechisch stämmigen Pharaonendynastie (Ptolemäer) ausgebaut wurde. Die griechischen Wohnhäuser entwickelten sich von sehr einfachen Gebäuden mit nur einem Raum und Vorhalle zu den Typenhäusern der Klassik, die einen Hof hatten und meist zweigeschossig waren. In der hellenistischen Phase entstanden immer größere Wohnbauten mit Säulen umstandenen Höfen (Peristylhäuser).

4.2 Die römische Stadt

Bis um 500 v. Chr dominierten Könige der Etrusker Mittelitalien. Dann entwickelte sich der kleine Stadtstaat Rom auf den sieben Hügeln zu einer Republik, die innerhalb von zwei Jahrhunderten Mittel- und Süditalien militärisch eroberte. Nach inneren politischen und sozialen Konflikten wurde die Republik durch Cäsar und Augustus um die Zeitenwende zum „Prinzipat", zum Kaiserreich, umgewandelt. Rom expandierte in zwei bereits viel höher entwickelte Stadtkulturen hinein: in die etruskische in Mittel- und Norditalien und in die griechische in Süditalien und Sizilien.

Zur Entwicklung des römischen Städtebaus
Im Zuge ihrer Expansionen lernten die Römer den Städtebau der hellenistischen Welt kennen. Sie wurden dabei besonders durch die Großstadt Alexandria mit ihrem komplexen hydraulischen System und ihrer multikulturell geprägten Wissenschaft beeinflusst. Nördlich der Alpen, in Mittel- und Westeuropa verbreiteten sie den fortschrittlichsten Stand der Stadtbaukunst und Stadtbautechnik aus dem mediterranen Raum.

Wie an der Struktur des historischen Zentrums von Rom zu erkennen ist, entstand die Stadt Rom zunächst ohne geometrische Planung. Romulus' sagenhafte Stadtgründung wurde zum Paradigma jeder neuen Koloniegründung. Die Befragung des Orakels, die Festlegung der „heiligen" Grenze, des Pomeriums, und die Festlegung des umbilicus urbis, des Nabels, wurden von Schriftstellern in späterer Zeit bereits Romulus zugeschrieben.

In der etruskischen Kosmologie war der Himmel in vier Bereiche gegliedert, die durch das Achsenkreuz der vier Hauptrichtungen Nord, Süd, West und Ost eingeteilt wurden. Diesen Richtungen war die Götterwelt zugeordnet. Das „kosmische Modell" der Etrusker wurde von den Römern übernommen und auf die räumliche Figur der Stadt übertragen. Der Schnittpunkt der Himmelsachsen wurde als Zentrum des Himmels gesehen, seine gedachte Projektion auf einen geeigneten Ort der Stadt bezeichnete den Nabelpunkt, an dem die Stadt nach unten mit den Göttern der Erde und nach oben mit den Göttern des Lichtes, den Weltenlenkern, verbunden war. In Rom lag dieser Ort unterhalb des kapitolinischen Hügels, am Rande des Forums in der Nähe der Rednertribüne.

Am Beginn jeder römischen Stadtgründung stand die Eroberung einer Region. Die Standortentscheidung für den Bau einer Kolonie war dann eine Mischung aus empirischen Untersuchungen (Qualität des Wassers und Verfügbarkeit von guten Quellen im Umfeld, Qualität der Böden, Analyse von Tierkadavern, Verkehrssituation und militärische Bedingungen), praktischen Erwägungen und religiös bedingten Ritualen. Nachdem im Zentrum der zukünftigen Stadt der mundus, was gleichzeitig Weltall bedeutete, als Höhle gegraben, Opfergaben der Siedler für die Erdgötter hineingelegt und die Höhlenkammer durch einen Stein abgedeckt worden waren, entzündete man darüber ein Feuer. Der Geburtsakt war vollendet, die Nabelschnur konnte abgeschnitten werden.

Auf diesen heidnischen Ritualen setzte dann ein standardisiertes, höchst rationelles Verfahren der Stadtplanung auf. Vom zentralen Punkt in der Nähe des Umbilicus (Nabels) wurden analog zur Teilung des Himmels die „Teilung der Stadt" in die vier Richtungen vorgenommen und mit der Groma die beiden Hauptachsen festgelegt: der Cardo maximus (Nord-Süd) und der Decumanus maximus (Ost-West). Deren „Durchstoßpunkte" durch den festgelegten Umfang der Stadt („Pomerium") markierten die Haupttore. Parallel zu den beiden Hauptachsen, die sich in der Regel rechtwinklig schnitten, wurden weitere Straßen angelegt und so die Insulae ausgeformt, die Baufelder für die religiösen, öffentlichen und privaten Bauten bildeten. Die Standorte der Tempel, des Forums und Prätoriums waren nicht schematisch festgelegt, bezogen sich jedoch in der Regel auf die Hauptachsen des Straßensystems. Auch der Verlauf der Stadtmauer war bei den meisten Zivilstädten keineswegs schematisch rechtwinklig, sondern häufig an den Verlauf der Topografie angepasst.

Dieses Prinzip der Landnahme und „Kolonisierung" wiederholte sich im gesamten römischen Reich: Es entstanden städtische Zentren als Kolonien, die mit unterschiedlichen Freiheits- und Selbstverwaltungsrechten ausgestattet waren und das Umland verwalteten und beherrschten. In kleineren Ortschaften und insbesondere auf den „villae", den Gutshöfen mit Sklavenwirtschaft, wurden landwirtschaftliche und diverse handwerkliche Produkte für den Selbstverbrauch und den Handel sowie Rohstoffe für das Handwerk, zum Beispiel Fasern, hergestellt.

Die größeren römischen Städte waren mit einer sehr guten technischen Infrastruktur ausgestattet: befestigte Straßen (Steinplatten oder Pflaster) im geregelten Profilausbau; Frischwasser-Fernleitungen mit Unterverteilung innerhalb der Städte zu Brunnen, Thermen und Privathaushalten; Abwasserleitungen. Hinzu kamen öffentliche Bauten in großer Zahl: Theater, Amphitheater, Rennbahnen, Thermen, Forumsbauten für Handel und Verwaltung, Tempel. Die Stadt war schließlich eingebunden in ein überregionales Straßennetz, das in seinen Profilen nach standardisierten Maßen ausgebaut war. Diese umfangreichen öffentlichen Einrichtungen konnte nur

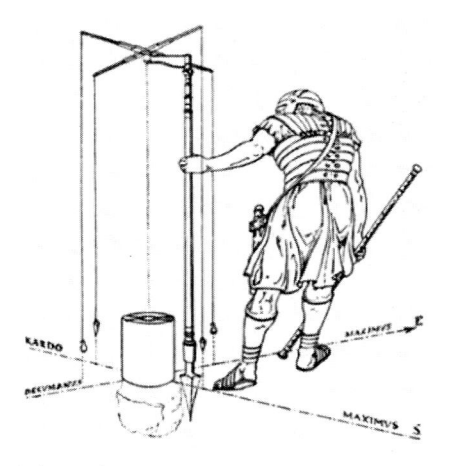

9 Croma, Gerät der Legionäre zum Festlegen der Achsenrichtungen bei der Stadtgründung

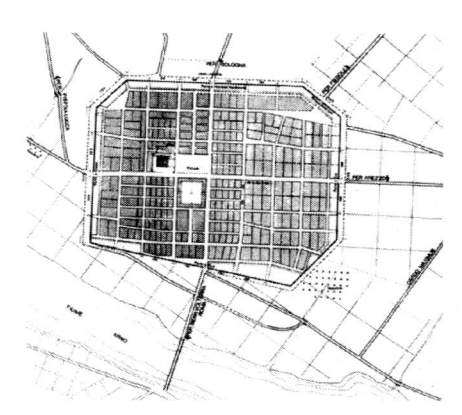

10 Colonia Florentina (Florenz), 59 v. Chr. in der Herrschaftszeit von Cäsar gegründet

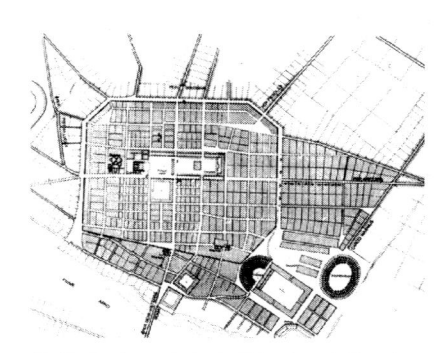

11 Die Stadt wurde in der Folge innerhalb und außerhalb der Mauern mit öffentlichen Bauten (Thermen westlich des Forums, Theater und Amphitheater südöstlich der Stadtmauern, Hafen am Arno) versehen.

12 Rekonstruktion des römischen Köln mit dem Forum im Schnittpunkt von Cardo Maximus (parallel zum Rhein, heute Hohe Straße, Neusserstraße nach Norden und Bonnerstraße nach Süden) und Decumanus maximus (im Westen, heute Aachener Straße)

13 Schaubild einer römischen Stadtstraße mit Druckwasserleitung, Abwasserkanal, Pflasterung, Bordsteinen und Läden, die sich zur Straße öffnen

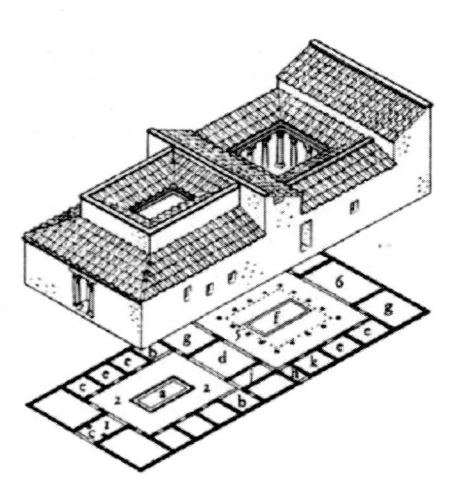

14 Der Typus des römischen Stadthauses

solange errichtet und unterhalten werden, wie hohe Steuereinnahmen zur Verfügung standen und eine sehr gute öffentliche Verwaltung in der Lage war, nicht nur in der Stadt, sondern auch in der Provinz Wasser- und Straßenbau zu regeln. Schließlich waren Arbeitskräfte (Sklaven) in großen Mengen für den aufwendigen Betrieb sowohl der Privathäuser wie auch der öffentlichen Einrichtungen erforderlich. Land für Veteranen und Sklaven wurden durch die Kriegsmaschine des riesigen Heeres bereit gestellt, zu dessen Unterhaltung und zur Bindung der Legionäre immer weitere Eroberungen notwendig waren.

Der private Hausbau der römischen Städte entwickelte sich von einfachen, in die Grundstückseinfriedung hineingestellten Häusern zu komplexen Hofhaustypen mit mindestens einem Hof (atrium), bei reicheren Familien mit zwei oder gar mehreren Höfen. Unter dem Einfluss der süditalienisch-griechischen und hellenistischen urbanen Kultur des östlichen Mittelmeerraumes wurde der Peristylhof (Säulen umstandener Innenhof) eingeführt und zu einem repräsentativen Element des privaten rückwärtigen Teiles der Hofhausanlage gestaltet. Von Anfang an waren Geschäftsräume (Werkstätten, Bäckereien und Läden, Speisewirtschaften, Bars) in das Wohnhaus integriert und öffneten sich zur Straße. Die Einfriedung war also perforiert und bildete zur Straße hin eine Fassade. Häufig waren diese „Ladenlokale" überhaupt nicht mit dem dahinter liegenden Wohnhaus verbunden und an Handwerker und Kaufleute vermietet. Mit zunehmender Vergrößerung der Wohngebäude, baulicher Verdichtung und damit verbundener Bodenpreissteigerung wurden die ursprünglich eingeschossigen Gebäude zu mehrgeschossigen Mehrfamilienhäusern weiterentwickelt. Die Obergeschosse konnten zur Straße hin geöffnet werden. Auf diese Weise entwickelte sich eine Vorform des europäischen Fassadenhauses.

5 Die mittelalterliche europäische Stadt

5.1 Übergang und Frühphase

Während der germanischen Eroberungen und der folgenden Kriege wurden viele römische Städte zerstört. Andere schrumpften und wurden nur teilweise genutzt. Zwar gab es viele römische Siedlungen, die kontinuierlich bis in das Mittelalter hinein besiedelt waren und die auch schon im Früh- und Hochmittelalter über den Umfang der römischen Stadt hinauswuchsen. Die ursprüngliche römische Parzellen- und Baustruktur wurde – abgesehen von wenigen erhaltenen baulichen Anlagen – jedoch in allen Städten im Übergang zum Mittelalter nahezu vollständig umgeformt.

Römische Grundstücke und Wohnhäuser waren für die Hausbesitzer der sich neu ausbildenden Stadtgesellschaft ohne Haussklaven und ohne Einnahmen von Landgütern im Umfeld der Stadt wirtschaftlich nicht tragbar. Außerdem fehlten die technischen Kenntnisse zur Unterhaltung der komplizierten römischen Gebäudetechnologie (Hypokaustenheizung, Wasserleitungen). Erhalt und Betrieb der technischen Infrastruktur einer gesamten Region (Aquädukte, Straßennetze) setzten schließlich ein durchstrukturiertes Staatssystem voraus, das die sich herausbildende Feudalgesellschaft des frühen Mittelalters nicht, und schon gar nicht in der Fläche, errichten konnte.

Das wichtigste Element kultureller Kontinuität war das Christentum, das sich in der Endphase des römischen Imperiums durchgesetzt hatte. Es wurde durch das Toleranzedikt Konstantins im Jahre 313 geschützt und 380 n. Chr. unter Theodosius zur offiziellen Religion des römischen Reiches erhoben. Bischofssitze, die in römischen Städten bereits in der Spätantike eingerichtet worden waren, bildeten Zentren urbaner Kontinuität im Bereich des ehemaligen römischen Imperiums.

5.2 Die Entstehung des neuen mittelalterlichen Städtewesens

Schon in karolingischer Zeit entstanden auch außerhalb des in römischer Zeit bereits urbanisierten Gebietes durch die Christianisierung eine Fülle neuer Siedlungskerne in Form von Kirchen, Klöstern, Bischofssitzen (Bistum Würzburg, 741 n. Chr., Kloster Fulda, 744, Bistum Bremen, 787) und Pfalzen (Aachen, 765 erstmals erwähnt, Frankfurt, 794). Unter Otto I. wurde im 10. Jahrhundert das Reich systematisch mit einem Netz von Burgen gesichert, von denen viele zum Ausgangspunkt für neue Stadtbildungen wurden. Die Grundherren gaben den Ansiedlern das Recht, sich niederzulassen, und wurden so zu „Stadtherren". Ihre Funktion machte Karl Gruber zur Grundlage für seine Typologie mittelalterlicher Städte.² Er unterschied Bischofs-, Kloster-, Stifts-, Pfalz- und Burgstädte. In vielen Fällen überlagerten sich jedoch mehrere dieser Funktionen beziehungsweise folgten aufeinander; häufig gab es auch Rechte mehrerer Stadtherren.

Handwerker und Kaufleute siedelten sich in den neuen, herrschaftlich gesicherten Orten an. Da sie den Stadtherren Zugang zu Waren und Steuereinnahmen brachten, war es durchaus in deren Interesse, städtische Ansiedlungen zu fördern. Viele Landesherren gaben deshalb Ansiedlungswilligen das Recht, befestigte Orte für Handel und Handwerk zu bauen, die sie zunächst durch ihre Repräsentanten (Ministeriale, Stadtvögte) verwalten ließen. Diese Ansiedlungen erlangten durch Verhandlungen, Verträge und Kauf, aber auch in militärischen Auseinandersetzungen mit den Stadtherren eine wachsende Eigenständigkeit. Sie begannen sich zu „verbrüdern", eine „Stadtgemeinde" zu bilden, die sich von den ursprünglichen Stadtherren ablöste. Dabei übernahmen zunächst das Patriziat, die alteingesessenen Kaufmannsfamilien oder der Stadtadel, die wichtigen Positionen in der Stadt. Später gewannen die Zünfte, die Berufsverbände der Handwerker, immer mehr Rechte und übernahmen in vielen Städten die politische Vormacht. So entstanden städtische Verfassungen mit Wahl der Stadträte und der Stadtregierung mit eigener Gerichtsbarkeit, Marktrecht und mit dem Recht auf Selbstverteidigung (Stadtbefestigung und eigenes Militär).

Der Typus der freien mittelalterlichen Stadt hatte sich im Hochmittelalter, im 11. und 12. Jahrhundert durchgesetzt. Stadtrechte von freien Städten wie Freiburg im Breisgau oder Magdeburg wurden zum Vorbild für neue Stadtgründungen. Eine Stadtgründungswelle überzog vom 12 bis 14. Jahrhundert Mittel-, Nord- und Osteuropa.

Im Gegensatz zur antiken europäischen Stadt waren die kleinen, mittelalterlichen Stadtrepubliken nicht das Machtzentrum des Umlandes, von wo aus die Grundbesitzer ihre Ländereien verwalteten.³ Die freien Städte hatten vielmehr einen Sonderstatus innerhalb der Feudalstruktur. Der grundbesitzende Adel und die von ihm abhängigen Bauern lebten außerhalb der Städte, die eine eigene Stadtwirtschaft (Fernhandel, Handwerk und regionaler Markt) aufbauten. Stadt und Land waren völlig unterschiedliche Rechtsbezirke, die im Gegensatz zueinander standen. In den Städten konnten sich Vorformen von Demokratie und Bürgerfreiheit entwickeln („Stadtluft macht frei"), während auf dem Land die Bindung an den Boden, die Abhängigkeit der Bauern vom Adel bis hin zur Leibeigenschaft vorherrschten.

5.3 Die Gestalt der mittelalterlichen Städte

In den mittelalterlichen Städten nördlich der Alpen entstand aus der völlig andersartigen, weit weniger entwickelten Bautechnik der germanischen Stämme ein neuer Haustypus. Die Einzelbauten der Händler und Handwerker wurden meist giebelständig mit sehr engem Bauwich aneinandergereiht. Als Holzkonstruktion in Fachwerkbauweise errichtet, waren sie zunächst nur mit Stroh oder Reet gedeckt, später mit Biberschwanzziegeln. Mauerwerksbauten blieben meist den kirchlichen Bauten und wenigen reichen Familien sowie teilweise den öffentlichen Bauten vorbehalten.

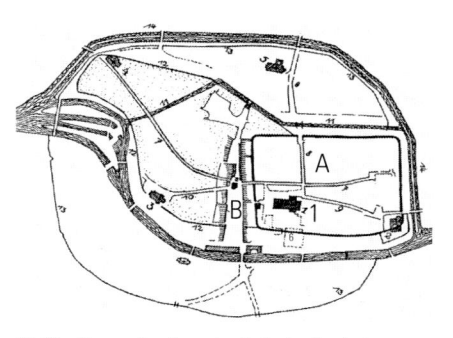

15 Straßburg, die ehemals römische Stadt Argentoratum, gegründet 12 v. Chr., bereits 343 n. Chr. als Bischofssitz erwähnt.
A – Bereich der schon überformten ehemaligen römischen Stadt mit dem Münster (1), dem Palais des Bischofs (6), anschließend B – Marktbereich vor der Bischofsstadt

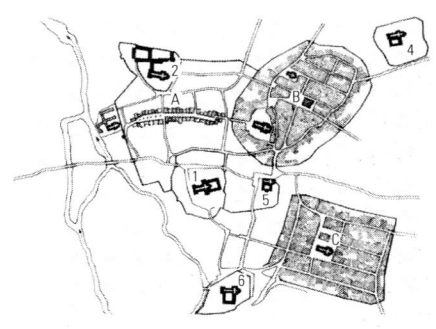

16 Hildesheim im 13. Jahrhundert: Mehrere geistliche Zentren (1 Dom, um 850 n. Chr., 2–5 Klöster), die älteste Kaufmannsstraße A (um 1000), die bürgerliche Stadt B (12. Jahrhundert) und die Handwerkerstadt C (13. Jahrhundert) entstanden zunächst unter der Hoheit des bischöflichen Stadtherren, nacheinander und nebeneinander als selbständige Siedlungskerne. Sie wurden erst im Hochmittelalter zu einer Gesamtstadt vereinigt.

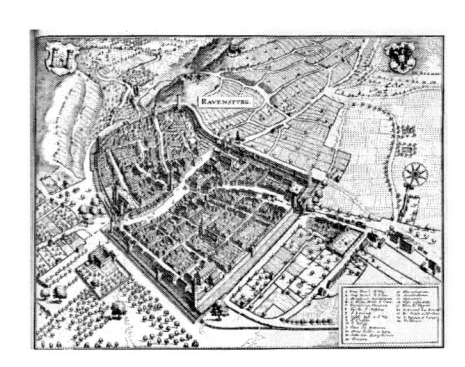

17 Ravensburg, Merianstich von 1643

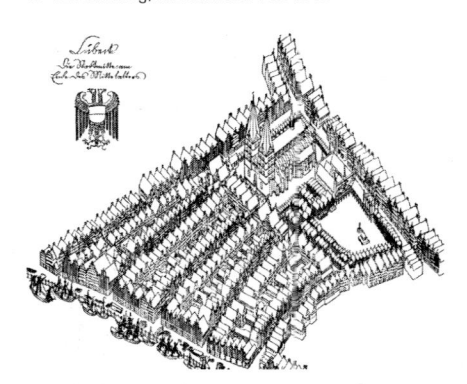

18 Lübeck, isometrische Darstellung der Stadtmitte mit den Regelbausteinen der Bürgerhäuser und der Kirche, dem Rathaus und dem Markt

In den ehemaligen römischen Gebieten, insbesondere auch südlich der Alpen wurde mancherorts die Mauerwerkstechnologie mit Ziegeldeckung fortgesetzt und ohne Bauwich, häufig auch traufständig, gebaut. Aber auch hier verschwand der introvertierte Hofhaustypus auf großer Parzelle. Aus den Gegenden, in denen der Mauerwerksbau, insbesondere als Mauerziegelverband, noch gebräuchlich war, gelangte er später in die holzarmen Ebenen und wurde insbesondere in Norddeutschland und im fränkischen Siedlungsgebiet des Niederrheins und Rheindeltas gebräuchlich. Der auf schmaler Parzelle errichtete, zur Straße hin mit Fenstern geöffnete Geschossbau, das Fassadenhaus, setzte sich überall durch. Die Fassadenhäuser prägten die Straßen und Plätze und bildeten den besonderen Charakter des europäischen Stadtraums aus. Straßennetze, Platzräume und Raumfolgen von großer Vielfalt entstanden.

Der Bautypus des mittelalterlichen Bürgerhauses war als individuelles Einzelbauwerk einer Familie ablesbar, was durch die giebelständige Anordnung der Häuser noch betont wurde. Die Ensembles der Bürgerhäuser demonstrierten das Spannungsverhältnis von Individualität und Kollektivität der Stadtgemeinde, die sich als Verband von Bürgern konstituierte und sich ihre eigenen Regeln gegeben hatte.

Deutlich hervorgehoben aus diesen zumeist in Längszeilenblocks organisierten „Regelbausteinen" waren die Sonderbausteine, die die Wertigkeit der Funktionen zum Ausdruck brachten: Die Kirchen mit den weit aufragenden Türmen, Klöster und Stifte mit ihren Kirchen, Kapellen und Innenhöfen, die Bauten der Gemeinschaft (Rathäuser, Zunft- und Gildenhäuser) und der Fürsorge (Hospitäler und Siechenhäuser).

Mit ihren lebendigen Dachlandschaften und hervorgehobenen Einzelbauten fügten sich die mittelalterlichen Städte zu großartigen, spannungsreichen Gesamtkunstwerken. Die dabei entstandene Vielfalt in der Einheit und die einprägsamen Silhouetten macht heute den Reiz der mittelalterlichen Städte aus.

Während die klassisch-griechischen und römischen Städte einer mehr oder weniger festgelegten Idealvorstellung der Stadt entsprachen, entstand im europäischen Städtewesen des Mittelalters eine außerordentlich große Varianz an Stadttypen, die jeweils auf die regionalen und lokalen Bedingungen, Probleme und Potentiale reagierten. Die besonderen Standortbedingungen und verfügbaren Materialien wurden in subtiler Weise genutzt und regionale, sogar lokale Gebäudetypen und Handwerkstechniken entwickelt.

Der Stadtgrundriss und die Gesamtanlage der Stadt entstanden im frühen Mittelalter meist als Anhang an beziehungsweise im Bezug auf eine herrschaftliche Anlage oder aus dem Zusammenwachsen mehrerer Siedlungszellen. Die dann schon in der Umgebung der Klöster, Bischofssitze oder Burgen vorhandenen „Ur-Wege" wurden bei der Überbauung des Vor- und Umfeldes respektiert und ergänzt. Im Hoch- und Spätmittelalter, insbesondere bei den vielen geplanten Städten der Gründungswellen des 12. bis 15. Jahrhundert in Ostdeutschland und in den slawischen Siedlungsgebieten, wurden die Stadtgrundrisse jedoch nach einem festgelegten Gesamtkonzept im Gelände abgesteckt. Die schmalen „Längszeilenblocks" mit sehr kleinen Grundstücken wichen immer größeren Blocks, die sich manchmal sogar einer quadratischen Form annäherten. Die Straßenprofile wurden breiter. Die Stadtkonzeption der frühen Neuzeit begann sich anzudeuten.

6 Die europäische Stadt der frühen Neuzeit

6.1 Die Wiederentdeckung der Antike in der frühen Neuzeit

In den hoch- und spätmittelalterlichen, vom Bürgertum geprägten Städten entwickelten sich neue politische, ökonomische und soziale Strukturen: Zünfte, Gilden, Kapitalgesellschaften und die Anfänge des modernen europäischen Finanzwesens. Das rational handelnde Individuum mit seinen humanistisch geprägten intellektuellen Fähigkeiten entstand als Ideal der erfolgreichen städtischen Oberschichten und in Teilen des Adels. Ein entscheidender Schritt zur Weiterentwicklung der bis dahin an die Klöster und Institutionen der Kirche gebundenen Wissenschaften war die Gründung von Universitäten im 12. und 13. Jahrhundert. Die Erfindung des Buchdrucks war für die Wissensverbreitung ein ganz wesentlicher Fortschritt. Durch die Wiederentdeckung der antiken philosophischen und naturwissenschaftlichen Schriften war es möglich, an die Kenntnisse der Mathematik, Geometrie und Astronomie des Altertums anzuknüpfen, diese Wissenschaften weiter zu entwickeln und schließlich auch die perspektivische Darstellung um 1420 wieder zu entdecken und zu perfektionieren, was die räumliche Wahrnehmung und Gestaltungsideale entscheidend beeinflusste.

Die Annahme, dass Maß, Zahl und harmonische Proportionen durch den göttlichen Demiurgen als Grundordnung des Kosmos gesetzt worden seien, kam aus der Antike (Pythagoras, Platon, Plotin) und wurde in der Renaissance wieder stärker in den Mittelpunkt wissenschaftlicher Theorien gerückt. Geometrie, Mathematik und Mechanik wurden zu den Grundlagenwissenschaften für die Welterklärung. Politisch vollzog sich ein entscheidender Wandel. Die freien Städte hatten in den Pestepidemien viel von ihrer Stärke verloren. Das feudale, in der Fläche verteilte Rittertum wurde durch die Einführung der neuen Waffensysteme obsolet. Die mittelalterliche Herrschafts- und Gesellschaftsstruktur baute auf lokalen und personalen Einzelrechten auf, die überall verschieden ausgeformt waren. In der frühen Neuzeit begann sich die Vorstellung eines „geordneten" Staatswesens mit einer von oben nach unten rational entwickelten Gesamtordnung durchzusetzen. Dies sollte mit dem Fürsten an der Spitze ein in allen Landesteilen gleiches Rechts-, Staats- und Gesellschaftssystem generieren und sicherstellen.

6.2 Idealstadtkonzepte der Renaissance

Vor diesem Hintergrund entstanden, ausgehend von Mittel- und Norditalien, neue Vorstellungen von der geometrischen Ordnung und Gestaltung der Stadt. Die Regelmäßigkeit und Gliederung der Gesamtstadt und aller ihrer Elemente nach mathematischen Proportionen wurde zum Ideal erhoben. Die Baublöcke näherten sich dem Quadrat an oder ergaben sich aus den Überschneidungen der geometrischen Figuren der Straßennetze und wurden größer. Die Entwicklung des Geschützbaus machte völlig neue Verteidigungsanlagen erforderlich, da die mittelalterlichen Stadtmauern den neuen Kanonen nicht mehr Stand halten konnten. „Militäringenieure" konzipierten komplexe Verteidigungssysteme auf der Grundlage geometrischer Figuren mit Wällen und Bastionen in großer Tiefenstaffelung. Bereits in der Mitte des 15. Jahrhunderts wurden „Idealstädte" gezeichnet und beschrieben (Filarete), jedoch erst ab dem 16. Jahrhundert auch als Gesamtanlagen gegründet, geplant und auch gebaut (Palmanova). Diese neuen Städte wurden von den Königen, Landesfürsten oder Staaten gegründet. Sie konstituierten sich nicht mehr wie die mittelalterlichen Gründungsstädte mit eigenen Rechten als Stadtgemeinden, sondern blieben in Abhängigkeit von ihren Landesherren, dienten als Residenz- oder Garnisonstädte mit Hofstaat oder dauerhaft ansässigen Garnisonen.

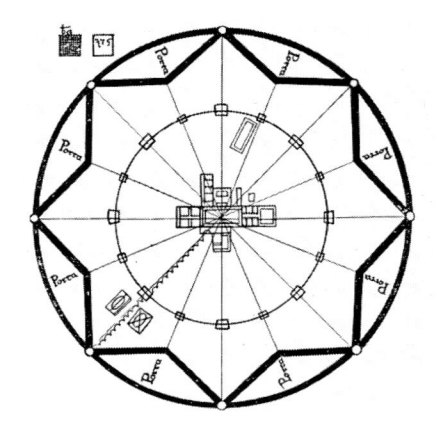

19 Sforzinda: Um 1465 publizierte Filarete (Antonio Averlino, 1400–1469) in einem allegorischen Roman den ersten mit geometrischen Grundformen konstruierten Idealstadtentwurf der Neuzeit.

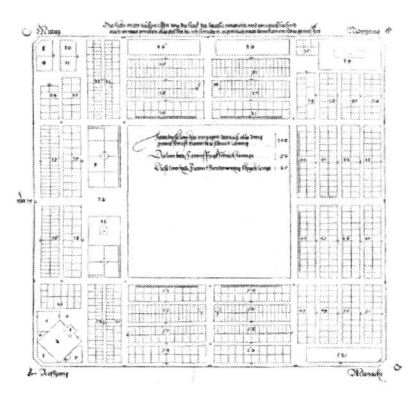

20 Idealplan einer Stadt von Albrecht Dürer, publiziert 1527 in seinem Buch „Etliche Underricht zur Befestigung der Stett und Flecken"

21 Palmanova, Planstadt südlich von Udine, 1593 gegründet und als Festungsstadt der Republik Venedig angelegt.

22 Piazza Ducale, Vigevano (1492–94 wahrscheinlich unter Mitwirkung von Donato Bramante geplant)

6.3 Die Stadtraumkonzeption der frühen Neuzeit

Bereits im 15. Jahrhundert wurden Platzanlagen geschaffen, die von Gebäuden mit einheitlicher, häufig sogar genormter Gestaltung, mit festgelegten Arkaden- und Fensterachsmaßen begrenzt wurden. Diese Raumbildung „aus einem Guss", wie bei den Foren oder Innenhöfen der großen öffentlichen Anlagen (zum Beispiel Thermen) der Antike, hatte es im Mittelalter nur bei den Innenhöfen von Palästen und Klöstern mit ihren umlaufenden Säulen, Pfeilern und Arkaden gegeben. War der mittelalterliche Platz- und Straßenraum durch ablesbare, eng aneinandergestellte Einzelgebäude als „Zwischenraum" erzeugt („relationaler Raum"), so wurde das Ideal des frühneuzeitlichen Stadtraums nun der von einer einheitlichen Platzwand begrenzte Stadtraum als „Behälterraum". Während die mittelalterlichen Gebäude als individuelle Bauten in mehr oder weniger geschlossener Bauweise als die eines einzelnen Bauherren ablesbar waren, was durch die Giebelständigkeit noch betont wurde, kam es in der frühen Neuzeit (ab der Renaissance) zur Verwendung von „genormten" Typenhäusern, die quasi hinter einer durchlaufenden Fassadenwand standen. Entsprechend kam es in der Regel zur Aufgabe der Giebelständigkeit. Traufständigkeit der Einzelbauten wurde geläufiger, da sie die Gesamtform stärkte. Die Regelmäßigkeit der Fassadenkonstruktion mit durchlaufenden horizontalen Trauf- und Gesimslinien und den immer gleichen Brüstungs- und Sturzhöhen der Fenster, verstärkten die perspektivische Wirkung der Stadträume. Diese städtebauliche Konzeption, die die übergeordnete Gesamtform betont und in der die Einzelelemente an Bedeutung verlieren, entsprach dem politischen Wandel im Übergang vom Mittelalter zur frühen Neuzeit.

6.4 Absolutismus, das mechanistische Zeitalter

Im 17. und 18. Jahrhundert setzte sich in vielen europäischen Staaten der Absolutismus durch. Der absolute Herrscher sah sich als Träger der Souveränität des Staates. Stehende Heere, Staatsbürokratien und Wirtschaftsförderungsprogramme (Merkantilismus) wurden installiert. Die in der mittelalterlich feudalen Adelsgesellschaft dezentralisierte, in der Fläche verteilte Macht konzentrierte sich an den Residenzen, wo die Avantgarde der Kunst, Mode und Wissenschaft zusammengezogen wurde. Dies führte zum Bedeutungsverlust der kleineren Adelssitze und vieler kleiner, freier Städte. Die faszinierenden Erfolge der auf der Mathematik basierenden Wissenschaften, insbesondere der Astronomie und der Physik, fanden im 17. und 18. Jahrhundert ihren Höhepunkt in den Theorien und Berechnungen großer Wissenschaftler (Kepler, Leibniz, Descartes, Huygens, Newton) und waren Grundlage der naturwissenschaftlichen Welterklärung, basierend auf Mathematik, Geometrie und Mechanik. Die Welt schien als ein großes, nach mathematisch-mechanischen Prinzipien konstruiertes Gesamtsystem in Analogie zu einer Uhr berechenbar und darstellbar zu sein. Sammeln, Sortieren, Einordnen der Einzelphänomene und Elemente in komplexe Systeme, die verstandesmäßige Erfassung, Durchdringung und Erforschung der Natur und der kulturellen Phänomene schufen das Fundament der modernen Wissenschaften. Die experimentell arbeitende Naturwissenschaft und Vorläufer der Ingenieurwissenschaften (Mechanik) legten die Grundsteine zur Entwicklung der modernen Technik (von Guericke, Papin, Savery, Newcomen...). Auf dieser Basis konnten bereits komplexe Maschinen in den staatlich geförderten Manufakturen konstruiert und in der Produktion eingesetzt werden. Durch den Bau von Straßen und Kanalsystemen, Landvermessung und Kartierungen begannen die systematische Landeserschließung und der Landesausbau. Die Voraussetzungen für die industrielle Revolution des späten 18. und des 19. Jahrhunderts wurden geschaffen. Die Ergebnisse der Wissenschaften führten jedoch bereits in ihren Resultaten über die Vorstellungen von der abgeschlossenen, nach geometrisch-mechanischen Gesetzen konstruierten Welt hinaus. Am Ende des 18. Jahrhunderts begann sich die

„Verzeitlichung" in der Welterklärung zu entfalten: Statik und Mechanik als Paradigmen wurden durch Dynamik und Evolution, actio und reactio durch Transformation und qualitativen Wandel ersetzt.

6.5 Stadt und Landschaft im 17. und 18. Jahrhundert in Europa

Während in den Idealstadtkonzepten der Renaissance der Palast des Fürsten im Zentrum der Stadt angelegt wurde, rückten die Residenzschlösser nunmehr an den Rand der Stadt, mit ihr verbunden jedoch durch große Achsen oder Radialsysteme. Dies ist erklärbar zum einen durch den Wunsch, große Parkanlagen in direkter Verbindung mit den Palastbauten der Residenzschlösser zu bauen, was im Stadtzentrum kaum möglich war. Gleichzeitig aber ermöglichte diese Randlage die Einbeziehung der Landschaft in die Gesamtkonzeption und umgekehrt das „Ausstrahlen" der zentralen, beherrschenden und organisierenden Macht in das Land hinein. Sichtachsen wurden mit Kilometer langen Alleen von zentralen Punkten durch gestaltete Parks und freie Landschaft gelegt. Die perspektivische Wirkung der Stadträume wurde durch die Abfolge von Straßenachsen und Monumenten als Zielpunkten (points de vue) gesteigert. Die durch einheitliche Fassaden begrenzten Stadtplätze wurden in ihren Dimensionen, insbesondere in den großen Residenzen, über die Maßstäblichkeit des 15. und 16. Jahrhunderts hinaus gesteigert. Der Charakter des geschlossenen „Behälterraums" wurde durch geschlossene Ecken (etwa Place Vendome, Piazza Navona, Pariser Platz) noch gesteigert. Geometrischer Stadtgrundriss, Typenhäuser und geschlossene Bauweise blieben bis zum Ende des 18. Jahrhunderts das Ideal städtebaulicher Gestaltung. Gleichwohl begann sich die glatte Baulinie der Bürgerhäuser aufzulösen und zu differenzieren. Immer noch fasste das durchlaufende (Mansard-)Dach verschiedene Bürgerhäuser zusammen. Aber Teile des Baukörpers wurden aus der Fassade herausgeschoben, die Blockrandbebauungen wurden rhythmisiert und gegliedert. Die Tendenz zur Individualisierung, die nach der bürgerlichen Revolution zur freistehenden Villa der Oberschicht führte, deutete sich bereits an.

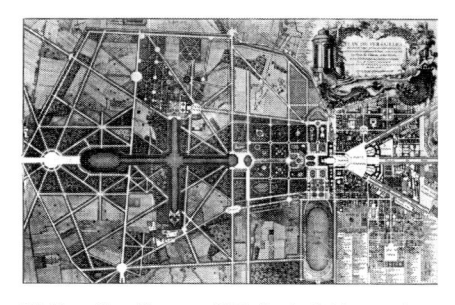

23 Versailles, Plan von 1764; Stadt, Schloss und Schlosspark mit den in die Landschaft ausstrahlenden Achsen als gigantische geometrische Gesamtkonstruktion

24 Place Vendome

7 Resümee

Zwischen den gesellschaftlichen Organisationsformen und den grundlegenden Vorstellungen von der Ordnung der Welt auf der einen Seite und den räumlichen Ordnungsprinzipien der jeweiligen Stadttypen auf der anderen Seite bestehen strukturelle Ähnlichkeiten. Ordnungs- und Gestaltungsprinzipien wurden in der Stadtbaugeschichte bis zur industriellen Revolution in der Regel über einen längeren Zeitraum beibehalten. Grundprinzipien der islamisch-orientalischen Stadt, die hier nicht behandelt werden konnte, blieben über viele Jahrhunderte, die Elemente der chinesischen Stadt sogar über Jahrtausende annähernd gleich. Mit der Durchsetzung der bürgerlichen Gesellschaft und der kapitalistischen Ökonomie, deren gesellschaftlichen und technischen Voraussetzungen im 18. Jahrhundert geschaffen wurden, begann in Europa eine Phase der Dynamisierung des gesellschaftlichen und wissenschaftlich-technischen Wandels. Begleitet wurde sie von ungeheuer raschem Stadtwachstum. Die Stadt, bis dahin eine Sonderform innerhalb der agrarischen Siedlungsstruktur oder der Herrschaftssitz des umliegenden Landes, wurde zur Regelform menschlicher Siedlungen – ein Prozess, der sich im Verlaufe des 20. Jahr-hunderts weltweit ausdehnte. Verbunden mit diesen zunächst europäischen und dann globalen Urbanisierungsschüben vollzogen sich komplexe Umwälzungen und dynamische Strukturwandlungen, entstanden und verschwanden städtische Utopien und räumliche Leitbilder in solch rascher Folge, dass sich diese Prozesse einer kurzen Zusammenfassung im Rahmen des vorliegenden Lehrbuches entziehen.

Weiterführende Literatur

Benevolo, Leonardo: Die Geschichte der Stadt. Frankfurt (div. Auflagen)

Braunfels, Wolfgang: Abendländische Stadtbaukunst, Herrschaftsform und Baugestalt. Köln 1976

Brödner, Erika: Wohnen in der Antike. Darmstadt 1993

Deldante, Charles: Architekturgeschichte der Stadt. Darmstadt 1999

Düwel, Jörn/ Gutschow, Niels: Städtebau in Deutschland im 20. Jahrhundert. Stuttgart u.a. 2001

Eaton, Ruth: Die ideale Stadt. Von der Antike bis zur Gegenwart. Berlin 2001

Fuhrmann, Bernd: Die Stadt im Mittelalter. Stuttgart 2006

Gruber, Karl: Die Gestalt der deutschen Stadt: ihr Wandel aus der geistigen Ordnung der Zeiten. München 1983

Hoepfner, Wolfram/ Schwandner, Ernst-Ludwig : Haus und Stadt im klassischen Griechenland. München/ Berlin 1994

Kolb, Frank: Die Stadt im Altertum. Düsseldorf 2005

Kostof, Spiro: Die Anatomie der Stadt, Geschichte städtischer Strukturen. Frankfurt/ New York 1993

Kruft, Hanno-Walter: Städte in Utopia. Die Idealstadt vom 15. bis zum 18. Jahrhundert zwischen Staatsutopie und Wirklichkeit. München 1989.

Lampugnagni, Vittorio Magnago: Die Stadt im 20. Jahrhundert: Visionen, Entwürfe, Gebautes: Visionen, Entwürfe, Gebautes (2 Bände). Berlin 2011

Lenger, Friedrich: Metropolen der Moderne. Eine europäische Stadtgeschichte seit 1850. München 2013.

Lichtenberger, Elisabeth: Die Stadt. Von der Polis zur Metropolis. Stadtgeographie. Darmstadt 2002

Reinborn, Dietmar: Städtebau im 19. und 20. Jahrhundert. Stuttgart 1996

Sennett, Richard: Fleisch und Stein. Der Körper und die Stadt in der westlichen Zivilisation. Berlin 1995

Abbildungsnachweis

Fotos und Grafiken: Bott, Helmut. Mit Ausnahme von:

2, 4, 9	Benevolo, Leonardo: Die Geschichte der Stadt. Frankfurt 1983
3	Schinz, Alfred: The magic Square: cities in ancient China. Stuttgart 1996
5, 6	Hoepfner, Wolfram/ Schwandner, Ernst-Ludwig: Haus und Stadt im klassischen Griechenland. München/ Berlin 1994
10, 11	Fanelli, Giovanni: Firenze, architettura e cittá. Florenz 2002
12	Katalog zur Ausstellung Die Franken, Wegbereiter Europas
13	Informationsmaterial des Museo della Civiltá Romana, Rom
14	Brödner, Erika: Wohnen in der Antike. Darmstadt 1993
15, 18	Gruber, Karl: Die Gestalt der deutschen Stadt: Ihr Wandel aus der geistigen Ordnung der Zeiten. München 1983
16	Braunfels, Wolfgang: Abendländische Stadtbaukunst. Herrschaftsform und Baugestalt. Köln 1976
17	Topographia Sueviae (Schwaben), 1643/1656
19	Grafische Überarbeitung auf der Basis von Kruft, Hanno-Walter: Städte in Utopia. Die Idealstadt vom 15. bis zum 18. Jahrhundert zwischen Staatsutopie und Wirklichkeit. München 1989.
20, 23	Egli, Ernst: Die Geschichte des Städtebaus, Bd.III. Zürich 1967
21	Archiv Jessen

Endnoten

1. Waterson beschreibt in ihrer umfangeichen Darstellung der indigenen indonesischen Kultur den „Nabelpfosten" als Zentrum des Hauses, der vertikal durch den gesamten Bau führt und die Kraft der Vorfahren hinunter in die Wohnwelt der lebenden Menschen führt, den Begriff „Nabel" als Mittelpunkt der Gebäudegruppe des Wohnhauses und als Bezeichnung des Tempels, in dem die Vorfahren, die mythischen Gründer der Dorfgemeinschaft in Bali verehrt werden und die Errichtung eines Nabelsteines als den Gründungsmittelpunkt einer Siedlung. Waterson, Roxana: The Living House. An Anthropology of Architecture in South-East Asia. Singapore/ Oxford/ New York 1990
Bei der Planung der javanischen Palaststadt Yogyakarta wurden den Himmelsrichtungen noch im 18. Jahrhundert, aufgesetzt auf hinduistischen Traditionen in einer ansonsten muslimischen Gesellschaft, neben anderen Bedeutungen auch „Gender-Attribute" (Nord: Licht, Berg, männlich (göttliche Kraft, die im heiligen Vulkanberg manifestiert war); Süd: Dunkel, Meer, weiblich, Fruchtbarkeit (Göttin des Reises, der Südsee)) zugewiesen und in räumlichen Bauten (Nord: Stele, senkrecht, weiß; Süd: Hohlkörper, dunkel) dargestellt.
In der griechischen Mythologie hieß es, dass Zeus den Mittelpunkt der Welt, den Nabel festlegte, indem an zwei verschiedenen Enden des Universums je einen Adler aufsteigen und beide aufeinander zu fliegen ließ. Dort, wo sie zusammentrafen, legte er in der Projektion dieses Punktes auf die Erdoberfläche den Mittelpunkt der Erde fest. Dieser Ort befand sich in der griechischen Vorstellung in Delphi, wo auch der Nabelstein, der Omphalos, lag. In einer Erdhöhle trat in der Vorstellung der griechischen Kultur eine in Trance gebrachte Frau in direkten Kontakt zu den Göttern. In der Verbindung mit dem göttlichen Allwissen, die der Nabel der Welt ermöglichte, bekam sie „Informationen" über die Zukunft. Ihr unverständliches Gemurmel wurde von Priestern in Weissagungen übertragen.

2. K. Gruber, Die Gestalt der deutschen Stadt, a.a.O

3. Freilich gab es auch einige, sehr mächtige Stadtrepubliken im Mittelalter, die großen Grundbesitz im Umland der Stadt hatten (etwa Bern, Ulm), die andere Städte beherrschten (wie Pisa) oder die ganze „Kolonialreiche" erobert hatten – allen voran Venedig.

JOHANN JESSEN

Stadtentwicklung – Wachsen und Schrumpfen

Mit moderner Stadtentwicklung sind in aller Regel Wachstumsprozesse verbunden: Zuwachs an Einwohnern, Arbeitsplätzen, Ausdehnung von Siedlungsflächen und Zunahme an Verkehr: mehr, größer, dichter, weiter. Dieses Verständnis von Stadtentwicklung ist für die meisten Städte weltweit auch zutreffend: Verstädterung war in den letzten 200 Jahren Städtewachstum.

Dabei vollzieht sich dieses Wachstum in immer schnelleren Schüben. Die moderne Stadtentwicklung setzte mit der Industrialisierung, zunächst in England, gegen Ende des 18. Jahrhunderts ein. Die ersten großen Industriestädte entstanden. Die Verstädterung erreichte mit der Expansion der Industrialisierung in der ersten Hälfte des 19. Jahrhunderts das europäische Festland und griff dann auf die Ostküste Nordamerikas über. Inzwischen ist die moderne Verstädterung Teil der weltweiten Globalisierung (vgl. Beitrag Ribbeck, S. 19). Aber immer hat es auch schon vereinzelte Prozesse der Stadtschrumpfung gegeben – von den Goldgräberstädten im Wilden Westen bis zu frühen Industriestädten, die schon im 19. Jahrhundert oder zu Beginn des 20. Jahrhundert mit der wirtschaftlichen Grundlage ihre Bedeutung verloren haben.[1] So hat Manchester, die als die erste Industriestadt überhaupt gilt und im 19. Jahrhundert ein modellhaft schnelles Wachstum erfuhr, schon ab den 1930er Jahren wieder kontinuierlich an Einwohnern und Arbeitplätzen verloren.

Während Städtewachstum weltweit der dominante Modus der Stadtentwicklung ist, zeigt sich in Deutschland seit circa zwölf Jahren ein davon deutlich abweichendes Muster. Seitdem bilden schrumpfende Städte keine singuläre Ausnahme mehr. Infolge des demographischen Wandels und des wirtschaftlichen Umbruchs, der durch die politischen Folgen der Wiedervereinigung beschleunigt wurde, polarisiert sich die Stadtentwicklung in Deutschland in weiterhin wachsende Städte einerseits und schrumpfende Städte andererseits; letztere finden sich überwiegend noch in den ostdeutschen Bundesländern; deren Zahl nimmt aber kontinuierlich auch in den strukturschwächeren Regionen Westdeutschlands zu (Abb. 1).

Als Folge des Bevölkerungsrückgangs werden bald wirtschaftlich prosperierende Stadtregionen ebenfalls an Einwohnern verlieren. Diese Polarität und die tendenziell wachsende Zahl schrumpfender Städte in einem hoch entwickelten Land dürften in dieser Prägnanz bisher singulär sein.

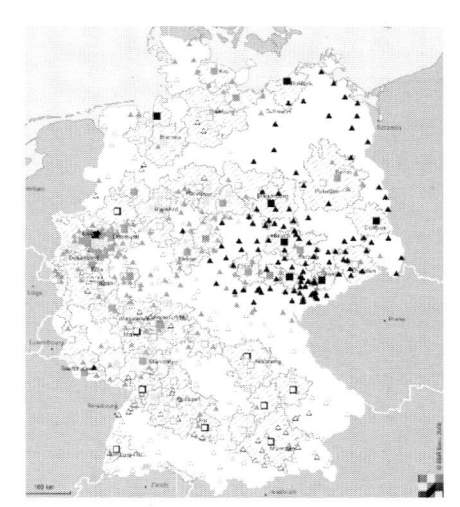

1 Wachsende und schrumpfende Städte in Deutschland (große Abbildung siehe Beitrag Siedentop, S. 80)

1 Phasen der Stadtentwicklung

In den Raumwissenschaften hat sich als ein Weg zur Charakterisierung der modernen Stadtentwicklung die Differenzierung des Wachstumsprozesses und ihrer Dynamik in folgende Phasen durchgesetzt:[2]

- Urbanisierung
- Suburbanisierung
- Desurbanisierung
- Reurbanisierung

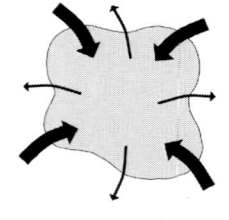

2 Schemaskizze Urbanisierung

Mit *Urbanisierung* wird die dramatische Phase eines Prozesses bezeichnet, der sich über einen Zeitraum von mehreren Jahrzehnten in einem bestimmten Terrain erstreckt und in dessen Verlauf aus einer agrarisch strukturierten Gesellschaft eine urban geprägte Gesellschaft wird und Städte durch Landflucht und natürliches Bevölkerungswachstum sprunghaft anwachsen – ein Prozess, der sich in Europa in der zweiten Hälfte des 19. Jahrhundert vollzog und gegenwärtig, noch schneller und ausgreifender, weltweit und besonders dynamisch in Asien stattfindet (Abb. 2).[3] Charakteristisch für die schnell wachsenden Städte im Europa des 19. Jahrhunderts waren hohe Baudichte, Kompaktheit und die enge räumliche Nachbarschaft von Wohn- und Arbeitsplätzen, denn die Fabriken mussten zu Fuß erreichbar sein. Die überwiegende Mehrzahl der Städte hatte eine vorindustrielle Vergangenheit (Abb. 3). Das moderne Städtenetz baute auf das historische auf. Die kompakte und gemischte Stadt des 19. Jahrhundert legte sich um die einst von Mauern und Wallanlagen geschützten Altstadtkerne. Nur in den Montanregionen, zum Beispiel im Ruhrgebiet, entstanden um die Standorte der Zechen neue Städte (Abb. 4).

3 Urbanisierung in Europa. Die kompakte und durchmischte Stadt des 19. Jahrhunderts. Beispiel Stuttgarter Westen

4 Neue Industriestädte des 19. Jahrhunderts. Beispiel Bochumer Verein für Bergbau und Großstahlfabrikation

Für das Verständnis von *Suburbanisierung* ist die Unterscheidung von Kernstadt und Umland entscheidend.[4] Die Verlagerung von Nutzungen und Bevölkerung aus der Kernstadt, dem ländlichen Raum oder anderen Ballungsräumen in das städtische Umland wird als Suburbanisierung bezeichnet (Abb. 5). Die Stadt erweitert sich zur Region, wobei das Umland infolge positiver Wanderungsbilanzen schneller an Einwohner und Arbeitsplätzen zunimmt als die Kernstadt. Nach den Nutzungen kann man zwischen der Suburbanisierung des Wohnens, des Gewerbes, des Einzelhandels und der Dienstleistungen unterscheiden. Die Wohnsuburbanisierung ist am flächenwirksamsten. Erste Ansätze der Suburbanisierung finden sich bereits in den schnell wachsenden Großstädten des 19. Jahrhunderts und sind eng verbunden mit dem Entstehen und Ausbau des schienengebundenen Nahverkehrs. An den Haltepunkten wurden die ersten neuen Vororte gebaut (street-car suburbs). Erst mit der Vollmotorisierung, die in den USA schon in den 1930er Jahren, in Deutschland erst in den Nachkriegsjahrzehnten erreicht wurde, vollzog sich Suburbanisierung flächenhaft und wurde zum strukturbestimmenden Prozess der Stadtentwicklung. Da sie meist mit einer geringen Baudichte und entsprechend höherem Landschaftsverbrauch ver-

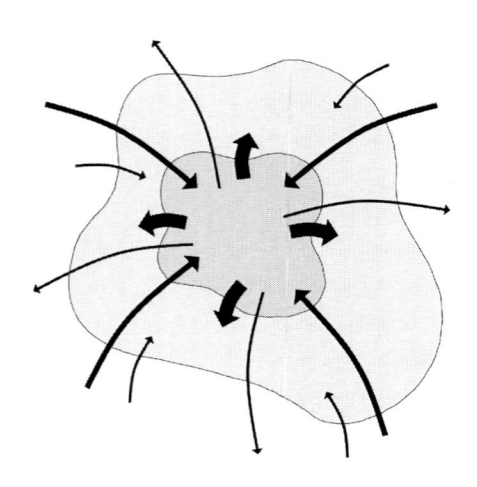

5 Schemaskizze Suburbanisierung

knüpft ist (Einfamilienhäuser, großflächiger Einzelhandel), wird sie oft mit negativen Schlagworten wie „Zersiedlung" („urban sprawl") belegt (Abb. 6 und 7).

6 Suburbanisierung in der Region Stuttgart. Großbettlingen bei Esslingen (1987): vom Bauerndorf zur Wohngemeinde

7 Suburbanisierung in der Region Stuttgart. Beispiel Gewerbegebiet Ludwigsburg-Nord – Einkaufszentrum Breuningerland

Während Suburbanisierung ein Prozess ist, der sich aus der Wachstumsdynamik der Kernstadt speist, wird mit *Desurbanisierung* eine Entwicklung von Stadtregionen beschrieben, in deren Verlauf sich das regionale Wachstum von der Kernstadt weitgehend abkoppelt.[5] Die Region greift immer weiter aus. Das Wachstum konzentriert sich im erweiterten Umland, während die Kernstadt und insbesondere deren innerer Bereich an Einwohner, Arbeitsplätzen und zentralen Funktionen verlieren (Abb. 8). Besonders ausgeprägt war der Prozess der Desurbanisierung in den Großstädten der USA. Dort setzte er in den 1950er Jahren ein. Das Zentrum und die umliegenden innerstädtischen Quartiere begannen zu verfallen, weil nicht mehr investiert wurde, während in der erweiterten Peripherie an Orten hoher Erreichbarkeit neue Zentren entstanden, die die Funktion des alten mit übernahmen (Abb. 9 und 10). Die tangentialen Beziehungen gewannen gegenüber den radialen Verbindungen an Bedeutung. In Deutschland und vielen anderen europäischen Ländern war die Desurbanisierung nicht so stark ausgeprägt. Die Kernbereiche der Stadtregionen verloren dort nie in diesem Maße ihre Lagegunst. Hierzu haben auch die Stadterneuerungsmaßnahmen und Investitionen in die öffentliche Infrastruktur, insbesondere in den öffentlichen Nahverkehr, beigetragen.

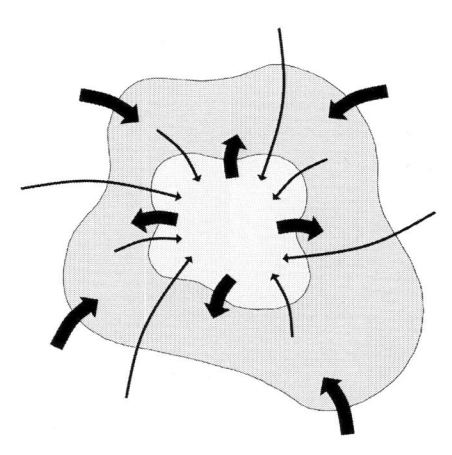

8 Schemaskizze Desurbanisierung

9 Desurbanisierung in den USA. Beispiel Detroit: Funktionsverlust und Verfall des Stadtzentrums (1995)

10 Desurbanisierung in den USA. Beispiel Detroit: neue Zentren an der Peripherie – Edge City Southfield

Als *Reurbanisierung* wird die gegenläufige Entwicklung zur Desurbanisierung bezeichnet, die „Wiederinwertsetzung" der inneren Bereiche einer Stadtregion durch die Umkehrung der Wanderungsmuster von privaten Haushalten und Unternehmen zugunsten der Kernstädte und innerhalb dieser zugunsten der zentralen Bereiche (Abb. 11).[6] Die Stadtkerne der Metropolen werden für immer mehr Menschen als Wohnstandort attraktiv. Ab Mitte der 1980er Jahre gab es erste erkennbare Zeichen der Revitalisierung innerstädtischer Lagen auch in anglo-amerikanischen Städten, die in den Folgejahren an Dynamik gewann und sich bis heute in sogar beschleunigtem Tempo fortsetzt. Die Basis für den zum Teil sprunghaften Anstieg der Bevölkerung in Downtown liegt in den enormen innerstädtischen Brachflächenreserven, die als Folge der Desurbanisierung und des städtischen Verfalls entstanden waren. Seit

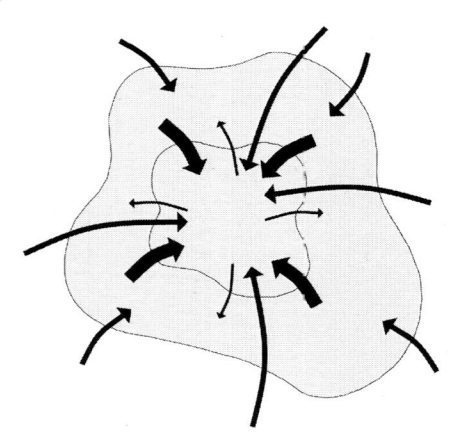

11 Schemaskizze Reurbanisierung

12 Reurbanisierung in den USA. Portland Oregon. Wohnungsneubau in zentrumsnahen Pearl District (2008)

13 Reurbanisierung in Deutschland. Beispiel Frankfurt am Main. Wohnungsneubau im Westhafen (2007)

der Jahrtausendwende gewinnen auch viele Kernstädte deutscher Stadtregionen und innerhalb der Kernstädte die zentralen Bereiche an Bevölkerung. Dabei handelt es sich um nur kleine Zuwächse, aber sie markieren gegenüber den Jahren zuvor doch einen Richtungswechsel. Hierzu tragen auch die großen Stadtumbauprojekte auf innerstädtischen Brachflächen bei. In den USA bedeutet Reurbanisierung, dass die entleerte Innenstadt wieder besiedelt wird, in Deutschland, dass bisher schon verfolgte kommunale Strategien zur Stabilisierung des innerstädtischen Wohnens sich auf neue Zielgruppen und zusätzliche Stadtumbauflächen stützen kann.

Für die Aufwertung der Kernbereiche vieler Metropolen westlicher Gesellschaften wie in Großbritannien, Frankreich und vor allem in den USA hat sich das eingängige Schlagwort von der „Urban Renaissance" etabliert (Abb. 12 und 13).

Diese oben beschriebenen Stadtentwicklungsphasen sind nicht zwingend konsekutiv, sondern können sich überlappen. So hält in den USA die Suburbanisierung weiterhin unvermindert an, während gleichzeitig die Zentren in den meisten Stadtregionen wieder aufgewertet werden, also von der Reurbanisierung erfasst wurden; in abgeschwächter Form gilt dies gegenwärtig auch für europäische Stadtregionen.

2 Strukturmerkmale der Stadtentwicklung

Im Zuge der Stadtentwicklung bilden Stadtregionen spezifische funktional-, sozial- und bauliche Merkmale aus. Für wachsende Städte sind diese Merkmale sehr vertraut, von der Stadtsoziologie und der Siedlungsgeographie in Modellen abgebildet und in morphologischen Studien in ihren Bausteinen gefasst worden.[7] Das Stadtentwicklungsmodell wachsender Städte ist geprägt durch Flächenexpansion, Funktionstrennung, Nutzungsintensivierung, Zentrumsbildung und sozialräumliche Differenzierung. Dagegen gibt es bisher noch kaum systematische Beschreibungen der funktional- und sozialräumlichen Merkmale schrumpfender Städte und ihrer Veränderungen.[8] So ist nicht genau untersucht, welche Nutzungen der wachsenden Stadt in der Phase des Schrumpfens durch welche neuen Nutzungen an welchem Standort in welcher Abfolge in welcher baulichen Form ersetzt werden und welche Verschiebungen sich in den sozialräumlichen Verteilungsmustern ergeben.

Schrumpfende Stadtentwicklung darf man sich selbstverständlich nicht wie einen Film vorstellen, der rückwärts abgespielt wird – trotz spektakulärer Abrisse, die vielfach das Bild beherrschen. Schrumpfungsprozesse sind Ergebnisse einer Bilanz: Schrumpfungs- und Verfallsvorgänge sind dabei dominant gegenüber Wachstums- und Erneuerungsvorgängen, die weiterhin stattfinden. Gleichwohl lassen sich im Hinblick auf die Flächenausdehnung, die funktional- und sozialräumliche Struktur, die Nutzungsintensität und die Zentrenverteilung folgende Differenzierungen sowie in den Grundmustern der Transformationsprozesse zwischen wachsenden und schrumpfenden Stadtregionen folgende Unterschiede beschreiben:

Siedlungsflächenentwicklung: In *wachsenden* Stadtregionen dehnt sich mit dem Zuwachs an Einwohnern und/ oder Arbeitsplätzen die Siedlungsfläche kontinuierlich aus, und zwar mit wachsendem gesellschaftlichem Reichtum überproportional zur Arbeitsplatz- und Bevölkerungsentwicklung, da der Flächenbedarf pro Haushalt und Arbeitsplatz ebenfalls steigt. Ackerland wird zu Bauland (Abb. 14). Das Wachstum vollzieht sich nicht kontinuierlich, sondern in Schüben. Es gibt Phasen stürmischen Wachsens und Phasen der Stagnation, des Wachsens in kleinen Schritten. Dies drückt sich auch in der Körnigkeit des Wachstums aus: Je dynamischer es ausfällt, desto größer die Einheiten, in denen die Stadt erweitert und umgebaut wird.

In *schrumpfenden* Stadtregionen verlangsamt sich die Siedlungsflächeninanspruchnahme. Die räumliche Expansion der Siedlungsfläche als Folge von Suburbanisierungsprozessen findet aber immer noch statt, sei es als Einfamilienhausbau, sei es als Erweiterung der nicht integrierten Einzelhandelsstandorte oder sei es als neue gewerbliche Standorte für industrielle Neuansiedlungen in einer Größe, für die selbst die größeren innerstädtischen Brachen nicht hinreichend großen Raum bieten.

Funktionsräumliche Struktur: In *wachsenden* Stadtregionen verändert sich im Zuge der Ausdehnung der besiedelten Fläche deren funktionale Struktur. Die Nutzungen entmischen sich. Wohnort und Arbeitsplatz fallen räumlich immer weiter auseinander. Es entstehen große, zusammenhängende Wohnquartiere, Industriegebiete, Dienstleistungsstandorte und andere spezialisierte Räume; mit wachsender Entfernung vom Zentrum wird die Monofunktionalität ausgeprägter und die durch sie geprägten Flächen werden größer (Abb. 15 und 16). Funktionsgemischte Quartiere sind in der Regel zentrumsnah. Die Vollmotorisierung und der Ausbau des öffentlichen Personennahverkehrs beschleunigen die Funktionstrennung. Die Zahl der Berufspendler steigt, die Pendelzeiten werden immer länger.

Auch *schrumpfende* Stadtregionen verändern ihre funktionale Struktur. Einstmals genutzte Flächen und Bauten fallen brach, das Stadtgefüge wird „perforiert". Bei den Mechanismen, die für die zeitliche Abfolge des Brachfallens, die Standorte und Größe der Brachen, aber auch für das Überdauern einzelner Standorte verantwortlich sind, ist zwischen den Nutzungen zu differenzieren. Als erstes fallen die Industrie- und Gewerbeflächen brach, nicht nur die traditionellen zentrumsnahen Industriestandorte in unmittelbarer Nachbarschaft dicht bebauter Wohnquartiere, sondern auch die ausgedehnten Industrie- und Gewerbeflächen, die in 1960er und 70er Jahre an den gut erschlossenen Randlagen entstanden sind. Die Reihenfolge des Brachfallens und die Mikrostandorte der Brachen in schrumpfenden Regionen ergeben sich aus den „Zufällen" der jeweiligen Unternehmensentwicklungen oder der Unternehmenspolitik, unabhängig davon, ob die entsprechenden Entscheidungen vor Ort oder in fernen Unternehmenszentralen fallen. Wenn es überhaupt zu Nachfolgenutzungen kommt, dann als extensive Umnutzung durch kleingewerbliche und kulturelle (Zwischen-)Nutzungen. Innerstädtische Industriebrachen stellen in der Regel eine empfindlichere Störung des Stadtgefüges dar als periphere Gewerbebrachen, die oft kaum mehr wahrgenommen werden.

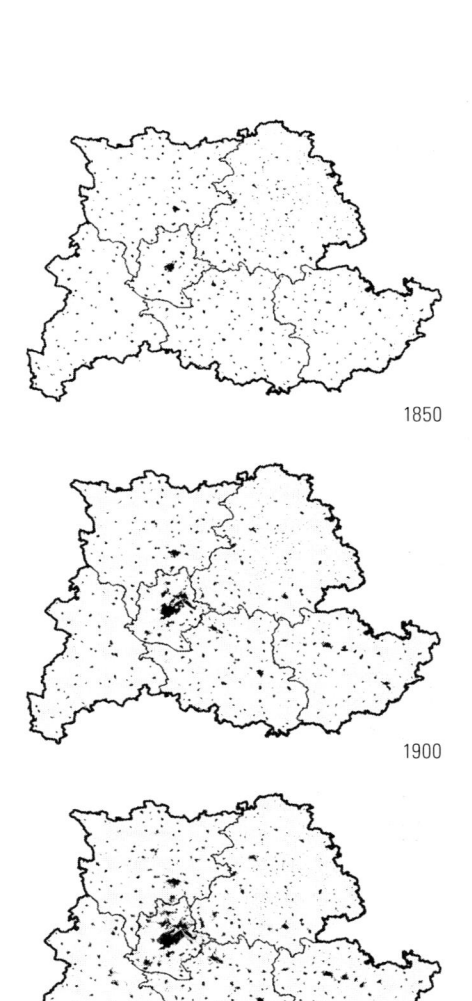

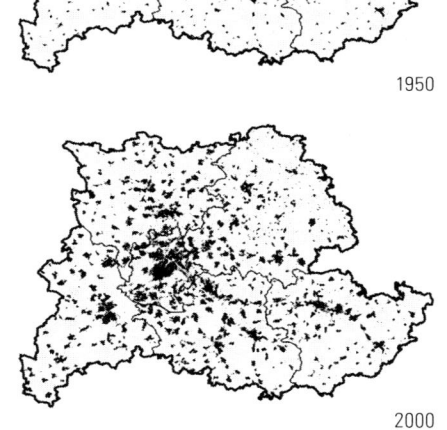

1850

1900

1950

2000

14 Siedlungsflächenentwicklung Region Stuttgart 1850–2007

15 Wachsen in großen Einheiten. Industriegebiet in der Region Stuttgart: Industrieschiene am Neckar

16 Großwohnsiedlung in der Region Stuttgart: Stuttgart-Neugereut

Im Gegensatz zu den gewerblichen Nutzungen kann in schrumpfenden Stadtregionen eine sinkende Nachfrage nach Wohnraum infolge des Bevölkerungsrückgangs zunächst ohne Brachfallen und Leerstände dadurch aufgefangen werden, dass sich die verbleibenden Haushalte im Bestand ausbreiten und so ihre Wohnfläche bei sinkenden oder unterproportional steigenden Kosten erweitern. Die Reihenfolge des Brachfallens und die Standorte der Wohngebietsbrachen ergeben sich aus ihrer jeweiligen Positionierung im Wohnungsmarkt. Die „schlechten" Wohnlagen werden zuerst aufgegeben: die „schlechtesten" Wohnungen innerhalb eines Wohngebäudes, die „schlechtesten" Wohngebäude innerhalb eines Wohnquartiers, die „schlechtesten" Wohnquartiere innerhalb einer Stadt. Die Umstrukturierung regelt sich dabei über den in diesem Fall sinkenden Mietpreis respektive Immobilienpreis. Im Extremfall sehr hoher Leerstände droht der Wohnungsmarkt zu kollabieren.

17, 18 Nutzungsintensivierung in wachsenden Regionen: Blick auf die Stuttgarter Königstraße um 1925 und um 2000

Nutzungsintensität: Parallel zur Flächenausdehnung vollzieht sich in wachsenden Stadtregionen eine Intensivierung der bereits zuvor bebauten Flächen, durch Umnutzung, durch höherwertige Nutzungen oder durch Abriss und Neubau, wobei lagegünstige Standorte – Erreichbarkeit, landschaftliche Vorzüge (Ufer- und Hanglagen) – bei der Nutzungsintensivierung Priorität haben. Während die Baudichte steigt, sinkt in gleichem Zuge die Belegungsdichte, weil die je Arbeitsplatz und Bewohner in Anspruch genommenen Flächen in Städten westlicher Länder zumindest bisher kontinuierlich steigen. In wachsenden Stadtregionen expandiert das Hauptzentrum. Die City weitet sich aus, die Bausubstanz wird immer schneller nachverdichtet und intensiver genutzt (Abb. 17 und 18). Mit wachsender Größe einer Stadt entstehen Nebenzentren zur Versorgung von Stadtteilen, es bildet sich eine Zentrenhierarchie heraus (vgl. Beitrag Aminde, Grammel, Stiehle, S. 105). Schrumpfende Stadtregionen „dünnen" dagegen aus und „entdichten" sich. Das Schrumpfen von Städten führt zur Schwächung sowohl des Hauptzentrums wie auch der Stadtteil- und Nebenzentren. Es ist dies allein schon eine unausweichliche Folge sinkender Kaufkraft infolge der Verringerung der Bevölkerung, wird aber verstärkt dort, wo dies auch mit sinkenden Einkommen verbunden ist. Dies führt dann dort meist auch zu spürbaren Banalisie-

19, 20 Nutzungsextensivierung in schrumpfenden Regionen: Rückbau von Plattensiedlungen und Umwandlung von Wohnscheiben in Stadthäuser (Leinfelde, Thüringen)

rungen des Angebots, wie sie vor allem in den Nebenzentren schrumpfender Städte augenfällig sind. In den Wohnquartieren sinkt die Belegungsdichte, da sich auch einkommensschwächere Gruppen mehr Wohnfläche leisten können, und oft auch die Bebauungsdichte, da Baulücken nicht mehr geschlossen werden und alter Wohnungsbau hoher Dichte durch Neubauten niedrigerer Dichte ersetzt wird (Abb. 19 und 20). Die bodenpreisgesteuerte Verdrängung ökonomisch schwacher Nutzungen durch stärkere ist partiell aufgehoben. Während sich in wachsenden Stadtregionen in der Regel wegen des hohen Flächendrucks schnell Nachnutzungen für Brachen finden, die durch Firmenschließungen, Aufgabe von Militärstandorten oder die Reorganisation des Schienenverkehrs entstehen (Abb. 21), fehlt in schrumpfenden Stadtregionen für eine zügige Wiedernutzung von Brachen die Nachfrage (Abb. 22).

21 Brachen in wachsenden Regionen. Nachnutzung des alten Messegelände Stuttgart-Killesberg. Schließung des Messestandorts im Jahre 2007 – Eröffnung der Seniorenresidenz Augustinum 2009

22 Brachen in schrumpfenden Regionen. Nachnutzung des alten Messegelände Leipzig. Schließung des Messestandorts im Jahre 1996 – noch keine intensive und dauerhafte Nachnutzung des Geländes

Freiflächen: In *wachsenden* Stadtregionen stehen Freiflächen grundsätzlich unter Siedlungsdruck und müssen unter Schutz gestellt werden, wenn sie aus sozialen, kulturellen oder ökologischen Gründen erhalten bleiben sollen. Im Siedlungsbestand verdanken sich die größeren erhaltenen öffentlichen Freiflächen entweder der vor- oder frühindustriellen Epoche (Stuttgarter Schlossgarten, Bremer Bürgerpark, Berliner Tiergarten) oder weitsichtiger Planung (Central Park in New York). Zu den wichtigsten Zielen der räumlichen Planung in wachsenden Stadtregionen gehört es, bedeutsame stadtnahe Landschafts- und Naturräume vor Bebauung und Zerschneidung zu schützen (Abb. 23). Dies geschieht in der Regionalplanung durch die Ausweisung von Grünzügen und Grünzäsuren sowie seit einigen Jahren auch durch die Schaffung regionaler Landschaftsparks. Ein zentrale Aufgabe hat hier auch der Landschafts- und Naturschutz (vgl. Beitrag Stokman, S. 61).

In *schrumpfenden* Regionen zeigt sich demgegenüber ein neues Phänomen. Die Natur kehrt in transformierter Form in die Stadt zurück, auf großen zusammenhängenden, dabei oft schwer zugänglichen und einsehbaren ehemaligen Bahnflächen ebenso wie in kleinen Baulücken, die nicht mehr geschlossen werden. Was das Erscheinungsbild schrumpfender Städte heute schon prägt, ist die enorme Auffächerung in der Lage, Größe, Ausgestaltung und Nutzung öffentlicher und privater

23 Regionaler Landschaftspark Neckartal
24 Lichter Hain im Leipziger Osten

städtischer Freiräume, da sich für die entstehenden Brachen keine intensiven Nachnutzungen finden. Die Freiflächen weisen ein sehr breites Nutzungsspektrum auf, das von striktem Naturschutz bis zu intensiver Zwischennutzung, von Stadtwildnis, urbaner Landwirtschaft bis zu neuer Parklandschaft reicht, in der eine eigene Ästhetik kultiviert wird (Abb. 24). Entsprechend variieren die Eingriffstiefe, der Gestaltungsanspruch und der Unterhaltungsaufwand.[9]

Sozialräumliche Differenzierung: In wachsenden Stadtregionen gibt es entsprechend dem Einkommensgefälle „gehobene", „weniger gehobene" und „einfache" Wohngebiete. In der Regel gilt: je zentrumsferner die Gebiete, desto höher das Einkommen, desto besser die Wohnqualität (vgl. Beitrag Siedentop, Zakrzewski, S. 75). Ein ähnliches Wertgefälle bildet sich auch bei Gewerbegebieten sowie Dienstleistungs- und Einzelhandelsstandorten heraus, die sich in unterschiedlichen Miet- und Bodenpreisen abbilden (Abb. 25 und 26). Im Zuge des städtischen Wachstums ergeben sich im Prinzip für alle Bewohner Chancen, ihre Wohnbedingungen allmählich zu verbessern, wenn auch nicht in gleichem Maße und auf das gleiche Niveau. Die Stadtbewohner „wandern" dann im Laufe ihres Lebens in der Stadt durch Umzüge – so das Modell – räumlich nach außen und hinsichtlich der Wohnqualität nach oben. In *schrumpfenden* Regionen nehmen die *sozialräumlichen Polarisierungen* innerhalb der Nutzungen offensichtlich zu, verlässliche Belege liegen allerdings nicht vor. Mit der Entlastung der Wohnungsmärkte erhöht sich die Wahlfreiheit der privaten Haushalte. Ob dies zu wechselseitiger Abschottung und Abschirmung von Quartieren führt, ob „Wohnformen der Angst"[10] die Regel werden oder ob es gelingt, die soziale und kulturelle Kohärenz der Stadt auch in Phasen des Schrumpfens zu bewahren, ist derzeit noch nicht absehbar.

25 Ausländeranteil an der Gesamtbevölkerung nach Bezirken in Stuttgart 2006

26 Ausländeranteil an der Gesamtbevölkerung nach Bezirken in Leipzig 2002

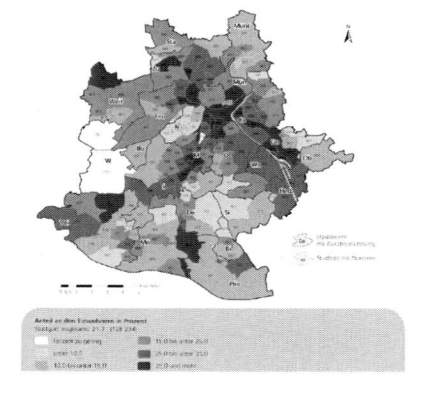

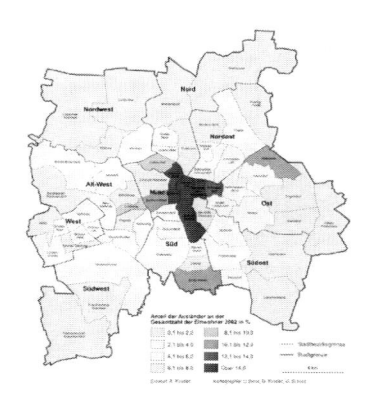

Für wachsende wie für schrumpfende Städte gilt: Stadtentwicklung ist Stadterweiterung, Stadterneuerung und Stadtumbau zugleich, aber in je anderer Gewichtung und mit teils anderer Richtung. Während uns die langfristige Verlaufslogik wachsender Stadtregionen vertraut ist, lässt sich derzeit noch nicht sagen, welche Strukturen schrumpfende Stadtregionen ausbilden werden. Es ist anzunehmen, dass sich unterschiedliche Typen von schrumpfenden Städten identifizieren lassen werden. Zwar scheint sich abzuzeichnen, dass Klein- und Mittelstädte sowie Städte, die ihr Wachstum einseitiger Industrieentwicklung und politischen Standortentscheidungen verdankten, langfristig mit sehr viel massiveren Transformationen infolge des Schrumpfens zu rechnen haben als größere Städte mit einer differenzierten ökonomischen Basis und wichtigen Zentrumsfunktionen. Eine Typologie schrumpfender Städte in dieser Perspektive gibt es jedoch bisher nicht.

Erste Hinweise über die Verlaufslogik kann ein Blick auf die Entwicklung von Städten in Nordengland geben, die schon seit einigen Jahrzehnten durch Prozesse des Schrumpfens geprägt sind. Dort konnte man zwei Phasen unterscheiden: eine erste dramatische Phase des Rückgangs an Arbeitsplätzen und Bevölkerung mit den entsprechend dramatischen stadträumlichen Wirkungen (flächenhafte Leerstände und Abrisse) und eine zweite Phase der Konsolidierung auf reduziertem Niveau.[11] In der zweiten Phase verschwinden zwar zusammenhängende Leerstände an Wohn- und Gewerbebauten, es gibt aber nach wie vor, unsystematisch verteilt, einzelne leere, verfallende und vernachlässigte Bauten, auch in zentraler Lage oder oft in unmittelbarer Nähe neuer Quartiere und neuer Bauten. Kleinräumig gemusterte Kontraste zwischen Inseln des Verfalls und des Neubeginns, das Unfertige und Vorläufige als Normalfall scheinen das Signum der geschrumpften Stadt in der Konsolidierung zu sein. Es wird abzuwarten sein, ob dieses aus England bekannte Muster sich auch bei der Entwicklung schrumpfender Städte in Deutschland durchsetzen wird oder ob man angesichts des hier prognostizierten heftigeren demographischen Wandels mit einem anderen Verlauf zu rechnen hat.

3 Planung der Stadtentwicklung

Die moderne Stadtplanung ist in der Phase der Verstädterung in der zweiten Hälfte des 19. Jahrhundert im Bemühen entstanden, die krisenhaften Begleiterscheinungen des stürmischen Stadtwachstums zu bewältigen. Stadtplanung hat immer versucht, modifizierend auf diesen Prozess des städtischen Wachstums Einfluss zu nehmen, dabei bestrebt, die negativen Folgen (Landschaftsverbrauch, wechselseitige Störungen von Nutzungen, Verdrängungsprozesse...) abzuschwächen durch:

- Regulierung von Nutzungsart und Nutzungsintensität zur Konfliktvermeidung,
- Allokation der sozialen und technischen Infrastruktur,
- Gefahren- und Schadensabwehr,
- Schutz gefährdeter Nutzungen und Güter (Naturschutz, Denkmalschutz ...),
- Flächen- und Ressourcenmobilisierung.

Wo überkommene und verfestigte Strukturen allein durch Marktprozesse nicht gelockert und städtebauliche Missstände auch in wachsenden Städten durch kommunale Planung nicht beseitigt werden können, unterstützen staatliche Förderprogramme im Rahmen der Stadterneuerung und Stadtentwicklung (vgl. den Beitrag von Simon-Philipp, S. 357).

Es geht um eine möglichst optimale räumliche Zuordnung von Funktionen und Ressourcen, um Marktversagen zu kompensieren und die Güter zu schützen, die sonst Marktprozessen zum Opfer fielen. Während Planung in wachsenden Stadtregionen versucht, die richtigen Standorte und Bauten für eine vorhandene Nutzernachfrage zu finden, steht sie in schrumpfenden Stadtregionen vor der Aufgabe, für vorhandene Standorte und Bauten die Nutzernachfrage zu suchen oder zu erzeugen. Unter den Bedingungen des Schrumpfens verliert die räumliche Planung damit grundsätzlich an Handlungsfähigkeit. Die bemerkenswerte Fülle neuer Planungsansätze vor allem im Stadtumbau, die in ostdeutschen Städten in den vergangenen zehn Jahren entwickelt und verfolgt wurden, lassen sich als kreativer Versuch interpretieren, verloren gegangenen Handlungsspielraum durch qualitativen Wandel und Innovation zurückzugewinnen. Bis heute ist der Stadtumbau, nicht nur in Ostdeutschland, in hohem Maße an Art und Umfang externer Ressourcen (Fördermittel, Subventionen...) gebunden.[12] Diese Ressourcen werden aber in dem Maße, wie das Schrumpfen der Stadtregionen zum Regelfall wird und seinen dramatischen Charakter verliert, nicht mehr in dem bisher gekannten Umfang zur Verfügung stehen können.

Literatur

Akademie für Raumforschung und Landesplanung (Hg.): Handwörterbuch der Raumordnung. Hannover 2005

Bundesamt für Bauwesen und Raumordnung (Hg.): Bundesraumordnungsbericht 2005. Bonn 2005

Gaebe, Wolf: Urbane Räume. Stuttgart 2004

Häußermann, Hartmut (Hg.): Großstadt. Soziologische Stichworte. 2. Auflage. Opladen 2000

Häußermann, Hartmut/ Siebel, Walter: Stadtsoziologie. Eine Einführung. Frankfurt 2004

Heineberg, Heinz: Grundriss Allgemeine Geographie: Stadtgeographie. 3. Auflage. Stuttgart 2006

Informationen zur Raumentwicklung. Themenheft Stadtumbau, Heft 10/11 (2003) und Themenheft Stadtumbau. Fortsetzung, Heft 7 (2009)

Institut für Länderkunde (Hg.): Nationalatlas Bundesrepublik Deutschland. Band 5. Dörfer und Städte. Heidelberg/ Berlin 2002

Knox, Paul, L./ Marston, Sallie A.: Humangeographie. 4. Auflage. Heidelberg 2007

Krätke, Stefan: Stadt – Raum – Ökonomie. Einführung in aktuelle Problemfelder der Stadtökonomie und Wirtschaftsgeographie. 2. Auflage. Basel/ Boston/ Berlin 2000

Endnoten

1. Vgl. Benke, Carsten: Historische Schrumpfungsprozesse. Urbane Krisen und städtische Selbstbehauptung, in: Gestring, Norbert/ Glasauer, Herbert/ Hannemann, Christine/ Petrowsky, Werner/ Pohlan, Jörg (Hg.): Jahrbuch StadtRegion 2004/05: Schrumpfende Städte. Wiesbaden 2005, S. 49–70.

2. Die Verknüpfung dieser Begriffe zur Charakterisierung der zeitlichen Abfolge von Stadtentwicklungsphasen in historischer Perspektive geht zurück auf: Van den Berg, Leo et al.: A Study of Growth and Decline. Oxford 1982. Sie sind inzwischen in viele Lehr- und Handbücher übernommen worden, ohne aber dass darin zwingend die in der Ursprungsstudie zugrunde gelegten Definitionen übernommen wurden.

3. Weiterführend zur Urbanisierung in Deutschland: Reulecke, Jürgen: Geschichte der Urbanisierung in Deutschland. Frankfurt a. M. 1985, und zu den Formen ihrer städtebaulichen Ausprägung vgl. Kieß, Wolfgang: Urbanismus im Industriezeitalter. Von der klassizistischen Stadt zur Garden City. Berlin 1991

4. Weiterführend vgl.: Brake, Klaus/ Dangschat, Jens/ Herfert, Günter (Hg.): Suburbanisierung in Deutschland. Aktuelle Tendenzen. Opladen 2001, und zur städtebaulichen Ausprägung der Wohnsuburbanisierung Harlander, Tilman et al. (Hg.): Villa und Eigenheim. Suburbaner Städtebau in Deutschland. München/ Stuttgart 2001

5. Vgl. Garreau, Joel: Edge Cities. Life on the New Frontier. New York 1992; Lang, Robert/ LeFurgy, Jennifer: Boomburbs. The Rise of America's Accidental City. Washington D.C. 2007; Jakle, John A., Wilson, David, Derelict Landscapes. The Wasting of America's Built Environment. Savage 1992; Westphal, Helmut: Wachstum und Verfall der Städte. Ansätze einer Theorie der Stadterneuerung. Frankfurt/ New York 1979

6. Weiterführend Brake, Klaus/ Herfert, Günter (Hg.): Reurbanisierung. Materialität und Diskurs in Deutschland. Wiesbaden 2012. Zur städtebaulichen Ausprägung: Holl, Christian/ Jessen, Johann: Aufwertung des innerstädtischen Wohnens seit den 1970er Jahren. In: Harlander, Tilman et al. (Hg.): Stadtwohnen. Geschichte – Städtebau – Perspektiven. München 2007

7. Vgl. stellvertretend für viele: Heineberg, Heinz: Grundriss Allgemeine Geographie: Stadtgeographie. 3. Auflage. Stuttgart 2006

8. Vgl. Jessen, Johann: Stadtverdünnung? Wie verändert sich die funktionalräumliche und morphologische Struktur von Städten unter den Bedingungen des Schrumpfens? In: Giseke, Undine/ Spiegel, Erika (Hg.): Stadtlichtungen. Bauwelt Fundamente 136. Basel/ Gütersloh/ Berlin 2007, S. 47–62

9. Vgl. Giseke, Undine: Und auf einmal ist Platz. Freiräume und beiläufige Landschaften in der gelichteten Stadt. In: Giseke, Undine/ Spiegel, Erika (Hg.): Stadtlichtungen. Bauwelt Fundamente 136. Basel/ Gütersloh/ Berlin 2007, S. 187 217

10. Jeffries, Tom, Swanson, Neil: Wohnformen der Angst. In: Oswald, Philipp (Hg.): Schrumpfende Städte. Band 1: Internationale Untersuchung. Ostfildern 2005, S. 280–287

11. Vgl. Brombach, Karoline/ Jessen, Johann,/ Küchel, Lisa/ Lang, Thilo/ Sonntag, Monika: Gesamtfazit zu Stadtumbau-Vorhaben in Großbritannien. In: Bundesamt für Bauwesen und Raumordnung (Hg.): Werkstatt: Praxis Heft 37, Bonn 2005, S. 51

12. Hier sind vor allem die Bund-Länder-Förderprogramme Stadtumbau-Ost (aufgelegt 2002) und Stadtumbau-West (aufgelegt 2005) zu nennen. Vgl. auch den Beitrag Simon-Philipp, S. 345

Abbildungsnachweis

1. BMVRS & BBSR: Nationalbericht Stadtentwicklung 2009. Berlin, Bonn, S. 23
2, 5, 8. Jessen
3. Bruckmann: Beiträge zum Stuttgarter Westen. Stuttgart 1984, S. 131
4. Kastorff-Viehmann: Wohnungsbau für Arbeiter. Aachen 1981, S. 184
6. Brugger: Landschaft im Wandel, Stuttgart 1990, S. 42-43
7. Grohe/ Schukraft: Flug über die Region Stuttgart. Stuttgart 2004, S. 156
9. Stadtbauwelt 127 (1995), S.1986, Berlin
10. wikipedia.org/wiki/Southfield,_MI
11, 12. Jessen
13. Lütke-Daldrup/ Zlonicky (Hg.): Große Projekte in deutschen Städten. Berlin 2009, S. 71
14. Verband Region Stuttgart
15. /blog.daimler.de/wp-content/uploads/2008/01/
16. Grohe/Schukraft: Flug über die Region Stuttgart. Stuttgart 2004, S. 98
17. Holoch (Hg.): Stuttgart im Wandel der letzten 80 Jahre. Stuttgart 1987, S. 94
18. farm1.static.flickr.com
19. Santifaller, Baumeister (Hg.): Baukulturführer 12 – Stadtvillen Leinfelde-Worbis. Amberg 2004, S. 6
20. www.expo2010-deutschland.de
21, 25. Stadt Stuttgart
22, 24. Thomas Wolf
23. klaus.fotogalerie-stuttgart.de
26. Schmidt/ Mayer/ Wiktorin: Der Leipzig Atlas. Calbe 2005, S. 91

KERSTIN GOTHE

Planung im ländlichen Raum

1 Gleiche oder unterschiedliche Lebensbedingungen in Stadt und Land?

Die ländlichen Räume in Deutschland haben sich in den vergangenen Jahrzehnten erheblich verändert. Waren sie in den 1950er und 1960er Jahren noch von Landwirtschaft, einer geringen Bevölkerungsdichte und einer gewissen Rückständigkeit geprägt, so haben sich die Lebensverhältnisse auf dem Land in den vergangenen Jahrzehnten stark an die der urbanen Räume angepasst. Die Landwirtschaft ist in den letzten 50 Jahren sehr viel produktiver geworden: Ein Landwirt ernährte 1950 zehn Menschen und 2004 mehr als 140 Menschen. Die Landwirtschaft hat sich industrialisiert und konzentriert: Die Zahl der Betriebe ging deutlich zurück. Inzwischen bewirtschaften in Baden-Württemberg zwölf Prozent der Betriebe über 50 Prozent der landwirtschaftlichen Nutzfläche. Die landwirtschaftliche Produktion ist auch keineswegs die Haupteinkommensquelle auf dem Land, im Gegenteil: In vielen ländlichen Räumen trägt sie nur noch zu einem sehr geringen Teil zur Bruttowertschöpfung der ländlichen Bevölkerung bei. Andere Einkommensquellen (Industrie, Dienstleistungen, insbesondere im Bereich Tourismus) sind hinzu gekommen.[1]

Durch diesen Wandel in der Erwerbstätigkeit hat sich das Leben auf dem Land dem in der Stadt schrittweise angenähert. Aber auch eine verbesserte Infrastrukturausstattung (Sportstätten, Kultureinrichtungen, ...), eine verbesserte Erreichbarkeit der ländlichen Räume und nicht zuletzt der Ausbau der Kommunikationstechniken in den letzten Jahren haben dazu beigetragen, dass zwischen (vor-) städtischer und ländlicher Lebensweise heute kaum noch ein Unterschied besteht.

1 Ländlicher Raum, das Bild in unseren Köpfen

2 Definitionen des Ländlichen

Wie Ländlicher Raum zu definieren ist, ist umstritten. Die OECD hat als Maßstab eine Dichte von 150 Einwohnern je Quadratkilometer als Definition für Ländlichen Raum. Danach gäbe es in Baden-Württemberg nur wenige ländliche Räume.

Die Bundesraumordnung für Deutschland nimmt seit 2010 ergänzend eine Raumtypisierung vor, bei der drei Indikatoren in einer Karte zusammengefasst werden: die Bevölkerungsdichte, der Siedlungsflächenanteil (auf der Ebene der Gemeinde) und die Erreichbarkeit der Zentren (auf großmaßstäblicher Ebene). Daraus ergeben sich Kategorien wie „sehr peripher, teilweise städtisch" oder „sehr zentral, ländlich". Zur besseren Lesbarkeit sind die Indikatoren Einwohnerdichte (links) und Erreichbarkeit (rechts) gesondert abgedruckt (vgl. Abb. 3).

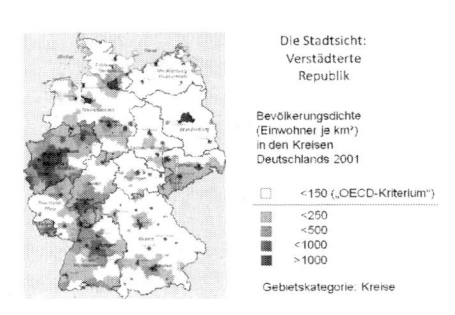

2 Bevölkerungsdichte als Kriterium für Ländlichen Raum

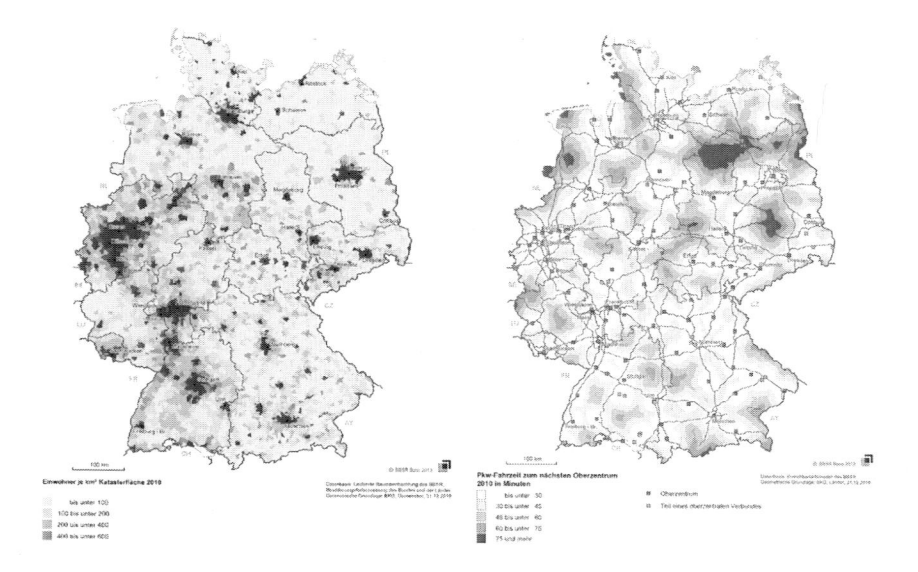

3 Einwohnerdichte (EW je Quadratkilometer) und Erreichbarkeit von Oberzentren (in Minuten PKW-Fahrzeit)

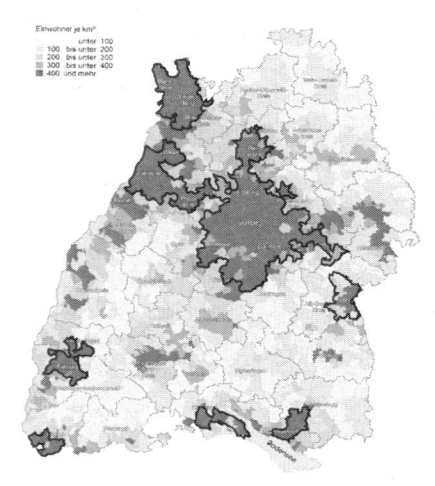

4 Bevölkerungsdichte in Baden-Württemberg nach Gemeinden 2010 und Abgrenzung des Ländlichen Raumes nach Landesentwicklungsplan

So lässt sich der ländliche Raum klarer differenzieren. Kritiker sehen in dieser Klassifizierung die Vorstellung unterlegt, dass die Wissensgesellschaft von einer „kreativen Klasse" in den Metropolkernen getragen wird und ländliche Räume hierzu keinen (...) Entwicklungsbeitrag leisten könnten." Sie betonen dem gegenüber bei vielen ländlichen Räumen regionsspezifische Ansätze zu eigenständiger, nachhaltiger Entwicklung – etwa dezentrale Energieversorgung mit erneuerbaren Energien oder lokale Wissenspotenziale der Region, und damit durchaus Voraussetzungen für eine Teilnahme an weltwirtschaftlichen Austauschprozessen.[2]

In den Bundesländern legt außerdem der Landesentwicklungsplan Raumkategorien aus der Sicht des Landes fest.[3] Nach dieser Definition sind etwa in Baden-Württemberg 70 Prozent der Landesfläche Ländlicher Raum, ein Drittel der Bevölkerung lebt dort. Daneben gibt es etliche weitere Definitionen des Ländlichen Raums, die sich je nach Interesse des Definierenden und je nach betrachtetem räumlichen Umgriff unterscheiden.

Untersuchungen zur Lebensweise und Wohnzufriedenheit in der Stadt und auf dem Land zeigen: Die Wohnungsausstattung in Stadt und Land hat sich nach dem 2. Weltkrieg in Deutschland nach und nach angenähert. Zentralheizung, Bad und WC gehören schon seit langem sowohl hier wie dort zum selbstverständlichen Standard. Auch die Versorgung mit Schulen, Kindergärten, Schwimmbädern ist vergleichbar. Nur bei spezialisierten Einrichtungen wie Bibliotheken oder Fachhochschulen dünnt sich das Angebot in ländlichen Standorten aus. Orchester und Hochschulen konzentrieren sich in den großen und mittleren Städten. Ländliche Räume werden weniger durch Umweltbelastungen (Lärm, Hitzestress im Sommer, Umweltverschmutzung) beeinträchtigt.

Die Einwohnerdichte unterscheidet sich und damit die Wohnform: Im Verdichtungsraum leben die Menschen überwiegend in gestapelten Wohnungen, sie müssen vielfältige Kompromisse eingehen: Sie können nicht musizieren, wann sie wollen, müssen Rücksicht nehmen, ihre Kinder reglementieren. Im Ländlichen Raum ist das Einfamilienhaus noch immer die dominante Wohnform – mit Abstand zum Nachbarn und Möglichkeiten zur persönlichen Entfaltung.

Allerdings benötigt der Landbewohner ein Auto: Während in den Großstädten ein Drittel der Haushalte kein eigenes Auto hat, sind dies in Landgemeinden nur 17 Prozent. Und während in der Stadt weniger als die Hälfte der Erwerbstätigen mit dem Auto zur Arbeit fahren, sind dies in den Landgemeinden 73 Prozent.[4]

Unterschiede finden sich im Verhältnis zur Nachbarschaft: In der Großstadt sind auch Nachbarn eher flüchtig oder kaum bekannt, auf dem Lande ist man mit mehr Leuten "näher bekannt": Man hilft sich öfter aus oder besucht sich. Diese Unterschiede werden bei längerer Wohndauer prägnanter. Heute sind laut repräsentativer Umfragen auf dem Lande 90 Prozent der Nachbarn näher bekannt oder sogar Freunde, während etwa jeder vierte Großstadt-Bewohner den distanzierten Lebensstil auch bei langer Wohndauer beibehält. Unterschiede zeigen sich in den lokalen Bindungen[5]: Vor allem Menschen in Kleinstädten und Landgemeinden außerhalb der Großstadtregionen sind dort auch stark verwurzelt.

3 Dorftypologien

3.1 Lage und Form von Dörfern

Die ländlichen Siedlungen in Deutschland sind früh entstanden, viele Dörfer entwickelten sich bereits im 9. und 10. Jahrhundert, viele Städte dagegen erst im 11. und 12. Jahrhundert. Die Lage der Dörfer in der Landschaft bestimmte sich häufig nach verfügbarem Wasser, klimatischen Gegebenheiten, Boden und Vegetation: viele entstanden etwa im Bereich der sogenannten Ökotopengrenzlage oberhalb der Überschwemmungsgebiete, oft zwischen den Viehweiden entlang der Flüsse, und den Feldern, die sich an den Hängen anschlossen.[6] Es gibt viele Formen, wie Dörfer angelegt wurden (vgl. Abb. 5). Man unterscheidet:

- Linearsiedlungen, wie Straßendörfer, Marschhufen- oder Moorhufendörfer, die planmäßig längs eines Entwässerungskanals angelegt wurden,
- Platzsiedlungen wie das Angerdorf oder den Rundling und
- Siedlungen mit flächigem Grundriss wie Haufendörfer.[7]

Diese historischen Dörfer bilden auch heute noch häufig das Grundgerüst des Ortskernes.

3.2 Dorferweiterungen der Nachkriegszeit

Viele Dörfer wurden nach 1945 durch Neubausiedlungen ergänzt, die typologisch eher an Vorstadt-Siedlungen erinnern und sich in ihrer Gestalt und Funktion von den traditionellen Dörfern unterschieden: Hier entstanden überwiegend Wohngebäude – im Gegensatz zum Kern-Dorf, in dem die Gebäude noch lange gleichzeitig dem Wohnen und Arbeiten (in der Landwirtschaft oder im Handwerk) dienten. Sie nehmen in den Dörfern heute vielfach ein Mehrfaches der Siedlungsfläche ein und sind durch einen wenig spezifischen, durch Fertighäuser und Baumaterialien aus den Baumärkten geprägten Baustil gekennzeichnet. Das heutige Erscheinungsbild der Dörfer wird also bestimmt durch die oft immer noch landwirtschaftlich, manchmal auch gewerblich geprägten Ortskerne, deren Geschichte oft ins frühe Mittelalter zurückreicht, und die Wohn- und Gewerbegebiete aus den 1950er bis 1990er Jahren, die sich wie Schichten an diese Ortskerne angelagert haben.

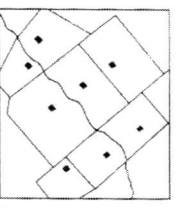

Einzel- und Streusiedlung

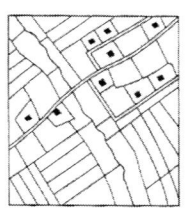

Lockere Dörfer (Weiler, Haufendorf)

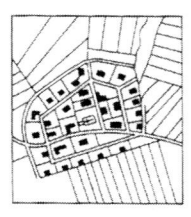

Geschlossene Dörfer (Weiler, Haufendorf, Wurtendorf)

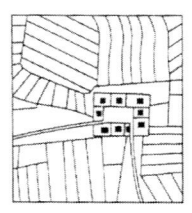

Rechteckplatz-dörfer

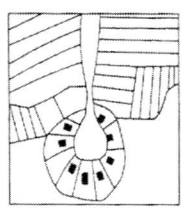

Rundplatz-Dörfer (Rundling)

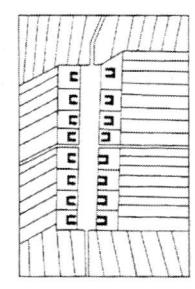

Angerdörfer

Straßendörfer (Wegedorf, Sackgassendorf)

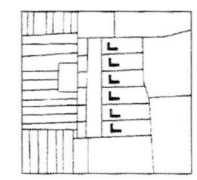

Zeilendörfer

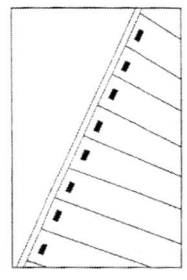

Reihendörfer (Waldhufen-, Marschhufen-, Moorhufendorf)

5 Grundrisstypen ländlicher Siedlungen

6 Luftbild eines Dorfes (Großbettlingen) 1956 und 1987

7 Verwahrlosung leerstehender Gebäude

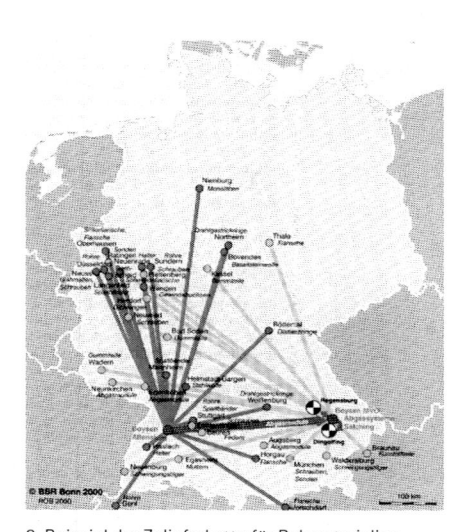

Die Gebäude in den alten Ortskernen sind vielfach nicht renoviert, investiert wird am Ortsrand, in den Neubaugebieten. Dies führt heute zu Leerständen, Unternutzung und verfallenden Gebäuden ausgerechnet in den Bereichen, die das spezifische Bild der Orte am stärksten prägen.

4 Ländlicher Raum ist nicht gleich Ländlicher Raum

Mit dem Wandel der Erwerbstätigkeit auf dem Land haben sich die ländlichen Räume ausdifferenziert: Charakteristikum der Dörfer kann das Wohnen sein – ebenso wie Industrie, Tourismus oder eine hocheffiziente Landwirtschaft:

Schwerpunkt Wohnen
Ländliche Räume – nicht nur die am Rande der Verdichtungsräume – dienen zunehmend als Wohnsitz für Menschen mit Arbeitsplatz in den Zentren. Das Internet macht auch die Arbeit im Home-Office möglich. Insbesondere entlang der Autobahnen gibt es Wohngemeinden für Pendler, die hier günstige Grundstücke finden.

Schwerpunkt Industrie und Gewerbe
Dörfer und Kleinstädte im Ländlichen Raum sind häufig Standorte industrieller Produktion. Gut ausgebaute Verkehrswege und Telekommunikation (Breitbandnetze) ermöglichen die dezentrale Organisation der Produktion. Teils finden sich im ländlichen Raum auch sogenannte „hidden champions", relativ unbekannte kleine oder mittelständische Unternehmen, die in ihrem Sektor jedoch Marktführer sind und oft weltweite Geschäfts- und Lieferbeziehungen haben (vgl. Abb. 8).

8 Beispiel der Zulieferkette für Rohmaterialien und Halbfertigfabrikate für Abgasanlagen des Autoherstellers BMW: In Altensteig, einem kleinen Ort im Schwarzwald, werden die Teile, die aus ganz verschieden Orten in Süddeutschland kommen, entwickelt, gefertigt und die Abgasmodule montiert. In Salchingen, einem kleinen Ort in Niederbayern, findet die Endmontage statt. Von dort aus werden die Abgasanlagen an die Montagebänder von BMW in Bayern geliefert und eingebaut.

Schwerpunkt Tourismus
Insbesondere in landschaftlich attraktiven Regionen (Mittelgebirge, Küsten- und Seenlandschaften) ist der wirtschaftliche Schwerpunkt häufig Tourismus und Erholung. Vielfach sind die Dörfer von Rentner-Wohnsitzen und/ oder Zweitwohnungen geprägt. Diese können den Bodenmarkt verzerren und dazu führen, dass die Einheimischen sich in ihren eigenen Dörfern keine Grundstücke mehr leisten können. Einige Gemeinden etablieren daher einen eigenen Grundstücksmarkt für Einheimische.

Schwerpunkt Landwirtschaft
Prägend ist immer noch die Landwirtschaftliche Produktion, die in industrialisierter Form teilweise verbunden mit entsprechenden Verarbeitungsindustrien betrieben wird (beispielsweise Oldenburger Münsterland mit der größten Dichte an Geflügel-, Schweine- und Rinderzuchtbetrieben verbunden mit dem entsprechenden Agribusiness). Andere Landschaften verlieren ihre landwirtschaftliche Funktion, etwa Teile des Schwarzwalds oder Steilhänge entlang des Rheins, wegen der schwierigen Bewirtschaftung.

Schwerpunkt Energie-Produktion
Als eine Sonderform der Landwirtschaft kann die Energiewirtschaft angesehen werden, bei der ehemals landwirtschaftliche Flächen für die Produktion erneuerbarer Energien genutzt werden: Windräder, Biogas-Anlagen verbunden mit Anbauflächen für entsprechende Pflanzen (insbesondere Mais), Flächen mit Photovoltaik-Anlagen sowie Plantagen mit schnell wachsenden Hölzern als Brennmaterial fallen darunter.

9 Energielandschaften: Biogasanlagen, Windenergie- und Photovoltaik-Parks

Es gibt ländliche Regionen, die erheblich an Einwohnern und Wirtschaftskraft verlieren – aus unterschiedlichen Gründen: der Wegzug der aktiven jüngeren Bevölkerung, unzureichende wirtschaftliche Perspektiven – etwa infolge der Wende, infolge der Aufgabe von wichtigen Industriebetrieben (Porzellanherstellung, Schuhproduktion, Textilproduktion) oder infolge eines Tourismus ohne Perspektive. Die Zahl der „schrumpfenden Dörfer" wächst. Hier wird stellenweise bereits darüber diskutiert, ob Dörfer ganz aufgegeben werden müssen.

5 Rechtliche Rahmenbedingungen für die Entwicklung von Dörfern

In den vergangenen Jahrhunderten hat sich eine Arbeitsteilung zwischen Stadt und Land entwickelt, die sich bei allen gesellschaftlichen und wirtschaftlichen Umbrüchen als erstaunlich haltbar erwiesen hat:

Die kleinen und großen Städte sind die *zentralen Orte*, die sich mehr oder weniger engmaschig über das Land verteilen (vgl. Abb. 10). Diese Struktur wird durch die Regional- und Landesplanung seit den 1960er Jahren gestärkt: An den zentralen Orten wird die Versorgung mit öffentlichen und privaten Gütern und Dienstleistungen konzentriert und das öffentliche Verkehrsnetz wird möglichst auf sie ausgerichtet.

Dörfer sind im Einzugsbereich von Großstädten vielfach eingemeindet worden, oder aber sie sind selbstständig geblieben, haben jedoch einen deutlichen Strukturwandel erfahren. Auch Dörfer im Ländlichen Raum sind vielfach nicht mehr selbstständig: Spätestens seit der Kommunalreform in den 1970er Jahren wurden vielerorts Dörfer mit ihren Nachbardörfern zu Kommunen mit mehreren, ehemals selbstständigen Ortsteilen zusammengefasst mit dem Ziel, sie effizienter zu verwalten.[8]

Im Gegensatz zu vielen anderen europäischen Ländern ist bei uns auf dem Land die Unterscheidung zwischen besiedelter Fläche (Dorf) und Landschaft erkennbar (vgl. 11). Sie wird gestärkt durch das baurechtliche *Instruments des Außenbereichs*: Das Bauplanungsrecht unterscheidet zwischen dem Innenbereich (§ 34 BauGB), also dem überplanten Bereich, in dem die Siedlung sich erweitern soll, und dem Außenbereich (§ 35 BauGB). Im Allgemeinen darf man nur in den Orten und in den Plangebieten am Rande der Orte bauen.

Im Außenbereich sind (etwas vereinfacht) zulässig: Bauernhöfe, öffentliche Versorgungsbetriebe, beispielsweise Telekommunikation, Wärme, Abwasser und Einrichtungen, die wegen ihrer nachteiligen Wirkungen auf die Umgebung nicht in eine Siedlung gehören, zum Beispiel ein Zementwerk. Wohnhäuser oder Gewerbegebäude, die nicht privilegiert sind, werden also im Außenbereich nicht zugelassen (vgl. Beitrag Büchner/Heer, S. 313). Denkbar ist, dass diese Tradition durch den Begriff der Landschaft und ihre Rezeption durch den Betrachter in der Landschaftsmalerei des 19. Jahrhunderts mitgeprägt wurde. Sie förderte die Liebe zur Landschaft und thematisierte die Entfremdung des Menschen von der Natur. Die Natur dient als Projektionsfläche für Empfindungen und Sehnsüchte des Betrachters. Auch das Verhältnis von Siedlung und Landschaft wird dargestellt, wie etwa von Caspar David Friedrich in seinem Bild „Wiesen bei Greifswald" (vgl. 12).

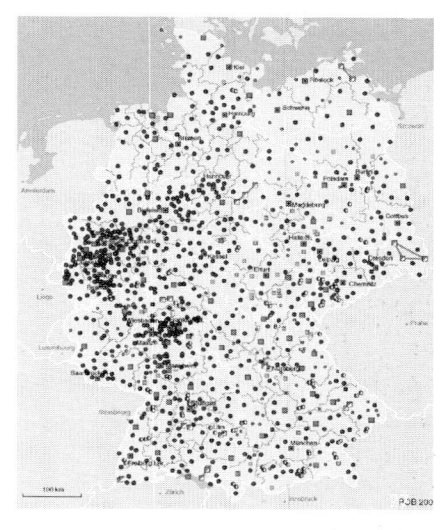

10 Verteilung zentraler Orte in Deutschland

11 Klare Grenzen zwischen besiedelter und nicht besiedelter Fläche

12 C. D. Friedrich: Wiesen bei Greifswald

6 Aktuelle Herausforderungen für den ländlichen Raum in Baden-Württemberg

Im Folgenden werden aktuelle Tendenzen skizziert und die Herausforderungen beschrieben, mit denen die ländlichen Räume in Baden-Württemberg in den kommenden Jahren konfrontiert sein werden. Es geht ausdrücklich nicht um stark schrumpfende ländliche Regionen.

Der *demografische Wandel* wird sich in Zukunft sehr viel deutlicher manifestieren, als dies bisher bereits mancherorts geschehen ist (vgl. Beitrag Siedentop/Zakrezewski, S. 75): Die Bevölkerung wird älter, die Zuwanderung geht zurück; jüngere Haushalte wandern tendenziell in die Stadt ab, so dass mit Wanderungsgewinnen im ländlichen Raum weniger als bisher gerechnet werden kann. Häuser in den Dorfkernen werden vermehrt leer stehen oder stark untergenutzt werden: viele große Häuser werden lediglich von einer oder höchstens zwei Personen, häufig im fortgeschrittenen Alter, bewohnt werden.

Viele Eigentümer halten Investitionen zurück, sie schieben Entscheidungen auf – in Folge ihres Alters oder weil sie keinen Entschluss fassen wollen (Stichwort Erbengemeinschaften). Sicherlich ist manch einer, der sein Gebäude eigentlich veräußern wollte, enttäuscht von den Erlösen und zieht das Eigentum vom Markt in der Hoffnung auf steigende Bodenpreise. Dies tritt jedoch in vielen Fällen nicht ein, sondern im Gegenteil: Im Ort macht sich eine gewissen Lethargie breit. Man möchte nicht wahrhaben, dass Bodenpreise und Immobilienpreise sinken; dies hat negative Effekte für die Nachbarschaft. Der gesamte Standort gerät in eine Abwärtsspirale. Die Leerstände innerorts führen zu dem „Doughnut-Effekt" (leerer Kern, bewohnter Rand).

Dies hat zweierlei Konsequenzen: Zum einen verlieren viele Ortskerne deutlich an Lebendigkeit, dabei sind sie meist besonders wichtig für die Identität und das Gesicht eines Ortes. Zum anderen ist die soziale und auch tiefbautechnische Infrastruktur nicht genügend ausgelastet: Da sie häufig nicht oder nur begrenzt an eine verringerte Auslastung angepasst werden kann, verteilen sich gleichbleibende, teilweise sogar höhere Kosten für Infrastruktur auf weniger Schultern. Die Kosten für einen Kindergarten sinken nicht nennenswert, wenn ihn statt 40 nur noch 20 Kinder besuchen. (Stichwort Remanenzeffekt)

Die *Versorgung mit Gütern und Dienstleistungen* dünnt sich aus – dies gilt für Schulen, Kirchen, Läden, Gasthäuser oder Sportstätten gleichermaßen. Schon seit Jahren ist dieser Prozess in Gang. Hier werden aktuell neue Formen der Versorgung entwickelt, wie etwa mobile Versorgung (Bücherbus, Rollender Laden), Lieferdienste (Essen auf Rädern), die Kooperation mehrerer Anbieter von Leistungen oder Waren (beispielsweise sogenannte Multifunktionsläden), Filialkonzepte, Integrationskonzepte, bei denen Behinderte die Dienstleistung tragen oder Bürgerangebote, bei denen örtliche Vereine oder Genossenschaften Leistungen in eigener Regie erbringen. Öffentlicher Nahverkehr ist insbesondere unter Bedingungen des Schrumpfens nur

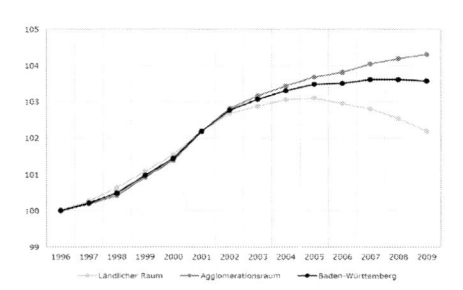

13 Veränderung der Einwohnerzahl in Baden-Württemberg (Basisjahr 1996=100). Die Bevölkerung im ländlichen Raum nimmt ab.

14 Vorgehen bei der Innenentwicklung: Erhebung, Kommunikation und Konzeption werden nicht nacheinander durchgeführt, sondern werden im Verfahren immer wieder untereinander rückgekoppelt.

1 Erhebung	2 Kommunikation, Erörterung	3 Konzeption
• unbebautes, ausgewiesenes Bauland, innerörtliche Brach- oder Konversionsflächen • Baulücken • potenzielle Baulücken (beispielsweise Grundstücke mit großen Freiflächen und Nachverdichtungspotenzial) • Leerstände • potenzielle, verdeckte Leerstände (zum Beispiel sehr große Wohnungen, die von einer Person über 70 bewohnt werden oder untergenutzte Scheunen)	• Preisbildung (vielfach zu hohe Erwartungen), Verantwortung von Eigentümern für das Dorf öffentlich zum Thema machen • Anregung von Gesprächen zur Erbfolgeregelung • evtl. Kennzeichnung von Leerständen (public awareness) • Ansprache von auswärtigen Interessenten: Tag der offenen Scheunen (Wer passt zu uns?) • Ansprache von Personen mit anderen Wohnvorstellungen als den eigenen (zum Beispiel Baugruppen)	• Einschränkung der Außenentwicklung, auch in ausgewiesenen Baugebieten • Beseitigung von Hindernissen für die Innenentwicklung, z.B. Bodenordnung, Konzepte für rückwärtige Erschließung als Voraussetzung für Nachverdichtung, ggf. Förderung von Abrissen • Ortsentwicklungskonzepte, die flexibel auf Entwicklungen reagieren können, aber wichtige Festlegungen treffen, z.B. welche Gebäude für das Dorfbild wichtig sind • nicht nur auf Eigentumsmaßnahmen fixieren, auch Mietwohnungen in Betracht ziehen

noch schwer aufrecht zu erhalten. Wieweit neuere Angebote (Pedelecs, Rufbus, internetbasierte Mitfahrdienste, ...) sich als ergänzende Alternative durchsetzen können, bleibt abzuwarten.[9]

Die Ausweisung neuer Baugebiete hilft nicht dauerhaft, vorhandene Infrastrukturen besser auszulasten. Die Folgekosten dieser Baugebiete und die Auswirkungen auf den Bestand werden im Allgemeinen unterschätzt.[10] Es ist daher sinnvoll, wenn die Gemeinden sich konsequent auf ihre Innenentwicklung konzentrieren und die Außenentwicklung zurückstellen oder aufgeben (vgl. Abb. 14). Die Forderung „Innenentwicklung vor Außenentwicklung" ist bei Wissenschaftlern und auch bei Landespolitikern mittlerweile Allgemeinwissen, wird aber in den Kommunen vor Ort oft noch nicht umgesetzt. Der Grund dürfte in den großen Freiflächenreserven liegen, die günstig zu erwerben sind, während die Wiederverwendung innerörtlicher Flächen teuer und kompliziert ist. Dies erklärt, warum bislang der jährliche Zuwachs an Siedlungsfläche proportional im Ländlichen Raum mindestens doppelt so hoch war wie in großen Städten.

Jahrzehntelang erschien das Erweitern der Orte rational und für alle Beteiligten ökonomisch sinnvoll. Es war reichlich Fläche vorhanden. Von der Ausweisung als Bauland hatten die Eigentümer individuelle Vorteile: zunächst eine sprunghafte, anschließend eine kontinuierliche Wertsteigerung, die sich freilich derzeit nicht überall fortsetzt. Die Gemeinde hatte wachsende Einkommenssteuereinnahmen, sie profitierte von dem Verkauf gemeindeeigener Grundstücke und sanierte dabei nicht selten ihre Gemeindefinanzen.

Dies verändert sich jetzt in vielen ländlichen Gebieten. In Teilen der Schwäbischen Alb und des Schwarzwaldes besteht seit etwa fünf Jahren ein negativer Wanderungssaldo der 18- bis 25-jährigen im Ländlichen Raum. Viele Jugendliche und junge Erwachsene zieht es in die Agglomerationen. Wenn nicht aktiv gegengesteuert wird, droht ein Fachkräftemangel („brain drain").

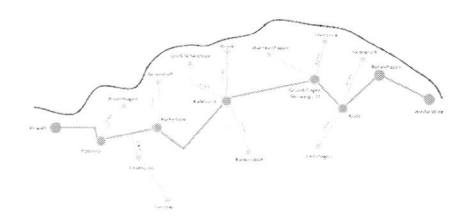

15 Verknüpfung von Pedelec- und Bushaltestellen auf einer Länge von 40 km in Mecklenburg-Vorpommern

16 In vielen Dörfern gibt es genug innerörtliche Brachflächen für die Nachverdichtung.

7 Neue Ansätze für kommunale Strategien in Baden-Württemberg

In Baden-Württemberg gibt es eine Reihe von Programmen zur Förderung der Innenentwicklung. Das Umwelt- und Verkehrsministerium fördert Planungen mit dem Programm „Flächen gewinnen", das Ministerium für Ländlichen Raum mit den Mitteln des Enwicklungsprogramms Ländlicher Raum und MELAP PLUS. Hinzu kommen REFINA-Mittel (Forschung für die Reduzierung der Flächeninanspruchnahme und ein nachhaltiges Flächenmanagement) des Bundesministeriums für Bildung und Forschung (BMBF) und LEADER-Mittel der Europäischen Union und des Landes. Dadurch werden wichtige Impulse gegeben. Trotzdem könnte noch mehr geschehen. Hierzu werden im Folgenden einige Handlungsempfehlungen skizziert:

17 Innerörtliche Neubauten können das Dorfbild belasten

Kooperationen eingehen
Kooperationen sind ein Schlüssel zur Gestaltung des demografischen Wandels. Die interkommunale Kooperation bietet etwa bei der Bewirtschaftung von Schulen oder Kultureinrichtungen eine Perspektive. Interkommunale Abstimmung empfiehlt sich gerade bei kleinen Gemeinden: bei der Genehmigung von Läden, bei touristischen Angeboten. Im Rahmen der Stadtsanierung wird bereits gefordert, dass vorrangig interkommunale Kooperationen bei der Daseinsvorsorge gefördert werden sollen. Dies bedeutet, dass Gemeinden sich für gemeinsame Lösungen öffnen müssen. Gerade in dünn besiedelten oder schrumpfenden Gebieten hat sich ein Masterplan Daseinsvorsorge, bei dem sich mehrere Kommunen über Standards und gemeinsame Konzepte zur Lösung bestehender oder absehbarer Versorgungslücken verständigen (beispielsweise bei Schulen, ärztlicher Versorgung, Feuerwehr), bewährt.[11]

Auch die *Kooperation verschiedener Träger* eröffnet neue Chancen – etwa wenn bürgerschaftliche Trägermodelle für den Betrieb multifunktionaler Dorfzentren entwickelt werden, oder Kirchen und andere Anbieter sozialer Infrastruktur in der Frage zusammenarbeiten, wie die Gemeindehäuser, Kindergärten, Sportlerheime und anderen Gebäude für diese Zwecke zukünftig genutzt und unterhalten werden sollen. Gerade kleine Gemeinden haben eine Tradition der informellen, pragmatischen Lösungen praktischer Probleme, etwa durch Nachbarschaftshilfe oder Traditionen der Vereinsarbeit. Aufgrund der Gemeindegröße sind auch die Wirkungen einzelner Eingriffe schnell sichtbar.

Demografische Entwicklung systematisch berücksichtigen
Erfahrungen aus den neuen Bundesländern legen nahe, öffentlichen Infrastrukturinvestitionen einen *Demografie-Check* vorzuschalten, in dem Einzugsbereich und Zielgruppe, Lebensdauer und Dauer der Amortisation dargestellt und auf diese Weise ggf. rechtzeitig Alternativen zur Diskussion gestellt werden.[12]

Den fremden Blick einbeziehen
Um sich der Stärken (und der Schwächen) des eigenen Ortes bewusst zu werden, hilft es, Impulse von außerhalb zu integrieren. So kann eine Offenheit gegenüber Nutzungen oder Gestaltung entstehen, die neue Perspektiven für den Ort eröffnen. Der fremde Blick kann auch helfen, besondere Qualitäten zu erkennen, für die auf ganz anderen als den lokalen Teilmärkten Käufer oder Investoren gefunden werden, etwa landschaftlich besonders schön gelegene Gebäude.

Den Rückbau gestalten
Wo der Rückbau unvermeidlich ist, muss er geplant werden. Es müssen Gebäude identifiziert werden, die für das räumliche Gefüge eines Ortes eine zentrale Rolle spielen, oder Plätze geschaffen werden, die das Besondere des Ortes, etwa Blickbeziehungen in die Landschaft inszenieren. Dies ist eine Voraussetzung für Planungs- und Baukultur im Innenbereich der Dörfer.

Provisorien und Zwischennutzungen ermöglichen
Provisorische, vorübergehende Lösungen für leerstehende Gebäude können ein Einstieg in die Dorferneuerung sein, etwa indem Künstler in Läden einziehen, um diese zeitweise zu nutzen, oder soziale Einrichtungen, die sich hier vorübergehend niederlassen. Bei der Entwicklung von Zwischennutzungen können sogenannte Raumpioniere interessant sein. Sie zeigen, dass Orte einen Reiz haben, die zwischenzeitlich aus dem herkömmlichen Verwertungsprozess herausfallen. Sie mieten sie befristet für geringes Geld und beleben sie. Oft sind es gärtnerische Initiativen, Start-up-Unternehmen sowie neue Formen von Freizeit- und Eventaktivitäten. Die Orte stellen Laboratorien dar, in denen Ideen der Raumpioniere ausprobiert werden können.[13]

Aus schrumpfenden Städten kommt die Idee, Zwischennutzungsagenturen zu fördern, also intermediäre Organisationen, die zwischen Hausbesitzern leerstehender Häuser und potenziellen Nutzern vermitteln.[14] Raumpioniere in dünn besiedelten Regionen engagieren sich schon heute für Wasser-, Gas- und Stromversorgung, Verkehr, Gesundheit, Schulbildung, Freizeit oder Kultur. Dabei entstehen neue Kooperationen zwischen Bürgergesellschaft und staatlichen Instanzen, und es verändert sich die Rolle des Staates.[15]

Unterschiedlichen Lebensformen Raum geben
Es wächst die Erkenntnis, dass es die Wohnform der Zukunft nicht gibt, sondern vielfältige Lösungen für sich ausdifferenzierende, über die Zeit sich wandelnde Bedürfnisse nachgefragt werden. Gewünscht wird Individualität statt Standardlösungen.

18 Initiative „Neues Bauen im Schwarzwald"

Hier bieten ländliche Angebote Chancen für unterschiedlichste Konzepte und Entwürfe des Wohnens, Lebens und Arbeitens. Den Schwerpunkt ausschließlich auf junge, zuziehende Familien zu legen, die angesiedelt werden sollen, schafft Einseitigkeiten der Bevölkerungsstruktur in der Zukunft und ist – das zeigen aktuelle Trends[16] – längst nicht mehr so aussichtsreich wie in den 1990er Jahren. Mancherorts richtet man stattdessen die Aufmerksamkeit auf junge Menschen aus den Dörfern selbst, und bezieht sie systematisch in Entscheidungs- und Erneuerungsprozesse mit ein, überträgt ihnen Verantwortung und macht Ihnen deutlich, dass sie erwünscht sind. Diese Gruppe hat nämlich bereits eine enge emotionale Bindung an den Ort.[17]

Exzellenz der Projekte fördern und sie in regionale Konzepte einbinden
Aktuelle Förderstrategien[18] fordern Projekte, die stärker strategisch orientiert sind. Diese richten sich auf die Identifikation nach innen und tragen zur Profilbildung nach außen bei. Zuschüsse erhalten Zusammenschlüsse von Kommunen etwa entlang eines Tals, die sich auf der Basis eines gemeinsam erarbeiteten Leitbilds bewerben. Ähnlich wie bei den REGIONALEN in Nordrhein Westfalen[19] sollen die kulturellen und naturräumlichen Besonderheiten gemeindeübergreifend herausgestellt werden.

Regionale Baukultur fördern
In Baden-Württemberg entsteht seit einigen Jahren – angeregt durch die langjährigen Aktivitäten in Vorarlberg – eine Diskussion, wie man die regionsspezifische Baukultur und das regionale Bauen fördern kann. Die Architektenkammer des Landes lobte zum Beispiel für den Schwarzwald einen Architekturpreis „Neues Bauen im Schwarzwald" aus, bei dem hochwertige Umbauten oder Neubauten ausgezeichnet wurden. Das Ziel der Aktion war es, das Bewusstsein für eine neue Baukultur im Schwarzwald nicht nur in der Fachwelt, sondern auch in der Öffentlichkeit zu schärfen und Neugier für eine zeitgemäße Architektur mit regionaler Identität zu wecken.

Man suchte standorttypische, energie- und ressourcenbewusste Bauten in zeitgemäßer Architektur, welche die kulturelle Tradition des Schwarzwaldhauses mit regionaltypischen Materialien und Techniken fortführen und eingebettet in eine wirtschaftliche, ökologische, kulturelle und soziale Nachhaltigkeitsstrategie sind.[20]

Dorferneuerung und Innenentwicklung im Ländlichen Raum sind auch zukünftig wichtige Aufgaben. Es sind noch zahlreiche Widerstände in den Köpfen zu überwinden, will man sich den Zukunftsaufgaben stellen. Für Studierende der Architektur und Stadtplanung bleibt das Planen im Ländlichen Raum eine wichtige Ergänzung zur Stadtplanung für Städte und Metropolen.

19 Erneuerung eines Schwarzwaldhofes mit alten Fenstern, aber teilweise neuen Geschosshöhen

20 Neubau mit Bezug zur örtlichen Baukultur

Weiterführende Literatur

Berlin Institut für Bevölkerung und Entwicklung (Hg.): Die Zukunft der Dörfer – Zwischen Stabilität und demografischem Niedergang. Köln 2011. http://www.berlin-institut.org/publikationen/studien/

Bertelsmann-Stiftung (Hg.): Wer, wo, wie viele? – Bevölkerung in Deutschland 2025. Praxiswissen für Kommunen. Gütersloh 2010 (2. Aufl.). http://www.bertelsmann-stiftung.de; http://www.wegweiser-kommune.de

Böhler, Susanne/ Jansen, Ulrich/ Schäfer-Sparenberg, Carolin u.a.: Mobilitätskonzepte zur Sicherung der Daseinsvorsorge in nachfrageschwachen Räumen. BBSR-Online-Publikation 10/09, März 2009. http://www.bbsr.bund.de/

Brill, Klaus: Deutsche Eiche – made in China. Die Globalisierung am Beispiel eines deutschen Dorfes. München 2009

Henkel, Gerhard: Das Dorf. Landleben in Deutschland – Gestern und Heute. Stuttgart 2012

Institut für Raumordnung und Entwicklungsplanung (IREUS): Der Beitrag der ländlichen Räume Baden-Württembergs zu wirtschaftlicher Wettbewerbsfähigkeit und sozialer Kohäsion. Positionsbestimmung und Zukunftsszenarien. Stuttgart 2011. http://www.uni-stuttgart.de/

Küpper, Patrick/ Eberhardt, Winfried/ Tautz, Alexandra: Nahversorgung in ländlichen Räumen. BMVBS-Online-Publikation 02/13, Januar 2013. http://www.bbsr.bund.de/

Akademie für Raumforschung und Landesplanung (ARL): Handwörterbuch der Raumordnung. Hannover 2005. http://www.arl-net.de/

Verein LandLuft (Hg.): Baukultur-Gemeindepreis 2009, sowie ders.: 2012, bestellbar unter http://www.landluft.at/?page_id=1754

Ausgaben der Zeitschriften Hochparterre und Bauwelt, z.B. 31/2010: Bauernhof 2.0

Endnoten

1 vgl. Mose, Ingo, 2005

2 Hahne, Ulf: Neue Ländlichkeit? Landleben im Wandel. In: Landeszentrale für Politische Bildung Baden-Württemberg: Der Bürger im Staat, Heft 1-2/2011: Raumbilder für das Land, S. 15-16

3 Landesentwicklungsplan für Baden-Württemberg (LEP 2002)

4 Bundesinstitut für Bau-, Stadt- und Raumforschung im BBR (Hg.): BBRS-Berichte Kompakt. Landleben – Landlust? 10/2010, S. 12-13

5 BBSR, a.a.O., S. 9

6 Küster, Hansjörg: Geschichte der Landschaft in Mitteleuropa. Von der Eiszeit bis zur Gegenwart. München 2010 (4. Aufl.), S. 181

7 Henkel, Gerhard: Das Dorf. Landleben in Deutschland – Gestern und Heute, Stuttgart 2012, S. 209

8 vgl. Henkel, a. a. O., S. 304-305

9 SRL-ÖPNV-Tagung 2010 „ÖPNV im ländlichen Raum – Wie sieht die Zukunft des ÖPNV in der Fläche aus?". http://www.srl.de/archiv/

10 Zur Höhe der Folgekosten: Ruther-Melis, Alfred u.a.: WISINA_Wirtschaftlichkeit der Siedlungsentwicklung als Beitrag zur Nachhaltigkeit, 2009. http://www.fachdokumente.lubw.baden-wuerttemberg.de/

11 Dehne, Peter: Vortrag auf der Tagung „Raumbilder für das Land" am 8.10.2010 in Eberbach

12 vgl. Arndt, Michael: Nachhaltigkeitscheck ESYS. In: Der Bürger im Staat, a.a.O., S. 33ff

13 Senatsverwaltung für Stadtentwicklung Berlin (Hg.)/ Overmeyer, Klaus (Autor): Raumpioniere. Stadtentwicklung durch Zwischennutzung. Berlin 2007

14 Oswalt, Philipp/ Overmeyer, Klaus/ Misselwitz, Philipp: Urban Catalyst – Mit Zwischennutzungen Stadt entwickeln, Berlin 2013

15 vgl. Faber, Kerstin/ Oswalt, Philipp: Raumpioniere in Ländlichen Regionen. Neue Wege der Daseinsvorsorge, Dessau/ Leipzig 2013

16 Siedentop, Stefan: Vortrag auf der Tagung „Raumbilder für das Land" am 08.10.10 in Eberbach

17 Schröteler von Brandt, Hilde: DenkRaum „Zukunft Dorf". In: Der Bürger im Staat, a.a.O., S. 26ff; Schultz, Henrik: Raumperspektive ZukunftsLAND. In: Der Bürger im Staat, a.a.O., S. 30ff

18 www.regiowin.eu

19 Ministerium für Bauen und Verkehr des Landes Nordrhein-Westfalen (MBV) u. ILS – Institut für Landes- und Stadtentwicklungsforschung gGmbH (Hg.): Die REGIONALEN in Nordrhein-Westfalen. Impulse für den Strukturwandel. Dortmund 2006 (2. Aufl.)

20 Auszeichnungsverfahren der Architektenkammer und des Regierungspräsidiums Freiburg „Neues Bauen im Schwarzwald" 2010. http://www.rp.baden-wuerttemberg.de/; Bauwelt Zukunftsraum Land Heft 24/2013; http://www.baukulturgemeinde.de/

Abbildungsnachweis

1, 16, 17 Gothe, Kerstin, Stuttgart 2010

2 Hahne, Ulf 2011, S. 16

3 Bundesinstitut für Bau-, Stadt- und Raumforschung im BBR 2013

4 Statistisches Landesamt Baden-Württemberg, Stuttgart 2011, und Überlagerung mit den Grenzen des Ländlichen Raumes nach Landesentwicklungsplan, eigene Darstellung

5 Henkel 2012, S. 209

6 Brugger, Albrecht: Baden Württemberg, Landschaft im Wandel, Stuttgart 1990, S. 42-43

7, 11 Gothe, Kerstin, Stuttgart 2011

8 Raumordnungsbericht 2000 des BBR, Bonn 2000

9 Abbildungen aus: Sebastian Selbmann, Daniela Walz: Gut Walshausen – (Wieder-) Entdeckung regionaler Energiekreisläufe? Diplomarbeit an der Architekturfakultät des KIT, 2012. http://www.selbmann-walz.de/

10 Raumordnungsbericht des BBR, Bonn 2005

12 Friedrich, C. D.: Wiesen bei Greifswald; http://images.zeno.org/Kunstwerke/I/big/11e0073a.jpg; 05.08.2013

13 Institut für Raumordnung und Entwicklungsplanung (IREUS) 2011, S.62 (basierend auf Daten des Statistischen Landesamtes)

14 Gothe, Kerstin

15 Onnen-Weber, Udo: Vortrag auf der Konferenz „Umsiedeln, abhängen oder abholen?" von IASS und Berlin Institut am 13.06.2012

18 Architektenkammer Baden-Württemberg: Baukultur Schwarzwald. Architekturpreis 2010, Freiburg 2010

19, 20 Ebenda, S. 104, 132

ANTJE STOKMAN, JOHANNES JÖRG

Ökologische Grundlagen der Stadtplanung

1 Die Stadt als Ökosystem

Der Chemiker und Nobelpreisträger Paul J. Crutzen prägte im Jahr 2000 den Begriff eines neuen geologischen Erdzeitalters, des „Anthropozän" (aus dem Griechischen: das menschgemachte Neue[1]). Damit beschreibt er die neue Positionierung des Menschen als maßgebliche erdverändernde Kraft im globalen Maßstab: Erstmals sind wir nicht mehr ein Teil der Natur wie im Holozän, sondern beherrschen diese in weiten Teilen und sind damit untrennbar mit ihr verbunden.

Städte als gebauter Ausdruck der dominierenden Lebensform des Menschen stehen sinnbildlich für diese neue Form der Verbindung zwischen Künstlichem und Natürlichem. Sie stellen den Prototyp einer „menschgemachten Natur" dar, denn Städte werden von Menschen gestaltet und unterscheiden sich in ihrer Ausprägung in vielerlei Hinsicht von menschlich unbeeinflussten Ökosystemen. Deshalb stellen Städte spezifische Ökosysteme dar, in denen der Stadtmensch, wie alle Organismen der Biosphäre, in Wechselbeziehung mit der ihn umgebenden Umwelt steht und von den Auswirkungen betroffen ist, die er gewollt und ungewollt verursacht hat.

Unter einem Ökosystem versteht man nach Ellenberg[2] ein ganzheitliches Wirkungsgefüge von Lebewesen und deren anorganischer Umwelt, die zwar offen, aber bis zu einem gewissen Grad zur Selbstregulation befähigt ist. Der Stadtökologe Herbert Sukopp[3] zeigt im Modell (vgl. Abb. 2) die ökologische Gliederung eines urban-industriell bis hin zu vorstädtisch-dörflich geprägten urbanen Beispielraums und stellt die spezifischen Unterschiede dar in Bezug auf anthropogene Faktoren (Siedlungsdichte, Nutzungsstruktur, Versiegelungsgrad, Bebauungshöhe), abiotische Faktoren (Relief, Stadtklima, Hydrologie, Böden) und biotische Faktoren (Stadtflora/-fauna, menschliche Bevölkerung/Einwohnerdichte etc.).

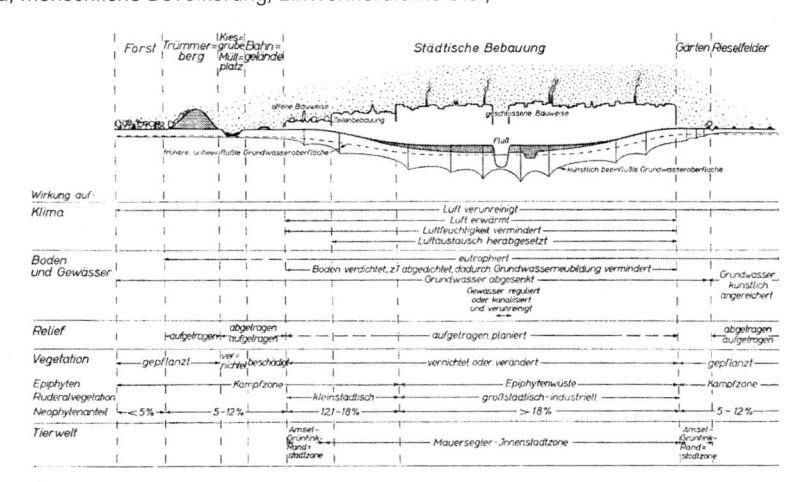

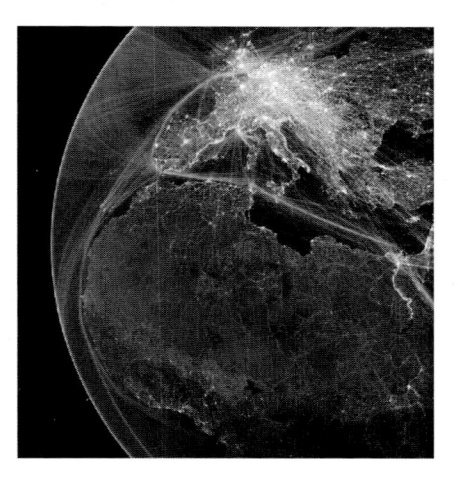

1 Städte, Infrastruktursysteme, Flugrouten, Landwirtschaft: Der Mensch als planetarischer Ingenieur formt und beherrscht die Natur.

2 Ökosphärenmodell eines urbanen Beispielraums mit den Veränderungen in 5 Teilsphären des natürlichen Systems

Wie in der dargestellten Grafik (Abb. 2) gezeigt, stellen urbane Ökosysteme keine homogenen Gebilde dar und weisen sehr vielfältige, räumlich und zeitlich variable Umweltfaktoren auf. Insgesamt bewirken Städte, in Abhängigkeit von ihrer Größe und Dichte ihres bebauten Territoriums, folgende Modifikationen wichtiger Ökosystemfaktoren, die sie von natürlichen Ökosystemen unterscheiden:

Urbaner Metabolismus: Städte benötigen mehr Ressourcen als ihr Territorium zur Verfügung stellen kann. Deshalb werden Energie, Baumaterial, Nahrungsmittel und Wasser aus weit entfernten Territorien in die Städte transportiert. Gleichzeitig produzieren sie große Mengen von Emissionen, Abfällen und Abwässern, die nicht innerhalb der Stadt abgebaut oder verwertet, sondern in ihr Umland verbracht werden. Die Folgen sind ein extrem hoher Ressourcen- und Energieverbrauch in der Stadt.

Stadtklima: Städte haben ihr eigenes Mikroklima, welches durch ihren hohen Ausstoß an Staub, Abgasen und Wasserdampf sowie durch ihren hohen Versiegelungsgrad und dadurch verstärkte Wärmespeicherung bedingt ist. Die Jahrestemperaturen sind im Durchschnitt höher, die Windgeschwindigkeit ist herabgesetzt und der Niederschlag erhöht.

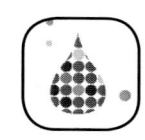

Boden- und Wasserhaushalt: Städte stellen eine starke Veränderung der natürlichen Hydrologie, Topographie und Bodenverhältnisse dar. Der ursprüngliche Boden ist häufig abgetragen und durch ortsfremde, industriell hergestellte Bodenbeläge überdeckt, die den Boden verdichten und versiegeln, d.h. er ist vom Kreislauf aus Regenwasserversickerung, Schadstofffilterung und Pflanzenwachstum abgeschnitten. Folgen sind verstärkte Hochwasserspitzen und abgesenkte Grundwasserspiegel.

Urbane Biodiversität: Städte haben ihre eigenen pflanzlichen und tierischen Lebensgemeinschaften, die spezifische, an die urbanen Lebensbedingungen angepasste Arten (viele davon nicht einheimisch) begünstigen. Viele urbane Landschaften sind durch hohe Populationsdichten und eine große Artenvielfalt von Vögeln und Säugetieren charakterisiert.

Klimawandel: Die hier aufgezählten ökologischen Auswirkungen zeigen, daß Städte einen großen Einfluss auf die globalen Veränderungen der Ökosysteme haben. Die UN nimmt an, dass die großen Städte für 80 Prozent der globalen Treibhausgasemissionen verantwortlich und damit der Hauptverursacher des menschengemachten Klimawandels sind. Laut einer aktuellen Studie „Bericht zur Lage der Welt"[4] bedecken Städte zwar nur zwei Prozent der Erdoberfläche, verbrauchen aber 80 Prozent der Ressourcen. Gleichzeitig sind auch die Städte am stärksten von den Auswirkungen dieser Veränderungen, insbesondere dem steigenden Meereswasserspiegel und den zunehmenden Wetterextremen, betroffen.

Deshalb ist es an den Städten aufzuzeigen, wie wir Menschen unserer Verantwortung gerecht werden können, die Zukunft des Anthropozäns intelligent mitzugestalten. So wird in § 1 des Baugesetzbuchs als Grundsatz der Bauleitplanung der Schutz und die Entwicklung der natürlichen Lebensgrundlagen formuliert. Dabei steht jedoch nicht allein der Schutz natürlicher Ökosysteme im Sinne des Naturschutzes im Vordergrund, sondern es geht um eine fachübergreifende, flächendeckende Integration von ökologischen Aspekten in die Planung und Gestaltung urbaner Räume.

Welche Anforderungen in Bezug auf die unterschiedlichen relevanten Handlungsfelder bestehen und wie diese in nachhaltigen ökologischen Planungsstrategien und Projekten umgesetzt werden können, wird im Folgenden erläutert.

2 Handlungsfeld urbaner Metabolismus

2.1 Rahmenbedingungen

Der Begriff des Metabolismus bezeichnet die stofflich-energetische Seite des menschlichen Stoffwechsels mit der Natur. Durch eine Material- und Energieflussanalyse kann die Beziehung zwischen Gesellschaft und Natur durch ihre biophysischen Austauschbeziehungen beschrieben werden: Gesellschaften entnehmen die zum Überleben benötigten Rohstoffe aus der Natur, verbrauchen und verarbeiten diese zu Nahrungsmitteln, Produkten und Energie, und geben sie als Gase, Abwasser oder Abfall wieder an die Umwelt ab[5].

Natürliche Ökosysteme funktionieren auf der Basis einer kontinuierlichen Zufuhr solarer Strahlungsenergie, die sämtliche Lebensvorgänge und geophysikalischen Vorgänge antreibt. Durch die Photosynthese stellen Pflanzen energiereiche Biomasse her, die die primäre Grundlage des biologischen Stoffkreislaufs zwischen Produzenten, Konsumenten und Destruenten darstellt. Die Stoffkreisläufe natürlicher Systeme sind weitgehend geschlossen, d.h. sie sind vernetzt und die Stoffein- und -austräge sind gering. Durch effektive Speicherung können die Ökosysteme Nährstoffe, die Mangelfaktoren darstellen, anreichern und damit die Produktivität des Systems steigern.

Menschen waren schon immer ein Teil des Metabolismus natürlicher Ökosysteme und beeinflussten diesen im Lauf ihrer kulturellen Evolution in unterschiedlicher Weise. Der Historiker Rolf Peter Sieferle[6] unterscheidet dabei folgende „sozialmetabolischen Regimes" der Menschheitsgeschichte, die gekennzeichnet sind durch grundlegende Unterschiede in der Ressourcennutzung (Land, Energie, Material, Wasser), ihrer gesellschaftlichen Organisation und dem dadurch bedingten Maß an technologischer Innovation:

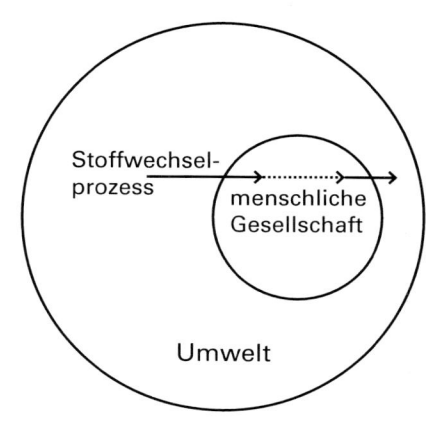

3 Stoffe aus der Umwelt gelangen in das soziale System einer Gesellschaft (z.B. in eine Stadt), werden verarbeitet und verlassen das System in umgewandelter Form wieder in Richtung Umwelt.

Sozialmetabolische Regimes[7]

Das Regime unkontrollierter Solarflüsse der Jäger- und Sammlergesellschaften (bis ca. 10.000 v. Chr.)	Das Regime kontrollierter Solarflüsse der Agrargesellschaften (ab ca. 10.000 v. Chr. bis ca. 1750)	Das Regime fossiler Energieflüsse der Industriegesellschaften (seit ca. 1750)
• Nutzung natürlicher Biomasse als Nahrung, Futter, Bau- und Brennmaterial • dezentrale, kleinräumige, flexible Anpassung an unterschiedliche Umweltbedingungen durch Nomadismus • keine aktive Kolonisierung der Natur, sondern weitreichende Nischenkonstruktion	• Nutzung regenerativer Ressourcen zur Energiegewinnung und zum Transport (Wind-/Wassermühlen, Kanäle,...) • geringe Beeinflussung natürlicher Standortbedingungen durch landwirtschaftlichen Anbau von Nutzpflanzen und Kultivierung von Nutztieren • geringer Einsatz kapitalintensiver Produktionsmittel (Maschinen, Düngemittel, Pestizide) und Nutzung lokal vorhandener Ressourcen (Schilf, Holz, Stein...)	• Nutzung fossiler Energieträger (Kohle, Öl, Gas) zur Energiegewinnung • extreme Beeinflussung natürlicher Standortfaktoren durch den Rohstoffabbau in großem Stil • Schaffung von neuen Umweltbedingungen abgelöst von der natürlichen Umwelt auf der Basis eines hohen Energieeinsatzes (Ent- und Bewässerung, Kühlen und Heizen, Herstellung und weltweiter Transport industrieller Baustoffe,...)

Jedes dieser Regime ist bestimmt durch Grenzen, die durch die Verfügbarkeit von Energie bestimmt werden, denn davon hängen Produktivität, Bevölkerungsentwicklung und Wohlstand ab. Die heutige urbane Gesellschaft verbraucht die Schlüsselressourcen in großem Stil, ineffizient und mit zu hohen Emissionen. Das hat folgende Konsequenzen für ihren Metabolismus:

- Verknappung der Ressourcen Boden, Wasser, Luft, Biodiversität (Input-Seite)
- Überlastung der natürlichen Umwelt durch Abfälle und Schadstoffe (Output-Seite)

2.2 Aufgaben und Ziele

Die Analyse des städtischen Stoffwechsels ist eine zentrale Methodik für die Beurteilung und Planung der Nachhaltigkeit und Gesundheit einer Stadt. Sie ermöglicht einen ganzheitlichen, umfassenden Blick auf alle Aktivitäten einer Stadt. Die Quantifizierung von Energie-, Material- und Abfallströmen durch das urbane System als Ganzes liefert Erkenntnisse darüber, wo Potenziale bestehen, um kreisförmige Stoffflüsse zu etablieren, Ressourcen zu recyceln und Abfall zu minimieren. Nach dem Vorbild natürlicher Ökosysteme zielt ein nachhaltiger, zukunftsfähiger urbaner Metabolismus darauf ab, eine Transformation von einer Durchfluss- zu einer Kreislaufwirtschaft zu vollziehen.

Optimierung regionaler Energie- und Stoffströme
Die oben beschriebene Notwendigkeit der Entwicklung urbaner und regionaler Ansätze der Kreislaufwirtschaft bedeutet eine strategische Chance, Infrastruktursysteme als eine grundlegende Komponente urbaner und regionaler Form neu zu denken und zu gestalten (vgl. Abb. 4). Neue Formen der Nahrungsmittelproduktion, der dezentralen Abwasserreinigung und der Nutzung regenerativer Energien haben das Potenzial, die Stadtgestalt zu prägen und dabei übergreifende soziale, ökologische und ästhetische Zielsetzungen zu erfüllen.

So finden neue Formen der urbanen Landwirtschaft weltweit immer mehr Anhänger. In Parks, auf Dächern oder Brachflächen – es wird immer mehr Obst und Gemüse durch Städter angebaut. Neben den Nachbarschaftsgärten, bei denen das soziale Miteinander und die Freude am Gärtnern im Vordergrund stehen, entstehen umfassende Konzepte zur Selbstversorgung großer Metropolen. Die Produktion von Nahrungsmitteln in Stadtfarmen bedeutet weniger Treibstoffverbrauch, weniger CO_2-Ausstoß, weniger Transportkosten und frischere Produkte. Darüber hinaus können Abwasser, Abfall und Abwärme in den Kreislauf eingespeist werden und verringern dadurch die Müllmenge, Energiebedarf und Wasserkosten.

Postfossiles Ressourcenmanagement: Urban Mining
Das Konzept des „Urban Mining" umfasst die Identifizierung, Quantifizierung und Wirtschaftlichkeitsbetrachtung der Aufbereitung und Wiedergewinnung von Wertstoffen und Sekundärrohstoffen. Hierbei werden auch langlebige anthropogene Ressourcen wie Gebäude, Deponien, Infrastrukturen oder industrielle Nebenprodukte in ihren Lebenszyklen und Wirtschaftskreisläufen betrachtet. Die drei R's ‚Reduce', ‚Reuse' und ‚Recycle' bezeichnen die Zielhierarchie, um Einsparungen an Material und Energie zu erreichen. Das Prinzip ‚Reduce' steht für eine Verringerung des Abfallvolumens durch Abfallvermeidung. Ist dies nicht möglich, folgt in nächster Instanz ‚Reuse': die möglichst direkte Weiterverwendung. Erst an dritter Stelle kommt die materielle Umformung des Stoffes durch ‚Recycling'. Je geringer die Änderung des Ausgangsprodukts, desto geringer ist der Energieverlust bzw. -aufwand und desto optimierter ist der Stofffluss.

Diese Logik lässt sich auch auf die Architektur und den Umgang mit dem baulichen Bestand anwenden[8]: Je sorgfältiger mit den bestehenden Baustrukturen umgegangen und je weniger Energie für die Herstellung, den Transport und die Entsorgung von Baustoffen aufgewendet wird (Graue Energie), umso effektiver ist die Umbaustrategie. Das erfordert eine Betrachtung von bestehenden Architekturen als Ressource und eine Verschiebung des Fokus vom Neubau auf unterschiedliche Möglichkeiten der Reparatur, der Neuorganisation, der Ergänzung und des Umbaus. In einem derartigen Umgang mit dem Bestand liegt ein hohes schöpferisches und architektonisches Potenzial. Die Energiebilanzen und Lebenszyklen von Bauteilen und Baumaterialien können bereits in der Planung berücksichtigt werden, um ihre gezielte Wiederverwendung in Stoffkreisläufen zu begünstigen.

Im Fischtank sowie in den Pflanzbehältern sorgen Bakterien dafür, das Ammonium und Ammoniak der Fischausscheidungen über das Zwischenprodukt Nitrit in Nitrat umwandeln.

Die Pflanzen nutzen die umgewandelten Nitrate als Nährstoffe. Ihre Wurzeln reinigen das Wasser, um es erneut für die Fischzucht nutzen zu können.

Das Wasser im System wird im Kreislauf geführt und reichert sich mit den Ausscheidungen der Fische an. Die Pflanzen nehmen die Nährstoffe auf und reduzieren bzw. eliminieren somit den Giftgehalt des Wassers für die Wassertiere.

Sauerstoff wird dem System durch Pumpen zugeführt und ermöglicht einen beschleunigten Stoffwechsel. Fischfutter sorgt für die Nährstoffanreicherung im System.

4 Aquaponische Systeme beruhen auf einem symbiotischen Anbau von Pflanzen und Wassertieren in einem Wasserkreislauf und sind ein Beispiel für die ressourceneffiziente Integration der Nahrungsmittelproduktion in den urbanen Raum.

5 Biogemüse und Fisch vom Dach: Die „Urban Farmers" in Basel.

3 Handlungsfeld integriertes Wasser- und Bodenmanagement

3.1 Rahmenbedingungen

Die Qualität von Böden und die Verfügbarkeit von Wasser sind eine zentrale Voraussetzung für die menschliche Besiedlung von Landschaft. Das Erscheinungsbild einer Landschaft ist Ergebnis der Wechselwirkungen zwischen Wasserhaushalt und Böden im globalen Wasserkreislauf – ohne Wasser kein Boden und ohne Boden kein Wasser. Im Gegensatz zu anderen Ressourcen, die durch einen degenerativen Materialstrom charakterisiert sind, wird das Wasser global gesehen nicht verbraucht, sondern befindet sich in einem dauerhaften Kreislauf, der von der Sonnenstrahlung angetrieben wird. Dadurch verdunstet ständig flüssiges Wasser und bildet in der Atmosphäre Wolken, deren Wasservorräte in Form von Niederschlägen wieder auf die Erde fallen und dadurch sowohl Gewässer wie auch Grundwasser entstehen lassen. Das fließende Wasser formt durch ständige Erosion wiederum Böden und Topographie und gleichzeitig wirken diese über viele Faktoren auf die Gestalt der Gewässer ein. Gewässer und Böden verändern sich innerhalb unterschiedlicher Zeiträume und in unterschiedlicher räumlicher Ausdehnung – sie sind also Ausdruck komplexer natürlicher Prozesse der Landschaftsveränderung.

Den Wassersystemen und Böden kommen vielfältige natürliche Funktionen als Lebensgrundlage für Menschen, Tier, Pflanzen und Bodenorganismen zu, die im Wasserhaushaltsgesetz (WHG) und Bundes-Bodenschutzgesetz (BBodSchG) genau beschrieben werden. Gewässer stellen die Grundlage für menschliches Trinkwasser, Brauchwasser für die Industrie und Bewässerungswasser für die Landwirtschaft dar. Gleichzeitig haben sie wichtige Funktionen für die Fischerei, den Warentransport, die Erholung und die Biodiversität und leisten durch ihre biologische Selbstreinigung einen wichtigen Beitrag zum Abbau von Schadstoffen.

Neben den aquatischen Ökosystemen der Gewässer stellen die Böden als terrestrische Ökosysteme einen wichtigen Lebensraum für Flora und Fauna dar, dienen als Grundlage der Land- und Forstwirtschaft sowie als Baugrund und Rohstofflieferant für die urbane Entwicklung. Sie wirken wie ein Schwamm und speichern in ihren Poren das Regenwasser, was zu einer Reduzierung des oberflächigen Niederschlagsabflusses führt und so Hochwasserereignisse in den Flüssen reduziert. Das gespeicherte Wasser stellen sie der Vegetation zur Verfügung: Ohne diese im Boden gespeicherten Wasservorräte wären grüne, produktive Landschaften nicht möglich. Gleichzeitig können Böden im Wasser gelöste Schad- und Nährstoffe aufnehmen, an Bodenpartikel binden und durch Stoffumwandlungsprozesse entfernen. So entsteht durch die Versickerung von Niederschlagswasser durch die reinigende Wirkung der Bodenpassage in der Regel sauberes, für die Trinkwassergewinnung geeignetes Grundwasser.

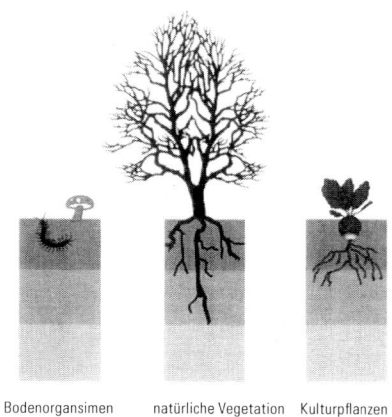

6 Übersicht Bodenfunktionen

7 Schema natürlicher und urbaner Wasserhaushalt

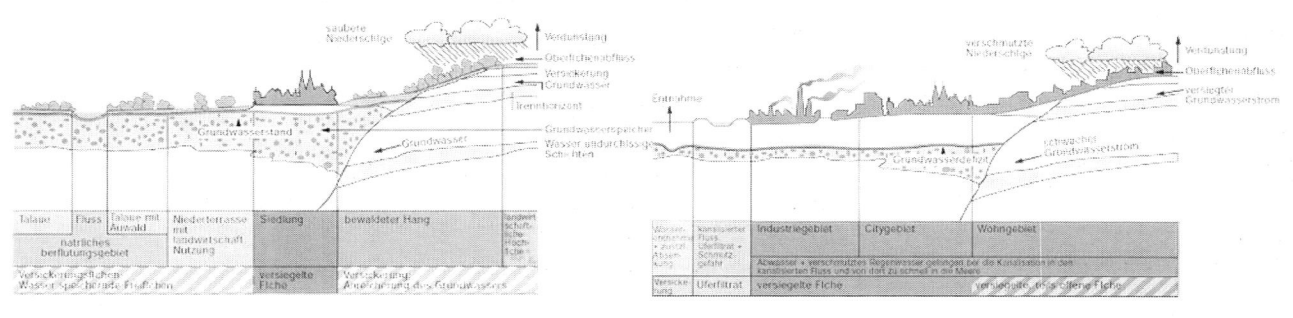

3.2 Aufgaben und Ziele

Bodenschutz und nachhaltiges Flächenmanagement
Die Schädigung und der Verlust von Böden durch Bebauung, Verschmutzung oder Erosion ist ein noch zu wenig beachteter volkswirtschaftlicher Schaden. Eine natürliche Genese von Böden ist in menschlichen Zeiträumen fast nicht reproduzierbar. Auch schädliche Bodenverunreinigungen oder Bodenverdichtungen lassen sich kaum beheben. Die Filterwirkung der Böden ist im Kontext von Großstädten von hoher Bedeutung, damit Schadstoffe nicht über Atemluft, Trinkwasser und Nahrung in den menschlichen Körper gelangen. Zum Schutz der Bodenressource muss ein schonender, sparsamer und haushälterischer Umgang mit Boden erfolgen. Ein nachhaltiges Flächenmanagement in der Stadt- und Bauleitplanung impliziert Brachflächenrecycling, die Nutzung von Baulücken und eine Aktivierung von Bauland im Innenbereich. Der Begriff der doppelten Innenentwicklung bezeichnet eine Strategie, die Urbanität erhöht, wo es sinnvoll erscheint, und parallel für attraktiven, ortsnahen Freiraum sorgt, der eine hohe Lebensqualität in den Quartieren sicherstellt.

Wassermanagement und wassersensible Stadtgestaltung
Verkehrsflächen und Bebauung verhindern aufgrund ihrer Bodenversiegelung die Infiltration des Niederschlagswassers, welches zumeist über die Kanalisation den Gewässern zugeführt wird. Die erhöhten Abflussraten in der Stadt führen zu höheren Wasserständen in den abwärts gelegenen Bächen und Flüssen und verschärfen das Ausmaß von Hochwasserereignissen und der durch sie verursachten Schäden. Eine Reduktion der versiegelten Flächen und die Verwendung von wasserdurchlässigen Belagsoberflächen fördern die Grundwasserneubildung und reduzieren die Entstehung von Oberflächenwasser sowie die Kosten für Bau und Betrieb von Entwässerungseinrichtungen. Maßnahmen zur dezentralen Versickerung, Wasserrückhaltung und Abflussverzögerung, wie Retentionsmulden, Rigolen und Dachbegrünungen, entlasten die Kanalisation und senken Hochwasserspitzen. Bodenfilter, Pflanzenkläranlagen oder Klärteiche sind Beispiele für eine naturnahe Reinigung von verschmutztem Wasser im urbanen Raum, die gleichzeitig zur Schaffung von Biotopen beitragen.

Hochwasserrisikomanagement und hochwasserangepasstes Bauen
Das Hochwasserrisiko wird definiert als das Produkt der Wahrscheinlichkeit eines Überschwemmungsereignisses mit dem zu erwartenden Schaden im Fall einer Überschwemmung. Ein integriertes Management des Hochwasserrisikos strebt nach optimierten Lösungen im Spannungsfeld der beiden Parameter, d.h. einer Reduzierung der Hochwasserwahrscheinlichkeit und Schadensvermeidung im Fall einer Überschwemmung. Dabei kommt es darauf an, dem Hochwasser mehr Raum zu geben und gleichzeitig die in diesen Bereichen liegenden Landschaftselemente und -nutzungen in angepasster Weise zu gestalten. Gebäude und Freiräume können durch ihre Gestaltung den steigenden Wasserstand entweder abschirmen, tolerieren oder sich mitbewegen. Dabei können mobile oder stationäre Hochwasserschutz-Einrichtungen zum Einsatz kommen, aufgeständerte oder schwimmende Bauweisen.

Integrierte Gewässerentwicklung und Flussraumgestaltung
Ingenieursmäßige Eingriffe wie Begradigung, Uferbefestigung und Eindämmung haben den Flüssen nicht nur ihren ökologischen Wert genommen, sondern auch ihren natürlichen Raum, den sie bei extremen Hochwasserereignissen in Form von Überschwemmungen zurück fordern. Eine integrierte Entwicklung von Gewässern im urbanen Raum umfasst die gesamte Aue (d. h. das gesamte potenzielle Überschwemmungsgebiet) und setzt auf multifunktionale Raumnutzungen. Diese machen das Gewässer sowohl wirtschaftlich nutzbar, rufen es als öffentlich erfahrbaren Raum ins Bewusstsein und erhöhen die Lebensqualität, schaffen Retentionsraum und fördern zugleich die Selbstreinigungskraft, Wasserqualität und Artenvielfalt im Gewässer.

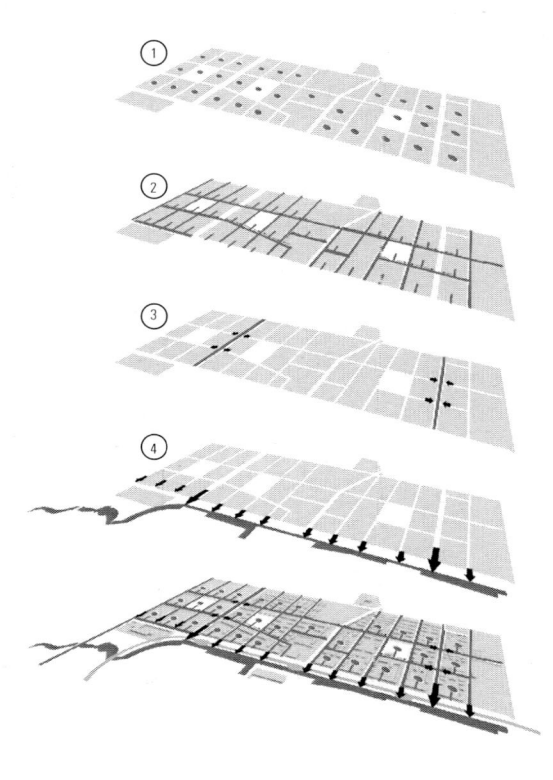

8 Nachhaltiges Regenwassermanagement in der Kronsberg-Siedlung, Hannover: Das Wasser wird zunächst in den Innenhöfen (1) und Straßenräumen (2) zurückgehalten und versickert. Der Überlauf bei Starkregenereignissen fließt über die Hangalleen (3) in die breiten Retentions- und Versickerungsräume am Hangfuss (4).

4 Handlungsfeld Stadtklima

4.1 Rahmenbedingungen

Das Klima in Städten ist im Vergleich zu ihrem nicht bebauten Umland wesentlich verändert und wird mit dem Begriff „Stadtklima" bezeichnet. Die Hauptgründe für die Ausbildung dieses Stadtklimas sind die Veränderung des Strahlungs- und Energiehaushalts durch Bebauung, Flächenversiegelung, geringe Grünflächenanteile und Abwärme. Die Strahlungsenergie der Sonne wird durch die hohe Wärmeleit- und Speicherkapazität von Beton und Asphalt im Untergrund gespeichert und nachts bzw. in der kalten Jahreszeit in Form von langwelliger Wärmestrahlung an die Umgebung abgegeben. Hinzu kommt die menschliche Wärmeproduktion mit Verbrennungsmotoren, Heizungen und Industrie. Durch Oberflächenversiegelung und geringe Vegetationsflächen ist die Evapotranspirationsrate in der Stadt erheblich herabgesetzt, d. h. die Effekte der Verdunstungskühlung durch Wasser und Pflanzen reichen nicht für die Abkühlung der Stadt aus. Die bodennahe Stadtluft wird dauerhaft durch den Untergrund wie durch einen Akku erwärmt und die gespeicherte Wärme wird insbesondere in der Nacht verzögert freigesetzt.

Die oben beschriebenen Zusammenhänge verursachen das Phänomen der städtischen Wärmeinsel. Vorübergehend kann die Stadt im Vergleich zum Umland über 10°C wärmer sein, im langjährigen Mittel beträgt z.B. der Temperaturunterschied zwischen der Berliner Wärmeinsel und dem Umland etwa 3 bis 4°C. Dieser Temperaturunterschied hat sowohl positive wie auch negative Effekte: Die Vegetationsperiode der innerstädtischen Pflanzen wird verlängert, die Winter und damit die Anzahl der Heiztage sind verkürzt. Gleichzeitig tritt jedoch auch schwüle Witterung häufiger auf und die Wärmebelastung bzw. der Hitzestress nimmt zu. Die höchsten Sterblichkeitsraten in der Bevölkerung treten bei ausgeprägten Hitzewellen auf.

Zusätzlich zur Wärmebelastung nimmt die Stadtluft Emissionen aus Verkehr, Industrie, Kraftwerken und Haushalten auf, wodurch hohe Schadstoffbelastungen mit Feinstäuben, Stickoxiden, Ozon, Treibhausgasen entstehen. Geringe Windgeschwindigkeiten aufgrund der hohen Reibung erschweren den Luftaustausch und begünstigen eine Schadstoffakkumulation innerhalb der atmosphärischen Stadtgrenzschicht, die oft schon aus der Ferne als Smog bzw. braune Kuppel über der Stadt wahrgenommen werden kann.

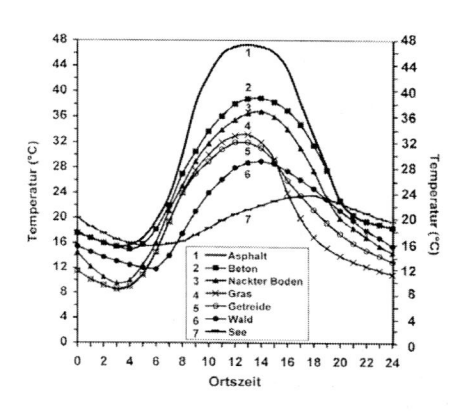

9 Tagestemperaturverlauf bei unterschiedlichen Oberflächenmaterialien

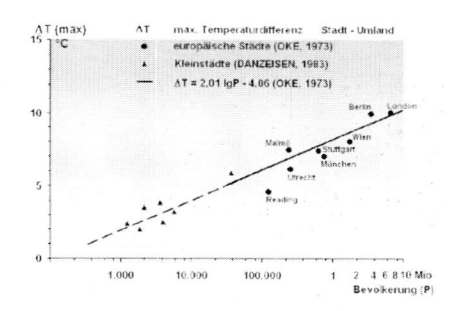

10 Maximale Temperaturunterschiede zwischen Stadt und Stadtumland in europäischen Städten

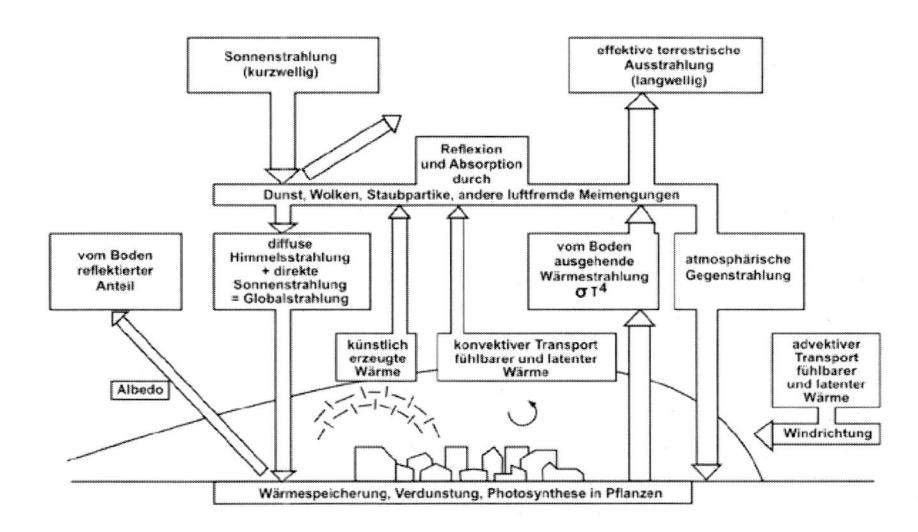

11 Einflussgrößen des urbanen Wärmehaushalts

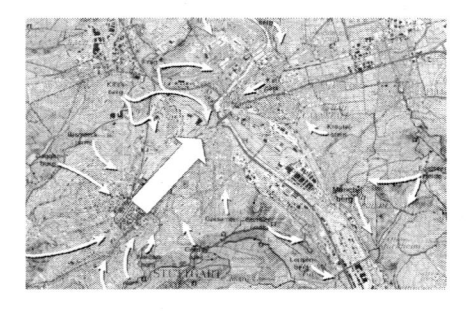

12 Darstellung der Kaltluftschneisen in der Innenstadt Stuttgarts und Freihaltung Ventilationsachse Unterer Grund, Stuttgart Vaihingen

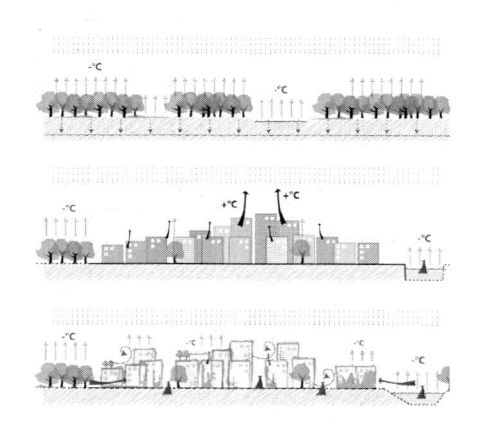

13 Integration der klimatisch wirksamen Effekte von Vegetations- und Wasserflächen in den Städtebau

14 Interaktive Simulation der Veränderung von Windströmungen durch unterschiedliche Gebäudestellungen im CAVE der Universität Stuttgart

4.2 Aufgaben und Ziele

Die Berücksichtigung der Stadtklimatologie im Städtebau ist eine wichtige Voraussetzung für den Erhalt und die Förderung der Gesundheit der Stadtbewohner, insbesondere vor dem Hintergrund der Auswirkungen des Klimawandels (s. Punkt 6). Zu den üblichen Aufgabenfeldern der Stadtklimatologie gehören die regelmässige Erfassung und Bewertung von Daten zur Lufthygiene, Temperaturentwicklung, Windgeschwindigkeiten, Niederschlägen und Strahlungsintensitäten. Diese bilden die Grundlage für die Entwicklung stadtklimatischer Strategien in der Stadtplanung, für die eine Vielzahl von Leitfäden, Methodiken und Modellen zur Verfügung stehen.

Frisch- und Kaltluftproduktion durch mehr Wasser und Grün
Bei der Reduzierung der Umgebungstemperatur und der damit einhergehenden gesundheitlichen Belastung spielen Vegetationsflächen eine wichtige Rolle. Frischluft wird vorwiegend produziert von großen Baumbeständen, deren Laub eine filternde Wirkung entfaltet, Kohlendioxid bindet, Sauerstoff produziert und tagsüber thermisch ausgleichend wirkt. Kaltluft entsteht insbesondere auf exponierten Freiflächen wie Wiesen, Parks und Äcker, wo Evapotranspiration und ungehinderte Wärmeabstrahlung zusammenspielen. Größere zusammenhängende Vegetationsflächen können einen kühlenden Effekt bis in den bebauten Siedlungsraum hinein haben. Genauso können jedoch auch Einzelbäume, Fassaden- und Dachbegrünungen eingesetzt werden, um mikroklimatische und energetische Vorteile für Einzelgebäude und Straßenzüge zu erzielen. Auch Wasserflächen wie Brunnen, Teiche und Flüsse sollten als kühlende Elemente stärker in Wert gesetzt werden.

Förderung der Durchlüftung und Kaltluftzufuhr
Gleichzeitig ist es wichtig, die Durchlüftung durch verschiedene Ordnungsprinzipien im Städtebau zu fördern: Fluss- und Bachauen bzw. Tallagen stellen wichtige Kalt- und Frischluftbahnen dar, die in ausreichendem Maß freigehalten werden sollten. Deshalb empfiehlt sich eine Orientierung der Verortung von Grünzonen und Grünzügen an stadtklimatologischen Parametern, d.h. an wichtigen Belüftungsschneisen und Luftleitbahnen, um den Luftaustausch zwischen der Stadt und ihren nahegelegenen Frisch-und Kaltluftproduktionsgebieten (Wälder, Wiesen und Felder) zu fördern. Dabei ist in Städten mit Kessellage, wie Stuttgart, ein bewusster planerischer Umgang mit den Hanglagen sehr wichtig, der eine Durchströmung der natürlichen Kaltluftbahnen ermöglicht und nicht durch hangparallele Zeilenbebauung verbaut. Klimarelevante Freiflächen können baurechtlich im Flächennutzungs- und Bebauungsplan durch die Reduzierung der Grundflächenzahl (GRZ) (§16(3) BauNVO) sowie durch die Ausweisung als „Flächen für die Landwirtschaft" (§9(1) Nr. 18a BauGB), als „Grünfläche" (§9(1) Nr. 15 BauGB) oder als „von Bebauung freizuhaltende Fläche" (§9(1) Nr. 10 BauGB) gesichert werden.

Leitfäden und Simulationstools
Informations- und Planungsleitfäden, wie der Klimaatlas des Verbands Region Stuttgart, geben aufbauend auf eine Zusammenstellung wichtiger Informationen zum Stadtklima konkrete Planungshinweise, welche Maßnahmen aus klimatischer Sicht besonders wichtig sind und in welchen Siedlungsflächen vorrangiger Handlungsbedarf besteht. Städtebauliche Entwürfe können im Hinblick auf ihre stadtklimatischen Effekte im Windkanal oder mit Hilfe von Computermodellen untersucht werden (vgl. Beitrag Busch/Sgobba S. 253). Ein häufig verwendetes Simulationsmodell ist das Programm ENVI-met, mit dem sich komplexe thermische Zusammenhänge in bioklimatischen Karten darstellen und simulieren lassen. Im Windkanal können unterschiedliche Planungsvarianten auf die Veränderung der Luftströmungen hin getestet werden. Mit Hilfe entsprechender Tools können also auf der Ebene des Städtebaus, aber auch im Hochbau Varianten auf ihre Klimaverträglichkeit hin getestet und optimiert werden.

5 Handlungsfeld urbane Biodiversität

5.1 Rahmenbedingungen

Unter Natur werden oft nur vom Menschen unberührte Naturlandschaften im Sinne von Wildnis verstanden – im Gegensatz zur menschgemachten Kultur und gebauten Stadt. Faktisch gibt es jedoch eine vom Menschen komplett unberührte Natur im Anthropozän so gut wie nicht mehr. Städte und ihr Umland beherbergen unterschiedliche Formen von Naturen, in denen der Mensch und seine Kultur jeweils unterschiedlichen Anteil hat. Für die Differenzierung dieser unterschiedlichen Stadtnaturen, ihrer Entstehungsgeschichte, Erscheinungsformen und unterschiedlichen Artengemeinschaften, unterscheidet der Ökologe Ingo Kowarik[9] vier Typen:

Vier Arten von Natur[10]

Natur der I. Art	Natur der II. Art	Natur der III. Art	Natur der IV. Art
• Ursprüngliche Naturlandschaften (Relikte von historischen Wäldern, Feuchtgebieten, etc.), die häufig unter Natur- oder Landschaftsschutz stehen	• Land- und forstwirtschaftlich genutzte Kulturlandschaften (antropogen beeinflusste Standorte: Äcker, Wiesen und Weiden, Weinberge, bewirtschaftete Wälder,...)	• Künstlich angelegte, gärtnerisch gestaltete und symbolisch angelegte Naturlandschaften zum Zweck der Erholung und Anschauung (Gärten, Grünflächen, Parkanlagen), die durch gärtnerische Pflege unterhalten werden	• Spezifisch urban-industrielle Naturlandschaften, die sich spontan und ohne planerischen Einfluss auf vernachlässigten Flächen entwickeln (Mauer- und Ritzenvegetation, Ruderalvegetation auf Brachflächen,...)

Die verschiedenen Naturen beheimaten als heterogener, mosaikartiger Ökosystemkomplex mit vielen, kleinräumig unterschiedlichen Standortbedingungen, Nahrungsquellen, Mikroklimata und Nischen, eine erstaunliche Vielfalt unterschiedlicher Tier- und Pflanzenarten. Die Zusammensetzungen in den Städten vorkommender Pflanzengesellschaften unterscheiden sich erheblich von denen in der offenen Landschaft. Die Stadtflora setzt sich aus einheimischen, absichtlich eingeführten und unabsichtlich eingeschleppten Arten zusammen. Diese werden unterschieden in Archäophyten (Einwanderung vor 1492) und Neophyten (Einwanderung nach 1492). In Berlin sind etwa fast die Hälfte der wildwachsenden Pflanzenarten dort nicht heimisch. Häufig handelt es sich um invasive, widerstandsfähige und anpassungsfähige Pflanzen, die einheimische Arten verdrängen können. Andererseits tragen sie zur Biodiversität bei und sind in der Lage, extreme Standorte zu besiedeln.

15 Die Natur in der Stadt kann ganz unterschiedliche Erscheinungsformen annehmen, die sehr unterschiedliche Entstehungs- und Artengemeinschaften aufweisen.

Die urbane Tierökologie kennt viele Insekten und Tierarten, die auf den menschlichen Siedlungsraum als Habitat spezialisiert sind (Synanthropie) oder sogar ausschließlich in ihm vorkommen (Eusynanthropie). Die Städte werden bevölkert von einer stadtspezifischen Fauna, bei der Kosmopoliten wie Stadttauben und Hausratten eine große Rolle spielen. Eigenschaften, die eine Anpassung an den städtischen Lebensraum begünstigen, sind beispielsweise eine geringe Fluchtdistanz, Unempfindlichkeit gegen Immissionen und Wärme, Nahrungsansprüche ähnlich denen des Menschen und hohe Reproduktionsraten. Eine Zonierung der Artenverteilung von der Innenstadt über den Stadtrand zum Umland ist zu beobachten. Säugetiere wie Marder und Füchse sind klassische Kulturfolger, die dem Menschen in nahrungsreiche Siedlungsgebiete folgen. Auch Bienen finden mittlerweile in der Stadt z.T. bessere Nahrungsgrundlagen als auf den großflächigen, monokulturellen Anbauflächen auf dem Land.

16 Wilde Tiere wandern in die Städte und verlieren ihre Scheu vor Menschen, wie diese Wildschweine in Berlin.

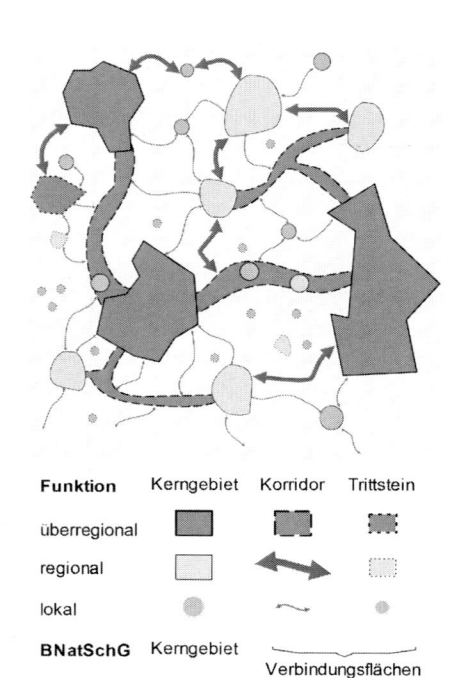

Funktion Kerngebiet Korridor Trittstein
überregional
regional
lokal
BNatSchG Kerngebiet   Verbindungsflächen und -elemente

17 Biotopverbund durch die Schaffung eines Netzes von Einzelbiotopen und dem Anlegen von „Trittsteinbiotopen".

18 Die naturnahe Gestaltung urbaner Freiräume, z.B. entlang von Fließgewässern, auf Dachflächen und in Straßenräumen, ermöglicht mehr Biodiversität und neue Formen der Naturerfahrung in der Stadt.

5.2 Aufgaben und Ziele

Das Ziel stadtökologischer Maßnahmen ist es, die Ansprüche des Menschen als Hauptbewohner der Stadt so gut wie möglich in Einklang mit denen der städtischen Tier- und Pflanzenarten zu bringen. So geht es bei der Betrachtung der urbanen Biodiversität vor allem um die Förderung der Stadtnatur für den Menschen und seiner Bedürfnisse nach Naturerfahrung, Erholung und Gesundheit. Städtische Biotope sind für viele Stadtmenschen die einzige Natur, die sie überhaupt erfahren. Daher spielen sie für die Bildung und Umwelterziehung von Kindern eine wichtige Rolle. In einer Studie des BMU zum Umweltbewusstsein in Deutschland (BMU 2006) gaben 12 % der Befragten „Nähe zur Natur oder zu öffentlichen Grünanlagen" als wichtigsten Einflussfaktor auf ein positiv wahrgenommenes Wohnumfeld an. Damit stand die „Nähe zur Natur" an zweiter Stelle, noch vor Faktoren wie „Nähe zu Einkaufsmöglichkeiten" (8 %) oder „Freunde, Bekannte in der Nähe" (9 %). Darüber hinaus hat die urbane Biodiversität angesichts des weltweiten Artenrückgangs auch eine zunehmende Bedeutung für den Erhalt der biologischen Systeme und genetischer Ressourcen.

Naturnahe Gestaltung und Extensivierung
Biologische Vielfalt im urbanen Raum ist abhängig davon, wie eine Fläche gestaltet, gepflegt und genutzt wird. Vielfältige und strukturreiche Grünflächen wie historische Parkanlagen und Friedhöfe weisen eine hohe Artenvielfalt auf, im Gegensatz zu intensiv gepflegten, artenarmen Rasenflächen und Wechselflorpflanzungen. Auf Brachflächen haben sich darüber hinaus ganz neue Formen von urbaner Wildnis entwickelt, die einen vielfältigen Lebensraum für eine Vielzahl bedrohter Arten und vielfältige Erlebnisräume von Natur in der Stadt darstellen. Wichtig ist es deshalb, durch extensive und standortbezogene Formen der Gestaltung und Bewirtschaftung von Freiflächen mehr Raum für dynamische Vegetationsentwicklung zu geben.

Biotopverbund
Die Zerschneidung und Isolation von Lebensräumen sind Hauptursachen für die Gefährdung vieler Tier- und Pflanzenarten. Der Biotopverbund oder die Biotopvernetzung ist die Schaffung eines Netzes von (Einzel-)Biotopen, welches die Durchlässigkeit und „Trittsteinfunktion" für bestimmte Zielarten verbessert. Der Biotopverbund ist dann gegeben, wenn ein funktionaler Kontakt zwischen Biotopen (Lebensräumen) besteht, der eine Vernetzung zwischen Populationen von Organismen in Form von Beziehungssystemen ermöglicht. Er funktioniert dann, wenn die zwischen gleichartigen Lebensräumen liegende Fläche für Organismen überwindbar ist, so dass ein beidseitiger Individuenaustausch möglich ist.

Freiräume als multifunktionale und vernetzte grüne Infrastruktur
Grünflächen in der Stadt können als multifunktionale, grüne Infrastruktur verstanden werden, die nicht nur Erholungs- und Wohnqualität steigern, sondern einen positiven Einfluss auf das Stadtklima haben, die Luftqualität verbessern, Niederschlagswasser absorbieren und infiltrieren, sowie gleichzeitig Lebensraum für wilde Pflanzen und Tiere bieten. Grünflächen können auch mitten in der Stadt, auf Brach- und Dachflächen zur Produktion von Nahrungsmitteln oder Brennstoffen beitragen, um die Stadtbevölkerung als Verbraucher in den Kontakt mit der Erzeugung zu bringen und zudem Transportstrecken zu reduzieren. Biodiversität in urbanen Freiräumen generiert neue urbane Landschaften und schafft neue Qualitäten in der Stadt. In diesem Sinne wird Biodiversität nicht als Gegensatz zur Stadt verstanden, sondern als ein städtisches Element im Kontext der Stadt bzw. der Stadtregion und ihres urbanen Metabolismus. Neue Artengemeinschaften entstehen durch neue Korrespondenzen mit der Stadt und erzeugen neue Freiraumtypologien und Atmosphären. Stadtnatur bedeutet kein zurück zur Natur, sondern einen Schritt in Richtung zukunftsfähige Stadt.

6 Handlungsfeld Klimawandel

6.1 Rahmenbedingungen

Neben ihren stadtspezifischen, ortsbezogenen Umweltveränderungen werden Städte und ihre menschlichen Lebensbedingungen maßgeblich beeinflusst von den globalen, großräumigen Veränderungen der Ökosysteme, die ebenfalls durch den Menschen bedingt und charakteristisch für das Anthropozän sind:

Temperaturanstieg: Die anthropogen bedingte Erderwärmung ist eine Folge der weltumfassenden Entwaldung und Urbanisierung sowie Land- und insbesondere Viehwirtschaft. Die Zunahme des Treibhausgases Kohlendioxid (CO_2) in der Erdatmosphäre erschwert die Wärmeabstrahlung von der Erdoberfläche in das Weltall. Der globale Temperaturanstieg wurde durch die seit etwa 1860 vorliegenden weltweiten Temperaturmessungen nachgewiesen. Hitzewellen gehören zu den häufigsten Todesursachen in Städten, insbesondere für die jüngsten und ältesten Bevölkerungsteile.

Meereswasserspiegelanstieg: Die steigenden Temperaturen führen zu einem weltweiten Abschmelzen der Gletscher und starken Abtauen des arktischen und antarktischen Eises. Der dadurch immer weiter ansteigende Meeresspiegel könnte niedrig liegende Küstengebiete und -städte überfluten. Diese Gebiete gehören zu den am dichtesten bewohnten Regionen der Erde: Zweidrittel der größten Städte der Welt liegen in tiefliegenden Küstenbereichen, darunter Tokio, Shanghai, Hongkong, Jakarta, New York, Mumbai, Dhaka.

Zunahme von Extremwetterereignissen: Die am direktesten spürbaren Auswirkungen des Klimawandels und der Erderwärmung sind die zunehmenden Wetterextreme. Die zunehmende Wärme intensiviert den Wasserkreislauf der Erde: Wo es heute trocken ist, wird es noch mehr Dürreperioden geben, und wo es heute bereits Überschwemmungen gibt, werden diese noch weiter zunehmen. Kleinräumig werden sowohl

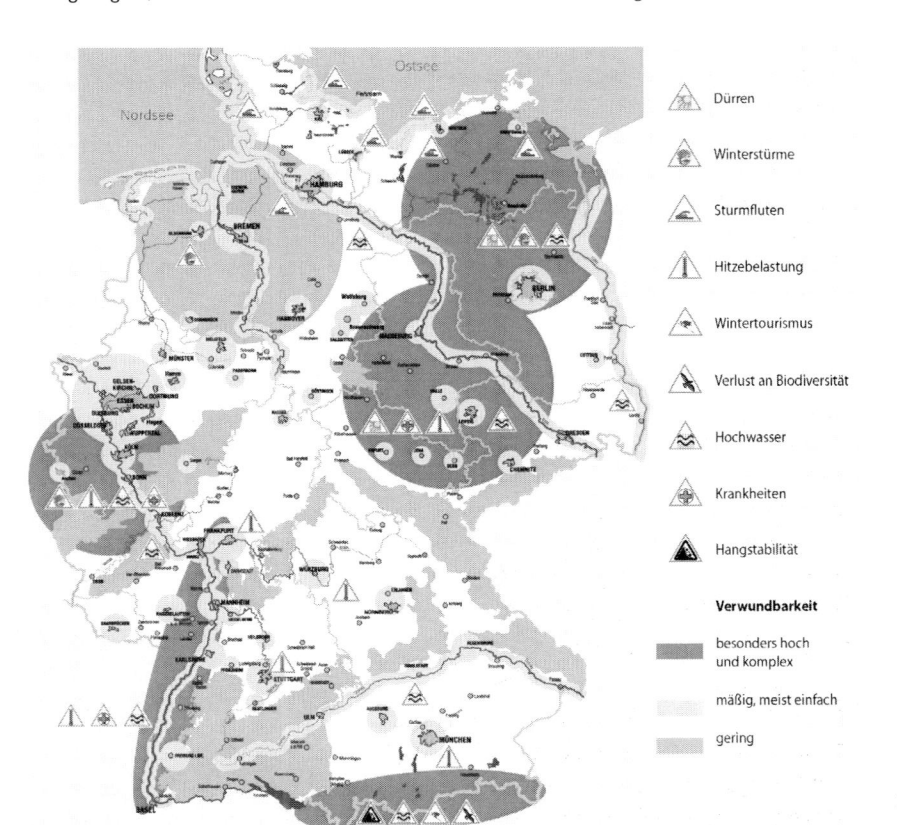

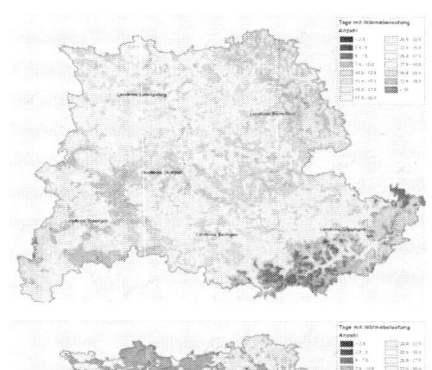

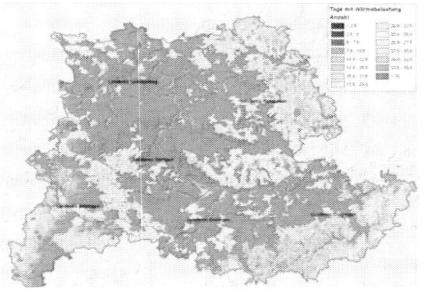

19 Wärmebelastung Region Stuttgart aktuell und Prognose bis zum Jahr 2050

20 Verwundbarkeit gegenüber dem Klimawandel in Deutschland

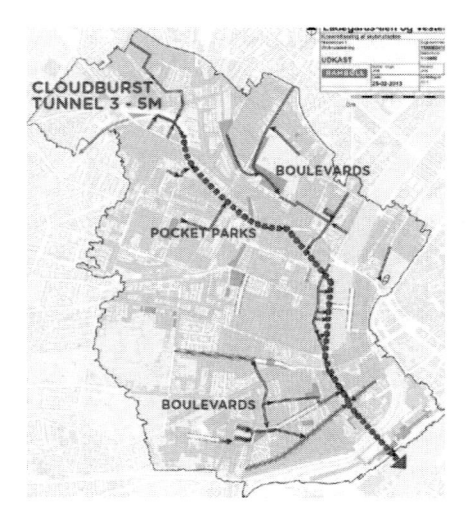

extreme Niederschlagsereignisse und Stürme wie auch Trockenzeiten zunehmen – das Wetter wird extremer und unberechenbarer. Es ist mit einer Zunahme wetterbedingter Zerstörungen sowie einer Gefährdung von Menschen durch Wassermangel und Überflutungen zu rechnen.

Artensterben: Da sich die Effekte des Klimawandels und die Auswirkungen menschlicher Naturzerstörung gegenseitig verstärken, ist mit einem zunehmenden Artensterben zu rechnen. An die, durch die Temperaturerhöhung bedingten Ökosystemveränderungen, insbesondere der arktischen und alpinen Ökosysteme sowie der Meeresökosysteme, werden sich viele Tier- und Pflanzenarten nicht anpassen können. Weitreichende Veränderungen von Ökosystemen, insbesondere der Wälder und Ozeane, könnten durch Rückkopplungseffekte in Bezug auf den CO^2-Haushalt den Klimawandel weiter beschleunigen.

6.2 Aufgaben und Ziele

Zur Bewältigung des Klimawandels und seiner oben genannten Auswirkungen lassen sich in allen Politik- und Gesellschaftsbereichen zwei grundsätzlich unterschiedliche Strategien unterscheiden:

- *Klimaschutz (Mitigation):* Vermeidung weiterer anthropogen bedingter Klimaveränderungen durch die Reduzierung von Treibhausgasemissionen (CO^2) sowie den Erhalt und die Schaffung von Kohlenstoffsenken mit dem Ziel der Begrenzung der Auswirkungen des Klimawandels

- *Klimaanpassung (Adaption):* Schutz der Gesellschaft vor den Auswirkungen des Klimawandels und Verringerung der gesellschaftlichen Vulnerabilität bzw. Erhöhung der gesellschaftlichen Resilienz gegenüber den nicht abzuwendenden Klimafolgen

Ziele des Klimaschutzes werden in lokalen Klimaschutzkonzepten verankert und beeinhalten z.B. Maßnahmen zur Reduzierung des Verkehrsaufkommens, zur Steigerung der Energieeffizienz von Gebäuden und die verstärkte Nutzung regenerativer Energien.

Die Debatte über Anpassungsstrategien rückt erst seit kurzem in den politischen und gesellschaftlichen Blickpunkt. Die Aufgaben, Ziele und Maßnahmen, die ergriffen werden können, um lokalen Auswirkungen globaler Klimaveränderungen zu begegnen, sind ortsspezifisch und müssen auf die konkrete Problemstellung und den jeweiligen ökologisch-gesellschaftlichen Kontext zugeschnitten werden. Hier sind integrierte Konzepte gefragt, bei denen Technologie, Gestaltung, Soziologie und Ökologie ineinander greifen, um die große Komplexität und Vielschichtigkeit urbaner Entwicklungen zu einem allseitigen Erfolg zu führen.

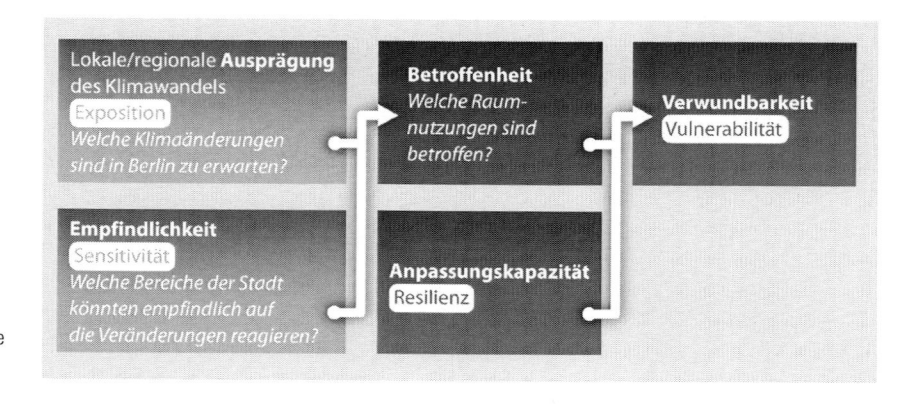

21 Der Wolkenbruch Masterplan Kopenhagen zeigt Strategien zur Ableitung von Wasser als Folge von Starkregenereignissen im Stadtraum.

22 Methodischer Rahmen der Betroffenheitsanalyse im Stadtentwicklungsplan Klima Berlin

7 Zusammenfassung und Ausblick

Die Zukunftsfähigkeit menschlicher Lebensweisen entscheidet sich an ihrer Fähigkeit, die eigenen Lebensgrundlagen wie Wasser, Boden, Luft, Klima, Ressourcen und Biodiversität zu erhalten. Gleichzeitig muss der Energiebedarf gedeckt werden, die Wirtschaftskraft erhalten bleiben und die Versorgung der Menschen gewährleistet sein. Da Menschen weltweit zunehmend in Megacities, Metropolregionen und urbanen Agglomerationen leben, wird sich der Erfolg nachhaltiger Lebensweisen in der Stadt entscheiden. Die scheinbaren Gegensätze der Naturnutzung und der Naturerhaltung müssen nicht gegeneinander stehen. Das Ziel muss viel mehr sein, die menschlichen Systeme allerorts in Resonanz mit den lebenserhaltenden, biochemischen Systemen der Erde zu bringen, wodurch der Widerspruch von Stadt und Natur aufgehoben wird und ineinander greift. Eine symbiotische Beziehung der Stadt mit ihrer natürlichen Umwelt fördert das Überleben beider Strukturen langfristig. Dies kann sowohl die nachhaltige Nutzung von Ökosystemen bedeuten, als auch die Entwicklung neuer, anthropogener Ökosysteme, die auf der Basis eines besseren Verständnisses biologischer Prozesse und ihrer Einbeziehung in die Gestaltung Trinkwasser, saubere Luft, Nahrungsmittel und Baustoffe für den Menschen produzieren.

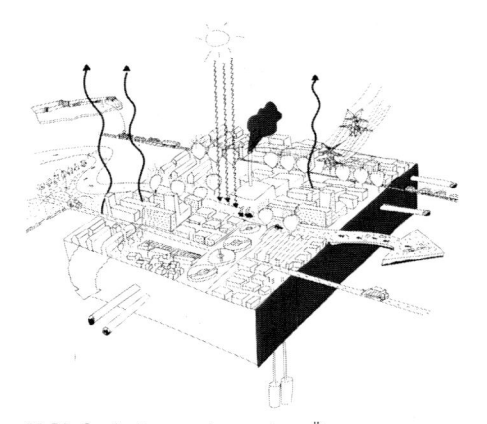

23 Die Stadt als menschgemachtes Ökosystem verstehen und gestalten

Bei der anwendungsbezogenen Stadtökologie geht es also nicht nur um die Analyse von Ökosystemen innerhalb der Stadt, sondern auch um die Gestaltung der Stadt selbst als Gesamtökosystem. Die Stadtökologie betrachtet den Mensch und seine gebaute Umwelt im Zusammenhang globaler abiotischer und biotischer Systeme, die der Mensch zunehmend beeinflusst und von denen er als biologischer Organismus zugleich nach wie vor abhängt. Ziel stadtökologischer Betrachtungen soll sein, das menschliche System „Stadt" als Teil größerer, globaler Systemzusammenhänge zu verstehen und zu optimieren, hinsichtlich seiner Stoffflüsse und Kreisläufe von Ressourcen, Energie, Boden, Luft und Wasser sowie Vegetation und Fauna. Dabei geht es insbesondere darum, Synergieeffekte durch multicodierte Raumnutzungen zu erzielen: Die Durchgrünung von Städten verbessert das Stadtklima, erhöht den Erholungswert und leistet einen Beitrag zum Artenschutz. Mehr Wasser in der Stadt schafft Abkühlung, erhöht den Feuchtegehalt der Luft, erzeugt gestalterische Qualitäten und schafft mögliche Retentionsräume für Starkregenereignisse.

Das Studium der Funktionsprinzipien natürlicher Ökosysteme birgt viele Anhaltspunkte für die Entwicklung nachhaltiger, menschlicher Siedlungsgebiete. Städte sind Zentren des Imports und der Globalisierung, nicht nur des menschlichen, sondern auch des pflanzlichen und tierischen Lebens. Zukünftige Entwicklungen der Biosphäre und die Auswirkungen des Klimawandels werden in den Städten gewissermaßen vorweggenommen. Städte nehmen daher als Experimentierfelder und in der Zukunftsforschung eine besondere Stellung ein. Sie eignen sich hervorragend als Schaufenster für die exemplarische Demonstration von positiven Verbindungen zwischen Mensch und Natur. Die große Komplexität gegenwärtiger Herausforderungen für die Menschheit übersteigen das Wissen und die Fähigkeiten einzelner Disziplinen bei Weitem. Hier ist die transdisziplinäre Wissensproduktion und ein abgestimmtes, strategisches Handeln gefordert. Integrative Netzwerkarbeit und internationale Kooperationen fördern den interdisziplinären Wissenstransfer, der nötig ist, um die Herausforderungen für zukunftsfähige und lebenswerte Städte im 21. Jahrhundert zu bestehen.

Literatur

Bundesministerium für Umwelt, Naturschutz und Reaktorsicherheit (BMU) (Hrsg.) 2006: Umweltbewusstsein in Deutschland 2006. Ergebnisse einer repräsentativen Bevölkerungsumfrage. – Online, URL: http://www.umweltbundesamt.de/sites/default/files/medien/publikation/long/3113.pdf [Zugriff: 14.03.2014]

Geiger, W. / Dreiseitl, H. / Stemplewski, J.: Neue Wege für das Regenwasser. Handbuch zum Rückhalt und zur Versickerung von Regenwasser in Baugebieten. München 2003

Endlicher, W.: Einführung in die Stadtökologie. Eugen Ulmer Verlag, Stuttgart 2012

Fischer-Kowalski, M., Haberl, H., Jüttler, W., Payer, H. Schandl, H., Winwarter, V., Zangerl-Weisz, H.: Gesellschaftlicher Stoffwechsel und Kolonisierung von Natur. Ein Versuch Sozialer Ökologie. Gordon & Breach Fakultas, Amsterdam 1997

Henninger, S.: Stadtökologie. Verlag Ferdinand Schöningh, Paderborn 2011

Hoyer, J.; Dickhaut, W.; /Kronawitter, L.; Weber, B.: Water Sensitive Urban Design. Principles and Inspiration for Sustainable Stormwater Management in the City of the Future. Berlin 2011

Kaule, G.: Umweltplanung. Eugen Ulmer Verlag, Stuttgart 2002

Landeshauptstadt Stuttgart: Der Klimawandel. Herausforderung für die Stadtklimatologie. Stuttgart 2012

Milosovicova J., Schmidt, M.: Die Stadt nachhaltig entwickeln. In: Garten + Landschaft 5/2012

Ministerium für Verkehr und Infrastruktur Baden-Württemberg: Städtebauliche Klimafibel. Hinweise für die Bauleitplanung – Online, URL: http://www.staedtebauliche-klimafibel.de/pdf/Klimafibel-2012.pdf [Zugriff: 14.03.2014]

Odum, E.: Grundlagen der Ökologie. Bd. 1. Thieme Verlag, Stuttgart 1980

Petzet, M.; Heilmeyer, F.: Reduce / Reuse / Recycle. Ressource Architektur. Hatje Cantz Verlag, Ostfildern, Berlin 2012

Prominski, M.; Stokman, A., Zeller, S., Stimberg, D., Voermanek, H.: Fluss. Räume. Entwerfen. Birkhäuser, Basel 2012

Prytula, M.: Der Urbane Metabolismus. Ganzheitliche Betrachtungen zum Ressourcenhaushalt Urbaner Systeme. In : Arch +, Nr. 196/197 Januar 2010: Post Oil City, S. 116-117

Reicholf, J.: Stadtnatur: Eine neue Heimat für Tiere und Pflanzen – Ein Naturführer durch die Stadt. oekom verlag, München 2007

Senatsverwaltung für Stadtentwicklung Berlin: Stadtentwicklungsplan Klima. Urbane Lebensqualität im Klimawandel sichern. Berlin 2011

Sukopp , H.; Wittig, R. (Hrsg.): Stadtökologie – Ein Fachbuch für Studium und Praxis. Gustav Fischer Verlag, Stuttgart 1998

von Haaren, Christina (Hg.): Landschaftsplanung. Stuttgart 2004

Abbildungsnachweis

1 globaia.org. - Online: http://www.blogcdn.com/de.autoblog.com/media/2012/04/globaia.jpg [Zugriff: 14.03.2014]

2 H. Sukopp und R. Wittig (Hrsg.) (1998): Stadtökologie – Ein Fachbuch für Studium und Praxis. Gustav Fischer, Stuttgart, S. 317

3 Eigene Darstellung

4 http://aquaponicsiceasonline.com/wp-content/uploads/2013/05/How-Aquaponics-Works.png [Zugriff: 14.03.2014]

6 http://www.oberstenfeld.de/servlet/PB/show/1273529_l1/Bild%201%20Bodenfunktionen%20jpg.jpg [Zugriff: 14.03.2014]

7 http://www2.klett.de/sixcms/list.php?page=miniinfothek_lexikon&miniinfothek=Geographie%20Infothek&node=&artikel_id=146078 [Zugriff: 14.03.2014]

8 Eigene Darstellung, Fotos: Antje Stokman

9, 10, 11 Ministerium für Verkehr und Infrastruktur Baden-Württemberg: Städtebauliche Klimafibel. Hinweise für die Bauleitplanung – Online, S. 28, S. 26, S.24, URL: http://www.staedtebauliche-klimafibel.de/pdf/Klimafibel-2012.pdf [Zugriff: 14.03.2014]

12, 19 Landeshauptstadt Stuttgart (2010): Der Klimawandel. Herausforderung für die Stadtklimatologie. Stuttgart., S. 58, S. 34

13 Milosovicova J., Schmidt, M. (2012): Die Stadt nachhaltig entwickeln. In: Garten + Landschaft 5/2012, S. 21

16 http://www.morgenpost.de/berlin/article1288244/Berlin-ist-die-wahre-Grossstadt-Wildnis.html [Zugriff: 14.03.2014]

17 http://www.bund-bawue.de/fileadmin/bawue/pdf_datenbank/themen_projekte/Vortrag_Uwe_Riecken_20120420.pdf, S. 9 [Zugriff: 14.03.2014]

18 Fotos: Antje Stokman

20, 22 Senatsverwaltung für Stadtentwicklung Berlin (2011): Stadtentwicklungsplan Klima. Urbane Lebensqualität im Klimawandel sichern. Berlin. S. 29, S. 27

21 http://resilient-cities.iclei.org/fileadmin/sites/resilient-cities/files/Resilient_Cities_2013/Presentations/C3_Rasmussen_Hauber_RC2013.pdf, S. 13 und 22 [Zugriff: 14.03.2014]

23 http://iabr.nl/media/document/original/iabr_2014_introduction.pdf [Zugriff: 14.03.2014]

Endnoten

1 Ehlers, E.: Das Anthropozän. Die Erde im Zeitalter des Menschen, Darmstadt 2008

2 Ellenberg, H., Hrsg.: Ökosystemforschung. Springer-Verlag Berlin 1973

3 Sukopp , H.; Wittig, R. (Hrsg.): Stadtökologie – Ein Fachbuch für Studium und Praxis. Gustav Fischer Verlag, Stuttgart 1998

4 Wordwatch Institut (Hrs.): Zur Lage der Welt in 2010. Einfach besser leben. Nachhaltigkeit als Lebensstil. München 2010

5 Baccini, P.; Brunner, P. H.: Metabolism of the Anthroposphere: Analysis, Evaluation, Design. MIT Press, Cambridge 2012

6, 7 Sieferle, R. P.; Krausmann, F.; Schandl, H.: Das Ende der Fläche. Zum gesellschaftlichen Stoffwechsel der Industrialisierung (= Umwelthistorische Forschungen; Bd. 2), Köln / Weimar / Wien: Böhlau 2006

8 Petzet, M.; Heilmeyer, F.: Reduce / Reuse / Recycle. Ressource Architektur. Hatje Cantz Verlag, Ostfildern, Berlin 2012

9, 10 Kowarik, I.: Das Besondere der städtischen Flora und Vegetation. Schriftenreihe des Deutschen Rats für Landespflege 61/1992, „Natur in der Stadt – ein Beitrag der Landespflege zur Stadtentwicklung", S. 33-47

STEFAN SIEDENTOP
PHILIPP ZAKRZEWSKI

Demographische und soziale Grundlagen der Stadtentwicklung

1 Einführung

Das Jahr 2003 wird vielleicht einmal als ein bedeutendes „Wendejahr" in die neuere deutsche Geschichte eingehen. Denn seit 2003 ist die Bevölkerungszahl der Bundesrepublik rückläufig. Die näheren Ursachen dieser Entwicklung reichen indes viel weiter zurück. So besteht seit 1972 ein Geburtendefizit, was bedeutet, dass seitdem die Zahl der Geburten niedriger ist, als die der Todesfälle. Verdeckt wurde diese Entwicklung allein durch die Zuwanderung aus dem Ausland.

Für die kommenden 20 Jahre wird für die Bundesrepublik mit einem anhaltenden Bevölkerungsrückgang gerechnet. Bis 2050 – so aktuelle Prognosen – könnte die Bevölkerungszahl auf unter 70 Millionen fallen. Gleichzeitig gewinnen räumliche Disparitäten der Bevölkerungsentwicklung an Dynamik. Schon in den 1990er Jahren standen dem flächenhaften Bevölkerungszuwachs in Westdeutschland hohe Bevölkerungsverluste in Ostdeutschland gegenüber. Aber auch in vielen westdeutschen Regionen sind Bevölkerungsverluste heute längst Realität. Deutschland steht an der Schwelle eines erheblichen demographischen Schrumpfungsprozesses und Städte; auch ländliche Räume werden davon berührt sein.

Für die Stadtplanung wirft diese Perspektive fundamentale Fragen auf. Wie verändert sich die Nachfrage nach Wohnraum, nach Arbeitsplätzen und Infrastrukturleistungen? Welche qualitativen Veränderungen auf die Wohnungsnachfrage können erwartet werden? Wie wird eine Stadt mit schrumpfender und alternder Bevölkerung in funktionaler und gestalterischer Hinsicht aussehen? Bergen schrumpfende Städte nur Risiken oder bringt dieser Prozess auch Chancen für mehr Lebensqualität mit sich? Welchen Aufgaben der „Gestaltung der Schrumpfung" sehen sich Stadtplaner und Architekten gegenüber?

Diese Fragen sind umso drängender, weil der Prozess demographischer Schrumpfung durch gravierende soziale und ökonomische Veränderungen überlagert wird. Heute lebt nur noch jeder zweite Deutsche in einer Eltern-Kind-Gemeinschaft. Andere Haushaltsformen wie kinderlose Paare, Paare nach Auszug der Kinder (Empty Nesters), mobile Familien mit mehreren Wohnsitzen (LAT – living apart together), Alleinerziehende oder ältere Einpersonenhaushalte werden von Randgruppen zur Mehrheit. Der Wandel von Lebens- und Konsumstilen, die zunehmende Doppelberufstätigkeit in Familien, die „Erschütterung" einer allgemeinen beruflichen und sozialen Aufstiegserwartung sowie die Erosion des Normalarbeitsverhältnisses und damit einhergehende zeitökonomische Flexibilisierungszwänge führen zu einer weitreichenden Veränderungen städtischer Nutzungsanforderungen in den Bereichen Wohnen, Mobilität und Infrastruktur.

In diesem Zusammenhang kommt auch dem Übergang von der ehemals industriell geprägten Arbeitergesellschaft in eine „Wissensökonomie" Bedeutung zu. Intellektuelle und kreative Arbeit, soziale Interaktion und Vernetzung wirken sich auf dem dienstleistungsorientierten Markt auf die Anforderungen an den „modernen berufstätigen Menschen" und dessen Umfeld aus. Dazu zählen mit der Wohnung, der Wohnumgebung und der Infrastrukturversorgung Bereiche, in denen vor allem für die Städte mit ihrer hohen Dichte und funktionalen Infrastruktur großes Entwicklungspotenzial besteht. Es muss den Städten jedoch nicht nur gelingen Gebäude- und Infrastrukturbestände an eine veränderte Nachfrage anzupassen, sondern auch sich attraktiv im Wettbewerb der Regionen und Kommunen um Einwohner und Erwerbstätige zu präsentieren. Dies wird sich weniger an „harten" Standortfaktoren wie der überregionalen Verkehrsanbindung und der Verfügbarkeit von Neubauflächen bemessen. Wettbewerbsvorteile werden eher solche Städte und Gemeinden haben, die ihre genuin urbanen Qualitäten zur Entfaltung bringen können – attraktive Zentren, ein breit gefächertes Angebot an Wohnungen und Wohnimmobilien, eine leistungsfähige Infrastruktur, kurze Wege zwischen Wohnen und Arbeiten und Grün- und Erholungsflächen.

In diesem Beitrag werden zunächst in Abschnitt 2 die Hauptentwicklungsrichtungen der demographischen Entwicklung in Deutschland skizziert. Als Makrotrends können die Schrumpfung der Bevölkerung, die zunehmende Alterung und Pluralisierung der Gesellschaft angesehen werden. In Abschnitt 3 wird dargestellt, dass Städte und Regionen in sehr unterschiedlichem Maße von diesen Entwicklungen betroffen sein werden. Abschnitt 4 reflektiert schließlich städtebaulich relevante Wirkungen der Bevölkerungsentwicklung und skizziert planerische Handlungsansätze zum Umgang mit Folgen des demographischen Wandels.

1 Attraktive Zentren – belebte Fussgängerzonen

2 Entwicklung zu einer „bunteren" Gesellschaft

3 Entwicklung zu weniger Kindern und mehr alten Menschen

2 Demographische und soziale Rahmenbedingungen der Stadtentwicklung

„Wir werden weniger, älter und bunter." Mit dieser einfachen Formel wird nicht selten versucht, die absehbaren Resultate der Bevölkerungsentwicklung in Deutschland zu charakterisieren. Ob das so ist, wie es dazu kommt und was das bedeutet, soll in diesem Abschnitt durch die allgemeinen bevölkerungswissenschaftlichen Prinzipien dieses komplexen gesellschaftlichen Phänomens dargestellt werden.

2.1 Demographische Grundgleichung

Die wichtigsten demographisch wirksamen Faktoren auf nationaler Ebene sind die Fertilität (Geburten) und die Mortalität (Sterbefälle) der vorhandenen Bevölkerung („natürliche Bevölkerungsbewegung") sowie die internationale Migration, also der Wanderungssaldo mit dem Ausland („räumliche Bevölkerungsbewegung").

Natürliche Bevölkerungsbewegung
Allgemein bekannt ist die „magische Zahl" von 2,1 Kindern je Frau, die in Industrieländern als das notwendige Bestandserhaltungsniveau für eine konstante Bevölkerungszahl gilt. Diese Fertilitätsrate, in der Bevölkerungswissenschaft auch als „zusammengefasste Geburtenziffer" oder „Totale Fruchtbarkeitsrate (TFR)" eines Landes bezeichnet, ist ein theoretischer Wert, der angibt, wie viele Kinder eine Frau in ihrem Leben durchschnittlich zur Welt bringt. Liegt der Wert unter 2,1, ist die natürliche Bevölkerungsentwicklung langfristig negativ, liegt er höher, ist ein natürliches Bevölkerungswachstum zu erwarten. Zu der Fruchtbarkeit kommt jedoch noch die Sterblichkeit einer Bevölkerung als zweiter Aspekt hinzu, der die natürliche Bevölkerungsbewegung beeinflusst. Eine sinkende Mortalität ist gleichbedeutend mit einer steigenden

Lebenserwartung. Die natürliche Bevölkerungsbilanz ergibt sich aus der Differenz von Geburten und Sterbefällen. Werden mehr Kinder geboren als (alte) Menschen sterben, spricht man von einer (im mathematischen Sinne) positiven Entwicklung.

Räumliche Bevölkerungsbewegung
Die räumliche Bevölkerungsbewegung ist das Ergebnis von Zu- und Abwanderung. Ein Staat mit einem dauerhaft positiven Außenwanderungssaldo kann als Einwanderungsland bezeichnet werden.

Demographische Grundgleichung
Aus allen genannten Einzelkomponenten setzt sich die „Demographische Grundgleichung" zusammen, mit deren Hilfe sich Veränderungen des Bevölkerungsbestandes bestimmen lassen. Danach leitet sich die zukünftige Bevölkerungszahl eines Gebietes aus der Bestandsgröße zum Zeitpunkt t, der Zahl der Geburten minus der Zahl der Gestorbenen im betrachteten Zeitraum sowie der Zahl der Zugewanderten minus der Zahl der Fortgezogenen (im gleichen Betrachtungszeitraum) ab.

Ein positiver Wanderungssaldo kann beispielsweise ein vorhandenes Geburtendefizit ausgleichen oder überkompensieren. Sind beide Vorzeichen negativ, kommt es zu einer Bevölkerungsabnahme, im umgekehrten Fall nimmt die Bevölkerung zu.

Demographische Grundgleichung:
$$P^{t+n} = P^t + B^{t,t+n} - D^{t,t+n} + I^{t,t+n} - E^{t,t+n}$$
mit
P^t = Bevölkerung zum Zeitpunkt t
$P^{t,t+n}$ = Bevölkerung zum Zeitpunkt t + n
$B^{t,t+n}$ = Geburten zwischen t und t + n
$D^{t,t+n}$ = Sterbefälle zwischen t und t + n
$I^{t,t+n}$ = Zuwanderung zwischen t und t + n
$E^{t,t+n}$ = Abwanderung zwischen t und t + n

2.2 Demographischer Übergang

Mit dem sogenannten „Ersten Demographischen Übergang" beschreiben Demographen eine charakteristische Veränderung der natürlichen Bevölkerungsbewegung, die beim Übergang von einer Agrar- zur Industriegesellschaft beobachtet werden kann. In der „prätransformativen Phase" der vorindustriellen Zeit sind Fertilität und Mortalität gleichermaßen hoch, so dass die Bevölkerungszahl relativ stabil bleibt. Mit der beginnenden Industrialisierung und Urbanisierung geht ein technischer, medizinischer und sozialer Fortschritt einher, welcher bewirkt, dass die Kindersterblichkeit abnimmt und die durchschnittliche Lebenserwartung steigt. Da in dieser „frühtransformativen Phase" die Geburtenzahl weiterhin hoch ist, kommt es zu einem deutlichen Geburtenüberschuss und die Bevölkerung wächst rasant. Im Laufe der weiteren gesellschaftlichen Entwicklung geht die Zahl der Geburten langsam zurück, aber auch die Sterblichkeit nimmt weiterhin ab. Diese „mitteltransformative Phase" ist von einem deutlichen Auseinanderklaffen der Geburten- und Sterberate geprägt. In der anschließenden „spättransformativen Phase" nimmt die Lebenserwartung nur noch geringfügig zu, die Geburtenzahl geht jetzt deutlich zurück und die Schere zwischen Fertilität und Mortalität schließt sich wieder. Wenn sich die Geburten-

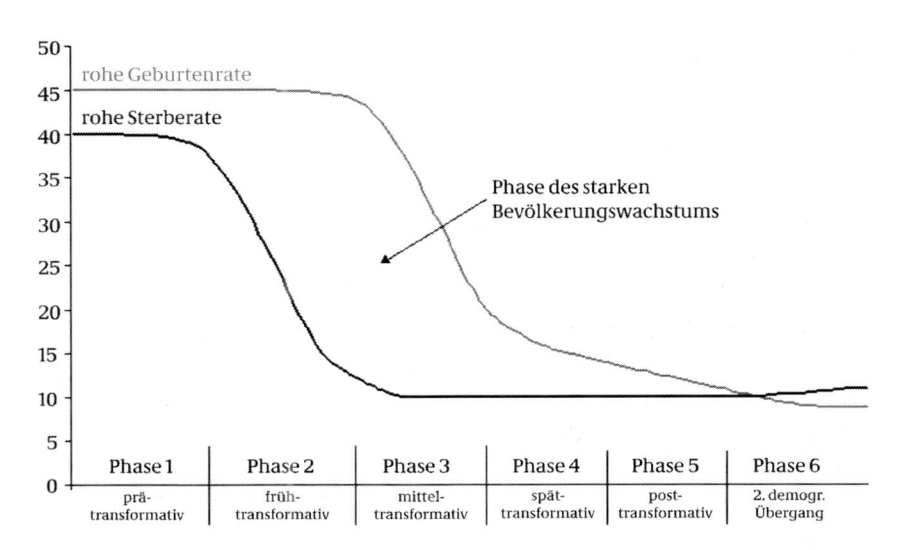

4 Modell des demographischen Übergangs

5 Geburtenziffer in Deutschland 1871–2010

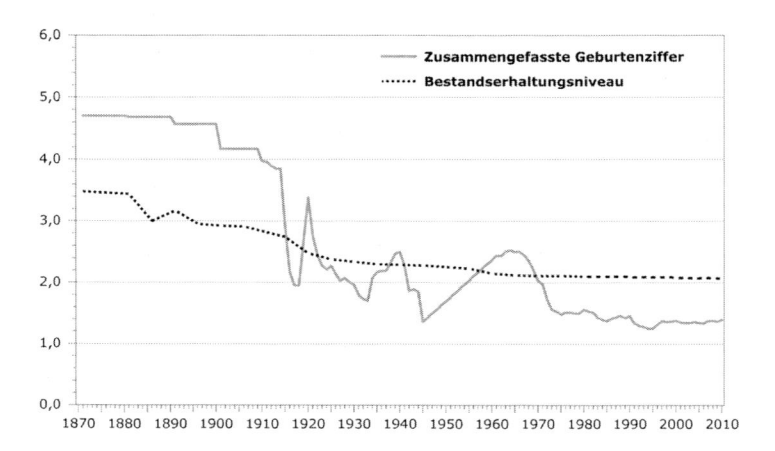

und Sterbezahlen auf einem gleichbleibend niedrigem Niveau eingependelt haben, ist die „posttransformative Phase" erreicht und der Transformationsprozess damit abgeschlossen – dies war in Deutschland und den meisten Industrieländern etwa um 1930 der Fall.

Das weitere Absinken der Mortalitätsraten, vor allem aber der Fertilitätsraten unter die für die Bestandserhaltung der Bevölkerung notwendige durchschnittliche Kinderzahl von 2,1 Kindern pro Frau wird in jüngerer Zeit als „Zweiter Demographischer Übergang" bezeichnet. In Deutschland ist die Geburtenhäufigkeit ab Mitte der 1960er Jahre bis Mitte der 1970er Jahre kontinuierlich gefallen und hat sich seitdem mit 1,3 bis 1,4 Kindern je Frau deutlich unterhalb des Reproduktionsniveaus eingependelt. Dies hat zur Folge, dass die Generation der Kinder um etwa ein Drittel gegenüber der Elterngeneration schrumpft. Kommen diese „geburtenschwachen Jahrgänge" später selber in die generative Phase, tritt ein doppelter Effekt ein, der auch „Demographisches Echo" genannt wird. Zum einen „fehlt" ein Teil der Generation, denn die damals nicht geborenen Töchter können auch keine Kinder bekommen. Zum anderen werden von der aktuellen Elterngeneration auch wieder „nur" etwa 1,35 Kinder je Frau, also wieder ein Drittel weniger Kinder geboren. So setzt sich die „natürliche Schrumpfung" in jeder Generation fort. Die Bevölkerung wird immer älter und nimmt immer weiter ab. Ursächlich für den Rückgang der durchschnittlichen Kinderzahl ist anders als beim „Ersten Demografischen Übergang" nicht mehr in erster Linie die Verkleinerung der Familien, sondern die zunehmende Kinderlosigkeit als Folge der Pluralisierung der Lebensentwürfe. Die natürliche Schrumpfung beträgt derzeit in Relation zur Bevölkerung jährlich 0,2 Prozent und wird bis 2050 auf etwa 0,9 Prozent ansteigen.

Der Rückgang der Kinderzahl in jeder nachrückenden Generation führt zu der charakteristischen Pilzform der Alterspyramide, da geburtenstarke Jahrgänge im Altersaufbau in den oberen Bereich vorrücken. Mit dem Übergang von der agra-

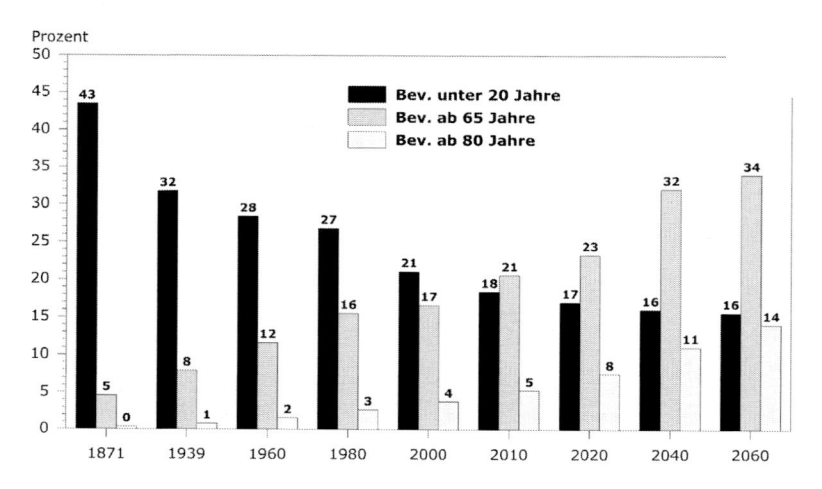

6 Anteile der jungen und alten Bevölkerungsgruppen in Deutschland 1871–2060

rischen zur spätindustriellen Gesellschaft geht eine Umkehrung der Altersstruktur einher, bei der die älteren Bevölkerungsteile die jungen zahlenmäßig deutlich übertreffen. Bei der Alterung der Bevölkerung ist zwischen absoluter und relativer Alterung zu unterscheiden. Erstere bezieht sich auf die steigende Lebenserwartung der Menschen, letztere auf die Zunahme des prozentualen Anteils der alten Menschen an der Gesamtbevölkerung. Nach derzeitigen Prognosen werden im Jahr 2050 auf 100 Personen im erwerbsfähigen Alter 64 Rentner entfallen. Dass die deutsche Bevölkerung (wie auch die europäische) immer weniger und immer älter wird, ist ein unumstößlicher Prozess, der schon vor Jahrzehnten eingesetzt hat.

Abgemildert (und dadurch über Jahrzehnte verschleiert) wurde und wird dieser Prozess durch die Zuwanderung aus dem Ausland und die höhere Geburtenhäufigkeit bei den Immigrantinnen. Der steigende Anteil der ausländischen Bevölkerung sowie der Deutschen mit Migrationshintergrund ist gemeint, wenn von der Internationalisierung Deutschlands die Rede ist.

2.3 Internationalisierung

Wie anfangs dargestellt, beinhaltet die Demographische Grundgleichung nicht nur die Geburten und Sterbefälle, sondern auch die Zu- und Abwanderung. Dabei muss zwischen Binnen- und Außenwanderung unterschieden werden. Binnenwanderung nennt man Bevölkerungsbewegungen innerhalb eines Landes, etwa zwischen Ost- und Westdeutschland oder zwischen der Landeshauptstadt Stuttgart und ihren Umlandkreisen. Zu- und Fortzüge über die Staatsgrenze hinweg werden als Außenwanderung bezeichnet.

Der verstärkte Zuzug von Ausländern begann in Deutschland in den 1950er Jahren durch gezielte Anwerbung von „Gastarbeitern" hauptsächlich aus südeuropäischen Ländern. Bis zum Anwerbestopp im Jahr 1973 kamen insgesamt etwa 14 Millionen Gastarbeiter, von denen elf Millionen das Land jedoch wieder verließen. Zwischen 1962 und 1973 stieg der Anteil der ausländischen Arbeitskräfte von etwa 0,6 auf 2,6 Millionen und damit wuchs ihr Anteil an allen Erwerbstätigen in Deutschland von drei auf über zehn Prozent. Auch nach dem Anwerbestopp nimmt der Ausländeranteil weiterhin zu, zum einem durch die Familiennachholung der in Deutschland verbliebenen, hauptsächlich männlichen Arbeitskräfte, zum anderen aufgrund einer Besonderheit des deutschen Rechts, wonach im Inland geborene Kinder von nichtdeutschen Eltern als Ausländer gelten (mit der Reform des Staatsangehörigkeitsrechts im Jahr 2000 wurde der Zugang zur deutschen Staatsangehörigkeit erleichtert).

Der Fall des Eisernen Vorhangs hat zu einem sprunghaften Anstieg der Zuzugsraten nach Deutschland zu Beginn der 1990er Jahre beigetragen. Die Zuwanderungswelle wurde getragen von deutschstämmigen „Spätaussiedlern" aus den ehemaligen Sowjetrepubliken, Bürgerkriegsflüchtlingen aus Jugoslawien und Asylbewerbern aus anderen Krisenregionen. Allein in den vier Jahren von 1990 bis 1993 nimmt die Zahl der Ausländer um zwei Millionen zu und liegt seitdem bei etwa sieben Millionen. Ab

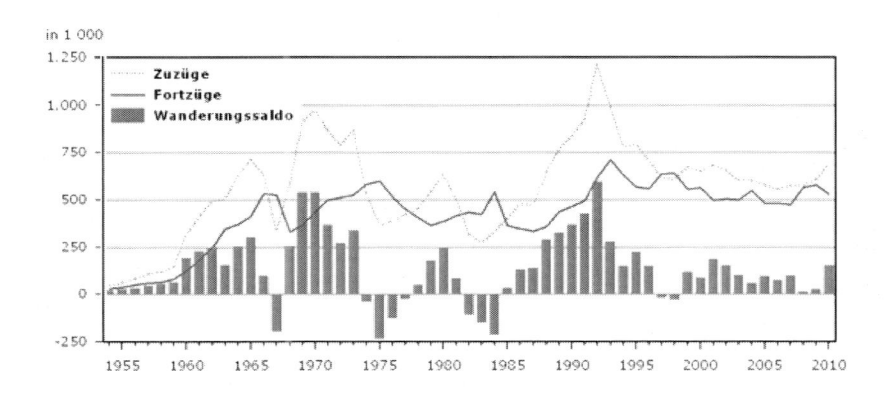

7 Zu- und Fortzüge ausländischer Staatsbürger 1954–2010

Mitte der 1990er Jahre sind jedoch nur noch moderate Wanderungsgewinne zu verzeichnen, was auch mit einer Verschärfung der Asylgesetzgebung zusammenhängt.

Ohne Zuwanderung würde Deutschland bis zum Jahr 2050 rund 20 Millionen Einwohner verlieren – das ist fast ein Viertel der gegenwärtigen Bevölkerung. Die Bundesrepublik hätte dann nur noch 62,5 Millionen Einwohner, wobei neun Millionen unter 20-Jährige 22,4 Millionen über 65-Jährigen gegenüberstehen würden. Um diesen Bevölkerungsverlust auszugleichen, müssten jedes Jahr über 400.000 Menschen nach Deutschland einwandern, soll darüber hinaus ein Rückgang der Erwerbspersonen verhindert werden, müssten es weit mehr sein. Diese Zahlen machen deutlich, dass die Schrumpfung und Überalterung der deutschen Bevölkerung durch Zuwanderung zwar abgemildert, realistischerweise aber nicht gestoppt werden kann.

Dass Deutschland „bunter" wird, liegt aber nicht ausschließlich am steigenden Anteil der Ausländer und Deutschen mit Migrationshintergrund. Ein weiterer Faktor ist der fortschreitende gesellschaftliche Wandel, der mit einer Individualisierung und Pluralisierung der Lebensmodelle einhergeht.

2.4 Pluralisierung

Während früher die Ehe mit Kindern die dominante Lebensform war, ist sie heute nur noch eine von vielen. Zwischen 1996 und 2005 ist die Anzahl der Alleinerziehenden mit minderjährigen Kindern innerhalb von zehn Jahren um 20 Prozent gestiegen. Man unterscheidet heute sechs verschiedene Lebensformen, drei mit und drei ohne Kinder. Zu der Ehe mit Kindern kommen die nichtehelichen Lebensgemeinschaften (NEL) mit Kindern und die Alleinerziehenden. Zu den kinderlosen Lebensformen zählen die Ehen und die NEL ohne Kinder sowie die kinderlosen Alleinstehenden (Singles). Diese Ausdifferenzierung der deutschen Gesellschaft ist eine parallele Entwicklung zu der bereits genannten Zunahme der Kinderlosigkeit sowie dem Trend zur Ein-Kind-Familie und führt damit auch zu einer Verkleinerung und stetig wachsenden Zahl der privaten Haushalte. So ist die Zahl der Haushalte mit mehr als vier Personen zwischen 1900 und 2005 von fast 45 auf weniger als vier Prozent gefallen. Im Gegenzug nahm die Zahl der Einpersonen-Haushalte von sieben auf 37 Prozent zu. Da auch die Alterung der Bevölkerung eine Zunahme der Klein- und Einpersonenhaushalte bewirkt, ergibt sich insgesamt trotz der Bevölkerungsabnahme ein anhaltendes Haushaltswachstum, was für die Abschätzung der zukünftigen Wohnungsnachfrage einen sehr wichtigen Zusammenhang darstellt.

Die Haushaltsvorausberechnung 2007 des Statistischen Bundesamtes rechnet in der Trendvariante mit einer Verkleinerung der durchschnittlichen Haushaltsgröße von 2,08 Personen im Jahr 2007 auf 1,95 im Jahr 2025. Die Zahl der Haushalte steigt dadurch um 900.000 von 39,6 auf 40,5 Millionen. Die Ein- und Zweipersonen-Haushalte gewinnen demnach gegenüber den größeren Haushalten um sechs Prozent und stellen dann nahezu 80 Prozent aller Privathaushalte.

Die Pluralisierung der Gesellschaft kann aber durch die genannte Ausdifferenzierung der Lebensformen und die Veränderung der Haushaltsgrößenstruktur allein nicht

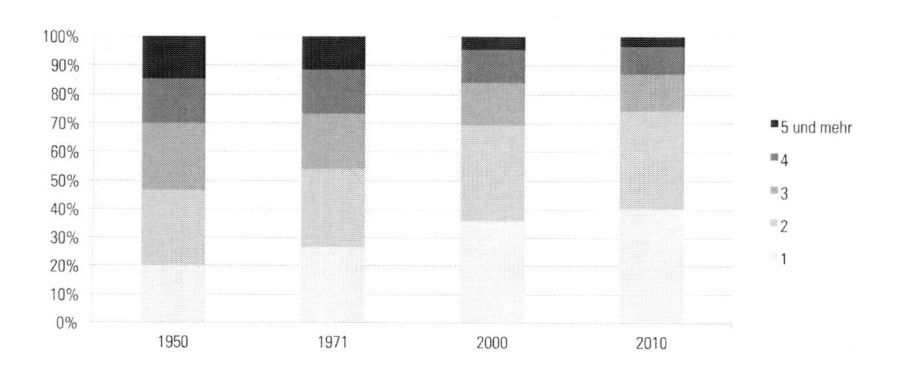

8 Privathaushalte nach Mitgliederzahl in Deutschland 1950, 1971, 2000 und 2010

9 Ausdifferenzierung der deutschen Gesellschaft in „Sinus-Milieus"

hinreichend beschrieben werden. Um ein genaueres Abbild heutiger Lebensweisen zu erhalten, haben Sozialwissenschaftler und Marktforscher verschiedene Modelle von Milieu- und Lebensstiltypen entwickelt. Ein bekanntes Schema sind die „Sinus-Milieus", die durch die Überlagerung der horizontalen Schichten des sozialen Status mit einer vertikalen Unterteilung nach bestimmten Wertvorstellungen entstehen. Dabei ergeben sich insgesamt zehn Milieus, die von „Konsum-Materialisten", über die „Bürgerliche Mitte", bis hin zu „DDR-Nostalgischen", „Postmateriellen" oder „Modernen Performern" reichen. Die Auseinandersetzung mit den verschiedenen Lebensstiltypen und ihren Bedürfnissen und Ansprüchen ist notwendig, da diese gesellschaftlichen Gruppen letztlich die Adressaten jeglicher Planung darstellen.

Wir werden weniger, älter und bunter. Das stimmt, wenn man Deutschland insgesamt betrachtet. Der soziodemographische Wandel kann sich aber von Stadt zu Stadt und Landkreis zu Landkreis ganz anders auswirken als im Großen. Verlässt man die nationale Perspektive und wendet sich den unterschiedlichen Regionen zu, geht man noch weiter ins Detail und untersucht einzelne Städte und Gemeinden, so wird man vielerorts zu Ergebnissen kommen, die stark von den hier geschilderten globalen Phänomenen abweichen – im positiven wie im negativen Sinne.

3 Regionale und lokale Betroffenheit durch den demographischen Wandel

Wie werden sich die im vorangegangenen Abschnitt skizzierten quantitativen und qualitativen Veränderungen der Bevölkerung auf die städtebauliche Entwicklung auswirken? Dazu muss zunächst gefragt werden, wie sich der Bevölkerungsrückgang auf Regionen, Städte und Gemeinden sowie Stadtquartiere verteilen wird. Aktuelle Prognosen von Bund und Ländern gehen davon aus, dass der ländliche Raum stärker betroffen sein wird als die größeren Städte. Unter den Städten werden altindustrialisierte Städte mit höheren Bevölkerungsrückgängen zu rechnen haben als Städte mit einer moderneren Wirtschaftsstruktur. Abbildung 10 (nächste Seite) zeigt zudem, dass auch Westdeutschland in starkem Maße von Schrumpfungsprozessen betroffen sein wird, wenngleich deren Ausmaße gegenüber Ostdeutschland deutlich geringer ausfallen.

10 Wachsende und schrumpfende Städte in Deutschland (Stand: 2008)

■ stark schrumpfend
▨ schrumpfend
▨ stabil
□ wachsend
□ stark wachsend

■ Großstädte
▲ Mittelstädte

▨ Stadtregionen

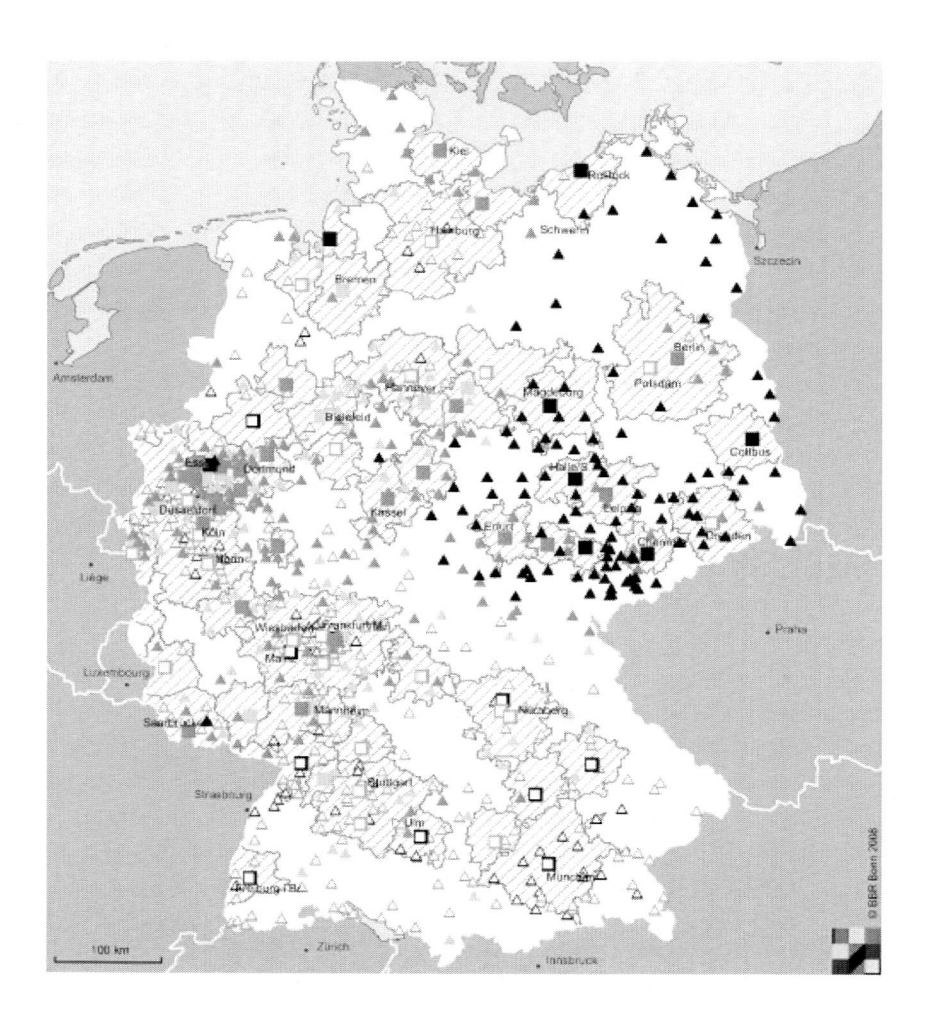

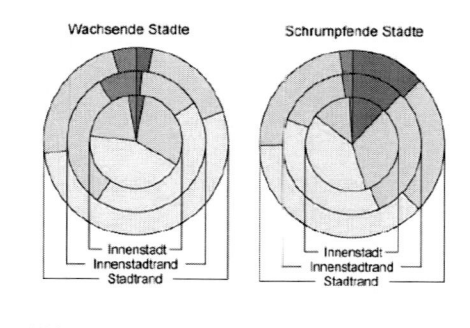

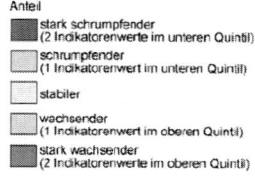

11 „Nachbarschaft" von Wachstum und Schrumpfung in Städten mit insgesamt zu- und abnehmender Bevölkerungszahl – dargestellt ist der Anteil von Stadtteilen mit rückläufiger, stabiler und zunehmender Bevölkerungszahl.

Anteil
■ stark schrumpfender (2 Indikatorenwerte im unteren Quintil)
▨ schrumpfender (1 Indikatorenwert im unteren Quintil)
□ stabiler
▨ wachsender (1 Indikatorenwert im oberen Quintil)
■ stark wachsender (2 Indikatorenwerte im oberen Quintil)

Die bisherigen Erfahrungen zeigen zudem, dass auch innerhalb wachsender und schrumpfender Städte eine räumliche Auseinanderentwicklung in wachsende oder konsolidierte Stadtquartiere und schrumpfende Viertel charakteristisch ist. Zentrale Triebkraft solcher kleinräumigen Wachstums- und Schrumpfungsprozesse ist die bereits eingetretene oder erwartete Entspannung der Wohnungs- und Immobilienmärkte und die gleichzeitige Dynamisierung der Wohnmobilität. Ein wahrscheinliches Szenario ist daher ein Trend hin zu einer bipolaren Stadt, in der Wachstums- und Schrumpfungsprozesse parallel verlaufen und sich gegenseitig beeinflussen. In vielen Städten kann bereits heute ein enges räumliches Nebeneinander von „Wachstumsinseln" mit einer selbsttragenden Entwicklung und schrumpfenden Quartieren beobachtet werden, die mit starken Angebotsüberhängen und Leerstandsproblemen konfrontiert sind. Verbunden damit ist ein sozialer Ausdifferenzierungsprozess mit einer Konzentration ökonomisch schwächerer Haushalte in städtebaulich und infrastrukturell benachteiligten Quartieren („Segregation"). Auf Deutschlands Städte kommt eine schwierige Gratwanderung zwischen Wachstum und Schrumpfung zu, wobei gute Stadtplanung auf beides eine Antwort geben muss.

In stadtstruktureller Hinsicht wird mit einer fortschreitenden „Perforation" des bebauten Siedlungsgefüges gerechnet. Perforation bedeutet, dass ehemals zusammenhängende und mehr oder weniger dicht bebaute Siedlungsgebiete zunehmend „Löcher" in Form von Brachflächen oder flächenhaft untergenutzten Bereichen aufweisen, die zum Teil nicht mehr baulich nachnutzbar sind. In gewissem Umfang kann dies als städtebauliche Chance einer nachträglichen Durchgrünung ehemals freiraumunterversorgter Stadtquartiere gesehen werden. Eine zu starke Brachflächenentwicklung gefährdet jedoch die Urbanität einer Stadt und die Tragfähigkeit von Netzinfrastrukturen wie Straßen, Abwasserkanälen und Fernwärmeleitungen.

4 Städtebauliche Antworten auf den demographischen Wandel

Die städtebauliche Entwicklung wird durch demographische Entwicklungen wesentlich geprägt. Die Bevölkerungsentwicklung nimmt Einfluss auf die Wohnungsnachfrage, die Nachfrage nach Erwerbsmöglichkeiten und öffentlichen Dienstleistungen sowie die Verkehrsteilnahme (Abb. 11). Neben der Bevölkerungszahl und ihrer Veränderung sind auch qualitative Bevölkerungsentwicklungen wesentliche Triebkräfte der städtischen Entwicklung. Genannt seien vor allem die bereits aufgezeigten Punkte der Alterung der Bevölkerung und der Pluralisierung von Haushalts- und Lebensformen, die ihren Ausdruck in veränderten oder neuartigen Wohnwünschen und Wohnstandortanforderungen finden.

Die Auswirkungen des Bevölkerungsrückgangs auf Städte und Gemeinden wurden bislang durch das noch anhaltende Wachstum der Haushaltszahlen und die wohlstandsbedingte Zunahme von Flächenbedarfen gedämpft. In Zukunft wird dies immer weniger der Fall sein. In vielen Städten wird daher eine quantitative Anpassung der gebauten Stadt an eine geringere Nachfrage nach Wohnraum und Infrastruktur erforderlich sein. Ein stadtplanerischer Paradigmenwechsel vom Wachstumsmanagement hin zu einem „geordneten Rückzug" im Sinne eines „weniger ist mehr" ist daher erforderlich. War städtebauliche Planung jahrzehntelang vor allem auf ein geordnetes Wachsen der Stadt ausgerichtet, müssen sich Planerinnen und Planer künftig größtenteils mit Überkapazitäten an Wohnraum und Gewerbeflächen, an Infrastruktur und manchmal auch Grünflächen auseinandersetzen.

Das bedeutet natürlich nicht, dass die Gestaltung von Wachstum nicht länger Aufgabe von Planerinnen und Planern ist. In den ökonomisch erfolgreichen Agglomerationsräumen Westdeutschlands sind die Einwohner- und Haushaltszahlen nach wie vor ansteigend. Zwar gelingt es heute, einen größeren Teil dieses Wachstums auf städtische Brachflächen und Baulücken zu lenken. Vor allem suburbane Kommunen werden aber im Rahmen ihrer städtebaulichen Entwicklung auf unbebaute Flächen im Außenbereich („grüne Wiese") nicht gänzlich verzichten wollen. Die Entwicklung von flächen- und kostensparenden Erschließungsplanungen und Bauformen sowie die Dimensionierung wohnnaher Infrastrukturen werden damit auch weiterhin wichtige Aufgaben von Architekten und Stadtplanern darstellen.

In der Mehrzahl der Städte und Gemeinden wird es in Zukunft aber ein konstruktives „Management des Überangebots" geben müssen. Es müssen stadtentwicklungsplanerische Antworten auf die Frage gegeben werden, was mit Wohnungs- und Gewerbeflächenbeständen geschehen soll, die am Markt auf keine absehbare Nachfrage treffen werden. Mit dem im Jahr 2000 gestarteten Bund-Länder-Programm

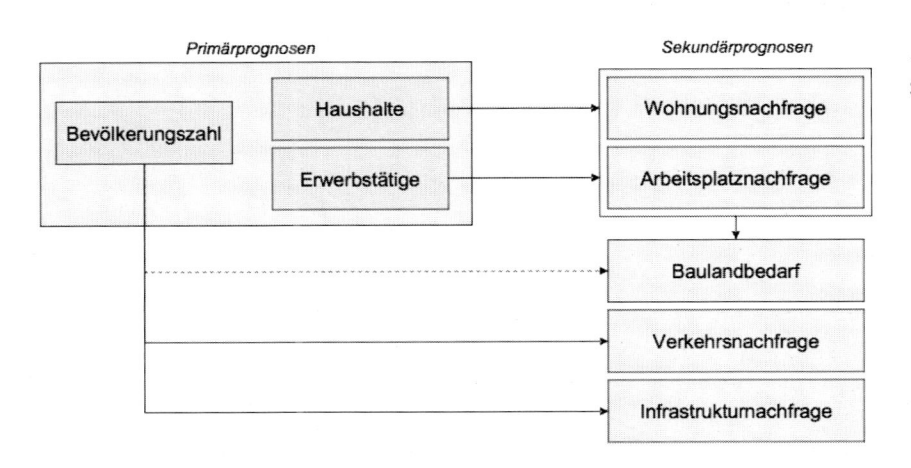

12 Wirkung der Bevölkerungszahl auf wichtige Sekundärgrößen der Stadtplanung

13 Rückbau und Abriss bestehender Siedlungen, zum Beispiel Komplettabriss in Dresden

14 Nachverdichten durch Neubau in ehemaliger Baulücke in Berlin-Mitte

15 „Zurück in die Stadt" – Städtisches Wohnen in den „Fünf Höfen" im Zentrum von München

„Stadtumbau Ost" wurde dieser Prozess eingeleitet. Bis zum Jahr 2009 sollen rund 350.000 der etwa eine Million in Ostdeutschland leer stehenden Wohnungen unter Einsatz öffentlicher Fördermittel abgerissen werden. Bereits im Jahr 2005 war ein Rückbau von etwa 130.000 Wohnungen erreicht. Mittlerweile wurde das Stadtumbauprogramm auch auf westdeutsche Städte ausgeweitet („Stadtumbau West").

Mit Blick auf die oben angesprochenen sozialen und ökonomischen Veränderungen kann sich Stadtumbau allerdings keineswegs im Rückbau von nicht mehr nachgefragtem Wohnraum und in der Stilllegung unterausgelasteter Infrastrukturen erschöpfen. Stadtumbau heißt vielmehr, gebaute Siedlungsräume an eine auch qualitativ veränderte Nachfrage ihrer Bewohner anzupassen. Städte, die im demographischen Wandel erfolgreich sein wollen, müssen sowohl für Familien mit Kindern, als auch für Senioren, Alleinerziehende und Kinderlose attraktiv sein. Das Stadtumbauprogramm greift dies auf, indem nur die Hälfte der bereitgestellten Mittel für den Rückbau von Wohngebäuden verwendet werden sollen. Die andere Hälfte soll der Aufwertung und Stabilisierung problematischer Quartiere zu Gute kommen (vgl. Beitrag Simon-Philipp, S. 357). Stadtumbau wird darüber hinaus auch bedeuten, bestehende Gebäude, Infrastruktureinrichtungen und Freiräume an veränderte Nutzeranforderungen anzupassen (zum Beispiel Barrierefreiheit des Gebäudezugangs, Ausstattungsstandards von Grünflächen).

Weitgehende Einigkeit herrscht heute unter Stadtplanern in schrumpfenden Städten, dass ein effektiver Stadtumbau einer räumlich konzentrierten Vorgehensweise bedarf, welche die verfügbaren finanziellen Ressourcen auf Gebiete mit besonderem Handlungsbedarf lenkt. Zahlreiche ostdeutsche Städte haben daher begonnen, ihre städtebaulichen Bestände im Hinblick auf ihre Zukunftsfähigkeit zu überprüfen. Öffentliche Investitionen sollen in Quartieren eingesetzt werden, in denen eine nachhaltige Nutzbarkeit des Bestandes möglich erscheint, wobei die stärkste Konzentration auf städtebauliche Problemgebiete fällt, in denen die Marktkräfte nicht ausreichend sind, um eine Stabilisierung im Sinne einer herzustellenden Wettbewerbsfähigkeit zu gewährleisten. Mit einem solchen Ansatz eines räumlich konzentrierten Mitteleinsatzes kann auch sozialen Polarisierungsprozessen entgegengewirkt werden.

In diesem Zusammenhang kommt auch der langfristigen Sicherung der Tragfähigkeit von Infrastrukturen Bedeutung zu. Studien zeigen, dass die Pro-Kopf-Kosten für technische und soziale Dienstleistungen (zum Beispiel Wasserversorgung, Abwasserentsorgung, Vorhaltung von Straßen, Schulen und Kindertagesstätten) in schrumpfenden Städten zunehmen. Die Folgen sind erhebliche Effizienzverluste, die bei Aufrechterhaltung der Infrastrukturversorgung in Städten und Stadtquartieren mit starkem Rückgang der Bevölkerungsdichte in Kauf genommen werden müssen. Diese führen zu einer „Kostenremanenz", was bedeutet, dass die Kosten für die Erbringung von Infrastrukturleistungen nicht oder nur beschränkt an eine rückläufige Nachfragerzahl angepasst werden können. Dieses Problem verdeutlicht die ersten Erfahrungen im ostdeutschen Stadtumbauprozess. Es zeigt sich hierbei, dass die wohnungswirtschaftlich dominierten Ziele des Stadtumbaus sehr häufig in Widerspruch zu den stadttechnischen Notwendigkeiten treten. Die Situation der stadttechnischen Netze schränkt die Freiheit städtebaulicher Planung erheblich ein. Experten empfehlen einen flächenhaften Rückbau mit dem kompletten Abriss ganzer Siedlungseinheiten und der damit möglichen Stilllegung der entsprechenden Infrastrukturabschnitte. Präferiert wird insbesondere ein Rückbau von den Rändern her.

Neben der Anpassung der Infrastruktur muss es das Ziel sein, die inneren Nutzungsreserven der Städte in ihren bestehenden Siedlungsräumen konsequent auszuschöpfen. Das betrifft vor allem Brachflächen, aber auch untergenutzte Stadtareale und Baulücken in den Kernbereichen der Städte. Eine städtebauliche Entwicklung nach innen begrenzt den demographisch angetriebenen Entdichtungsprozess und erhöht die Wirtschaftlichkeit bestehender Infrastrukturen. Die Chancen für eine „Entwicklung nach innen" sind derzeit besser als noch vor wenigen Jahren. Ein „Zurück in die Stadt" ist für immer mehr Haushalte vorstellbar, was in Fachkreisen als Reurbanisierung bezeichnet wird. Für solche Entwicklung sprechen die oben skizzierten demographischen wie auch sozialen und ökonomischen Entwicklungen. Die Pluralisierung von Lebens- und Konsumstilen, Flexibilisierungszwänge in der Arbeitswelt sowie die derzeit stark steigenden Energiepreise haben zu einem Bedeutungsgewinn städtischer Standorte mit komparativen Erreichbarkeitsvorteilen und guter Infrastrukturversorgung geführt. Erkennbar wird eine neue Nachfrage nach städtischen Wohnformen in verdichteten und nutzungsgemischten Quartieren, der die großen Städte derzeit nur bedingt gerecht werden.

Das liegt auch an den nicht unerheblichen Schwierigkeiten einer stärker bestandsorientierten städtebaulichen Entwicklung – das Bauen im Innenbereich bewegt sich in weit stärkerem Maße als das Bauen „auf der grünen Wiese" in einem Geflecht von Abhängigkeiten, Zwängen und Bindungen. Innenentwicklungsprojekte wie Brachflächenrevitalisierungen oder Nachverdichtungen sind nicht selten kleinteiliger und arbeitsaufwendiger als Neubauvorhaben am Siedlungsrand. Häufig stellen sich schwierige immissionsschutz- und nachbarrechtliche Fragen. Auch können Vorhaben der Innenstadtverdichtung mit stadtökologischen und stadtklimatischen Belangen in Konflikt treten. Die geeignete städtebauliche Strategie wird vor diesem Hintergrund in jeder Stadt individuell zu finden sein.

16 Stadtteilpark Plagwitz in Leipzig – Aufwertung des Wohnumfeldes durch Umnutzung ehemals bebauter Flächen als Reaktion auf den Bevölkerungsrückgang

17 „Stattpark" in Leipzig-Lindenau in ehemaliger Baulücke

5 Ausblick

Stadtumbau wird für Stadtplaner und Architekten in Zukunft ein weitaus wichtigeres Betätigungsfeld sein als der Neubau „auf der grünen Wiese". Bezogen auf die Gesamtheit der in den vergangenen Jahren erbrachten Bauleistungen sind Aufgaben des Umbaus der gebauten Stadt (als Umbau oder Renovierung) schon heute wichtiger als der Neubau. Die Schere zwischen Um- und Neubau wird sich in den kommenden Jahrzehnten weiter zugunsten des Stadtumbaus öffnen.

Es sei davor gewarnt, Bevölkerungsrückgänge und Alterungsprozesse nur als Bedrohung von Urbanität und städtischer Lebensqualität anzusehen. Rückläufige Bevölkerungszahlen eröffnen zweifelsohne auch städtebauliche Chancen. Rück- und Umbaumaßnahmen bieten in den hoch verdichteten Kernstädten vielfältige Möglichkeiten für eine Qualifizierung des Wohnumfeldes und die Etablierung geringer verdichteter Bebauungsformen, die in Städten mit angespannten Immobiliemärkten nicht möglich sind. Unter dem Schlagwort „Mehr Grün, weniger Dichte" nimmt die Stadtumbaupolitik Abstand von Zielen der Nachverdichtung bestehender Strukturen und setzt auf eine Anreicherung mit ökologisch hochwertigen, funktional und sozial begründeten Freiraumelementen. Leitbildentwürfe schrumpfender Städte – diskutiert mit Bildern wie „perforierte Stadt" oder „hybride Stadt" – müssen indes den Nachweis ihrer ökonomischen Tragfähigkeit und sozialen Akzeptanz erst noch erbringen. Eines aber ist gewiss: Die schrumpfende Stadt wird im Vergleich zu ihrem wachsenden Pendant nicht weniger Planung bedürfen.

Weiterführende Literatur

Bundesinstitut für Bevölkerungsforschung und Statistisches Bundesamt (Hg): Bevölkerung: Daten, Fakten und Trends zum demographischen Wandel in Deutschland. Wiesbaden 2008

Bundesministerium für Verkehr, Bau und Stadtentwicklung: 10 Jahre Stadtumbau Ost – Berichte aus der Praxis. 5. Statusbericht der Bundestransferstelle Stadtumbau Ost. Berlin 2012

Deutsche Bank Research (Hg): Die Demografische Herausforderung: Ein Überblick über die Bevölkerungsproblematik und ihre gesellschaftlichen und ökonomischen Konsequenzen. Deutsche Bank Research. Frankfurt a. M. 2002

Gatzweiler, H.-P./ Kuhlmann, P./ Meyer, K./ Milbert, A./ Pütz, T./ Schlömer, C./ Schürt, A. 2006: Herausforderungen deutscher Städte und Stadtregionen. Ergebnisse aus der Laufenden Raum- und Stadtbeobachtung des BBR zur Entwicklung der Städte und Stadtregionen in Deutschland. Bonn. (=BBR-Online-Publikation, Nr. 8/2006)

Just, T. 2004: Demografische Entwicklung verschont öffentliche Infrastruktur nicht. Frankfurt am Main. (=Demografie Spezial, Nr. 294)

Kaufmann, Franz-Xaver: Schrumpfende Gesellschaft: Vom Bevölkerungsrückgang und seinen Folgen. Suhrkamp. Frankfurt a. M. 2005

Schimany, Peter: Migration und Demographischer Wandel. Bundesamt für Migration und Flüchtlinge. Nürnberg 2007

Siedentop, S. 2004: Anforderungen an einen qualifizierten Stadtumbau in schrumpfenden Städten. In: Altrock, U., Schubert, D. (Hg.): Wachsende Stadt. Leitbild – Utopie – Vision. Hamburg, 251–263

Schiller, G./ Siedentop, S. 2005: Infrastrukturfolgekosten der Siedlungsentwicklung unter Schrumpfungsbedingungen. In: DISP, Heft 160, S. 83–93

Giseke, U./ Spiegel, E. (Hg.): Stadtlichtungen. Irritationen, Perspektiven, Strategien. Bauwelt-Fundamente. Basel 2007

Statistische Ämter des Bundes und der Länder (Hg): Demografischer Wandel in Deutschland: Bevölkerungs- und Haushaltsentwicklung im Bund und in den Ländern. Wiesbaden 2007

Statistisches Bundesamt: Bevölkerung Deutschlands bis 2060. 12. koordinierte Bevölkerungsvorausberechnung. Wiesbaden 2009

Statistisches Bundesamt: Geburten in Deutschland. Wiesbaden 2012

Abbildungsnachweis

1	Stadt Offenbach
2, 3	Archiv Autoren
4	Peter Schimany (2007). „Migration und demographischer Wandel". Bundesamt für Migration und Flüchtlinge, S. 42
5–8	Bundesinstitut für Bevölkerungsforschung
9	http://www.bildungsforschung.org/Archiv/2005-01/quiz
10, 11	Bundesamt für Bauwesen und Raumordnung
12	Archiv Autoren
13	http://www.mormo.de/270407-Abriss_Weisswasser/Weisswasser_Sued.jpg
14	Senatsverwaltung für Stadtentwicklung, Berlin
15	http://farm2.static.flickr.com/1178/890537832_3e2c309e63.jpg?v=0
16	Stadt Leipzig, Stadtplanungsamt
17	Deutsches Institut für Urbanistik, Berlin

CHRISTINE HANNEMANN

Wohnen

1 Zum Begriff und Verständnis des Wohnens

Jede/r wohnt in einer Wohnung oder einem Haus. Jede/r? Was ist mit den Menschen, die in einem Obdachlosenasyl leben müssen? Kann das „Wohnen" genannt werden? Das kommt darauf an: Was Wohnen ist und was eine Wohnung, wird vom Zeitgeist (Abb. 1 und 2) und in unserem Kulturkreis vor allem vom Gesetzgeber definiert. Typisch für das Wohnen ist, dass wir in Häusern und eher nicht im Zelt wohnen. Schon wenn jemand in einer Wagenburg lebt, also in einem Dorf beziehungsweise einer Siedlung aus Bau-, Zirkus- oder Lastwagen, dann entspricht dies nicht mehr unbedingt unserem kulturellen Verständnis von Wohnen.[1]

Typisch für unser Wohnen sind eine enorme technische Ausstattung und die Anbindung an Infrastruktur durch Zentralheizung, Kanalisation oder den ÖPNV. Besonders typisch ist für unseren Kulturkreis vor allem, dass Wohnen „privat" und nicht in Gemeinschaftseinrichtungen realisiert wird. Ein großer Teil privat verfügbarer Finanzen wird zum „Wohnen" eingesetzt und insbesondere dazu verwendet, Wohnfläche auszuweiten sowie den Wert der Wohnausstattung zu steigern. Demgegenüber schrumpft das, was in der Wohnung zwingend erledigt werden muss: „Die Berufstätigkeit der Frau, die Auslagerung der Alten und Kranken in Altenheime und Sanatorien, die Unterbringung von Kindern in Kinderkrippen, Kindertagesstätten und (Ganztags-)Schulen oder der Verzicht auf Kinder überhaupt, die Entwicklung der technischen und der sozialen Infrastruktur, der personenbezogenen Dienstleistungen, die steigende Mobilität in der Freizeit, die Entwicklung des Hotel- und Gaststättenwesens und der Freizeiteinrichtungen, generell die zunehmende markt- respektive staatsförmige Organisation immer weiterer Lebensbereiche, all das hat dazu geführt, dass niemand mehr unumgänglich auf eine eigene Wohnung angewiesen ist."[2]

Warum wird dennoch in unserem Kulturkreis an der eigenen Wohnung festgehalten? Das ist eine der Fragen, die die soziologische Perspektive auf das Wohnen kennzeichnet und damit hier im Mittelpunkt stehen wird.

Zunächst jedoch muss betont werden, dass der Blick auf das Wohnen äußerst vielfältig ist: So haben unterschiedliche Fachrichtungen und Forschende unterschiedliche Wohnbegriffe. Auch ein Blick ins etymologische Wörterbuch zeigt, welch breites Bedeutungsfeld im Wort „Wohnen" angelegt ist: Abgeleitet wird es aus dem althochdeutschen „wonên". Seine Urbedeutung ist „gern haben", „wünschen". In Bedeutung und Gebrauch kommen darüber hinaus noch die Elemente des Behaglichen beziehungsweise Geruhsamen hinzu. Des Weiteren ist das so wichtige „Zufriedensein" mit dem Ablaut „sich gewöhnen" und „gewohnt sein" liiert. Mit „wohnen" wird immer verdeutlicht, wo der Mensch „verweilt", „sich aufhält", seine persönliche Ortsbindung, also „seinen Wohnsitz" hat und in welcher landschaftlichen oder städtischen Umgebung diese Wohnstätte liegt. Etymologisch lassen sich all diese Herleitungen auf die Bedeutung „gern haben, wünschen" zurückführen.[3]

1 Wohnen im mittelalterlichen Haushalt

2 Beengte Wohnverhältnisse in einer Berliner Mietskaserne um 1910

Eine berühmte, phänomenologisch orientierte, Bestimmung des Wohnens stammt vom Philosophen Martin Heidegger: „Was heißt nun Bauen? Das althochdeutsche Wort für bauen, ‚buan', bedeutet Wohnen. Dies besagt: bleiben, sich aufhalten. [...] Die Art, wie du bist und ich bin, die Weise, nach der wir Menschen auf der Erde *sind*, ist das Buan, das Wohnen. Mensch sein heißt: als Sterblicher auf der Erde sein, heißt: wohnen."[4]

Wohnen, so wird hier auch aus philosophischer Sicht deutlich, gehört zu den elementaren Bedürfnissen des Menschen und weckt Assoziationen wie: Sicherheit, Schutz, Geborgenheit, Kontakt, Kommunikation und Selbstdarstellung. Gleichzeitig ist das Wohnen einem ständigen Wandel unterworfen und weist sehr unterschiedliche Ausprägungen auf: regional, sozial, individuell. Wie die Grundbedürfnisse befriedigt werden, verändert sich im historischen Maßstab ebenso wie für jeden Menschen im Laufe seines Lebenszyklusses. Die Wohnung ist für die meisten Haushalte der Lebensmittelpunkt. Sie beeinflusst den Alltag von Familien, die individuellen Entfaltungsmöglichkeiten, die Sozialisationschancen von Kindern, Gesundheit und Wohlbefinden. Die Wohnung bestimmt, wie Intimität und Privatsphäre geschützt werden. Wohnen bedeutet mehr als nur Unterkunft, es ist auch Ort und Medium der Selbstdarstellung und der Repräsentation (Abb. 3). Im Wohnen manifestiert sich der soziale Status. Lage und Standort (Viertel, Straße), Wohnform (Villa, Mietshaus), Wohnumfeld sowie Architektur haben während der gesamten Wohnungsbaugeschichte immer auch die gesellschaftliche Stellung der Bewohner abgebildet. Das Bürgertum im 19. Jahrhundert residierte in Landhäusern und Villen oder bewohnte die „Belle Etage" der Bürgerhäuser. Nach dem Zweiten Weltkrieg wurde das Eigenheim neben dem Auto zum wichtigen Statussymbol. Dagegen bedeutet der Verlust der Wohnung – die Obdachlosigkeit – einen starken sozialen Abstieg und tendenziell eine Ausgrenzung aus der Gesellschaft.

3 Aktuelles deutsches Wunschbild Wohnen

2   Idealtypus des modernen Wohnens

Unsere heutige Vorstellung vom Wohnen hat sich erst mit der Urbanisierung und Industrialisierung, also seit der Entstehung der Moderne, herausgebildet. Die Soziologen Hartmut Häußermann und Walter Siebel haben das Wohnen bestimmt, indem sie den Funktionswandel des „Wohnens" untersucht haben. Vier Merkmale[5] (siehe Kapitel 2.1 bis 2.4), so das Ergebnis, charakterisieren den „Idealtypus[6] des modernen Wohnens". Angesichts der in unseren Breitengraden üblichen technischen Standards von Haus- und Haushaltstechnik kommt dazu ein weiteres Merkmal, das bei Häußermann und Siebel schon angelegt ist, aber noch nicht als einzelnes Merkmal bestimmt wurde: der Einfluss der Technisierung auf das Wohnen.

4 Fuggerei Augsburg; mittelalterliche Form des Mietwohnungsbaus

Alle fünf, im Folgenden erläuterten, Merkmale lassen sich auch in vormodernen Epochen finden. So entstanden kleinfamiliale Lebensformen schon in der Phase der Frühindustrialisierung bei Heimarbeitern auf dem Land. So könnte auch die Fuggerei in Augsburg[7] (Abb. 4) als eine Frühform des Mitwohnungsbaus bezeichnet werden. Entscheidend für die Bestimmung als „Idealtypus des modernen Wohnens" ist, dass diese Merkmale gebündelt den Massenwohnungsbau zumindest bis in die 1970er Jahre charakterisieren. Sie erklären, warum heute das Wohnen in einer Wohnung mit hierarchisch-funktionell angeordneten Räumen – Wohnzimmer, Schlafzimmer, Kinderzimmer, Küche, Bad, Flur – als „Wohnleitbild" so stark verfestigt sind.

2.1   Trennung von Arbeiten und Wohnen – Wohnen als Ort der „Nichtarbeit"

Für unser heutiges Verständnis vom Wohnen ist die Entwicklung außerhäuslicher Lohnarbeit – beginnend schon im Mittelalter – prioritär. In der vormodernen Lebensweise wurden Arbeiten und Wohnen nicht voneinander unterschieden. Erst mit der Herauslösung besonderer Tätigkeiten, die zudem noch an besonderen Orten organisiert werden, bildet sich die Erwerbsarbeit heraus. Nicht mit der „Arbeit" verbundene Zeiten (Freizeit) werden unterschieden von solchen, die unmittelbar mit produktiven Verrichtungen (Arbeit) ausgefüllt sind. Die Funktion Arbeiten ist als Erwerbsarbeit aus dem Wohnen ausgelagert worden. Die Wohnung wird ganz entscheidend als Ort der Nichtarbeit wahrgenommen, in der Intimität, Erholung, Entspannung und Reproduktion gelebt werden (Abb. 5). Die Wohnung als Ort für persönliche Aktivitäten und Selbstverwirklichung ist zugleich auch auf private Gastlichkeit ausgelegt. In der Anordnung und Größe der Zimmer, vor allem des Wohnzimmers, sowie in der Gestaltung des Eingangs kommt die Bedeutung von Gästen zum Ausdruck. Das *Unsichtbarmachen* der verbliebenen Arbeit in Form von Hausarbeit und Kindererziehung wurde beispielsweise lange Zeit durch die Randlage und geringe Größe von Küchen symbolisiert.

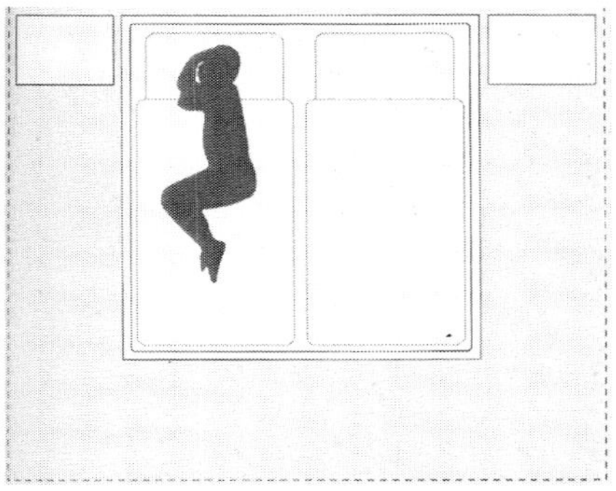

5 Wohnen als Ort der Nichtarbeit

2.2 Begrenzung von Personen – Wohnen als Lebensform der Kleinfamilie

In der Regel wohnen heute Menschen zusammen, mit denen blutsverwandschaftliche Bindungen bestehen, also mit Familienangehörigen (Abb. 6). Ort der Familie ist die Wohnung. Großfamilien mit Seitenverwandten, Groß- und Urgroßeltern oder Hausangestellten sind in unserer Gesellschaft kaum noch anzutreffen. Der österreichische Historiker Otto Brunner[8] hat diese Lebensweise unter dem Begriff „ganzes Haus" als Selbstversorgungseinheit beschrieben, in der der Haushalt noch alle Lebensvollzüge in sich einschließt. Das „ganze Haus" vereinigte unter einem Dach häufig in denselben Räumen Arbeit, Erholung, Schlafen, Essen und Beten, Gesinde Kinder, Mann und Frau (Abb. 7). Die materiellen und symbolischen Arrangements des modernen Wohnens separieren dagegen Funktionen und Personen in spezialisierten Räumen für Essenszubereitung, Essen, Sich-Lieben, Schlafen, Sich-Waschen, Sich-Entleeren, miteinander Sprechen; Eltern und Kinder, Sohn und Tochter, Mann und Frau. Die Zweigenerationenkernfamilie bestimmt das dominierende Wohnleitbild.

6 Kernfamilie beim gemeinsamen Fernsehen

2.3 Auseinandertreten von Öffentlichkeit und Privatheit – Wohnen als Ort der Intimität

„Die Auslagerung produktiver Funktionen aus dem Haushalt in Markt, Staat und das System betrieblich organisierter Lohnarbeit sowie der Auszug von nicht oder nur entfernt verwandten Personen aus dem Haushalt schaffen im wirklichen und übertragenen Sinne erst Raum für die Kultivierung von Intimität. Es entfaltet sich die bürgerliche Privatsphäre, die räumlich als Wohnung, rechtlich als privater Verfügungsraum und sozial-psychologisch als Intimität gegenüber anderen abgegrenzt wird."[9] Der Soziologe Peter Gleichmann hat diesen Prozess als „Verhäuslichung der Vitalfunktionen"[10] bezeichnet. Infolge der Intimisierung wurden Scham- und Peinlichkeitsschwellen errichtet, die Körperlichkeit und Emotionalität aus der Öffentlichkeit weitgehend ausgesondert haben, weg ins Private der Wohnung.[11]

„Eine große *Vielfalt unterschiedlicher Verrichtungsgewohnheiten* kennzeichnen den Beginn des neunzehnten Jahrhunderts, an dessen Ende die Körperentleerungen weitgehend in ‚Aborte', diese in die Häuser verlagert sind, den Blicken anderer Menschen weniger zugänglich geworden. Jahrhunderte lang kannten die Städte nebeneinander Latrinen, Senkgruben, Kotplätze in Gärten und auch entwässerte Abortanlagen; [...] Die *vollständige Einhausung* der vordem selten, gelegentlich oder gar nicht verborgenen Verrichtungen, ihre Verlagerung in ‚Aborte', das Ausstatten sämtlicher städtischer Häuser mit Aborten und schließlich das Verbergen der Entleerungen auch auf Straßen und Plätzen, diese Prozesse, die die Städter zu einem sozial genaueren Ordnen der körperlichen Selbstkontrollen zwingen, vollziehen sich in wenigen Generationen."[12] Bei der Grundrissentwicklung wird dieser Prozess vor allem durch die Erfindung des Flurs, also einer Verkehrsfläche zur Erschließung von voneinander getrennten

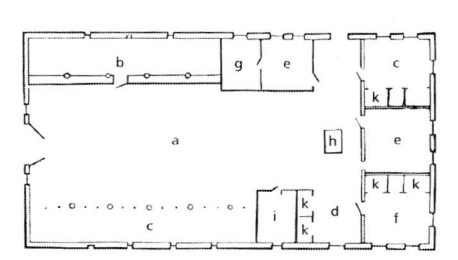

7 Grundriss Niedersächsisches Hallenhaus; das Haus als Produktions- und Lebensstätte mit großer Diele (a), Pferde- und Kuhstall (b, c), Howand (d), Stuben (e), Kellerstube (f), Schlafkammer der Hausleute (g), offenem Herd (h), Knechtkammer (i) und Schlafkojen (k).

Räumen, deutlich. Den modernen bürgerlichen Grundriss, beispielsweise den sogenannten Frankfurter Grundriss, kennzeichnet besonders, dass alle Räume durch einen Vorraum betreten werden konnten. Dieser Vorraum hatte allerdings, wie etwa der Vorsaal von Schlössern, keine repräsentative Funktion mehr, sondern diente lediglich der Organisation der Erschließung (Abb. 8).[13]

Heute werden zentrale Praxen des Lebens ganz selbstverständlich mit dem Wohnen verbunden: Schlafen, Essen, Kommunikation, Erholen, Sexualität, Hygiene und Entleerung. Der sozialpsychologische Wert der Wohnung liegt darin, Emotionalität, Soziabilität, Persönlichkeit und Individualität entfalten zu können.

2.4 Entstehung des Wohnungsmarkts – Wohnung als Ware

Juristisch gesehen wird eine Wohnung durch Kauf oder Miete erlangt. In besonderen Fällen, beispielsweise bei Asylsuchenden, Aussiedlern aus dem Gebiet der ehemaligen Sowjetunion und Unterstützungsempfängern werden Wohnungen staatlich zugeteilt. Demgegenüber treten alternative Wohn- und Genossenschaftsmodelle weit in den Hintergrund. Eine Reihe von rechtlichen Instanzen regelt dabei den Zugang und auch die Nutzung der Wohnung: Kaufverträge, Steuern, Mietrecht, Nachbarschaftsrecht und Hausordnungen. Aber erst im 19. Jahrhundert mit der rapiden Zunahme der Bevölkerung und ihrer massiven Verstädterung dynamisiert sich der Wohnungsmarkt, auf dem der einzelne Haushalt den Wohnraum als Ware durch Kauf oder Miete erwirbt, zum dominierenden Mechanismus der Wohnungsversorgung. Nutzer, Bauherr, Architekt und Bauunternehmer werden zu verschiedenen Akteuren, deren Zusammenwirken durch Mechanismen des Marktes und – im Falle staatlicher Eingriffe – der politischen Willensbildung vermittelt ist. Erst damit werden Fragen des angemessenen Wohnens zu gesellschaftlichen Fragen.

Die Wohnungsversorgung wird in der Bundesrepublik im Rahmen des hier seit ihrer Gründung geltenden Konzepts sozialer Marktwirtschaft geregelt. Jeder Haushalt ist zunächst selbst dafür verantwortlich, sich mit angemessenem Wohnraum zu versorgen. Inwieweit Haushalte ihren Wohnbedarf decken können, hängt primär von ihrer Zahlungsfähigkeit ab. Über die Produktion und die Verteilung von Wohnungen entscheiden Angebot und Nachfrage, in der Bundesrepublik allerdings teilweise auch durch Politik gelenkt: Das Ausmaß der Staatsintervention (sozialer Wohnungsbau, Wohngeld, Steuererleichterungen u.a.) ist politisch immer umstritten, war aber in der Nachkriegsgeschichte nach Abbau der größten Wohnungsnot durch eine kontinuierliche Politik der Liberalisierung geprägt. Über die Produktion und Verteilung von Wohnraum sollte perspektivisch der Markt weitgehend allein entscheiden. Angesichts neuer Wohnungsknappheiten und Wohnungsnöte mehren sich aber in der Gegenwart wieder die Forderungen nach einer verstärkten staatlichen Intervention in der Wohnungspolitik. Da sich viele Haushalte den Erwerb einer Wohnung nicht leisten können, werden nur 45,7 %[14] aller Wohnungen von den Eigentümern selbst bewohnt, obwohl zwei von vier Bundesbürgern (s. a. Tabelle 1) lieber im Eigentum als zur Miete wohnen würden[15]. Ferner ist die Wohnung ein sehr langlebiges Gebrauchsgut. Man geht von einer langen Lebensdauer aus. Die Position einer Wohnung im Wohnungsmarkt ändert sich während der langen Lebensdauer jedoch erheblich: Um die Wohnung marktgängig zu halten, muss der Eigentümer laufend in Instandhaltung und Modernisierung investieren.

Es ist rechtlich zu unterscheiden zwischen Miet- und Eigentumsmarkt; Zwischenformen (genossenschaftliches Eigentum) sind in der Bundesrepublik noch relativ selten, aber werden zunehmend politisch gefördert. Auf diesen beiden Märkten herrschen unterschiedliche Bedingungen; sie sind entsprechend scharf voneinander getrennt. Der Wohnungsmarkt in der Bundesrepublik setzt sich aus vielen regionalen Teilmärkten zusammen: Münchner Wohnungsmarkt, Stuttgarter Wohnungsmarkt... Die völlig unterschiedliche Situation auf den regionalen Wohnungsmärkten hat zur Folge, dass gleichwertige Wohnungen einen unterschiedlichen Preis haben. Der

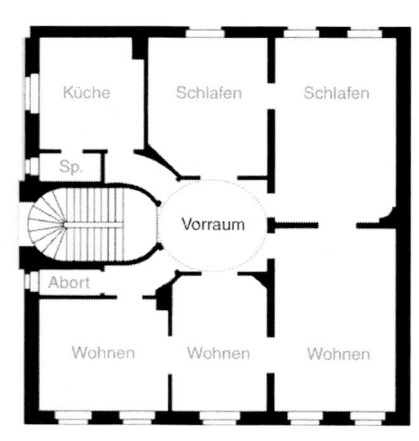

8 „Frankfurter Grundriss"; erste Flurform als Erschließung

Tabelle 1 Wohnverhältnisse privater Haushalte nach Gebietsständen						
	Deutschland		Früheres Bundesgebiet ohne Berlin-West		Neue Länder und Berlin	
	2003 in %	2013 in %	2003 in %	2013 in %	2003 in %	2013 in %
Haushalte zur Miete	57,0	57,0	54,4	53,9	68,3	68,6
Haushalte in Wohneigentum	43,0	43,0	45,6	46,1	31,7	31,4
Einfamilienhäuser	32,0	33,1	33,6	35,1	25,6	25,7
Zweifamilienhäuser	13,9	11,1	15,2	12,5	8,2	6,1
Wohngebäude: 3 und mehr Wohnungen	52,2	53,9	49,3	50,4	64,6	66,5
Sonstige Gebäude	1,8	2,0	1,9	2,0	1,6	7,0

Eigentumsformen

Nach deutschem Recht beinhaltet Wohn- oder Hauseigentum immer auch Eigentum an einem Grundstück. Beim Erwerb einer Eigentumswohnung nach dem WEG von 1951 wird mit dem Sondereigentum Wohnung auch ein Bruchstücksanteil am Grundstück erworben. In diesem Zusammenhang kann man zwischen verschiedenen Eigentumsformen differenzieren. Selbstgenutztes Eigentum bedeutet, dass derjenige, der das Grundstück besitzt, auch auf diesem Grundstück wohnt. Bewohnt man eine Eigentumswohnung, so ist man mit den anderen Eigentümern gemeinsam Grundstückseigentümer.

Als neue Form des Erwerbs selbstgenutzten Eigentums haben sich in letzter Zeit die Bau(herren)gemeinschaften oder Baugruppen etabliert. Hier plant und errichtet eine Gruppe zumeist als GbR (auch KG oder Vereinslösungen möglich) das Gebäude. Nach der Fertigstellung kann es in Eigentumswohnungen aufgeteilt werden, es ist auch möglich, die Rechtsform der Genossenschaft oder einer Stiftung zu wählen. Bei nicht selbstgenutztem Eigentum wohnt derjenige, der das Grundstück besitzt, nicht auf diesem Grundstück, sondern überlässt die Wohnung oder das Haus gegen einen Mietzins an einen Dritten. Rechtliche Grundlage bildet der Mietvertrag, in dem die gegenseitigen Pflichten und Rechte beschrieben sind und ein Mietzins festgelegt wird.

Eine Sonderform stellt das Erbbaurecht dar. Hier überlässt der Grundstückseigentümer, meist die Gemeinde oder eine Körperschaft des öffentlichen Rechts (etwa die Kirche), die Nutzung eines Grundstückes zu einem Pachtzins für einen bestimmten Zeitraum (in Deutschland sind 99 Jahre die Regel) an einen Nutzer. Der Nutzer muss das Grundstück also nicht kaufen, die bei Beginn der Bautätigkeit üblichen Finanzierungskosten für den Grund und Boden entfallen. Allerdings besitzt der Nutzer nur das Gebäude, nicht das Grundstück. Das Rechtsverhältnis wird durch einen Pachtvertrag geregelt. In diesem wird festgelegt, ob der Vertrag nach Ablauf der Pachtdauer verlängert wird und in welchem Zustand das Grundstück wieder an den Eigentümer zurückgegeben wird.

Wohnungsmarkt lässt sich des Weiteren nach den Gebäude- und Wohnungstypen differenzieren, Größe, Funktionalität, Ausstattung, Lage, Alter... Der Wert einer Wohnung hängt auch von Merkmalen des Quartiers ab: vom Wohnumfeld, der infrastrukturellen Versorgung, der Entfernung von den Arbeitsplatzkonzentrationen, von Immissionsbelastungen.

Zwar ist die Wohnungsversorgung über den Markt geregelt, stets aber wurde sie durch Wohnungspolitik begleitet. Ihre Anfänge gehen in Deutschland zurück auf die 1920er Jahre, als die Erhebung der Hauszinssteuer die finanzielle Grundlage für den kommunalen Reformwohnungsbau, beispielsweise in Frankfurt am Main bildete (Abb. 10). In den 1950er und 1960er Jahren, als noch große Wohnungsnot herrschte, war die Wohnungspolitik eines der bedeutendsten Politikfelder des Bundes und der Länder. Sie beruht im Wesentlichen auf drei Säulen: auf der Förderung des sozialen Wohnungsbaus (Objektförderung) (Abb. 11), dem Wohngeld (Subjektförderung) und der Steuerpolitik, mit der Anreize für den Eigenheimbau gegeben wurden.

2.5 Einfluss technischer Entwicklungen – Wohnen als Ort der Technisierung

Kein Gebäude, keine Wohnung funktioniert heute ohne „Heizung, Elektroinstallation, Wasser- und Sanitärinstallation, Sicherheitstechnik sowie Satellitentechnik"[16]. Rechtlich fixiert und gezwungen sind in Deutschland nahezu alle Gebäude in irgendeiner Form leitungsgebunden. Darüber hinaus beeinflussen technische Entwicklungen Anforderungen und Standards des Wohnens. Die Entwicklung der Lebensmittelkonservierung hat beispielsweise die privatwirtschaftliche Vorratshaltung deutlich verändert.

9 100 Jahre alte Konserven

10 Öffentlich geförderter Wohnungsbau der 1920er Jahre: Römerstadt in Frankfurt

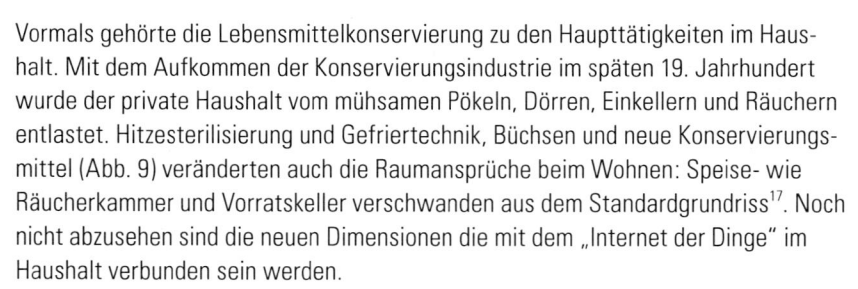

Vormals gehörte die Lebensmittelkonservierung zu den Haupttätigkeiten im Haushalt. Mit dem Aufkommen der Konservierungsindustrie im späten 19. Jahrhundert wurde der private Haushalt vom mühsamen Pökeln, Dörren, Einkellern und Räuchern entlastet. Hitzesterilisierung und Gefriertechnik, Büchsen und neue Konservierungsmittel (Abb. 9) veränderten auch die Raumansprüche beim Wohnen: Speise- wie Räucherkammer und Vorratskeller verschwanden aus dem Standardgrundriss[17]. Noch nicht abzusehen sind die neuen Dimensionen die mit dem „Internet der Dinge" im Haushalt verbunden sein werden.

3 Postmoderne Transformationen der Lebensverhältnisse

Waren sozialer Wohnungsbau (Abb. 10 und 11) und technische Normierungen kennzeichnend für die Entwicklungen in der zweiten Hälfte des 20. Jahrhunderts wandelt sich das Wohnen heute vor allem durch die postmoderne Transformation aller Lebensverhältnisse, insbesondere durch Individualisierung, Alterung sowie Entgrenzung und Subjektivierung der Erwerbsarbeit. In diesem Abschnitt werden wichtige Aspekte des Wandels städtischen Wohnens und dessen zentrale Einflussfaktoren erläutert und diskutiert.

3.1 Individualisierung

„Individualisierung" kennzeichnet den mit der Industrialisierung und Modernisierung der westlichen Gesellschaften einhergehenden Prozess des Übergangs des Individuums von der Fremd- zur Selbstbestimmung. Die Ursachen hierfür sind vielfältig und betreffen vor allem den gesellschaftlichen Wertewandel, der in den späten 1960er Jahren einsetzte. In der gegenwärtigen postmodernen Gesellschaft prägt eine qualitativ neue Radikalisierung diesen Prozess. Gesellschaftliche Grundmuster wie die klassische Kernfamilie zerfallen. Der zunehmende Zwang zur reflexiven Lebensführung bewirkt die Pluralisierung von Lebensstilen; Identitäts- und Sinnfindung werde zur individuellen Leistung. Für das Wohnen relevant ist dabei vor allem die Singularisierung als freiwillige oder unfreiwillige Form des Alleinwohnens und damit die Schrumpfung der Haushaltsgrößen. Gerade die mit dem Alleinwohnen verbundenen Verhaltensweisen und Bedürfnisse verändern die Infrastruktur in den Innenstädten: Außerhäusliche Einrichtungen wie Cafés und Imbissmöglichkeiten bestimmen zunehmend die öffentlich sichtbare Infrastruktur in den Stadtteilen. Dies gilt gleichermaßen für Angebote von Dienstleistungen und Kommunikation aller Art (Abb. 12).

11 Öffentlich geförderter Wohnungsbau der 1960er Jahre: München Neu-Perlach

3.2 Alterung

Ein immer größerer Anteil von Menschen wohnt im Alter allein. Für das Wohnen im Alter ist das zunehmende Alleinwohnen von hochbetagten Frauen in Privatwohnungen charakteristisch. Das resultiert aus der nach wie vor längeren Lebenserwartung von Frauen und dem immer stärker und besser zu realisierenden Wunsch nach dem längstmöglichen Leben in den eigenen vier Wänden. Vor allem aber bleiben „die Alten" auch länger "jung", aktiv und vital. Traditionelle Altenheime entsprechen nicht dem vorherrschenden Wunsch nach Erhaltung der gewohnten, selbständigen Lebensführung. „Beim Thema Wohnen ist in den Lebensentwürfen 50+ ein neuerlicher Variantenreichtum an die Stelle von Altenheim oder Pflege innerhalb der Familie getreten. Zwei populär diskutierte Modelle für das Wohnen im Alter sind die Alten-Wohngemeinschaft und das Mehrgenerationenhaus.[18]

12 Individualisierung (Illustration)

3.3 Entgrenzung und Subjektivierung der Erwerbsarbeit

Die Entgrenzung von Arbeit ist eine Erscheinung des Strukturwandels von Arbeit und Betrieb und umfasst vielfältige Dimensionen:[19] Besonders einschneidend und für Stadtentwicklung und Veränderung der Ansprüche an das Wohnen besonders relevant ist die zeitliche Entgrenzung von Arbeit. Arbeitszeiten sind nicht mehr an Tages- und Nachtzeiten gebunden, wie beispielsweise bei der Schichtarbeit. Diese Entgrenzung wird flankiert durch die räumliche: Flexible Arbeitsmodelle wie das Arbeiten am heimischen Schreibtisch oder das Arbeiten außerhalb des Büros werden immer mehr zum Normalfall der Erwerbstätigkeit (Abb. 13). Für die Lebensverhältnisse dramatisch ist vor allem die rechtliche Entgrenzung von Arbeit. Hier wird auch von Deregulierung gesprochen. Indikatoren für diese Wertung sind das vermehrte Aufkommen von Zeit- und Leiharbeit, von befristeten Verträgen und einem verringerten Kündigungsschutz. Von „Subjektivierung" wird gesprochen, weil die Forschung eine Intensivierung von *individuellen,* das heißt persönlich involvierten Wechselverhältnissen zwischen Mensch und Betrieb bzw. betrieblich organisierten Arbeitsprozessen konstatiert. Dabei geht es um zwei Seiten: Zum Einen um eine betrieblich bedingte Form der Subjektivierung. Neue Strategien der Rationalisierung verändern die Arbeitsanforderungen an die Arbeitssubjekte. Zum Anderen ist damit eine Veränderung von Sinnanspruch und Erwartung der Erwerbstätigen an ihre Arbeit gemeint. Gemeinsam ist diesen Entwicklungen, dass Entgrenzung und Subjektivierung die systematische Ausdünnung zur Folge haben. So sind beispielsweise Tarifverträge für immer weniger Erwerbstätige relevant. Immer mehr Menschen arbeiten in temporären Arbeitsverhältnissen, in Praktika oder in Projekten. Des Weiteren bedeuten „Entgrenzung und Subjektivierung", dass sich die Strukturen von Arbeit dynamisieren: Beispielsweise wird räumliche Flexibilität immer notwendiger.

13 Arbeiten außerhalb des Firmenbüros

4 Wie das Wohnen die Stadt verändert

Die skizzierte postmoderne Transformation der Lebensverhältnisse hat das Wohnen in den Städten stark beeinflusst.[20] Dies sei an zwei wichtigen, aktuell diskutierten Trends verdeutlicht: der Reurbanisierung und der Multilokalität.

Angesichts der Individualisierung bekommt die Wohnfunktion in der Stadt eine neue Bedeutung als *Reurbanisierung* (Abb. 14)[21]. War lange Zeit die Suburbanisierung der bestimmende Trend des Wohnens, wird heute wieder das Wohnen in den Städten zum bevorzugten Ziel verschiedenster und disparater „Nutzergruppen". Über die tatsächliche Renaissance der Stadt wird in der Fachwelt zwar heftig gestritten, unübersehbar aber sind die Veränderungen in innerstädtischen Wohngebieten: Wohnstandorte, die früher – pauschal gesprochen – hauptsächlich von sozial Schwachen, verschiedenen Ethnien mit Migrationshintergrund eingeschlossen, bewohnt wurden, prägen heute junge Familien, Edelurbanisten, Baugemeinschaften, Studierende und Jungakademiker sowie Senioren- und andere Residenzen innerstädtische Wohnmilieus. Die Struktur der Stadtbewohner wird älter und sichtlich bunter: Veränderte Lebensstile bedingen Wohnformen jenseits der klassischen, abgeschlossenen Kleinwohnung mit Wohn,- Schlaf- und Kinderzimmer, etc.

14 Schematische Darstellung: Reurbanisierung

Angesichts der steigenden Lebenserwartung suchen ältere Menschen Komfort und (perspektivisch) auch Betreuungsangebote in der Nähe ihrer Wohnung. Eine autounabhängige Lebensweise wird für Hochbetagte lebensweltliche Überzeugung oder pure Notwendigkeit.

Auch Hochverdienende, häufig ohne Kinder, realisieren trendabhängige Wohnbedürfnisse in gefragten innerstädtischen Wohngebieten. Zum Einen aus Distinktionsgründen und zum Anderen häufig aufgrund beruflicher Praktikabilität. Hierin eingeschlossen ist die größer werdende Gruppe privilegierter Migranten[22] die in deutschen Städten dauerhaft oder temporär leben und nicht zur Gruppe der ökonomisch schwachen Migranten gehören. Zum Einen werden ganze Stadtviertel auf neue Art ethnisch geprägt: Nicht mehr einkommensbenachteiligte Migranten überformen die traditionelle Infrastruktur, sondern solche mit hohem ökonomischem und kulturellem Kapital. Zum Anderen führen die distinktiven Bedürfnisse dieser neuen Stadtinteressierten neben der Vertiefung der sozialräumlichen Spaltung in den Städten zu Wohnsituationen, die neue Merkzeichen im Stadtbild offerieren und die von der überwiegenden Mehrheit der Stadtbewohner als positive Identifizierungsmerkmale anerkannt werden.

Insbesondere Studierende und Hochschulabsolventen in großen Städten wollen „urban" wohnen, auch wenn sie nur über begrenzte Budgets verfügen. Sie leben häufig in einer Art Gemeinschaftswohnung, um sich die hohen innerstädtischen Mieten leisten zu können. Überwiegend handelt es sich hier um Zweckwohngemeinschaften, nicht um gemeinschaftsorientierte Wohnkonzepte oder etwa Alternativmodelle zur traditionellen Familie.

Multilokalität (Abb. 15) wird für immer mehr Menschen zur sozialen Praxis. Dies insbesondere für Berufstätige, denn ein Schlüsselerfordernis gegenwärtiger gesellschaftlicher Verhältnisse ist Mobilität. Berufliche Mobilität ist heute zwangsläufig eine Grundbedingung der Erwerbsarbeit. Eine spezifische Form des Mobilseins, die sich auch als Spannungsfeld zwischen Mobilität und Sesshaftigkeit konstituiert, ist das multilokale Wohnen, also die Organisation des Lebensalltags über zwei oder mehr Wohnstandorte hinweg. Multilokalität hat inzwischen einen solchen Umfang und eine solche Spezifik erlangt, dass in der sozialräumlichen Forschung diese soziale Praxis der Lebensführung „gleichberechtigt neben Migration und Zirkulation"[23] gestellt wird. Im Bruch zu den bisher überwiegend ortsmonogamen Lebensformen tritt immer häufiger – freiwillig oder erzwungenermaßen – ein „Verheiratetsein mit verschiedenen Orten"[24].

Multilokales Wohnen

Die „Lokalitäten" (Orte) lassen sich aus der Sicht der Akteure als spezifische Konfigurationen von Nutzungs- und Aneignungspotenzialen beschreiben (Standortofferten).

„Bindungswirkung" des Ausgangsstandortes

Transitionsraum, Transitionskosten, Transitionsnutzen

„kritische Standortofferten"

„Verknüpfung" der Standortofferten zweier oder mehrerer Lokalitäten.

„kritische Standortofferten"

Der subjektive (haushaltsspezifische) Mehrwert dieser Verknüpfung muss die subjektiv (vom Haushalt) wahrgenommenen Gesamtkosten zumindest marginal übersteigen.

15 Definition Multilokales Wohnen

„Multilokalität […] an zwei (oder mehr Orten) bedeutet, dass neben der ursprünglich bestehenden Wohnung eine zweite Behausung verfügbar ist, die als Ankerpunkt des Alltagslebens an einem zweiten Ort genutzt werden kann."[25] Wohnen kann sich sogar auf „Übernachten", auf die reine Behälterfunktion, reduzieren: Soziale Einbindung, gar nachbarschaftliches Engagement oder kulturelle Inwertsetzung werden nicht am, zeitlich gesehen „Meistwohnort" realisiert, sondern nur am Ort des zeitlich weniger genutzten Hauptwohnsitzes. Zwar bleibt die Angewiesenheit auf die Containerfunktion der Wohnung als grundlegende Existenzform des Menschen konstant, aber ihr jeweiliger lokaler Stellenwert verschiebt sich, wird hybrider: Temporäre Wohnformen jeder Art werden häufiger. Gerade mit den Mitteln moderner Kommunikationstechnologien kann das Heimischsein zu Orten hergestellt, erhalten, aber auch konstituiert werden, die nicht auf den aktuellen Wohnsitz bezogen sind, auch, wenn man aus steuerlichen Gründen gemeldet ist.

„Wohnen in der Stadt" ist, zusammenfassend, zu einer differenzierten hybriden Angelegenheit geworden: Auf der einen Seite wird wieder gewohnt. Der Stellenwert des Wohnens als soziale Lebenspraxis hat im städtischen Alltag und für die Ausgestaltung des städtischen Stadtgefüges an Gewicht und Heterogenität zugenommen. Auf der anderen Seite wächst die Anzahl der Menschen, die zwar in der Stadt wohnen, sich aber explizit nicht heimisch fühlen und auch nicht heimisch sein wollen. Für immer mehr Menschen genügt es, oder muss es genügen, zu übernachten und/oder zu residieren.

Endnoten

1 Vgl. hierzu: Hasse, Jürgen: Unbedachtes Wohnen. Lebensformen an verdeckten Rändern der Gesellschaft. Bielefeld 2009

2 Häußermann, Hartmut/Siebel, Walter: Soziologie des Wohnens. Eine Einführung in Wandel und Ausdifferenzierung des Wohnens. Weinheim und München 2000(2. korrigierte Auflage), S. 14

3 Vgl. Grimm, Jacob/Grimm, Wilhelm: Wohnen. In: dies. (Hg.): Deutsches Wörterbuch 1854-1961. Leipzig (1971); http://woerterbuchnetz.de/DWB/?sigle=DWB&mode=Vernetzung&hitlist=&patternlist=&lemid=GW25798; 25.04.2013

4 Heidegger, Martin. Bauen Wohnen Denken. In: Bartning, Otto (Hg.): Darmstädter Gespräch. Mensch und Raum. Darmstadt 1952, S. 73

5 Häußermann, Hartmut/ Siebel, Walter: Soziologie des Wohnens. Eine Einführung in Wandel und Ausdifferenzierung des Wohnens. Weinheim und München 2000 (2. korrigierte Auflage), S. 15ff.

6 Mit Idealtypus im soziologischen Sinne ist ein methodisches Konstrukt gemeint, das von einem der Urväter der deutschen Soziologie, Max Weber, konzipiert wurde. Idealtypus meint das für einen bestimmten Zeitraum, also beispielsweise für eine Epoche Typische, als das prägnant Kennzeichnende eines sozialen Phänomens. Das methodische Konstrukt ist eine abstrahierende Verdichtung, die das Besondere eines Zeitraums charakterisiert.

7 Vgl. Die freie Enzyklopädie Wikipedia: Seite „Fuggerei"; http://de.wikipedia.org/w/index.php?title=Fuggerei&oldid=118886640; 06.06.2013

8 Brunner, Otto: Das „ganze Haus" und die alteuropäische Ökonomik. In: ders.: Neue Wege der Verfassungs- und Sozialgeschichte. Göttingen und Zürich 1956, S. 33-61

9 Häußermann, Hartmut/Siebel, Walter: Soziologie des Wohnens. Eine Einführung in Wandel und Ausdifferenzierung des Wohnens. Weinheim und München 2000 (2. korrigierte Auflage), S. 32

10 Gleichmann, Peter Reinhart: Wandel der Wohnverhältnisse, Verhäuslichung der Vitalfunktionen, Verstädterung und siedlungsräumliche Gestaltungsmacht. In: Zeitschrift für Soziologie, 5 (4) (1979), S. 319–329

11 Gleichmann, Peter Reinhart: Die Verhäuslichung von Harn- und Kotentleerungen. In: MMG, Menschen Medizin Gesellschaft 4 (1979), S. 46-52

12 ebenda, S. 47

13 Vgl. Kuhn, Gerd: Um 1800 - Stadtwohnen im Aufbruch. In: Harlander, Tilman (Hrsg.): Stadtwohnen. Geschichte - Städtebau - Perspektiven. München 2007. S. 73

14 Statistisches Bundesamt, Mikrozensus Zusatzerhebung 2010 Zensus 2011 – Gebäude und Wohnungen am 9. Mai 2011 – Stand: Mai 2013

15 Immobilien-Newsticker: Wohnwünsche 2013 – die eigenen vier Wände; http://www.immobilien-newsticker.de/wohnwuensche-2013-die-eigenen-vier-waende-201219666/; 29.05.2013

16 Leicht-Eckert, Elisabeth: Haustechnik und Haushaltstechnik. In: Fachausschuss Haushalt und Wohnen der Deutschen Gesellschaft für Hauswirtschaft e.V. (Hg.): Wohnen. Facetten des Alltags. Baltmannsweiler 2010. S. 44

17 Vgl. Meyer, Sibylle/Schulze, Eva: Moderne Technik im Haushalt. Alltagstechnologien aus historischer Sicht. In: Michael Andritzky (Hg.): Oikos. Von der Feuerstelle zur Mikrowelle. Haushalt und Wohnen im Wandel. Gießen 1992. S. 120-123

18 Otten, Dieter/Melsheimer, Nina: Lebensentwürfe „50plus". In: APuZ, 41 (2009), S. 34

19 Voß, G. Günter: Die Entgrenzung von Arbeit und Arbeitskraft. Eine subjektorientierte Interpretation des Wandels der Arbeit. In: Mitteilungen aus der Arbeitsmarkt- und Berufsforschung, 31 (3) (1998), S. 473-487

20 Vgl. Hannemann, Christine: Heimischsein, Übernachten und Residieren – Wie das Wohnen die Stadt verändert. In: APuZ, 17 (2010), S. 15-20

21 Brake, Klaus/ Herfert, Günter (Hg.): Reurbanisierung. Materialität und Diskurs in Deutschland. Wiesbaden 2012

22 Vgl. Kreutzer, Florian/Roth, Silke: Einleitung. In: dies. (Hg.). Transnationale Karrieren. Biografien, Lebensführung und Mobilität. Wiesbaden 2006, S. 7-31

23 Weichhart, Peter: Multilokalität – Konzepte. Theoriebezüge und Forschungsfragen. In: Bundesamt für Bauwesen und Raumordnung (Hg.): Multilokales Wohnen. Informationen zur Raumentwicklung, H. 1/2 (2009), S. 7

24 Vgl. Beck, Ulrich: Ortspolygamie. In: ders. (Hg.): Was ist Globalisierung? Irrtümer des Globalismus – Antworten auf Globalisierung. Frankfurt/M. 1997, S. 127-135

25 Vgl. Peter Weichhart: Multilokalität – Konzepte. Theoriebezüge und Forschungsfragen. In: Bundesamt für Bauwesen und Raumordnung (Hg.): Multilokales Wohnen. Informationen zur Raumentwicklung, H. 1/2 (2009), S. 8 (Anm. 21)

Literatur

Brake, Klaus/ Herfert, Günter (Hg.): Reurbanisierung. Materialität und Diskurs in Deutschland. Wiesbaden 2012

Geschichte des Wohnens:

Band 1: Höpfner, Wolfram (Hg.): Vorgeschichte und Antike. Stuttgart 1999

Band 2: Dirlmeier, Ulf (Hg.): 500–1800. Hausen – Wohnen – Residieren. Stuttgart 1998

Band 3: Reulecke, Jürgen (Hg.): 1800–1918. Das bürgerliche Zeitalter. Stuttgart 1997

Band 4: Kähler, Gert (Hg.): 1918–1945. Reform – Reaktion – Zerstörung. Stuttgart 1996

Band 5: Flagge, Ingeborg (Hg.): Von 1945 bis heute. Aufbau – Neubau – Umbau. Stuttgart 1999

Gleichmann, Peter Reinhart: Wandel der Wohnverhältnisse, Verhäuslichung der Vitalfunktionen, Verstädterung und siedlungsräumliche Gestaltungsmacht. In: Zeitschrift für Soziologie, 5 (4) (1979)

Hannemann, Christine: Heimischsein, Übernachten und Residieren – Wie das Wohnen die Stadt verändert. In: APuZ, 17 (2010)

Harlander, Tilman (Hg.): Villa und Eigenheim. Suburbaner Städtebau in Deutschland. Stuttgart und München, 2001

Harlander, Tilman (Hg.): Stadtwohnen. Geschichte, Städtebau, Perspektiven. München 2007

Hasse, Jürgen: Unbedachtes Wohnen. Lebensformen an verdeckten Rändern der Gesellschaft. Bielefeld 2009

Häußermann, Hartmut/Siebel, Walter: Soziologie des Wohnens. Eine Einführung in Wandel und Ausdifferenzierung des Wohnens. Weinheim und München 2000 (2. korrigierte Auflage)

Heidegger, Martin. Bauen Wohnen Denken. In: Bartning, Otto (Hg.): Darmstädter Gespräch. Mensch und Raum. Darmstadt 1952

Jenkis, Helmut: Kompendium der Wohnungswirtschaft. München/Wien, 4., ergänzte Auflage 2001

Kühne-Büning, Lidwina/ Nordalm, Volker/ Steveling, Lieselotte (Hg.): Grundlagen der Wohnungs- und Immobilienwirtschaft. Frankfurt 2004

Meyer, Sibylle/Schulze, Eva: Moderne Technik im Haushalt. Alltagstechnologien aus historischer Sicht. In: Michael Andritzky: Oikos. Haushalt und Wohnen im Wandel von der Feuerstelle zur Mikrowelle. Gießen 1992

Weichhart, Peter: Multilokalität – Konzepte. Theoriebezüge und Forschungsfragen. In: Bundesamt für Bauwesen und Raumordnung (Hg.): Multilokales Wohnen. Informationen zur Raumentwicklung, H. 1/2 (2009)

Abbildungsnachweis

1 Andritzky, Michael/ Selle, Gert: Lernbereich Wohnen, Band 1. Reinbek bei Hamburg 1979, S. 268

2 Asmus, Gesine: Hinterhof, Keller und Mansarde. Hamburg 1982. S. 88

3 db deutsche bauzeitung, Heft 4 (2008), S. 45

4 Hannemann, Christine, Stuttgart, 2012

5 Wüstenrot Stiftung (Hg.): Raumpilot Grundlagen. Stuttgart/Zürich 2010, S. 235

6 Wikimedia: Family watching Television 1958; http://upload.wikimedia.org/wikipedia/commons/9/97/Family_watching_television_1958.jpg; 22.08.2012

7 Hucker, Bernd Ulrich (Hg.). Marschenbuch – Land- und Volksbilder aus den Marschen der Weser und Elbe. Osnabrück 1979, S. 183

8 Kuhn, Gerd: Um 1800 - Stadtwohnen im Aufbruch. In: Harlander, Tilman (Hrsg.): Stadtwohnen. Geschichte - Städtebau - Perspektiven. München 2007. S. 73; eigene Bearbeitung

9 Steinmetz, George. Das Vermächtnis der ersten Antarktis-Erforscher: 100 Jahre alte Konserven mit Bohnen, Mais und Pfefferminze. http://www.geo.de/GEO/natur/shackletons-erbe-52319.html?t=img&p=1#content; 10.07.2013

10 Benevolo, Leonardo: Die Geschichte der Stadt. Frankfurt/New York 1983

11 Hafner, Thomas, Stuttgart, o.J.

12 http://2.bp.blogspot.com/-hndNefHSGE0/TYW-dH76szI/AAAAAAAAA-0/Kaqpy66mS5k/s400/2516001020_b59e1668f5_o.jpg; 10.07.2013

13 Wagner-Strauss, N. Allzeit bereit, allzeit gestresst 2012; http://www.kompetenz-online.at/wp-content/uploads/2012/08/KOM_05_12_GH_6234.jpg; 10.07.2013

14 Marom: Reurbanisierung 2010; http://de.wikipedia.org/wiki/Datei:Reurbanisierung.jpg; 10.07.2013

15 Weichhart, Peter: Multilokalität – Konzepte, Theoriebezüge und Forschungsfragen. In: Bundesamt für Bauwesen und Raumordnung (Hg.): Multilokales Wohnen. Informationen zur Raumentwicklung, H. 1/2, Bonn 2009, S. 8

Tabelle 1 Wohnverhältnisse privater Haushalte nach Gebietsständen. Datenquelle: Statistisches Bundesamt: Wirtschaftsrechnungen. Einkommens- und Verbrauchsstichprobe (EVS): Wohnverhältnisse privater Haushalte. In: Einkommens- und Verbraucherstichprobe 2013. Fachserie 15, Sonderheft 1: 14-15; Bearbeitung: Antonia Krahl

BRITTA HÜTTENHAIN
ANNE MAYER-DUKART

Arbeiten

1 Begriff und Verständnis des Arbeitens

Der Begriff „Arbeit" leitet sich aus dem Germanischen ab und bedeutete ebenso wie das lateinische Wort „labor" ursprünglich Mühe, Plage, anstrengende Beschäftigung, Leiden. In den Sozialwissenschaften wird Arbeit definiert als die „zielgerichtete, planmäßige und bewusste menschliche Tätigkeit, die unter Einsatz physischer, psychischer und mentaler (geistiger) Fähigkeiten und Fertigkeiten erfolgt."[1] Die Diskussion über den Begriff Arbeit hat in der Soziologie und Philosophie eine lange Tradition (etwa in Werken von Max Weber, Friedrich Hegel und Karl Marx), was zu einer Vielzahl unterschiedlichster Definitionen und Schwerpunktsetzungen führte. So wurde zum Beispiel zwischen industrieller und postindustrieller, physischer und psychischer, bezahlter und unbezahlter, Erwerbs- und Hausarbeit sowie fremd- und selbstbestimmter Arbeit unterschieden. Verallgemeinernd kann festgestellt werden, dass sich die Bedeutung der Arbeit nur vor dem Hintergrund der jeweiligen historischen und sozialen Rahmenbedingungen verstehen lässt. In ihr spiegeln sich sowohl unterschiedliche Interessenslagen als auch Machtverhältnisse zwischen gesellschaftlichen Schichten sowie zwischen den Geschlechtern und Generationen.

1–3 Arbeitsstätten und Betriebe können nach den drei Sektoren primär, sekundär und tertiär differenziert werden.

2 Bereiche des Arbeitens

Arbeitsstätten und Betriebe können nach drei Sektoren – primär, sekundär und tertiär – unterschieden werden. Diese heute übliche Binnendifferenzierung geht auf Gottfried Wilhelm Leibniz zurück. Er unterteilte im Jahr 1669 die Wirtschaft sinngemäß in die Bereiche „Landwirtschaft", „Produktion" und „Dienstleistungen". Aufbauend auf dieser Dreiteilung erstellte Jean Fourastié in den 1930er Jahren die Prognose, dass sich diese Sektoren qualitativ in Abhängigkeit vom technischen Fortschritt einem Wandel unterziehen. So nimmt der sekundäre Sektor in der Mechanisierungsphase einer Gesellschaft Erwerbstätige aus dem primären Sektor auf. In der darauffolgenden Phase der Automatisierung verlagert sich der Schwerpunkt der Erwerbstätigkeit vom sekundären zum tertiären Sektor. Es entsteht eine sogenannte Dienstleistungsgesellschaft.

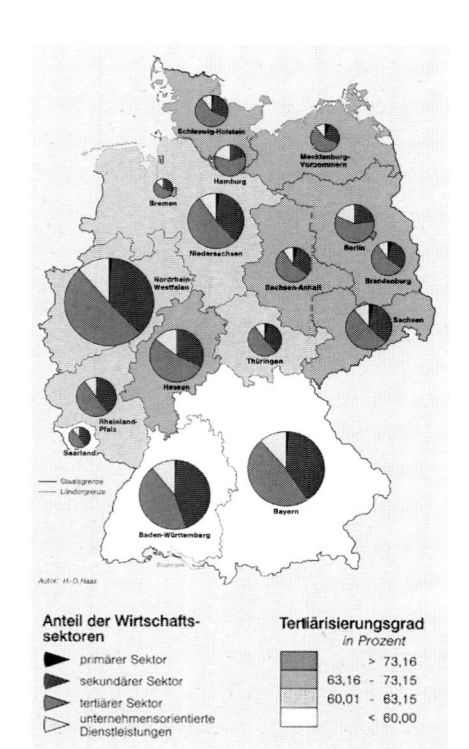

Durch den zunehmenden Einfluss der Informations- und Kommunikationstechnologien kommt es zu weiteren tiefgreifenden Veränderungen auf dem Arbeitsmarkt. Die neuen Tätigkeitsfelder werden von einigen Experten dem sogenannten Quartär- oder Informationssektor zugeordnet. Das typische Entwicklungsmodell moderner Gesellschaften wird daher häufig vom Drei- zum Vier-Sektoren-Modell erweitert (Abb. 5). Welche Trends den Arbeitsmarkt in Zukunft prägen werden, ist zurzeit nur schwer einzuschätzen. Es deutet jedoch vieles darauf hin, dass insbesondere die Bereiche Gesundheitswesen, Wellness und Biotechnologie an Bedeutung gewinnen können (Abb. 6).

Beachtung findet in den letzten Jahren zunehmend auch die Existenz von nicht betrieblich organisierten Arbeitsformen, der sogenannten informellen Arbeit: Hausarbeit, Selbsthilfe, ehrenamtliche Arbeit, aber auch Schwarzarbeit.

Zur Differenzierung der Wirtschaftszweige verwenden das statistische Bundesamt sowie die amtliche Wirtschaftsstatistik bei Arbeitsstätten- und Beschäftigungszählungen wie die meisten Experten jedoch nach wie vor das Drei-Sektoren-Modell und somit folgende Systematik:

Primärer Sektor: Land- und Forstwirtschaft, Fischerei
- Land- und Forstwirtschaft
- Fischerei und Fischzucht

Sekundärer Sektor: Produzierendes Gewerbe
- Bergbau und Gewinnung von Steinen und Erden
- verarbeitendes Gewerbe
- Energie- und Wasserversorgung
- Baugewerbe

Tertiärer Sektor: Dienstleistungsbereiche
- Handel; Instandhaltung und Reparatur von Kraftfahrzeugen und Gebrauchsgütern
- Gastgewerbe
- Verkehr und Nachrichtenübermittlung
- Kredit- und Versicherungsgewerbe
- Grundstücks- und Wohnungswesen, Vermietung, Unternehmensdienstleister
- öffentliche Verwaltung, Verteidigung, Sozialversicherung
- Erziehung und Unterricht
- Gesundheit-, Veterinär- und Sozialwesen
- Erbringung von sonstigen öffentlichen und persönlichen Dienstleistungen
- private Haushalte mit Hauspersonal

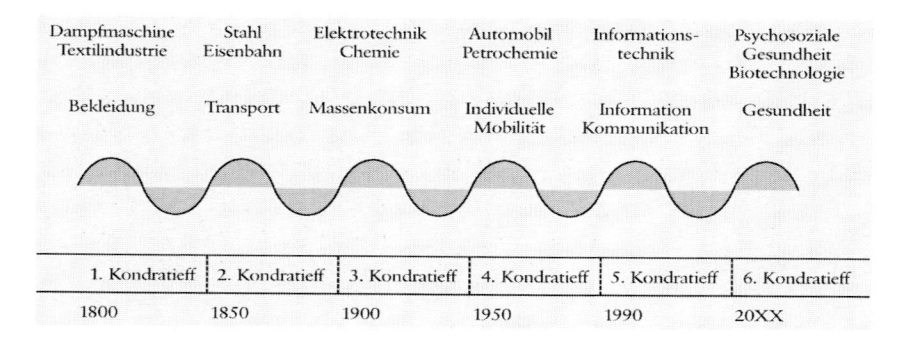

4 Der Arbeitsmarkt ist durch eine zunehmende Tertiärisierung gekennzeichnet (hier dargestellt: Tertiärisierungsgrad und Beschäftigte in den Wirtschaftssektoren 1999 nach Ländern).

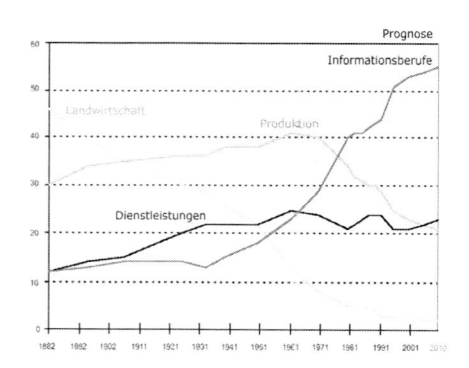

5 Langfristige Entwicklung der Beschäftigtenanteile nach dem Vier-Sektoren-Modell

6 Folgt man den Theorien von Nikolai D. Kontratieff und Leo A. Nefiodow, so ist die ökonomische Entwicklung stark durch so genannte Basisinnovationen und die damit verbundenen Zyklen aus Aufschwung und Abschwung, Konjunktur und Rezession geprägt. Zukünftige Entwicklungspotenziale sieht Leo A. Nefiodow vor allem in den Bereichen Gesundheitswesen und Biotechnologie.

3 Wirtschafts- und Stadtentwicklung

Unabhängig vom Gründungsanlass, von geographischen und topographischen Besonderheiten stand die Entwicklung der Stadt immer in enger Verbindung zu lokal oder regional verankerten ökonomischen Prozessen. Die Art, wie die verschiedenen Funktionen einander räumlich zugeordnet wurden, hat sich jedoch im Laufe der Zeit stark verändert.

Im Mittelalter war die Arbeit integrierter Bestandteil des städtischen Lebens. Wohnen und Arbeiten waren eng miteinander verknüpft und bildeten eine „Einheit unter einem Dach". Überlagert wurde diese feinkörnige Nutzungsmischung durch die Entwicklung spezialisierter Quartiere für bestimmte Berufsgruppen und Nutzungen. Orts- und Straßennamen wie Fischerviertel und Schustergasse weisen bis heute darauf hin. Aufgrund des langsamen Wachstums der Bevölkerung und der sich in Art und Ausmaß kaum verändernden Herstellung von Waren verharrte die mittelalterliche Stadt zunächst innerhalb dieser historisch gewachsenen Strukturen.

Während der Renaissance erfolgten mit der Aussonderung störender Betriebe die ersten städtischen Funktionstrennungen. Mit der Industrialisierung wurde dieser Trend verstärkt. Die expansive Entwicklung der neuen Unternehmen, die hohen Immissionsbelastungen und die stark wachsende Bevölkerung führten zu sich verschärfenden Nutzungskonflikten sowie schwierigen hygienischen Verhältnissen. Die Erfindung der Eisenbahn als Transportmittel ermöglichte schließlich eine Ausdehnung der Städte in die Fläche sowie eine Trennung der Wohn- und Arbeitsorte. Im 18. Jahrhundert entstanden die ersten großen zentralen Arbeitsstätten (vor allem in der Montanindustrie) sowie die ersten Arbeiterwohnsiedlungen vor den Toren der Stadt. In den Modellsiedlungen des späten 19. Jahrhunderts (wie beispielsweise Saltaire, Bournville oder Port Sunlight) wurde die horizontale Trennung der Funktionen noch konsequenter verwirklicht. Durch die zunehmende Bedeutung der Eisenbahn als Personenbeförderungsmittel löste sich die räumliche Bindung zwischen Wohnung und Arbeitsstätte weiter auf. Die Verfügbarkeit von Elektrizität, Öl und Gas an jedem beliebigen Ort sowie die Erfindung des Automobils als individuelles Transportmittel verstärkten den Trend zu einer Dezentralisierung der einzelnen Funktionen.

In der ersten Fassung der Charta von Athen (1943) manifestierte Le Corbusier diese Idee der Funktionstrennung. Die Notwendigkeit einer räumlichen Trennung der verschiedenen Funktionen (Wohnen, Freizeit, Arbeit, Verkehr) leitete er aus den unterschiedlichen Ansprüchen der Nutzungen ab. Die Entmischung avancierte zum Leitbild der modernen Stadtplanung. Sie entsprach nicht nur zentralen Anforderungen im Arbeitssektor (wie etwa dem zunehmenden Flächenbedarf durch Produktion auf einer Ebene, der Entstehung von Logistikzentren), sondern erleichterte auch die Verwertung von Immobilien und die administrative Handhabung der Stadtentwicklung. Wohnen, Arbeiten und die Versorgung des täglichen Bedarfs wanderten vor die Tore der Stadt. Technologische Entwicklungen im Energie-, Verkehrs- und vor allem

7 Im Mittelalter prägte das „ganze Haus" die Stadt: Im Erdgeschoss befanden sich Werkstatt und Laden, im Obergeschoss wohnte die Familie und unter dem Dach lebte das Gesinde.

8 Die Industrialisierung führte zu großen Nutzungskonflikten und schwierigen hygienischen Zuständen.

9 Die Notwendigkeit einer Funktionstrennung wurde in der Charta von Athen manifestiert. In der Folge entstanden große monofunktionale Quartiere, die zu einem starken Verkehrswachstum führten und durch ihre expansive Inanspruchnahme von Flächen den weiter fortschreitenden Landschaftsverbrauch begünstigten.

im Telekommunikationsbereich führten trotz größerer realer Entfernungen zu einer virtuellen Distanzverkürzung. Ausschlaggebend war nicht mehr in erster Linie die tatsächliche Entfernung, sondern vielmehr die Zeit, die zur ihrer Überwindung benötigt wurde. Es entstanden räumlich weitgehend entmischte Stadtlandschaften, die sich in Wohn- und Schlafstätten, Büro- sowie Einkaufs- und Freizeitzentren gliedern. Zu den negativen Folgen dieser Entwicklung zählen unbelebte, monotone Stadtstrukturen, denen es an Atmosphäre, Vielfalt und Erlebnisqualität im Quartier mangelt. Darüber hinaus begünstigte die Funktionstrennung den weiter fortschreitenden Trend zur Suburbanisierung mit allen damit einhergehenden negativen Konsequenzen für Mensch und Umwelt wie expansiver Landschaftsverbrauch, hohe Infrastrukturkosten und große Lärm- und Immissionsbelastungen durch den entstehenden Verkehr.

4 Arbeit im Wandel – neue Perspektiven für eine Renaissance der Zentren

Der Umbau der industriellen in eine wissensbasierte Ökonomie beinhaltet neue Chancen für eine Renaissance der Innenstädte. Sowohl die Arbeitsmarkt- als auch die Bevölkerungsentwicklung deuten darauf hin, dass sich der jahrzehntelange Trend zur Suburbanisierung abschwächt und die Innenstädte wieder an Bedeutung gewinnen können (Abbildung 10). Im Folgenden sollen die wichtigsten Trends im Arbeitssektor sowie ihre raumrelevanten Auswirkungen herausgearbeitet werden.

4.1 Globalisierung und Informatisierung

Zunahme internationaler Verflechtungen: Die Globalisierung sowie die rasante Entwicklung der Informations- und Kommunikationstechnologien haben den Wirtschafts- und Arbeitssektor grundlegend beeinflusst. Räumliche Grenzen scheinen aufgehoben und die Kosten für die Raumüberwindung sinken. Vor diesem Hintergrund können Wertschöpfungsketten neu strukturiert und die Standorte für Forschung und Entwicklung, Materialbeschaffung und Rechnungswesen, Fertigung und Vertrieb nach ökonomischen Kriterien verteilt werden. Es ist davon auszugehen, dass sich der weltweite Wettbewerb zukünftig verstärken wird. Die weltumspannenden Märkte, die internationale Kooperation von Unternehmen und die Konzernfusionen der letzten Jahrzehnte haben die Liberalisierung der Märkte vorangetrieben und den grenzüberschreitenden Kapitalfluss gesteigert; dadurch sind Unternehmen, die sich im internationalen Wettbewerb behaupten müssen, einem immensen Kostendruck ausgesetzt. Für den Wirtschaftsstandort Deutschland mit hohen Infrastruktur-, Boden- und Lohnkosten gilt dies in besonderem Maße. So besteht vor allem im produzierenden Gewerbe ein Trend zur Auslagerung der Produktion auf Standorte im Ausland. Gleichzeitig ergeben sich jedoch Chancen für innovative Produkte im High-Tech-Bereich, kundenorientierte Systemleistungen sowie flexible und kooperative Formen der Produktions- und Unternehmensorganisation.

Eine Neubewertung städtischer Zentralität: Hinsichtlich der räumlichen Wirkungen von Globalisierung und informationstechnischer Revolution auf die Städte gibt es zurzeit noch viele offene Fragen. Besonders schwer einzuschätzen ist, ob sich die in weltumspannenden Netzen angelegte Tendenz zur Desurbanisierung durchsetzen wird. Während noch bis Ende der 1990er Jahre mit Schlagwörtern wie „Death of Distance"[2] oder „City of Bits"[3] eine totale Auflösung der Stadt befürchtet wurde, mehren sich heute die Anzeichen für eine Neubewertung urbaner Standortstrukturen. Vor allem die großen Metropolen – die sogenannten „Global Cities" – wie

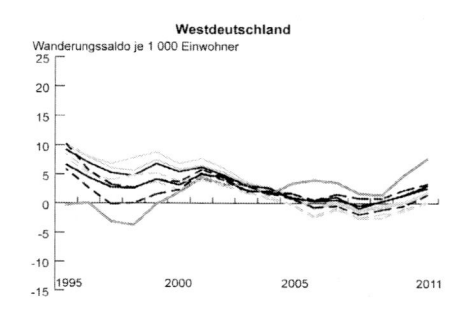

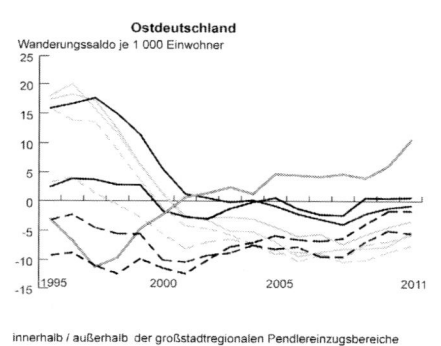

10 Neue Chancen für die Innenstadtentwicklung: Wanderungssaldo je 1.000 Einwohner in den großstadtregionalen Pendlereinzugsbereichen nach Stadt- und Gemeindetyp

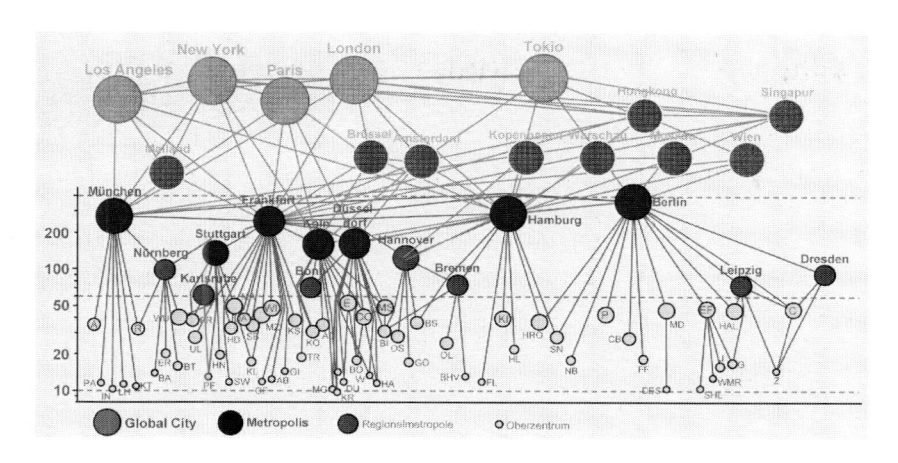

11 Einbindung des deutschen Städtesystems in globale, nationale und regionale Netzwerke

London, Paris, New York oder Tokio haben in den letzten Jahren als zentrale wirtschaftliche Knotenpunkte und Unternehmensstandorte an Bedeutung gewinnen können. Kennzeichnend für die Situation in Deutschland ist dabei, dass sich nicht wie in vielen anderen Ländern eine einzige dominante „Global City", sondern vielmehr ein Netz aus mehreren starken Metropolregionen wie Berlin, München, Frankfurt am Main und Hamburg herausgebildet hat. Diese Metropolregionen übernehmen jeweils verschiedene Funktionen und sind auf vielfältige Weise in globale, nationale und regionale Netzwerke eingebunden (Abb. 11).

4.2 Wissensarbeit und kreative Milieus

Cluster- und Milieuvorteile urbaner Standorte: Doch nicht nur die großen Metropolen, sondern auch kleinere Städte können von der Entwicklung urbaner Milieus profitieren. Standortvorteile ergeben sich vor allem dadurch, dass Wissen in den Zentren konzentriert ist und dort zuerst in kreative Verfahren und Dienstleistungen umgesetzt wird („Tacit" oder „Sticky Knowledge"). Sie fungieren als Rückbettungskontext und verfügen über Cluster-[5] und Milieu-Vorteile, die in einer Wissens- und Dienstleistungsgesellschaft im globalen Wettbewerb zunehmend höher eingeschätzt werden.

Während Informationen heute nahezu ubiquitär verfügbar sind, ist Wissen als die bewusste Anwendung und Zuordnung von Informationen immer personen- und damit auch standortgebunden. Für die Unternehmen wird die Verfügbarkeit qualifizierter Arbeitskräfte immer mehr zum entscheidenden Standortfaktor. Und diese favorisieren – unter dem Druck permanenter Weiterqualifikation und wechselnder Arbeitsverhältnisse – ein kreatives, urbanes Umfeld mit einer Vielzahl verschiedener Kooperations- und Beschäftigungsmöglichkeiten.

Neue Chancen für eine Mischung von Wohnen und Arbeiten: Während Gewerbe- und Industriegebiete ursprünglich entstanden sind, um Betriebe aufzunehmen, die aufgrund ihrer Größe und Emissionen nicht im städtischen Kontext integriert werden konnten, gelten heute andere Rahmenbedingungen. Da die Produktion seit geraumer Zeit immer „sauberer" wird und die Anteile an Computerarbeit in allen Branchen zunehmen, gibt es für eine Mischung von Wohnen und Arbeiten neue Perspektiven. Durch die Möglichkeiten der Informations- und Kommunikationstechnologien bindet sich ein zunehmender Anteil an innovativen Kleinbetrieben heute wieder an kreative, städtische Milieus. Weitere Potenziale für funktionsgemischte Strukturen sind vor allem in den Bereichen der kundenorientierten Dienstleistungen sowie der Wissensökonomie auszumachen. Hier entstehen neue Verfahren und organisatorische Lösungen, die kleinere Betriebsgrößen ermöglichen. Die verringerten Flächenbedarfe und reduzierten Störungsgrade erlauben es, Wohnen und Arbeiten wieder zusammenzurücken. Angesichts sich verändernder Lebensstile der Bevölkerung zeichnen sich große Potenziale für die Entwicklung vielfältiger, belebter Quartiere ab.

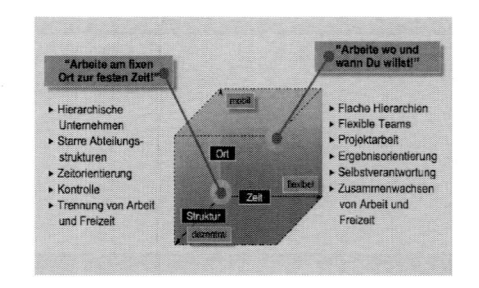

12 Koordinatenverschiebung der Büroarbeit: Die Wissensgesellschaft ermöglicht eine neue räumliche, zeitliche und organisatorische Flexibilität.

13 Anteil der normal Beschäftigten an allen abhängig Beschäftigten (in Prozent)

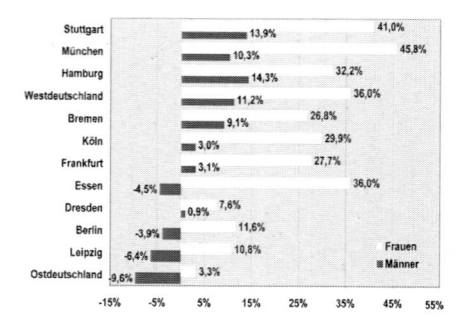

14 Der wirtschaftliche Strukturwandel von der industriellen zur wissensbasierten Ökonomie begünstigte die zunehmende Erwerbstätigkeit von Frauen (hier dargestellt: Veränderung des Akademikeranteils an den sozialversicherungspflichtig Beschäftigten nach Geschlecht in deutschen Städten zwischen 1999–2006).

4.3 Arbeitsmarkt und Beschäftigung

Flexibilisierung und Entgrenzung: War die Arbeit in der Industriegesellschaft mit einem festen Ort und einer festen (Arbeits-)Zeit verbunden, so erfährt sie mit der Transformation zur wissensbasierten Dienstleistungsökonomie eine „Koordinatenverschiebung" in Richtung einer neuen räumlichen, zeitlichen und organisatorischen Flexibilität (vgl. Abbildung 12 – „Arbeite, wo und wann Du willst"). Angesichts der erweiterten Möglichkeiten der Informations- und Kommunikationstechnologien und der gestiegenen Mobilität der Bevölkerung wird immer mehr Arbeit außerhalb des Büros erledigt (zu Hause, in Nachbarschafts- oder Satellitenbüros, beim Kunden oder unterwegs).[4]

Mit den Veränderungen der Unternehmens- und Betriebsstrukturen kommt es darüber hinaus zu einer Erosion des Normalarbeitsverhältnisses (feste Arbeitszeiten, umfassende vertragliche Regelungen, Kranken- und Urlaubsgeld, Kündigungsschutz...) und einer Zunahme flexibilisierter Arbeitsformen (projektbezogene Kooperationen, befristete Verträge, Teilzeitarbeit, Telearbeit...). In der Folge entsteht eine Vielzahl unterschiedlicher Beschäftigungsverhältnisse, die durch eine Entgrenzung der Arbeits- und Lebenswelt sowie häufig durch eine Zunahme der Wochenarbeitszeit, der Wochenendarbeit, der Abend- und Nachtarbeit gekennzeichnet ist. Die traditionelle funktionale, räumliche und zeitliche Trennung der Arbeit, des Wohnens und der Freizeit löst sich auf.

Polarisierung und Segmentierung: Die Erwerbsmöglichkeiten für unqualifizierte Arbeiter verschlechtern sich vor dem Hintergrund des Umbaus von der Industrie- zur Wissensökonomie dramatisch. Steigende Anforderungen an Qualifikationsstrukturen und ein Bedeutungsgewinn anspruchsvoller Tätigkeiten prägen die Entwicklung auf dem Arbeitsmarkt. Schon heute ist die Angebots- und Nachfragerelation durch einen Mangel an hochqualifizierten Fachkräften und einen „Überschuss" an Arbeitskräften ohne Berufsabschluss gekennzeichnet. In diesem Bereich stieg die Arbeitslosigkeit überdurchschnittlich. In der Folge kommt es zu einer zunehmenden Polarisierung des Arbeitsmarkts. Es besteht die Gefahr, dass sich die wachsende Arbeitslosigkeit zeitlich in Form von Dauerarbeitslosigkeit verfestigt und in Verbindung mit anderen Problemen (wie etwa Wohnungsnot) zur sozialräumlichen Konzentration in benachteiligten Stadtvierteln und schließlich zu gesellschaftlicher Ausgrenzung führt.

Von besonderer Bedeutung sind daher eine aktive Arbeitsmarktpolitik mit Programmen wie „Arbeit statt Sozialhilfe" und „Arbeit statt Drogen" sowie eine Verbesserung des Bildungs-, Ausbildungs- und Weiterbildungssystems (zum Beispiel durch individuelleren Unterricht, mehr Bezug zum Erwerbsleben, spezifische Förderung ausländischer Kinder und Jugendlicher, berufsbegleitende Weiterbildung...).

In räumlicher Hinsicht wird es entscheidend sein, inwiefern es gelingt, benachteiligte Quartiere aufzuwerten und die Entstehung sozialer Brennpunkte zu vermeiden. Besondere Bedeutung kommt in diesem Zusammenhang dem Städtebauförderprogramm „Soziale Stadt" zu, das in einem verschiedene Politikfelder umfassenden Ansatz darauf zielt, die Wohn- und Lebensbedingungen zu verbessern, Segregationstendenzen entgegenzuwirken und die ökonomische Basis in den Stadtteilen zu stabilisieren (vgl. Beitrag Simon-Philipp, S. 357).

Demographische und sozioökonomische Veränderungen: Eine weitere wichtige Rahmenbedingung für den Arbeitsmarkt ist die demographische Entwicklung, die in Deutschland – wenn auch räumlich und zeitlich sehr ungleichmäßig – durch einen langfristigen Rückgang der Bevölkerung gekennzeichnet ist. Die Gesellschaft wird „älter und bunter" (vgl. Beitrag Siedentop, Zakrzewski S. 75). In der Folge gestaltet sich die Suche nach qualifiziertem betrieblichen Nachwuchs für die Unternehmen immer schwieriger. Gleichzeitig führen das zunehmende Durchschnittsalter der

Belegschaften, die kulturelle Diversität sowie die steigende Erwerbstätigkeit von Frauen zu veränderten Anforderungen an sinnvolle (Lebens-) Arbeitszeitmodelle. Immer vielfältigere Lebenssituationen müssen mit der Arbeit in Einklang gebracht werden.

Work-Life-Balance: Die Vereinbarkeit von Erwerbs- und Privatleben beziehungsweise von Beruf und Familie – die so genannte Work-Life-Balance – ist heute spannungsreicher geworden. Flexibilisierte und entstandardisierte Beschäftigungsverhältnisse sowie die zunehmende Anzahl von Zweiverdiener-Lebensgemeinschaften führen zu einer erhöhten Abhängigkeit von vielfältigen, nah gelegenen Dienstleistungs- und Serviceeinrichtungen – vom Einkaufen über Kinderbetreuungsangebote bis zur Gesundheitsvorsorge und den Weiterbildungsmöglichkeiten. Die demographischen und sozioökonomischen Entwicklungen verstärken daher den Trend zu urbanen Kontexten, die eine optimierte raumzeitliche Organisation des Alltags erlauben. Auf gesamtstädtischer und regionaler Ebene gewinnen eine attraktive Anbindung an den öffentlichen Personennahverkehr, die kurze Pendelzeiten ermöglicht, sowie eine hochwertige Kommunikations- und Informationsinfrastruktur (WLAN, Laptops, Mobilfunk) an Bedeutung. Sie können ebenfalls einen wichtigen Beitrag zur Vereinbarkeit von Erwerbs- und Privatleben leisten.

5 Arbeitswelt der Zukunft – Strategien für eine nachhaltige Stadtentwicklung

Angesichts der zunehmenden ökonomischen und sozialen Disparitäten sowie der vielfältigen Überlagerungen neuer und alter Arbeitsformen sowie Lebensweisen steht die Stadtentwicklungspolitk vor großen Herausforderungen. Um schwierigen Problemlagen und unterschiedlichen Entwicklungspotenzialen gerecht zu werden, müssen alle verfügbaren Ressourcen aktiviert und verschiedene Strategien miteinander kombiniert werden. Neben einer Verbesserung der Bildungs-, Aus- und Weiterbildungssysteme kommt einer integrierten Wirtschafts- und Arbeitsmarktpolitik besondere Bedeutung zu. Sie darf nicht nur auf eine Förderung der technologie- und wissensbasierten Ökonomie zielen und bestehende „Stärken stärken", sondern muss auch den lokalen Kontext im Blick behalten. Nicht nur Leuchtturmprojekte, große Cluster[5] und Global Players, sondern auch lokal orientierte Handwerksbetriebe, kleinere Dienstleister und Freiberufler sind bedeutende Faktoren für die Arbeitsmarktentwicklung. Eine innovationsorientierte Bestandspflege und Stärkung der lokalen Ökonomie (etwa durch eine Bereitstellung von kleinteiligen Flächen, von Gewerbehöfen[6] und Gründerzentren[7], durch „Bottom up"-Strategien, lokale Beschäftigungspakte, Empowerment und Integration) kann einen wichtigen Beitrag zur ökonomischen und sozialen Stabilisierung der Stadtquartiere leisten.[8]

Diese Chancen sollten in Zukunft stärker genutzt werden. Der wirtschaftliche Strukturwandel ermöglicht und erfordert gleichzeitig eine Reintegration der Arbeit in den städtischen Kontext und eine Aufwertung urbaner Standorte. Kompakte Strukturen im Sinne einer „Stadt der kurzen Wege", vielfältige Nutzungsmischungen und attraktive Infrastrukturangebote entsprechen sowohl den Anforderungen der Wissensökonomie als auch den Lebensstilen, die in deren Zusammenhang entstehen.

Die aktuellen Trends im Arbeitssektor eröffnen damit auch neue Möglichkeiten für eine an den Prinzipien der Nachhaltigkeit orientierte Stadtentwicklungspolitik. Denn nur in integrierten Lagen sind die Voraussetzungen gegeben, um dem demographischen und sozialen Wandel zu begegnen und den ökologischen Anforderungen gerecht zu werden.

15, 16 Potenziale für eine Entwicklung urbaner Arbeitsorte ergeben sich in erster Linie durch Umnutzung und Umstrukturierung im Bestand (hier dargestellt: das Sulzer-Areal in Winterthur).

Literatur

Arbeitsgemeinschaft Baden-Württemberg scher Bausparkassen (Hg.): Eine Zukunft für Wohnen und Arbeiten. Ergebnisse Initiative 2003/ 04. Schwäbisch Hall 2004

BBR Bundesamt für Bauwesen und Raumordnung (Hg.): Thesenpapier der Initiative Baukultur zum Thema Gestaltungsaufgaben in Gewerbegebieten. Bonn 2003

Böhme, Helmut: Stadt und Arbeit – Integration und Ausgrenzung. Überlegungen aus historischer Sicht. In: Flagge, Ingeborg/ Pesch, Franz (Hg.): Stadt und Wirtschaft. Darmstadt 2004, S. 180–192

Castells, Manuel: Das Informationszeitalter. Triologie in drei Bänden: Teil 1 – Aufstieg der Netzwerkgesellschaft, Teil 2 – Die Macht der Identität, Teil 3 – Jahrtausendwende. Leverkusen, Opladen 2001–2003

Flagge, Ingeborg/ Pesch, Franz (Hg.): Stadt und Wirtschaft. Darmstadt 2004

Geissler, Thomas/ Hüger, Sigrun: Arbeiten. In: Städtbau-Institut Universität Stuttgart: Lehrbausteine Städtebau. Stuttgart 2001, S. 77–96

Häußermann, Hartmut/ Läpple, Dieter/ Siebel, Walter: Stadtpolitik. Frankfurt a. M. 2008

Henckel, Dietrich/ Eberling, Matthias/ Grabow, Busso: Zukunft der Arbeit in der Stadt. Stuttgart, Berlin, Köln 1999

Hoffmann-Axthelm, Dieter: Warum produzierende Arbeit in der Stadt? In: db Deutsche Bauzeitung 1996, H. 10, S. 56–58

Läpple, Dieter: Phönix aus der Asche: Die Neuerfindung der Stadt. In: Berking, Helmuth/ Löw, Martina (Hg.): Die Wirklichkeit der Städte. Baden-Baden 2005, S. 397–413

Läpple, Dieter: Städtische Arbeitswelten im Umbruch. In: Heinrich-Böll-Stiftung (Hg.): Das Neue Gesicht der Stadt. Berlin 2006, S. 19–35

Sassen, Saskia: Urban Manufacturing: Economy, space and politics in today's cities. Urban manufacturing: Critical to dynamic urban economies but overlooked by policy makers. In: http://www.dssw.de/downloads/dl_sv_dssw_06.pdf; 30. Januar 2007

Thierstein, Alain; Wiese, Anne: Die Wissensökonomie als urbane Zukunft? In: RegioPol- Urbane Zukunft in der Wissensökonomie, Zeitschrift für Regionalwirtschaft 2011, Heft 1+2, S. 149- 157

Abbildungsnachweis

1 http://www.rhein-erft-online.ksta.de/ks/images/mdsBild/1238746111625l.jpg; 15. April 2009

2 Ford-Werke GmbH, Köln. In: http://www.automobil-blog.de/wp-content/uploads/Autos/Ford/Fiesta/Ford-Fiesta-Produktion-Koeln-001.jpg; 15. April 2009

3 Nimbus GmbH, Stuttgart. In: Arbeitsgemeinschaft Baden-Württembergischer Bausparkassen (Hg.): Eine Zukunft für Wohnen und Arbeiten. Schwäbisch Hall 2004, S. 15

4 Leibniz-Institut für Länderkunde (Hg.): Nationalatlas Bundesrepublik Deutschland – Unternehmen und Märkte. München 2004, S. 13

5 Henckel, Dietrich. In: Stadtentwicklungskonzept Stuttgart Dialog 2005. Stuttgart 2005, S. 50

6 Nefiodow, Leo. In: BRAND EINS, H. 05, 2002, S. 67

7, 8 Bildarchiv Städtebau-Institut Universität Stuttgart

9 Stadt Meissen. In: http://www.stadt-meissen.de/images/MEISSEN_142_070704.JPG; 25. Mai 2009

10 Bevölkerungsfortschreibung des Bundes und der Länder, Laufende Raumbeobachtungen des BBSR, Bonn 2013.

11 Blotevogel Hans/ Läpple, Dieter. In: Läpple, Dieter: Städte im internationalen Kontext – Globalisierung, Klimawandel und andere Herausforderungen. Darmstadt 2008, S. 20. In: http://www.schader-stiftung.de/docs/laepple_staedte_im_internationalen_kontext.pdf; 25. Mai 2009

12 Kern, Peter/ Bauer, Wilhelm: Office 21 – das Büro der Zukunft. In: http://www.doku.info/doku_article_67.html; 25.Mai 2009

13 Boeckler-Stiftung. In: http://194.245.120.122/Sites/A/Online-Archiv/10769, 19. Mai 2013

14 Bundesagentur für Arbeit 2007/ HCU HafenCity Universität Hamburg, Kröger, Sebastian 2007. In: Läpple, Dieter: Städte im internationalen Kontext – Globalisierung, Klimawandel und andere Herausforderungen. Darmstadt 2008, S. 36. In: http://www.schader-stiftung.de/docs/laepple_staedte_im_internationalen_kontext.pdf; 25. Mai 09

15 Sulzer Immobilien AG, Winterthur. In: http://www.sulzerareal.com/news/ausstellung/index.html; 15. April 2009

16 http://www.lagerplatz.ch; 15. April 2009

Endnoten

1 Lankenau, Klaus: Arbeit. In: Schäfers, Bernhard (Hg.): Grundbegriffe der Soziologie. Opladen 1986, S. 24

2 Cairncross, Frances: The death of distance. How the communications revolution will change our lives. Cambridge 1997

3 Mitchel, Bill: City of Bits. Basel, Boston, Berlin 1996

4 Kern, Peter/ Haner, Udo-Ernst: Wissensarbeit als Impuls für die Stadtentwicklung. In: Flagge, Ingeborg/ Pesch, Franz (Hg.): Stadt und Wirtschaft. Darmstadt 2004, S. 32–37

5 Als Cluster werden regionale Netzwerke von Unternehmen (Produzenten, spezialisierte Zulieferer und Dienstleister) bezeichnet, die entlang einer Wertschöpfungskette in enger Zusammenarbeit verbunden sind (vgl. Beitrag Hüttenhain, Mayer-Dukart, S. 185)

6 Als Gewerbehof wird eine Standortgemeinschaft mehrerer rechtlich und finanziell eigenständiger, vorwiegend kleiner und mittlerer Betriebe in einem Gebäudekomplex bezeichnet (vgl. Beitrag Hüttenhain/ Mayer-Dukart, S. 185)

7 Bei Gründerzentren handelt es sich um eine meist öffentlich durch die Kommune geförderte Standortgemeinschaft von Betrieben in einem Gebäudekomplex. Ziel ist es, durch die Bereitstellung solcher Zentren technologieorientierte (möglichst innovative) Neugründungen und Jungunternehmen zu unterstützen (vgl. Beitrag Hüttenhain/ Mayer-Dukart, S. 185)

8 vgl. Läpple, Dieter: Städtische Arbeitswelten im Umbruch. In: Heinrich-Böll-Stiftung (Hg.): Das Neue Gesicht der Stadt. Berlin 2006, S. 19–35

HANS JOACHIM AMINDE
URSULA GRAMMEL
ANNETTE STIEHLE

Infrastruktur und Zentrengliederung

Die Ausweisung und Sicherung von Standorten und Flächen für öffentliche und private Versorgungseinrichtungen gehört zu den wichtigen Aufgaben der Stadtplanung. Sie hat dafür Sorge zu tragen, dass etwa in den Wohnquartieren in günstiger Lage ausreichend Platz für Kindergärten, Schulen oder Sportanlagen, aber auch für Einzelhandel vorhanden ist. Wenn neue Städte, Stadtteile oder Siedlungen geplant werden, müssen auch die zukünftigen Standorte der sogenannten Wohnfolgeeinrichtungen festgelegt werden. In den 1950er bis 80er Jahren, als der größte Teil des jetzigen Wohnungsbestands neu errichtet wurde, sind Kataloge mit Orientierungs- und Richtwerten erarbeitet worden, die Auskunft über Flächenbedarfe, Einzugsbereiche und Mindestbedarfe für einzelne Typen von Versorgungseinrichtungen geben. Die Orientierungs- und Richtwerte bilden auch den Schwerpunkt dieses Beitrags. Sie müssen immer wieder fortgeschrieben, auf die besonderen örtlichen Verhältnisse angepasst und dürfen nicht schematisch angewendet werden. Das am Schluss dieses Beitrags ausführlicher dargestellte Beispiel der Infrastrukturplanung beim Stadtteil Allermöhe-West in Hamburg zeigt, dass solche Richtwerte auch heute noch unentbehrlich sind, wenn größere neue Stadtquartiere geplant und gebaut werden. Sie werden auch benötigt, wenn es umfassende quantitative Versorgungsdefizite im Bestand gibt, wie dies schon seit vielen Jahren bei der Versorgung mit Kinderkrippen der Fall ist, und die aufgrund neuer politischer Vorgaben nun beseitigt werden sollen.

Inzwischen haben sich die Schwerpunkte planerischer Aufgaben in Bezug auf die private und öffentliche Infrastruktur in unseren Städten geändert. Hierfür gibt es mehrere Gründe. Ein Grund ist die Tatsache, dass in den vergangenen Jahrzehnten ein umfassender Bestand an öffentlicher Infrastruktur, von Kindergärten über Schulen und Sporthallen bis hin zu Krankenhäusern errichtet worden ist. Quantitativ ist der Bedarf in den vergangenen Jahrzehnte in den Städten wie auch auf dem Lande gedeckt worden – dank vorausschauender Stadtplanung, oft zur rechten Zeit, an den richtigen Standorten und mit ausreichenden Erweiterungsflächen. Der weitaus überwiegende Teil der heute genutzten Bauten öffentlicher Infrastruktur wurde in den 1960er und 70er Jahren gebaut. Dies gilt für fast das ganze Spektrum öffentlicher Einrichtungen, wie Schulen, Kindergärten und Krankenhäuser ebenso wie für den reichen Bestand an Schwimmbädern und Sporthallen, an Bürgerzentren und Freizeitheimen. Sie alle genügen vielfach nicht mehr heutigen qualitativen Standards. Hier besteht inzwischen ein enormer baulicher und technischer Instandsetzungs- und Modernisierungsbedarf.

Ein weiterer Grund ist der demographische Wandel. Vor allem in Städten mit rückläufigen Bevölkerungszahlen sind in den letzten Jahren die Auswirkungen des demographischen Wandels und der Verlust an Wirtschafts- und Steuerkraft für die infrastrukturelle Ausstattung der Kommunen spürbar geworden. Zahlreiche Kindergärten und Schulen mussten geschlossen werden, weil Kinder und Jugendliche fehlen, gleichzeitig entstehen Versorgungslücken bei Einrichtungen für alte Men-

1 Innenstadtzentrum Königstraße in Stuttgart

2 Bevölkerungsstruktur als Bezugsgröße für die Planung von Gemeinbedarfseinrichtungen

schen. Aber auch in den immer noch wachsenden Städten sind schon heute nicht mehr alle Schulen voll ausgelastet. Mit der Diskussion über die Zukunft des Schulsystems werden neue Schulkonzepte, wie Ganztagsschulen, gefordert, gefördert und in Pilotprojekten erprobt. Ein Teil der Schulen wird aufgegeben, andere werden gezielt erweitert, erneuert und zum Teil auf Ganztagsbetrieb umgerüstet. Konzentration, Standortveränderung und Modernisierung gehen Hand in Hand. Ähnliches ist für die Kinderbetreuungseinrichtungen zu erwarten. Manche müssen wegen fehlender Nachfrage schließen, gleichzeitig zieht die aktuelle bundespolitische Entscheidung zum Ausbau der Kinderbetreuungsangebote nach sich, dass bestehende Einrichtungen vor allem für Krippenplätze erweitert werden müssen.

Ein dritter Grund ist die Finanzkrise der öffentlichen Haushalte. Vor diesem Hintergrund werden viele staatliche und kommunale Aufgaben neu definiert und stärker ökonomischen Effizienzkriterien unterworfen. Ihre Träger sind gezwungen, die tradierte Wahrnehmung ihrer Aufgaben, das heißt ihrer Ziele, Leistungsangebote, Organisation sowie ihrer personellen und materiellen Ressourcen, zu überprüfen. Es werden Ausstattungsstandards, Einzugsbereiche und Standorte zur Disposition gestellt. Damit ist unmittelbar die Versorgungsqualität von Quartieren berührt. Dies betrifft die soziale und technische Infrastruktur gleichermaßen. Inzwischen befassen sich auch die großen christlichen Kirchen angesichts von Mitgliederrückgang und Kirchensteuerausfällen mit der Frage, wie sie weiterhin ihre Aufgaben in der Seelsorge und Wohlfahrtspflege wahrnehmen und ihre Einrichtungen (unter-)halten können.

Entsprechend haben sich die Aufgaben der Stadtplanung gerade in jüngerer Zeit grundlegend geändert. Sie muss Konzepte entwickeln, wie die Standorte und der veraltete Baubestand von Infrastruktur an die veränderte Nachfrage und neue qualitative Anforderungen angepasst werden können. Dies kann im Einzelfall, vor allem in schrumpfenden Städten, bedeuten, dass Stadtplaner begründete Vorschläge erarbeiten müssen, wo welche Infrastruktureinrichtungen entbehrlich geworden sind, umgenutzt oder geschlossen werden sollten.

1 Definition und Begriffe

Die Versorgungsstruktur ist ein wichtiger Bestandteil städtischer Nutzungsstruktur. Als „Grundausstattung" trägt sie weitgehend zum reibungslosen Funktionieren unseres Alltags, der damit verbundenen Abläufe und der Befriedigung unseres täglichen Bedarfs bei. Alltag umschreibt dabei nicht nur den „täglichen Gang zum Bäcker um die Ecke" im Sinne unserer materiellen Versorgung, sondern schließt auch unsere kulturell und gesellschaftlich bedingten Bedürfnisse ein. Versorgungseinrichtungen wirken in hohem Maße zentrumsbildend.

In der Literatur wird diese „Grundausstattung" häufig mit den Oberbegriffen „Wohnfolgeeinrichtungen" oder auch „Infrastruktur" belegt. Der Begriff „Infrastruktur" stammt ursprünglich aus dem militärischen Bereich und wurde im Laufe der Zeit in den zivilen Sprachgebrauch übernommen. Er gliedert sich in verschiedene, sich ergänzende Teilbereiche:

- technische Infrastruktur,
- soziale Infrastruktur,
- erwerbswirtschaftliche Infrastruktur,
- Sicherheitsinfrastruktur.

Gemeinsam decken sie den Gesamtbereich des Versorgens ab. Oft wird hierfür auch in der Literatur der Begriff „Gemeinbedarf" verwendet.

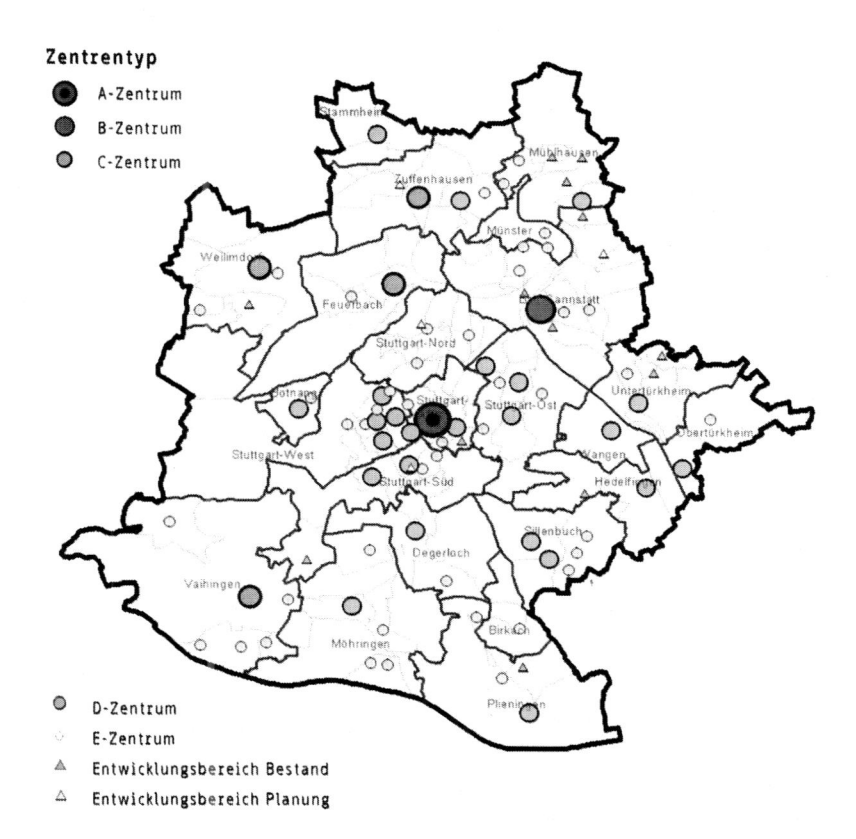

3 Region Stuttgart, Stadtteile, Stadtzentrengliederung in fünf Stufen einer Hierarchie

Die technische Infrastruktur bezeichnet Anlagen, die der Erschließung des städtischen Gebiets dienen:

- Verkehrsanlagen,
- Ver- und Entsorgungsanlagen für Elektrizität,
- Ver- und Entsorgungsanlagen für Gas und Wasser,
- Ver- und Entsorgungsanlagen für Abwasser und Müll (vgl. Beitrag Steinmetz, Eckardt, S. 287).

Unter dem Begriff „soziale Infrastruktur" versteht man diejenigen Einrichtungen des Gemeinbedarfs, die, wie auch im Baugesetzbuch (BauGB) verankert, der Allgemeinheit dienen und eine angemessene Befriedigung unserer kulturellen, sozialen und gesundheitlichen Ansprüche sicherstellen. Es geht dabei um für öffentliche Zwecke bestimmte Gebäude, wie Schulen, Krankenhäuser, kirchliche und kulturelle Einrichtungen. Im weiteren Sinne zählen hierzu auch öffentliche Verwaltungseinrichtungen. Hauptträger ist die öffentliche Hand. Die Gemeinden sind zur Sicherstellung dieser Infrastruktur laut Grundgesetz verpflichtet. Sie können einzelne Aufgaben auf Dritte übertragen, wobei sie die planungs- und baurechtlichen, gegebenenfalls auch die bodenrechtlichen Voraussetzungen schaffen müssen.

Unter dem Begriff „erwerbswirtschaftliche Infrastruktur" versteht man alle Einrichtungen des Einzelhandels, des Handwerks und sonstiger Dienstleistungen, Banken, Gaststätten, Apotheken, Friseur... Hauptträger sind in der Regel privatwirtschaftliche Unternehmen (vom Freiberufler bis zum Konzern). Zur Sicherheitsinfrastruktur gehören die Einrichtungen der Polizei, des Grenzschutzes, der Feuerwehr...

2 Zentren

2.1 Definition

Zentren entstehen durch die Bündelung vielfältiger Versorgungsangebote. Die Konzentration verschiedener Einrichtungen erlaubt den Nutzern, Erledigungen mit geringer Wegdistanz zu machen. Größe und Vielfalt des Zentrums stehen dabei in engem Zusammenhang zur Anzahl der Nutzer.
Nur kleine Siedlungseinheiten, wie Dörfer und Kleinstädte, kommen mit einem einzigen Zentrum aus, in dem alle privaten und öffentlichen Versorgungseinrichtungen konzentriert sind. Bereits in der Mittelstadt wird ein einziger Standort für alle zentralen Funktionen nicht mehr ausreichen. Die Großstadt erfordert ein Netz zentraler Standorte, um dem Anspruch der vollständigen Versorgung in guter Erreichbarkeit gerecht zu werden. Die Ausbildung und Erhaltung differenzierter Zentren und ihre Hierarchisierung ist unverzichtbarer Bestandteil stadtplanerischer Überlegungen.

2.2 Zentrenstrukturplanung

Die Bildung und Ausprägung von Zentren unterliegen einem permanenten Wandel. Die individuelle Siedlungsgeschichte, kommunale Neuordnungen als Folge planungspolitischer Veränderungen, ökonomische und letztlich gesamtgesellschaftliche Veränderungen wirken auf den Bedeutungsgehalt der Zentrumsfunktion einer Stadt. Ein Zentrum ist kein isoliertes Gebilde innerhalb der Stadtstruktur, sondern steht immer in Wechselwirkung zu seiner Umgebung und zu benachbarten Zentren. Somit müssen Veränderungen auf lokaler Ebene immer in Hinblick auf städtische und regionale Auswirkungen überprüft werden. Je nach siedlungsstruktureller Ausgangslage sind unterschiedliche Strategien notwendig, und erst die Kenntnis der verschiedenen Zentrensysteme mit ihren Wechselwirkungen ermöglicht gezielte planerische Eingriffe.

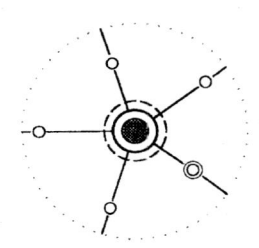

Kernstadtmodell
Gängiges Leitsystem:
- hierarchisch übergeordnetes Zentrum der Kernstadt mit politischer und ökonomischer Dominanz
- der historische Stadtkern als attraktiver Mittelpunkt
- wenig verdichtete Randzonen, die stadtferne Zentren verhindern
- Konzentration sämtlicher Verkehrssysteme auf den Kern

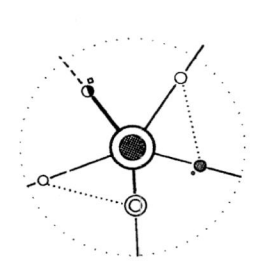

Polyzentrisches Modell
- Kernstadt bleibt übergeordnetes multifunkionales Zentrum
- Ergänzung durch kooperierende Zentren in den Randzonen zur Versorgung der dispersen Randbesiedelung
- Konkurrenz der Zentren
- Reduktion des Innenstadtverkehrs bei gleichzeitigem Ausbau tangentialer Verkehrsverbindungen

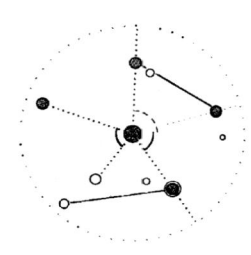

Peripheriemodell
- Entwicklung der peripheren Randzone durch den Ausbau großer und leistungsfähiger Versorgungszentren im städtischen Umland
- „Auflösung" und Bedeutungsverlust der Kernstadt, Beibehaltung der touristischen Attraktivität
- Stadt und Region werden dauerhaft autoabhängig
- Bedeutungszunahme der tangentialen Verkehrsverbindungen

„Amerikanisches Modell"
- Auflösung der Stadtstruktur in ein System spezialisierter Zentren: Schaffung von monofunktionalen Kunst- und Konsumwelten (Freizeitzentren, Einkaufszentren, Bürozentren, ...)
- „Inszenierung" der historischen Stadt
- Standortschaffung und Nutzung ist gewinnorientiert mit der Folge funktionaler und sozialer Segregation
- extrem starkes Aufkommen von Individualverkehr, hohe Flächeninanspruchnahme

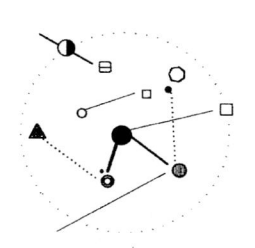

Netzmodell
- Entwicklung einer neuen Stadtstruktur im Hinblick auf die Aufhebung des Gegensatzes von Stadt und Region
- Verknüpfung der Teile zu einem kooperierenden Netzwerk
- Akzeptanz und Förderung der individuellen Standorte und ihrer Qualitäten unter Beibehaltung der ökonomischen Basis traditioneller Kernstädte

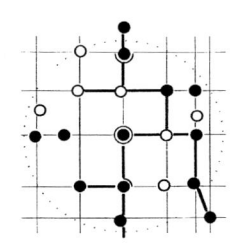

Das „Netzmodell" versteht sich als Weiterentwicklung des als heutige Realität erkannten Peripheriemodells und wird derzeit als künftiges Stadtmodell intensiv diskutiert. Die suburbane „Welt" wird als großstädtisches Phänomen begriffen und entwickelt.

Die Steuerung der Suburbanisierungsprozesse erfordert ein hohes Maß an Flexibilität und Offenheit, gängige Planungs- und Steuerungsinstrumente müssen der neuen Realität angepasst werden.

Den meisten Konzepten zur Zentrenplanung liegen nach wie vor das „Kernstadtmodell" oder das „polyzentrische Modell" zugrunde. Kern der Planung ist entsprechend eine Zentrenhierarchie (Abb. 5).

4 Zentrenmodelle

Zentrengliederung auf Ebene Gesamtstadt
Eine Zentrengliederung in Europa besteht oft aus vier Abstufungen (Abb. 5):
A: City, Innenstadtzentrum,
B: Bezirkszentrum,
C: Stadtteilzentrum,
D: Quartierszentrum und Läden in Streulage.

Die in Abbildung 5 angegebenen Werte sind Minimalwerte und entstammen Empfehlungen von Aminde, Nicolai, Wallbrecht (vgl. Ausstattungs- und Programmplanung für Stadtteile). Je nach Agglomeration und lokalen Bedingungen kommen andere Autoren zu abweichenden Aussagen oder erhöhten Größen. Es kann keine starren Einteilungen geben, örtliche Belange müssen berücksichtigt werden. Innerhalb der Abstufungen gibt es Größenunterschiede zwischen den einzelnen Zentrentypen, die oberen Hierarchien schließen meist die unteren Hierarchieebenen mit ein. Diese vier Stufen spiegeln die gesellschaftliche Entwicklung der Gegenwart im bürgerlichen Mitteleuropa wider. Jede Stadt passt ihr Zentrenkonzept an die jeweiligen örtlichen Verhältnisse an (Abb. 5). In weniger entwickelten Ländern mit anderen Einkommens-, Alters- und Beschäftigungsverhältnissen (zum Beispiel Afrika, Südamerika) können es auch nur zwei oder drei Abstufungen und die Basisbevölkerung je Zentrumsstufe zwei bis dreimal so groß sein. Im hohen Maße zentrenbildend sind Läden und Ladengruppen. Ihre Bündelung ist in der Realität der Stadtstrukturen ein Hinweis auf ein Einzelhandelszentrum und planerisch ein Ziel. Siehe hierzu das Zentrenschema bezogen auf Erwerbsinfrastruktur in Abbildung 9.

5 Ideales Schema der Zentrengliederung in einer europäischen Stadtregion (Kernstadtmodell)

A: City, Innenstadtzentrum (100.000 Einwohner)
- maximal Fußwegdistanz 30 Minuten
- Bündelung zentraler Einrichtungen von lokaler und regionaler Bedeutung

B: Bezirkszentrum (50.000 bis 100.000 Einwohner)
- maximale Fußwegdistanz 20 Minuten
- Zusammenfassung mehrerer Stadtteile in einem größeren Stadtbezirk

C: Stadtteilzentrum (25.000 bis 50.000 Einwohner)
- maximale Fußwegdistanz 15 Minuten
- Versorgungszentrum für einen größeren Stadtteil

D: Quartierszentrum
- D1 – Zentrum/ Stadtviertelzentrum (15.000 bis 25.000 Einwohner)
- D2 – Zentrum/ Nebenzentrum (5.000 bis 15.000 Einwohner)
- maximale Fußwegdistanz 12 Minuten
- Einrichtungen zur Grundversorgung im Stadtteilzentrum

Läden in Streulage/Ladengruppe (2.000 bis 5.000 Einwohner)
- maximale Fußwegdistanz 20 Minuten,
- wohnnahe Einrichtungen zur Deckung des täglichen Bedarfs

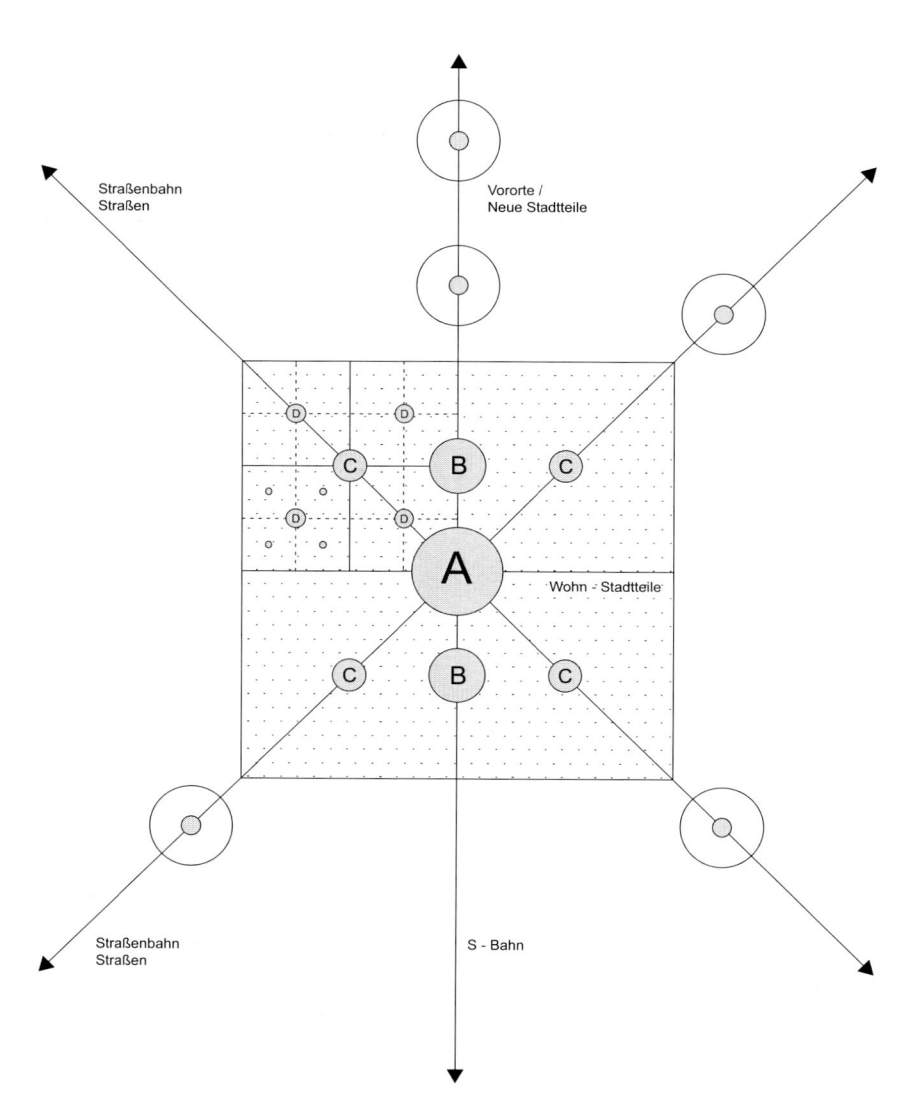

2.3 Bestimmungsfaktoren für die Lage und Ausprägung von Zentren

Der Katalog hier aufgeführter Bestimmungsfaktoren dient als Entscheidungshilfe im Planungs- und im Entwurfsprozess. Bestimmungsfaktoren umfassen

- Standortfaktoren,
- gesellschaftspolitische Leitbilder und ihre Ausformulierung in städtebaulichen Leitbilder.

Während Standortfaktoren sich aus den örtlichen und räumlichen Bedingungen ergeben, sind gesellschaftspolitische und städtebauliche Leitbilder einem ständigen Wandel unterworfen. Dies bedeutet, dass veränderte gesellschaftliche, kulturelle und auch ökonomische Wertsysteme immer einen Einfluss auf Planung und ihre Umsetzung haben. Im Umkehrschluss heißt es auch, dass städtebauliche Leitbilder der Gegenwart morgen schon hinfällig sein können.

Lage und Erreichbarkeit. Der größte Teil der Infrastruktureinrichtungen ist auf Standorte mit guter Erreichbarkeit angewiesen. Nur wenige spezialisierte Einrichtungen verkraften einen unattraktiven Standort, dessen Nachteile sie anderweitig ausgleichen können (besonderes Bauwerk, spezielles Angebot). Daher sollten Zentren im Schnittpunkt der wichtigsten Wege und Verkehrslinien unter Einbeziehung der Haltepunkte des ÖPNV liegen. Je häufiger eine öffentliche oder private Versorgungs-

Einzelhandels- und Dienstleistungsunternehmen		Ladengruppe 5 Läden	15 - 35 Läden D 2-Zentrum	35 - 60 Läden D 1-Zentrum	80 - 200 Läden Kleinwarenhaus C-Zentrum, Superm.	B-Zentrum
langfristiger Bedarf	Zoologische Handlung				●	
	Reisebüro				●	
	Sportartikel				●	
	Fahrräder				●	
	Büroeinrichtungen				●	
	Möbel und Einrichtungen				●	
	Uhren / Schmuck			○	●	
	Lederwaren			○	●	
mittelfristiger Bedarf	Buchhandlung			○	●	
	Boutique / Geschenkartikel			○	●	
	Eisenwaren / Do-it-yourself			○	●	
	Schuhe			●	●	
	Wäsche / Textilien			●	●	
	Fotofachgeschäft			●	●	
	Tabakwaren / Zeitungen		○	●	●	
	Radio / Fernseher / Elektro		○	●	●	
	Mobilfunk Laden		○	●	●	
	Tapeten / Teppiche / Gardinen		○	●	●	
	Schreib- und Spielwaren		○	●	●	
	Glas / Porzellan / Haushalt		○	●	●	
kurzfristiger Bedarf	Feinkost / Spirituosen		○	●	●	
	Blumen / Obst		○	●	●	
	DVD - Verleih		○	●	●	
	Postamt		○	●	●	
	Apotheke		○	●	●	
	Drogerie	○	●	●	●	
	Reinigung	○	●	●	●	
	Friseur	○	●	●	●	
	Bank / Sparkasse	○	●	●	●	
	Lebensmittel Selbstbed.	●	●	●	●	
	Lebensmittel Personen-B.	●	●	●	●	
	Metzger / Bäcker	●	●	●	●	
	Stehcafé	○	●	●	●	
	Schnellrestaurant	○	○	●	●	
	Gastwirtschaft	●	●	●	●	
		3 000 EW / 4 000 EW / 5 000 EW	6 000 EW / 7 000 EW / 8 000 EW / 9 000 EW / 10 000 EW	15 000 EW / 20 000 EW / 25 000 EW	30 000 EW / 40 000 EW / 50 000 EW	60 000 EW / 70 000 EW / 80 000 EW

● Regelausstattung
○ mögl. Zusatzausstattung

B-Zentrum: 1 - 2 mittlere Warenhäuser, Kleinpreisgeschäfte, Textilkaufhäuser, großflächige SB-Märkte für Lebensmittel, gesamter kurz- bis langfristiger Bedarf

6–8 Formen der Einzelhandelseinrichtungen: Passage, Eckladen, Fachgeschäft

9 Bündelung von Läden (Ausstattung) in Zentren nach Branchen und Basisbevölkerung.

Die Angaben dienen der Orientierung und müssen bei veränderten Rahmenbedingungen kontinuierlich angepaßt werden.

So wie sich in der obigen Abbildung Erwerbsinfrastruktur (Einzelhandels- und private Dienstleistungsunternehmen) nach Größenklassen zugehöriger Basisbevölkerung ordnen lassen, ist dies grundsätzlich auch für öffentliche Einrichtungen (Gemeinbedarf) möglich. Damit ergeben sich Hinweise zur hierarchischen Gliederung von Zentren und deren Einrichtungen in Stufen ihrer Reichweite. Eine nicht mehr in allen Punkten aktuelle Übersicht hierzu gibt die einschlägige Veröffentlichung von Aminde, Nicolai und Wallbrecht.[1]

einrichtung in Anspruch genommen wird, desto wichtiger ist die Nähe zum Wohnstandort. Deshalb wird bei Versorgungseinrichtungen zwischen Einrichtungen für den kurzfristigen (täglichen), mittelfristigen und langfristigen Bedarf unterschieden (Abb. 9). Für ein Stadtteilzentrum bedeutet dies maximal fünf Minuten Gehdistanz, für Zentren höherer Ordnung gelten entsprechend längere Distanzen (Abb. 9).

Einwohner. Die Tragfähigkeit muss durch ein ausreichendes Bevölkerungspotenzial sichergestellt werden. Der Einwohnerdichte und -verteilung kommt eine große Bedeutung zu. Anzustreben ist eine möglichst große Einwohnerzahl (Basisbevölkerung) in fußläufiger Entfernung zu den Zentren (Abb. 14).

Auffindbarkeit. Zentren sind immer wichtige Bausteine innerhalb der Stadtstruktur. Als Standorte besonderer Bedeutung tragen sie zur Orientierung bei und unterstützen das Ordnungssystem im Stadtgefüge. Dies erleichtert auch ortsfremden Benutzern die Wahrnehmung eines zentralen Standortes. Ein Zentrum ist nicht notwendig an die geometrische Mitte des Quartiers gebunden, sondern findet seinen optimalen Standort in der Verknüpfung mit der Gesamtstadt und an stadträumlich hervorgehobenen Orten.

Markt. Veränderungen der Bevölkerungsverteilung sowie Standort- und Größenanforderungen einzelner Versorgungseinrichtungen fordern eine ständige Anpassung und Überprüfung der gegebenen Zentrenstruktur. Der Markt (Handel und Dienstleistung) reagiert im Gegensatz zu öffentlichen Einrichtungen sensibel auf Verschiebungen des Stadtgefüges. Öffentliche Einrichtungen sichern eine gewisse Stabilität, die die Dynamik des privaten Marktes ausbalanciert.

Nutzungsmischung mit ihrer Angebotsvielfalt ermöglicht kurze Wege und sichert die Attraktivität und Lebendigkeit eines Zentrums. Als städtebauliches Leitbild ist die „Stadt der kurzen Wege" Bestandteil aktueller Stadtdiskussion.

Öffentlicher Raum war bisher wesentliches Merkmal städtischer Zentren, die Herstellung daher wesentliches Ziel der Zentrenbildung. Neben die traditionellen Treffpunkte des zweckfreien Aufenthalts mit freier Zugänglichkeit, die öffentlichen Plätze und kulturellen Einrichtungen treten zunehmend privatwirtschaftliche Konsumeinrichtungen (Freizeitparks, Musical Halls, Shopping Malls), die den öffentlichen Raum zurückdrängen. Viele Planer sehen in dieser Entwicklung eine Gefährdung der europäischen Stadtstruktur.

Die gesellschaftspolitischen Leitbilder Markt, Nutzungsmischung und öffentlicher Raum können sich daher im konkreten Einzelfall ergänzen oder ausschließen.

2.4 Zentren und ihre räumliche Ausprägung

Zentrentypen unterscheiden sich in ihrer räumlichen Ausprägung. Aus bereits erwähnten Bestimmungsfaktoren (Erreichbarkeit, Nachfrage, Attraktivität der Einrichtung) ergeben sich nach Curdes verschiedene Standorttypen:

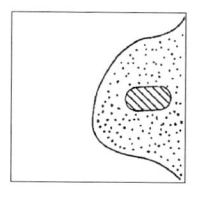

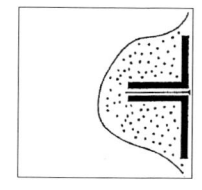

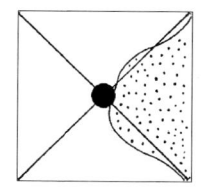

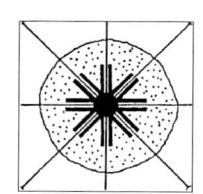

- Standorte im Nachfrageschwerpunkt,
- Standorte an Hauptverkehrsschwerpunkten,
- Standorte in geographischen Schwerpunkten.

Die besten Standorte sind jene, die alle drei Typen in sich vereinigen.

10–12 Formen der Einzelhandelseinrichtungen: SB-Markt, Kaufhaus, Mall

13 Standorttypologie Zentren

Dichtemodelle beschreiben die Zuordnung von Arbeits- und Wohnflächen zum Zentrum. Je näher die Bewohner zum Zentrum gruppiert sind und damit eine zunehmende Dichte erreicht wird, desto kürzer werden die Wege zum Zentrum.

Prosperierende Stadt- und Stadtteilzentren liegen unmittelbar an regional und lokal bedeutsamen Verkehrslinien, wobei an sich kreuzenden Linien der Einzugsbereich wächst. Solche Systeme linearer Zentren lassen sich leichter mit dem Stadtgefüge verknüpfen als punktförmige. Diese Verknüpfung ist elementar für das Funktionieren von Zentren. Nur wenn sie als Netze organisiert und dadurch Teil des städtischen Gefüges sind, entgehen sie der Gefahr, zu räumlich isolierten Inseln zu werden.

2.5 Erweiterung von Zentren

Zentren stehen unter einem ständigen Anpassungsdruck. Um diesem Druck zu begegnen und die Angebotsfläche im Zentrum zu vergrößern, gibt es verschiedene Möglichkeiten:

- lineare Verlängerung des Zentrums durch Umnutzung der am Ende gelegenen Gebäude zu Zentrumsfunktionen;
- Ausnutzung der Höhe von Gebäuden, punktuell und gegebenenfalls auch flächig;
- Entwicklung in die Tiefe der angrenzenden Parzellen und Blöcke. Hierdurch können innere Höfe, Passagen... entstehen, die immer mit den umgebenden Strukturen vernetzt werden müssen.

Allen Möglichkeiten sind Grenzen gesetzt, sei es durch die Problematik der Ansiedlung von Einkaufsnutzung in den Obergeschossen (Ausnahme: Kaufhäuser) oder durch das Problem der ungenügend angebundenen Lage in zweiter Reihe. Immer gibt die örtliche Situation in der gesamten Komplexität den Ausschlag für eine angemessene Entscheidung.

3 Bedarf

Die Bedarfsermittlung stellt den ersten Schritt bei der konkreten Planung von Infrastruktureinrichtungen dar. Dazu zählen Kaufkraftermittlungen des privaten Sektors ebenso wie die Bedarfsermittlung für eine öffentliche Einrichtung. Der Planungsablauf gliedert sich in folgende Schritte:

- Ermittlung der Nachfrage beziehungsweise des Bedarfs,
- Ermittlung des Einzugsbereiches und der Tragfähigkeit,
- Prognose für die künftige Entwicklung,
- Feststellen des Flächen- beziehungsweise Raumbedarfs.

3.1 Arten der Bedarfsermittlung

Zur Bedarfsermittlung stehen verschiedene Verfahren zur Verfügung:

- Basisbevölkerung als Bemessungsgrundlage: Der erforderliche Mindesteinzugsbereich für eine Einrichtung ergibt sich aus der erforderlichen Basisbevölkerung. Dieses ist die notwendige Bevölkerungszahl, die zum Beispiel einem Kindergarten oder einem Einkaufszentrum erst seine Tragfähigkeit sichert.

14 Ansprüche an die Ausstattung eines Wohngebiets mit öffentlichen und privaten Einrichtungen beispielhaft für die BRD (Quelle: BDA)

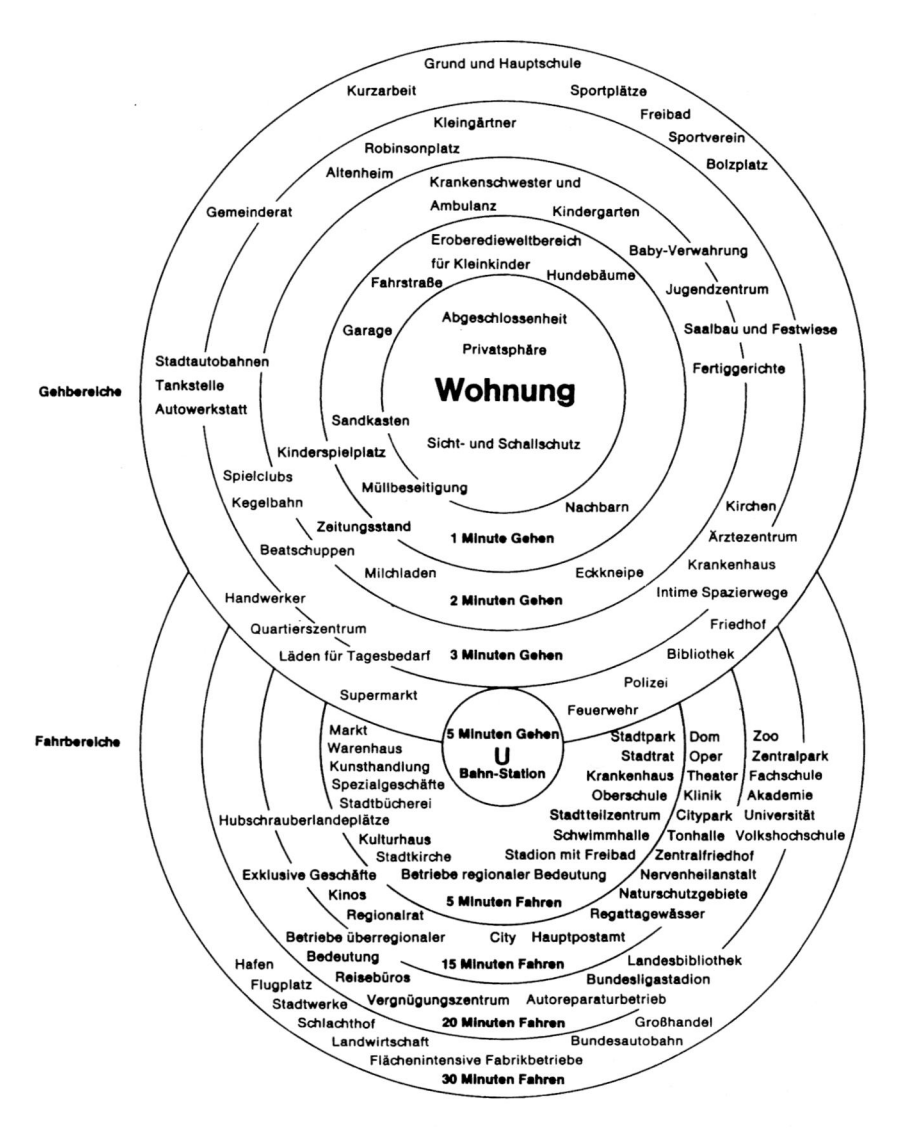

- Mindesteinzugsbereich als Bemessungsgrundlage: Es geht um die Verteilung der Einrichtungen in einem Quartier mit dem Ziel einer möglichst lückenlosen Versorgung. Neben der Einwohnerzahl hängt der Bedarf von der Wohndichte ab. Jede Einrichtung hat ein bestimmtes Einzugsgebiet, die sich aus der einrichtungsspezifischen zumutbaren Entfernung ergibt. Sie ist darstellbar als Radien von Luftlinienkreisen um die Einrichtung (Abb. 14) oder als tatsächliche Wegstrecke zur geplanten Einrichtung.
- Sicherung der Grundversorgung: Hier geht es um die Deckung des Bedarfs, der von Einwohnerzahl und Wohndichte des geplanten Standortes weitgehend unabhängig ist. Viele Einrichtungen des Gemeinbedarfs müssen in kleineren Orten und dort, wo Orte weit auseinanderliegen, vorhanden sein, obwohl die Basisbevölkerung kleiner ist als für die Tragfähigkeit der Einrichtung notwendig.

Welche Methode Anwendung findet, ist von den stadtstrukturellen Gegebenheiten und planungspolitischen Leitlinien der betreffenden Gemeinde abhängig.

3. 2 Einflussfaktoren auf die Bedarfsermittlung

„In jedem konkreten Planungsfall ist eine Auseinandersetzung mit der voraussichtlichen Entwicklung der Wohnbevölkerung als positivem Bedarfsträger unverzichtbar. Ausstattungsniveaus, Angebotsquoten und Dimensionierungen von Gemeinbedarfseinrichtungen und ihrer Organisationsform lassen sich erst nach gründlicher

Diskussion der analogen Veränderungen der Einwohnerzahlen, der Wanderungsgewinne oder -verluste, der angebotenen Leistungen, der Geburten- und Sterbequoten und der Alters- und Sozialstruktur festlegen. Erst diese Abgrenzung des potenziellen Nutzerkreises, aber auch die Betriebsform und -größe der jeweiligen Einrichtung gestatten unter Berücksichtigung der spezifischen Situationsbezüge die Bestimmung der Standorte von Gemeinbedarfseinrichtungen und ihrer Einzugsbereiche.[2]

4 Infrastruktureinrichtungen

Die folgenden Orientierungswerte beziehen sich auf Grundstücksgrößen in Flächennutzungsplänen und Bebauungsplänen und entstammen im Wesentlichen dem Buch Schöning/ Borchard: „Städtebau im Übergang zum 21. Jahrhundert".[3]
Die soziale Infrastruktur (Definition vgl. S. 107) wird überwiegend von den sogenannten Gemeinbedarfseinrichtungen bestimmt. Es handelt sich dabei um:

- Schulen und Bildungseinrichtungen aller Art,
- Einrichtungen für Kinder und Jugendliche,
- Einrichtungen für Ältere und Behinderte,
- Einrichtungen für die Gesundheitsvorsorge/ Krankenhäuser,
- Einrichtungen der Religionsgemeinschaften,
- Einrichtungen für Kultur, Kunst und Wissenschaft und
- Einrichtungen für die öffentliche Verwaltung.

4.1 Schulen und Bildungseinrichtungen

- Grundschule
- Hauptschule
- Realschule
- Höhere Schule: Gymnasium und gleichgestellte Einrichtung
- weiterführende Schule: Gesamtschulmodelle
- Fachschule
- Universität/ Hochschule/ Gesamthochschule

Inhalte und Definitionen der Schulen und Bildungseinrichtungen sind länderweise unterschiedlich. Die Erreichbarkeit und die Einbindung in das städtebauliche Umfeld sind wichtige Planungsziele und müssen den verschiedenen Schultypen angemessen sein. Der Standort, die Einfügung in die Bebauung und Freiräume ergeben sich aus der Altersgruppe. Die Grundschule wird vom Kind über die Schulstunden hinaus als sein Bereich und Ort für Beziehungen zu Gleichaltrigen empfunden. Der Schulweg sollte möglichst kurz, per Fuß oder Fahrrad erreichbar sein und Gefahrenpunkte meiden (Verkehr). Schultypen für diese Altersklasse sollten in Freiflächen und ruhiger Lage eingebunden sein. Die Verknüpfung mit Sport- und Spieleinrichtungen ist von Vorteil. Mit zunehmendem Alter der Schüler werden andere Faktoren wichtiger, wie ein spezielles Bildungsangebot oder ein Nutzungsverbund mit anderen Schulen in der Region.

Wechselnde bildungspolitische und pädagogische Zielvorstellungen und demographische Veränderungen haben starken Einfluss auf das Angebot. Der Flächen- und Mittelbedarf wird unter anderem bestimmt durch:

- Anteile der Schulkinder der einzelnen Schularten an der Gesamtbevölkerung,
- Flächenbedarf je Schulkind und Klassenfrequenzen,
- Ziele und Konzepte der Bildungspolitik.

15–17 Schulen und Bildungseinrichtungen

4.2 Einrichtungen für Kinder und Jugendliche

- Spielplätze für Kinder bis sechs Jahre
- Spielplätze für Kinder von sieben bis zwölf Jahren
- Spielplätze für Kinder ab zwölf Jahren
- pädagogisch betreute Spielplätze
- Kindergärten/ Kinderkrippen
- Kindertagesstätten
- Jugendhäuser

Wie für Schulen und Bildungsanlagen gilt, dass Anforderungen an die Lage der Altersgruppe angemessen sein müssen. In der Literatur finden sich dezidierte Angaben, unter anderem auch zur Ausstattung der Teilbereiche für Spielplätze. Hier nur einige grundlegende Richtwerte:

- Spielplatz (Kinder bis 6 Jahre): auf den Wohngrundstücken in Sicht- und Rufweite der Wohnungen (bis 100 Meter). Kleinkinder müssen ohne Gefährdung durch Autos die Möglichkeit haben, stets im Nahbereich des Hauseingangs und auf Wohnwegen ungefährdet spielen zu können,
- Spielplatz (Kinder von sieben bis zwölf Jahren): bis 550 Meter entfernt von der Wohnung,
- Bolzplatz/ Spielplatz (Jugendliche von 13 bis 18 Jahren): bis 1.000 Meter entfernt von der Wohnung,
- Sportplatz: große, ebene Flächen sind erforderlich, möglichst am Rande des Wohngebietes und in der Nähe von Schulen gelegen,
- Kindergarten/ Hort: sollten verkehrsruhig gelegen sein, grünflächenorientiert und eine Nähe zu Schuleinrichtungen und Einkaufsmöglichkeiten aufweisen.

4.3 Einrichtungen für Ältere und Behinderte

- Altenwohnen (auch Betreutes Altenwohnen)
- Altenheim/ Altenwohnheim
- Altenpflegeheim, zur ständigen Hilfe und Pflege
- Altentagesstätte

18–19 Einrichtungen für Kinder

20 Einrichtungen für Ältere

Diese Einrichtungen gewinnen zunehmend an Bedeutung. Heute sind bereits etwa 20 Prozent der Gesamtbevölkerung in Deutschland über 60 Jahre alt; bis zum Jahr 2030 können wir mit einer Verdopplung rechnen. Sowohl auf der Ebene der Stadtplanung als auch der Bauleitplanung und der Wohnumfeldplanung muss dieser Entwicklung Rechnung getragen werden.

Betreutes Altenwohnen in Kombination mit Sozialstationen ermöglicht alten Menschen eine selbstständige Haushaltsführung. Die Lage der Alteneinrichtungen muss so gewählt werden, dass alte Menschen am Leben der Stadt teilnehmen können. Altengerechte Wohnungen sollten in Wohngebiete miteinbezogen, gut angebunden an den ÖPNV, an öffentliche Grünflächen, sowie an zentrale und kulturelle Einrichtungen werden.

Menschen mit Behinderungen finden sich in allen Altersschichten. Dem Zusammenleben mit behinderten Menschen muss auch in der Planung Rechnung getragen werden. Planung muss so konzipiert sein, dass die Lebensabläufe behinderter Menschen erleichtert und unterstützt werden. Der Bedarf ist sehr unterschiedlich und muss örtlich und regional sorgfältig ermittelt werden.

4.4 Krankenhäuser

- Akutkrankenhaus
- Fachkrankenhaus

Man unterscheidet fünf Grundtypen in der stationären Krankenhausversorgung, die sich über Bettenanzahl und den Ausstattungsgrad definieren. Krankenhäuser sollten immer mit einer Grünanlage verknüpft sein und gegen Lärm und andere Immissionen geschützt werden. Die Anbindung an den ÖPNV und sonstige Verkehrs- und Wegesysteme sollte gewährleistet sein.

4.5 Einrichtungen der Religionsgemeinschaften

Gemeindezentren der verschiedenen Konfessionen umfassen normalerweise Kirche, Gemeindehaus, Saal, Mitarbeiterwohnungen und gegebenenfalls weitere soziale Einrichtungen. Kirchliche Zentren sind innerhalb ihrer Einzugsbereiche an städtebaulich hervorragender Lage einzuplanen. Lärmfreiheit, gute Einbindung an das Wegenetz sind anzustreben.

4.6 Einrichtungen für Kultur, Kunst und Wissenschaft

- Bürgerhaus
- Bibliothek
- Schauspielhaus/ Theater
- Museum

Diese Einrichtungen verfügen über das Potenzial, Öffentlichkeit über den Alltag hinaus zu erzeugen und können einen wichtigen Beitrag zur städtischen Identität leisten. Ihr Standort und ihre baulich-räumliche Ausprägung sind daher von ganz besonderer Bedeutung. Rezepte dafür kann es nicht geben.

4.7 Einrichtungen für die Verwaltung

- Rathaus/ Kommunalverwaltung
- Post
- Polizeistation
- Feuerwehr
- Gericht

Grundsätzlich bestimmt die Publikumsintensität einer Verwaltungseinrichtung ihren Standort. Besonders die Kommunalverwaltung sollte wegen des Publikumsverkehrs, aber auch aus repräsentativen Gründen einen innerstädtischen Standort erhalten. Wenn Unternehmensverwaltungen einen solchen Standort einnehmen, sollte die Erdgeschosszone eine publikumsintensive Nutzung aufweisen, da diese monofunktionale Struktur keinen Beitrag zum städtischen Leben leistet.

4.8 Einrichtungen für den Sport

- Turn- und Sporthallen
- Sportfreigelände
- Frei- und Hallenbäder

21–26 Krankenhaus, Religionszentrum, Kulturelle Einrichtungen, Verwaltungseinrichtung, Sportplatz

Orientierungswerte

Ausstattung öffentlicher und privater Einrichtungen in Siedlungsgebieten einer Schuleinheit	Basisbevölkerung - Einwohner - Mindesteinzugsbereich	Einzugsbereich in Minuten - Gehdistanz Luftlinie	Vergleichs- oder Richtwert (in der Regel GRF)	Mindestgröße, Betriebs- Funktionsgröße
2-zügige Grundschule	3.750 EW	max. 10 Minuten - 700 m 560 m LL. (über 2 km Schulbus)	25 m² GRF/ Platz; mit Schulsportfläche 42 m²	160–200 Schüler Kl. 1–4
4-zügige Grundschule	7.500 EW	max. 10 Minuten - 700 m 560 m LL. (über 2 km Schulbus)	25 m2 GRF/ Platz; mit Schulsportfläche 42 m²	320–400 Schüler Kl. 1–4
2-zügige Hauptschule	9.250 EW	10 - 20 Minuten - 1-1,3 km (über 4 km Schulbus)	25 m2 GRF/ Platz; mit Schulsportfläche 42 m²	
4-zügige Hauptschule	18.500 EW	10 - 20 Minuten - 1-1,3 km (über 4 km Schulbus)	25 m2 GRF/ Platz; mit Schulsportfläche 42 m²	
Realschule	17.000 EW–26.000 EW	10 - 15 Minuten - 1-1,3 km (über 4 km Schulbus)	25 m2 GRF/ Platz; mit Schulsportfläche 42 m²	
Gymnasium	20.000 EW–25.000 EW	10 - 20 Minuten - 1-1,3 km (über 4 km Schulbus)	25 m2 GRF/ Platz; mit Schulsportfläche 42 m²	
Turn- und Sporthalle	1.000–2.500 EW	10 Minuten max. 500 m v. Schulen 1.400 m/ 1.120 m	0,20 - 0,40 m²/ EW	als einteilige Halle 15 mal 27 m
Sportfreigelände/ Sport platz mit Leichtathletik	1.500–2.000 EW	10 Minuten max. 500 m v. Schulen 1.400 m/ 1.120 m	4 - 6 m²/ EW	Normalspielfeld, Leichtathletik- Rasenplatz
Sportfreigelände/ Sport platz ohne Leichtathletik	3.000–5.000 EW	10 Minuten max. 500 m v. Schulen 1.400 m/ 1.120 m	4 - 6 m²/ EW	Normalspielfeld, Rasen platz
Spielplatz 3–5 Jahre	max. 300 EW	max. 100 m	12 - 15 m² Spielfl./ Kind	
Spielplatz 6–12 Jahre	2.000 Ew	max. 400 - 500 m	0,50 - 5,00 m²/ EW - 0,2 ha GRF	
Spielplatz 13–17 Jahre	1.200–1.700 EW	10 Minuten - v. Schule bis 1.000 m	0,75 - 5,00 m²/ EW - 0,5 - 0,7 ha GRF	
Kindergarten	2.000 Ew	max. 5 Minuten - 300 bis max. 500 m	0,40 - 0,80 m² / EW- 1.500 - 2.500 m² GRF	
Jugendhäuser	10.000–18.000 EW	15 - 20 Minuten	0,10 - 0,15 m²/ EW- 0,25 - 0,50 ha	
Altenwohnheime	15.000–27.000 EW	300 - 400 m zur Haltestelle/Läden	0,45 - 0,55 m²/ EW	70–120 Apts.
Altenpflegeheime	35.000 EW	30 - 45 Minuten Fahrzeit für Verwandten-Besuche	0,20 m² pflegebedürftig - 0,35 m² bettlägerig	70–140 Plätze
Altentagesstätte/ Altenclub	25.000–35.000 EW	15 - 20 Minuten - 300 m zur Haltestelle	80 - 100 m² GRF	

Ausstattung öffentlicher und privater Einrichtungen in Siedlungsgebieten einer Schuleinheit	Basisbevölkerung - Einwohner - Mindesteinzugsbereich	Einzugsbereich in Minuten - Gehdistanz Luftlinie	Vergleichs- oder Richtwert (in der Regel GRF)	Mindestgröße, Betriebs-Funktionsgröße
Gemeindepflegestation	25.000 EW	15–20 Minuten – 300 m zur Haltestelle	60–80 GRF	
Allgemeine Krankenhäuser	50.000 EW	20–25 km	1,00–1,70 m²/ EW	
Gemeindezentrum, evang.	5.000–6.000 evang. EW	max. 700 m–560 m LL.	0,5–0,7 m²/ EW	200 Sitzplätze
Gemeindezentrum, kath.	4.000–5.000 kath. EW	max. 700 m–560 m LL.	0,5–0,7 m²/ EW	400–600 Sitzplätze
Bürgerhäuser	50.000–80.000 EW	15–20 Minuten – 1 km	0,60–1,00 m²/ EW - 4.000–6.000 m² GRF	
Öffentliche Bibliothek	10.000–20.000 EW	20 Minuten – 1–1,5 km	0,6–1,0 m²/ EW - 2 Bände incl. Medieneinheit/ EW	
Stadtteilbücherei	8.000–10.000 EW	20 Minuten – 1–1,5 km	0,6–1,0 m²/ EW - 2 Bände incl. Medieneinheit/ EW	
Post	10.000–25.000 EW	2 km	400–700 m² GRF	Poststelle (ländl. Raum) 500–1000 EW (mind. 200 EW)
Polizeistation	15.000 EW	max. 25 km im ländl. Raum	300–500 m² GRF	
Feuerwehr	100.000 EW (freiwillige Feuerwehr 2000 EW)		1.500–4.000 m² GRF	
SB - Läden - Lebensmittel (für den Tagesbedarf)	2.000–3.000 Ew - Einzelladen 500–600 EW	20 Minuten (Auto oder Bus) – 1,5 km	0,70–1,20 m² Verkaufsfläche/ EW	Abstand Nachbarzentrum 800 m. Mindestgröße 600 qm bis 1.000 qm Verkaufsfläche
Waren für langfristigen Bedarf	20.000–50.000 EW	max. 700 m–560 m LL.	0,80–1,50 m² Verkaufsfläche/ EW – 4 ha GRF	Abstand Nachbarzentrum mind. 3 km
Gaststätte	mind. 2.000 EW	max. 700 m–560 m LL.		
Praktischer Arzt	1.400–3.350 EW	max. 700 m–560 m LL.		Praxis ca. 150 m²
Zahnarzt	2.400 EW	max. 700 m–560 m LL.		Praxis ca. 150 m²
Apotheke	4.500–6.000 EW	max. 700 m–560 m LL.		150–200 m²
Reinigung/Friseur	2.000 EW	max. 700 m–560 m LL.		50–80 m² GF
Bank/Sparkasse	1.500–3.000 EW	max. 700 m–560 m LL.		
Bushaltestelle	1.000–2.000 EW	max. 350 m	Distanz ist nutzerorientiert	ca. 100 EW/ ha
Strassenbahnhaltestelle	5.000–10.000 EW	max. 700 m–560 m LL.	Distanz ist nutzerorientiert	ca. 100 EW/ ha

Die Richtwertmethode ist ein Verfahren der „Städtebaulichen Kalkulation", mit dem der Grundstücksbedarf für öffentliche Einrichtungen überschlägig ermittelt wird:

Einwohner/ Nutzerzahl je Einrichtung (Basisbevölkerung) x Richtwert = Baugrundstücksfläche GRF Nettobauland (in der Regel)

Über die Multiplikation der ermittelten Baugrundstücksfläche mit Kostenrichtwerten lassen sich überschlägig Kosten für die Infrastrukturausstattung einer Stadterweiterung ermitteln. Diese Richtwertemethode kann nicht auf die Infrastrukturplanung in bestehenden Gebieten übertragen werden („Städtebauliche Bilanzierung"), da dort der Bestand an Infrastruktur einbezogen werden muss.

27 Orientierungswerte für öffentliche und private Versorgungseinrichtungen im Überblick

Viele Sporteinrichtungen sind Bestandteil von Schulen und werden außerhalb der Schulzeiten von der Allgemeinheit und von Vereinen genutzt. Die Sportfreiflächen liegen oft in öffentlichen Grünzügen und bilden ein wesentliches Element der Freiräume in Quartieren. Immer mehr Sportangebote werden von privaten Unternehmen angeboten und machen den Vereinen Konkurrenz: Spaßbäder, Fitness-Studios, Squash-Hallen ...

4.9 Erwerbswirtschaftliche Infrastruktur

- A: City, Innenstadtzentrum: Geschäfte aller Art, Waren- und Kaufhäuser, Gaststätten, Hotels, Praxen, sowie alle Dienstleistungen
- B: Bezirkszentrum: Geschäfte für langfristigen Bedarf, Gaststätten, Hotels, Praxen und andere Dienstleistungseinrichtungen
- C: Stadtteilzentrum: Geschäfte für Tages- und Wohnbedarf, Gaststätten, Praxen und andere Dienstleistungen nach Bedarf
- D: Quartierszentrum (D1 Zentrum/ Stadtviertelzentrum und D2 Zentrum/ Nebenzentrum): Geschäfte für Tagesbedarf und Zusatzausstattung.

Privatwirtschaftlich betriebene Einrichtungen orientieren sich ausschließlich an den Gesetzen des Marktes, während öffentliche Einrichtungen auch dann vorzuhalten sind, wenn ihre wirtschaftliche Tragfähigkeit nicht gesichert ist. Dimensionierung, Standortwahl und Tragfähigkeit erwerbsorientierter Einrichtungen werden beeinflusst von ihrer Erreichbarkeit (ÖPNV, Verkehrsanbindung, Anlieferung), der dazugehörigen Basisbevölkerung und deren Kaufkraft und Kaufgewohnheiten. Ebenso spielt die Lage der Geschäfte zu Geschäften desselben Angebotes oder zu Nachbarzentren sowie die regionale Stellung der Gemeinde eine besondere Rolle (vgl. Abschnitt 2.3, Seite 110).

Die Bedarfsermittlung für Einzelhandelseinrichtungen unterliegt aus den genannten Gründen größeren Unsicherheiten als die der übrigen Gemeinbedarfseinrichtungen. Um zu genaueren Werten zu kommen, gibt es spezielle Verfahren zur Bedarfs-, Umsatzerwartungs- und Wirtschaftlichkeitsberechnung.

28 A: City, Innenstadtzentrum am Beispiel der Oberen Königstraße in Stuttgart

29 B: Bezirkszentrum am Beispiel der Altstadt von Bad Cannstatt

30 C: Stadtteilzentrum am Beispiel Gablenberger Hauptstraße in Stuttgart

31 D: Quartierszentrum am Beispiel des Helfferichplatzes in Stuttgart

5 Fallbeispiel: Allermöhe-West, Hamburg

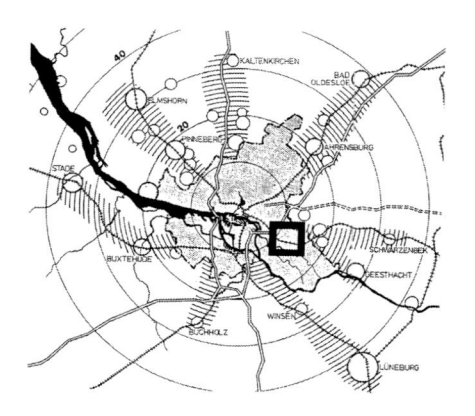

Planungsgeschichtlicher Hintergrund
Planungsanlass für Allermöhe-West (heute Neu-Allermöhe) lag zu Beginn der 90er Jahre in dringend benötigten Wohnflächen im Ballungsraum Hamburg. Große zusammenhängende Flächen der südöstlichen Entwicklungsachse Hamburgs in relativ geringer Entfernung zur Hamburger City boten günstige Voraussetzungen für die Entwicklung eines neuen Stadtteils. Das Achsenmodell für die Entwicklung des Hamburger Ballungsraums von Fritz Schumacher aus dem Jahre 1925 sah das Gebiet „Billwerder-Allermöhe" bereits als Entwicklungsfläche vor.

Die Freie Planungsgruppe Berlin erarbeitete im März 1990 zusammen mit W. Pohl, Büro für Grün- und Freiflächenplanung, Hamburg, im Auftrag der Hansestadt ein städtebauliches Strukturkonzept, das als Grundlage für weiterführende städtebauliche Ideenwettbewerbe dienen sowie eine schrittweise Realisierung des Gesamtvorhabens ermöglichen sollte. Der Strukturplan wurde im März 1997 festgelegt.

32 Lage Allermöhe-West im Stadtgebiet Hamburgs

Lage in der Stadt
Die Entwicklungsfläche des neuen Stadtteils wird durch die Trasse der S-Bahnlinie Hamburg-Bergedorf erschlossen. Im Norden und Süden tangieren übergeordnete Verkehrstrassen (Bundesstraße 5 Hamburg-Berlin und die Bundesautobahn A 25) das Gebiet, so dass eine gute Verknüpfung mit dem Hamburger Hauptverkehrsnetz gegeben ist. Naherholungsgebiete überregionaler Bedeutung grenzen unmittelbar an das Gebiet und erhöhen die Standortgunst.

Städtebauliche Leitideen
Die Grundstruktur des Quartiers folgt dem durch Landschaftsraum, Fleetsystem und übergeordneten Verkehrsstraßen vorgegebenen Prinzip der linearen Entwicklung. Ausgangspunkt bildete der geplante S-Bahn-Halt Allermöhe am nördlichen Gebietsrand. Von großer städtebaulicher Prägnanz sind drei Elemente: der große quadratische Freiraum im Zentrum, die linearen Elemente des Fleetsystems und die diagonale Pappelallee, die als Fuß-und Radweg das Gebiet durchquert.

Stadtteilinfrastruktur
Die wichtigsten Einrichtungen liegen an der den Stadtteil gliedernden Freiraumachse. Grundschulen, weiterführende Schulen, das Kindertagesheim und das Bürgerhaus sind durch diese Verbindung optimal erschlossen, und die Allee erfährt dank der stark frequentierten Gebäude ein hohes Maß an Öffentlichkeit.

Die Freiflächen der Schulen und der große zentrale Park bilden zusammen eine „grüne Mitte", die dem Gebiet ein wichtiges Identifikationsmerkmal verleihen.

Eine höhere Verdichtung wurde im Einzugsbereich des Haltepunkts geplant, um möglichst viele Wohnungen der optimalen Erschließung zuzuordnen. Gewerbe und Dienstleistungen wurden zur S-Bahn angeordnet, Läden finden sich in den Erdgeschossbereichen des Bahnhofgebiets. Dieses hohe Maß der Nutzungsmischung am Haupterschließungsbereich garantiert die Belebung des Standortes über den Tag hinweg und verhindert monofunktionale Ödnis.

Die Fleete sind Teil der technischen Infrastruktur. Neben ihrer hohen strukturbildenden Qualität dienen sie der Oberflächenentwässerung und gliedern das Gebiet ihrem Verlauf entsprechend in vier Teilabschnitte.

Infrastruktureinrichtungen im Einzelnen
- zwei Grundschulen
- eine Gesamtschule mit Grundschule
- ein Gymnasium mit Gesamtschule (Haupt- und Realschule)

Grundschulen befinden sich mitten im Wohngebiet mit der Idee, sogenannte „offene Quartierschulen" auszubilden. Jedem Quartier ist eine Schule zugeordnet. Jede Schule grenzt an einen Landschaftsfinger.
Gymnasium und Gesamtschule liegen in der „grünen Mitte". Im Gegensatz zu den Grundschulen wird hier die Nähe zu den Wohngebieten zu Gunsten der Belebung der großen Mitte zurückgestellt. Dies ist möglich, wenn man das Alter und die zunehmende Selbständigkeit der Schüler mit in Betracht zieht.

Schulflächen werden außerhalb der Schulzeit für die Bewohnerschaft geöffnet und stehen als multifunktionale Fläche zur Verfügung. Sportflächen sind zusammengefasst, um eine intensive Mehrfachnutzung der Anlagen zu erreichen.

Bildungseinrichtungen unterliegen stark schwankenden Anforderungen. Wie im Bereich der Einkaufsangebote muss ein hoher Grad von Flexibilität sichergestellt werden. Zum einen führt die Realisierung in Bauabschnitten zu einer zeitlichen Entzerrung von Jahrgangsstufen, zum andern sichern Ergänzungsflächen auf den Schulgrundstücken die Möglichkeit, anschwellende Schülerzahlen aufzufangen.

33 Schule zwischen den Stadtteilen Allermöhe-West und Allermöhe-Ost, Hamburg

Gemeinbedarf Neu-Allermöhe-West

Planungsgebiet	265 ha			
Siedlungsgebiet	165 ha			
Gemeinbedarf	17,9 ha			
Wohneinheiten	5.620			
Einwohner	15000			

Schulen

• dreizügige Grundschulen[1], je	GR	0,2 ha	2
• Gymnasium, vierzügig mit Gesamtschule, 6-zügig	GR	7,8 ha	1
• Grundschulen			3
• Gesamtschulen			2
• Realschulen			1

Einrichtungen für Kultur

• Bürgerhaus	GF	570 m²	1
• Gemeindezentrum	GF	0,5 ha	1

1) 400–500 Schüler/ Standort 2) 164 Pl. / Kita

Einrichtungen für Kinder und Jugendliche

• Jugendclub	GF	150 m²	1
• Spielhäuser, je	GF	150 m²	2
• Kindertagesheime, je	GR	0,6 ha	5
• öffentliche Spielplätze, je	GR	3.000 m²	5

Einrichtungen für Ältere

• Altenwohnanlage (120-150 EW)	GF	8.000 m²	1

Einrichtungen der Verwaltung

• Polizeiaußenstelle	GF	80–150 m²	1
• Postamt	GF	190 m²	1
• Feuerwehrhaus	GR	1.000 m²	1

Läden

Laden- und Handelsflächen:	0,5 m²/EW
Büro- und Dienstleistungsflächen:	0,2 m²/EW
Supermärkte	3

34 Gemeinbedarf Neu-Allermöhe-West

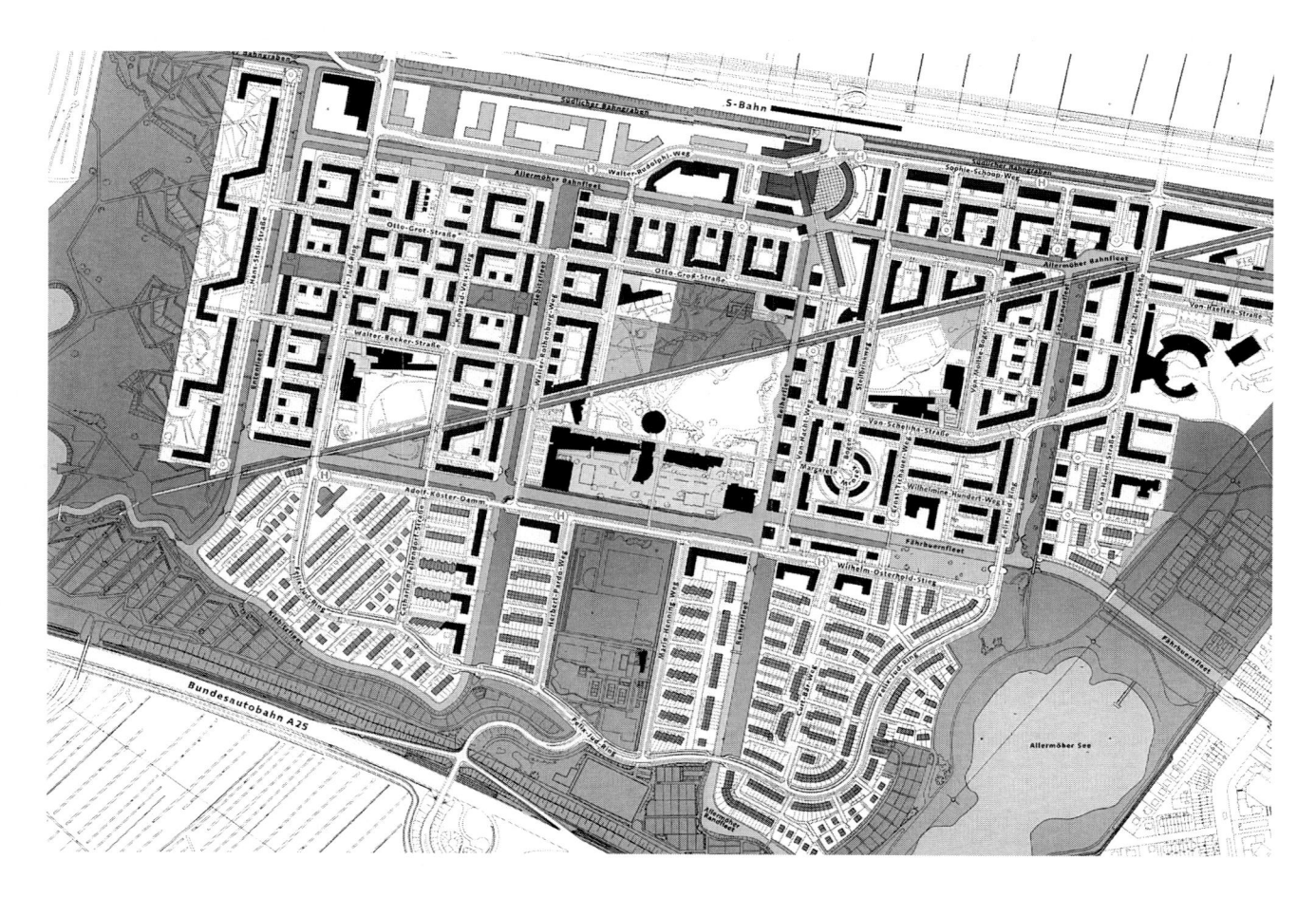

35 Lageplan von Neu-Allermöhe-West, Stand März 1997

Die Spielplätze für Kinder bis zu sechs Jahren sind auf den Wohnbaugrundstücken untergebracht, die öffentlichen Spielplätze mit einer Mindestgröße von 3.000 m² sind im Baugebiet so verteilt, dass sie mit einem Einzugsbereich von 300 Metern alle Wohnstandorte abdecken. Ergänzende Nutzungen, wie Grundschulen, Kitas und Parkanlagen, sind meist in unmittelbarer Nachbarschaft geplant. Kitas liegen jeweils an dem Fuß- und Radweg, der die Quartiere miteinander verbindet. Sie sind räumlich mit den Quartiersplätzen verknüpft und nahe der Schulen gelegen. Trotz Ihrer zentralen Lage liegen sie im verkehrsarmen Bereich.

Bei der Bedarfsermittlung ist immer auch die Auslastung vorhandener, umliegender Einrichtungen zu berücksichtigen. Als grober Anhaltspunkt kann ein Wert von 16 Plätzen auf 100 Wohneinheiten genannt werden. Eine Krippe besteht aus zwölf, eine Hortgruppe in der Regel aus 20 Plätzen. Bei 164 Plätze/ Kita ergibt sich eine Aufteilung der Gruppen in zwei Krippengruppen (bis drei Jahre), fünf Elementargruppen (drei bis sechs Jahre) und zwei Hortgruppen (sechs bis 14 Jahre) pro Standort. Um die soziale Integration zu gewährleisten, werden in sämtlichen Bauabschnitten speziell ausgerüstete Wohnungen bereitgestellt. Private Träger kommen in diesem Bereich neben der öffentlichen Hand in Betracht.

Ein Gemeindezentrum befindet sich in zentraler Lage. Läden, Praxen und sonstige Handels- und Dienstleistungseinrichtungen für die Bevölkerung sind am Bahnhof und entlang der zentralen Fleetachse bis zum Bürgerhaus vorgesehen. Weitere kleine Ladengeschäfte sind idealerweise über das Quartier verteilt, um überall möglichst kurze Versorgungswege zu erreichen. Wesentlich hierbei ist eine größtmögliche Flexibilität, um Angebotsflächen je nach Bedarf vergrößern (oder verringern) zu können. Die Belegung mit Zwischennutzungen für vorgesehene Ladenflächen im Erdgeschoss oder die Erweiterbarkeit von Büros und Praxen im Obergeschoss durch die Umnutzung entsprechend konzipierter Wohnungen sind zwei Möglichkeiten, um dem Anpassungsdruck zu begegnen.

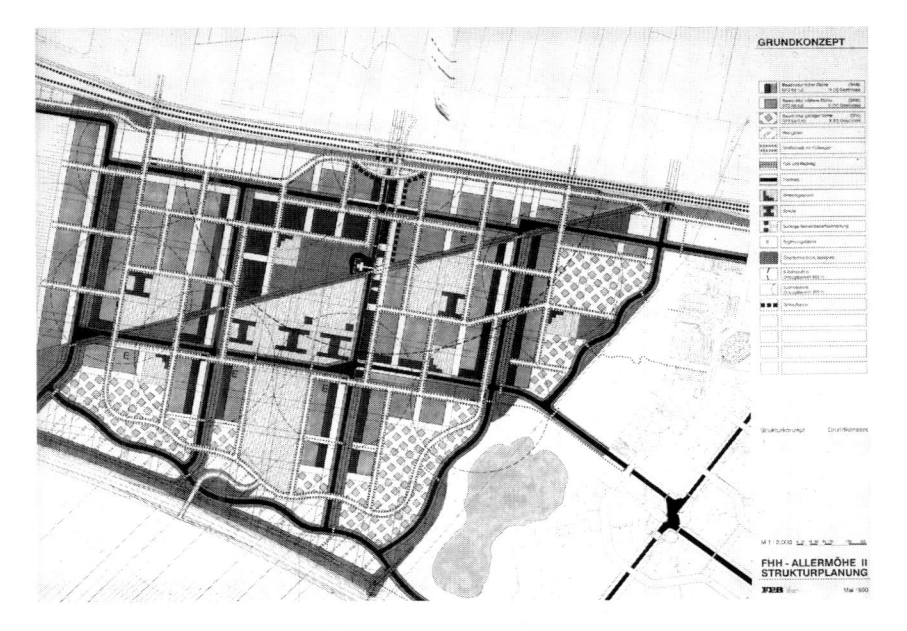

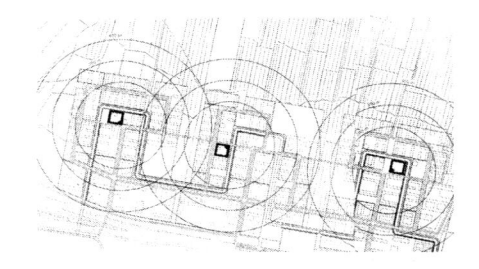

36 Einzugsbereiche Kindertagesstätten

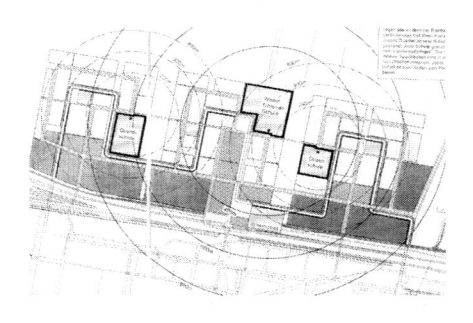

37 Lage von Schulen im Gebiet

38 Grundkonzept von Neu-Allermöhe-West

Literatur

Albers, Gerd/ Wékel, Julian: Stadtplanung Eine illustrierte Einführung. Darmstadt 2007

Aminde, Hans-Joachim/ Nicolai, Manfred/ Wallbrecht, Wilfried: Ausstattungsplanung und Programmplanung für Stadtteile. Stuttgart/ Zürich 1983

Braam, Werner: Stadtplanung. Aufgabenbereiche, Planungsmethodik, Rechtsgrundlagen. 3. erweiterte Auflage. Neuwied 1999

Bundesamt für Bauwesen und Raumordnung (Hg.): Stadtquartiere im Umbruch. Infrastruktur im Stadtumbau – Chancen für neue Freiräume. In: Werkstatt: Praxis. Heft 42. Berlin/ Bonn 2006

Gutsche, Jens-Martin: Soziale Infrastrukturen: Anpassungsfähigkeit und Remanenzkosten bei Nachfrageänderungen. In: Information zur Raumentwicklung Heft 5, (2006), S. 271–280

Korda, Martin: Städtebau: Technische Grundlagen. Wiesbaden 2005

Libbe, Jens/ Köhler, Hadia/ Beckmann, Klaus J.: Infrastruktur und Stadtentwicklung. Technische und soziale Infrastrukturen – Herausforderungen und Handlungsoptionen für Infrastruktur und Stadtplanung. Forschungsprojekt des Deutschen Instituts für Urbanistik im Auftrag der Wüstenrot Stiftung. Berlin 2010

Schöning, Georg/ Borchard, Klaus: Städtebau im Übergang zum 21. Jahrhundert. Stuttgart 1992

Städtebau-Institut: Stadtquartiere für Jung und Alt. Werkstatt: Praxis. Heft 63. Herausgegeben vom Bundesministerium für Bau- und Stadtentwicklung und der Bundesanstalt für Bau- Stadt- und Raumforschung. Bonn/ Berlin 2009

Endnoten

1 Vgl. hierzu ausführlich: Aminde, Hans-Joachim/ Nicolai, Manfred/ Wallbrecht, Wilfried: Ausstattungsplanung und Programmplanung für Stadtteile. Stuttgart/ Zürich 1983, S. 95–97

2 Vgl. Schöning/ Borchard, S. 44 ff. und Aminde et al. S. 95 ff.

3 Der Bedarf an Infrastruktureinrichtungen orientiert sich an demografischen, sozialen, wirtschaftlichen Entwicklungen und unterliegt einem kontinuierlichem Wandel. Dieser Beitrag und insbesondere der Abschnitt 4 stützt sich auf die Angaben von Schöning/ Borchard, die als Orientierungswerte S. 114–155 dargestellt werden. Weitere Hinweise liefert das Buch von Aminde/ Nicolai/ Wallbrecht, das ebenfalls nicht mehr in allen Punkten aktuell ist. Aktuellere Veröffentlichungen waren den Autoren beim Redaktionsschluss nicht bekannt.

Abbildungsnachweis

Fotos: Jessen, Johann/ Stöckl, Brigitta. Mit Ausnahme von:

2 Bildarchiv Städtebau-Institut

3 Landeshauptstadt Stuttgart: Einzelhandels- und Zentrenkonzept Stuttgart. Stuttgart 2009, S. 57

4 Wick, Roland. Vortragsmanuskript Wick + Partner, Stuttgart 1997

5 Aminde, Hans in: Städtebau-Institut der Universität Stuttgart: Einführung Städtebau. Stuttgart 1997, S. 221; von den Autoren überarbeitete Fassung

6 http://static.panoramio.com/photos/original/7522904.jpg, Zugriff: 29.Januar 2010

7 http://farm1.static.flickr.com/176/436210005_f8a88133a3_o.jpg, Zugriff: 29. Januar 2010

9 Aminde/ Nicolai/ Wallbrecht: Ausstattungs- und Programmplanung für Stadtteile. Stuttgart 1983, S. 94; von den Autoren überarbeitete Fassung

12 Landeshauptstadt Stuttgart, Amt für Stadtplanung und Stadterneuerung

13 Curdes, Gerhard: Stadtstruktur und Stadtgestaltung. Stuttgart 1993, S. 192–193

14 Aminde, Hans in: Städtebau-Institut der Universität Stuttgart: Einführung Städtebau. Stuttgart 1997, S. 217

15 Gewerbeschule Karlsruhe-Durlach, Architekten: Mahler & Gumpp + Schuster in: Architektur und Wettbewerbe Heft 172, 1997, S. 49

16, 17 Gymnasium Neufahm. Architekt: Hein Goldstein in: Baumeister Heft 4, 1997, S. 60

18 Kinderhaus „Alte Mühle", Tübingen Architekt: Ackermann und Raff in: Kroner W./ Vetter-Gindele, O./ Architektur für Kinder = Architecture for children. Stuttgart 1994

19 Ledermann, Alfred: Spielplatz und Gemeinschaftszentrum. Stuttgart 1959, S. 167

20 Betreutes Altenwohnen. Altenwohnanlage „Haus an der Steinlach", Mössingen. Architekt: Tobias Wulf in: Wüstenrot Stiftung Deutscher Eigenheimverein e.V. (Hg.): Selbständigkeit durch betreutes Wohnen im Alter. Stuttgart 1994, S. 100.

21 Katharinenkrankenhaus Stuttgart in: Z 44, Heft 3, 1994, S. 324

23 Museum Fondation Beyerler bei Basel, Architekt: Renzo Piano in: Baumeister Heft 2, 1998, S. 53

24 Passage: Berlin Friedrichsstraße, Block 205 Architekt: Christoph Mäckler in: db Heft 1, 1998, S. 89

27 Schöning, Claus G./ Borchard, Klaus: Städtebau im Übergang zum 21. Jahrhundert. Stuttgart 1992

28–30 Stadt Stuttgart

32 Stadt Hamburg: Strukturplanung Neu-Allermöhe West. Berlin/ Hamburg, 1991

33 Becker, H./Jessen, J./Sander, R. (Hrsg.): Ohne Leitbild? Städtebau in Deutschland und Europa. Stuttgart 1998, S. 320

34–38 Stadt Hamburg: Strukturplanung Neu-Allermöhe West. Berlin/ Hamburg, 1991

JOHANN JESSEN

Leitbilder der Stadtentwicklung und des Städtebaus

1 Definition und Funktion

Die Verwendung des Begriffs des Leitbilds für normative gesamtheitliche Vorstellungen der Stadtentwicklung und des Städtebaus geht zurück auf die zweite Hälfte der 1950er Jahre. Er verbreitete sich parallel zur damals ebenfalls umfassenden Verwendung in anderen gesellschaftlichen Bereichen etwa der Pädagogik und der Theologie.[1] Mit Werner Durth lässt sich das Leitbild fassen als „eine bildhafte Konkretion komplexer Zielvorstellungen (...), die einzelnen Entwürfen, Planungskonzepten und persönlichen Gestaltungspräferenzen einen gemeinsamen Hintergrund gibt und (....) in einen übergreifenden Konsens über bindende Wertmaßstäbe (einbindet), der die Grundlage für eine umfassende Schau der wünschenswerten räumlichen Ordnung bildet".[2] Die ersten Formulierungen von stadtstrukturellen Modellen und stadtgestalterischen Leitlinien sind gleichwohl sehr viel älter. Als historische Vorläufer lassen sich die Idealstadtkonzepte der Renaissance (Abb. 1) und die barocken Stadtgründungen sehen. Die Genealogie moderner Leitkonzepte der Stadtentwicklung beginnt allerdings erst in der letzten Hälfte des 19. Jahrhunderts mit der Bandstadt (Abb. 2) und der Gartenstadt (Abb. 3); es folgen in der ersten Hälfte des 20. Jahrhunderts in der Nachfolge der Gartenstadt die Trabantenstadt und – besonders einflussreich – die funktionelle Stadt der „Charta von Athen" (Abb. 4), die mit unterschiedlicher Reichweite Praxis und Theorie der Stadtplanung beeinflusst haben.[3]

Der Begriff des Leitbilds ist nicht im Bau- und Planungsrecht kodifiziert. Entsprechend ist er unscharf und damit offen für jeweils neue Deutungen. Gleichwohl haben Leitbilder implizit in das Bau- und Planungsrecht Eingang gefunden, so etwa das Prinzip der Funktionstrennung aus dem Leitbild der funktionellen Stadt in der ersten Fassung der Baunutzungsverordnung (1962) oder das Leitbild der Nachhaltigen Siedlungsentwicklung in die Novellierung des Baugesetzbuchs (§1 BauGB, 1998).

2 Moderne Stadtentwicklung und Wandel der Leitbildorientierungen

Anfänglich waren städtebauliche Leitbilder im Wesentlichen fachlich definierte Stadtstrukturmodelle, die normative Aussagen (also Aussagen darüber, was angestrebt werden soll) zur Nutzungsverteilung, Nutzungsintensität und Nutzungskörnung trafen (Abb. 5).[4] Damit waren stets, explizit oder implizit, Vorstellungen zum Zentrengefüge und zur verkehrlichen Erschließung verbunden. Die Stadt wurde hier als funktionalräumlich bestimmter Zusammenhang gesehen, dessen Wachstum durch Planung geordnet und gestaltet werden soll. Entsprechend haben städtebauliche Leitbilder in dieser Phase (zweite Hälfte der 1950er Jahre bis Ende der 60er Jahre)

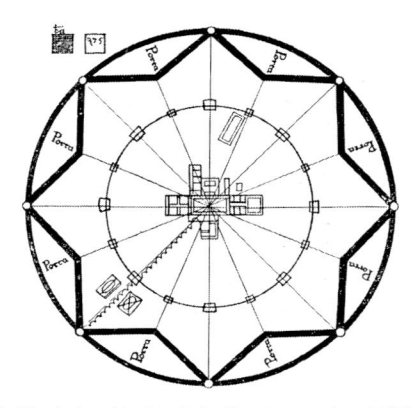

1 Sforzinda – Idealstadt der Renaissance (um 1465) – aus dem Architekturtraktat von Filarete

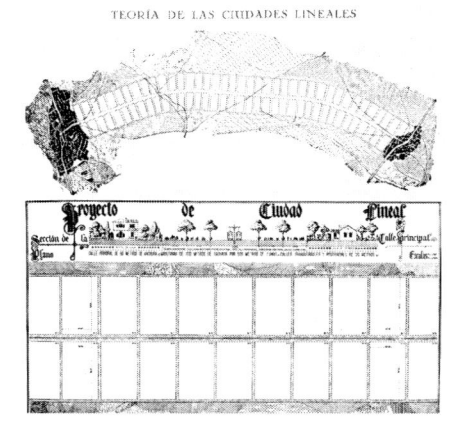

2 Schema einer Bandstadt (1895) von Arturo Soria y Mota

3, 4 Garden City of Tomorrow 1898 (E. Howard)

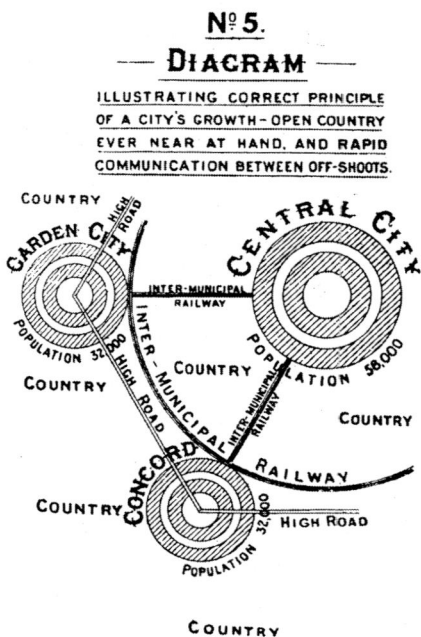

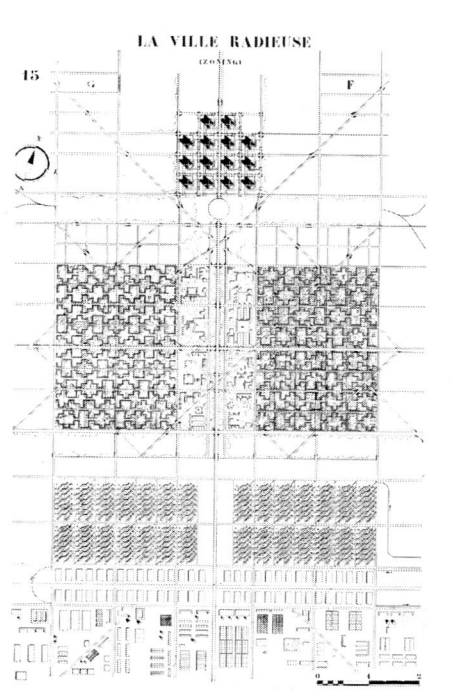

5 Ville Radieuse 1932 (Le Corbusier)

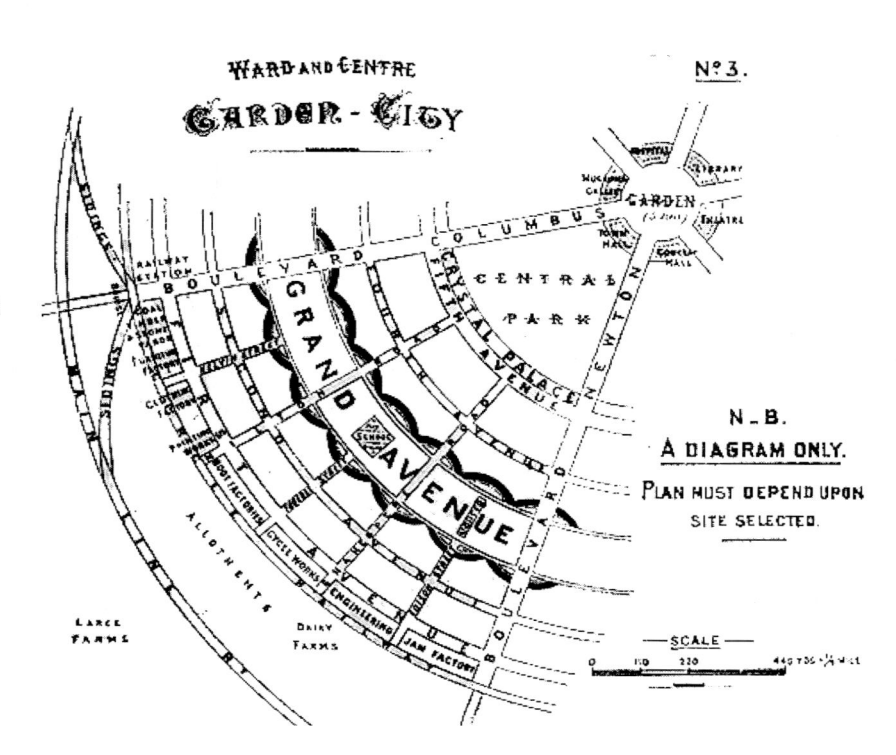

vor allem bei der Planung großer Stadterweiterungen Wirkung entfaltet. Gewöhnlich wird die Geschichte des Städtebaus der Nachkriegszeit als Abfolge wechselnder städtebaulicher Leitbilder beschrieben: Stadtlandschaft, aufgelockerte und gegliederte Stadt (Abb. 6); Urbanität durch Dichte, Wiederentdeckung der historischen Stadt...[5]

In der kurzen Phase der integrierten Stadtentwicklungsplanung seit Ende der 1960er Jahre, die hohe Erwartungen in die Rationalität von Planungen durch Einsatz wissenschaftlicher Verfahren der Prognosen und Bedarfsermittlung setzte, war für bildhafte Stadtvorstellungen kein Platz mehr. Leitbilder waren als alter Zopf vorwissenschaftlichen Städtebaus diskreditiert. Insgesamt verlor der Begriff des Leitbilds in den 1970er und 80er Jahren für die fachliche Debatte an Bedeutung. Gleichzeitig wurde er allmählich implizit um subjektive Komponenten erweitert. Mit wachsendem kommunalem Wettbewerb um Ressourcen (Unternehmen, Einwohner, Kaufkraft, Subventionen und öffentliche Aufmerksamkeit) wurden sie als politische Instrumente zur Profilierung von Städten entwickelt und verwendet. Neben die fachliche Planung traten Stadtbildoffensiven, Marketingstrategien und Imagekampagnen, für die Leitbilder der Stadtentwicklung – wenngleich keineswegs immer unter dieser Bezeichnung – entworfen werden.[6]

Seit den 1990er Jahren hat es ein Wiederaufleben städtebaulicher Leitbilder in der kommunalen Planungspraxis gegeben.[7] Darin spiegelt sich steigender Orientierungsbedarf, der sich aus vielfältigen, miteinander verflochtenen Anlässen speiste: der Globalisierung und ihren sozialräumlichen Rückwirkungen, den veränderten Standortbedingungen in Europa nach dem politischen Umbruch in den sozialistischen Staaten Mittel- und Osteuropas, dem zügigen Ausbau neuer Transport- und Kommunikationstechnologien und nicht zuletzt der wachsenden Gefährdung und Belastung der Umwelt durch Mobilitätszuwachs und Landschaftsverbrauch. Zahlreiche Kommunen sahen sich nach Jahren strategischer Zurückhaltung wieder veranlasst, Stadtentwicklungskonzepte zu erarbeiten; kaum eine Stadt, die nicht in den 1990er Jahren einen großen neuen Stadtteil errichtet, ausgedehnte innerstädtische Brachen bebaut und mit Großprojekten auf sich aufmerksam zu machen versucht hat. Die weltweite Debatte über die Notwendigkeit eines *sustainable development* erreichte die Stadtpolitik und hat vielerorts sogenannte Lokale Agenda-Prozesse angestoßen.

7 Strukturmodelle der Stadtentwicklung, nach Albers (1983)

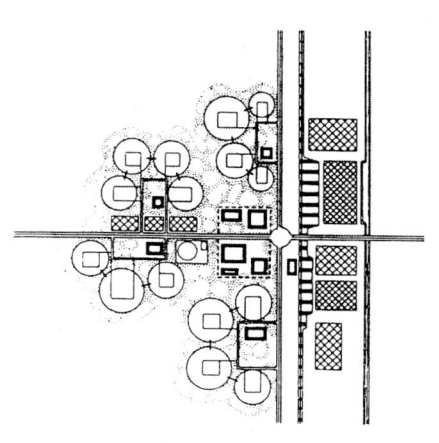

6 Gegliederte und aufgelockerte Stadt – Schema (1957; J. Göderitz/ R. Hofmann/ R. Rainer)

Diese Mischung aus Zwängen und Chancen erforderte neue Zielkonzepte auf lokaler und regionaler Ebene und veranlasste die Formulierung von Leitbildern, die helfen sollten, den Wachstumsdruck zu steuern, die Anforderungen des Umweltschutzes zu berücksichtigen und Fehler und Versäumnisse des Städtebaus der Vergangenheit zu korrigieren oder zu vermeiden. Seit der Jahrtausendwende kommen die Herausforderungen hinzu, die sich aus der rückläufigen demographischen Entwicklung (schrumpfende Städte) und dem nicht mehr abwendbaren Klimawandel ergeben.

3 Aktuelle Leitbilder der Stadtentwicklung

Den übergreifenden Bezugspunkt für die Leitbilder räumlicher Entwicklung bildete in den 1990er Jahren das Konzept der Nachhaltigkeit. Dessen Übertragung auf die lokale Ebene und Operationalisierung für die räumliche Planung hatten nach der UN-Konferenz in Rio de Janeiro 1992 großen Auftrieb erhalten. „Nachhaltige Siedlungsentwicklung" lautete der Titel des Städtebaulichen Berichts der Bundesanstalt für Landeskunde und Raumforschung von 1996.[8]

Auf der Ebene der Raumordnung und Regionalentwicklung fand das übergeordnete Prinzip der Nachhaltigkeit zunächst seinen programmatischen Niederschlag in dem Leitbild der dezentralen Konzentration[9]; zuerst verankert im raumordnungspolitischen Orientierungsrahmen des Bundes im Jahre 1993, danach aufgenommen in neueren Landesentwicklungsplänen (zum Beispiel Landesentwicklungsplan Berlin/ Brandenburg 1995, Abb. 8, und Landesentwicklungsplan Baden-Württemberg 2002). In den schrumpfenden Regionen musste dieses regionale Leitbild, das auf die räumliche Steuerung wachsender Regionen ausgelegt war, revidiert werden. Der raumordnungspolitische Orientierungsrahmen ist im Jahre 2006 durch die von den Raumordnungsministern der Länder beschlossenen „Leitbilder und Handlungsstrategien für

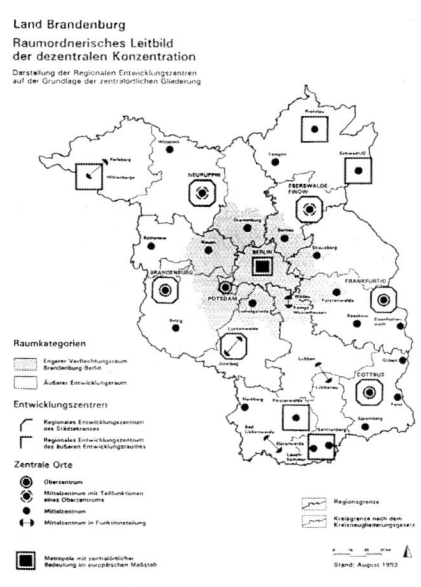

8 Dezentrale Konzentration – Landesentwicklungsplan Berlin/ Brandenburg 1995

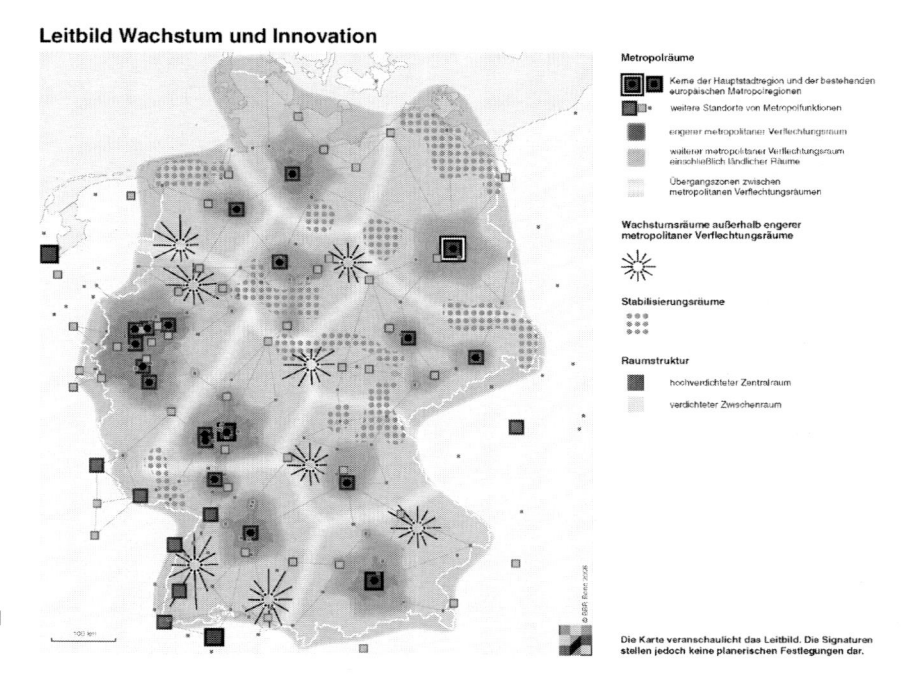

9 Bundesraumordnerisches Leitbild „Wachstum und Innovation" 2006

die Raumentwicklung in Deutschland" abgelöst worden. Drei Leitbilder sollen der zukünftigen Raumentwicklung in der Bundesrepublik zugrunde liegen: das Leitbild „Wachstum und Innovation" (Abb. 9), das Leitbild „Daseinsvorsorge sichern" und das Leitbild „Ressourcen bewahren und Kulturlandschaft gestalten". Diese Leitbilder berücksichtigen sowohl die fortschreitende europäische Integration als auch die schrumpfende Stadtentwicklung im Osten Deutschlands. Sie streben eine Balance zwischen dem Ziel einer wachstumsorientierten Förderung dynamischer Wachstumskerne (Metropolregionen), dem Ziel eines sozialräumlichen Ausgleichs (Sicherung eines Mindestniveaus infrastruktureller Versorgung) und dem ökologischen Ziel des Schutzes der natürlichen Ressourcen und einer gesunden Umwelt an.

Auf der Ebene der Stadtentwicklung und des Städtebaus erlangte das Leitbild der kompakten und durchmischten Stadt fast einen offiziellen Status und hat diesen bis heute behalten. So postuliert der *Städtebauliche Bericht* der Bundesanstalt für Landeskunde und Raumforschung von 1996 Dichtung, Mischung und Polyzentralität als wesentlich für das räumliche Konzept einer nachhaltigen Stadtentwicklung.[10] Umfragen bei den Städten haben bestätigt, dass Leitbilder in der kommunalen Planungspraxis wieder eine große Rolle spielen und das Leitbild der kompakten und durchmischten Stadt in den Stadtentwicklungsplänen der Großstädte, wenngleich stets in Abwandlungen und Erweiterungen, eine fast hegemoniale Position eingenommen hat.[11] Wegen seiner unverändert aktuellen Dominanz wird dieses Leitbild ausführlicher vorgestellt.

4 Leitbild kompakte und durchmischte Stadt

In Stadtplanung und Stadtpolitik hat das Leitbild der kompakten und durchmischten Stadt auf europäischer, nationaler und lokaler Ebene während des vergangenen Jahrzehnts die größte Verbreitung gefunden (Abb. 10).[12] Man kann das Leitbild der kompakten und durchmischten Stadt als die städtebauliche und planerische Formulierung des übergreifenden Leitbilds der Europäischen Stadt verstehen, das politische, kulturelle und soziale Dimensionen explizit einschließt und sich in der Geschichte der europäischen Stadt verortet.

Als die vier zentralen Zielelemente der kompakten und durchmischten Stadt lassen sich benennen:

- Hohe Baudichte: Sie steht für die Trendumkehr von disperser Siedlungsentwicklung und ungesteuerter Suburbanisierung hin zur verdichteten Stadt und betont den Vorrang für Innenentwicklung und Nachverdichtung; Konzentration der Verdichtung an den Haltepunkten des ÖPNV; soweit neue Stadterweiterungen erforderlich sind, soll dies für alle Nutzungen (Wohnungsbau, Industrie- und Gewerbebau...) in verdichteten Formen geschehen.
- Nutzungsmischung: Trendumkehr von monofunktionalen hin zu möglichst feinkörnig funktionsgemischten Strukturen: Stadtteile statt Siedlungen; Erhalt bestehender Funktionsmischung; nachträgliche Nutzungsanreicherung in bisher monofunktional strukturierten Gebieten;
- Öffentliche Räume: Stützung öffentlichen Lebens durch belebte Erdgeschosszonen, Straßenräume und Plätze als wesentlicher Bestandteil der städtebaulichen Konzepte gegen die Tendenz der Privatisierung öffentlicher Räume, ihres Funktionsverlustes und der Erosion sozialer Kontrolle, Rückkehr von Baublock, Korridorstraße und Parzellenbebauung.
- Ökologisch aufgewertete Räume: Verbesserung der „Aufenthaltsqualitäten" in Quartieren zur Stärkung der nahräumlichen Orientierung in Freizeit und Versorgung: Wohnumfeldverbesserung; Verkehrsberuhigung; Hofbegrünung; stadtnahe Freiflächen.

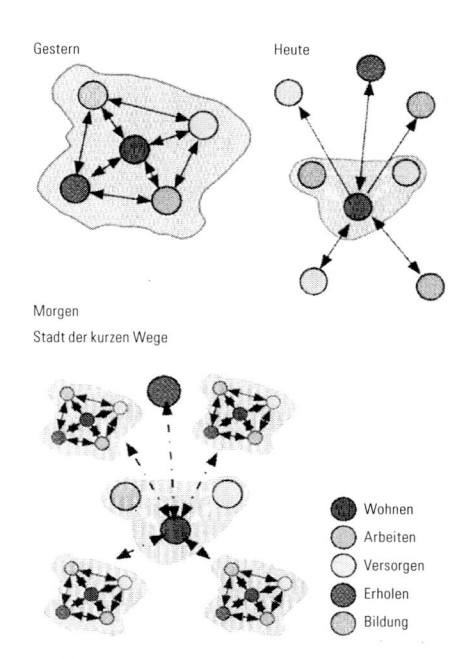

10 Kompakte und gemischte Stadt der kurzen Wege (1996)

Diese städtebaulichen Ziele sollen in einem engen Zusammenhang gesehen werden und sich gegenseitig stützen: Nutzungsmischung ohne Dichte ist nicht tragfähig. Dichte ohne Mischung reproduziert die alten Monostrukturen. Dichte und Funktionsmischung ohne hohe Umfeldqualität stellt erreichte Versorgungsstandards in Frage.

Diese übergreifenden Leitlinien haben zum einen ihren Niederschlag auf der Ebene der gesamtstädtischen Planung in Stadtentwicklungsplänen gefunden. Als beispielgebend gilt die Stadt München, deren Stadtentwicklungsplan von 1995 das Leitbild auf die knappste Formel brachte: „Kompakt, urban, grün" (Landeshauptstadt München 1996; Abb. 11). Nicht so griffig, aber im Inhalt ähnlich fielen seither die Leitlinien der Stadtentwicklungspläne vieler anderer Städte aus – von Hamburg, Saarbrücken bis Stuttgart.[13] Am Leitbild der kompakten und durchmischten Stadt wurde überwiegend auch unter den veränderten Vorzeichen schrumpfender Stadtentwicklung (rückläufige Bevölkerungs- und Arbeitsplatzentwicklung) vor allem in den ostdeutschen Städten festgehalten (Abb. 12).[14]

Der städtebauliche Niederschlag im engeren Sinne zeigte sich anschaulich in den Stadtteilen, die in Referenz zu diesem Leitbild in den letzen 20 Jahren entstanden sind; beispielhaft sind das Quartier Kirchsteigfeld in Potsdam – Planung und Bau eines Stadtteils aus einem Guss durch einen privaten Entwicklungsträger (Abb. 13)[15] und das Tübinger Projekt „Südstadt/ Französisches Viertel" (Abb. 13; vgl. Beitrag Hafner, Jessen, Simon-Philipp S. 169)[16], in der auf einer Konversionsfläche ein funktionsgemischtes Quartier über die Parzelle entwickelt wurde; statt eines großen Investors sind hier private Haushalte, kleine Betriebe und Baugemeinschaften die Bauherren.

Die erstaunlich breite und dauerhafte Akzeptanz des Leitbilds liegt darin begründet, dass es ökologische, soziale, politische, ökonomische und kulturelle Anforderungen an zukünftige Stadtentwicklung in ein einziges vertrautes Bild fasst und so von sehr vielen unterschiedlichen Fachdisziplinen und Politikbereichen getragen werden kann. Auf Stadtplaner und Architekten übt es Faszination aus, weil es in Kategorien definiert ist, die der Stadtplanung für die Umsetzung eine Schlüsselrolle zuweisen, und zugleich ein anschauliches Gegenbild zu den in Misskredit geratenen Stadtvorstellungen der funktionalistischen Moderne verkörpert.[17] Es spricht Ökologen an,

11 Stadtentwicklungsplan der Landeshauptstadt München 1995

weil es den Bruch in der Logik bisheriger Stadtentwicklung fordert. Es ist eine ideale Metapher der Umkehr, ein ökologisch begründetes Gegenmodell zur kritisierten Zersiedlung der Landschaft, zur Ressourcenverschwendung und zur steten Zunahme des Verkehrs. Kommunalpolitiker können sich daran orientieren, da es für ein anregendes urbanes Milieu stehen kann, das kulturelle, intellektuelle und unternehmerische Potenzen anzieht, freisetzt und dadurch technologische Innovation und wirtschaftliche Dynamik befördern kann. Zugleich hält es an den politischen Traditionen kommunaler Selbstbestimmung und lokaler Öffentlichkeit fest, gleichsam als Gegenmacht zu wachsender Fremdbestimmung infolge von Globalisierungs- und Konzentrationsprozessen. Schließlich können Sozialpolitiker darin ihre übergreifenden Ziele aufgehoben sehen, insofern das Leitbild der kompakten und durchmischten Stadt an die sozialintegrative Kraft lokaler Arbeitsmärkte, sozialer Netze und kultureller Vielfalt in städtischen Kontexten appelliert und gegen die sozialräumliche Segregation und ihre Folgen gerichtet ist.

5 Kritik und Gegenkonzepte

Trotz der breiten Akzeptanz ist das Leitbild der kompakten Stadt keineswegs unumstritten. Im Gegenteil, es gab Anlass zu Kritiken und Gegenkonzepten, die sich vor allen Dingen an seinem Realitätsgehalt und den planerischen Schlussfolgerungen entzündeten. Für die Kritiker drückt sich im Leitbild der kompakten Stadt rückwärts gewandte Planerromantik aus. Ihre Ablehnung stützen sie auf ökonomische, stadtstrukturelle, kulturelle und politische Argumente. Zum einen sei das Ziel der kompakten Stadt unrealistisch, denn es müsse gegen die planerisch kaum beeinflussbaren Konzentrations- und Rationalisierungsprozesse in allen Wirtschaftssektoren, gegen die funktionstrennende Logik des Bodenmarktes und gegen das Eigengewicht des Siedlungsbestandes durchgesetzt werden. Zudem verenge es den Blick auf die Innenstadt und blende die quantitativ deutlich dominierende Peripherie aus. Auch könne das Leitbild nicht auf ausreichend breite Unterstützung in der Gesellschaft setzen. Es kollidiere mit den dominanten Wohnwünschen und wachsenden Empfindlichkeiten der Bevölkerungsmehrheit, die das ruhige Wohnen im Grünen vorziehe. Es stehe des Weiteren im Gegensatz zu den Standortinteressen der meisten Betriebe, die Gemengelagen, Nachbarschaftskonflikte und Erweiterungshemmnisse fürchten. Schließlich stünden viele aktuelle bau- und planungsrechtliche, verwaltungsorganisatorische, fachpolitische Rahmenbedingungen und die gegebenen Trägerstrukturen einer Umsetzung der kompakten und durchmischten Stadt entgegen, da sie alle im Zeichen der Funktionstrennung entstanden und dadurch bis heute geprägt seien. Das Leitbild der kompakten und durchmischten Stadt ließe sich, so die Quintessenz, konsequent nur in autoritär strukturierten Gesellschaften durchsetzen.

Am deutlichsten hat Thomas Sieverts mit seinem im Jahre 1997 erschienenen Buch über die „Zwischenstadt" eine Gegenposition formuliert.[18] Die eigentliche Herausforderung der Stadtplanung würden danach quantitativ und qualitativ die diffusen Zonen des Umlands darstellen, dort entfalte Stadtentwicklung die höchste Dynamik. Die steigende Mobilität, die Konzentration und Dezentralisierung der Wirtschaft, die Regionalisierung des Alltags privater Haushalte, der Bedeutungsverlust traditioneller Zentren und das Entstehen von Knotenpunkten neuen Typs seien irreversibel; Stadtplanung habe dies zu akzeptieren. Statt am Bild der alten europäischen Stadt festzuhalten, seien der Fokus der Stadtplanung auf diese Zonen zu lenken, hierfür neue Stadtbilder zu generieren sowie Konzepte und Methoden zu entwickeln, mit denen sich die Entwicklungsdynamik an der Peripherie städtebaulich qualifizieren lasse. In diesem Zusammenhang wird vor allem der Landschaftspla-

Grüne Einschlüsse

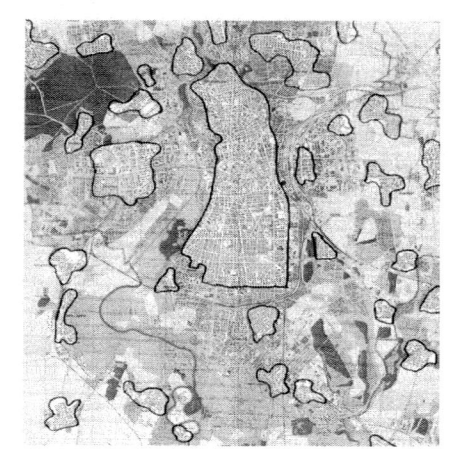

Inseln

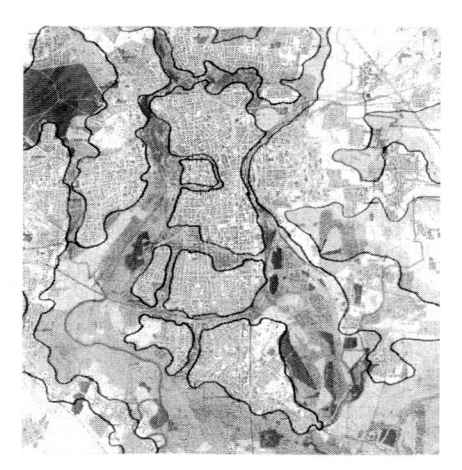

Grüne Bänder

12 Schrumpfende Städte – Städtebauliches Leitbild der Stadt Halle 2003

nung ebenso wie neuen Formen der Kooperation zwischen öffentlichen und privaten Akteuren eine wichtigere Bedeutung zugewiesen.

Gegen den naheliegenden und oft erhobenen Vorwurf, die kompakte und durchmischte Stadt sei ein Produkt der Planungsrhetorik ohne Rückbindung an die Realitäten und ein verklärender Rückgriff auf die Stadt des 19. Jahrhunderts, werden von den Verfechtern eine Reihe von Argumenten entgegengehalten. So sei das Leitbild keineswegs rückwärtsgewandt, sondern greife aktuelle Trends auf und nutze sie: Der Wandel zur Dienstleistungsgesellschaft bringe einen Zuwachs vor allem bei wohn- und stadtverträglichen Arbeitsplätzen; städtische Lebensformen würden von immer mehr Menschen angestrebt; die neuen Informations- und Kommunikationstechnologien machten Betriebe und Haushalte standortunabhängiger. Die großflächigen Industrie-, Verkehrs- und Militärbrachen in zentraler Lage böten gegenwärtig ein „Planungsfenster", das für Strategien der Innenentwicklung und Nachverdichtung im Sinne der kompakten und durchmischten Stadt genutzt werden könne. Die Orientierung von Stadtpolitik am Modell der Europäischen Stadt sei auch aus ökologischen Gründen zwingend erforderlich. Es sei unverantwortlich, Stadtentwicklung nach dem gleichen Wachstumsmodus mit den entsprechenden Konsequenzen für den Verbrauch von Landschaft und die Zunahme des Verkehrs zu betreiben wie in den letzten 50 Jahren. Schließlich habe sich für Stadtpolitik und Städtebau der historische Bezug auf die europäische Stadtkultur bewährt wie die Erfolge der erhaltenden Stadterneuerung zeigen, während etwa die Großsiedlungen der 1970er Jahre, denen die Fortschrittsvorstellungen der Moderne zugrunde lagen, heute größtenteils Sanierungsfälle seien.

13 Potsdam-Kirchsteigfeld – Städtebau nach dem Leitbild der kompakten Stadt

14 Tübingen, Französisches Viertel: Städtebau nach dem Leitbild der kompakten Stadt

Allerdings konzedieren auch die eifrigsten Verfechter einer kompakten und durchmischten Stadt zugleich, dass dieses Ziel allein durch räumliche Planung und Städtebau nicht erreichbar ist, sondern nur im Zusammenwirken mit übergreifenden Strategien der Steuer-, Verkehrs-, Umwelt-, Rechts- und Wohnungspolitik, die in die gleiche Richtung zielen. Entsprechend wird in den ausführlicheren Begründungen des Leitbilds meist ein Bündel ineinandergreifender Maßnahmen auf lokaler und überlokaler Ebene gefordert, in denen Stadtplanung und Städtebau nur ein, wenn auch wichtiger Bestandteil sind.[19]

Die Gleichzeitigkeit unterschiedlicher plausibler Leitbilder der Stadtentwicklung verweist auf die widersprüchlichen Anforderungen, mit denen heutige räumliche Planung konfrontiert ist. So steht die Stadtplanung vor der Aporie, einerseits ohne Leitbilder nicht planen zu können, und gleichzeitig zu wissen, dass es umfassende und zugleich konsistente Leitbilder nicht geben kann. Darin spiegelt sich der unauflösliche Grundkonflikt in der Stadtentwicklung, der sich unter den Bedingungen sinkender finanzieller Spielräume und vor allem schrumpfender Stadtentwicklung weiter zuspitzen wird: Wie kann es in den Städten Auskommen, Unterkunft und Sicherheit für möglichst alle geben? Wie können gleichzeitig möglichst viele in den Genuss der Vorzüge städtischer Lebensweise wie individuelle Freiheit, Mobilität, Vielfalt, Unabhängigkeit kommen? Wie kann man gleichzeitig die natürlichen Ressourcen als ein Fundament der Stadtentwicklung dauerhaft sichern? Hierfür werden Leitbilder benötigt und gleichzeitig muss gewärtig bleiben, dass sie nur zeitlich und räumlich begrenzt Orientierung bieten können.

Literatur

Apel, D. / Henckel, D. u.a.: Flächen sparen, Verkehr reduzieren. Möglichkeiten zur Steuerung der Siedlungs- und Verkehrsentwicklung. Deutsches Institut für Urbanistik – Beiträge zur Stadtforschung 167. Berlin 1995

Becker, Heidede: Leitbilder. In: Hartmut Häußermann (Hg.): Großstadt. Soziologische Stichworte. Opladen 1998, S. 123–134

Becker, H./ Jessen, J./ Sander, R. (Hg.): Ohne Leitbild? Städtebau in Deutschland und Europa. Stuttgart/ Zürich 1998

Bose, Michael (Hg.): Die unaufhaltsame Auflösung der Stadt in die Region. Hamburg 1997

Durth, Werner: Leitbilder im Städtebau. In: Stadt, Kultur, Natur. Chancen künftiger Lebensgestaltung. Bericht der Kommission „Architektur und Städtebau von Baden-Württemberg. Stuttgart 1987, S. 42

Eaton, Ruth: Die ideale Stadt. Von der Antike bis zu Gegenwart. Berlin 2001

Jessen, Johann: Leitbild Kompakte und durchmischte Stadt. In: Geographische Rundschau, Heft 7–8, 2000, S. 48–50

Siebel, Walter: Die europäische Stadt. Frankfurt 2004

Sieverts, Thomas: Zwischenstadt. Braunschweig/ Wiesbaden 1997

Endnoten

1. Vgl. Albers, Gerd : Städtebau zwischen Trend und Leitbild. Dortmunder Vorträge Heft 45. Dortmund 1965; Streich, Bernd (1986): Zum Begriff und zur Entstehung von städtebaulichen Leitbildern. In: Archiv für Kommunalwissenschaften Heft 1, 1986, S. 24 –37.

2. Durth, Werner: Leitbilder im Städtebau. In: Stadt, Kultur, Natur. Chancen künftiger Lebensgestaltung. Bericht der Kommission „Architektur und Städtebau von Baden - Württemberg. Stuttgart 1987, S. 42

3. Einen sehr gut illustrierten und instruktiven Überblick über städtische Idealmodelle von ihren Anfängen bis heute gibt: Eaton, Ruth: Die ideale Stadt. Von der Antike bis zu Gegenwart. Berlin 2001. Grundlegend zum Leitbild der Bandstadt: Fehl, Gerhard/ Rodriguez-Lores, Juan (Hg.): Die Stadt wird in der Landschaft sein und die Landschaft in der Stadt". Bandstadt und Bandstruktur als Leitbilder des modernen Städtebaus. Basel/ Berlin/ Boston 1997. Grundlegend zur Gartenstadt: Bollerey, Franziska, Fehl, Gerhard: Im Grünen wohnen, im Blauen planen. Ein Lesebuch zur Gartenstadt. Hamburg 1992

4. Vgl. Spengelin, Friedrich: Ordnung der Stadtstruktur. In: ARL (Hg.): Grundriss der Stadtplanung. Hannover 1983, S. 255–385

5. Vgl. als Beispiel Müller-Raemisch, Hans-Reiner: Leitbilder und Mythen in der Stadtplanung 1945–1985. Frankfurt a. M. 1990 oder Reinborn, Dietmar: Städtebau im 19. und 20. Jahrhundert. Stuttgart 1996, S. 182 ff.

6. Becker, Heidede: Leitbilder. In: Hartmut Häußermann (Hg.): Großstadt. Soziologische Stichworte. Opladen 1998, S. 123–134

7. Vgl. Becker, H./ Jessen, J./ Sander, R.: Auf der Suche nach Orientierung - das Wiederaufleben der Leitbildfrage im Städtebau. In: Dies. (Hg.): Ohne Leitbild? Städtebau in Deutschland und Europa Stuttgart / Zürich 1998, S. 10–17

8. Bundesanstalt für Landeskunde und Raumforschung: Nachhaltige Stadtentwicklung. Herausforderungen an einen ressourcenschonenden und umweltverträglichen Städtebau. Bonn 1996

9. Aring, Jürgen: Die Dezentrale Konzentration – ein tragfähiges regionales Leitbild gegen die Auflösung der Stadt in die Region. In: Bose, Michael (Hg.): Die unaufhaltsame Auflösung der Stadt in Region. Harburger Berichte zur Stadtplanung. Band 9. Hamburg 1997, S. 101–116

10. Bundesanstalt für Landeskunde und Raumforschung, a.a.O., S. 19

11. Spiekermann, Klaus: Leitbilder der räumlichen Stadtentwicklung. In: RaumPlanung, Heft 100, 2001, S. 38–43

12. Jessen, Johann: Leitbild Kompakte und durchmischte Stadt. In: Geographische Rundschau, Heft 7–8, 2000, S. 48–50

13. Landeshauptstadt München: Stadtentwicklungsplan München „Kompakt, urban, grün". München 1996; Landeshauptstadt Stuttgart: Stadtentwicklungskonzept. Stuttgart 2004

14. Vgl. Reuther, Iris, Learning from the East? Über die Suche nach Leitbildern zum Stadtumbau, in: Informationen zur Raumentwicklung, Heft 10/11, 2003, S. 575–588

15. Vgl. Krier, R./ Kohl, C.: Potsdam Kirchsteigfeld. Eine Stadt entsteht. Bensheim 1997

16. Vgl. De Maddalena, G. T./ Schuster, M. (Hg.): Go South – das Tübinger Modell/ the Tuebingen model. Tübingen/ Berlin 2005

17. Vgl. Jessen, Johann: Europäische Stadt als Bausteinkasten für die Städtebaupraxis – Die neuen Stadtteile. In: Siebel, Walter (Hg.), Die europäische Stadt, Frankfurt a. M. 2004, S. 93–104

18. Vgl. Sieverts, Thomas: Zwischenstadt. Braunschweig/ Wiesbaden 1997

19. Apel, D. , Henckel, D. u.a.: Flächen sparen, Verkehr reduzieren. Möglichkeiten zur Steuerung der Siedlungs- und Verkehrsentwicklung. Deutsches Institut für Urbanistik – Beiträge zur Stadtforschung 167. Berlin 1995

Abbildungsnachweis

1. Benevolo, Leonardo: Die Geschichte der Stadt, Frankfurt/ New York 1984, S. 577

2. Fehl/ Rodriguez-Lores: Bandstadt und Bandstruktur, S.73; Eaton, Die ideale Stadt, S. 150

3, 4. Kieß, Walter: Urbanität im Industriezeitalter. Stuttgart 1992, S. 429/ 430

5. Le Corbusier, The Radiant City, 1933, wiederveröffentlicht 1964, S. 141

6. Bose 1997, S. 26

7. Albers, Gerd: Modellvorstellungen in ihrer geschichtlichen Entwicklung. In: ARL (Hg.): Grundriss der Stadtplanung. Hannover 1983, S. 376

8. Bose 1997, S. 35

9. Bundesanstalt für Raumordnung und Bauwesen, Bonn 2006

10. BMVBS/ BMZ: Auf dem Weg zu einer nachhaltigen Siedlungsentwicklung, Bonn 2001, S. 16

11. Landeshauptstadt München 1995

12. Bundesanstalt für Bauwesen und Raumordnung 2006

13. Krier/Kohl, S. 100

14. Stadt Tübingen 2008

TILMAN SPERLE
DAN TEODOROVICI

Nutzung und Dichte

Der folgende Beitrag führt in zwei Schlüsselbegriffe der räumlichen Planung ein: Nutzung und Dichte. Obwohl die inhaltliche und strukturelle Verklammerung der beiden Begriffe in der städtebaulichen Praxis offensichtlich ist, sind Nutzung und Dichte in der Theorie bisher überwiegend getrennt behandelt worden.

Um den Zugang zu ihrem deskriptiven und normativen Charakter zu erleichtern, werden Nutzung und Dichte auch hier zuerst einzeln vorgestellt (Kap. 1 und 2). Indem sie einerseits bestehende Sachverhalte beschreiben, tragen beide Begriffe zur Erklärung vorhandener Nutzungs- und Stadtstrukturen bei. Da sie andererseits Eingang in das Baurecht gefunden haben, bilden sie wesentliche Steuerungsgrößen der Stadtplanung. So lässt sich die gebaute Umwelt als räumliche und zeitliche Nachbarschaft und Überlagerung verschiedener Funktionen in unterschiedlichen Dichten betrachten. Für den zeitgenössischen Urbanitätsdiskurs sind Nutzung und Dichte ebenfalls bedeutend: belebte und dicht gemischte Stadtquartiere gelten zwar als Inbegriff von Urbanität, aber sie balancieren auf dem schmalen Grad zwischen Akzeptanz und Störung. Vor diesem Hintergrund sollen im Schlußkapitel (Kap. 3) die Zusammenhänge zwischen Nutzung und Dichte erörtert und das Potenzial sowie die Grenzen von Nutzungsmischung und Verdichtung als Prämissen zeitgenössischer Urbanität ausgelotet werden.

1 Nutzung

„Die Überlegung, welche Bereiche unterschiedlicher Nutzung in eine Stadt gehören und wie sie einander räumlich zugeordnet werden sollen, stellt eines der wichtigsten Themen in der Entwicklung der neueren Stadtplanung dar."[1] Neuere Stadtplanung steht hier im Gegensatz zur vorindustriellen Stadt, wo das Erfordernis einer räumlichen Differenzierung wenig ausgeprägt war und sich selbst Wohnen und Arbeiten noch unter einem Dach befanden. Mit Einsetzen der Industrialisierung traten vor allem ökonomisch-funktionale Erwägungen in den Vordergrund, welche die Lebensabläufe in der Stadt durch eine sehr rationale Zuordnung von Arbeitsstätten und Einrichtungen des Gemeinbedarfs zu Wohnbereichen und Infrastruktursystemen erleichtern sollten. Dabei ging es vor allem um die Vermeidung von Konflikten, die sich aus dem Nebeneinander verschiedener Nutzungen ergeben.[2]

Die Begriffe Nutzung und Funktion werden im Sprachgebrauch häufig synonym verwendet, daher soll an dieser Stelle eine Differenzierung erfolgen: Der Begriff der Funktion umfasst die menschlichen Grundbedürfnisse Wohnen, Arbeiten, Sich-Bewegen und Sich-Erholen. Diese vier 1933 in der Charta von Athen definierten Grundfunktionen sollten noch ergänzt werden durch Sich-Versorgen, was Sich-Bilden mit einschließt. Demgegenüber ist der Begriff der Nutzung wesentlich präziser und beschreibt die realen Nutzungen, wie etwa Studentenwohnheim, produzierendes Gewerbe, Bahnhof, Schwimmbad, Einzelhandel, Kindergarten oder Polizeistation.

1 Der Stuttgarter Westen steht für hohe Wohnqualität und vielfältige Nutzungsmischung auf engstem Raum.

Bodennutzung in Stuttgart
(Stand: 31.12.2004)

Bodenfläche insgesamt (20.736 ha = 100%)

Übrige Nutzungsarten (0,5 %)
Wasserfläche (1,3 %)
Waldfläche (23,9%)
Landwirtschaftsfläche (24,0 %)
Siedlungs- und Verkehrsfläche (50,4%)

Siedlungs- und Verkehrsfläche (SVF) =

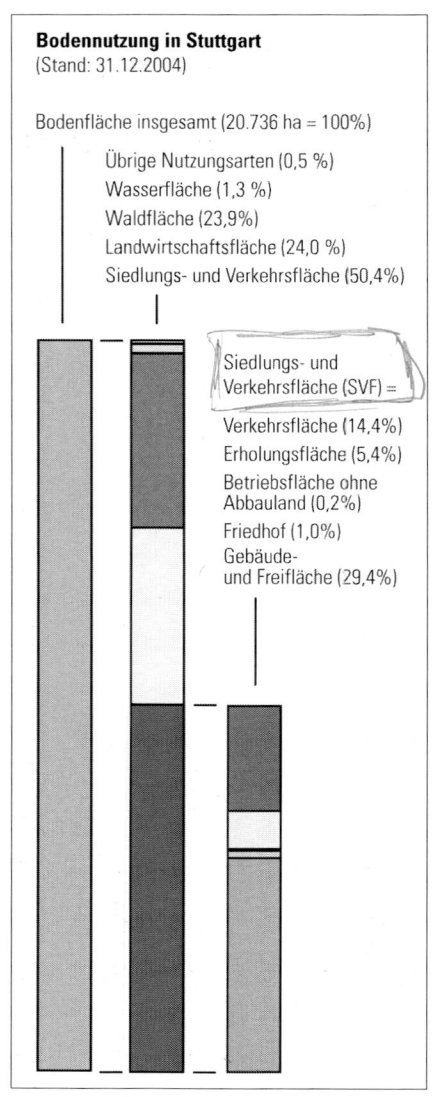

Verkehrsfläche (14,4%)
Erholungsfläche (5,4%)
Betriebsfläche ohne Abbauland (0,2%)
Friedhof (1,0%)
Gebäude- und Freifläche (29,4%)

2 Die Nutzungsstruktur eines bestimmten Gebietes lässt sich auf verschiedene Arten gliedern. Hier die Gliederung des Statistischen Landesamtes Baden-Württemberg.

1.1 Nutzungsstruktur und Nutzungsarten

Mit seinen vielfältigen Aktivitäten und Tätigkeiten erhebt der Mensch Anspruch auf die Nutzung von Fläche und Raum. In der städtebaulichen Planung werden die menschlichen Haupttätigkeiten und Bedürfnisse zunächst vereinfachend in verschiedene Grundfunktionen aufgeteilt:

- Wohnen – als Oberbegriff für eine Vielzahl von Tätigkeiten, die sich im engeren Wohnbereich abspielen;
- Arbeiten – als Oberbegriff für Erwerbsarbeit, die seit der industriellen Revolution in der Regel außerhalb der Wohnung erfolgt und heute im Zuge der Veränderungen von Arbeitswelt und Kommunikationstechnologien wieder mehr und mehr in den Wohnraum zurückkehren kann;
- Sich-Versorgen – mit erwerbswirtschaftlicher Infrastruktur (Einzelhandel, Frisör...) – mit sozialer Infrastruktur (Bildung, Seelsorge, Kultur...) – mit technischer Infrastruktur (Elektrizität, Wasser, Abwasser...);
- Sich-Bewegen – als Oberbegriff für Einrichtungen und Infrastruktur aller Verkehrsträger (ÖPNV, MIV, Fußgänger...);
- Sich-Erholen – als Oberbegriff für körperliche Regeneration.

Die vom Menschen genutzten Flächen wurden in unterscheidbare Einheiten gegliedert, mittels derer Art, Umfang und Verteilung bestimmt werden können. Die daraus resultierenden Nutzungsbereiche bestimmen mit individuellen Einflussfaktoren die Nutzungsstruktur besiedelter und unbesiedelter Flächen und definieren damit maßgeblich die Gestalt der Umwelt.

Der Boden in einem von Menschen geprägten Lebensraum gliedert sich in:[3]

- Siedlungsflächen: alle Arten von Gebäudeflächen mit umgebenden Frei- und/ oder Betriebsflächen für Wohnen, Handel, Gewerbe, Industrie, öffentliche Zwecke, Ver- und Entsorgung...;
- Verkehrsflächen: sowie Flächen für Straßenverkehr, ruhenden Verkehr, Bahnanlagen, Luftverkehr...;
(Siedlungs- und Verkehrsfläche (SVF) werden in vielen Betrachtungen als Einheit zusammengefasst.[4])
- Brachflächen: nicht genutzte altindustrielle Flächen, Baulücken, Gewerbegebiete, Verkehrsflächen ...;
- Denaturierte Flächen: SVF zuzüglich Abbauland auf Betriebsflächen, Übungsland, „Unland" (zum Beispiel aufgegebene Truppenübungsplätze);
- Naturnahe Flächen: landwirtschaftliche Nutzfläche mit und ohne Brache, Moor und Heide, Wald und Wasserflächen.[5]

SVF und versiegelte Flächen sind nicht gleichzusetzen. SVF enthalten immer auch einen großen Teil unbebauter und nicht versiegelter Flächen.

Umgangssprachlich wird auch von „Flächenverbrauch" gesprochen. Flächen können allerdings nicht „verbraucht" werden. Jedoch können ihre nutzbringenden Funktionen für den Menschen und den Naturhaushalt sowie die Wahlmöglichkeiten nachfolgender Generationen bezüglich der Nutzung der Flächen unwiederbringlich zerstört werden.

1.2 Flächennutzung – Inanspruchnahme von Flächen

In Deutschland wurden zwischen 2000 und 2004 durchschnittlich etwa 115 Hektar pro Tag neu in Anspruch genommen.[6] Das heißt etwa alle zwei Jahre wurde eine Fläche von der Größe Berlins (891,85 km^2) in SVF umgewandelt.

2004 betrug der Anteil der SVF der Bundesrepublik rund 12,8 Prozent. Diese Zahl mag vergleichsweise gering anmuten, allerdings hat jede neue Siedlungsfläche mehr Mobilität und verkehrsbedingte Emissionen zur Folge, da Neuausweisungen in erster Linie im Außenbereich erfolgen. Dabei steigen auch die Kosten der mitwachsenden Infrastruktursysteme. Die stetige Flächenausweisung führt zu einer dispersen Siedlungsstruktur und trägt zur Zersiedelung der Landschaft bei. Wichtige Lebensräume für Tiere und Pflanzen werden dabei zer- und beschnitten, und nicht zuletzt geht immer auch ein Stück Lebensgrundlage des Menschen verloren, da neue SVF vorher fast ausschließlich der Landwirtschaft dienten. Rund 50 Prozent aller SVF sind versiegelt und beeinträchtigen die Niederschlagswasserretention sowie die Grundwasserregeneration, und so können neue Bauflächen lokal zu Veränderungen des Mikroklimas führen.

Die dem Menschen zur Verfügung stehenden Flächen sind nicht unbegrenzt und ein schonender Umgang mit den Ressourcen „Fläche" und „Boden" ist notwendig, um sowohl nachfolgenden Generationen Entwicklungschancen frei-, als auch Flächen für eine natürliche Ökologie vorzuhalten. Im Baugesetzbuch (§1a BauGB) heißt es daher: „Mit Grund und Boden soll sparsam und schonend umgegangen werden; dabei sind zur Verringerung der zusätzlichen Inanspruchnahme von Flächen für die bauliche Nutzung die Möglichkeiten der Entwicklung der Gemeinden insbesondere durch Wiedernutzbarmachung von Flächen, Nachverdichtung und andere Maßnahmen zur Innenentwicklung zu nutzen sowie Bodenversiegelungen auf das notwendige Maß zu begrenzen."

Mit der Annahme der Deklaration von Rio de Janeiro und der Agenda 21 hat sich die Bundesrepublik Deutschland zu einer nachhaltigen Siedlungsentwicklung verpflichtet. Die weitere Inanspruchnahme von Flächen zu Siedlungszwecken im Außenbereich soll daher bis 2020 auf 30 und bis 2050 auf 0 Hektar am Tag reduziert werden! Wesentliche Elemente einer nachhaltigen Flächennutzung sind Innenentwicklung vor Außenentwicklung, qualifizierte Nachverdichtung und Ergänzung im Bestand sowie die Revitalisierung und Aktivierung alter Flächen und Brachen.[7]

1.3 Nutzungen und Standortbedingungen

Die einzelnen Nutzungen stellen unterschiedliche Ansprüche an ihren Standort innerhalb des besiedelten Raums. Zahlreiche Faktoren bestimmen die Standortwahl: Topographie, landschaftliche Einbindung, klimatische Verhältnisse, Vegetation, städtisches Umfeld (sozial und baulich), Bodengüte, Baugrund, Entwässerungsmöglichkeiten... Wesentlich sind die Zuordnung zu zentralen Einrichtungen wie etwa Gemeinbedarfseinrichtungen oder Verkehrssystemen sowie der Marktwert von Grund und Boden. Letzterer ergibt sich aus den Ertragserwartungen und ist abhängig von den gegenwärtigen oder voraussichtlichen Nutzungsmöglichkeiten. Dabei wird offensichtlich, dass zwischen renditeträchtigeren und weniger renditeträchtigen Nutzungen ein Verdrängungswettbewerb besteht.

Lokale Standortbedingungen sind allerdings nicht unveränderlich. Sie können im Hinblick auf die Ansprüche der einzelnen Nutzungen angepasst werden. Die Kosten des Aufwands definieren hier zumeist die Grenzen des Machbaren.

Die gängigste Form der Änderungen von Standortfaktoren ist nach wie vor die Umwandlung von Ackerland in Bauland. Das Gebot der Innenentwicklung macht aber die Umnutzung von Brachflächen, die durch den Strukturwandel entstehen, zu einem immer wichtigeren Thema der Stadtentwicklung.

1.4 Nutzungsverteilung

Die räumliche Differenzierung unterschiedlicher städtischer Nutzungen ist so alt wie die Städte selbst. Schon die ältesten Städte wiesen unterschiedlich genutzte

3 Wohnen

4 Arbeiten

5 Sich-Versorgen

6 Sich-Bewegen

7 Sich-Erholen

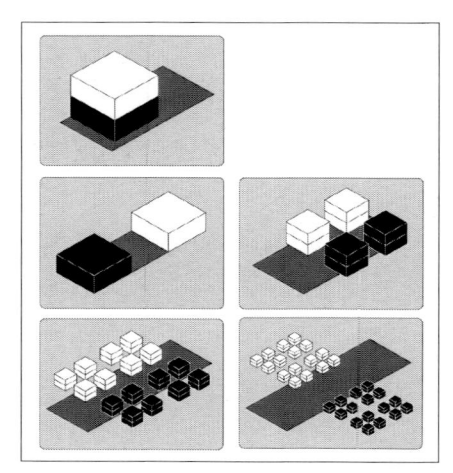

Areale auf: Tempelbezirke, Wohnbezirke der Führungseliten, Handwerkerviertel... Sowohl von der römischen als auch von der mittelalterlichen Stadt ist bekannt, dass sich störende Nutzungen, wie Siechenhaus (Krankenhaus), Färbereien, Gerbereien, Henkersplatz, zumeist vor den Toren der Stadt befanden.

Die aufkeimende industrielle Revolution und die Landflucht führten ab dem 18. Jahrhundert zu einem rasanten Stadtwachstum. Gleichzeitig kam es – weniger durch planerischen Einfluss als durch marktwirtschaftliche Kräfte – zu einer feineren Differenzierung städtischer Nutzungen. Handel, Verwaltung und Dienstleistungen bildeten die City, während Gewerbe- und Wohngebiete am Stadtrand wuchsen, wo die Neuerungen in Transport und Logistik neue Standortbedingungen für schnell expandierende Betriebe schufen.

Die Bau- und Bodenspekulation begünstigten dabei eine „unkontrolliert entstandene Funktionsmischung aus (neuen Produktionsstätten und) Wohngebieten der Mittel- und Unterschichten"[8], die unweigerlich zu Konflikten im städtischen Nutzungsgefüge und zu inakzeptablen Wohnverhältnissen führte.

Für eine Verbesserung der Situation – etwa durch die Gewerbeordnung des Norddeutschen Bundes von 1867 – waren aber zunächst eher Gründe der Hygiene und der Feuersicherheit ausschlaggebend als solche der Stadtorganisation. Erst nach vielfacher sozialer Kritik um die Jahrhundertwende traten in den 1920er und 30er Jahren Fragen der Stadtorganisation deutlicher in den Vordergrund der noch jungen Disziplin Städtebau.[9]

Die Charta von Athen griff diese Entwicklungen auf und deutete eine optimal funktionierende Stadt als das Zusammenwirken räumlich getrennter Schlüsselfunktionen. Diese Vision sollte die enge, chaotische und merkantil dominierte Stadt durch eine neue Stadt ersetzen, deren Baustrukturen im Zeichen der Emanzipation der Massen gleichwertige Arbeits- und Wohnbedingungen für alle Menschen bieten sollten.

Die Baunutzungsverordnung (BauNVO; vgl. auch 1.6) ist im Baugesetzbuch verankert. In der Planungspraxis nimmt die Verteilung der Nutzungen und deren Steuerung noch heute einen besonderen Stellenwert ein. Denn ohne diese Regelungen würden die Kräfte des Bodenmarktes wirtschaftlich schwächere Nutzungen verdrängen und die räumliche Nachbarschaft unverträglicher Nutzungen würde zu wechselseitigen Störungen führen. Außerdem würden Flächen für öffentliche Einrichtungen sowie Infrastrukturen an notwendiger Stelle fehlen.

1.5 Nutzungsmischung

Nutzungsmischung ist in einer Stadt – je nach Betrachtungsebene – immer gegeben. Es bestehen großflächige Industrie-, Gewerbe- sowie reine Wohngebiete und Bereiche, in denen Wohnungen, Arbeitsstätten, Gemeinbedarfseinrichtungen ... dicht gemischt sind. Wohlstandseffekte, Marktmechanismen und das Planungsrecht wirken einer solchen Mischung der Funktionen aber eher entgegen. Dennoch sind gemischt genutzte Quartiere stadtplanerisch gewollt und realisierbar.[10]

Für die Verwirklichung städtischer Nutzungsmischung sind vielfältige Rahmenbedingungen am Standort ausschlaggebend, wie etwa vorhandene Nutzungsstrukturen oder der örtliche Gewerbeflächen- und Wohnungsmarkt. Die Realisierung gelingt am ehesten dort, wo an bestehende mischgenutzte Strukturen angeknüpft werden kann. Wo dies nicht möglich ist, sind neue mischgenutzte Quartiere in der Realisierung schwierig und stellen bisher eher eine Ausnahme dar.[11] Homogene Quartiere werden von Investoren und Entwicklern wegen der leichteren Kalkulierbarkeit planerischer, finanzieller und zeitlicher Dimensionen bevorzugt.[12]

Um von Mischung oder von Trennung reden zu können, ist der Betrachtungsrahmen zu definieren. „Je nachdem, wo die Grenzen gezogen und Schwellenbereiche festgelegt werden, hat man es mit Mischung oder Trennung zu tun.

8 Schematische Darstellung verschiedener Formen der Mischung von Wohnen und Arbeiten in Anlehnung an Wiegand (1973)

9 Mischung im Gebäude: Wohn- und Geschäftshaus Hackescher Markt, Berlin (2000; Grüntuch Ernst Architekten, Berlin)

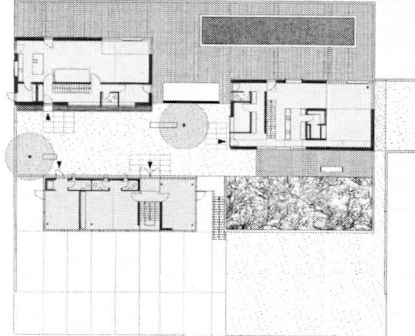

10 Mischung auf der Parzelle: Haus SML, Burgrieden (2002; Titus Bernhard Architekten, Augsburg)

Üblich ist zunächst die folgende Unterscheidung nach Planungsebenen:

- großräumige Nutzungsmischung: großräumige Zuordnung von Wohn- und Arbeitsstätten, Infrastruktureinrichtungen und Freiflächen im gesamtstädtischen oder regionalen Maßstab. Sie ist Gegenstand der städtischen Bauleit- oder der Regionalplanung (Regional- oder Flächennutzungsplan);
- kleinräumige Nutzungsmischung: feinteilige Zuordnung von Wohn- und Arbeitsstätten sowie weiterer Nutzungen (Versorgungs-, Kultur-, Bildungs- und Freizeiteinrichtungen). Sie ist Gegenstand des städtebaulichen Entwurfs, der Stadtteilplanung respektive der Bebauungsplanung (Bebauungsplan);
- objektbezogene Nutzungsmischung: Einzelvorhaben, das verschiedene Nutzungen aufnimmt (zum Beispiel Wohn- und Geschäftshaus). Sie ist Gegenstand des Hochbauentwurfes und des Baugenehmigungsverfahrens.[13]

In der Regel wird im Städtebau unter Nutzungsmischung die kleinräumige und objektbezogene Zuordnung von Wohnen und Arbeiten verstanden, die sich nach Wiegand in fünf Typen (A bis E) unterteilen lässt. Er definiert hierfür eine Flächenkulisse von zirka 300 m x 300 m (zirka 9 Hektar) für den Wechsel von reinen Wohngebieten zu Gewerbegebieten als Grenze für Nutzungsmischung. Das entspricht einer Fußgängerentfernung von etwa fünf Minuten.

Wiegand unterscheidet nochmals zwischen engerer (Typ A bis C) und weiterer Nutzungsmischung (Typ D bis E): engere Nutzungsmischung als ein unmittelbares Nebeneinander- und Übereinander von Wohnen und Arbeiten und weitere Nutzungsmischung, wobei die Funktion „Arbeiten" bereits eigene Baugebiete für sich beansprucht. Die verschiedenen Mischungstypen können sich auch überlagern. In Anlehnung an Wiegand können folgende Mischungstypen unterschieden werden:

- A – Gebäudemischung: Mischnutzung innerhalb eines Gebäudes,
- B – Mischung auf der Parzelle: unterschiedlich genutzte Gebäude auf einer Parzelle,
- C – Blockmischung: Nachbarschaft unterschiedlich genutzter Parzellen,
- D – Quartiersmischung: Nachbarschaft unterschiedlich genutzter Blöcke,
- E – Stadtteilmischung: Nachbarschaft unterschiedlich genutzter Quartiere.

1.6 Rechtliche Instrumente zur Lenkung der Nutzungsverteilung

Um eine sinnvolle Zuordnung einzelner Nutzungen zu ermöglichen und wechselseitige Störungen durch zu dichte Mischung zu vermeiden, wurden durch den Gesetzgeber mit dem Baugesetzbuch (BauGB) und der Baunutzungsverordnung (BauNVO) Instrumente zur Lenkung der Nutzungsverteilung entwickelt. Hierin werden in Anlehnung an die Nutzungsarten (vgl. Kap. 1.1) differenziertere Gebietskategorien – Arten der baulichen Nutzung – ausgewiesen sowie Nutzungsintensität und Dichte – Maß der baulichen Nutzung – (vgl. Kap. 2) bestimmt.

Jede Gemeinde ist verpflichtet (§1 Abs. 3 BauGB) im Rahmen der Bauleitplanung Flächennutzungspläne (FNP) und Bebauungspläne (B-Plan) aufzustellen. Diese sogenannten Bauleitpläne haben sich den übergeordneten Zielen der Raumordnung anzupassen. Neben der Festlegung von Flächen für Gemeinbedarf, Verkehr, Versorgungsanlagen sowie Grünflächen... werden im FNP die für die Bebauung vorgesehenen Flächen nach der allgemeinen Art ihrer baulichen Nutzung (Bauflächen) dargestellt (§1 Abs. 1 BauNVO). Eine weitere Differenzierung erfolgt im B-Plan. Hier können die für die Bebauung vorgesehenen Flächen nach der besonderen Art ihrer baulichen Nutzung (Baugebiete) festgesetzt werden (§1 Abs. 2ff BauNVO). In den §§ 2–11 BauNVO werden diese Gebiete genau erläutert.

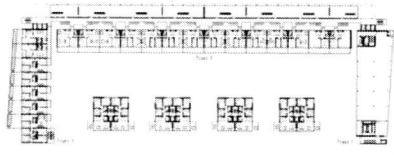

11 Mischung im Block: Wohnüberbauung Kappeli, Zürich (2000: Theo Hotz AG, Zürich)

12 Mischung im Quartier: Der Burgholzhof in Stuttgart-Nord

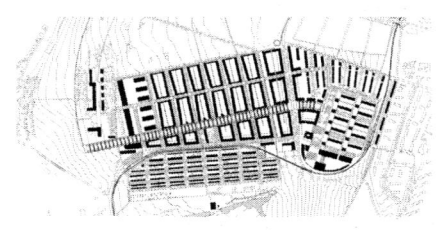

13 Mischung im Stadtteil: Der Scharnhauser Park in Ostfildern

Bauflächen im FNP nach der Art der baulichen Nutzung (§1 Abs. 1 BauNVO)	
W	Wohnbauflächen
M	Gemischte Bauflächen
G	Gewerbliche Bauflächen
SO	Sonderbauflächen

Baugebiete im B-Plan nach der besonderen Art der baulichen Nutzung (§1 Abs. 2ff BauNVO)	
WS	Kleinsiedlungsgebiete
WR	reine Wohngebiete
WA	allgemeine Wohngebiete
WB	besondere Wohngebiete
MD	Dorfgebiete
MI	Mischgebiete
MK	Kerngebiete
GE	Gewerbegebiete
GI	Industriegebiete
SO	Sondergebiete

14 Art und Maß der baulichen Nutzung

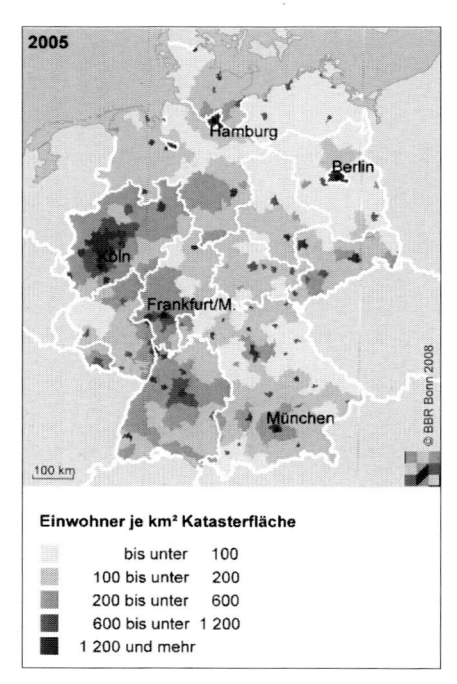

15 Bevölkerungsdichte in der Bundesrepublik

Solche Festlegungen zur Nutzung von Grund und Boden bleiben allerdings relativ abstrakt, solange noch nichts über ihre jeweilige Größenordnung, das Maß der wechselseitigen Durchmischung und die Art ihrer Verteilung über das Stadtgebiet gesagt ist. Dies trifft insbesondere auf die wechselseitige Durchdringung von Wohnen und Arbeiten zu. Deshalb werden potenzielle Konfliktsituationen mit anderen Instrumenten (zum Beispiel Abstandserlass, Bundesimmissionsschutzgesetz) noch stärker nach ihren jeweiligen Störgraden differenziert beziehungsweise im planungsrechtlichen Sprachgebrauch gegliedert. Es ist auch zu beachten, dass Umweltschutzbestimmungen in ihrer Restriktion mitunter weit über die BauNVO hinausgehen.

2 Dichte

Der Begriff der Dichte ist eine wesentliche Schlüsselkategorie in der räumlichen Planung. Er findet Verwendung in Städtebau und Stadtplanung sowie in verwandten Disziplinen, wie etwa der (Stadt-)Soziologie. Mit dem Dichtebegriff lassen sich sowohl Einwohner- und bauliche Dichten bestimmen und erklären, als auch soziale Dichten sowie die Dichte von bestimmten Einrichtungen und Angeboten oder von Ereignissen.

Bauliche Dichte und Einwohnerdichte sind Verhältniszahlen und geben Aufschluss über die Nutzungsintensität und über das Maß der (baulichen) Nutzung einzelner Raumeinheiten. Sie dienen damit einerseits der Beschreibung bestimmter Verhältnisse, andererseits als normative Vorgaben, die in der Baugesetzgebung festgelegt sind und somit als Steuerungsinstrumente bei der Planung fungieren.

Im vorliegenden Text werden hauptsächlich und zuerst die für die Stadtplanung besonders relevanten Dichtebegriffe „Einwohnerdichte" und „bauliche Dichte" mit ihren charakteristischen Kenngrößen und Zahlenwerten vorgestellt und anschließend durch die Analyse gebauter Stuttgarter Beispiele veranschaulicht. Diese beiden Dichtebegriffe werden auch als materielle Dichte zusammengefasst. Der „weichere" Begriff der sozialen Dichte wird am Ende des Kapitels kurz vorgestellt.

2.1 Einwohnerdichte

Unter dem Oberbegriff der Einwohnerdichte, der die Zahl der Einwohner (EW) je Flächeneinheit bezeichnet, werden bevölkerungsspezifische Dichtewerte erfasst.

Die **Bevölkerungsdichte** (EW/km^2) bemisst sich aus der Anzahl der Einwohner je Flächeneinheit (km^2) und eignet sich vor allem zur Betrachtung großflächiger Raumeinheiten (Abb. 15).

Die **Siedlungsdichte** (EW/ha) bezeichnet die Einwohnerzahl je Hektar (ha) besiedelter Fläche und zeichnet gegenüber der Bevölkerungsdichte ein genaueres Bild vorliegender Dichtewerte, da unbesiedelte Flächen nicht berücksichtigt werden.

Die **Wohndichte** (EW/ha Brutto- oder Nettowohnbauland; vgl. Kap. 2.2) definiert das Verhältnis von Einwohnern zur jeweiligen Fläche Wohnbauland. Die Wohndichte kann je nach Bezugsgröße als Brutto- oder Nettowohndichte bestimmt werden.

Die **Belegungsdichte** (WE/EW) als kleinste Dichteeinheit gibt das Verhältnis von Bewohnern je Wohnung (Wohneinheit = WE) an. Die Belegungsdichte wird vielfach auch als durchschnittliche Haushaltsgröße bezeichnet.

16 Berechnung von Brutto- und Nettowohnbauland

Analog der Einwohnerdichte lassen sich auch die Dichten bestimmter Nutzungen und Einrichtungen beschreiben: die Dichte der Arbeitsplätze in einem bestimmten Stadtteil, die Dichte von Kindergärtenplätzen, Schulen oder sonstiger öffentlicher oder privater Versorgungseinrichtungen, wie etwa Lebensmittelgeschäfte oder Postfilialen.

2.2 Bauliche Dichte – Maß der baulichen Nutzung

Die baurechtliche Festlegung der Nutzungsintensität war notwendig geworden, weil während der Industrialisierung mit ihren liberalen Baugesetzen Grundstücke fast zu hundert Prozent überbaut wurden. Es entstanden Wohnungen und Arbeitsplätze ohne Tageslicht und Lüftungsmöglichkeit. Mit der Kritik an diesen unhygienischen Zuständen wurde der Ruf nach „Licht, Luft und Sonne" laut.

Bezugsgröße für die Ermittlung von Dichtewerten ist zunächst die jeweilige Gesamtgebietsfläche. Es wird unterschieden zwischen Brutto- und Nettowohnbauland.

Das Maß der baulichen Nutzung bestimmt wesentlich die räumliche Gestalt der Stadt. Die bauliche Dichte wird durch Baumasse je Stadtraum oder bebaute Fläche je Flächeneinheit definiert. Die Bezugsgröße ist, neben Brutto- und Nettowohnbauland, die kleinste städtische Flächeneinheit: die Parzelle oder das Grundstück. Dabei werden unmittelbar die privatwirtschaftlichen Interessen des Grundbesitzers berührt.

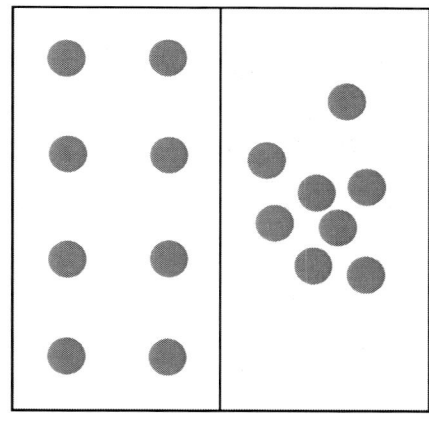

17 Rechnerisch gleiche Dichtewerte – unterschiedliche Wahrnehmung von Enge und Weite

Mit diesen Kenngrößen wird aus einem städtebaulichen Entwurf ein formaljuristisch handhabbarer Bebauungsplan. Drei Kenngrößen geben Auskunft über das jeweils zulässige Maß der baulichen Nutzung eines Grundstückes:

Die **Grundflächenzahl GRZ** (§ 19 BauNVO) gibt an, wieviel Quadratmeter überbaute Grundfläche je Quadratmeter eines Baugrundstücks zulässig sind. Auf die Grundfläche sind die überbauten Flächen der Hauptbaukörper sowie die Flächen von Nebenanlagen, wie Garagen, Zufahrten, unterbauten Grundstücksanteilen, anzurechnen, wobei die Flächen dieser Nebenanlagen die GRZ um bis zu 50 Prozent überschreiten dürfen. Abweichende Regelungen können im Bebauungsplan getroffen werden.

Die **Geschossflächenzahl GFZ** (§ 20 BauNVO) gibt an, wieviel Quadratmeter Geschossfläche je Quadratmeter Grundstücksfläche zulässig sind. Die Geschossfläche ist nach den Außenmaßen des Gebäudes in allen Vollgeschossen zu ermitteln, wobei im Bebauungsplan festgesetzt werden kann, ob die Flächen für Aufenthaltsräume in Nicht-Vollgeschossen (zum Beispiel Dach- oder Untergeschoss; der Begriff des Vollgeschosses wird in der jeweiligen Landesbauordnung definiert) ganz oder teilweise anzurechnen sind. Die GFZ kann, sie muss aber nicht im Bebauungsplan festgesetzt werden.

Die **Baumassenzahl BMZ** (§ 21 BauNVO) gibt an, wieviel Kubikmeter Baumasse je Quadratmeter Grundstücksfläche zulässig ist. Die Baumasse ist nach den Außenmaßen des Gebäudes vom Fußboden des untersten Vollgeschosses an zu ermitteln. Die BMZ wird nur in Gewerbe-, Industrie- und Sondergebieten festgesetzt.

Die **Wohnungsdichte** bezeichnet die vorhandenen oder die geplanten Wohneinheiten innerhalb eines bestimmten Gebiets. Sie kann sowohl in Relation zum Brutto- oder zum Nettowohnbauland angegeben werden.

Hinweis: Gleiche Dichtewerte als Vorgaben führen nicht zwangsläufig zu gleichen Ergebnissen. Eine rechnerisch gleiche Verteilung von Körpern im Raum kann im Ergebnis jeweils höchst unterschiedliche Abstände der Körper untereinander aufweisen (vgl. Abb. 17). Es ist also bei gleicher Siedlungs- oder Wohndichte nicht sichergestellt, dass allen der gleiche Raum zur Verfügung steht. Darüber hinaus macht es einen großen Unterschied – und dies lassen die bloßen Zahlen zumeist unberücksichtigt – ob ein dicht bebautes Quartier an einen Park oder an ein anderes dichtes Quartier angrenzt. Anhand einiger Stuttgarter Beispiel sollen diese Aspekte nochmals verdeutlicht werden.

2.3 Dichte und Wohnungsbau – Zusammenhänge

Die Zusammenhänge von baulicher Dichte, Einwohnerdichte und sozialer Dichte werden anhand verschiedener Wohngebiete und Bebauungsstrukturen dargestellt. Dabei soll insbesondere deutlich werden, dass die Betrachtung eines einzelnen Dichtekennwertes die Realität nicht ausreichend widerspiegelt und erst das Zusammenspiel der

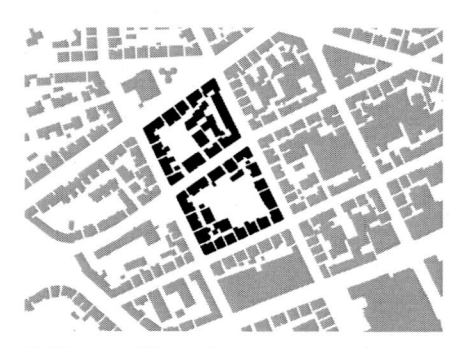

Werte und Zahlen ein stimmiges Bild der Wirklichkeit zu zeichnen vermag. Beispielhaft wurden verschiedene Stuttgarter Wohngebiete ausgewählt (alle Angaben Stand: 2004).[14]

Bismarck-/ Rötestraße: In den beiden gründerzeitlichen Baublöcken wohnen 785 Einwohner (EW) in 440 Wohneinheiten (WE). Für die Baustruktur des Stuttgarter Westens mit seiner verdichteten fünf- bis sechsgeschossigen Blockrandbebauung sind sie beispielhaft. Im Rahmen von Sanierungsmaßnahmen (ab 1986) wurden die Block-innenbereiche entkernt, von störenden Gewerbenutzungen befreit und begrünt. Zum Schutz vor weiterer Verdichtung wurde im B-Plan eine GFZ von 1,8 festgesetzt. Ein Wert, der weit unter der tatsächlichen GFZ von 3,0 liegt.

Böheim-/ Tannenstraße: In dem Baublock in der Nähe des Marienplatzes wohnen 363 EW in 141 WE. Der gewählte Block zeichnet sich, wie seine Umgebung, durch eine verdichtete Blockrandbebauung mit sechs bis sieben Etagen aus. Neben wenigen Gebäuden aus der Gründerzeit sind die meisten Gebäude in den 1990er Jahren, im Zuge umfangreicher Sanierungsmaßnahmen, neu errichtet worden. Der Blockinnenbereich ist begrünt und steht allen Bewohnern offen.

Burgholzhof: 2004 wohnten auf dem Burgholzhof 2.060 EW in 1.000 WE. Das seit 1997 auf einer Konversionsfläche aufgesiedelte Wohngebiet besteht aus mehreren Kleinquartieren, die sich aus blockartigen Strukturen, Zeilenbauten und Punkthochhäusern zusammensetzen. Die Gebäude haben zwischen vier bis sechs Etagen. Ein Drittel der WE wurden als Miet- und Eigentumsmaßnahmen mit unterschiedlichen Programmen gefördert. Im Gebiet gibt es öffentliche Freiflächen und einen Spielplatz.

Im Raiser: In dem Gebiet wohnen 608 EW in 190 WE. Auch bei diesem Gebiet handelt es sich um eine Konversionsfläche, die ab 2003 entwickelt wurde. Die städtebauliche Struktur besteht aus verdichteten Reihenhauszeilen mit zwei bis drei Etagen. Zu der nördlich gelegenen Straße hin fungiert eine viergeschossige Zeilenbebauung als Lärmschutz. Um Familien besonders zu unterstützen, wurden 75 Prozent der Wohnungen gefördert. Das Gebiet hat kleinere Platzflächen und einen Spielplatz.

Tapachstraße: In dem 2001 entwickelten Neubaugebiet Tappachstraße wohnen 284 EW in 71 WE. Die städtebauliche Struktur besteht aus dreigeschossigen Reihenhäusern, in Baugruppen mit drei bis acht WE. Alle WE haben vier und mehr Zimmer sowie einen großzügigen privaten Grünanteil. Auf öffentliche Grünflächen und Spielplätze wurde daher verzichtet. Es handelt sich durchweg um frei finanziertes Wohneigentum.

Brutto- und Nettowohnbauland			
	Bruttowohnbauland (ha)	Nettowohnbauland (ha)	Anteil in %
Burgholzhof	12,6	9,0	71
Im Raiser	6,9	4,7	68
Bismarck-/ Rötestraße	2,2	2,2	100
Tapachstraße	1,3	1,3	100
Böheim-/ Tannenstraße	0,5	0,4	80

Die beiden verhältnismäßig kleinen Gebiete „Bismarck-/ Rötestraße" und „Tapachstraße" benötigen keine weitere Infrastrukturflächen, da jeweils auf bestehende Einrichtungen in der Nachbarschaft zurückgegriffen werden kann. Folglich sind hier Brutto- und Nettowohnbauland gleich groß.

18 Bismarck-/Rötestraße

19 Böheim-/Tannenstraße

20 Burgholzhof

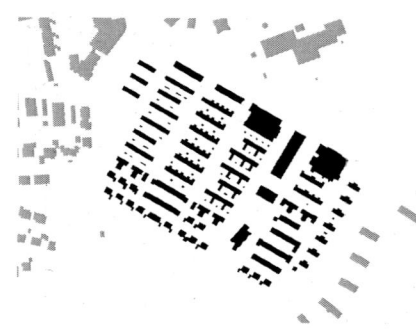

21 Im Raiser

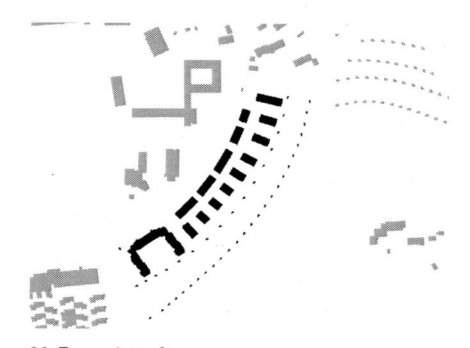

22 Tappachstraße

Meistens sind Infrastrukturflächen für Gemeinbedarf (Schule, Kindergarten ...), Erschließung sowie Sport- und Grünflächen innerhalb des Gebiets vorzuhalten. Das gilt insbesondere dann, wenn die Gebiete sehr groß und/oder peripher gelegen sind. Der Infrastrukturflächenanteil kann dann bis zu 40 Prozent und mehr betragen. In den gezeigten Beispielen liegt der Anteil bei maximal 32 Prozent.

Siedlungs- und Wohndichte

	EW/ha	WE/ha	GRZ	GFZ
Bismarck-/Rötestraße	357	200	0,60	3,00
Burgholzhof	229	111	0,29	1,34
Im Raiser	129	40	0,32	0,86
Böheim-/Tannenstraße	908	353	0,60	3,28
Tapachstraße	218	55	0,30	0,90

Größe der Haushalte und Haushaltsmitglieder unter 18 Jahren

	EW/WE	< 18 Jahre (in %)
Bismarck-/Rötestraße	1,78	12
Burgholzhof	2,06	29
Böheim-/Tannenstraße	2,57	32
Im Raiser	3,20	49
Tapachstraße	4,00	29

Im Wohngebiet „Burgholzhof" wurden fast dreimal soviele Wohneinheiten realisiert wie im Wohngebiet „Im Raiser", in dem überwiegend Einfamilienhäuser erbaut wurden, es wohnen im Burgholzhof aber nur doppelt soviele Einwohner. Dies liegt an der höheren Belegungsdichte der Wohnungen im Gebiet „Im Raiser" und lässt auf einen höheren Anteil an Familien mit Kindern schließen. Diese Annahme wird durch den hohen Anteil der unter 18-Jährigen bestätigt.

Es ist zu beachten, dass die Wohndichte und die Größe der Haushalte im Laufe der Zeit großen Schwankungen unterworfen sind. Damit können sich die Anforderungen an die Wohnungen und insbesondere das Wohnumfeld wesentlich verändern.

Durchschnittliche Größe der Wohnungen (brutto!) und durchschnittliche Wohnfläche je Einwohner (brutto!)

	m²/WE (brutto!)	m²/EW (brutto!)
Böheim-/Tannenstraße	93	36
Burgholzhof	121	59
Bismarck-/Rötestraße	150	84
Tapachstraße	165	41
Im Raiser	213	66

Für die betrachteten Gebiete liegen leider nur die Angaben zur Bruttowohnfläche vor. Mit den jeweiligen Einwohnerzahlen lassen sich damit die Wohnungsgröße und die Wohnfläche pro Kopf errechnen (brutto). Diese Zahlen lassen durchaus Vergleiche zwischen den betrachteten Gebieten zu. Sie ermöglichen aber keinen direkten Vergleich mit den nationalen Durchschnittswerten (die durchschnittliche Nettowohnfläche pro Kopf in der Bundesrepublik liegt bei 42,9 m², die durchschnittliche Wohnungsgröße bei 90,2 m²)[15].

23 Bismarck-/Rötestraße

24 Böheim-/Tannenstraße

25 Burgholzhof

26 Im Raiser

27 Tappachstraße

2.4 Soziale Dichte

Die soziale Dichte ist ein deskriptiver Begriff der Stadtsoziologie, der „eine möglichst wirklichkeitsnahe Erfassung der tatsächlichen Wohn- und Lebensverhältnisse"[16] anstrebt und zugleich der qualitativen Umschreibung sozialer Beziehungen dient. Zu seinen bedeutendsten Aspekten gehören die Außendichte, die Innendichte, der sogenannte personal space des einzelnen Bewohners, die Erreichbarkeit oder die räumliche Entfernung etwa zwischen Wohnung und Arbeitsplatz sowie Versorgungs- und Kultureinrichtungen.

Insbesondere die Außendichte, die Innendichte und der „personal space" sind deskriptive Begriffe ohne normativ-gesetzliche Bedeutung. Sie ergänzen die konventionelle Differenzierung zwischen Einwohner-, Bevölkerungs-, Wohn- und Belegungsdichte (vgl. Kap. 2.2). Dabei bezieht sich die Außendichte auf „die Zahl der Einwohner je Hektar Wohnbauland"[17] und die Innendichte auf „die Zahl der Bewohner je Wohnraum."[18] Der „ökopsychologische Begriff [des] personal space"[19] wiederum umschreibt zwar vor allem den individuellen Rückzugsraum einzelner Bewohner innerhalb einer Wohnung: „der Raumausschnitt (...), der dem Individuum unmittelbar zugeordnet ist und dessen Umfang und Beschaffenheit die Verhaltensspielräume bestimmt, die ihm uneingeschränkt zur Verfügung stehen."[20] Er lässt sich aber durchaus erweitern und auf die Öffentlichkeit beziehen.

Hinzukommen die Aspekte der Erreichbarkeit und der räumlichen Nähe. Trotz gegenteiliger Prognosen, die im Zusammenhang mit der rasanten Entwicklung der Verkehrs- und Kommunikationsmittel geäußert worden sind, hat sich ihre Bedeutung entscheidend dafür erwiesen, dass soziale und berufliche Beziehungen geknüpft und dauerhaft aufrecht erhalten werden können.

28 Die Strøget in Kopenhagen: Urbanes Flair in der Innenstadt

3 Nutzungsmischung und Verdichtung im Wandel

3.1 Bedeutungswandel

Die Bewertung von Nutzungsmischung und Dichte als Merkmale städtischer Strukturen und als stadtplanerische Ziele sind stetem Wandel unterworfen. Zu Zeiten der industriellen Revolution bis ins frühe 20. Jahrhundert hinein standen sie oft gleichbedeutend für Wohnungselend und soziale Missstände. Sie zu bekämpfen forderten Reform- und Modernisierungsbestrebungen des frühen 20. Jahrhunderts mit ihrem Ruf nach „Licht, Luft und Sonne" die Trennung städtischer Funktionen und aufgelockerte Siedlungsstrukturen. Diese schließlich in der Charta von Athen kodifizierten Prinzipien des Städtebaus der Moderne wurden zum Leitbild für die städtischen Entwicklungen nach dem Zweiten Weltkrieg. Schon bald gerieten die „gegliedert, aufgelockert und autogerecht" umgestalteten Städte und die neu gebauten monofunktionalen Siedlungen der 1950er Jahre wieder in die Kritik. Das Leitbild „Urbanität durch Dichte" der 1960er Jahre, das etwa bei Großsiedlungen wie dem „Märkischen Viertel" in Berlin Pate stand, war eine der Reaktionen. Aber die bloße Erhöhung der Baudichte führte in den Großwohnsiedlungen in der Folge rasch zu sozialen Problemen. Spätestens seit Jane Jacobs[21] und Alexander Mitscherlich[22] ist die Kritik am Nachkriegsstädtebau und am Stadtmodell der funktionalistischen Moderne auch Auslöser für ein verändertes Verständnis des Zusammenhangs von Nutzungsmischung und Dichte. Die kleinteilige Mischung der Funktionen in Verbindung mit hoher Baudichte, die viele alte Stadtquartiere prägten, konnten nun als Qualitäten entdeckt werden.

Das für viele Quartiere früher typische direkte Nebeneinander von Wohnen und belastendem Gewerbe samt der wechselseitigen massiven Beeinträchtigungen ist kaum noch zu finden. Aus bestehenden Stadtquartieren wurden die störenden Betriebe in neue Gewerbegebiete an der städtischen Peripherie verlagert; in neuen Quartieren wurden sie von vornherein durch die Planung ausgeschlossen. In den Stadtquartieren hat sich vor allem durch Stadterneuerung die Wohn- und Lebensqualität enorm verbessert. Die Belegungsdichte der Wohnungen hat sich kontinuierlich verringert; die Wohnungen wurden modernisiert. Lärmschutzmaßnahmen und Wohnumfeldverbesserungen taten ein Übriges. An die Stelle von Arbeitsplätzen im produzierenden Sektor sind vermehrt Dienstleistungsarbeitsplätze getreten, die sich besser mit dem Wohnen vereinbaren lassen. Die technische Verbesserung der Produktionsbedingungen (Stichwort „Saubere Fabrik") lässt selbst wieder eine größere Nähe von Wohnen und produzierendem Gewerbe vorstellbar werden.

Heute sind Nutzungsmischung und angemessene Dichte als wichtige planerische Ziele einer nachhaltigen Siedlungs- und Stadtentwicklung nahezu unumstritten (vgl. auch Beitrag Jessen, S. 125). Die Leitvorstellungen der kompakten Stadt oder der „Stadt der kurzen Wege" setzen auf eine möglichst kleinteilige Funktionsmischung in einer diversifizierten und dicht bebauten Stadtstruktur. Inzwischen ist von einer „Renaissance der Städte" die Rede. Dies verweist darauf, dass nicht nur Planer Nutzungsmischung und städtische Dichte neu bewerten, sondern inzwischen eine beachtliche Nachfrage aus allen Bevölkerungsgruppen nach den offensichtlichen Qualitäten gemischt genutzter Quartiere festzustellen ist. Es wächst die Zahl der Bewohner, Besucher und Unternehmen, die vitale Stadtviertel mit lebendiger Atmosphäre und positiver Ausstrahlung schätzen. Handel, Dienstleister und Kulturbetriebe profitieren von Kopplungseffekten und Synergien. Als weitere Vorteile werden genannt: ein breites und vielfältiges Angebot an öffentlichen und privaten Dienstleistungen, die schnell und leicht erreichbar sind, die bessere Auslastung der technischen Infrastruktur in dichten Quartieren, die verkehrsmindernde Wirkung von dichten und funktionsgemischten Stadtstrukturen, das erhöhte Sicherheitsgefühl in belebten Straßenräumen, wie sie für diese Quartiere charakteristisch sind.

Dichte und Nutzungsmischung gelten als die städtebauliche Essenz von „Urbanität"[23], die Planung und der Erhalt von „urbanen Quartieren" als wichtige aktuelle Aufgaben der Stadtplanung. Als Voraussetzungen für „urbane Stadtquartiere" werden gewöhnlich angesehen:

- eine hohe baulich-räumliche Dichte;
- eine kleinteilig strukturierte Mischung und Überlagerung von Nutzungen und Stadtbereiche;
- kurze und bequeme Wege; Erschließung mit Vorrang für Fußgänger und Fahrradverkehr sowie für den ÖPNV;
- belebte Erdgeschosszonen;
- soziale Heterogenität: Vielfalt der Wohnformen, Vielfalt der Arbeitsformen;
- qualitativ hochwertige Freiräume: Parks und Plätze;
- flexibel nutzbare Baustrukturen, die sich durch Umbau und Umnutzung rasch an eine veränderte Nachfrage anpassen lassen.

Stadtplanung und Architektur können nur dazu beitragen, dass „Urbanität" entsteht und erhalten bleibt, sie können sie nicht herbeiplanen. Ob aber „Urbanität" sich ausbildet, ist äußerst voraussetzungsvoll und hängt von der durch Planung nur sehr begrenzt beeinflussbaren Konstellation der Nutzer des Quartiers und von Art und Weise, wie diese das Quartier nutzen, ab. Entscheidend ist, was dort geschieht und nicht, was dort gebaut ist. Aber dafür, was geschehen kann, setzt die gebaute Struktur einen wichtigen Rahmen.

29, 30 Hochwertige Freiräume sind eine notwendige Voraussetzung für Urbanität

31 Wohngebäude Quant in Stuttgart: Wohnen im ehemaligen Büro- und Laborgebäude (2007; Wilford Schupp Architekten, Stuttgart)

32 Das Bosch-Areal in Stuttgart steht für Nutzungswandel und Nutzungsmischung (2001; Ostertag und Vornholt, Stuttgart)

33 Wohnungselend in Berlin (1911)

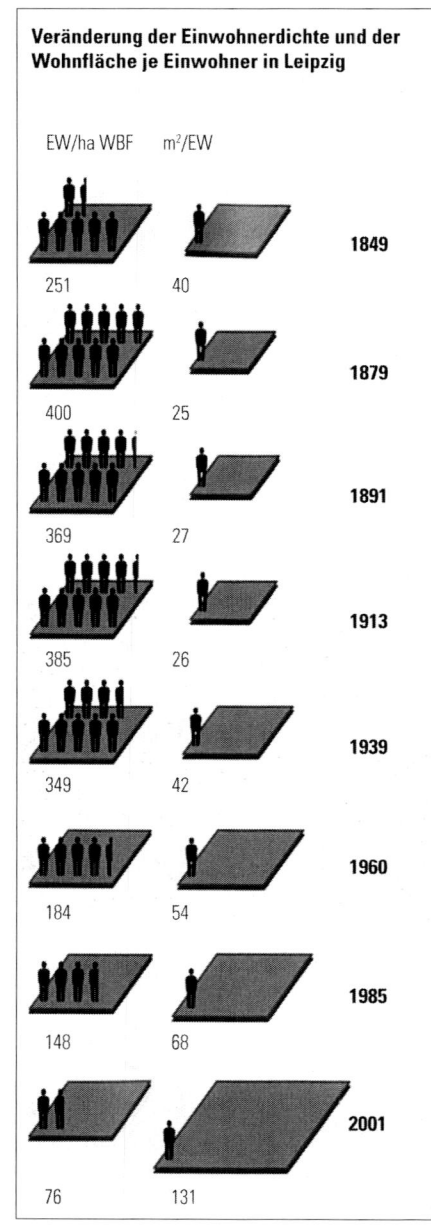

Veränderung der Einwohnerdichte und der Wohnfläche je Einwohner in Leipzig

Jahr	EW/ha WBF	m²/EW
1849	251	40
1879	400	25
1891	369	27
1913	385	26
1939	349	42
1960	184	54
1985	148	68
2001	76	131

34–35 Leipzig: Einwohnerdichte und Wohnfläche je Einwohner im Wandel

Allerdings lassen sich nicht alle städtischen Funktionen in Quartiere integrieren. Bei großflächigen oder stark emittierenden Nutzungen ist deren räumliche Trennung auf städtischer oder regionaler Ebene immer noch zwingend erforderlich. Hierzu gehören Gewerbe- und Industriebetriebe (etwa Schwerindustrie), sperrige Verkehrs- sowie Ver- und Entsorgungseinrichtungen (Kläranlagen, Mülldeponien und -verbrennungsanlagen, Rangierbahnhöfe ...). Auch primär der Erholung und Freizeit dienende Anlagen können einerseits sensibel sein gegenüber Störungen von außen, aber andererseits auch selbst durch Besucherverkehr und Lärm (zum Beispiel Freibad) Beeinträchtigungen der Nachbarschaft hervorrufen.

Zur veränderten Bewertung von Nutzungsmischung und Dichte haben unterschiedliche Faktoren beigetragen: der wirtschaftliche und soziale Strukturwandel und seine Auswirkungen auf die Stadtentwicklung, der insgesamt gewachsene gesellschaftliche Reichtum und nicht zuletzt die Notwendigkeit, die zukünftige Stadtentwicklung am Ziel der Nachhaltigkeit zu orientieren. Im Folgenden wird auf die wichtigsten Veränderungen im Zusammenspiel von Nutzungsmischung und Dichte eingegangen.

3.2 Effekte des Strukturwandels

Seit dem Zweiten Weltkrieg führte der Strukturwandel in der Landwirtschaft, im produzierenden Gewerbe sowie im Bereich der Dienstleistungen in Deutschland zu einem stetigen Wachstum von Wirtschaft und Wohlstand. Städte wuchsen zu Regionen. Im Zentrum führte das Wachstum zur fortlaufenden baulichen Verdichtung, gleichzeitig bildeten sich immer größere monofunktionale Bereiche aus und es sank die Belegungsdichte der Wohnungen und Arbeitsstätten. Die Wohnfläche pro Einwohner und auch die Arbeitsfläche pro Beschäftigte stieg kontinuierlich an. Es werden daher selbst dort zusätzliche Wohnungen benötigt, wo die Einwohner- oder Beschäftigtenzahl stagniert oder gar sinkt. Schon „die Reduzierung der durchschnittlichen Haushaltsgröße von 2,7 auf 2,3 Personen in den letzten dreißig Jahren, mehr noch die gleichzeitige Erhöhung der durchschnittlichen Wohnfläche je Einwohner von 24 auf 38 Quadratmeter haben dazu geführt, dass sich bei gleicher baulicher Dichte die Einwohnerdichte in zahlreichen Wohngebieten nahezu halbiert hat."[24]

Dieser direkte Wohlstandseffekt wirkt auf die Belegungsdichte. Er macht zudem deutlich, wie wichtig es ist, immer sehr sauber zwischen verschiedenen Dichtebegriffen, hier zwischen Bau- und Einwohnerdichte, zu unterscheiden. Ein weiterer Wohlstandseffekt berührt die Nähe und die Distanz zwischen Nutzungen, die von Personen oder Unternehmen noch toleriert werden. Hier sind gegenläufige Tendenzen beobachtbar. Einerseits sinkt infolge technischen Fortschritts in den Produktionstechnologien die Belastung und Belästigung, die von Fertigungs- und Handwerksbetrieben ausgehen, gleichzeitig nehmen die Störungen durch den wachsenden Anliefer- und Arbeitnehmerverkehr zu. Als besonders belastend wird von Anwohner der Lärm bewertet, der von gastronomischen Betrieben, insbesondere in den Abendstunden, ausgeht. Wie die wachsende Zahl von Nachbarschaftsklagen selbst gegen die Ansiedlung von Kindergärten und Bolzplätzen zeigt, ist die Empfindlichkeit von Stadtbewohnern gegenüber Geräuschen in den vergangenen Jahren gestiegen, eine Entwicklung, die im Kontrast zu der wachsenden Nachfrage nach städtischen Wohnsituationen steht. Die befürchteten Auseinandersetzungen mit störungsempfindlichen Nachbarn sind oft der Grund dafür, dass in der kommunalen Planungspraxis weniger Nutzungsmischung zugelassen wird, als das Planungsrecht tatsächlich ermöglicht.

Schrumpfungseffekte
Ein für die Bundesrepublik neues Phänomen sind schrumpfende Städte (vgl. Beitrag Siedentop, Zakrzewski, S.75). Demographischer Wandel und eine dauerhafte Schwäche der regionalen Wirtschaftskraft führen in diesen Städten vor allem in den

ostdeutschen Bundesländern, aber auch in altindustrialisierten und strukturschwachen ländlichen Regionen Westdeutschlands dazu, dass die Einwohnerzahl sinkt und „überaltert", Betriebe schließen müssen, die Zahl der Arbeitsplätze rückläufig ist und die Stadt an Kauf- und Steuerkraft verliert. Dort, wo dieser Schrumpfungsprozess besonders stark ausfällt, bleiben leere Gebäudehüllen und Brachflächen zurück. Wohnungen sind ungenutzt, Schulen und Kindergärten müssen geschlossen werden, weil Kinder und Schüler fehlen. Schwimmbädern und Sporthallen fehlt es an Nutzern oder es fehlt an den Mitteln, die Bauten und deren Betrieb zu unterhalten. Es findet ein Prozess der Entdichtung statt. Durch den Rückgang der Geburtenzahlen und als Folge der Abwanderung schrumpft mit der Bevölkerung auch die Einwohnerdichte bei zunächst gleichbleibender baulich-räumlicher Dichte. Um die Dichte und Nutzungsintensität etwa des Wohnungsbestands zu erfassen, müssen zur Beschreibung zusätzlich Leerstandsquoten angegeben werden.

36 Rückbau nicht mehr benötigter Wohnungen in Halle-Neustadt

Schrumpfung hat völlig neue Konsequenzen für die Stadtplanung. Sie muss nicht Dichte- und Mischungsprobleme lösen, die sich wie bisher aus dem Städtewachstum ergeben, sondern sie muss sich mit einem Überfluss an Flächen und Gebäuden auseinandersetzen und Strategien des Rückbaus sowie der kontrollierten Entdichtung überlegen. Dichte und Mischung bilden auch hier wichtige Zielkriterien, aber nun unter anderen Vorzeichen. An welchem Standort kann oder muss etwa die Zahl der Wohnungen verringert oder die Versorgungseinrichtungen zurückgenommen werden, ohne dass ein Stadtteil seinen Zusammenhalt und die Infrastruktur ihre Tragfähigkeit verliert? Was geschieht mit den freiwerdenden Flächen? Hierzu sind in den letzten Jahren in den ostdeutschen Städten vor allem im Zuge des Bund-Länder-Programms „Stadtumbau-Ost" neue Stadtentwicklungskonzepte erarbeitet worden.[25]

3.3 Veränderte Zielorientierungen – nachhaltige Siedlungsentwicklung

Neben den Folgen des Strukturwandels haben auch neue Zielorientierungen auf das Verständnis und die Bewertung von städtebaulicher Dichte und Nutzungsmischung eingewirkt; dies gilt vor allem für das übergreifende Ziel der nachhaltigen Siedlungsentwicklung. Eine nachhaltige Stadtentwicklung ist inzwischen als übergreifendes Ziel fachlicher Konsens und sogar im Bau- und Planungsrecht verankert. „Stadt der kurzen Wege", „Reduktion der Flächeninanspruchnahme" oder „Innenentwicklung vor Außenentwicklung" sind Schlagworte, mit denen eine ökologisch verantwortliche, das heißt ressourcenschonende, flächensparende und verkehrmindernde Siedlungsentwicklung ohne Einschränkung der wirtschaftlichen Dynamik und ohne Gefährdung der sozialen Kohäsion der Städte erreicht werden soll. Auch hier bilden städtebauliche Dichte und Nutzungsmischung zentrale Parameter.

37 Tango-Fabrik Leipzig: Kultur im ehemaligen Industriequartier

Verdichtung und Landschaftsverbrauch
Durch bauliche Verdichtung die Inanspruchnahme von Landschaft für Besiedlung zu reduzieren, ist ein zentrales Element nachhaltiger Siedlungsentwicklung. Allerdings haben schon Ende der 1950er Jahre Göderitz, Rainer und Hoffmann[26] darauf hingewiesen, dass der Flächenersparnis bei Wohnungsbau durch Verdichtung, also durch Stapelung von Wohnungen, Grenzen gesetzt sind. In ihrem bekannten Schema (Abb. 38) gehen sie davon aus, dass auf jeden Einwohner je eine bestimmte Flächeneinheit für Wald, Wasser, Verkehrsflächen, Industrie, öffentliche und gewerbliche Bauten, Friedhöfe, Parks, Kleingärten, Sport- und Freizeitflächen entfallen. Auf jedem der 100 Meter breiten Streifen leben 200 Menschen in 50 Wohnungen oder Einfamilienhäusern (die durchschnittliche Haushaltsgröße von vier Personen entspricht der Nachkriegszeit – heute beträgt sie 2,3). Das Beispiel zeigt deutlich, dass im mehrgeschossigen Hochbau durch die baurechtlich notwendigen Abstandsflächen ab etwa fünf Geschossen keine nennenswerte Flächeneinsparung mehr erfolgt.

38 Schema-Beispiel von Göderitz, Rainer und Hoffmann

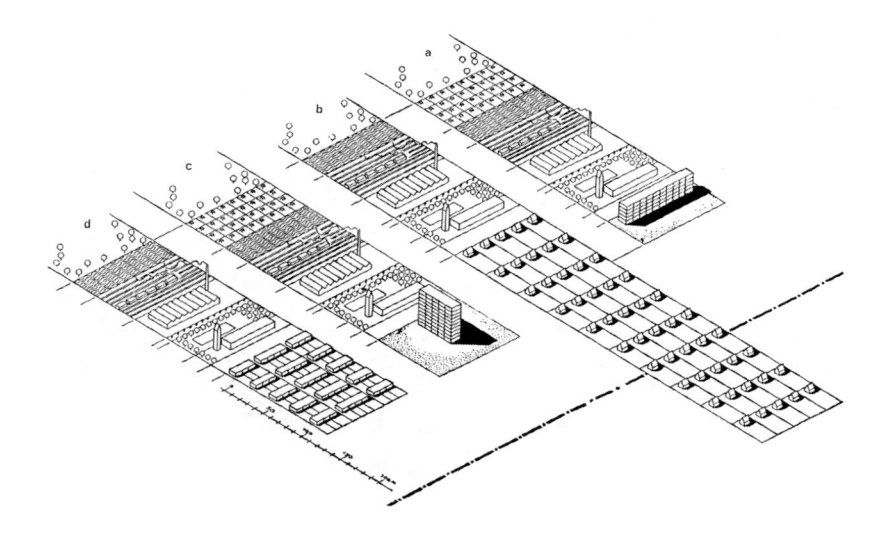

Aber es gibt auch jenseits der planungs- und bauordnungsrechtlichen Vorgaben weitere Argumente für eine Begrenzung der Baudichte in Wohnquartieren. Es gibt die plausible Annahme, dass Bewohner dichter Quartiere am Wochenende häufiger einen Ausgleich in der freien Landschaft suchen. Die Berliner Mietskaserne und die Berliner Schrebergärten bilden eine Art Symbiose. Wer in dichten Wohnquartieren wohnt, sucht, wenn er kann, in der Freizeit das Weite, und wenn er keine Alternative hat, außerhalb der Stadt – erzeugt somit Verkehr und nimmt zusätzliche Fläche außerhalb des Quartiers in Anspruch. Verdichtete Wohnquartiere benötigen entsprechend in ausreichendem Maße komplementäre und nutzbare öffentliche Räume für Freizeit und Erholung, dazu zählen insbesondere Grün- und Freiflächen. Je höher Wohn- und Innendichte, um so „vielfältiger sind die Nutzungsansprüche, die an wohnungsnahe Freiflächen gestellt werden [...]."[27] Wer dicht baut, muss in unmittelbarer Nähe ausreichend attraktive Freiflächen für die Bewohner als Ausgleich für den fehlenden Gartenbezug anbieten.

Stadtökologie und Stadtklima
Städte stellen „Wärmeinseln" dar, die im Mittel zwei bis vier Grad wärmer sind als ihr Umland. Will man diese Ansammlung von Asphalt, Stein und Beton im Sommerhalbjahr auf für den Menschen verträgliche Temperaturen kühlen, sind große Bäume und vor allem viele zusammenhängende innerstädtische Grünflächen notwendig (vgl. Abb. 39). Der baulichen Verdichtung des Stadtkörpers zugunsten von Freiflächen am Rand, sind auch aus diesem ökologischen Grund Grenzen gesetzt. Sie verlaufen dort, wo die für die Lebensqualität und das Stadtklima in der Stadt notwendigen Freiräume überbaut werden. Freiräume und sogenannte Frischluftschneisen sind von Bebauung und Verdichtung freizuhalten. Sie ermöglichen die Durchlüftung der Stadt und gewährleisten einen Luftaustausch zwischen Stadt und Umland.

Werden Flächen innerhalb des Stadtkörpers zu dicht bebaut, fehlen notwendige Flächen für Versickerung an Ort und Stelle und (gerade im Sommer) für die kühlende Verdunstung. Solche lokalen Regenwassersysteme werden spätestens dann unmöglich, wenn mehr als 50 Prozent der Fläche eines Grundstücks oder eines Quartiers versiegelt oder überbaut sind.[28] Hohe Baudichten mögen Flächen sparen, führen aber durch tiefe Gründung und hohen Versiegelungsgrad zu einer Veränderung der Bodenprofile und der Abflussverhältnisse. Sieverts bringt es auf die plakative Formel: entweder „flächensparend, aber bodenzerstörend" oder „bodenschonend, aber flächenverschwendend".[29]

Ähnliche Abwägungen müssen bekanntlich auch für die Optimierung der Solarenergie vorgenommen werden. Stark verdichtete Bauweisen und/ oder hohe Gebäude schränken die natürliche und die direkte Belichtung benachbarter Gebäude oder

39 Testfeld für begrünte Parkplätze der Universität Kobe/ Japan: Neben der baulichen Dichte sind die Beschaffenheiten der Oberflächen entscheidende Parameter für das städtische Mikroklima. Während sich die asphaltierten Flächen rasch aufheizen und nur langsam abkühlen, reduzieren die offenen und begrünten Oberflächen die lokalen Temperaturen.

deren Solarsysteme ein. Die Abkühlungsverluste sind durch kompakte Bauweisen zu minimieren und die Einstrahlungsgewinne dadurch zu optimieren, dass ein möglichst großer Teil der Gebäudehülle der direkten Sonneneinstrahlung gerade in den Jahreszeiten mit niedrigstehender Sonne ausgesetzt sind. Bei dichter Bebauung mit knappen Gebäudeabständen sind der Solarenergiegewinnung wegen der Verschattungen schnelle Grenzen gesetzt sind (vgl. Beitrag Busch, Sgobba, S. 253)

Verkehrsminderung und Infrastruktur
In zahlreichen verkehrswissenschaftlichen Untersuchungen ist immer wieder bestätigt worden, dass dichte und nutzungsgemischte Quartiere weniger Verkehr erzeugen als locker besiedelte monofunktionale Quartiere. Auch ist der Anteil der Automobilbesitzer in dichten Quartieren signifikant kleiner, damit ist auch der Anteil der Nutzer, die den Umweltverbund im Stadtverkehr nutzen (Fußgänger, Fahrrad, ÖPNV) signifikant höher. Unter den Gesichtspunkten Auslastung und Attraktivität privater wie öffentlicher Infrastruktursysteme könnte die Dichte von Nutzungen und Nutzern also gar nicht hoch genug sein, denn sie spart und verkürzt Pendelbewegungen „vom Produzenten zum Konsumenten, vom Erwerbstätigen zum Arbeitsplatz, von der Publizistin zum Publikum"[30]. Dichte und Nutzungsmischung können die Auslastung und die Attraktivität von Infrastruktursystemen (ÖPNV, öffentliche Einrichtungen, Einzelhandel...) erhöhen, Fahrtwege und -zeiten verkürzen und dadurch den motorisierten Individualverkehr (MIV) reduzieren.

Allerdings darf man sich die Verkehrsminderung etwa durch Nutzungsmischung nicht so einfach vorstellen, dass der, der im nutzungsgemischten Quartier wohnt, dort auch arbeitet. Die gelebte kleinräumige Einheit des Wohn- und Arbeitsalltags ist zwar möglich und auch von vielen gewünscht, aber in Zeiten regionaler und zum Teil inzwischen überregionaler Wohn- und Arbeitsmärkte ein eher seltener Glücksfall. Die geforderte Flexibilität und räumliche Mobilität auf dem Arbeitsmarkt stehen dem entgegen. „Dennoch werden von Bewohnern gemischter Quartiere weniger Wege mit dem Auto zurückgelegt als in entmischten Quartieren".[31] Insbesondere die Wege von der Wohnung zu privaten und öffentlichen Versorgungseinrichtungen und Dienstleistungen sind kürzer und können ohne Auto bewältigt werden.

Zu den festen Regeln von Stadtplanern und zum Prinzip der nachhaltigen Siedlungsentwicklung gehört, dass um die Haltestellen des ÖPNV die Baudichten besonders hoch sein müssen, um den ÖPNV entsprechend auszulasten. Dahinter steckt die Baudichte als Indikator für Belegungsdichte. Dieser Indikator mag einmal generell gültig sein. Wichtiger ist, dass das Sinken der Belegungsdichte zum Flächenverbrauch sicherlich sehr viel mehr beigetragen hat als eine nicht sinkende Wohnbaudichte. Gerade in den großen modernisierten Gründerzeitwohnungen wohnen häufig heute Singles und Paare ohne Kinder. Wichtig sind danach auch Strategien, die sich dem wachsenden Wohnflächenverbrauch entgegenstellen, etwa indem sie dazu beitragen, dass große Wohnungen auch von großen Haushalten bewohnt werden, dass es also eine bedarfsgerechtere Verteilung der Wohnungen gibt.

40 Die Tübinger Südstadt: Beispiel für gelungene Nutzungsmischung und Verdichtung im Städtebau

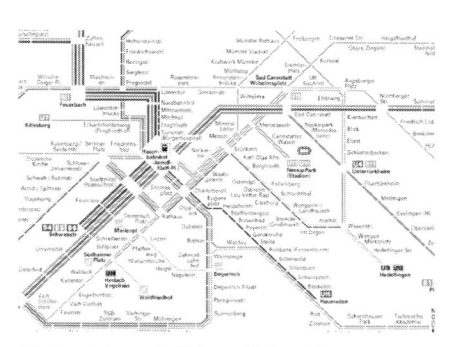

41 Attraktive und effiziente Nahverkehrssysteme benötigen dichte und kompakte Siedlungsstrukturen

Literatur

Albers, Gerd; Wékel, Julian: Stadtplanung. Eine illustrierte Einführung. Darmstadt 2007

Archithese: Dichte. Density. H. 3 (2011)

Arpa, Javier/ Fernandez Per, Aurora/ Mozas, Javier: DBOOK. Density, Data, Diagrams, Dwelling. Vitoria-Gasteiz 2007

Bretschneider, Betül: Remix city. Nutzungsmischung: ein Diskurs zu neuer Urbanität. Frankfurt am Main (u.a.) 2007

Bundesamt für Bauwesen und Raumordnung BBR (Hg.): Planung städtebaulicher Nutzungsmischung in Stadterweiterungs -und Stadtumbauvorhaben in Europa. Bonn 1999

BBR (Hg.): Nutzungsmischung im Städtebau. Bonn 2000

Häußermann, Hartmut (Hg.): Großstadt. Soziologische Stichworte. Opladen 1998

Magnago Lampugnani, Vittorio/ Keller, Thomas K./ Buser, Benjamin (Hg.): Städtische Dichte. Zürich 2007

Roskamm, Nikolai: Dichte: eine transdisziplinäre Dekonstruktion. Bielefeld 2011

Steffen, Gabriele/ Baumann, Dorothee/ Betz, Fabian: Integration und Nutzungsvielfalt im Stadtquartier. Norderstedt 2004

Wentz, Martin (Hg.): Die kompakte Stadt. Frankfurt am Main [u.a] 2000

Wiegand, Jürgen: Funktionsmischung. Teufen 1973

Endnoten

1, 2   Albers, Gerd: Zur Entwicklung der Stadtplanung in Europa. Begegnungen, Einflüsse, Verflechtungen. Braunschweig/Wiesbaden 1997, S. 295

3, 4   vgl. Institut für Zukunftsstudien und Technologiebewertung (IZT): Nachhaltiges Bauen und nachhaltige Flächennutzung. Arbeitsbericht Nr. 13/2005. Berlin 2005, S. 14

5, 6   Statistisches Bundesamt: http://www.destatis.de; 8. Juli 2008;12:34

7   Rat für nachhaltige Entwicklung: Ziele zur nachhaltigen Entwicklung in Deutschland – Schwerpunktthemen. Berlin 2007, S. 23

8   Wiegand, Jürgen: Funktionsmischung. Teufen 1973, S. 13 ff.

9   vgl. Fehl, Gerhard; Rodriguez-Lorez, Juan (Hg.): Städtebau um die Jahrhundertwende. Materialien zur Entstehung der Disziplin Städtebau. Köln 1980

10–12   BBR (Hg.): Nutzungsmischung im Städtebau. Bonn 2000

13   BBR (Hg.): Planung städtebaulicher Nutzungsmischung in Stadterweiterungs -und Stadtumbauvorhaben in Europa. Bonn 1999, S. 3

14   Landeshauptstadt Stuttgart (Hg.): Stadträumliche Dichte. Flächenbilanz von Wohngebieten in Stuttgart. Stuttgart 2005

15   Statistisches Bundesamt (Hg.): Nutzung der Bodenfläche. Wiesbaden 2006

16–20   Spiegel, Erika: Dichte. In: Häußermann, Hartmut (Hg.): Großstadt. Soziologische Stichworte. Opladen 1998, S. 41

21   Jane Jacobs: The Death and Life of great American Cities. New York 1961

22   Alexander Mitscherlich: Die Unwirtlichkeit unserer Städte. Anstiftung zum Unfrieden. Frankfurt a. M. 1964

23   Siebel, Walter: Urbanität, in: Häußermann, Hartmut (Hg.): Großstadt. Soziologische Stichworte. Opladen 1998

24   Spiegel, Erika: Räumliche und soziale Dichte – Garanten der Nachhaltigkeit? Unveröffentlichtes Manuskript, Neckarsulm 1998

25   vgl. Oswalt, Philipp (Hg.): Schrumpfende Städte. Ostfildern-Ruit 2005

26-27   Göderitz, Johannes; Roland, Rainer; Hoffmann, Hubert: Die gegliederte und aufgelockerte Stadt. Tübingen 1957, S. 35 ff.

28   Ganser, Karl: Zur Konjunktur städtebaulicher Leitbilder. Gelsenkirchen 1995; zitiert nach Spiegel 1998, S. 10

29   Thomas Sieverts: Einige Amerkungen zum Thema Dichte. In: Magistrat der Stadt Frankfurt (Hg.): Planung und Entwicklung neuer Stadtteile. Internationaler Städtebau-Diskurs 22.–23. Mai 1997. Frankfurt 1997, S. 83–86 (hier S. 84).

30   Salvi, Marco: Vom Nutzen der Nähe – Städtische Dichte und urbane Dynamik. In: Lampugnani, Vittorio Magnano (Hg.): Städtische Dichte. Zürich 2007

31   BBR (Hg.): Nutzungsmischung im Städtebau. Bonn 2000

Abbildungsverzeichnis

alle Abbildungsn, sofern nicht anders angegeben:
SI Bildarchiv Prof. H. Bott und Prof. F. Pesch; Fotos: Barbara Grunwald und Brigitta Stöckl; Grafiken: Tilman Sperle/ Dan Teodorovici

2   Eigene Bearbeitung; Datenquelle: Statistisches Landesamt Baden-Württemberg; /www.statistik-bw.de/SRDB/Tabelle.asp?01515215GE111000; 27. Februar 2009

15   BBR; http://www.bbr.bund.de/cln_005/nn_21210/SharedDocs/GlossarEntry/E/Einwohnerdichte__LRB.html?__nnn=true; 27. Februar 2009

16   Eigene Bearbeitung; Datenquelle: Landeshauptstadt Stuttgart 2005, S. 9

18–22   Bearbeitung und Datenquelle: Geodatenbank der Fakultät 1, Universität Stuttgart

28   Gehl, Jan; Gemzøe, Lars: New City Spaces. Copenhagen 2003, S. 55

33   Boberg, Jochen/ Fichter, Tilman/ Gillen, Eckhart (Hg.): Exerzierfeld der Moderne. Industriekultur in Berlin im 19. Jahrhundert. München 1984, S. 262

34   Doehler-Bezardi, Marta/ Lütke Daldrup, Engelbert: plusminus Leipzig 2030. Stadt in Transformation. Wuppertal 2004, S. 34–35

35   http://www.leipziger-freiheit.de/de/service/download/zeitungsmotive/index.html; 27.Februar 2009

38   Göderitz, Johannes; Roland, Rainer; Hoffmann, Hubert: Die gegliederte und aufgelockerte Stadt. Tübingen 1957, S. 37

39   Moriyama Laboratory Department of Architecture and Civil Engineering, Kobe University 2006

40   Feldkeller, Andreas (Hg.): Städtebau: Vielfalt und Integration. Neue Konzepte für den Umgang mit Stadtbrachen. Stuttgart/München: 2001, S. 193

41   VVS Verkehrs- und Tarifverbund Stuttgart: http://www.vvs.de/plaene.php; 27. Februar 2009

HELMUT BOTT

Stadtraum und Gebäudetypologie im Entwurf

1 Das Einzelelement und das Ganze – Einstieg in das städtebauliche Entwerfen

Wir sprechen im Städtebau oft von „Regel- und Sonderbausteinen" und meinen damit die „normalen", sich in ihren Proportionen wiederholenden Bauten einerseits (etwa die bürgerlichen Wohnhäuser des Mittelalters, der Neuzeit oder die aneinandergereihten Bürgervillen der Gründerzeit) und Sonderbauten wie Paläste, Kirchen, öffentliche Einrichtungen wie Theater, Museen... andererseits, die in der Regel Einzelbauten sind und aus dem Rhythmus der Regelbausteine herausfallen.

Diese Begriffe stellen eine Analogie zwischen der städtischen Baustruktur und dem Gefüge des Mauerwerks her. Aber ebenso wenig, wie allein aus den Fügungsregeln der Bausteine ein Gebäude entstehen kann, mag ein Klinkermauerwerk auch noch so schöne Strukturen erzeugen, genauso wenig entsteht aus dem Aneinanderfügen der Regel- und Sonderbausteine ein städtebaulicher Entwurf. Das Ganze ist eben immer mehr und etwas Anderes als die Summe seiner Teile.

Gleichwohl sind die „Fügungsregeln", die das Neben- und Miteinander der einzelnen Bausteine festlegen, beim städtebaulichen Entwurf wichtig. Anhand dieser Regeln klärt man die Beziehungen zwischen den Baukörpern und kann Gebäudegruppen, Ensembles konzipieren, die als zusammengehörende Gruppe auf ein „Baufeld" gestellt städtebauliche Basiseinheiten bilden. So entstehen „von unten", durch das Zusammenfügen von Bausteinen die Grundelemente des städtebaulichen Entwerfens. Aber ohne die Festlegung einer übergeordneten Gesamtform, in der mindestens ein Wegenetz, der Zuschnitt verschiedener Baufelder und die Verknüpfung mit der Umgebung festgelegt sind, wird kein guter städtebaulicher Entwurf entstehen. Neben diesem Weg „von unten" muss es also noch eine Annäherung an den Entwurf „von oben", von den übergeordneten Bezügen der Vernetzung mit der Umgebung geben, in der Haupterschließungsstraßen festgelegt, Sichtbeziehungen und landschaftliche Gegebenheiten berücksichtigt und hierarchische Elemente zur Orientierung (Merkzeichen) und der Nutzung (zentrale Bereiche, Brennpunkte) festgesetzt werden.

1 Die beiden Wege: „von unten" – das Aneinanderfügen der „Bausteine" und „von oben" – die Einbindung in das Siedlungsgefüge und die Landschaft

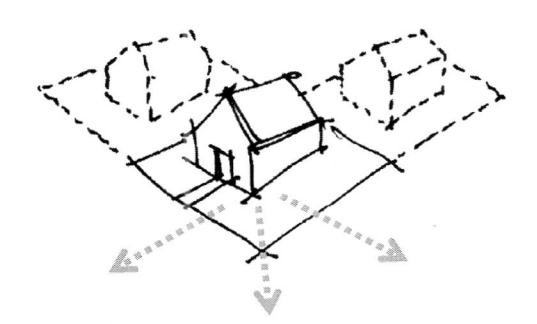

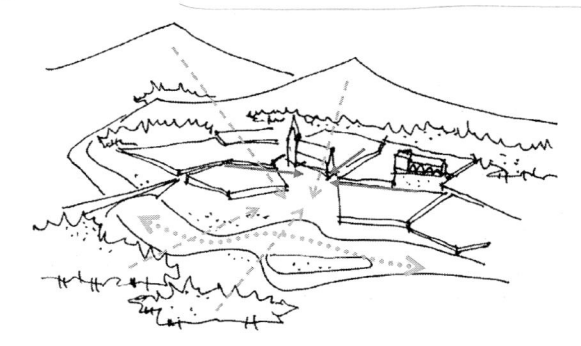

2 Die Stadtbausteine und die Bedingungen ihrer Fügung

2.1 Gebäudetypologien und Baustrukturen

Die Gestalt der Stadt ist demnach mehr als die Summe ihrer Architekturelemente – was nicht heißt, dass die Einzelelemente keine Bedeutung für die Gestalt und Gestaltqualität hätten. Städte mit hervorragender Stadtgestaltqualität haben immer auch sehr gute Einzelbauten. Guter Städtebau ist ohne ein mindestens gutes Mittelmaß der Einzelgebäude kaum möglich.

Bei der Betrachtung des städtebaulichen Entwurfskonzeptes interessieren uns die „Innereien" der Gebäude zunächst nicht. Bei einer detaillierteren Analyse und beim städtebaulichen Entwerfen muss der Zusammenhang zwischen städtebaulichen Vorgaben und Bedingungen auf der einen und den für diese Situation geeigneten Gebäudetypen auf der anderen Seite dennoch berücksichtigt werden. Die Zuordnung von öffentlicher Erschließung und interner Gebäudeerschließung, die Lage und Orientierung privater Freiflächen und Loggien im Verhältnis zu öffentlichen Flächen und zum Sonnenstand sind wichtige Entwurfsaussagen, bei denen sich städtebauliche und gebäudeinterne Entwurfs- und Planungsentscheidungen überlagern.

Im traditionellen Städtebau standen die Fixierung des Stadtgrundrisses (Straßen-/ Platzflächen und Baufelder, die dann parzelliert wurden) und das Konzept des Stadtraums im Vordergrund. Durch die Festlegung von Straßen, Plätzen und von Fluchtlinien für die Straßenrandbebauung entstand ein Gerüst, in das sich die einzelnen Gebäude einpassen mussten. Im modernen Städtebau kehrte sich dieses Verhältnis tendenziell um: Der Städtebau wurde sehr stark von den funktionellen Anforderungen des Einzelelements (der Wohnung, des Gebäudes) her konzipiert. Aus der Optimierung der Belichtung, Besonnung und Erschließung wurden die Kombinationen und Additionsregeln der Elemente zu städtebaulichen Strukturen abgeleitet. Gemäß diesen Regeln entstanden dann oft städtebauliche Strukturen im Sinne der oben angesprochenen „Fügungstechnik" aus dem Aneinanderfügen der Grundmodule.

In gebäudekundlichen Typologien wurden und werden die Grundelemente (Wohnungen, Büroeinheiten) nach folgenden Kriterien klassifiziert (vgl. Beitrag Hafner, Holl, Jessen, S. 159):

- horizontale und vertikale Erschließung,
- Orientierung zum Sonnenstand und zum öffentlichen/ privaten Bereich
- Gruppierung, Möglichkeiten der Reihung und Stapelung,
- Anordnung und Zuordnung von Verkehrs-, Erschließungs- und Nutzflächen sowie der Zuordnung von Freiflächen.

Die Größe der städtebaulichen Grundelemente, also der kleinsten Einheiten, die durch Reihung und/ oder Stapelung komplexe Strukturen bilden, ergibt sich aus den Nutzungsanforderungen (Wohnungsgemenge und Betriebsgrößen) und/ oder aus bauordungsrechtlichen Festsetzungen (maximale Längen von Flucht- und Rettungswegen, Brandabschnitten). Städtebauliche Strukturen entstehen aus der Kombination dieser Grundelemente, die sich nach der Art der Reihung oder Stapelung klassifizieren lassen. In der Abfolge:

- Solitär,
- Zeile,
- Block und Hof,
- Raumstruktur

nimmt die Komplexität der Kombinationsbedingungen sowohl in der Art der räumlichen Beziehungen der Grundelemente wie auch in der Beziehung auf das Baugrundstück und die angrenzenden Grundstücke und Baukörper zu. Durch die Art der Kombination dieser einfachen Grundelemente lassen sich sehr differenzierte Baustrukturen ausformen. Aus der Überlagerung mit unterschiedlichen Erschließungsformen und Zuordnungen von Freiflächen ergibt sich bereits ein sehr breites Spektrum an Baustrukturen.

Zeilen lassen sich einseitig oder zweiseitig erschließen. Zweiseitig erschlossene Zeilen nähern sich dem traditionellen Straßenraum an. Zwischen den Grundtypen (Solitär – Zeile – Block und Hof – Raumstruktur) entstehen Übergangsformen: Solitärbauten dehnen sich zu kurzen Zeilen aus, geknickte Zeilen und Winkel und U-Formen gehen in Blockstrukturen über. Zeilen lassen sich parallel, rechtwinklig und natürlich auch schiefwinklig zuordnen, woraus jeweils sehr unterschiedliche Formen der Raumbildung entstehen.

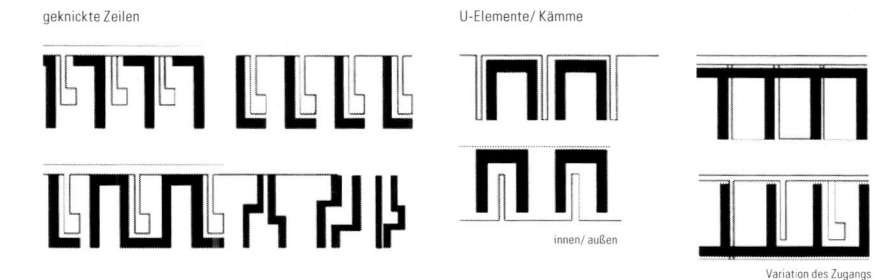

2 Erschließung und Baustrukturen – Zeilen und Kämme

Werden Blockrandstrukturen von innen erschlossen (durch PKW und/ oder Fußwege) so werden sie zu Höfen. Der „Blockinnenbereich" wird zum „halböffentlichen Übergangsraum", der alltäglich von einem eingegrenzten Benutzerkreis als Erschließungsbereich genutzt wird. Die gleiche Baustruktur wird also in Verbindung mit verschiedenen Erschließungsformen zu einem anderen städtebaulichen Element: Bei einer Blockrandbebauung mit Erschließung von der Straßenseite ergeben sich im Vergleich zu einer Hoferschließung völlig unterschiedliche Nachbarschaftsverhältnisse. Einmal ist die Straße der wichtige Erlebnisraum des nachbarschaftlichen Wohnumfeldes und auch die eindeutige Adressenbildung, im anderen Falle (Hof) wird der Hof der primäre nachbarschaftliche Raum. Dies hat entsprechende Konsequenzen für die Wohnungen und die Zuordnung privater Freiflächen.

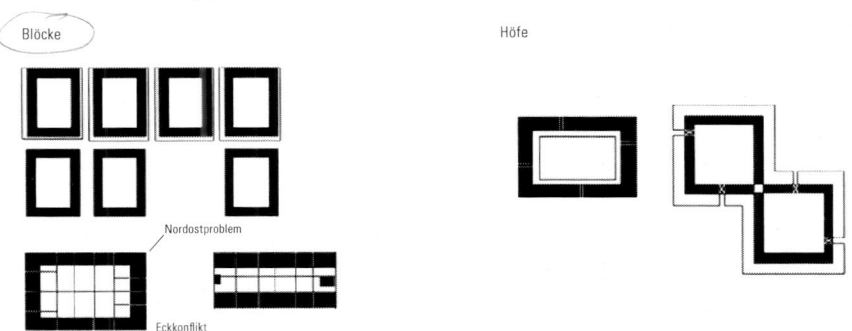

2 Erschließung und Baustrukturen – Block und Hof

Eine erschöpfende Darstellung aller Kombinationsmöglichkeiten und der darin enthaltenen Implikationen für die Erschließung und Orientierung der Wohnungen, für die Zuordnung von Freibereichen, die umfassende Definition und Abstufungen von Privatheit und Öffentlichkeit würde bereits ein eigenes Buch füllen. Hier soll nur ein bewusster, typologisch orientierter Umgang mit diesen Elementen und Prinzipien angeregt werden. Zwar gibt es kein starres Regelwerk und kein Dogma, das einen bestimmten Gebäudetypus einer bestimmten städtebaulichen Struktur zuordnet. Aber es gibt Kongruenzen.

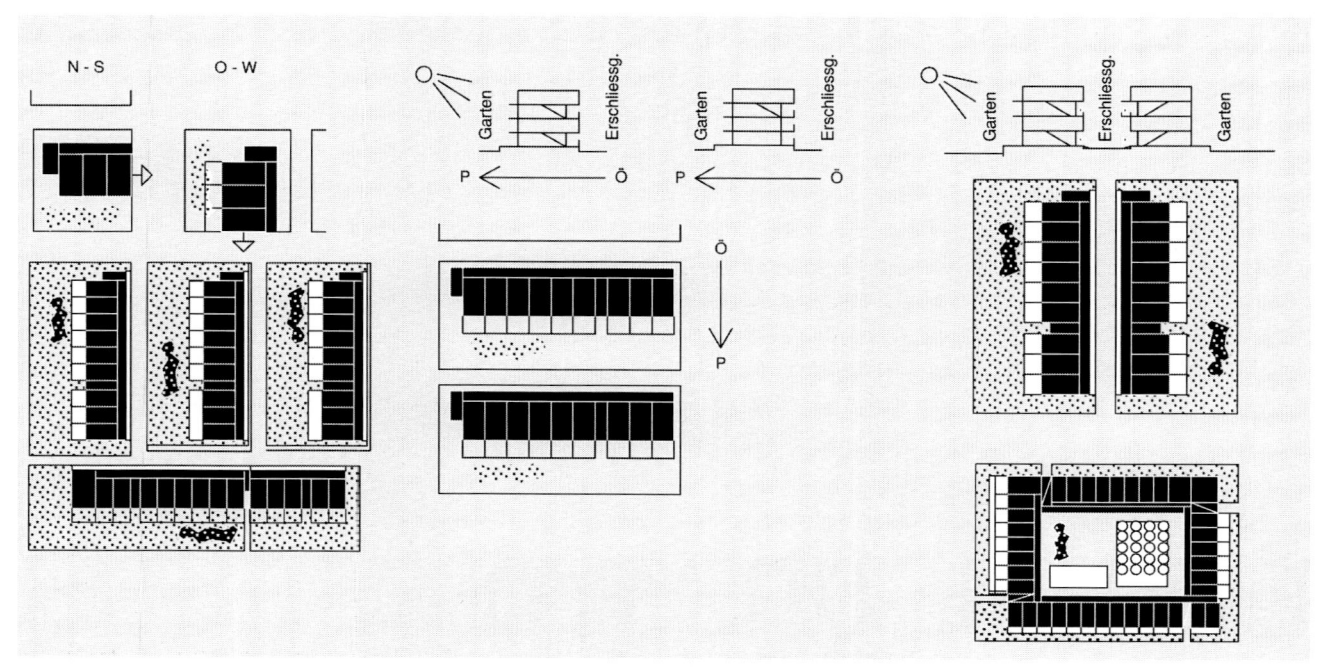

4 Laubengangtypen und ihre städtebauliche Anordnung unter Sonderbedingungen

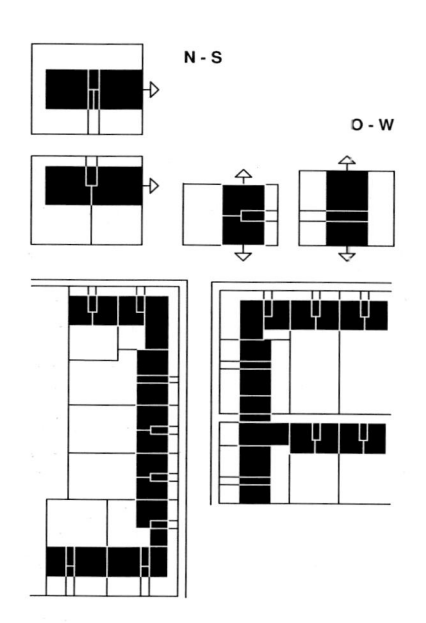

5 Zweispänner sind sehr variabel addierbar und können Blöcke, Zeilen, Kämme, Solitärbauten und unterschiedlichste Ensembles konfigurieren.

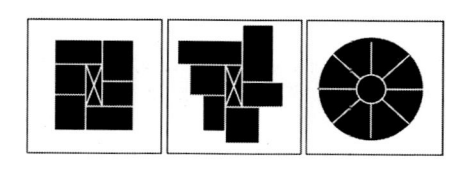

6 Mehrspänner gehen in Laubebgangtypen, komplexe räumliche Strukturen oder allseitig orientierte Solitärbaukörper über.

Ein Laubengangtyp mit eingeschossigen Wohnungen, also ohne Maisonetten, hat eine eindeutige Richtung von öffentlich (Straße, Erschließungselemente = laut) über halböffentlich (Treppenhaus, Laubengang) zu privat (Wohnung, Loggia, Terrasse/Balkon). Dies setzt eigentlich eine bestimmte städtebauliche Situation voraus: Straße und Laubengang liegen auf der Nord- oder Ostseite, die private Orientierung der Wohnung mit den Freiflächen erfolgt nach Süden oder Westen. Unter anderen städtebaulichen Bedingungen müssen zur Realisierung einer gut funktionierenden Laubengangwohnanlage zusätzliche Elemente (wie Einfriedungen oder Wintergärten als Lärmschutz) eingeführt werden. Der Logik des Grundrisstypus' „Laubengangtyp" entspräche also am ehesten eine Zeilenstruktur mit einseitiger Erschließung.

Ein Block ließe sich aus diesem Gebäudetypus nur unter Inkaufnahme von Nachteilen, durch spezielle Sonderlösungen oder durch zusätzlichen Aufwand formen. Zwei Blockseiten müssten nämlich von Süden beziehungsweise Westen her erschlossen werden. Gute Architekten können eine solch atypische Vorgabe als Anlass für interessante Lösungen nehmen: man könnte den Laubengang absetzen und die Wohnungszugänge über Brückchen andocken. Oder man könnte den Laubengang sehr tief machen und den Wohnungen auf der Süd- beziehungsweise Westseite eine Vorzone vorlagern (Filter zwischen Laubengang und Wohnung) und ähnliches mehr. In jedem Falle entsteht bei einer „untypischen" städtebaulichen Vorgabe eine kompliziertere architektonische Entwurfslösung.

Bestimmte Grundriss- und Erschließungstypen erweisen sich als „hochspezialisiert" und erfordern eigentlich eine ganz spezifische städtebauliche Situation. Zweispänner (Abb. 5) hingegen sind sehr „robust" und lassen sich unter sehr unterschiedlichen Bedingungen in Zeilenstrukturen, Blockstrukturen und bei Solitärbauten einsetzen. Vier- oder Mehrspänner (Abb. 6) hingegen lassen sich nur schwer linear zu Zeilen oder Blocks reihen, da in der Reihung einseitig orientierte Wohnungen ohne die Möglichkeit zur Querlüftung entstehen würden. Sie erfordern im Regelfalle Solitärbauten bei denen zumindest eine „Über-Eck-Orientierung" möglich ist. Es sei noch einmal betont, dass es in dieser Hinsicht keine Dogmen und keine eindeutigen Zugehörigkeiten gibt.

2.2 Bauweise und Baustruktur

Neben den Baustrukturen, die nach funktionalen und gestalterischen Kriterien klassifizierbar sind, interessiert beim Entwurf städtebaulicher Strukturen auch die Bauweise. Bauweise ist ein planungsrechtlicher Begriff, der in der Baunutzungsverordnung definiert ist. Die Bauweise definiert sich planungsrechtlich nach der Lage des Baukörpers auf dem Grundstück und im Bezug zur Grundstücksgrenze (vgl. Beitrag Büchner S. 313). Ausgehend von diesen spärlichen Definitionen lassen sich Bauweise und Baustruktur zuordnen (vgl. Tabelle). Die Bauweise definiert also weitere „Kombinationsbedingungen" oder „Fügungsregeln" der Grundelemente zu städtebaulichen „Figurationen".

Bauweise (nach BauNVO)	Typus	Bezug zu angrenzenden Modulen	Bezug zu Grenzbebauung
offen	Solitär (Punkt) kurze Zeile	• keine • einseitig • ein- und zweiseitig (Hausgruppen) bis 50m Länge an der Straße	• Einhaltung eines Grenzabstandes (=Bauwich) zur Grundstücksgrenze • Baukörper bis zu einer Länge von 55 m parallel zur Straße
geschlossen	Zeile, Block	• zweiseitig (Randelement einseitig) • dreiseitig nur bei Sonderformen wie z.B. Kamm	• beidseitige Grenzbebauung oder Baukörper > 55 m
abweichend/ besonders	back to back Atrium/Hofhaus Raumstrukturen	• dreiseitig (bei Randelementen zweiseitig möglich) • vierseitig	• unterschiedliche Formen, ein-, drei- oder vierseitige Grenzbebauung

2.3 Abstandsregeln und Baustruktur

In allen Kulturen gab und gibt es Abstandsregeln, die aus sehr unterschiedlichen Bedingungen resultieren. Die ältesten Großstädte in Asien, Ägypten und Europa hatten bis in die Zeit der europäischen Antike hinein als Regelbausteine Hofhäuser. Im 19. Jh. hat sich zunächst in den Villenvierteln, im 20. Jahrhundert verstärkt durch die Ziele des modernen Städtebaus, die offene Bauweise durchgesetzt. Aus hygienischen Gründen (Belichtung, Belüftung) wurden Grenzabstände und Abstände zur Nachbarbebauung gesetzlich festgelegt (vgl. Beitrag Büchner S. 313). Je nach Bauweise und baulicher Nutzung ergeben sich also aus den einzuhaltenden Abstandsflächen weitere „Kombinationsbedingungen" und „Fügungsregeln".

Neben den Abstandsflächen ergibt das „Maß der baulichen Nutzung" wichtige Vorgaben für die Konzipierung von Baustrukturen. Aus den zulässigen Geschossflächen eines Grundstücks (GFZ), der zulässigen Überbauung der Gesamtfläche dieses Grundstücks (GRZ) und der erlaubten Gebäudehöhe ergeben sich die Dichte und Höhe der möglichen Baustruktur. Diese Festsetzungen sind jedoch bezogen auf die Ausformung der Baustruktur zunächst neutral. Man kann die gleiche Dichte und Höhe jeweils mit den verschiedenen Baustrukturen erreichen beziehungsweise einhalten (vgl. Beitrag Sperle, Teodorovici S. 133).

Neben den gesetzlich geregelten Gebäudeabständen können aber auch andere Bedingungen für den Abstand den Entwurf von Baustrukturen beeinflussen. Dies kann etwa die Anforderung sein, aktive oder passive Nutzung der Solareinstrahlung zu gewährleisten. Soll auch im Winter bei mittäglichem Sonnentiefstand die gesamte Südfassade Sonnenstrahlung erhalten können, muss der Gebäudeabstand aus der als Abschattung wirksamen Gebäudehöhe und dem tiefsten Mittagssonnenstand ermittelt werden (vgl. Beitrag Busch, Sgobba S. 253).

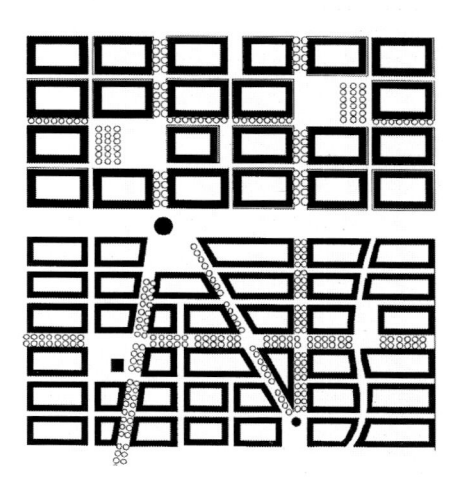

7 Durch Aussparung oder Verkleinerung einzelner Baufelder sowie die Hierarchisierung der Straßen (Querschnittsverbreitung, Baumalleen ein- und zweiseitig) entsteht selbst bei der modularen Reihung gleich großer Blöcke eine differenzierte Struktur des öffentlichen Raumes (oberer Teil der Skizze).
Die Einführung schiefer Winkel oder von Kurven bei der Straßenführung sowie von Sonderbausteinen als Visierpunkte oder Merkzeichen differenziert die Blockstrukturen und den öffentlichen Raum weiter und lässt leichter identifizierbare Wege und Räume entstehen. Freilich entstehen auf diese Weise komplizierter zugeschnittene Baufelder.

2.4 Das Aneinanderfügen der „Bausteine" oder Grundmodule

Beim modularen Entwerfen „von unten" gemäß den dargelegten „Fügungsregeln" entstehen zunächst rationalistische Strukturen, in der die immer gleichen Elemente nach den immer gleichen Regeln aneinander gefügt werden – Stadtbausteine eben, die zu Strukturen verbunden werden.

Dieses Verfahren tendiert in der flächenhaften Ausbreitung zu Monotonie. Aber bereits durch geringe Variationen können interessante Ensembles konfiguriert werden, wie die folgenden Grafiken am Beispiel des „reinen" Zeilenbaus und der Blockstrukturen demonstrieren.

8 Variationen von Zeilenstrukturen: modulares Entwerfen durch Addition gemäß Fügungsregeln

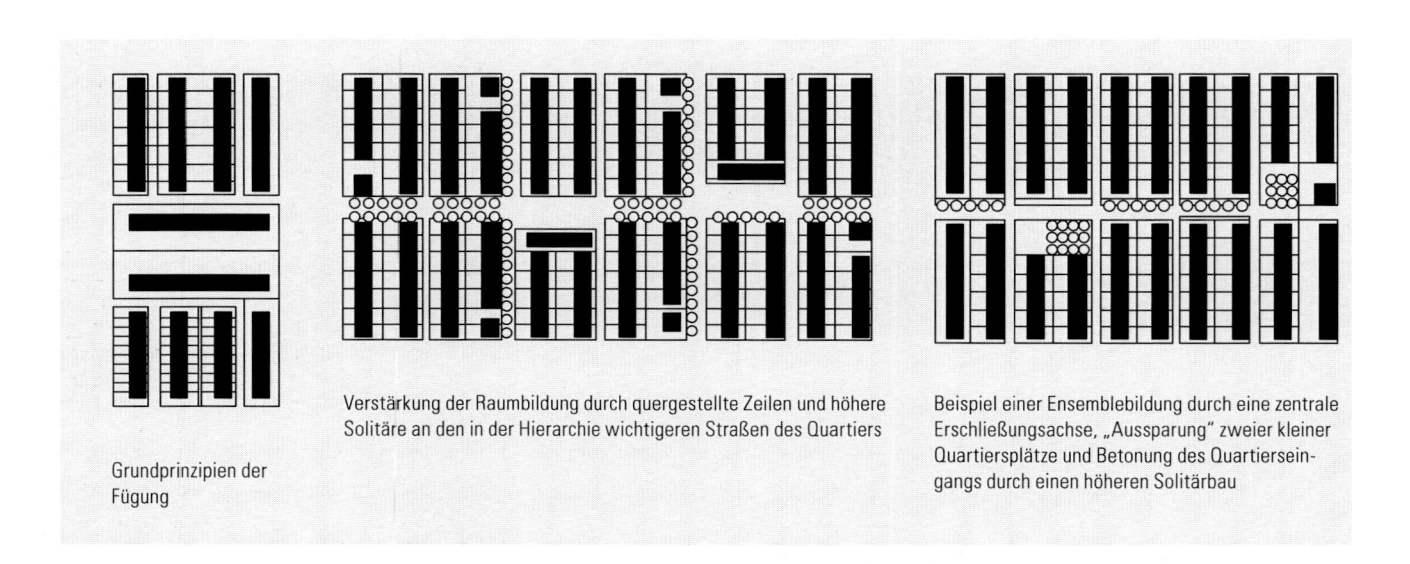

Grundprinzipien der Fügung

Verstärkung der Raumbildung durch quergestellte Zeilen und höhere Solitäre an den in der Hierarchie wichtigeren Straßen des Quartiers

Beispiel einer Ensemblebildung durch eine zentrale Erschließungsachse, „Aussparung" zweier kleiner Quartiersplätze und Betonung des Quartierseingangs durch einen höheren Solitärbau

3 Die Gesamtform und der Stadtraum

3.1 Abstraktionen: Baufelder und Stadtbaufelde

Stadtbereiche sind von einer gewissen Größe an sowohl in ihrer Analyse als auch beim Entwurf zu komplex, um sie als Summe aller Gebäude zu verstehen und darzustellen. Nur ungeübte Anfänger werden Haus neben Haus zeichnen und die endlose Addition von Gebäuden als Städtebauentwurf bezeichnen. Beim Entwurf eines Stadtgrundrisses arbeiten wir zunächst mit Elementen, die jeweils eine Gruppe von Gebäuden zusammenfassen. Das „normale" und historisch in Europa lange gebräuchliche Grundelement war der Baublock, der allseitig von öffentlichen Flächen (= Straßen) umschlossen ist.

In der Entwicklung des modernen Städtebaus im 20. Jahrhundert wurden eine Fülle anderer Baustrukturen und Erschließungsprinzipien entwickelt, deren Zusammenfassung zu größeren Einheiten nicht mehr als „Block" bezeichnet werden kann. Vielmehr hat sich als allgemeinere Form in den letzten Jahrzehnten der Begriff „Baufeld" durchgesetzt. Als Baufeld bezeichnet man eine Baufläche, auf der eine räumlich und funktional zusammenhängende, in sich abgeschlossene Gebäudegruppe und Erschließungseinheit konzipiert werden kann.

Beim städtebaulichen Entwerfen mit Blöcken oder Baufeldern wird von den Gebäuden abstrahiert und zunächst nur ein Stadtgrundriss entworfen, der Bauland

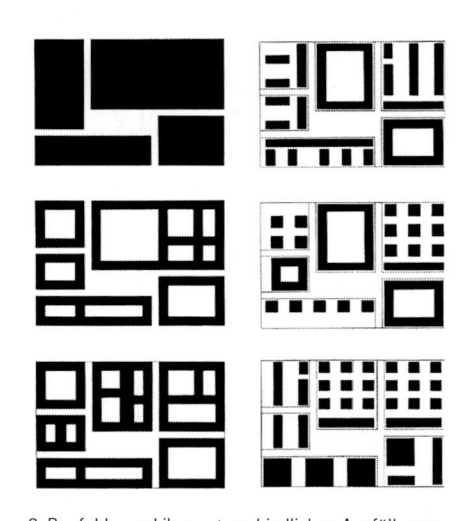

9 Baufelder und ihre unterschiedlichen Ausfüllungen

und Erschließung festlegt. Die Bebauung kann danach mit Variationen und Alternativen in die Baufelder „eingefüllt" werden. Diese abstrahierende Methode entspricht der Erfahrung, dass der „Stadtgrundriss" in der Regel langlebiger ist als die auf den Baufeldern errichteten Gebäude. Die einmal in der Geschichte einer Stadt getroffene Scheidung in öffentliche und private Flächen prägt eine Stadt, wenn keine Katastrophen diese Struktur zerstören, oft über viele Jahrhunderte, manchmal sogar Jahrtausende.

Darstellung und Entwurfsmethodik sind abhängig von der Größe des Planungsgebietes und dadurch vom Bearbeitungsmaßstab. Jedem Maßstab entspricht eine spezifische Darstellungsgenauigkeit. Man wird (nicht nur) beim städtebaulichen Entwurf vom Übergeordneten ins Detail gehen, zunächst die Verknüpfungen, Einbindungen und Grunddispositionen klären. Man wird also mit der Aufteilung in Baufelder, der Führung übergeordneter Erschließungslinien und dem Verlauf von Grünverbindungen beginnen und auf dieser Grundstruktur aufbauend in die Detaillierung gehen. In der Rückkoppelung können sich dann an der Grundstruktur wieder Änderungen ergeben. Bei den Betrachtungen sehr großer Planungsbereiche kann es sogar sein, dass Baufelder (Baublöcke) zunächst noch zu detailliert sind, dass also noch ein weiterer Abstraktionsvorgang notwendig ist, um die Aufgabe „handhabbar" zu machen.

Man beginnt dann mit „Stadtbaufeldern" zu arbeiten. Die Zusammenfassung einer Gruppe von Baufeldern, die wiederum eine gestalterisch-funktionale Einheit bilden, kann man als „Stadtbaufeld" bezeichnen. Dies ist immer auch ein ganz praktisches Problem der Zeichentechnik und des Bearbeitungsmaßstabs. Das Wechseln der Bearbeitungsmaßstäbe, Abstraktion und Detaillierung entsprechen auf der anderen Seite aber auch unserer Wahrnehmung, Erinnerung und Orientierung. Da wir nicht unendlich viele Informationen gleichzeitig verarbeiten können, bilden wir „Super-Zeichen", in denen komplexe, visuelle Informationen auf einfache, charakteristische Grundformen zurückgeführt werden. Entwerfen und Gestalten im Städtebau mit dieser Methode der Abstraktion, des „Arbeitens durch die Maßstäbe", entsprechen der Wahrnehmung der Stadtgestalt.

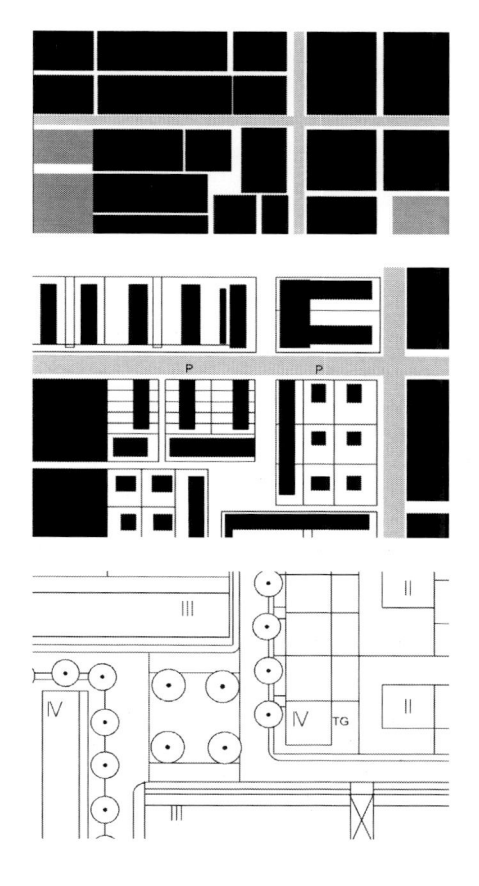

3.2 Entwerfen „von oben"

Im Abschnitt 2 wurde die Entstehung von Baustrukturen unter verschiedenen Randbedingungen erläutert und die gebräuchlichen Typen (Solitär, Zeile, Block/ Hof) dargestellt. Wie bereits erläutert, entsteht ein guter, den komplexen Anforderungen genügender städtebaulicher Entwurf in der Methode des „Gegenstromprinzips": die Einbindung in die Siedlungsstruktur und das Landschaftsbild des gegebenen Standortes muss mit dem Entwurf der Grundmodule (Baustrukturen) in Rückkoppelung erfolgen.

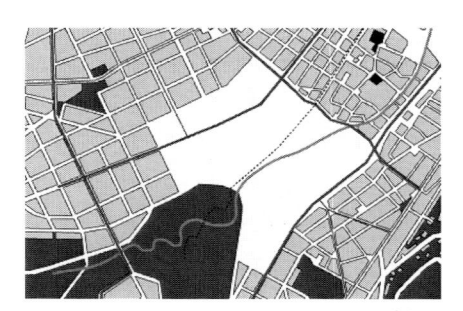

Dazu kann man sich verschiedener Methoden bedienen. In den folgenden Grafiken sollen an einem abstrahierten Beispiel unter zwei unterschiedlichen konzeptionellen Ansätzen Arbeitsschritte eines solchen Entwurfsansatzes „von oben" erläutert werden. Es geht um eine fiktive Entwurfsaufgabe: Für ein großes, innerstädtisches, brachliegendes Areal, zum Beispiel eine ehemalige Industrieanlage, soll ein Entwurf erarbeitet werden. Die umliegenden Baufelder sind durchweg mit unterschiedlichen Nutzungen belegt und abstrahiert als Baufelder dargestellt. Die im Südwesten liegende Grünanlage soll durch einen Grünzug zum historischen Kern im Nordosten verlängert werden.

10 Abstraktion/ Detaillierung: Je kleiner der Maßstab und je größer das zu betrachtende Gebiet, desto abstrakter fallen die Darstellung und die Betrachtung aus.

11 Die Ausgangssituation

Im Folgenden wird von zwei gegensätzlichen Konzeptansätzen ausgegangen:

- Ansatz 1 (Abb. 12–15)
  Es wird eine eigenständige Form, etwa in den Grenzen des früheren Fabrikareals, in das Stadtgefüge gesetzt und diese Form dann mit der Umgebung vernetzt.
- Ansatz 2 (Abb. 16–19)
  Es werden die umliegenden Stadtbereiche arrondiert und deren Muster bei der Entwicklung des neuen Stadtgrundrisses fortgesetzt.

Bei der mit diesen skizzenhaften Beispielen umrissenen Methode wird „von oben", von der Gesamtform und von den Bezügen zur Umgebung, her begonnen. Durch weitere Unterteilung entstehen in mehreren Schritten die Baufelder. Diese Methode fokussiert auf den Entwurf des Netzes der Wege und Plätze, auf den Entwurf des Stadtraums. An Baukörper wird im Gegensatz zum Entwurf „von unten" noch nicht gedacht.

In den nächsten Schritten müssen nun aber die Baufelder daraufhin überprüft werden, ob sie sinnvoll bebaubar sind und ob dabei zum Beispiel angemessene Dichten entstehen. Der Entwurfsschritt „von unten" dient der Überprüfung der Festlegungen „von oben" und erfordert gegebenenfalls Überarbeitungen.

Bei einem solchen Gestaltungsvorgang ist die Form der herausgeschnittenen „Masse", also der entstehende Stadtraum, Ziel und Ergebnis. Unser Augenmerk richtet sich primär auf den öffentlichen Raum und die ihn begrenzenden Flächen. Die Baukörper werden wir zunächst nicht darstellen. Die Baufelder können dann mit verschiedenen Baustrukturen belegt werden.

Dieser traditionelle, auf den Stadtraum bezogene Ansatz wurde im modernen

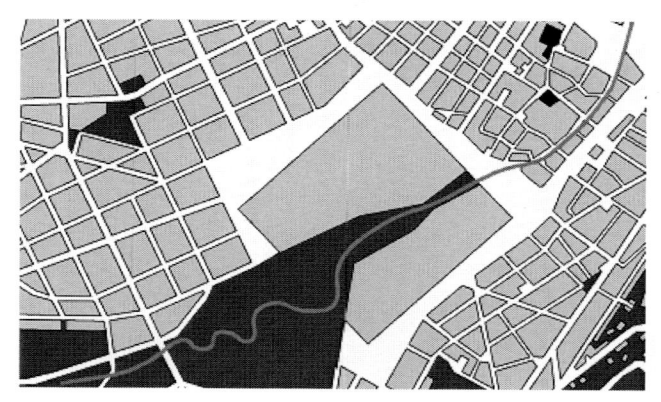

12 Einfügen der Gesamtform und Verlängerung des Grünzugs

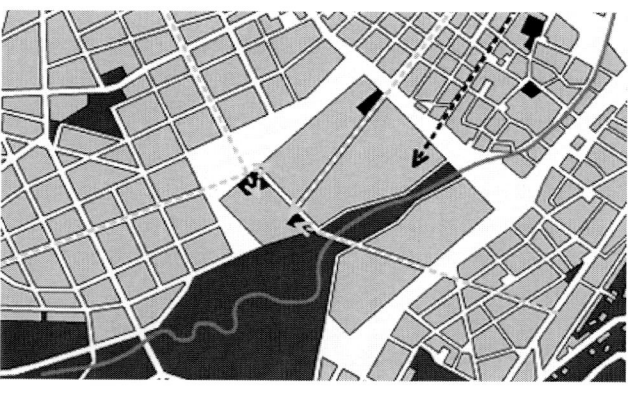

13 Herstellung der Verknüpfungen mit der Umgebung durch Fortführung der wichtigsten Wege. An deren Schnittpunkten und Eingängen in das neue Quartier entstehen Plätze. Dieser erste Schritt der Unterteilung erzeugt „Stadtbaufelder".

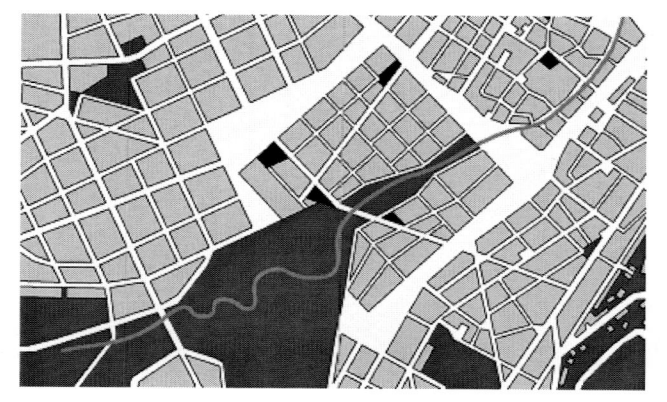

14 Die Stadtbaufelder werden weiter in Baufelder unterteilt.

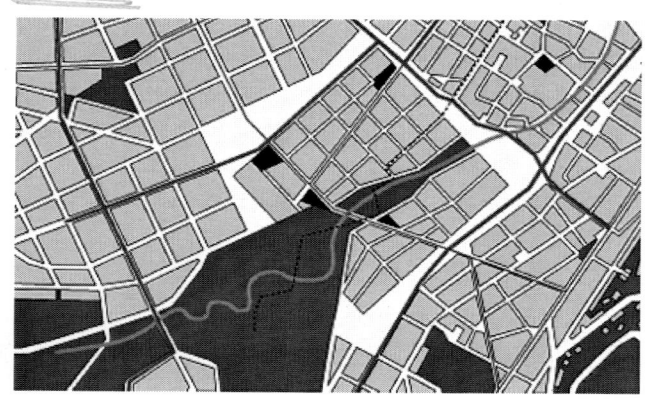

15 Es erfolgt die Einbindung in das Verkehrssystem.

16 Durch große Stadtbaufelder werden die nördlich und südlich an das Gebiet angrenzenden Quartiere arrondiert.

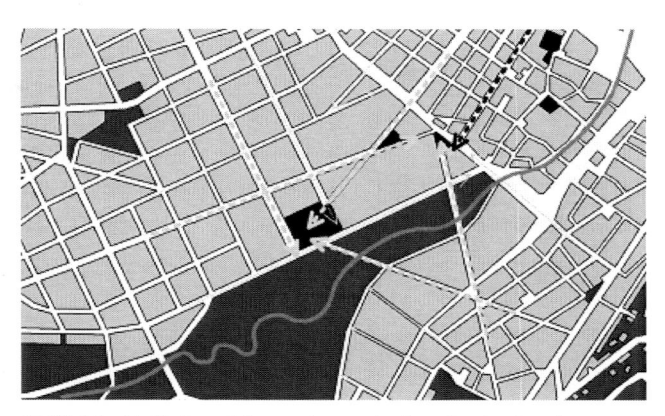

17 Wichtige Verbindungslinien werden aus den bestehenden Quartieren in das Plangebiet verlängert. An den Schnittpunkten entstehen zentrale öffentliche Räume.

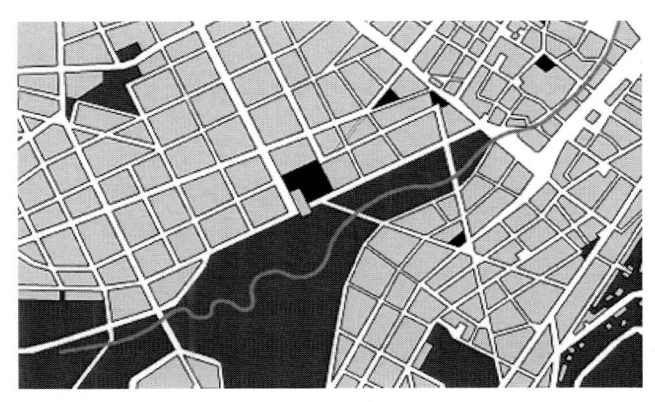

18 Dann erfolgt die weitere Unterteilung in Baufelder.

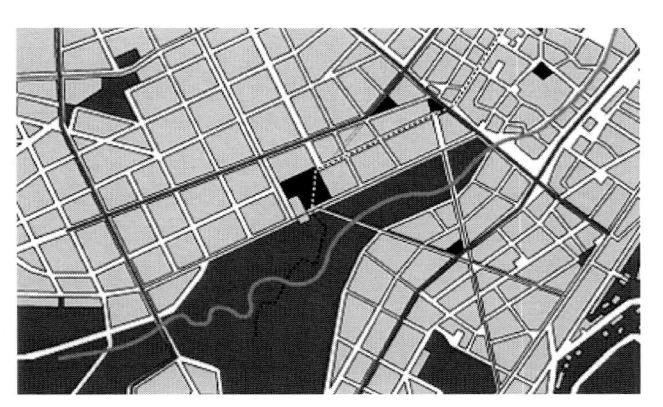

19 Es erfolgt die Einbindung in das Verkehrssystem.

Städtebau des 20. Jahrhunderts aufgegeben. Der frei im Raum stehende Baukörper wurde zum städtebaulichen Ideal erhoben. Das Verhältnis von „Masse und Raum" kehrte sich um und der „geschlossene Stadtraum" wurde in den „fließenden Raum" zwischen den Baukörpern transformiert. Der „Stadtraum" wird hier zum Rest-Raum zwischen Solitär-, Zeilen- und Großbauten.

Die traditionelle Stadtraumkonzeption (Raum-Städtebau) und der „Objekt-Städtebau" sind zwei Pole, zwischen denen sich eine große Bandbreite an Gestaltungsmöglichkeiten auftut. Eine klare Konzeption für das Zusammenspiel von Masse und Raum, für die Zuordnung und Abgrenzung privater, öffentlicher und halböffentlicher Freiflächen ist eine wichtige Grundlage für jeden städtebaulichen Entwurf.

Aber auch bei einer Städtebaukonzeption, die nicht an einem traditionellen Stadtraumkonzept orientiert ist, kann der Entwurf nicht nur modular, von der Fügung der Einzelelemente, ausgehen. Das gesamte Plangebiet muss parallel zum Entwurf der einzelnen Module, der Baufelder und der mit jenen besetzten Baustrukturen in Stadtbaufelder gegliedert werden. Zentrale Bereiche müssen festgelegt und deren Einbindung und Vernetzung mit der Umgebung gesichert werden. Optimal zugeschnittene Baufelder kann man analog zu einem Stützenraster beim Hochbau als Flächenraster nutzen, über dem dann die übergeordneten Zusammenhänge zu entwickeln sind.

Bei dem abschließend schematisch dargestellten Beispiel wird die Vernetzung über landschaftliche Elemente (Grünverbindungen, Fluss) und zwei Anschlüsse an einen Innenring als Haupterschließungs-/ Sammelstraße hergestellt (Abb. 20). Sodann erfolgt die Standortfestlegung wichtiger Brennpunkte (Plätze mit Versorgungseinrichtungen) so, dass im Norden der Bezug zum Innenring und zum Grünzug, in der Mitte eine ruhigere Lage zum Grünzug und zu Straßen der nächst niedrigeren Hierarchieebene, im Süden ein Eckpunkt des Innenrings, jeweils unterschiedliche

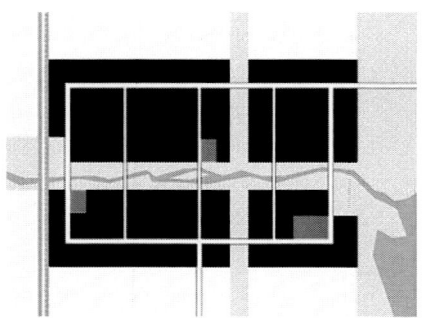

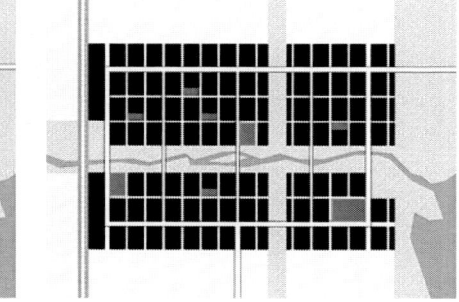

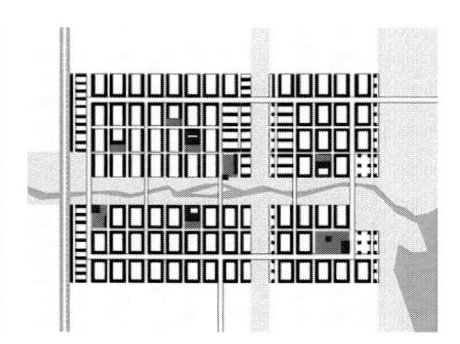

20 Das schematische Beispiel verdeutlicht, dass das modulare Entwerfen „von unten" immer mit der Festlegung übergeordneter Ordnungsprinzpien im „Gegenstromprinzip" verbunden sein muss.

Qualitäten erzeugen. Drei weitere Hauptstraßen als Querverbindungen werden eingefügt. Auf dieser Grundlage werden schließlich die Baufelder eingeteilt, deren Rastermaße, wie nun sichtbar wird, der Planung der Hauptstraßen und der Plätze zu Grunde lagen (Abb. 20).

Im nächsten Schritt werden Standorte für kleine Nachbarschaftsplätze, Spielplätze, Miniparks und/ oder öffentliche Parkplätze positioniert und erst danach wird die Baustruktur (Blöcke, Zeilen, Solitärbauten) eingefüllt. Kriterien zur Verteilung sind bei diesem schematischen Beispiel: Schließung des Straßenraums der Hauptstraßen, in längeren Abschnitten Öffnung zum Grünzug (Zeilen, Solitärbauten), geschlossene Platzrandbebauung und Zuordnung öffentlicher Einrichtungen (Schulen, Kitas...) zu den Plätzen. Im Norden werden angrenzend an die Autobahn gewerbliche Strukturen angeordnet.

Dieser schematische Entwurf soll nur eine Arbeitsmethode verdeutlichen. In der Wirklichkeit sind die Randbedingungen komplexer. So müssen oft bestimmte Dichten und Nutzungsverteilungen eingehalten und bei der „Einfüllung" der Baustruktur ständig rechnerisch überprüft werden. Die Erarbeitung eines Entwurfs ist auch nie ein linearer Ablauf, sondern im Arbeitsprozess finden ständig wieder Rückkoppelungen zu den vorher getroffenen Entscheidungen und Festlegungen statt. So können sich Lage und Größe der Plätze als ungeeignet erweisen, weil im Gelände vorhandene Landschafts- und Siedlungselemente (Baumgruppen, Biotope oder einzelne bereits vorhandene Bauten oder Wege) in den Entwurf integriert werden müssen. Auch die Verbindungslinien mit der Umgebung passen möglicherweise nicht in das Raster der Baufelder ...

Dieses schematische Beispiel soll lediglich verdeutlichen, dass das modulare Entwerfen „von unten" immer mit der Festlegung übergeordneter Ordnungsprinzipien im „Gegenstromprinzip" verbunden sein muss.

Ergänzende Literatur

Albers, Gerd/ Wékel, Julian: Stadtplanung. Eine illustrierte Einführung. Darmstadt 2007

Bott, Helmut/ von Haas, Volker: Verdichteter Wohnungsbau. Stuttgart/ Berlin 1996

Bürklin, Thorsten/ Peterek, Michael: Stadtbausteine. Basel 2008

Curdes, Gerhard: Stadtstrukturelles Entwerfen. Stuttgart/ Berlin/ Köln 1995

Curdes, Gerhard: Stadtstruktur und Stadtgestaltung. Stuttgart/ Berlin/ Köln 1995

Jonas, Carsten: Die Stadt und ihr Grundriss. Zu Form und Geschichte der deutschen Stadt nach Entfestigung und Eisenbahnanschluss. Tübingen/ Berlin 2006

Reicher, Christa: Städtebauliches Entwerfen. Wiesbaden 2013 (2. Auflage)

Schenk, Leonhard: Stadt entwerfen. Basel 2013

Abbildungsnachweis

Pläne und Grafiken: Städtebau-Institut, Lehrstuhl Städtebau und Entwerfen Prof. Dr. Helmut Bott

THOMAS HAFNER
CHRISTIAN HOLL
JOHANN JESSEN

Wohnformen und Gebäudetypologie

Mit Wohnformen und Gebäudetypologie sind die einzelnen Wohngebäude gemeint, noch nicht ihre städtebauliche Zuordnung zueinander, sondern die Grundtypen und Organisationsprinzipien. (Zur Anordnung in städtebaulichen Strukturen siehe Seite 167) Die zahllosen Varianten an Wohnungsgebäuden und -grundrissen lassen sich auf drei Grundformen zurückführen:

- freistehendes Einfamilienhaus,
- verdichteter Flachbau,
- Mehrfamilienhaus.

Als *freistehende Einfamilienhäuser* gelten auch Häuser mit Einliegerwohnungen und Doppelhäuser (Grenzbebauung). *Verdichteter Flachbau* ist Einfamilienhausbau, bei dem die einzelnen Häuser zu einem Gesamtgebäudekörper zusammengefügt sind. Jede Wohnung hat einen ebenerdigen Zugang und einen Garten; Haus- und Wohnungseingang sind identisch.

Mehrfamilienhäuser sind Wohngebäude mit Wohnungen ohne ebenerdigen Zugang; Haus- und Wohnungseingang sind nicht identisch. Die Bewohner verschiedener Wohnungen teilen sich einen gemeinsamen Erschließungsstrang.

Zumeist wohnen im freistehenden Einfamilienhaus Eigentümer, im Geschosswohnungsbau Mieter. Allerdings zeigen die vielen vermieteten Einfamilienhäuser und die als Wohneigentum genutzten Alt- und Neubauwohnungen im Geschosswohnungsbau, dass dies nicht immer so sein muss. Wohnbauformen sind nicht an bestimmte Rechtsverhältnisse ihrer Bewohner gebunden.

Die bauhistorischen Bezüge, in denen diese drei Grundtypen stehen, können nur äußerst grob skizziert werden. Sie sind ursprünglich nicht Reißbrettresultate von Architekten, sondern entstanden aus Grundmustern der historischen Siedlungs- und Stadtentwicklung sowie in der Wohnungsversorgung.

Das freistehende Einfamilienhaus lässt sich bauhistorisch auf zwei Wurzeln zurückführen, die beide ländliche Formen des Wohnens repräsentieren:

- auf das *Bauernhaus,* das im Zuge der gesellschaftlichen Entwicklung um seine produktiven Funktionen gebracht wird. Die in die Stadt wandernde Landbevölkerung bringt die ihnen vertrauten baulichen Formen mit und bildet sie entsprechend der städtischen Situation ab;
- auf die *Villa* – das Landhaus des Städters, das in exponierter topographischer Lage eine geschützte, ruhige Gegenwelt zur städtischen Existenz repräsentiert und zugleich dem beruflichen oder geschäftlichen Erfolg sowie dem sozialen Status Ausdruck verleiht.

1 Niedersächsisches Hallenhaus

2 Transformiertes Bauernhaus: Oldenburger "Hundehütte"

3 Villa des reichen Städters: Landhaus des Fabrikanten Bernhard, Entwurf Hermann Muthesius (1905)

4, 5 Übergang vom städtischen Kauffahrtei- und Handwerkerhaus zum städtischen Wohnhaus

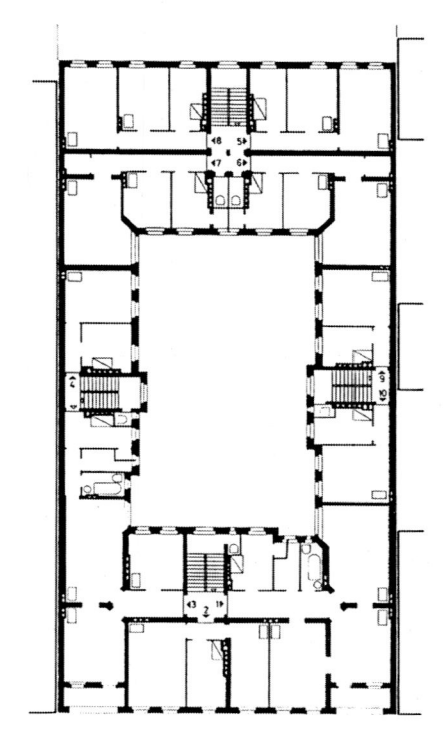

6 Grundriss Berliner Mietskaserne

7 Umgebautes Lagergebäude in Tübingen (Architekten: Fritz + Baisch, 2002)

Einer der historischen Ursprünge des verdichteten Flachbaus in Mitteleuropa kann im städtischen Handwerker- und Kauffahrteihaus gesehen werden. Ähnlich wie beim Bauernhaus ist dieser mittelalterliche Bautyp mit zunehmender gesellschaftlicher Arbeitsteilung in Form der Auslagerung von Arbeitsprozessen in gesonderte städtische Teilräume (Gewerbegebiete) in den Typ des städtischen Wohngebäudes transformiert worden. Die produktiven Funktionen (Werkstätten, Lager...) wurden herausgenommen, die Flächen für Dienstleistungen (Buchhaltung, Verwaltung, Laden) expandierten. Die Häuser in den alten Kernstädten wurden für repräsentative Formen des bürgerlichen Wohnens zu klein. Damit bildete sich allmählich der Typ des städtischen Geschäftshauses einerseits und des städtischen Wohnreihenhauses andererseits aus. Beipiel hierfür ist das Bremer Haus.

Geschosswohnungsbauten werden nicht selten abwertend als Mietskasernen bezeichnet; damit ist aber zugleich korrekt eine ihrer Wurzeln beschrieben. Nach Geist/Kürvers („Das Berliner Mietshaus") wurde im späten 18. Jahrhundert auf Kasernen (mehrgeschossige Gebäude mit Mittelgängen) als Muster für den Massenwohnungsbau in den rasch wachsenden Städten des industriellen Zeitalters zurückgegriffen. Eine Sonderform ist das Wohnen in umgenutzten Bauten, vor allem als *Loftwohnen* in ehemaligen Industriebauten und Lagerhallen. Die Beliebtheit dieses Typs hat dazu geführt, dass seine Qualitäten der offenen und großen Räume und der flexiblen Nutzbarkeit auf Neubauten des Geschosswohnungsbaus übertragen wurden.

1 Varianten im Wohnungsbau

Freistehendes Einfamilienhaus, verdichteter Flachbau und Geschosswohnungsbau sind Sammelbegriffe für zahlreiche Varianten, wobei sich hinsichtlich der Ausdifferenzierung der Typen zwei gegenläufige Prozesse beobachten lassen: Zum einen führte die Ausbreitung industrieller Fertigungsmethoden bis in die erste Hälfte der 1970er Jahre im Geschosswohnungsbau und im verdichteten Flachbau zu einer starken Standardisierung der Wohnungsgrundrisse und der äußeren Erscheinungsform. Dadurch sind nahezu alle regionalen Unterschiede, die bis zum Ersten Weltkrieg noch zwischen dem Wohnungsbau verschiedener Städte bestanden haben, nivelliert worden. So konnte früher zwischen dem Bremer Haus, der Berliner Mietskaserne oder dem Hamburger Terrassenhaus unterschieden werden. Zum anderen ist seit etwa 40 Jahren ein bis heute andauernder Prozess zu einer starken Ausdifferenzierung, insbesondere des Wohnungsbaus, nicht zuletzt des verdichteten Flachbaus mit individualisierten variantenreichen baulichen Lösungen festzustellen.

In den folgenden Tableaus werden die Durchschnittswerte der wichtigsten Kenndaten der Wohnbauformen, untergliedert nach Ein- und Mehrfamilienhäuser, zusammengestellt. Im verdichteten Flachbau sind zwei Grundtypen unterschieden: das Reihenhaus und das Gartenhofhaus, wobei ersteres im verdichteten Flachbau seit Jahren dominant ist, während letzteres vor allem in den 1960er und 70er Jahren häufig gebaut wurde, heute aber kaum noch nachgefragt wird.

Der Mehrfamilienhausbau umfasst zahllose Varianten (Abb. 9). Sinnvoll ist die Differenzierung nach Art der inneren Erschließung der Gebäude zwischen Spännertypen und Gangerschließung (Abb. 10). Der Spännertyp stellt dabei im bundesdeutschen Wohnungsbau den Normalfall dar. Bei einem Zweispänner liegen zwei Wohnungszugänge an einem Treppenpodest, bei einem Dreispänner drei, und so weiter. Gängigster Typ für das kleinere Mehrfamilienhaus ist der Zweispänner, bei größeren Gebäuden Zwei- oder Dreispänner, bei Punkthochhäuser können bis zu sechs oder mehr Wohnungen über ein gemeinsames Treppenhaus erschlossen werden. Die Stadtvilla ist historisch ein Einspänner, eine Wohnbauform, die seit Beginn der 1980er Jahre insbesondere durch die IBA Berlin wieder aktualisiert wurde und inzwischen meist als Dreispänner errichtet wird. Die Art der Erschließung hat Auswirkungen auf die Orientierbarkeit der Wohnungen und die Möglichkeit, sie zu Ensembles zu addieren. Zwei- und Dreispänner lassen sich gut in Zeilen und Blöcken zusammenfassen, die Wohnungen können in zwei Richtungen orientiert werden. (vgl. Beitrag Bott, S. 149)

Die Übersicht Abbildung 10 unterscheidet Laubengang- (Erschließung von mehreren Wohnungen über einen außenliegenden Gang) und Mittelgangerschließung, die von einem oder zwei Treppenhäusern zugänglich sind.

Eine Möglichkeit, die Wohnfläche bei Laubengangerschließung zu vergrößern, ist die Maisonettewohnung: Innerhalb der Wohnung wird ein Geschoss durch eine innenliegende Treppe nach unten oder nach oben erschlossen. Entsprechend gibt es nur alle zwei Geschosse einen Gang.

8 Variationen von Einfamilienhäusern

Variationen von Einfamilienhäusern

Gebäudetypen	Schema	Beispiel		Kenndaten	
Freistehendes EFH			Bern Architekt: Jomini Zimmermann, 2004	Geschosszahl: Wohnungsgröße (m²): Grundstücksgröße (m²): Grundstücksbreite (m): GFZ: Gebäudetiefe (m):	1–3 etwa 100 + 350 + etwa 18 + etwa 0,2 8–10
Reihenhaus			Darmstadt Architekt: Zimmermann, Leber, Feilberg, 2004	Geschosszahl: Wohnungsgröße (m²): Grundstücksgröße (m²): Grundstücksbreite (m): GFZ: Gebäudetiefe (m):	2–3 etwa 80 + 220 + 5–8 etwa 0,4 9–15
Gartenhofhaus			Siedlung Alphawolf, Graz Architekt: Pentaplan, 2006	Geschosszahl: Wohnungsgröße (m²): Grundstücksgröße (m²): Grundstücksbreite (m): GFZ: Gebäudetiefe (m):	1 100 bis 150 200 + 15 etwa 0,4 5–10

Variationsmöglichkeiten des Grundrisses

Einfamilienhaus: nahezu unbegrenzt, da die Räume in der Regel nach allen vier Seiten belichtbar sind (abhängig von der Grundstücksgröße und dem Abstand zum Nachbarhaus); keine konstruktiven Einschränkungen.
Reihenhaus: durch Belichtung von nur zwei Seiten eingeschränkt (Ausnahme: Endwohnungen von Reihenhauszeilen). Typischer Grundriss: Trennung zwischen Wohnen, Küche und Essplatz im EG sowie Schlafbereich (Schlaf- und Kinderzimmer, Bad) im 1.OG; eher ungünstig für Familien mit Kleinkindern (Aufsicht, Gartenzugang) sowie ältere Menschen (Treppen); vorteilhaft für Familien mit größeren Kindern (Zimmer als privater Rückzugsbereich); Trennung von Schlaf- und Wohnbereich in Hanglagen häufig durch Split-Level (halbgeschossiger Versatz der Wohnebenen) aufgelöst.
Gartenhofhaus: relativ niedrig, zweiseitig oder dreiseitig belichtbar, alle Räumlichkeiten im Erdgeschoss. Die gängigste Grundrisslösung zielt auf direkten Zugang des Wohn- und Schlaftraktes zum Freibereich. Wohnform stark richtungsgebunden, da die kleine Grünfläche (Innenhof) wegen der Verschattung nach Süden oder Südwesten ausgerichtet sein sollte.
Die Mittelgangerschließung ist im Wohnheimbau (Studenten, Senioren,...) und im Hotelbau/ Servicehäuser sehr häufig (zweibündiges System), im Mehrfamilienhausbau ist sie dagegen eine seltene Ausnahme wegen der einseitigen Belichtung und schwierigen Durchlüftung. Die Unité d'Habitation von Le Corbusier (1947) erschließt über einen Mittelgang beidseitig Maisonettewohnungen und gleicht so diese Nachteile aus.
Terrassenhäuser sind Sonderwohnformen für Hanglagen; *Hügelhäuser* der selten unternommene Versuch, die gleiche Wohnform in der Ebene zu realisieren. Mit dem Hügel- oder Terrassenhaus wurde auch die Absicht verbunden, möglichst viele Einfamilienhausqualitäten auf den Geschosswohnungsbau zu übertragen (große wohnungsnahe Freibereiche, Nutzbarkeit der unteren Ebenen für Neben- und Gemeinschaftsräume, gute Besonnung für alle Wohnungen), denn auf der einen Seite ist zwar das Einfamilienhaus der mit Abstand beliebteste Wohntyp der Deutschen, auf der anderen Seite wird es wegen seiner hohen ökologischen und sozialen Kosten (Flächenverbrauch, Energieverbrauch, Erschließungsaufwand, unfreiwillige Standortbindung) sehr häufig kritisiert.

Gebäudetypen	Schema	Beispiel		Kenndaten	
Stadtvilla			Stadtvilla: IBA Berlin, Rauchstraße diverse Architekten, 1984	Geschosszahl: Wohnungsgröße (m²): Grundstücksgröße (m²): Grundstücksbreite (m): GFZ: Gebäudetiefe (m):	4–6 etwa 70 + 625 + 25 + 0,8 + 15–20
Wohnzeile			Wohnzeile: Weiße Stadt, Berlin Architekt: Otto Salvisberg, 1931	Geschosszahl: Wohnungsgröße (m²): Grundstücksgröße (m²): Grundstücksbreite (m): GFZ: Gebäudetiefe (m):	4 - 6 etwa 50 + 500 + 50 + etwa 1,0–2,0 8–15
Terrassenhaus			Terrassenhaus in Rotterdam Architekt: Frits van Dongen, 1998	Geschosszahl: Wohnungsgröße (m²): Grundstücksgröße (m²): GFZ: Gebäudetiefe (m):	4–10 80 bis 150 800 + 1,0–3,0 6–15
Punkthochhaus			3. Sternhochhaus, München Architekt: Steidle Architekten, 2007	Geschosszahl: Wohnungsgröße (m²): Grundstücksgröße (m²): Grundstücksbreite (m): GFZ: Gebäudetiefe (m):	8 + etwa 70 + 600 + 25 + 0,8 + 15–25 m
Scheibenhochhaus			Wohnstadt Asemwald in Stuttgart Architekt: Otto Jäger und Werner Müller, 1972	Geschosszahl: Wohnungsgröße (m²): Grundstücksgröße (m²): Grundstücksbreite (m): GFZ: Gebäudetiefe (m):	8 + etwa 70 + 2400 + 80 + 0,8 + 10–25

9 Wohnbauformen im Mehrfamilienhaus

Die Höhe von Wohngebäuden ist insbesondere von baurechtlicher sowie feuerpolizeilicher Relevanz und beeinflusst somit auch die Baukosten. So benötigen Wohngebäude mit mehr als vier Vollgeschossen einen Fahrstuhl, Wohngebäude mit mehr als acht Geschossen sind Hochhäuser. Zusätzliche bauliche Bestimmungen erfordern für letztere Rauchabschlüsse, einen zweiten Fahrstuhl, Trennung zwischen Treppenhaus und Flur, höhere Brüstungen ... Entsprechend dieser Vorgaben bilden sich verschiedene wirtschaftliche Typen heraus. Die meisten Geschosswohnungsbauten haben heute in der Regel vier, sechs beziehungsweise acht oder über 16 Geschosse. Fünfgeschossige Wohngebäude sind selten, weil in diesem Fall die Kosten für einen Fahrstuhl auf wenige Wohnungen umgelegt werden – die Wohnungen werden überdurchschnittlich teuer. Dieser entfällt nur bei Maisonettetypen im vierten und fünften Obergeschoss, wenn die Wohnungstüre im vierten Obergeschoss liegt und das fünfte Geschoss intern erschlossen wird.

2 Gebrauchsfähigkeit der Wohnformen

Für die Gebrauchsfähigkeit verschiedener Wohnbauformen lassen sich unter anderem folgende Kriterien zugrunde legen:

- Vielfalt und Variationsmöglichkeiten der Grundrissorganisation,
- Veränderbarkeit und Anpassbarkeit der Wohnung,

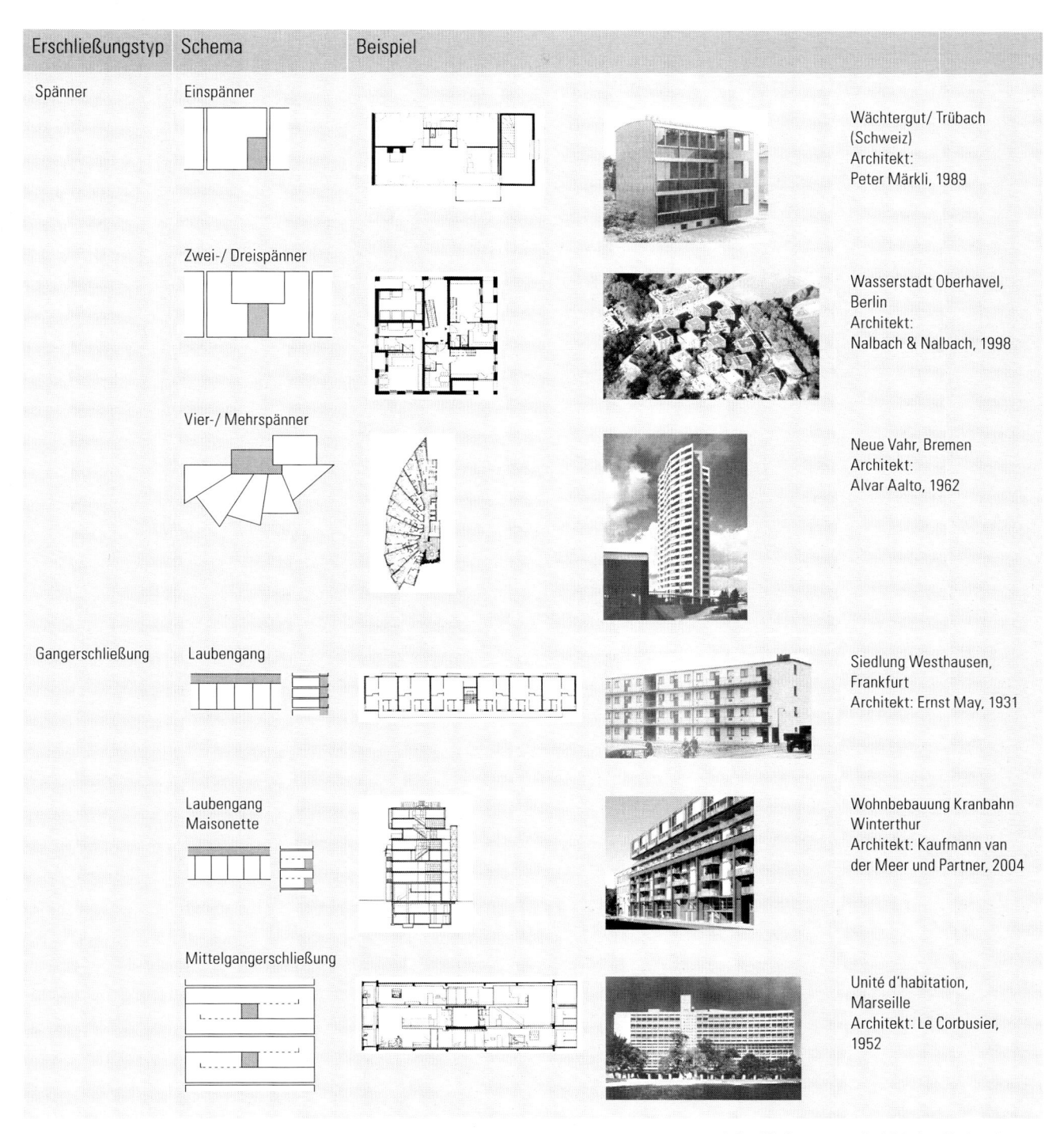

Erschließungstyp	Schema	Beispiel		
Spänner	Einspänner			Wächtergut/ Trübach (Schweiz) Architekt: Peter Märkli, 1989
	Zwei-/ Dreispänner			Wasserstadt Oberhavel, Berlin Architekt: Nalbach & Nalbach, 1998
	Vier-/ Mehrspänner			Neue Vahr, Bremen Architekt: Alvar Aalto, 1962
Gangerschließung	Laubengang			Siedlung Westhausen, Frankfurt Architekt: Ernst May, 1931
	Laubengang Maisonette			Wohnbebauung Kranbahn Winterthur Architekt: Kaufmann van der Meer und Partner, 2004
	Mittelgangerschließung			Unité d'habitation, Marseille Architekt: Le Corbusier, 1952

10 Erschließungstypen im Mehrfamilienhausbau

- Freiflächen – Zugang und Verfügbarkeit,
- Kommunikation und Kontakt.

2.1 Variationsmöglichkeiten der Grundrissorganisation

Je größer eine Wohnung in der Fläche ist, desto mehr Möglichkeiten der Zuordnung einzelner Räume, desto mehr Möglichkeiten zur funktionalen Differenzierung der Grundrissorganisation gibt es (offene versus individuelle Grundrissorganisation, nutzungsneutrale versus nutzungsbestimmte Grundrissorganisation). Je kleiner eine Wohnung ist, desto eher sind die Grundrisse standardisiert (sozialer Wohnungsbau). Prinzipiell sind in allen drei Wohnformen – Einfamilienhaus, verdichteter Flachbau und Geschosswohnungsbau – Wohnungen sehr unterschiedlicher Größe und Zimmerzahl möglich. Faktisch sind jedoch Wohnungen in freistehenden Einfamilienhäusern durchschnittlich erheblich größer als im verdichteten Flachbau und Wohnungen im verdichteten Flachbau wiederum größer als Geschosswohnungen. Dies ist jedoch nicht abhängig von der Wohnform, sondern von der vermuteten Zahlungsfähigkeit der zukünftigen Bewohner. Zugleich gibt es Ausnahmen, etwa die geräumigen Wohnungen im großbürgerlichen Geschosswohnungsbau der Gründerzeit. Die Grenzen der Variabilität erwachsen eher daraus, dass aus ökonomischen Erwägungen innerhalb eines Gebäudekomplexes gleiche Grundrisse gestapelt werden.

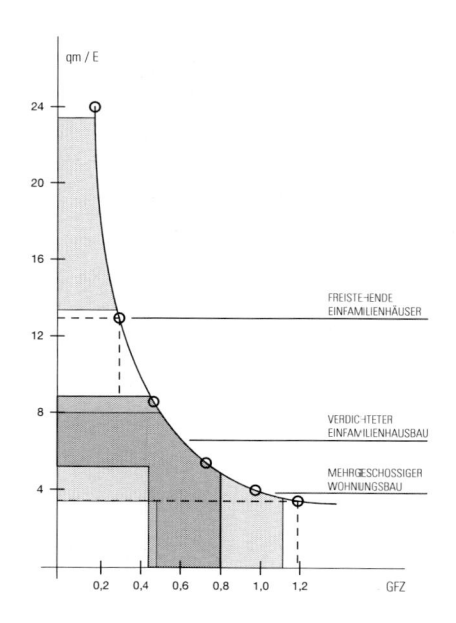

2.2 Veränderbarkeit und Anpassbarkeit der Wohnung

Die Anforderungen von Haushalten (Größe, Alter, Ansprüche) an ihre Wohnung ändern sich während des Lebenszyklusses, die Wohnungen dagegen ändern sich nicht. Die Haushalte können darauf unterschiedlich reagieren: die Diskrepanz erdulden, die Wohnung wechseln oder die Wohnung verändern. Mieterhaushalte lösen dies in der Regel mit Duldung oder Umzug, mit letzterem vor allen Dingen, wenn sie jung sind. Wächst die Familie, zieht man meist in eine größere Wohnung um. Inwieweit dies tatsächlich möglich ist oder ob die Familie enger zusammenrückt, ist dann eine Frage der Zahlungsfähigkeit des Haushalts und der Situation auf dem Wohnungsmarkt.

Prinzipiell ist auch die Lösung denkbar, dass Wohnung und Wohnumfeld an die veränderten Anforderungen und Ansprüche angepasst werden. Hier gibt es allerdings – je nach Wohnform – sehr unterschiedliche Möglichkeiten:

- Innerhalb der durch die Bauordnung gesetzten Grenzen gibt es bei Einfamilienhäusern keine prinzipiellen Beschränkungen, durch An- und Umbauten zu erweitern oder zu verändern. Möglichkeiten sind: vertikal (Dachausbau, weiteres Geschoss) sowie durch Anbauten horizontal seitwärts oder gartenwärts gegeben.
- Beim Reihenhaus sind die Möglichkeiten des Umbaus und der Erweiterung beschränkt und müssen bereits bei der Planung berücksichtigt werden. Der Dachausbau ist die üblichste und einfachste Form der Erweiterung. Der Erweiterung gartenwärts sind baurechtliche Grenzen gesetzt (Verschattung des Nachbargrundstücks). Gerade zur Erweiterbarkeit des Reihenhauses sind unter dem Stichwort „Starter-Home" zahlreiche Vorschläge entwickelt worden. Dieses Konzept des wachsenden Hauses, das eine vorgeplante Erweiterung des Gebäudes je nach Bedarf vorsieht, geht bis in die 1930er Jahre zurück. Ein wichtiger Hintergrund ist, die Aufwendungen für den Neubau über einen längeren Zeitraum zu strecken, um auf diese Weise eine größere Bevölkerungsgruppe für die Eigenheimbildung ansprechen zu können. So wird in der Anfangsphase der Eigenkapitalbedarf gesenkt und es werden die Zugangschancen zum Eigentum erhöht.

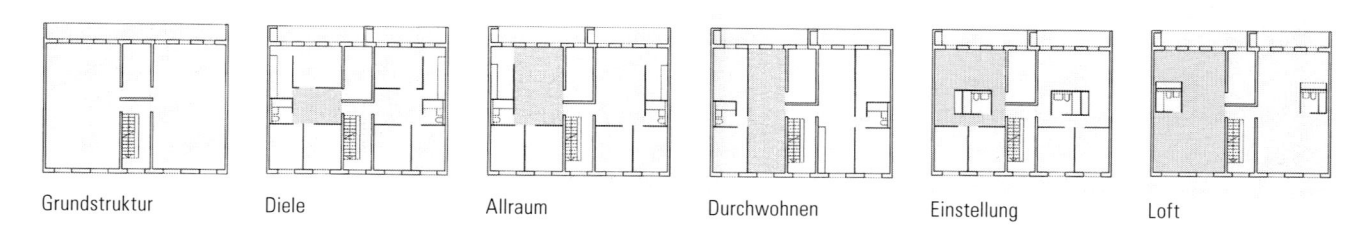

11 Zusammenhang zwischen Bedarf an Erschließungsfläche je Wohneinheit (E) und GFZ

Grundstruktur | Diele | Allraum | Durchwohnen | Einstellung | Loft

12 Flexibilität im Geschosswohnungsbau. Die tragende Grundstruktur lässt eine große Vielfalt an Wohnungstypen zu. Wohnanlage in Hannover (Fink+Jocher, 1999).

- Im Geschosswohnungsbau ist in der Regel keine grundsätzliche Veränderbarkeit und Erweiterbarkeit der Wohnung vorgesehen. Dies gilt insbesondere für den Sozialwohnungsbau und den Investorenwohnungsbau. Spätestens in den 1920er Jahren definierte die Moderne die Wohnung als Ensemble von unterschiedlich großen Räumen mit eindeutig zugewiesenen Funktionen. Die gründerzeitliche Raumdisposition mit ihren fast gleich großen, oft beliebig schaltbaren Zimmern („System der offenen Kleinwohnung") wurde aufgegeben.

Allerdings gibt es im Geschosswohnungsbau in letzter Zeit vermehrt Beispiele, bei denen verschiedene Formen der Flexibilität (zum Teil erfolgreich) zur Anwendung kamen. Erfolgreich verliefen Versuche durch eine so genannte „Angebotsflexibilität" (das heißt ein möglichst vielfältiges und differenziertes Wohnungsangebot innerhalb eines Gebäudes oder einer Wohnanlage) die Wohnwünsche der meisten Bewohner zu befriedigen. Konstruktive Flexibilität, also die freie Gestaltung der Grundrisseinteilung und der Fassade, wird dagegen nach Bezug von den Bewohnern nur noch sehr begrenzt (bei Eigentum und langer zukünftiger Wohndauer) in Anspruch genommen.

2.3 Freiflächen – Zugang und Verfügbarkeit

Für die meisten privaten Hauhalte sind ebenerdige, direkt der Wohnung zugeordnete Freiflächen ein wesentliches Merkmal von hoher Wohnqualität; dies gilt insbesondere für Familien mit Kindern, die daher das freistehende Einfamilienhaus und den verdichteten Flachbau bevorzugen.

- Beim freistehenden Einfamilienhaus ist der Gartenzugang von mehreren Räumen möglich. Einsichtsmöglichkeiten durch Nachbarn hängen von der Grundstücksgröße und der Lage des Gebäudes auf dem Grundstück ab. Probleme (Einsicht, Störung) entstehen besonders bei kleinen Grundstücken (400-500 Quadratmeter) und können bei ungeordneter Bebauung größer sein als im verdichteten Flachbau.
- Das Reihenhaus hat meist einen kleinen Vorgarten und ein kleines Hintergrundstück (erweiterter Terrassenplatz; Binnendifferenzierungen der Nutzungen an wohnungsnahem Grün nur begrenzt möglich). Konflikte mit Nachbarn durch Lärmstörung und Einsicht sind umso wahrscheinlicher, je schmaler das Grundstück ist.
- Gartenhofhaus: stärker abschirmbares, dafür meist noch kleineres „grünes" Zimmer oder Terrassenplatz, geschützte Privatheit des Freibereiches.

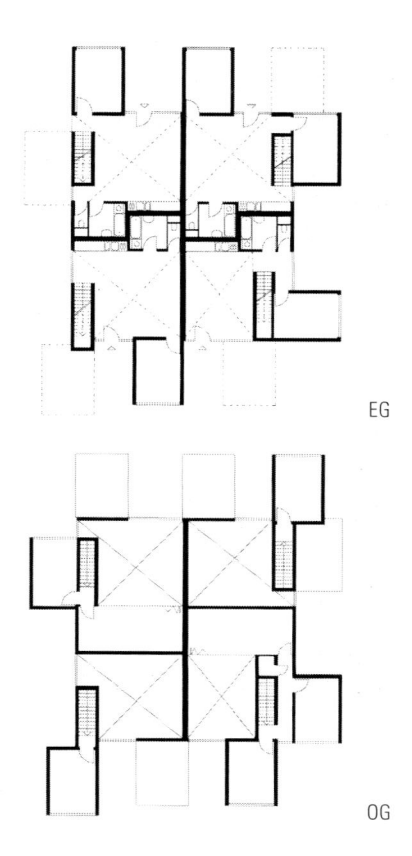

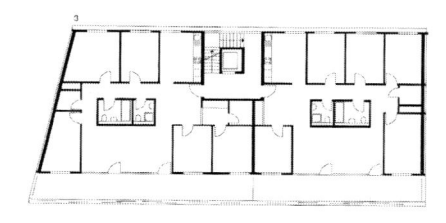

13 Funktionale Flexibilität: Grundrissdisposition mit gleichwertigen privaten Rückzugsräumen, die sich für Familien wie für WGs eignen (oben: Cité Manifest, Mulhouse, Duncan Lewis, Angers und Block, 2005; unten: Wohnbebauung Brunnenhof, Zürich, Gigon Guyer, 2007).

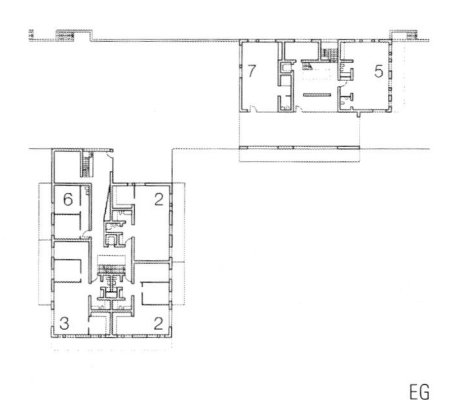

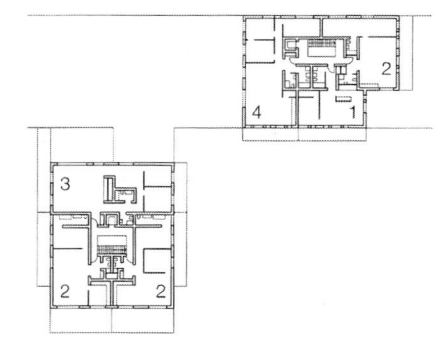

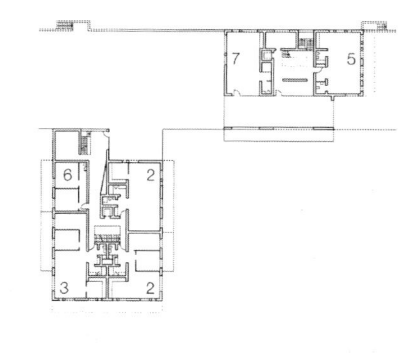

1 2,5-Zi-Wohnungen (insg. 14)
2 3,5-Zi-Wohnungen (insg. 23)
3 4,5-Zi-Wohnungen (insg. 29)
4 5,5-Zi-Wohnungen (insg. 8)
5 Atelier
6 Hobbyraum
7 Gemeinschaftsraum

14 Angebotsflexibilität: Wohnbebauung Heganwandweg, Zürich, EM2N, 2003 (Ausschnitt)

15 Ideale Stadtlandschaft von Hans Bernhard Reichow (1957)

16 Freiraumkonzept der Wohnstadt Asemwald in Stuttgart (1960er Jahre)

17 Mietergärten in der Wohnanlage „Bessunger Straße" in Darmstadt (Kramm + Strigl, 1988)

Anfang der 1950er Jahre war es im Geschosswohnungsbau noch sehr verbreitete Praxis, auf einen direkten Zugang von den Erdgeschosswohnungen zu den Freiflächen zu verzichten. Seit den 1960er Jahren gehören Balkone oder Loggien zur Regelausstattung von Sozialwohnungen.

Bis Mitte der 1970er Jahre war es im Wohnungsbau üblich, die gemeinschaftlichen Freiflächen kaum mit Funktionen zu belegen oder unterschiedliche Grade von Öffentlichkeit zu formulieren. Das so entstandene „Abstandsgrün" wurde kaum genutzt. Andererseits betrachten heute viele der Bewohner in diesen Siedlungen gerade das stark durchgrünte, öffentliche, von der Baugesellschaft gepflegte Wohnumfeld als eine hohe Wohnqualität („Innenstadtnahes, ruhiges Wohnen im Park"). Allerdings wohnen in diesen Siedlungen mit ihren kleinen Wohnungen (40–65 Quadratmeter) heute überwiegend Ein- bis Zweipersonenhaushalte, ältere Menschen oder ausländische Familien.[1] Inzwischen werden im Zuge von Wohnumfeldverbesserungen auch die Freiflächen im Geschosswohnungsbau aufgewertet und privaten Nutzungen zugänglich gemacht: Mietergärten, direkter Zugang zum Freien für die erdgeschossigen Wohnungen, Dachgärten… Heute sind im qualitätvollen Geschosswohnungsbau private ebenerdige Freiflächen für die Erdgeschosswohnungen die Regel. Dieser Freibereich ist oft klein und ein Sichtschutz trennt die einzelnen Parzellen. Auch die Bauträger und Wohnungsbaugesellschaften unterstützen diese Tendenz, da sie diese Flächen nicht pflegen müssen.

2.4 Kommunikation und Kontakt

Soziale Kontakte und Kommunikation auf nachbarschaftlicher Basis werden gern als wünschenswertes Ziel angesehen, das durch den Städte- und Wohnungsbau gefördert werden soll. Dabei wird bisweilen vergessen, dass das Interesse an intensiven Nachbarschaftskontakten keineswegs generalisierbar ist. Im Gegenteil ist davon auszugehen, dass viele Bevölkerungsgruppen kein Interesse daran haben. Viele lehnen vor allem die soziale Kontrolle ab, die mit enger Nachbarschaft verbunden sein kann. Welchen Umgang man mit Nachbarn pflegt, ist sehr stark sozial geprägt und hängt vom Bildungsstand, Berufsstatus und von der Wohndauer in einem Gebiet ab.

Jenseits davon lässt sich allenfalls für ausgewählte Gruppen ein objektives Interesse an nachbarschaftlichen Beziehungen formulieren: etwa bei alten Menschen, bei Alleinerziehenden, bei Familien mit kleinen Kindern. Bei diesen Gruppen kann engerer Hilfskontakt mit Nachbarn zu einer wirksamen Entlastung ihres Alltags (Kinderbetreuung, Übernahme von Einkäufen und Ämterbesuchen …) führen.

Keine Wohnform schließt von vornherein die Aufnahme sozialer Kontakte unter Nachbarn und ihre Pflege aus. Beobachtbar ist jedoch, dass die Bereitschaft, über Grußkontakte hinaus engere Beziehung aufzunehmen, mit der Zahl der Wohnungen in einem Gebäude abnimmt. Allenfalls lässt sich sagen, dass mit wachsenden Möglichkeiten zur Aneignung des Wohnumfeldes (Straßenraum, öffentlicher und privater Freiraum) die Chancen zu engeren nachbarschaftlichen Kontakten steigen. In manchen Entwürfen für Wohnanlagen werden ganz bewusst Kontaktzonen geschaffen, um die beiläufige Kontaktaufnahme zu erleichtern. Noch weiter gehen Wohnungsbaukonzepte von Bauherrengruppen, die bewusst einen Teil ihres Wohnalltags gemeinschaftlich organisieren wollen und der Gemeinschaftlichkeit des Wohnens in der Architektur ihrer Wohnanlage Ausdruck verleihen.

3 Resümee: Wohnungsbau und Stadtplanung

Für die Planung von Wohnquartieren ist es wichtig, Kenntnis über die zukünftigen Bewohner, beziehungsweise über die zukünftigen Haushaltsstrukturen zu erhalten. Dabei muss meist für einen „anonymen Nutzer" geplant werden. Hierfür gibt es in der Praxis drei zentrale Anhaltspunkte:

- Größe der Wohnung (Zahl der Zimmer),
- Kosten beziehungsweise Standard (Ausstattung, Lage ...),
- Rechtsform (Miete oder Eigentum).

Der Planung von Wohnungen in neuen Wohnquartieren wird daher in der Regel ein „Wohnungsspiegel" zugrunde gelegt, eine Übersicht über die Zahl der geplanten Wohnungen unterschiedlicher Größe (Zahl der Zimmer), Finanzierung (gefördert oder frei finanziert) und Rechtsform (Miete und Eigentum). Mit dem Wohnbauprogramm wird innerhalb gewisser Grenzen festgelegt, welche Haushaltsformen in diesem Wohngebiet dominieren: So werden kleine Appartmentwohnungen mit Fahrstühlen dort gebaut, wo für ältere Ehepaare oder alleinstehende Erwerbstätige geplant wird, und verdichteter Flachbau wird dort entstehen, wo Familien mit Kindern wohnen sollen.

Größere Wohngebiets- und Stadtteilplanungen sehen in der Regel eine Mischung der Wohnformen und Finanzierungsformen vor, um auf diesem Wege das Ziel einer sozialen Mischung in den Wohngebieten zu erreichen: verdichteter Flachbau und freistehende Einfamilienhäuser für junge Haushalte, die sich Wohneigentum leisten können und Geschosswohnungen als Mietwohnungsbau, soweit gefördert, für einkommensschwächere Haushalte. Wohnungsbau muss in Zukunft stärker den veränderten demographischen und sozialen Strukturen Rechnung tragen: in den Wohnbauformen, in Grundrissgestaltung, im Wohnumfeld, in der infrastrukturellen Ausstattung. Des Weiteren muss berücksichtigt werden, dass die Nachfrage auf dem Wohnungsmarkt sich ändern kann und das städtebauliche Konzept offen ist für eine Änderung der Wohnungsnachfrage. Teilgebiete müssen nachträglich für andere Wohnbauformen umgeplant werden können, damit etwa auf Flächen, die für verdichten Flachbau vorgesehen waren, Geschosswohnungsbau errichtet werden kann. Zunehmend wichtiger werden darüber hinaus ökologische Belange.

Die Aufgabe des städtebaulichen Entwurfs ist es, unter Einhaltung der Programmvorgaben aus den Wohnbauformen und Gebäudetypen eine für den Ort angemessene baulich-räumliche Figur zu komponieren, die den Anforderungen an die Erschließung genügt, die besonderen Qualitäten der jeweiligen Wohnbauform für die Bewohner betont und zugleich dem Quartier eine eigenständige Identität verleiht.

18 Erschließung und Innenhof als erweiterte Kommunikationsräume in der Sargfabrik Wien, einem integrativen Gemeinschaftswohnprojekt (BKK2, 1996)

Weiterführende Literatur

arch plus, 39. Jahrgang, Heft 176/177, 2006: Wohnen

Bott, Helmut/ Haas, Volker von: Verdichteter Wohnungsbau. Stuttgart 1996

Brenner, Klaus Theo: Das städtische Reihenhaus. Stuttgart 2004

Faller, Peter: Der Wohngrundriss. Stuttgart/ München 2002

Flagge, Ingeborg (Hg.): Geschichte des Wohnens, Band 5. Von 1945 bis heute. Aufbau – Neubau – Umbau. Stuttgart 1999

Hafner, Thomas/ Wohn, Barbara/ Rebholz-Chaves, Karin: Wohnsiedlungen. Basel/ Boston/ Berlin 1998

Harlander, Tilman (Hg.): Villa und Eigenheim. Suburbaner Städtebau in Deutschland. Stuttgart und München, 2001

Harlander, Tilman (Hg.): Stadtwohnen. Geschichte, Städtebau, Perspektiven. München 2007

Kirschenmann, Jörg C./ Muschalek, Christian: Quartiere zum Wohnen. Stuttgart 1977

Mozas, Javier/ Per, Aurora Fernández: Density. New Collectiv Housing. Madrid 2004

Schittich, Christian (Hg.): Im Detail. Verdichtetes Wohnen. Konzepte, PLanung, Konstruktion. Basel 2004

Schittich, Christian (Hg.): Im Detail. Reihen- und Doppelhäuser. Basel 2007

Schittich, Christian (Hg.): Im Detail. Integriertes Wohnen. Flexibel, barrieregerecht, altengerecht. Basel 2007

Schneider, Friederike (Hg.): Grundrissatlas. Basel/Boston/Berlin 1994

Senatsverwaltung für Bau- und Wohnungswesen (Hg.): Stadt – Haus – Wohnung: Wohnungsbau der 90er Jahre in Berlin. Berlin 1995

Oberste Baubehörde im Bayerischen Staatsministirium des Innern (Hg.): Wohnmodelle Bayern.
Band 1: Wohnmodelle Bayern 1984–1990. München 1990
Band 2: Wohnungen in Holzbauweise. Stuttgart/ Zürich 1997

Endnoten

1 Hafner/ Wohn/ Rebholz-Chaves: Wohnsiedlungen. Basel/ Boston/ Berlin, 1998, S. 29

Abbildungsnachweis

1, 2 Archiv Jessen

3 Harlander, Tilman (Hg:): Villa und Eigenheim. Suburbaner Städtebau in Deutschland. Stuttgart/ München 2001, S. 139

4 Archiv Jessen

5 Voigt, Wolfgang: Das Bremer Haus. Wohnungsreform und Städtebau in Bremen 1880–1940, S. 13

6 Geist, Johann Friedrich/ Kürvers, Klaus: Das Berliner Mietshaus 1740–1862. Band 1 und 2. München 1980/ 84, S. 273

7 Wüstenrot Stiftung (Hg.): Wohnen im Eigentum in der Stadt. Stuttgart und Zürich, o. J. (2004), S. 129

8 (Fotos, von oben): Rahel Hartman Schweizer, Oberscherli; Schittich, Christian (Hg.): Im Detail. Reihen- und Doppelhäuser. Basel 2007, S. 67; bauwelt, 97. Jahrgang, Heft 43, 2006, S. 36

9 (Fotos, von oben): Hafner, Thomas/ Wohn, Barbara/ Rebholz-Chaves, Karin: Wohnsiedlungen. Basel/ Berlin/ Boston 1998; Archiv Hafner; www.kopvanzuid.info; Christian Holl; Hafner, Thomas/Wohn, Barbara/ Rebholz-Chaves, Karin, a.a.O., S. 44

10 (Fotos, von oben): Beispiele: Schweizer Architekturführer 1, Nordost- und Zentralschweiz. Zürich 1992, S 57; Hafner, Thomas/ Wohn, Barbara/ Rebholz-Chaves, Karin: a.a.O., S. 263; Fleig, Karl: Alvar Aalto. Band 2, 1963–1970. Zürich 1971, S. 231; Dreysse, Dietrich-Wilhelm: May-Siedlungen. Architekturführer durch acht Siedlungen des neuen Frankfurt 1926–1930. Frankfurt 1987; Christian Holl/ Faller, Peter: Der Wohngrundriss. Stuttgart 1996, S. 319

11 nach: Laage, Gerhart: Das Stadthaus – mehr als eine Bauform. Chancen, Forderungen, Konzepte im Wohnungs- und Städtebau. Stuttgart 1979, S. 40

12 Schittich, Christian (Hg.): Im Detail. Verdichtetes Wohnen. Konzepte, Planung, Konstruktion. Basel 2004 S. 136 / 137

13 arch plus, 39. Jahrgang, Heft 176/177 (2006): Wohnen, S. 54

14 Schittich, Christian (Hg.): a.a.O., S. 49

15–17 Hafner, Thomas/ Wohn, Barabara /Rebholz-Chaves, Karin: a.a.O., 1998, S. 12, 45, 189

18 Christian Holl

THOMAS HAFNER
JOHANN JESSEN
CHRISTINA SIMON-PHILIPP

Siedlungen und Quartiere – Städtebauliche Strukturen

1 Zu den Begriffen

Für Gebiete, in denen gewohnt wird, werden unterschiedliche Begriffe verwendet: Wohnsiedlungen, Wohnquartiere oder Wohnviertel. Die Begriffe sind nicht vollständig synonym, aber auch nicht eindeutig definiert. Damit verbunden sind unterschiedliche Assoziationen hinsichtlich der Größe, des Alters, des Verhältnisses zur Stadt und zur Planung. Im Verständnis von Stadtplanern sind Siedlungen jene Gebiete, die auf ein gemeinsames Gestaltungskonzept zurückgehen. Sie werden als separate und zumindest funktional eigenständige Einheit geplant und innerhalb eines begrenzten (relativ kurzen) Zeitraumes als Ganzes realisiert. Nicht nur sämtliche Wohnungen, sondern auch die Infrastruktur, Grün- und Freiflächen sowie die Verkehrserschließung sind Gegenstand der Planung und Umsetzung. Insofern war moderner Städtebau, soweit er sich auf das Wohnen bezog, in seinen verschiedensten Ausprägungen bis in die 1970er Jahre primär Siedlungsplanung.[1] Dies gilt für die Werkssiedlungen und Gartenstädte des späten 19. Jahrhunderts, ebenso wie für den Reformwohnungsbau der 1920er Jahre sowie für sein konservatives Pendant, den Kleinsiedlungsbau. Gleiches trifft auch für die seit 1945 in ganz Europa entstandenen Großsiedlungen zu: die Trabanten- und Satellitenstädte oder New Towns. Gemeinsam ist ihnen, trotz aller sonstiger Differenzen, dass sie sich als bewusste Gegenmodelle zur bestehenden historischen Stadt verstanden. Siedlungsplanung wurde somit als eine „geordnete" Stadterweiterung der „ungeordneten" historischen Stadt angesehen.

An die Stelle der Wohnsiedlung ist in der Stadtplanung inzwischen verstärkt der Begriff des Wohnquartiers getreten: nicht Siedlungsplanung, sondern Quartiersplanung als Planung *von* Quartieren und als Planung *in* Quartieren. Im Begriff des Quartiers, (des „Viertels") steckt schon, dass das Gebiet integrierter Bestandteil einer Stadt ist oder werden soll. Das Quartier hat also, wie die Siedlung auch, einen normativen Gehalt, und zwar einen inhaltlich entgegengesetzten: Nicht die Abgrenzung, sondern die Verknüpfung mit der Stadt macht seinen Anspruch aus.

Zum einen drückt sich in dem Begriffswechsel schlicht aus, dass sich seit über 40 Jahren die Stadtplanung immer stärker der bestehenden Stadt zugewandt hat: der Modernisierung und Sanierung älterer Stadtquartiere und dem Stadtumbau auf ehemaligen Industrie-, Verkehrs- und Militärflächen.

Zum anderen lässt sich dieser Begriffswechsel auch als semantischer Ausdruck für die Krise im Städtebau der Moderne interpretieren. Seit den 1970er Jahren wird die im modernen Städtebau angelegte, bewusste Abkehr von der historischen Stadt kritisch bewertet und dem Konzept der geschlossenen Siedlung gerade die Herauslösung aus dem städtischen Zusammenhang vorgeworfen. Dies hat bekanntlich vielfältige Gründe, allem voran die teilweise ernüchternden Erfahrungen in den modernen Siedlungen selbst, zugespitzt sichtbar in jenen Großsiedlungen, die wenige Jahre nach Fertigstellung bereits zu Sanierungsfällen wurden. Als ihre Defizite werden

1 Innenstadt von Köln

2 Zeilenbauweise in der Wohnsiedlung Amsterdam-West, ab 1922

3 Hamburg, Siedlung Allermöhe-West. Geschosswohnungsbau und verdichtete Einfamilienhäuser (ab 1993)

gerade die fehlenden Qualitäten der historischen Stadt und älterer Wohnquartiere angeführt: Sie seien monofunktional und monoton, es mangele ihnen an der Urbanität, Vielfalt und Lebendigkeit, die eine gewachsene Stadt auszeichneten.

Entsprechend sind kontrastierende Konzepte vorgeschlagen worden, welche die Stadt „weiterbauen", indem sie an städtebauliche und funktionale Elemente des Städtebaus des 19. Jahrhunderts anknüpfen. Städtebaulich hat sich dies in der Wiederaufnahme der Blockbebauung, der Rückkehr zur Korridorstraße und einer angestrebten kleinräumigen Nutzungsmischung bei der Planung neuer Stadterweiterungen manifestiert. Es sollen Stadtteile statt Siedlungen entstehen. Einen Schritt weiter gehen jene Vorschläge, die die Siedlungsplanung „aus einem Guss" dadurch überwinden wollen, dass sie zu einer kleinteiligen Parzellierung zurückkehren. Das bekannteste Beispiel dafür ist das Französische Viertel in Tübingen. Träger sind in einem solchen Fall nicht wenige große Wohnungsbaugesellschaften, sondern ein möglichst breites Spektrum verschiedener Bauherren, darunter auch private Haushalte, Bauherrengemeinschaften und kleine Unternehmen. Mit diesem Planungsprinzip wird eine funktionale, soziale und auch gestalterische Vielfalt im neuen Quartier angestrebt.

Im Folgenden werden die verschiedenen städtebaulichen Grundstrukturen vorgestellt aus denen sich der Wohnungsbau, sei es als Siedlungsplanung, sei es als Quartiersplanung, zusammenfügt.

2 Städtebauliche Strukturen im Wohnungsbau

Betrachtet man die Baustrukturen, aus denen sich der Wohnungsbau zusammensetzt, so lassen sich Regelstrukturen und Sonderstrukturen unterscheiden.[2] Unter Regelstrukturen versteht man relativ homogene Strukturen oder Stadtfelder, die sich in Gebäudetyp, Dimension, Nutzung und innerer Organisation ähneln und somit die Körnung und Morphologie, aber auch die Wohnform, das Erschließungsprinzip und die Nutzung des Wohnumfeldes bestimmen. Im Wohnungsbau können *Teppichstrukturen, Reihen- und Zeilenstrukturen* sowie *Blockstrukturen* unterschieden werden. Eine Sonderstellung nehmen als städtebauliche Lösungen im Wohnungsbau *Solitäre* ein. Im Folgenden werden diese Strukturen hinsichtlich ihrer historischen Wurzeln und der sie definierenden Elemente vorgestellt. Daran anschließend werden für jeden Strukturtypus sowie für die Kombination von Strukturen Fallbeispiele vorgestellt.

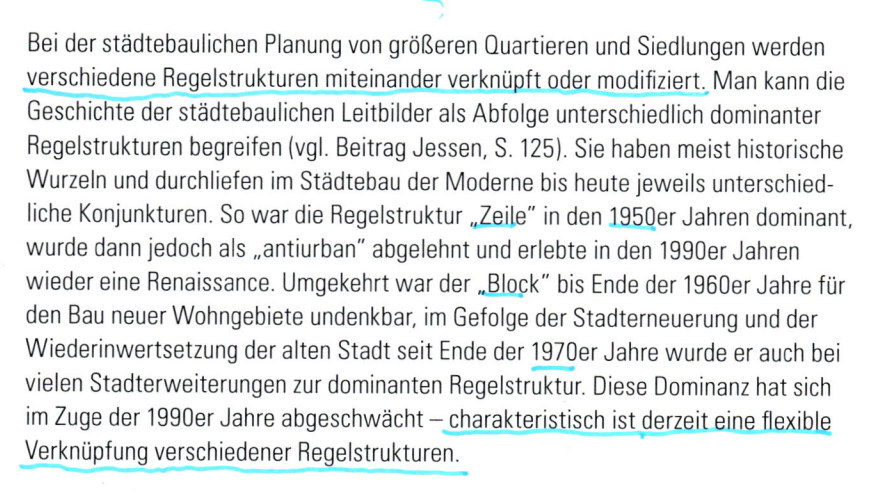

4 Tübingen, Quartier Französisches Viertel. Blick in einen Innenhof mit parzellierter Bebauung (ab 1993)

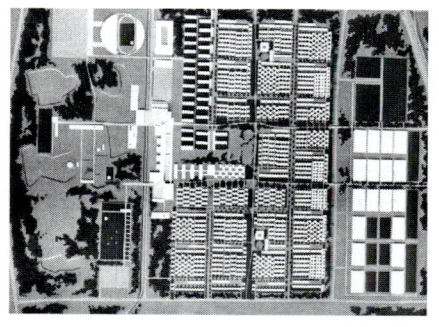

5 Teppichbebauung, Entwurf von Roland Rainer aus den 1950er Jahren

Bei der städtebaulichen Planung von größeren Quartieren und Siedlungen werden verschiedene Regelstrukturen miteinander verknüpft oder modifiziert. Man kann die Geschichte der städtebaulichen Leitbilder als Abfolge unterschiedlich dominanter Regelstrukturen begreifen (vgl. Beitrag Jessen, S. 125). Sie haben meist historische Wurzeln und durchliefen im Städtebau der Moderne bis heute jeweils unterschiedliche Konjunkturen. So war die Regelstruktur „Zeile" in den 1950er Jahren dominant, wurde dann jedoch als „antiurban" abgelehnt und erlebte in den 1990er Jahren wieder eine Renaissance. Umgekehrt war der „Block" bis Ende der 1960er Jahre für den Bau neuer Wohngebiete undenkbar, im Gefolge der Stadterneuerung und der Wiederinwertsetzung der alten Stadt seit Ende der 1970er Jahre wurde er auch bei vielen Stadterweiterungen zur dominanten Regelstruktur. Diese Dominanz hat sich im Zuge der 1990er Jahre abgeschwächt – charakteristisch ist derzeit eine flexible Verknüpfung verschiedener Regelstrukturen.

2.1 Teppichstrukturen

Teppichbebauungen entstehen durch die Addition von punktartigen, niedriggeschossigen Regelbausteinen wie Winkelhäuser, Atriumhäuser, freistehende Einfamilienhäuser oder Stadtvillen zu einer regelmäßigen, teppichartigen, mehr oder weniger verdichteten Baustruktur. Winkel- und Atriumhäuser erzeugen ein relativ homogenes Stadtfeld mit einer klaren Trennung in öffentliche Erschließung und privaten, abgeschlossenen Innenbereich. Ziel ist eine höhere Dichte als bei freistehenden Gebäuden. Jedoch auch Wohngebiete mit freistehenden Einfamilienhäusern sind als Teppichstrukturen zu interpretieren. Jedes Gebäude steht auf einer Einzelparzelle, die Erschließung erfolgt durch Wohnstraßen, der Zugang zum Haus über einen privaten Weg.

Patiohausstrukturen – eine Sonderform der Teppichbebauung – haben ihre historischen Vorläufer in den dichten, kompakten mediterranen Dörfern sowie verschachtelten Altstadtstrukturen und wurden in den 1960er Jahren von den Strukturalisten (Team X) wiederentdeckt. Hier wird die Wohnung als eine Zelle innerhalb einer verdichteten (beliebig erweiterbaren) Großstruktur aufgefasst, die sich weitgehend auf sich selbst bezieht und somit ein bewusstes Gegenmodell zur Teppichbebauung mit freistehenden Einfamilienhäusern darstellt. Kennzeichen der Patiohaustrukturen: die gesamte Parzelle ist überbaut, der Vorgarten entfällt zugunsten eines Innenhofes, die Parkierung wird in den Baukörper integriert und eine Dachterrasse ersetzt den Garten. Das öffentliche Wohnumfeld reduziert sich auf die notwendigen Erschließungsflächen. Verschachtelte, unregelmäßige Strukturen bewirken meist ein sehr differenziertes Erschließungssystem, das die Orientierung für Besucher erschwert.

2.2 Reihen- und Zeilenstrukturen

Die Reihenbebauung hat eine ihrer historischen Wurzeln in den Straßendörfern und gehört neben dem Block zu den ältesten Baustrukturen. Reihungen entstehen durch die lineare Addition von Gebäuden in geschlossener oder offener Bauweise ein- oder beidseitig einer Erschließungsstraße. Die Eingänge orientieren sich überwiegend zur Erschließung. Reihungen können mit unterschiedlichen Haustypen gebildet werden: Einfamilienhäuser, Reihenhäuser, Stadtvillen, Punkthochhäuser, Mischformen.

Die Reihe ist eine sehr flexible Baustruktur und beinhaltet viele Gestaltungsmöglichkeiten: Sie kann in ihrer Länge variieren, sie folgt Kurven und Krümmungen, lässt sich durch Versätze und Verschiebungen in räumliche Sequenzen unterteilen und passt

6 Einfamilienhausgebiet Levittown in den USA (1947–1951)

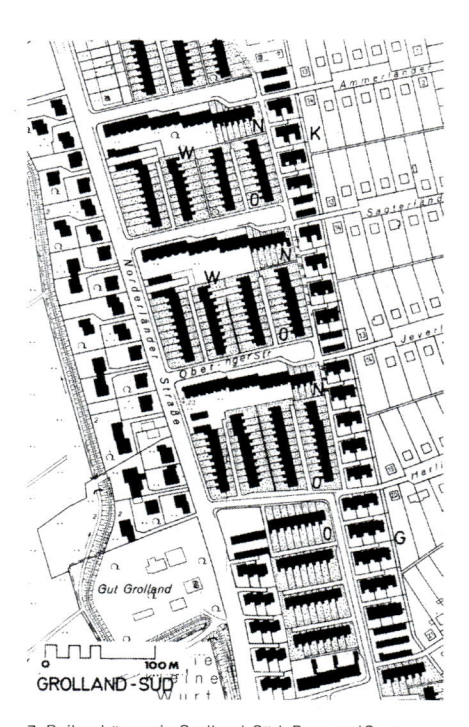

7 Reihenhäuser in Grolland-Süd, Bremen (Gunter Müller und Martin Zill, 1961–1965)

8 Englische Reihenhaussiedlung von 1875

sich der Topographie an. Ein wichtiger Prototyp sind die englischen Reihenhausgebiete mit ihrer historischen Typenvielfalt. Reihen können paarweise an einer Straße gebündelt oder in Kammstrukturen mit einer senkrecht zu den Zeilen stehenden Querbebauung organisiert werden. Durch die Orientierung des Eingangs zur Straße wird das Wohnumfeld in zwei Bereiche mit einem unterschiedlichen Öffentlichkeitsgrad eingeteilt. Die Straßenseite hat einen eher öffentlichen Charakter (Vorzone, Vorgarten, Schwellenbereich zwischen Straße und Eingang, Stellplatz), der hintere Teil der Parzelle wird meist als privater Rückzugsbereich ausgebildet (Garten, Hof) oder bei einer entsprechenden Tiefe mit einem weiteren Gebäude bebaut.

Bei einer beidseitigen Straßenrandbebauung mit Ost-West-Zeilen führt die Reihung zu Parzellen mit Südgärten zur Straße und Nordgärten zum Wohnbereich.

9 Stadterweiterung Slotervaart in Amsterdam (ab 1955)

Eine niedere Bebauung (maximal zwei bis drei Geschosse) und eine tiefe Parzelle schaffen hier einen gewissen Ausgleich und sorgen für eine ausreichende Besonnung der Nordgärten; ebenso für eine klare Abgrenzung des südlichen Gartens vom öffentlichen Straßenraum (Mauer, Begrünung, Vorbauten in Form von Carport oder Abstellraum). Bei Nord-Süd-Reihungen werden diese Nachteile dagegen umgangen: Es entstehen ausschließlich nach Osten und Westen orientierte Freibereiche – Nordgärten werden vermieden.

Ein weiteres Problem ergibt sich bei langen geschlossenen Reihungen. Hier sind Gärten der Mittelhäuser nur durch die Gebäude erreichbar. Lösungen dieses Problems sind ein gemeinsamer Weg zwischen den Parzellen (Mist- oder Dungweg), die Vermeidung endlos langer Reihungen zugunsten von Gebäudegruppen mit vier bis acht Reihenhäusern (so sind Querverbindungen möglich und die Zahl der Endtypen mit seitlichem Gartenanteil erhöht sich) oder durch eine interne Erschließung auf der Parzelle (etwa über eine integrierte Garage oder Nebenräume).

Eine eigene Gestaltungsaufgabe bei Reihenbebauungen stellen die beiden Endhäuser der Reihe dar. Hier besteht die Möglichkeit für einen seitlichen Gartenanteil, zusätzliche Fenster oder ergänzende Nebengebäude. Außerdem können die Endhäuser in Höhe, Volumen und Fassade speziell ausgebildet werden und so zu einer Differenzierung der Gesamtstruktur beitragen.

Im Gegensatz zur Reihenbebauung entlang von Straßen wird mit der Zeilenstruktur eine andere Intention verfolgt. Sie bietet, sowohl als Nord-Süd- wie auch als Ost-West-Zeile durch ihre klare funktionale Trennung in eine Wohn- und in eine

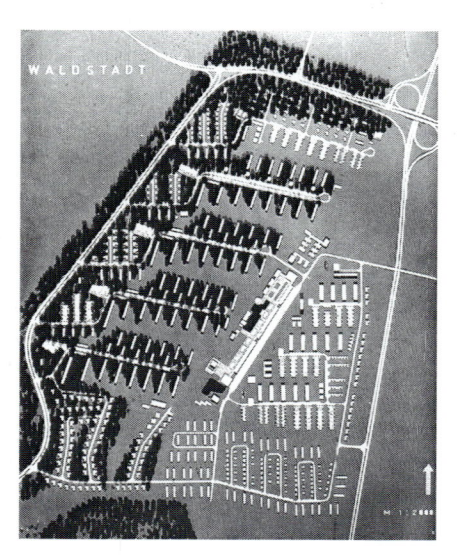

10 Karlsruhe Waldstadt (Karl Selg, ab 1957)

Erschließungsseite weitgehend gleiche Bedingungen („Licht, Luft, Sonne") für alle Wohnungen. Folgerichtig wurde sie in den 1920er Jahren zur „demokratischen" Wohnform erklärt, weil sie gute Wohnbedingungen auch für sozial und finanziell Schwache ermöglichte; stellte daher das Gegenmodell zum hochverdichteten, gründerzeitlichen Block dar. Durch errechnete Abstandsflächen, welche auch die Erdgeschosswohnungen ausreichend belichteten und besonnten, führte die Zeilenstruktur außerdem zu einer gewünschten Reduzierung der Bebauungsdichte. Im Geschosswohnungsbau liegt die GFZ zwischen 0,4 und 2,0, im verdichteten Reihenhausbau variiert sie zwischen 0,4 und 0,8.

Verbunden mit der Einführung der Zeile ist die Idee, den Fahr- und Fußgängerverkehr in den Siedlungen voneinander zu trennen. Auf diese Weise entsteht eine autofreie Zone zwischen den Gebäuden. In den 1960er Jahren verlieren die Zeilen ihre Stringenz, werden in Höhe und Richtung gestaffelt, in großen begrünten Baufeldern völlig unabhängig vom Straßennetz zu Hausgruppen zusammengefasst und durch ein separates Fußwegesystem vernetzt (Nordwest-Stadt in Frankfurt, Neue Vahr in Bremen).

Grundsätzlich können folgende Zeilen-Typen unterschieden werden:

- Reihenhauszeilen,
- Zeilen mit Geschosswohnungen, meist als Zwei- und Dreispänner oder als Laubenganghäuser mit drei bis sechs Geschossen,
- Scheiben-Hochhäuser (Wohnscheiben) oder lange, lineare, hochgeschossige Mehrfamilienhäuser, die sowohl in Höhe als auch in der Richtung differenziert werden (Mäander, Winkeltypen, U-Typen).

Die Wohnungen in Zeilen werden in der Regel von beiden Seiten belichtet und belüftet, ein Durchwohnen ist möglich. An jeder Seite können private Freibereiche wie Balkone, Loggien, Terrassen angeordnet werden. Wie bei der Reihenbebauung bedarf die Stirnseite der Zeile einer spezielle Gestaltung durch zusätzliche Fenster, Wintergärten, Nebengebäude...

An der Zeile scheiden sich die Geister. Nach der Trennung von Baustruktur und Straßenraum beklagten die Kritiker den Verlust des städtischen Charakters. Die Massierung von Zeilenstrukturen in Großsiedlungen führte zu monotonen Baustrukturen und sozial und funktional wenig differenzierten Freiräumen („Abstandsgrün"). Allerdings erlebt die Zeile seit Mitte der 1980er Jahre eine Renaissance und führt insbesondere in kleineren Wohnquartieren zu einer hohen Wohnqualität sowohl im Geschosswohnungsbau als auch im Reihenhausbau.

Wichtig sind in diesem Zusammenhang eine klare Zonierung der Freiräume in öffentliche Bereiche (Straße, Stellplatz), gemeinschaftlich genutzte (halböffentlich) Bereiche (gemeinsame Spielbereiche, Erschließungszone der Wohnungen) und private Bereiche (Gartenanteil, Terrasse) mit je unterschiedlicher Gestaltung; ferner die Vermeidung von extrem langen, hochgeschossigen Zeilen (maximal fünf bis sechs Geschosse) mit anonymen Erschließungsgängen.

2.3 Blockstrukturen

Der Baublock ist eine der ältesten Baustrukturen. Definiert wird er als eine allseitig von Straßen umfasste Gebäudegruppe, die einen Innenhof umschließt. Das Straßenraster ist in der Regel orthogonal aufgebaut; die Eingänge befinden sich im Straßenraum – in Sonderfällen, zum Beispiel bei den Stuttgarter Baublöcken, auch seitlich.

In den Barock- und Gründerzeitvierteln wurde, bei fast vollständiger Ausnutzung der Parzelle und durch die Reduzierung der Innenhöfe auf ein Minimum, eine GFZ von bis zu 4,0 erreicht, wobei viele Wohnungen in den unteren Geschossen nicht mehr ausreichend belichtet wurden. Bei aktuellen Blockstrukturen (Freiburg Rieselfeld)

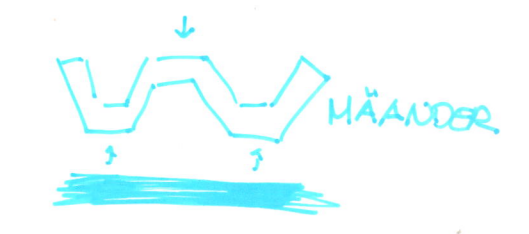

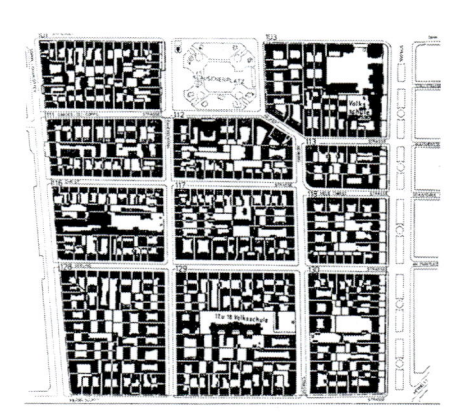

11 Blockstrukturen in Berlin, 19. Jahrhundert

12 Blockstrukturen in Barcelona

wird auf die Bebauung der Ecken ganz oder teilweise verzichtet. Heute lässt sich mit Blockstrukturen bei günstiger Orientierung und vier bis sechs Vollgeschossen eine GFZ zwischen 1,0 und 2,3 erreichen.

Der Block teilt das Wohnumfeld in zwei unterschiedliche Bereiche: einen öffentlichen Straßenraum und einen geschützten halböffentlichen oder privaten Innenbereich. Dieser lässt sich auf unterschiedliche Weise zonieren:

- Der Innenhof besteht vollständig aus privaten Parzellen, die aneinandergrenzen und eine hohe Privatheit auf jedem Grundstück gewährleisten.
- Zwischen den Parzellen verbleibt ein öffentlicher Bereich, der zur Erschließung der Grundstücke und als Wegeverbindung durch das Blockinnere genutzt wird.
- Der Innenbereich wird durch zusätzliche, niedrigere Gebäude teilweise überbaut (Nutzungsmischung) und ermöglicht zudem eine Wegeverbindung durch das Blockinnere.
- Der gesamte Innenbereich ist ein öffentlicher Grünbereich ohne Wegeverbindung nach außen, nur entlang der Gebäude befinden sich Wege.

Aufgrund der Geometrie des Blockes sind für die Eckwohnungen spezielle Grundrisslösungen erforderlich, oder es werden dort Sondernutzungen (Büros, Läden) untergebracht. In den 1920er Jahren entwickelte man sehr lange Blöcke, bei denen im Verhältnis zur Gesamtwohnungszahl nur wenige Ecktypen entstanden (Spangen in Rotterdam, Jarrestadt in Hamburg, Karl-Marx-Hof in Wien). Auf diese Weise kombinierte man die Vorteile des Baublocks (klare räumliche Gliederung) mit den Vorteilen der Zeile (zweiseitig orientierte Wohnungen). Die Ausrichtung der Blockbebauung nach allen Himmelsrichtungen führt außerdem zu Wohnungstypen mit unterschiedlicher Besonnung. Um in allen Fällen gute Wohnbedingungen zu schaffen, müssen die Grundrisse und Wohnbereiche entsprechend gestaltet und orientiert werden.

Eine Sonderform des Block ist der Hof. Er kann als Umkehrung des Blockes angesehen werden. Wird der Block primär über die Außenseiten erschlossen, so erfolgt die Erschließung in diesem Fall über den innenliegenden Hof. Der Hofbereich übernimmt somit die Funktion einer öffentlichen (halböffentlichen) Eingangszone für die meisten Wohnungen. Speziell bei Wohnanlagen mit einem hohen gemeinschaftlichen Anspruch stellt der Hoftyp eine adäquate Lösung dar (Karl-Marx-Hof in Wien, Brahmshof in Zürich). Es gibt jedoch auch Hoftypen, bei denen sich die privaten und öffentlichen Bereiche des Wohnumfeldes ganz umkehren: Der Hof ist gemeinsamer öffentlicher Erschließungsbereich, die dem Hof abgewandte Seite hat einen starken

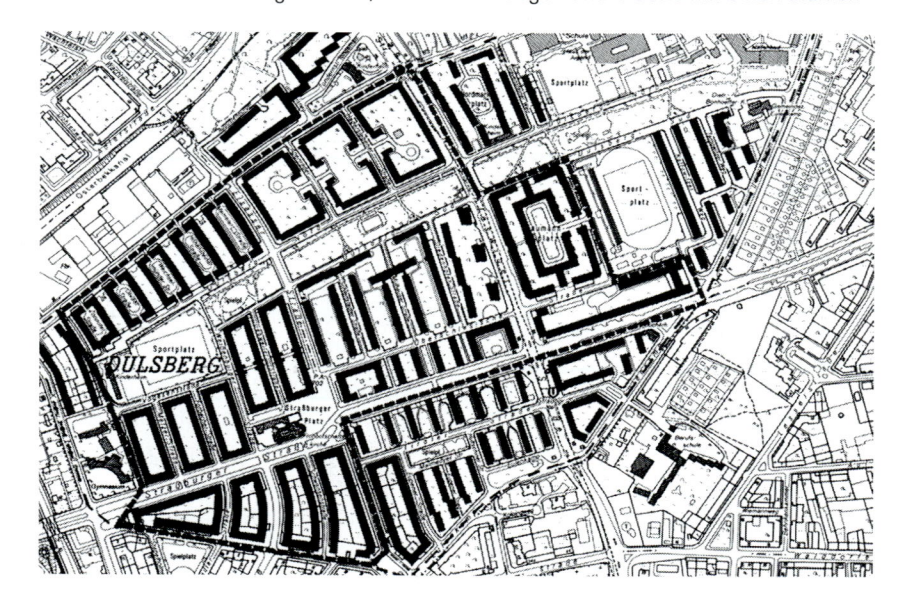

13 Hofhaus in Amsterdam (Diener & Diener, 2001)

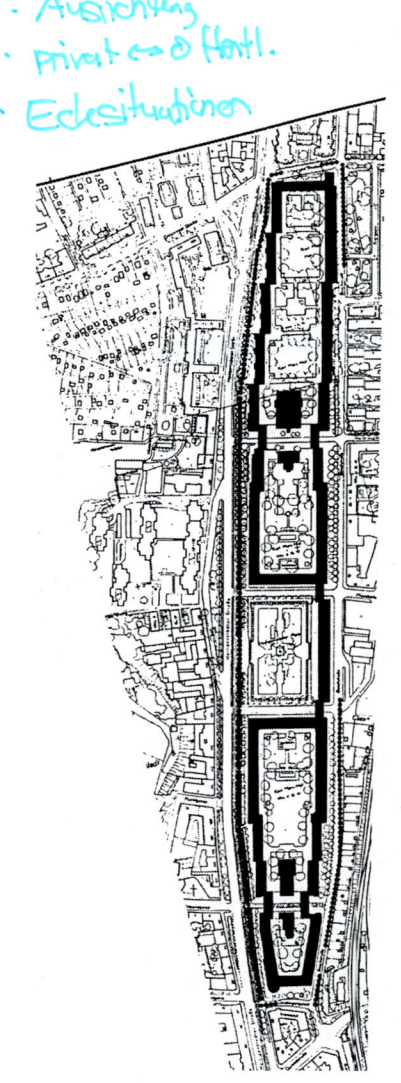

14 Karl-Marx-Hof in Wien (Karl Ehn, 1927)

15 Dulsberg-Siedlung in Hamburg, Wohnungsbau der 1920er Jahre, (Fritz Schumacher)

privaten Charakter (privater Gartenanteil, Terrasse). Mit Hofhaus-Strukturen lassen sich bei einer vier- bis sechsgeschossigen Bebauung etwa die gleichen Dichtewerte wie beim Block erreichen.

Wichtig bei der Dimensionierung der Grundfläche des Hofes ist ein ausgewogenes Verhältnis zwischen Länge und Breite, bei zu schmalen Höfen (Straßencharakter) kann er seine Funktion als großzügiger gemeinsamer Erschließungsbereich nicht mehr erfüllen. Wie beim Block führen die unterschiedlichen Himmelsrichtungen und die Ecken zu einer entsprechenden Gestaltung der Grundrisse und Orientierung der Wohnbereiche.

16 Gehöfte in den Niederlanden

2.4 Städtebauliche Sonderformen: Solitäre und Wohngruppen

Unter Solitären versteht man zunächst Gebäude, die einzeln in der Landschaft stehen und als solche wahrgenommen werden (einzeln stehendes Hochhaus, einzeln stehende Villa) oder Gebäude, die aufgrund ihrer Größe, ihrer Ausprägung oder ihrer städtebaulichen Bedeutung isoliert auf einer Parzelle stehen und sich klar von der umgebenden Baustruktur abheben. In wenigen Ausnahmefällen werden ganze Wohngebiete aus Solitären errichtet. Solitäre müssen sich aufgrund der großzügigen Abstandsflächen in ihrer Größe, Grundrissgeometrie und Architektur nur wenig auf die Nachbarbebauung beziehen. Werden Solitäre zu Siedlungseinheiten zusammengefasst, beispielsweise zu Hochhausgruppen, so verlieren sie je nach Dimension und Grad der Verdichtung ihre Funktion als städtebauliches Merkzeichen und nähern sich immer stärker den Regelstrukturen an.

17 Unité d'Habitation in Marseille (Le Corbusier, 1951)

Eine weitere Sonderform im Wohnungsbau sind Wohngruppen. Bei Wohngruppen handelt es sich um Baustrukturen, die sich weniger auf öffentliche Räume oder Straßen beziehen, sondern von ihrer inneren Geometrie geprägt werden. Sie fügen sich durch Addition gleicher oder ähnlicher Elemente (Reihenhäuser, Punkthäuser, Maisonettewohnungen, Terrassenhäuser) um Höfe, verglaste Innenhöfe oder an schmalen Erschließungswegen zu einem räumlichen Gefüge und einer charakteristischen Großform. Somit bilden die Gruppenbebauungen ein einheitliches, geschlossenes Stadtfeld, das sich klar von der umgebenden Bebauung abgrenzt und sich nicht beliebig in jede Stadtstruktur einfügen lässt. Für die Schweizer Architektengruppe Atelier 5 ist die Wohngruppe eine bewusste Alternative zum individuellen Einfamilienhausbau. Sie soll das Gemeinschaftsgefühl der Bewohner untereinander stärken. Ihre unverkennbare Form und einheitliche Architektursprache schaffen Identität mit dem Ort, ihre höhere Verdichtung als im Reihenhausbau (GFZ 0,5 bis 0,8) senkt den Baulandverbrauch, gemeinschaftliche Freiflächen und Einrichtungen bieten ein zusätzliches Angebot.

Heute werden vergleichbare Projekte auch durch Baugruppen realisiert, in denen sich Gleichgesinnte zusammenschließen. Individuelle Fassade und eigene Parzelle lassen sich mit einem gemeinsamen Gestaltungsrahmen verbinden, der private Freiraum kann auch gemeinschaftlich genutzt werden.

18 Siedlung Thalmatt II bei Bern (Atelier 5, 1985)

19, 20 Stadthauszeile B44 in Karsruhe, in einer Baugruppe realisiert (2004–2006)

Reihen und Zeilen   **MSA-Siedlung, Dortmund-Scharnhorst/ Derne**

Leitidee
Diese „Mustersiedlung" für Bergleute folgt dem Leitbild einer funktional gegliederten, „kleinen, unabhängigen Gartenstadt", die mit allen notwendigen Infrastruktur- und Gemeinschaftseinrichtungen ausgestattet ist.

Erschließung
Das Straßensystem ist differenziert in eine Wohnsammelstraße, Wohnstraßen und Wohnwege. Fahr- und Fußgängerverkehr sind weitgehend getrennt; die Fußwege verlaufen in den Grünzäsuren, Durchgangsverkehr ist ausgeschlossen.

Baustruktur/ Wohnumfeld
Die Häuser sind in überschaubare Einheiten (sogenannte „Nachbarschaften") gruppiert, die durch Grünzäsuren voneinander getrennt sind. Die Gemeinschafts- und Infrastruktureinrichtungen und 20 zwei- bis viergeschossige Wohnhäuser (Spännertypen, Laubenganghäuser und vielwinklige Punkthäuser) liegen in einem Nord-Süd verlaufenden, weitgehend verkehrsfreien Grünbereich. Eine eingeschossige Ladenzeile markiert den Mittelpunkt der Siedlung.

Lage	Dortmund-Scharnhorst/ Derne, etwa 6,5 km nordöstlich der Innenstadt
Planungsbeginn	1952
Bauzeit	1953–1957 (acht Bauabschnitte)
Bauträger	Westdeutsche Heimbau GmbH, Essen
Planung und Entwurf	Städtebau: Peter Poelzig, Siegfried Reitz
Wohneinheiten	1274
Einwohner	3500 (1954); 3331 (1998)
Haustypen	944 Einfamilienreihen- und Doppelhäuser, 18 freistehende Einfamilienhäuser, Mietwohnungen in zwei bis viergeschossigen Mehrfamilienhauszeilen, 120 Junggesellenwohnungen in viergeschossigem Wohnhau (Ledigenheim)
Infrastruktur	Kirche, Grundschule, Pfarrhaus, Kindergarten, Läden, Sparkasse, Kino, Bürgerhaus mit Bibliothek
Bruttobauland	66 ha
GRZ	etwa 0,2
GFZ	etwa 0,4

21 Lageplan der MSA-Siedlung in Dortmund-Scharnhorst/ Derne: Die Bebauung aus Einfamilienhäusern gruppiert sich um den Grünraum, in dem die höhergeschossige Bebauung liegt (oben links).

22 Luftbild der MSA-Siedlung: Neuere Quartiere mit teppichartiger Struktur grenzen heute direkt an die Siedlung (1997) (oben rechts).

23 Typischer Straßenraum; die Reihenhäuser sind durch Vor- und Rücksprünge gekennzeichnet.

Reihen und Zeilen

Highdeck-Siedlung, Berlin-Neukölln

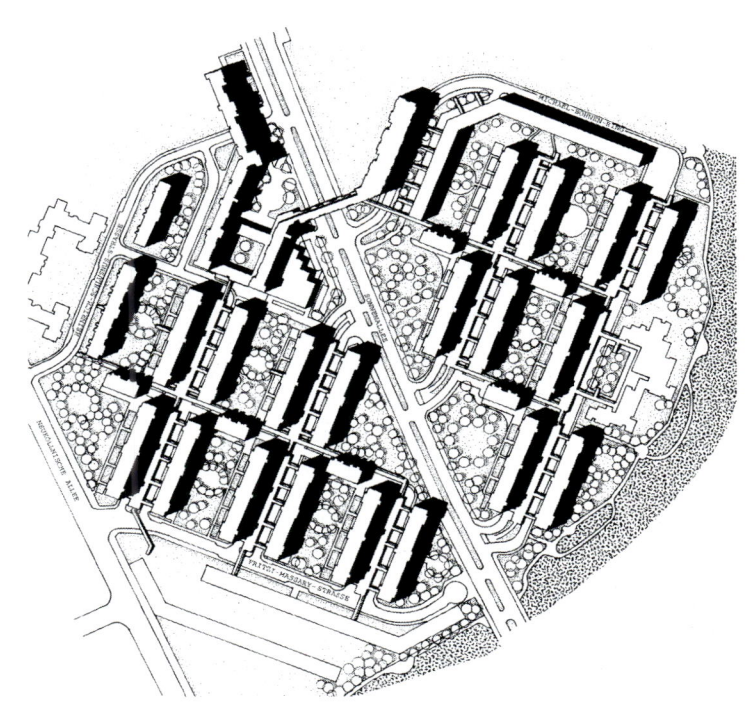

24 Lageplan Sonnenallee in Berlin-Neukölln

Lage	Berlin-Neukölln
Planungsbeginn	1970 (Wettbewerb)
Bauzeit	1975–1984
Bauträger	Stadt- und Land Wohnbauten GmbH Erbbauverein Moabit
Planung und Entwurf	Rainer Oefelein/ Bernhard Freund
Wohneinheiten	2.220
Einwohner	4.060 (1996)
Haustypen	sozialer Geschosswohnungsbau: 15% Einzimmerwohnungen, 20% Zweizimmerwohnungen, 35% Dreizimmerwohnungen, 30,0% Vier- und Fünfzimmerwohnungen
Infrastruktur	Ganztagesschule, Einkaufszentrum, Sportanlage, wohnungsbezogene Gemeinschaftseinrichtungen wie Hobbyraum, Gästewohnung, Gemeinschaftsraum in den Häusern.
Bruttobauland	13,3 ha
GRZ	0,3
GFZ	1,7

Leitidee
Die Siedlung wurde als Gegenmodell zu den Berliner Großwohnsiedlungen wie Gropiusstadt und Märkisches Viertel konzipiert: eine verdichtete, in sich homogene vier- bis sechsgeschossige Zeilenstruktur („low rise – high density") mit konsequenter Nord-Süd-Ausrichtung. Die Baustruktur wird durch die diagonale Sonnenallee in zwei Teilgebiete gegliedert.

Erschließung
Fußgänger- und Fahrverkehr werden getrennt auf zwei Ebenen geführt („Highdecks"): Parkierung und Erschließung auf der Ebene 0, das Fußwegenetz auf der Ebene +1. Die aufgeständerten Fußgängertrassen dienen als Erschließungs- und Kommunikationszonen.

Baustruktur/ Wohnumfeld
Dominant ist die verdichtete Zeilenstruktur mit Geschosswohnungen und Zweispännern in Großplattenbauweise („Coignet-Verfahren"). Die Erschließungszonen auf den Highdecks sind als öffentliche Straßenräume (Alleebäume, Pflanzenkübel, Sitzgelegenheiten) ausgebildet; im Kontrast hierzu steht der breitere Grünbereich mit einer eher parkartigen Bepflanzung als gemeinschaftlicher Freibereich für die Wohnanlage.

25 Luftbild von Nordwesten (unten links)

26 Blick auf die Highdecks

Reihen und Zeilen

Im Raiser, Stuttgart-Zuffenhausen

Leitidee
Der neue Stadtteil auf einer Militärbrache folgt den Grundsätzen des flächen- und kostensparenden, ökologischen, vor allem aber familienfreundlichen Bauens. Gezielte Förderung erleichterte 240 jüngeren und kinderreichen Familien die Eigentumsbildung. Trotz verdichteter Bauweise war ein differenziertes Angebot an privaten und öffentlichen Freiräumen mit hoher Aufenthaltsqualität und verkehrsarmen Straßen angestrebt.

Erschließung
Das Gebiet wird durch zwei separate, ringförmig geführte und verkehrsberuhigte Zufahrten mit variablen Straßenbreiten erschlossen. Von diesen gehen befahrbare Stichstraßen ab. In Ost-West-Richtung verlaufende Geh- und Radwege machen kurze Verbindungen innerhalb des Gebiets möglich. Parkplätze befinden sich zum Großteil in Tiefgaragen oder auf Stellplätzen an den Zeilenenden.

Baustruktur/ Wohnumfeld
Die strenge, überwiegend zwei-bis dreigeschossige Zeilenbauweise senkrecht zur Geländeneigung wird durch kleine Quartiersplätze an den Zeilenenden aufgelockert; ein breiter Streifen mit einem vom Bund genutzten Altbau und Kindergärten strukturiert das Gebiet. Ein Grüngürtel fasst die Bebauung ein. Zur Schozacher Straße schirmt viergeschossiger Geschosswohnungsbau die dahinterliegende Bebauung ab. Die Bebauung basiert auf einem modularen Konzept, aus dem fünf Typen entwickelt werden können.

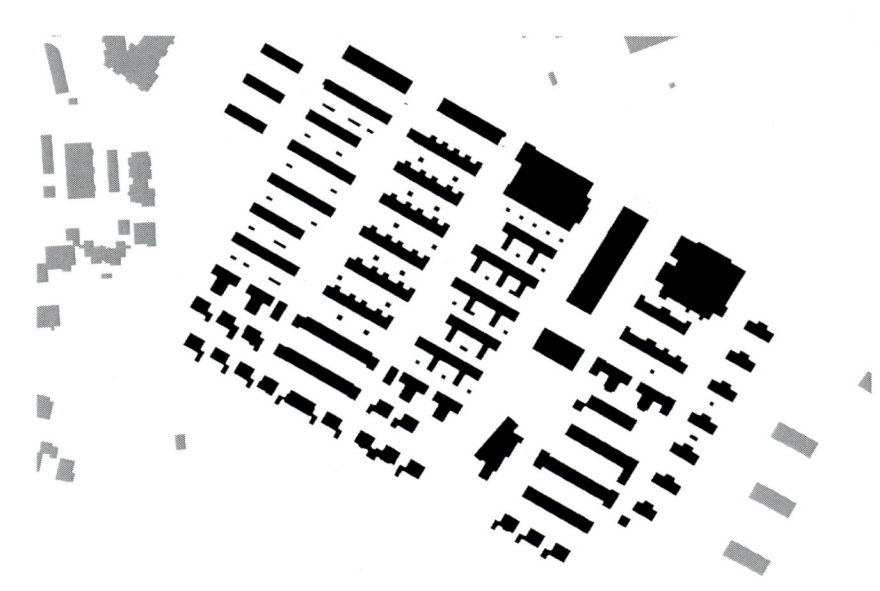

27 Lageplan Im Raiser, Stuttgart-Zuffenhausen

Lage	8 km nördlich der Stuttgarter Innenstadt, am südlichen Rand von Zuffenhausen
Planungsbeginn	1998 städtebaulicher Ideen- und Realisierungswettbewerb und Planungsbeginn
Bauzeit	2002–2006
Bauträger	SWSG mbH, WHS GmbH, Siedlungswerk GmbH, LEG Baden-Württemberg und Project GmbH
Planung und Entwurf	Städtebau: Kohlmeyer Oberst Architekten
Wohneinheiten	240
Einwohner	etwa 900
Haustypen	50 Wohnungen im Geschosswohnungsbau, 147 Reihenhäuser, 18 freistehende Einfamilienhäuser, 26 Doppelhäuser
Infrastruktur	Zwei Kindergärten; Bürgerhaus, Sonderschule und Altenpflegeeinrichtung in unmittelbarer Nachbarschaft; fußläufig gut zu erreichen außerdem Jugendräume, Sportanlagen Grund-, Haupt- und Realschule sowie Gymnasium Bus- und U-Bahnanbindung
Bruttobauland	6,9 ha (Bruttowohnbauland)
GRZ	0,32
GFZ	0,86

28 Einer von mehreren kleinen Quartiersplätzen

29 Der viergeschossige Geschosswohnungsbau zur Schozacher Straße schirmt das dahinterliegende Gebiet von der Straße ab.

30 Spielplatz am westlichen Gebietsrand

Teppichstrukturen **Gartenstadt Puchenau bei Linz, Österreich**

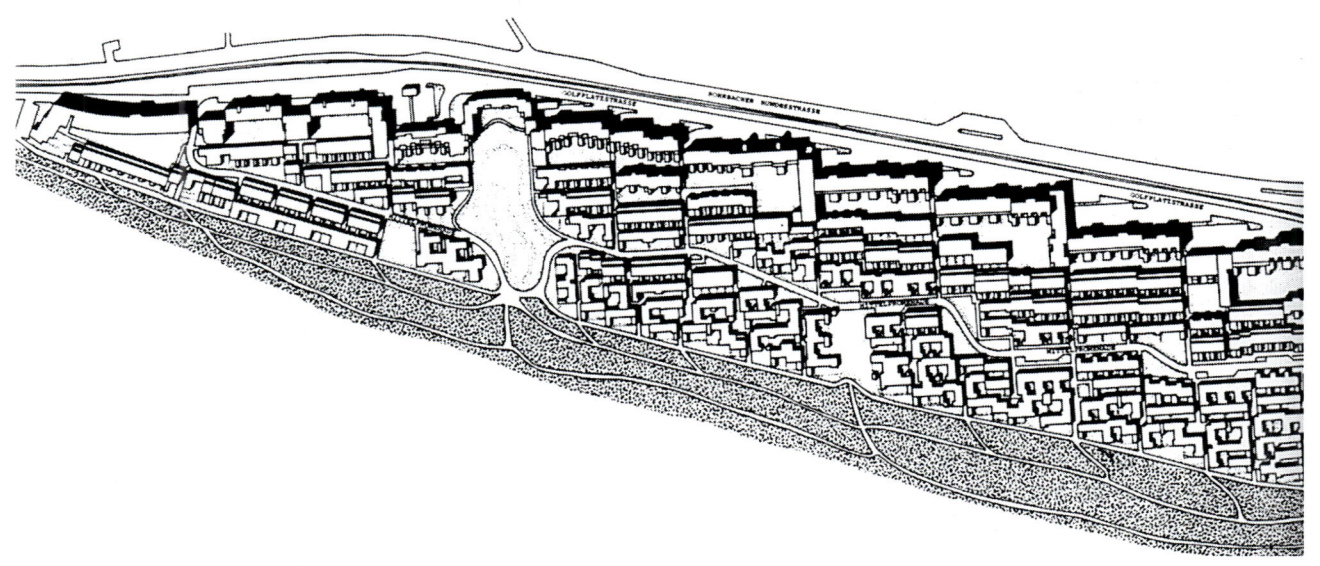

31 Lageplan Gartenstadt Puchenau II, ab 1978

Lage	3,5 km nordwestlich des Stadtzentrums von Linz auf einem länglichen Grundstück zwischen Bundesstraße und Donau
Planungsbeginn	1963 (Puchenau I)
Bauzeit	1965–1995 (Puchenau I und II)
Bauträger	Neue Heimat, Gemeinnützige Wohnungs- und Siedlungsgenossenschaft mbH in Oberösterreich
Planung und Entwurf	Roland Rainer, Wien
Wohneinheiten	813 (Stand 1991)
Einwohner	2.195 (Stand 1991)
Haustypen	ein Drittel Geschosswohnungen (drei bis vier Geschosse) ein Drittel Reihenhäuser (zwei Geschosse) ein Drittel eingeschossige Bungalows, Winkelhäuser
Infrastruktur	Kirche mit Gemeindesaal/ Jugendräumen, Kindergarten, Volksschule, Ladenzentrum, Büro- und Praxisräume
Bruttobauland	36,3 ha
GRZ	0,4 (Puchenau I)
GFZ	0,7 (Puchenau I)

32 Luftbild Gartenstadt Puchenau II (rechts)

33 Blick in einen überdachten Wohnweg (unten)

Leitidee
Niedergeschossiger, verdichteter Einfamilienhausbau ist als bewusste Alternative zur hochgeschossigen Mehrfamilienhausbebauung konzipiert. Unter Bezug auf historische Vorbilder wie Letchworth und Hellerau wird die Idee der Gartenstadtsiedlung mit der Architekturauffassung der Moderne kombiniert und weiterentwickelt.

Erschließung
Das Wohnumfeld ist weitgehend autofrei, PKWs parken in Tiefgaragen, nur Notverkehr (Anlieferung, Feuerwehr) ist in der Siedlung zugelassen; engmaschiges Fußwegenetz (Gassen, Plätze, Vorzonen) mit einer Hauptachse (Mittelpromenade von West nach Ost).

Baustruktur/ Wohnumfeld
Die städtebauliche Struktur besteht aus drei Teilen: einer Zeile aus Mehrfamilienhäusern an der Bundesstraße im Norden, einer Zone mit zweigeschossigen Reihenhäusern und einer Zone mit eingeschossigen Einfamilienhäusern an der Donau. Breite, öffentliche Grünzüge trennen die einzelnen Baufelder, eine Promenade in Querrichtung fungiert als Achse und Hauptfußwegeverbindung. Insbesondere die Einfamilienhäuser decken ein breites Typenspektrum ab: Doppelhäuser, Winkelhäuser, Split-Level-Typen, zweigeschossige Reihenhäuser.

Teppichstrukturen

Siedlung Galgebakken in Albertslund, Dänemark

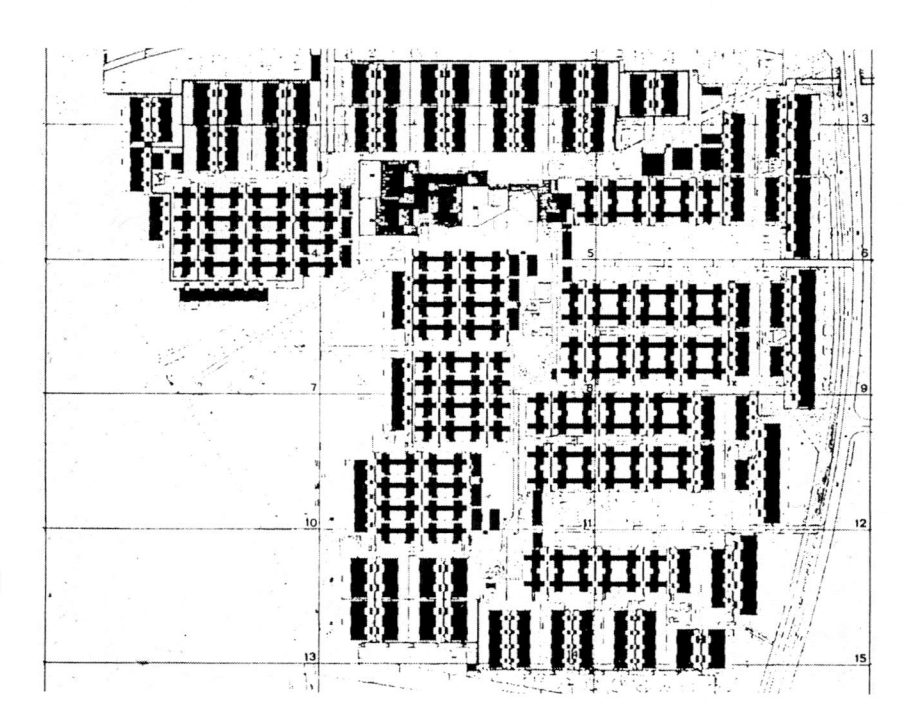

Leitidee

Die Siedlung besteht aus einer teppichartigen, niedriggeschossigen Bebauung hoher Dichte: Leitidee ist eine intime Wohnsiedlung im verdichteten Flachbau mit kleinem privatem Freiraum und großzügigen Gemeinschaftseinrichtungen. Bei der Planung wurden die zukünftigen Bewohner beteiligt.

Erschließung

Die Fahrerschließung als Ring mit fünf großen Sammelstellplätzen an drei Seiten gliedert die Siedlung in mehrere Teilabschnitte und schirmt sie von der angrenzenden Bebauung ab; entsprechend gibt es keine Stellplätze bei den Wohnungen. Die innere Erschließung bildet ein hierarchisches Netz: Sehr schmale, intime Wohnwege führen über breite öffentliche Fußwege in großzügige Freiräume, zum Quartierszentrum oder zu den Sammelstellplätzen.

Baustruktur/ Wohnumfeld

Die Gartenhof- und Reihenhäuser (ost-westorientiert) sind als beidseitig erschlossene Reihen organisiert. Zwei bis drei Reihen sind wiederum zu Gruppen zusammengefasst. Die Bebauung wird stark durch die Vegetation geprägt. Die Häuser können zu Gruppen zusammengeschlossen werden, wenn die Haushalte in Hausgemeinschaften leben wollen. Als Ausgleich für die kleinen Wohnungen und privaten Gärten werden die weitläufigen öffentlichen Freiräume und die reich ausgestatteten Gemeinschaftseinrichtungen gesehen.

Lage	Albertslund, 15 km westlich der Kopenhagener Innenstadt
Planungsbeginn	1968
Bauzeit	1973/ 74
Bauträger	Gemeinde sowie Gemeinnützige Wohnungsgenossenschaft „Vridsloselille Andelsboligforening"
Planung und Entwurf	J.P. Storgard & J. Orum Nielsen, H. Marcussen, A. Orum Nielsen
Wohneinheiten	664
Einwohner	etwa 1.900
Bautypen	überwiegend ein- bis zweigeschossige Reihen- und Gartenhofhäuser
Infrastruktur	Kindergärten und Kinderkrippe, Freizeitzentrum, Trefflokal, Werkstätten, Wäscherei, Spielplätze
Bruttobauland	etwa 25 ha
Nettowohnbauland	18,73 ha
GRZ	0,21
GFZ	0,43

34 Lageplan Galgebakken: In der Wohnsiedlung aus den 1970er Jahren bilden hofartige Häuser eine Teppichstruktur (oben).

35 Blick in einen Wohnweg, der die verdichteten Einfamilienhäuser erschließt

36 Privater Freibereich in Galgebakken

Blöcke   **Hamburg-Steilshoop**

37 Lageplan Hamburg-Steilshoop

Lage	8 km nordöstlich der Hamburger Innenstadt, in direkter Nachbarschaft des Dienstleistungszentrums City-Nord
Planungsbeginn	1961 Wettbewerb, 1965 Überarbeitung
Bauzeit	1969–1980, Hauptbauphase 1965–1975
Bauträger	über 50 Bauherren und Baugesellschaften, u.a. SAGA, GAFGAH
Planung und Entwurf	Städtebau: AG Burmester/ Ostermann und Candilis/ Josic/ Woods
Wohneinheiten	6.716
Einwohner	16.835 (1977)/ 18.800 (1990)
Haustypen	Geschosswohnungen in acht- bis 13-geschossigen Mehrfamilienhäusern bzw. vier- bis fünfgeschossigen Blöcken, ergänzende Reihen- und Einfamilienhäuser; 6.382 Mietwohnungen, 1- bis 5,5-Zimmerwohnungen
Infrastruktur	Hauptzentrum mit Läden, Büroflächen, Praxen, Gemeindezentrum, Einkaufszentrum, Gesamtschule, Bücherhalle, Jugendhaus, zwei Grundschulen, Kleingärten, Sportanlagen, dezentrale wohnungsbezogene Gemeinschaftsflächen (Spiel- und Parträume) in den Blöcken.
Bruttobauland	127,9 ha
GRZ	0,3 (Block Gropiusring/Gründgensstraße)
GFZ	1,0–1,8

Leitidee
Steilshoop war die erste Großwohnsiedlung nach dem Krieg, die den Block als Regelstruktur aufgreift; historische Bezüge bestehen zu den Hamburger Blockrandbebauungen der 1920er Jahre wie Jarrestadt (F. Schumacher): klare Trennung von öffentlichen Straßenräumen und begrünten Innenhöfen. Gestalterische Vielfalt durch unterschiedliche Fassaden, Materialien und Blockinnenraumgestaltung wurde allerdings nur teilweise erreicht.

Erschließung
Im hierarchisch aufgebauten Verkehrsnetz mit Sammelstraßen und Ringerschließung werden die Verkehrsarten voneinander getrennt. Dominant ist die zentrale Fußgängerachse. Die Parkierung erfolgt in Sammelgaragen und im Straßenraum. Der geplante U-Bahnanschluss wurde bis heute nicht realisiert, stattdessen existiert ein Buspendelverkehr zur nächsten S-Bahn-Station.

Baustruktur/ Wohnumfeld
Insgesamt 16 U-förmige Blöcke staffeln sich in der Höhe ab, einige Sonderbaukörper gruppieren sich um ein Hauptzentrum mit Einkaufs- und Schulzentrum. Die Erdgeschosswohnungen besitzen teilweise einen Gartenanteil. In den großen bepflanzten Blockinnenräumen befinden sich die Spielplätze. Straßenräume und Eingangsbereiche werden seit 1991 saniert und aufgewertet.

39 Blick in die Fußgängerachse

38 Luftbild der Wohnhöfe

Blöcke

Ritterstraße Süd/Nord, Berlin

Leitidee

Im Rahmen der Internationalen Bauausstellung Berlin (1979–1987/ 1993) als erstes Projekt zur „kritischen Rekonstruktion der Stadt" errichtet, nimmt es die historischen Berliner Blockstrukturen wieder auf. Ziele waren die städtebauliche und funktionale Einbindung ins Umfeld und die Schaffung eines hochwertigen, vielfältigen Wohnungsangebotes (sozialer Wohnungsbau) mit einem gut nutzbaren und differenzierten Wohnumfeld.

Erschließung

Das bestehende Straßenraster wurde durch verkehrsberuhigte Wohnstraßen und einen zentralen Platz ergänzt. Die Stellplätze befinden sich in Tiefgaragen und einer Sammelgarage.

Baustruktur/ Wohnumfeld

Blockrandbebauung nach einem gemeinsamen städtebaulichen und architektonischen Konzept. Die einzelnen Blöcke und Blockabschnitte sind von unterschiedlichen Architekten. Das Wohnungsangebot reicht von Kleinwohnungen als Zweispänner, Wohneinheiten mit Erschließung über einen „Zentralraum" bis hin zu Großwohnungen mit nutzungsneutralen Räumen. Die Innenhöfe sind entsprechend ihren Nutzungen mit Themen belegt (Zellgarten, Pergolagarten...); die Erdgeschosswohnungen haben über Treppen direkten Zugang zum Freibereich. Die Erschließungen werden als urbane Räume gestaltet und durch Vorgärten, Alleenbepflanzung und Pflasterung gegliedert.

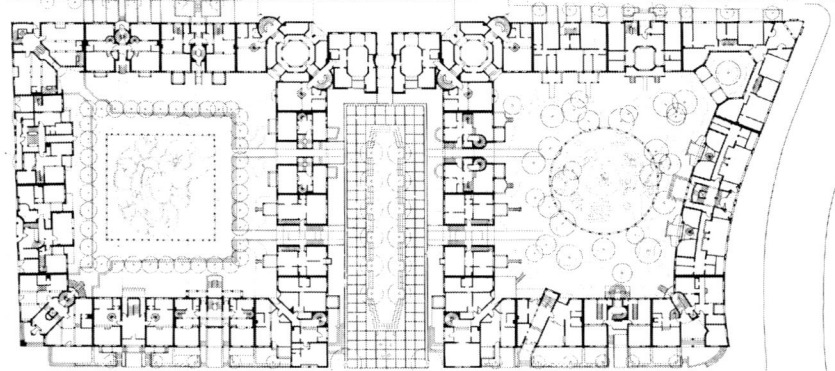

40 Grundriss Erdgeschoss südlicher Bauabschnitt

41 Lageplan Ritterstraße Berlin

42 Luftbild (unten links)

43 Wohnhof (unten rechts)

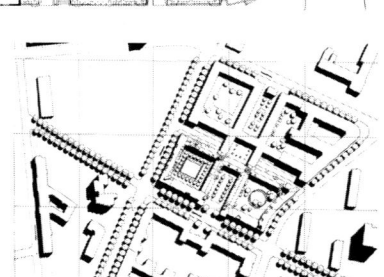

Lage	Berlin-Kreuzberg
Planungsbeginn	1977 (städtebauliche Studie von Rob Krier)
Bauzeit	1978–1980 (Bauteil Süd)
	1982–1989 (Bauteil Nord)
Bauträger	Klingbeil-Gruppe; Unternehmensgruppe H. Buschmann
Planung und Entwurf	Städtebau: Rob Krier; Hochbau: Bangert, Jansen, Scholz, A. Schultes/ Wörner, Liepe/ Steigelmann, Brandt/ Heiß, Rob Krier, Müller/ Rhode, Halfmann/ Zillich, u.a.
Wohneinheiten	440 davon: 315 (Nord), 125 (Süd)
Einwohner	539 (1987, Bauteil Nord)
Haustypen	drei- bis fünfgeschossige Blockrandbebauung mit Geschosswohnungen, Familienwohnungen im sozialen Wohnungsbau (1. Förderungsweg), hoher Anteil an 4- bis 6-Zimmerwohnungen (49 -125 m²), sechs behindertengerechte Wohnungen, fünf Mietergemeinschaften
Infrastruktur	13 Läden
GRZ	0,4
GFZ	1,7

Solitäre   **Asemwald, Stuttgart**

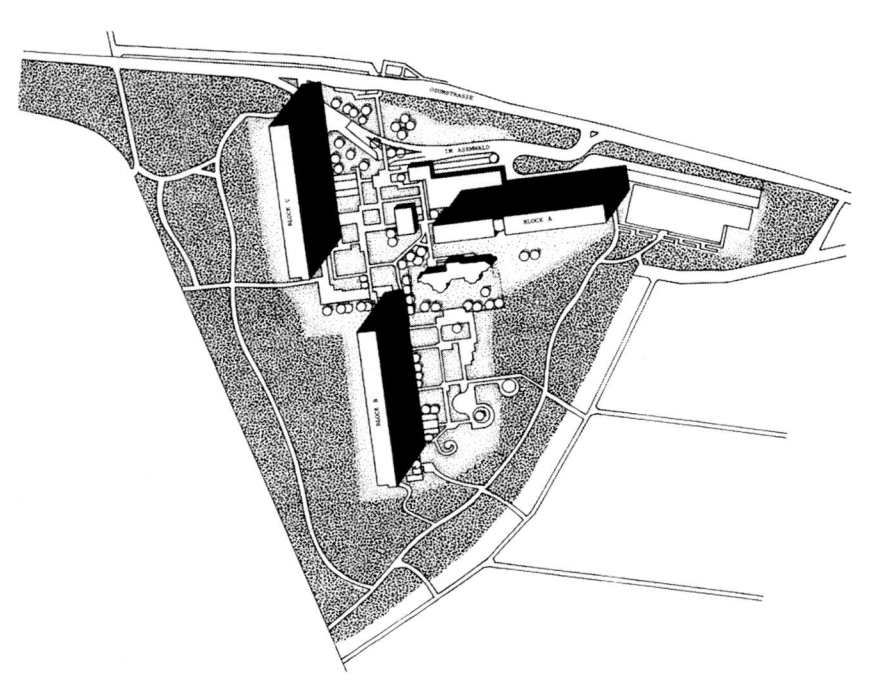

44 Lageplan Asemwald

Lage	Stuttgart-Plieningen, 6 km südlich des Stadtzentrums von Stuttgart
Planungsbeginn	1958
Bauzeit	1968–1972
Bauträger	Neue Heimat Baden-Württemberg
Planung und Entwurf	Otto Jäger/ Werner Müller
Wohneinheiten	1.143
Einwohner	2.364 (1973)/ 1.720 (1995)
Haustypen	hochgeschossige Wohnscheiben mit Eigentumswohnungen, Wohnungsgröße: 41–154m^2, Geschoss- und Maisonettewohnungen
Infrastruktur	eingeschossiges Ladenzentrum, Gemeindezentrum, im 20. Obergeschoss des Blocks A gibt es ein Hallenbad mit Sauna und ein Restaurant, jeder Block mit Waschküche, Dachterrasse, Fahrradraum
Bruttobauland	15,2 ha
GRZ	0,1
GFZ	1,2

Leitidee
Die solitäre städtebauliche Großform („vertikale Gartenstadt") besteht aus drei rechtwinklig zueinander gestellten Wohnscheiben mit extremer Fernwirkung; ursprünglich (1958) geplant als eine einzige, 650 Meter lange, 23-geschossige Wohnscheibe mit 1.200 Wohnungen nach dem Vorbild der Unité d'Habitation von Le Corbusier in Marseille.

Erschließung
Fußgänger- und Fahrverkehr sind getrennt geführt. Zwei Stichstraßen erschließen die Ladenzone und die Tiefgaragen mit Stellplätzen für alle Wohnungen. Das Fußwegenetz bildet ein autarkes System, ist mit Laubengängen überdacht und folgt einem übergeordneten Raster.

Baustruktur/ Wohnumfeld
Die 21- bis 22-geschossigen Wohnscheiben bestehen jeweils aus sechs Häusern mit Dreispänner-Erschließung, wobei die mittlere Wohnung nur einseitig orientiert ist. Jedes Erschließungselement hat eine außenliegende Treppenanlage und zwei Aufzüge. Etwa 60 Wohneinheiten liegen an einem Treppenhaus mit einer zweigeschossigen Eingangshalle. Die Wohnungen, gedacht als Alternative zum Einfamilienhaus, wurden für die damalige Zeit luxuriös ausgestattet. Die zonierten Freiflächen (80 Prozent des Bruttobaulandes) nehmen öffentliche Nutzungen auf: Tennisanlage, Bocciabahn, Spielplatz, Spazierwege und Trimmpfad in einem eigenen „Wäldchen".

45 Modellfoto des realisierten Entwurfes (1968)

46 Blick in die Fußgängerachse

Kombination von Bauformen

Tübinger Südstadt

Leitidee

Wo sich ehemals die Kasernen der französischen Garnison befanden, entstand ein neuer Tübinger Stadtteil, dessen Planung vor allem drei Aspekte berücksichtigen sollte: Er sollte die Barrierewirkung der Militärbrache aufheben, dem fehlenden Angebot an Wohnungen in Tübingen entgegenwirken und dem Trend der Entmischung und der sozialen Segregation ein Nebeneinander unterschiedlicher Akteure entgegensetzen. Die Mischung von Wohnen und Arbeiten, ein familienfreundliches Umfeld und eine Stadt der kurzen Wege sind die prägenden Leitideen.

Erschließung

Der ruhende Verkehr ist kompakt am Rand der Siedlung untergebracht. Mechanische Parkierungsanlagen ermöglichen es, den öffentlichen Raum und die einzelnen Parzellen von parkenden Autos freizuhalten. Die verkehrsberuhigten Straße im Quartier wird lediglich zum Be- und Entladen der Fahrzeuge genutzt.

Baustruktur/ Wohnumfeld

Neben sanierten Kasernenbauten ist der Block das vorherrschende Element in der Südstadt. Freiheiten im Bebauungsplan ermöglichten eine individuelle Gestaltung der einzelnen Parzellen. Darüber hinaus steht der öffentliche Raum im Mittelpunkt der Planung, wo Plätze unterschiedlicher Qualität und Abfolgen verschiedener Dichte und Weite das Bild bestimmen. Öffentliche und private Bereiche, Straßen und Plätze sind differenzierten Gestaltungskriterien unterzogen, so dass sich die Nutzungsvielfalt des Quartiers auch in den Freiflächen wiederspiegelt.

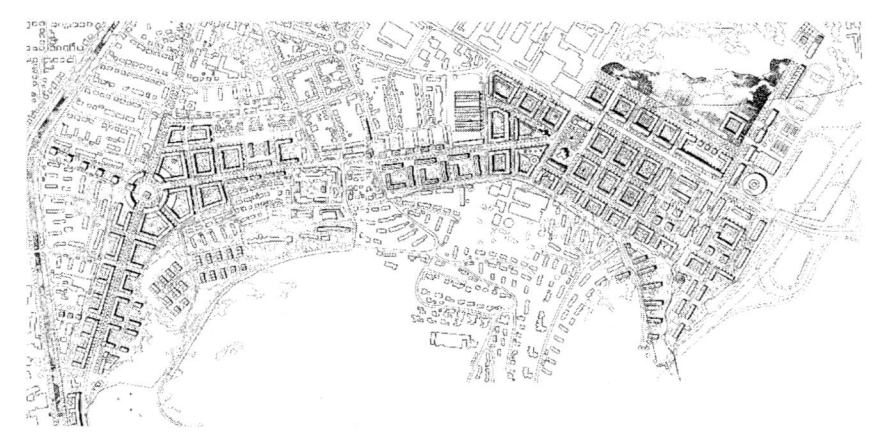

47 Lageplan Tübinger Südstadt

48 Lorettoplatz – ehemals Exerzierplatz, heute Nachbarschaftsplatz

Lage	nahe des Tübinger Bahnhofs, von der Innenstadt durch den Neckar und die B27/ B28 getrennt
Planungsbeginn	1991
Bauzeit	1996–2012
Bauträger	Stadt Tübingen
Planung und Entwurf	LEHEN drei Architekten Stadtplaner; Stadtsanierungsamt Tübingen
Einwohner	6.500
Haustypen	Zeilen (alte Kasernengebäude), je Parzelle individuell gestaltete Blockrandbebauung, Sonderbausteine
Infrastruktur	Kindergarten, Grundschule, Landesdenkmalamt, Ärzte, Gastronomie, Werkstätten, weitere Gewerbe und Einzelhandel jeglicher Art
Nettowohnbauland	64,5 ha
GRZ	0,6–0,8
GFZ	2,4–3,5

49 Bebauungsabschnitt Hindenburg-West und Wankheimer Täle im Französischen Viertel

Kombination von Bauformen

Falkenhöh, Falkensee bei Berlin

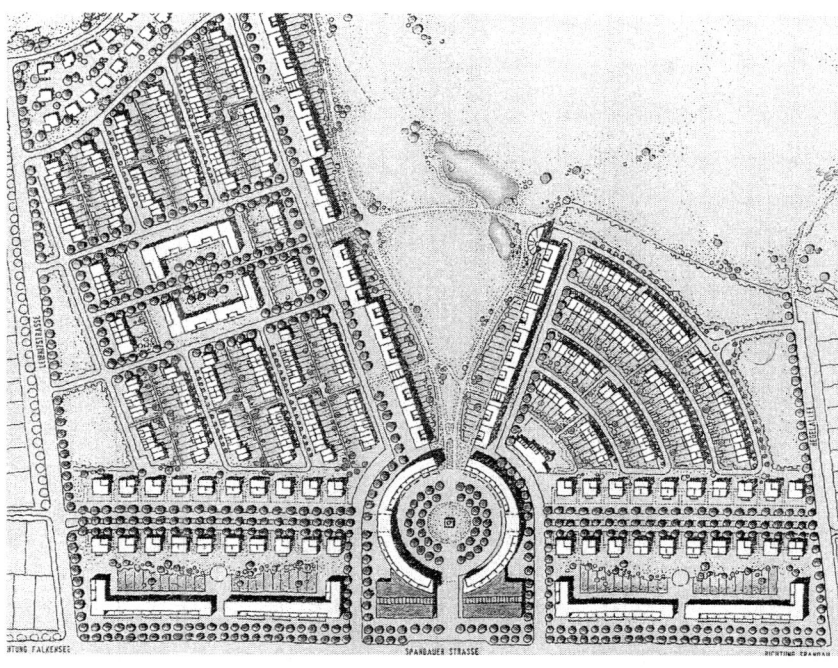

50 Städtebaulicher Entwurf Gartenstadt Falkenhöh

Lage	Falkensee bei Berlin, östlicher Stadtrand, 2,5 km bis zum Stadtzentrum
Planungsbeginn	1991
Bauzeit	1992–1998
Bauträger	Herlitz Falkenhöh GmbH, später RSE Projektmanagement AG
Planung und Entwurf	Gesamtkonzept und gestalterische Oberleitung: Helge Sypereck, Berlin; Bebauungsplan: Christian Spath und Thomas Nagel, Berlin; Garten- und Landschaftsplanung: Hannelore Kossel, Berlin
Wohneinheiten	gebaut bis 1999: 1.174 (geplant 1450)
Einwohner	2.100 (1999)
Haustypen	Einfamilienreihen- und Doppelhäuser, Stadtvillen, Mehrfamilienhäuser mit Geschoss- und Maisonettewohnungen
Infrastruktur	etwa 55 Läden, Dienstleistungen (Ärzte, Restaurants ...), Bürger- und Jugendtreff, Kindertagesstätte (150 Plätze), Spielplätze, Bolzplatz, Grundschule in unmittelbarem Umfeld
Bruttobauland	35 ha
Nettowohnbauland	18,2 ha
GRZ	0,65 (0,3–0,8)
GFZ	0,6–1,2

Leitidee
Die Siedlung steht für die Neuinterpretation der Gartenstadtidee zu Beginn des 21. Jahrhunderts. Städtebauliches Vorbild war die Hufeisensiedlung von Bruno Taut in Berlin-Britz von 1930.

Erschließung
Klassische Elemente wie Achsen, radiale und tangentiale Straßen, die auf ein Zentrum zuführen, bestimmen die markante städtebauliche Struktur. Straßen- und Platzräume sind klar hierarchisiert; die Erschließung ist sparsam dimensioniert.

Gruppierung
Die durchgrünte und gleichzeitig verdichtete Bebauung ist in mehrere Bereiche gegliedert, die sich deutlich voneinander unterscheiden. Bau- und Wohnformen werden kombiniert; die Wohnungstypen sind variantenreich und haben einen starken Freiraumbezug. Sozialwohnungen fungieren als aktiver Lärmschutz, dahinter liegen dreigeschossige Stadtvillen mit jeweils vier bis sechs Wohnungen. Viergeschossige Wohnbauten bilden den Parkrand. Im westlichen Baugebiet dominiert eine orthogonale Struktur mit versetzt angeordneten Reihenhäusern und mittigem „Karree", im östlichen Baugebiet gibt es Reihenhäuser in konzentrischen Viertelskreisen.

51 Luftbild der Gartenstadt 1996. Die Bebauung entlang der Spandauer Straße und das östliche Baugebiet sind bereits fertiggestellt. Im westlichen Baugebiet ist der Beginn des „Karrees" zu erkennen.

52 Stadtvillen an der Berliner Straße (Architekt: Helge Sypereck)

Kombination von Bauformen

Kabelwerkgründe, Wien

Leitidee
Auf dem ehemaligen Industrieareal entstand in einem kooperativen Planungsverfahren ein urbaner Stadtteil, bei dessen Entwicklung der Freiraum im Mittelpunkt stand. An ihn grenzen verschiedene Gebäudetypen, deren Gestalt und Größe mittels Testentwürfen im kooperativen Verfahren ermittelt wurden. Im Ergebnis ergab sich daraus eine große Vielfalt im Erscheinungsbild und im Wohnangebot sowie eine sozial gemischte Bevölkerungsstruktur. Die an den öffentlichen Raum grenzenden Erdgeschosszonen werden gewerblich oder gemeinschaftlich genutzt. Die Konzeption folgt der Leitidee der gemischten europäischen Stadt.

Erschließung
Für eine autofreie Erschließung befinden sich um das Quartier drei Parkgaragen. Quer durch das Gebiet führt als Rückrat eine Transversale. Kleine, teils verwinkelte Wege führen zu den weiteren Gebäuden. Hervorzuheben ist die großzügige Erschließung innerhalb der großen Bauvolumen.

Baustruktur/ Wohnumfeld
Den Norden prägen mit zeilenartigen Bebauungstypen, einem Brückenhaus und einem Solitär größere Typen, die durch ihre freie Anordnung eine überraschende Platzfolge fassen. Hier wohnt man in Maisonette-, Geschoss- und Terrassenwohnungen. Nach Süden werden die Bauformen kleiner. Neben Geschosswohnungen ergänzen Atrium- und Reihenhäuser das Wohnangebot mit einem jeweils spezifischen Freiraumangebot.

53 Fotomontage der Siedlung Kabelwerk in Wien

54 Städtischer Platz im Norden

Lage	im Süden Wiens, in direkter Nachbarschaft zur Siedlung Wienerberg
Planungsbeginn	1996
Bauzeit	2004–2009
Bauträger	Kabelwerk Bauträger GmbH
Planung und Entwurf	Städtebau: Rainer Pirker und Florian Haydn Architektengruppe Kabelwerk, bestehend aus sieben Wiener Büros
Freiraumplanung	Heike Langenbach, Anna Detzlhofer
Wohneinheiten	etwa 1.000
Haustypen	Atriumhäuser, Reihenhäuser, Apartmenthäuser mit Maisonette-, Geschoss- und Terrassenwohnungen, ein Brückenhaus, ein Solitär
Infrastruktur	Geriatriezentrum, Kulturhaus, Hotel, Restaurants und zahlreiche Flächen für gewerbliche Nutzungen und Gemeinbedarf
Nettowohnbauland	6 ha
GFZ	2,1 (1,0–1,5 im südlichen, 3,0 im nördlichen Teil)

55 Atriumhäuser, angrenzend an Geschosswohnungsbau

Kombination von Bauformen

Theresienhöhe, München

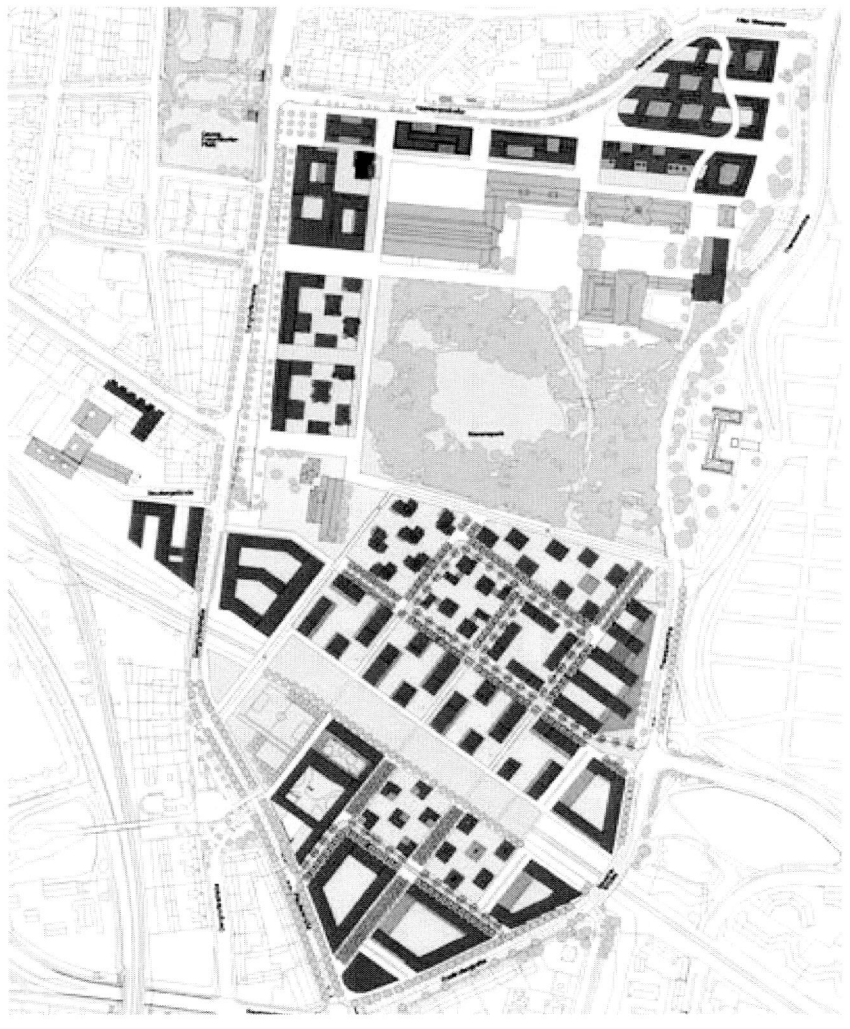

56 Gesamtplan Theresienhöhe in München

Leitidee
Auf dem ehemaligen, innenstadtnahen Messegelände Theresienhöhe wurde ein kompaktes innerstädtisches Quartier entwickelt. Um den im 19. Jahrhundert angelegten Bavariapark mit drei angrenzenden, denkmalgeschützten Ausstellungshallen wurde durch eine Mischung unterschiedlicher Typen und Nutzungen ein lebendiger Stadtteil geschaffen. Ein hoher Anteil öffentlich geförderter Wohnungen (50 Prozent) trägt zur sozialen Mischung bei.

Erschließung
Von den Hauptverkehrsstraßen, die das Quartier im Norden und Westen begrenzen, führen Anliegerstraßen in die einzelnen Wohnquartiere.

Baustruktur/ Wohnumfeld
Von geschlossener über offene Blockrandbebauung, langgestreckte, in Zeilen angeordnete Baukörper bis hin zum Wohnturm wurde ein hohes Maß an Heterogenität und dadurch eine Vielfalt an öffentlichen Räumen geschaffen. Ruhige und belebte Abschnitte wechseln einander ab. So wurde im Westen des Quartiers eine groß dimensionierte Esplanade als urbanes Element geschaffen, das das neue Viertel mit dem angrenzenden Bestand verbindet.

Lage	westlich des Münchner Stadtzentrum, südlich des Hauptbahnhofs
Planungsbeginn	1996
Bauzeit	2002–2007
Bauträger	DB Real Estate Investment GmbH
Planung und Entwurf	Städtebau: Steidle und Partner, München
Freiraumplanung	Thomanek + Duquesnoy
Wohneinheiten	1.400
Haustypen	Wohnturm, Punkthäuser, Zeilen- und Blockrandbebauung mit Geschoss-, Maisonette-, Penthouse- und Loft-Wohnungen
Infrastruktur	Grundschule mit Hort, Jugendzentrum und Kindertagesstätten; etwa 270.000 Quadratmeter Bruttogeschossfläche für Gewerbe, Versorgung und Dienstleistung; Verkehrsmuseum des Deutschen Museums; öffentlicher Park
Nettowohnbauland	20 ha
Bruttobauland	45 ha
GFZ	0,6–0,75

57 Wohnturm im Nordwesten (Architekt: Otto Steidle)

Weiterführende Literatur

Benevolo, Leonardo: Geschichte der Architektur des 19. und 20. Jahrhunderts, Band 1–3. München 1988

Curdes, Gerhard: Stadtstruktur und Stadtgestaltung. Stuttgart/ Berlin/ Köln 1993

Gunßer, Christoph: Stadtquartiere. Neue Architektur für das Leben in der Stadt. Stuttgart 2003

Hafner, Thomas/ Wohn, Barbara/ Rebholz-Chaves, Karin: Wohnsiedlungen. Basel/ Boston/ Berlin 1998

Internationale Bauausstellung Berlin 1987 – Projektübersicht. Berlin 1991

Kirschenmann, Jörg C.: Wohnungsbau und öffentlicher Raum. Stadterneuerung und Stadterweiterung. Stuttgart 1984

Kirschenmann, Jörg C.: Wohnungsbau und öffentlicher Raum. Stadterneuerung und Stadterweiterung. Stuttgart 1994

Mozas, Javier/ Per, Aurora Fernández: Density. New Collectiv Housing. Madrid 2004

Raith, Frank-Bertolt/ Hertel, Lars/ van Gool, Rob: Inszenierte Architektur. Wohnungsbau jenseits des Standards. Stuttgart 2003

Reinborn, Dietmar: Städtebau im 19. und 20. Jahrhundert. Stuttgart/ Berlin/ Köln 1996

Kirschenmann, Jörg C./ Muschalek, Christian: Quartiere zum Wohnen. Stuttgart 1977

Senatsverwaltung für Bau- und Wohnungswesen (Hg.): Stadt – Haus – Wohnung: Wohnungsbau der 90er Jahre in Berlin. Berlin 1995

Oberste Baubehörde im Bayerischen Staatsministerium des Innern (Hg.): Siedlungsmodelle. Ideen, Konzepte, Planungen. München 1998

Peterek, Michael/ Bürklin, Thorsten/ Bielefeld, Thorsten: Basics Stadtbausteine, Basel 2007

Endnoten

1. Zur Entwicklung des Städtebau und Wohnungsbau im 19. und 20. Jahrhundert:
Benevolo, Leonardo: Geschichte der Stadt. Frankfurt/ New York 1982
Benevolo, Leonardo: Geschichte der Architektur des 19. und 20. Jahrhunderts. München 1988
Albers, Gerd/ Papageorgiou-Venetas, Alexander: Stadtplanung: Entwicklungslinien 1945–1980. Tübingen 1984
Albers, Gerd: Entwicklungslinien im Städtebau 1875–1945. Düsseldorf 1975
Gössel/ Leuthäuser: Architektur des 20. Jahrhunderts. Köln 1990
Joedicke, Jürgen: Architekturgeschichte des 20. Jahrhunderts. Stuttgart 1990
Durth, Werner/ Gutschow, Niels: Träume in Trümmern. Braunschweig/ Wiesbaden 1988
Müller-Raemisch, Hans-Reiner: Leitbilder und Mythen in der Stadtplanung 1945–1985. Frankfurt a. M. 1990
Reinborn, Dietmar: Städtebau im 19.und 20. Jahrhundert. Stuttgart/ Berlin/ Köln 1996

2. Ausführlich zur Morphologie des Städtebaus, dem auch diese Darstellung wesentliche Impulse verdankt: Curdes, Gerhard: Stadtstruktur und Stadtgestaltung. Stuttgart/ Berlin/ Köln 1993

Abbildungsnachweis

Pläne, Grafiken und Fotos: Jessen, Johann / Holl, Christian/ Simon-Philipp, Christina. Mit Ausnahme von:

1, 2 Curdes, Gerhard: Stadtstruktur und Stadtgestaltung. Stuttgart/ Berlin/ Köln 1993, S. 37 (Abb. 1), S. 118 (Abb. 2)

3 Stadtentwicklungsbehörde Hamburg

4 Stadtsanierungsamt Tübingen

5, 6 Jaspert, Fritz: Vom Städtebau der Welt. Berlin 1961, S. 273 (Abb. 5), S. 181 (Abb. 6)

7 Die Sparkasse in Bremen (Hg.): Das Bremer Haus. Bremen 1982, S. 90

8, 9 Benevolo, Leonardo: Geschichte der Stadt. Frankfurt/ New York 1983, S. 818 (Abb. 8), S. 952 (Abb. 9)

10 Irion, Ilse/ Sieverts, Thomas: Neue Städte. Stuttgart 1991, S. 34

11 Berning, Maria u.a.: Berliner Wohnquartiere. Berlin 1994, S. 44

13 arquitectura+ tecnologia, H. 20, 2002. Madrid, S. 106

14 Magistrat der Stadt Wien (Hg.): Bebauungsformen und ihre städtebaulichen Kennwerte anhand von Wiener Beispielen. Wien 1985, S. 37

15 Harms, Hans/ Schubert, Dirk: Wohnen in Hamburg – ein Stadtführer. Hamburg 1989, S. 239

17 Benevolo, Leonardo: Geschichte der Stadt. Frankfurt/ New York 1983, S. 931

18 Hafner/ Wohn/ Rebholz-Chaves: a.a.O., S. 180

19, 20 Harlander, Tilman (Hg.): Stadtwohnen. Geschichte, Städtebau, Perspektiven, München 2007, S. 353 (Abb. 19), S. 356 (Abb. 20)

21 Wandersleb, Hermann: Eigenheime für den Bergmann. Münster 1954, S. 92

22 Ausschnitt aus dem digitalen Orthobestand, Befliegung 1999, MSA-Siedlung in Dortmund

24–26 Hafner/ Wohn/ Rebholz-Chaves: a.a.O., S. 115, 116, 118

28 Stadt Stuttgart

31–33 Hafner/ Wohn/ Rebholz-Chaves: a.a.O., S. 91, 92, 94

37, 39 Hafner/ Wohn/ Rebholz-Chaves: a.a.O., S. 64, 66

40 Kirschenmann, Jörg C.: Wohnungsbau und öffentlicher Raum. Stuttgart 1984, S. 83

41 Berning, Maria u.a.: Berliner Wohnquartiere. Berlin 1994, S. 282

42 Internationale Bauausstellung Berlin 1987, Projektübersicht. Berlin 1991, S. 193

44–46 Hafner/ Wohn/ Rebholz-Chaves: a.a.O., S. 44–46

47 Andreas Feldtkeller: Städtebau – Vielfalt und Integration. Stuttgart/ München 2001, S. 99

48 Bilddatenbank Stadt Tübingen

49 Architektengruppe Lehen 3

50, 52 Büro Sypereck, Berlin

51 Heye Luftbild Berlin

53–55 Kabelwerk Bauträger Ges.m.bH.; www.acg-wien.at

56 BBR – Werkstatt Stadt: www.werkstatt-stadt.de

57 Architekturmuseum der TU München: www.architekturmuseum.de

BRITTA HÜTTENHAIN
ANNE MAYER-DUKART

Arbeitsorte in der Stadt

Galten Orte der Arbeit, insbesondere Industrie- und Gewerbegebiete, früher vielfach als bloße Funktionsräume und „Stiefkinder des modernen Städtebaus", so gewinnen heute Strategien der Standortprofilierung angesichts des ökonomischen Strukturwandels sowie der Globalisierung der Wirtschaft an Bedeutung. Der zunehmende Wettbewerb um Investitionen, Arbeitsplätze und qualifizierte Arbeitskräfte stellt die Städte vor vielfältige Herausforderungen.

Die Planung ist zwar nicht in der Lage, unmittelbar auf die Ansiedlung von Unternehmen einzuwirken. Sie kann jedoch wichtige Rahmenbedingungen für die wirtschaftliche Entwicklung setzen. Dabei gilt es, die teilweise widersprüchlichen ökonomischen und städtebaulichen Aspekte sorgfältig gegeneinander abzuwägen und Lösungsmöglichkeiten unter Beteiligung aller relevanter Gruppen auszuloten. In der Systematik werden im Folgenden zwei Ebenen der Planung unterschieden: die gesamtstädtische Standortprofilierung und quartiersbezogene Planung sowie die städtebauliche Typologie und die Planung des Einzelprojekts.

1 Harte Standortfaktoren wie der Ausbau der Verkehrsinfrastruktur lassen sich direkt in Kosten beziehungsweise Investitionen messen.

1 Gesamtstädtische Standortprofilierung und quartiersbezogene Planung

1.1 Harte und weiche Standortfaktoren

Die Attraktivität eines Standorts ist in der Regel ausschlaggebend für betriebliche Ansiedlungen. In diesem Zusammenhang wird zwischen sogenannten harten und weichen Standortfaktoren differenziert, deren Ausgestaltung für eine Profilierung der Gesamtstadt genutzt werden kann.

Harte Standortfaktoren definieren sich aus den äußeren Bedingungen eines Standorts, sie schlagen sich direkt in Investitionen und Kosten nieder. Hierzu gehören Grundstückspreise, Bodenverfügbarkeit, die Qualität der verkehrlichen Erschließung, die Effizienz der Transportwege sowie das Arbeitskräfteangebot. In altindustrialisierten Gebieten waren in der Regel Rohstoffvorkommen und der Anschluss an das Wasserwegenetz ausschlaggebend. So kam es zur Ansiedlung von Industrie-, aber auch Dienstleistungsunternehmen an möglichst kostengünstigen Standorten, meist in der Peripherie von Agglomerationen gelegen, im Rahmen der Globalisierung zunehmend mit Tendenzen zur Auslagerung in Billiglohnländer.

Weiche Standortfaktoren lassen sich im Gegensatz zu harten Standortfaktoren nicht direkt in Kostenrechnungen einbeziehen. Sie unterscheiden sich in zwei Kategorien:

- zum einen in unternehmensbezogene Faktoren, die von unmittelbarer Wirksamkeit für die Unternehmens- oder Betriebstätigkeit sind (zum Beispiel Image und

2, 3 Weiche Standortfaktoren wie die Lebensqualität in einer Stadt oder die Vereinbarkeit von Beruf und Familie durch attraktive Betreuungsangebote lassen sich zwar nicht direkt in Kostenrechnungen einbeziehen. Sie gewinnen jedoch in einer Dienstleistungs- und Wissensgesellschaft an Bedeutung.

Wirtschaftsklima einer Region, die Nähe zu Universitäten und Forschungseinrichtungen, Qualifizierungsmöglichkeiten für Fachkräfte durch Bildungs-, Ausbildungs- und Weiterbildungsangebote, das Verhalten der öffentlichen Verwaltung);
- zum anderen personenbezogene Faktoren, die sich in den Präferenzen der Arbeitnehmer ausdrücken (zum Beispiel Landschafts- und Stadtqualitäten, Freizeit- und Kulturangebote, Möglichkeiten der Kinderbetreuung).

Angesichts der fortgeschrittenen Tertiärisierung und der wachsenden Bedeutung der wissensbasierten Wirtschaft treten in Deutschland die weichen Standortfaktoren zunehmend in den Vordergrund. Hieraus ergeben sich neue Chancen für eine integrierte Stadtentwicklung, die sowohl ökonomischen, ökologischen als auch sozialen Belangen Rechnung trägt. Städtebauliche Qualitäten wie Stadt- und Landschaftsbild, Urbanität und Lebensqualität erhalten eine neue Gewichtung. Insbesondere ist dies der Fall bei Standortentscheidungen von Dienstleistungsunternehmen mit einem großen Anteil an höher qualifizierten Beschäftigten sowie von Unternehmen aus dem Bereich der High-Tech-Industrie.

4, 5 Mit dem Film- und Medienzentrum in der Reiterkaserne Bad Cannstatt wurde Raum für Gründer und neue Innovationen geschaffen. Das Projekt ist Teil einer Gründeroffensive der Stadt Stuttgart mit den Schwerpunkten Information, Beratung, Bereitstellung von Immobilien und Finanzierung.

1.2 Förderung von Existenzgründungen und wissensbasierter Arbeit

Ein wesentlicher Beitrag zur Zukunftssicherung liegt in der Förderung der Innovationskultur. Wissenschaftliche Erkenntnisse werden in den neuen wirtschaftlichen Handlungsfeldern eine immer bedeutendere Rolle spielen. Aus diesem Grund verfolgen viele Städte die Strategie, den Technologietransfer in Form eines „Wissensnetzwerks" zwischen Universitäten und Hochschulen, außeruniversitären Forschungseinrichtungen und der lokalen Wirtschaft zu optimieren und zu intensivieren – zum Beispiel über kooperative Projekte und die Entwicklung gemeinsamer Lehr- und Forschungsschwerpunkte.

Darüber hinaus kann die Bildung kreativer Wissensmilieus auch durch eine räumliche Konzentration von Wissensgenerierung und -anwendung unterstützt werden. In diesem Zusammenhang kommt vor allem Gründer-, Technologie- und Innovationszentren sowie Wissenschaftsparks besondere Bedeutung zu. Wichtige Vorteile dieser Zentren oder Parks liegen darin, dass Fachkräfte aufgrund kurzer Wege schnell verfügbar sind. Zudem können viele Kooperationen und Synergieeffekte hergestellt werden, da die Unternehmen und Forschungseinrichtungen oft innerhalb des gleichen Technologiezweigs tätig sind (vgl. Sonderformen von Gewerbegebieten S. 196).

6 Das Konzept „Science City Zürich" umfasst den Ausbau des ETH-Standorts Hönggerberg zu einem Hightech-Campus und belebten Stadtquartier. Neben den Lehr- und Forschungseinrichtungen entstehen Labor- und Büroflächen für Spin-offs, studentisches Wohnen, ein akademisches Gästehaus, Restaurants, ein Learning- und Kongresszentrum, Einkaufsmöglichkeiten und Sportanlagen.

Wenn die Förderung wissensbasierter Arbeit in eine umfassende Standortstrategie eingebunden ist – etwa durch eine von Wirtschaft, Wissenschaft und Stadt gemeinsam getragene Entwicklungsoffensive – wird auch von Wissenschaftsstädten oder sogar von wissensbasierten Stadtlandschaften gesprochen. Diese Begriffe verdeutlichen den Anspruch einer höheren Stufe der wissensbasierten Ansiedlung, bei der nicht nur ökonomische, sondern auch kulturelle und freizeitorientierte Nutzungen sowie die Wohnungen der „Wissensarbeiter" in den städtebaulichen Kontext integriert werden. Beispiele für einen solchen umfassenden Ansatz sind die Science City Zürich sowie die wissensbasierte Stadtlandschaft Silicon Valley.

1.3 Clustermanagement – Profilierung räumlicher Schwerpunkte

Eine weitere Strategie, die die ökonomische Produktivität bzw. Wettbewerbsfähigkeit der Stadtregionen stärken soll, ist die Entwicklung, Förderung und Profilierung räumlicher Branchenschwerpunkte in Form von Clustern. Ähnlich wie bei Wissensstädten soll die Innovationsfähigkeit durch eine räumliche Konzentration und intensive Vernetzung von Produzenten, Zulieferern, Dienstleistern, Forschungseinrichtungen und öffentlichen Einrichtungen bzw. regionalen Institutionen (z.B. Handelskammern) gesteigert werden. So verfolgen viele Städte eine gezielte Förderung von Zukunftsbranchen mit guten Startbedingungen in der betreffenden Region (z.B. Life Sciences, Medien, Informationstechnologie…) und bestehende Cluster werden durch Clustermanagement der städtischen bzw. regionalen Wirtschaftsförderung fortentwickelt.

Die erhoffte Steigerung der Innovations- und Wettbewerbsfähigkeit tritt jedoch nicht immer ein. Neben positiven Cluster-Initiativen stehen auch Beispiele einer gescheiterten Clusterpolitik. So führt die lokale Konzentration von Unternehmen nicht notwendigerweise zu Kooperation und enger Vernetzung. Auch die gesamtwirtschaftlichen Rahmenbedingungen des Umfelds können positive Effekte verhindern. Nicht zuletzt lockern sich lokale Bindungen angesichts global vernetzter Wertschöpfungsketten und Innovationsstrukturen der Wissensgesellschaft. So wird es in Zukunft vermehrt darauf ankommen, regionale Entwicklungsperspektiven realistisch einzuschätzen und maßgeschneiderte ortsspezifische Lösungen zu finden.

1.4 Revitalisierung bestehender Industrie- und Gewerbegebiete

Zur Entwicklung von Arbeitsorten gehört eine Aufwertung bestehender Industrie- und Gewerbegebiete, eine aktive Flächenpolitik sowie eine Förderung des Flächenrecyclings. Zwar ist es oft langwierig und schwierig, untergenutzte und infolge des wirtschaftlichen Strukturwandels brach gefallene Flächen zu reaktivieren, weil Altlasten und hohe Sanierungskosten, aber auch Imageprobleme und Nachbarschaftskonflikte den Entwicklungsprozess behindern. Solche Flächen bieten jedoch ein hohes Potenzial für die Deckung des Siedlungsflächenbedarfs, insbesondere des Gewerbeflächenbedarfs.[1] Zudem sind sie meist gut erschlossen und befinden sich häufig in der Nähe von Stadtzentren. Mit Blick auf die wachsende Bedeutung weicher Standortfaktoren sollte beim Flächenrecycling Wert darauf gelegt werden, die städtebauliche Gliederung zu verbessern, die besondere Qualität des jeweiligen Standorts herauszuarbeiten und Orte der Arbeit in das städtische Grünsystem einzubetten.

7 Eine Aufwertung öffentlicher Räume und ihre Verknüpfung mit dem übergeordneten Freiraumsystem kann einen bedeutenden Beitrag zur Revitalisierung bestehender Gewerbegebiete leisten (hier dargestellt: Rahmenkonzept für das Gewerbegebiet Esslingen Neckarwiesen).

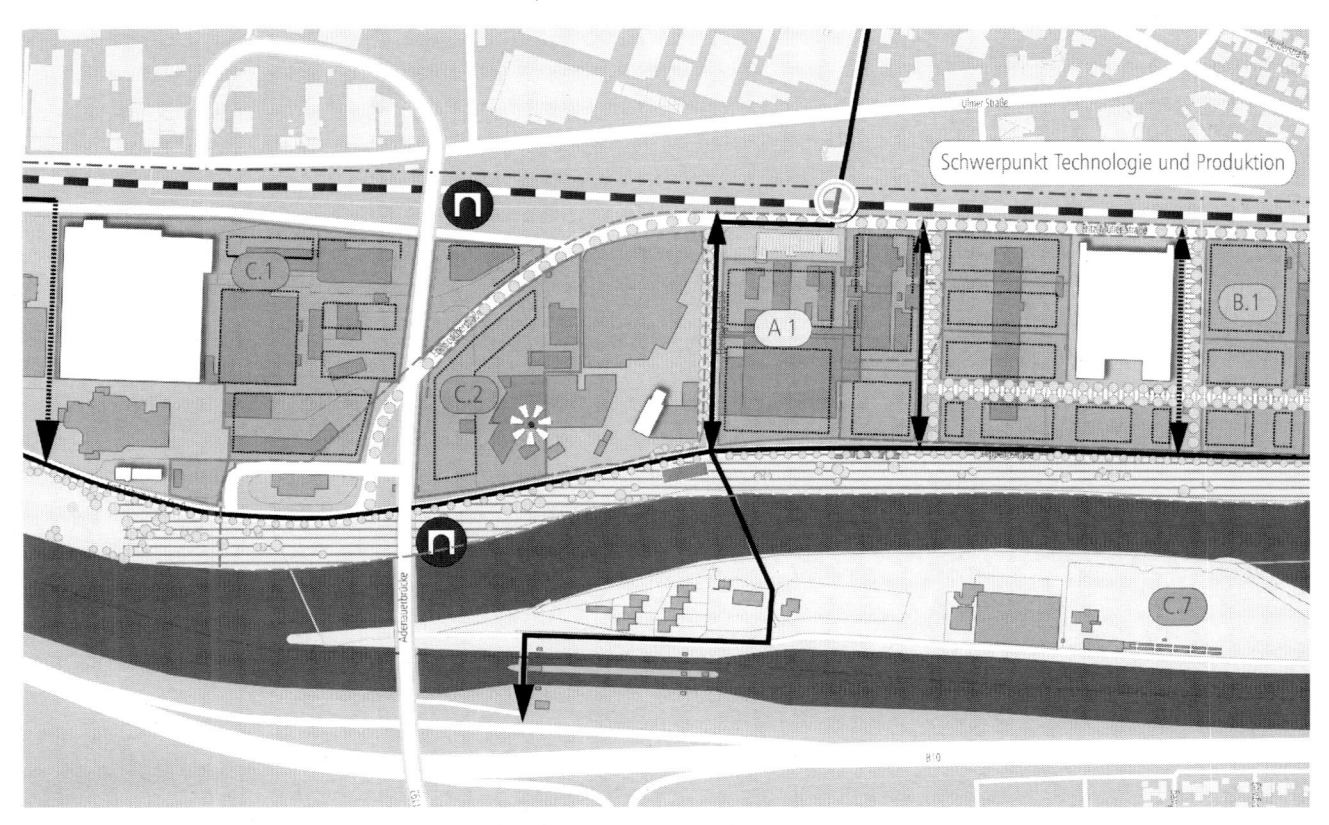

8, 9 Städtebauliche Erwägungen zur Sicherung innerstädtischer Gewerbestandorte können Ausnahmen und Befreiungen von planungsrechtlichen Vorgaben ermöglichen (hier dargestellt: die Großbäckerei Rischart, die sich innerhalb eines Wohngebiets in München befindet).

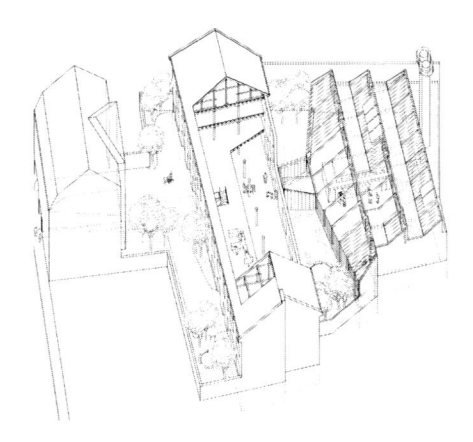

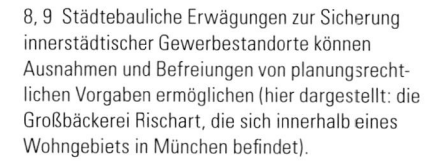

Durch Umbau und Umgestaltung von älteren Gewerbegebieten können auch im Bestand attraktive Adressen für Unternehmen geschaffen werden, ohne dass Freiraum in Anspruch genommen werden muss. Flächensparendes Bauen – wie etwa Produktion im Geschoss – oder ökologische Maßnahmen – wie der Aufbau eines Wärmenetzwerks – fördern die Optimierung der Industrie- und Gewerbegebiete. Wichtige Potenziale für eine Weiterentwicklung bestehender Standorte bietet der wirtschaftliche Strukturwandel. In vielen Fällen prägen nicht mehr Fertigung und Produktion, sondern Dienstleistungen und gemischte Nutzungen das Bild. Dieser Trend wird sich aller Wahrscheinlichkeit nach fortsetzen und bietet die große Chance zur Entwicklung städtebaulich integrierter Industrie- und Gewerbegebiete.

1.5 Sicherung innerstädtischer Gewerbestandorte

Eine zukunftsorientierte Stadtentwicklung geht heute von einer Gleichrangigkeit der städtischen Nutzungen aus. Wurden früher Gemengelagen[2] häufig als Missstand gedeutet, steht heute ihre Sicherung durch eine integrierte Stadterneuerung im Zentrum zahlreicher Programme. So verfolgen viele Städte das Ziel, gewerblich und industriell geprägte Stadtteile zu hochwertigen Quartieren mit attraktivem Stadtbild zu entwickeln. Anstatt Arbeit auszugrenzen, wird sie im städtischen Kontext kultiviert. Durch folgende Maßnahmen können wichtige Rahmenbedingungen für eine Stabilisierung und Aufwertung von Gemengelagen geschaffen werden:

- Um die betrieblichen Störungen zu minimieren, sollte die Flächennutzung unter Berücksichtigung der betrieblichen Erfordernisse (Produktionsablauf, Andienung...) optimiert werden.
- Emissionsbelastungen sollten so weit wie möglich reduziert werden (etwa durch Verbesserungen in der Bausubstanz, in den Betriebsabläufen, im betrieblichen Umfeld, durch Modernisierung des eingesetzten Maschinenparks).
- Einen wesentlichen Beitrag zur Integration der Arbeit in die Stadt leisten die Industrie- und Gewerbearchitektur und die ambitionierte Gestaltung des öffentlichen Raums – funktionsbestimmte Räume wie Betriebszufahrten und Bahnhofsbereiche eingeschlossen.
- In den Wohn- und Mischgebieten sollten analog zur Aufwertung der Industrie- und Gewerbestandorte das Wohnumfelds verbessert werden (etwa durch Fassadengestaltung, Innenhofbegrünung, Straßen- und Platzgestaltung).
- Darüber hinaus kann eine systematische Bodenvorratspolitik wichtige Voraussetzungen für die städtebauliche Neuordnung oder Aufwertung der Quartiere schaffen.
- Nicht zuletzt können klare politische Rahmenbedingungen und rechtliche Festsetzungen einen bedeutenden Beitrag zur Sicherung betrieblicher Standorte leisten.

1.6 Planungsrechtliche Grundlagen

Zu den wichtigsten rechtlichen Grundlagen bei der Entwicklung von Arbeitsstätten gehört die Baunutzungsverordnung (BauNVO). Sie befindet über die Zulässigkeit der Ansiedlung von Unternehmen und regelt die Anordnung der Nutzungsarten in einem Baugebiet (vgl. Beitrag Büchner, S. 307). Gewerbegebiete (GE) dienen nach der BauNVO vor allem der „Unterbringung von nicht erheblich belästigenden Gewerbebetrieben". Zulässig Geschäfts-, Büro- und Verwaltungsgebäude, nur in Sonderfällen sind Wohnnutzungen möglich (Wohnungen für Bereitschaftspersonal, Betriebsleiter...). Ähnliche Ausnahmen gelten für Industriegebiete (GI), die „der Unterbringung von Gewerbebetrieben (...), die in anderen Baugebieten unzulässig sind", dienen. Gemischt genutzte Standorte sind in der BauNVO definiert als Mischgebiete (MI), Besondere Wohngebiete (WB) und Kerngebiete (MK). Mit Einschränkungen sind Arbeitsstätten auch in Allgemeinen Wohngebieten (WA) zulässig (Abb. 10). Mit der Festsetzung von Baugebieten nach der BauNVO wird auch dem „Störgrad" von Arbeitsbetrieben ein Rahmen gesetzt. Die planungsrechtlichen Begriffe „nicht störend", „nicht wesentlich störend" und „nicht erheblich belästigend" legen eine Rangfolge fest, bei der es sich jedoch nicht um allgemeingültige, objektive Indikatoren handelt. In der planerischen Praxis sind deshalb staatliche Behörden, insbesondere das Gewerbeaufsichtsamt, frühzeitig in die Planung einzubeziehen. Ausnahmen und Befreiungen von den oben beschriebenen Vorgaben sind durchaus vorgesehen (vgl. BauNVO, § 1 (10), BauGB § 34 (3)). Als Planergänzungsbestimmung im Bebauungsplan kann die Zulässigkeit eigentlich unzulässiger Nutzungskonstellationen festgesetzt werden. Dies kann erforderlich sein, wenn verdrängungsbedrohtes Gewerbe zu schützen oder die Standorte von Gemengelagen zu sichern sind, aber auch, wenn aufgrund städtebaulicher Erwägungen ein anderer Nutzungsmix durchgesetzt wer-

10 Zulässigkeit von Arbeitsstätten in den Gebietskategorien gemäß der Baunutzungsverordnung §§ 1 –11 (vgl. Beiträge Büchner, S. 313 sowie Busch, Sgobba, S. 253)

Baugebiet nach BauNVO		Industrie/ Gewerbe	Dienstleistung	Einzelhandel
§ 2	Kleinsiedlungsgebiete	nicht störende Handwerksbetriebe ausnahmsweise nicht störende Gewerbebetriebe (zum Beispiel Friseur)		der Versorgung des Gebiets dienende Läden
§ 3	Reine Wohngebiete	ausnahmsweise nicht störende Handwerksbetriebe (zum Beispiel Schuhmacher)		ausnahmsweise Läden zur Deckung des täglichen Bedarfs
§ 4	Allgemeine Wohngebiete	nicht störende Handwerksbetriebe (zum Beispiel Buchbinder), ausnahmsweise nicht störende Gewerbebetriebe (Beispiel Wäscherei)	ausnahmsweise Anlagen für Verwaltungen	der Versorgung des Gebietes dienende Läden
§ 4a	Besondere Wohngebiete	sonstige Gewerbebetriebe soweit diese nach der besonderen Eigenart des Gebiets mit der Wohnnutzung vereinbar sind	Bürogebäude, ausnahmsweise Anlagen für zentrale Einrichtungen der Verwaltung	Geschäftsgebäude
§ 5	Dorfgebiete	Handwerksbetriebe, nicht wesentlich störende Gewerbebetriebe	Anlagen für örtliche Verwaltungen	Einzelhandelsbetriebe
§ 6	Mischgebiete	nicht wesentlich störende Gewerbebetriebe (zum Beispiel Bäckerei)	Geschäfts- und Bürogebäude, Anlagen für Verwaltungen	Einzelhandelsbetriebe
§ 7	Kerngebiete	nicht wesentlich störende Gewerbebetriebe	Geschäfts-, Büro- und Verwaltungsgebäude	Einzelhandelsbetriebe
§ 8	Gewerbegebiete	nicht erheblich belästigende Gewerbebetriebe aller Art (zum Beispiel Lagerhäuser, Fahrzeugbau, Holzverarbeitung)		
§ 9	Industriegebiete	Gewerbebetriebe aller Art (vorwiegend Betriebe, die in anderen Baugebieten unzulässig sind)		
§ 10	Sondergebiete, die der Erholung dienen			ausnahmsweise Einrichtungen zur Gebietsversorgung
§ 11	Sonstige Sondergebiete			Einkaufszentren, großflächige Einzelhandels- und Handelsbetriebe

den soll als in der BauNVO vorgesehen.

Die Entwicklung von Arbeitsstätten berührt neben dem Planungsrecht eine Reihe weiterer Rechtsbereiche wie das Abfall-, das Wasser-, das Arbeitsschutz- und das Immissionsschutzrecht. Die häufigste Emissionsart bildet der Lärm, hinzu kommen Luftverunreinigungen und Geruchsbelästigungen. Im festgesetzten Gewerbegebiet (GE) werden viele Konflikte, die im Zusammenhang mit der Umgebungsverträglichkeit von Gewerbestandorten stehen, zumindest innerhalb des Baugebiets ausgeschlossen. Bei der Mischung von Wohnen und Arbeiten können hingegen vielschichtige Nutzungskonflikte auftreten. Insbesondere in Mischgebieten, bei denen es sich um von der Bebauungsplanung ausgesparte Gebiete nach § 34 BauGB handelt, ist die immissionsrechtliche Situation nicht immer eindeutig geregelt. Da eine erhebliche Bestandsschutzproblematik besteht, sollten diese Aspekte frühzeitig in die Planung mit einbezogen werden (siehe auch Bundesimmissionsschutzgesetz (BImSchG)).

Die Abgrenzung, welche Betriebe beziehungsweise Emissionen noch zumutbar sind, kann nur im Einzelfall geklärt werden und hängt stark von den durchgeführten Emissionsschutzmaßnahmen ab. Einen Anhaltspunkt können Abstandserlasse geben, die auf Landesebene notwendige Abstände etwa zwischen land- und forstwirtschaftlichen Produktions- oder Verarbeitungsbetrieben und Wohngebieten regeln.

2 Städtebauliche Typologie

Aufgrund ihrer Größe und Ausdehnung und angesichts der Tatsache, dass sie vielfach an den Stadteingängen liegen, prägen Arbeitsquartiere in besonderer Weise das Bild der Städte. Daher sollten bei der Planung folgende Aspekte berücksichtigt werden:

- die Sicherung einer hohen architektonischen und städtebaulichen Qualität, insbesondere die Gestaltung der Vorderseiten (also der Schauseiten im Gegensatz zu den Rückseiten, die zum Beispiel Produktionshallen beherbergen);
- eine angemessene Maßstäblichkeit (Gebäudehöhe und Dichte) in Bezug zur angrenzenden Bebauung;
- die Betonung besonderer Torsituationen;
- eine Entwicklung attraktiver öffentlicher Räume sowie
- eine enge Verzahnung mit der Landschaft.

Die städtebauliche Typologie wird im Folgenden entsprechend der Einteilung der Wirtschaft in drei Sektoren beschrieben (vgl. Hüttenhain, Mayer-Dukart, S. 97). Da die Bauten des primären Sektors nicht von städtischer Relevanz sind, richtet sich das Augenmerk auf den sekundären und den tertiären Sektor. Im Gegensatz zum Wohnungsbau ist es jedoch nicht möglich, für die Gebäude der gewerblichen Produktion und des Dienstleistungssektors eine strenge Gebäudetypologie mit detailliertem Flächenbedarf zu definieren. Die Art des Betriebs, die Unternehmenskultur sowie Anforderungen an Produktion und Distribution bestimmen in hohem Maße den Bedarf von Nutzflächen und die Gliederung der Baumassen. Die dargestellten Planungshilfen sind daher als Orientierungsrahmen zu verstehen, der den spezifischen Gegebenheiten und Anforderungen (etwa in Bezug auf die Lage in der Stadt, die Anbindung an den öffentlichen Personennahverkehr oder das bereits bestehende Stellplatzangebot) anzupassen ist.

2.1 Produzierendes Gewerbe (sekundärer Sektor)

Im Industrie- und Gewerbebau lassen sich folgende Grundfunktionen unterscheiden:

- Produktion und Fertigung,

11 Vorbild für die ersten Gewerbegebiete waren bekannte Stadtstrukturen, in denen die Vorderhäuser als mehrgeschossige, repräsentative Bauten Stadträume bildeten (hier dargestellt: das Bosch-Areal in Stuttgart, Stammsitz der Robert Bosch GmbH). Die Rationalisierung und Standardisierung im Gewerbebau führte zum Verlust städtebaulicher Qualitäten. Heute wird wieder versucht, Arbeitsorte in die Stadt zu integrieren.

- Lagerung,
- Verwaltung und Entwicklung,
- Sozialbereiche für Belegschaft,
- Ausstellung und Verkauf.

Bei kleineren Betrieben sind diese Bereiche oft innerhalb eines Gebäudes untergebracht. Größere Betriebe bevorzugen üblicherweise die Errichtung unterschiedlicher Gebäudeformen für Produktion und Verwaltung innerhalb der Werksanlagen. Die Verwaltung ist meist als repräsentativer Bau am Firmeneingang angeordnet. Manche Betriebe (insbesondere aus dem High-Tech-Bereich oder Firmen, die Produkte schon am Herstellungsort zum Kauf anbieten) sehen dabei auch die Chance, durch ansprechend gestaltete Gebäude im Sinne einer Corporate Identity oder eines Standort-Branding für die eigenen Produkte zu werben. In diesem Fall werden statt Zweckbauten repräsentative Ausstellungs- und Verkaufsflächen entwickelt.

Bezogen auf die städtebauliche Anordnung können bei Gewerbebetrieben zwei Bebauungsmuster unterschieden werden: der Tiefen- und der Breitentyp. Die baulichen Nutzungen des Tiefentyps staffeln sich organisatorisch in die Tiefe des Grundstücks. Verwaltungs- und Ausstellungsgebäude prägen das Bild zur Straße, Erweiterungsflächen finden sich in der Regel im hinteren Bereich.

Beim Breitentyp werden die verschiedenen Nutzungen – ebenso wie Erweiterungsflächen – parallel zur Straße angeordnet. Die Raumkanten zeigen sich infolgedessen weit heterogener. Während der Produktionsablauf mit An- und Auslieferung beim Breitentyp oft einfacher zu gestalten ist, leistet der Tiefentyp eine städtebaulich attraktivere und eindeutige Fassung des Straßenraums (Abb. 15).

Ob eine emissionsbedingte und städtebauliche Verträglichkeit des Gewerbebetriebs gegeben ist, muss im Einzelfall geprüft werden. Umfeldbelastende Industriebetriebe (Chemieindustrie, Raffinerien, Klärwerke...) und Betriebe mit großem Transportaufkommen können auch in Zukunft einen geeigneten Standort nur in der Trennung zu sensiblen Stadtbereichen wie Wohnquartieren finden. Neue Formen des Gewerbes und der Produktion sowie vertiefte Kenntnisse von ökologischen und städtebaulichen Zusammenhängen ergeben jedoch prinzipiell eine Integrationsmöglichkeit, die es zu nutzen gilt. Vor diesem Hintergrund können neue, in Körnigkeit und Maßstab angepasste städtische Mischungen entwickelt werden, die die urbane Vielfalt gewachsener Quartiere stärken und bereichern.

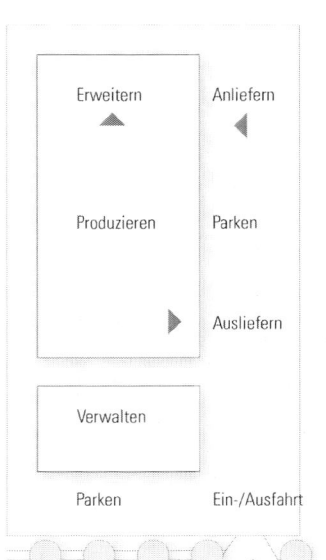

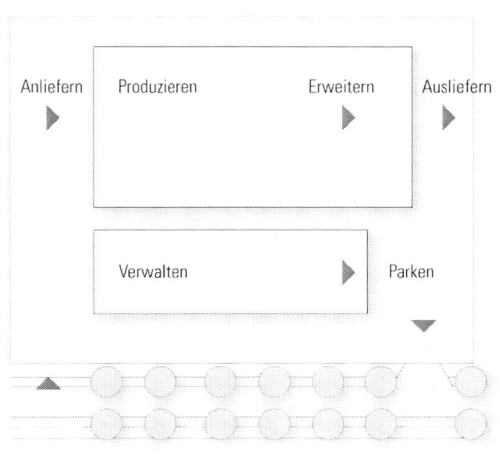

12–14 Architektur und Städtebau als Standort-Branding: das Mercedes-Museum in Stuttgart und der Campus Novartis in Basel

15 Städtebauliche Anordnung von Gewerbebauten: der Tiefen- und der Breitentyp

16 Gewerbehöfe bieten die Möglichkeit, Synergieeffekte durch einen Standortverbund zu realisieren und Gewerbebetriebe in die urbane Textur der Stadt zu integrieren (hier dargestellt: Gewerbehof in Leipzig-Plagwitz).

17, 18 Durch Innovationszentren und Technologieparks können wissensbasierte Arbeitsmilieus entwickelt oder gestärkt werden (hier dargestellt: Innocel Innovations-Center in Lörrach und Technologiepark Dortmund).

Sonderformen von Gewerbegebieten zur Profilierung von Arbeitsorten in der Stadt

Gewerbehöfe, Gründer-, Technologie- oder Innovationszentren und Wissenschaftsparks stellen Sonderformen herkömmlicher Industrie- und Gewerbegebiete dar. Ihre Unterscheidung erfolgt nach der spezifischen Ausprägung in der Technologieorientierung und dem Grad der organisatorischen Verflechtung der Betriebe untereinander.
Mit dem Ziel, in der Konkurrenz um Wirtschaftsstandorte wettbewerbsfähig zu bleiben und planungsrechtliche Verfahren abzukürzen, werden alle erforderlichen Planungsfestlegungen durch einen öffentlichen oder auch privaten Planungsträger im Voraus getroffen. In der Regel werden alle Infrastrukturmaßnahmen organisiert – von der verkehrlicher Erschließung bis zur Kommunikationstechnologie. Zusätzliche zentrale Einrichtungen zur gemeinsamen Nutzung sowie eine umfassende Beratung und Betreuung gehören meist ebenfalls zum Angebot des Planungsträgers.
Im Gegensatz zu herkömmlichen Industrie- und Gewerbegebieten, wo Gestaltungsmöglichkeiten meist begrenzt sind, ist es bei Gewerbehöfen, Gründer-, Technologie- und Innovationszentren sowie Wissenschaftsparks das Ziel, ein eigenes, möglichst unverwechselbares Image zu schaffen, um sich als Standort mit besonderer Attraktivität darzustellen. Hier wird in der Regel auch besonderer Einfluss auf die architektonische Qualität der Gebäude genommen.

Gewerbehöfe: Zu den klassischen Möglichkeiten, Gewerbe in die Stadt zu integrieren, gehören die Gewerbehöfe. Als Gewerbehof wird eine Standortgemeinschaft mehrerer rechtlich und finanziell eigenständiger, vorwiegend kleiner und mittlerer Betriebe in einem Gebäudekomplex bezeichnet. Errichtet und verwaltet werden können sie sowohl von städtischen Trägergesellschaften, die sie als Instrument der Stadterneuerung und Wirtschaftsförderung einsetzen, als auch von privaten Investoren. Da in der Regel keine spezifische Belegungspolitik existiert, sind sie meist durch eine heterogene Branchenstruktur gekennzeichnet. Die städtebauliche Bedeutung von Gewerbehöfen besteht darin, dass sie die Ansiedlung von Kleinindustrie und Gewerbe in der Stadt ermöglichen, ohne das geschlossene Straßen- und Stadtbild zu stören. In direkter Nachbarschaft zu Wohnquartieren sind die Gebäude meist als klare Blockrandbebauung mit durchgängiger Bauhöhe angeordnet. Durch die introvertierte Lage des innenliegenden Erschließungs-, Park- und Anlieferhofs werden störende Einflüsse auf die Nachbarbebauung minimiert. Die benötigten Grundstücksgrößen weisen ein breites Spektrum auf – von 250 m² in Citynähe bis 100.000 m² an der Peripherie. Als Anhaltspunkt für die Planung kann die Bruttogrundfläche dienen, die bei der Hälfte der Gewerbehöfe weniger als 5.000 m², bei einem weiteren Viertel zwischen 7.500 und 15.000 m² beträgt. Eine hohe Nachfrage besteht vor allem an kleinteiligen, koppelbaren Nutzungseinheiten von 100 bis 250 m². Die Belegungsdichte ist ebenso wie die benötigte Fläche stark schwankend. In den meisten Fällen umfassen Gewerbehöfe jedoch deutlich weniger als 20 Betriebe.[3]

Gründer-, Technologie- und Innovationszentren: Existenzgründungen sind wichtige Grundpfeiler für die Entwicklung der Wirtschaft, da sie den Wettbewerb beleben, zum Strukturwandel beitragen, das unternehmerische Potenzial erneuern oder stärken und Arbeitsplätze schaffen. Bei Gründer-, Technologie- und Innovationszentren handelt es sich um eine meist öffentlich durch die Kommune geförderte Standortgemeinschaft von Betrieben in einem Gebäudekomplex. Ziel ist es, durch die Bereitstellung solcher Zentren technologieorientierte (möglichst innovative) Neugründungen und Jungunternehmen zu unterstützen, ihnen einen angemessenen Standort zur Verfügung zu stellen und die Überlebenswahrscheinlichkeit zu erhöhen. Darüber hinaus sollen der regionale Strukturwandel gefördert, Netzwerke und Synergien entwickelt und der Technologietransfer zwischen Wissenschaft und Wirtschaft sowie zwischen Unternehmen verbessert werden. Die meisten Zentren betreuen Unternehmen aller Branchen. Es gibt aber auch auf bestimmte Zukunftsthemen spezialisierte Zentren – etwa für die Bereiche Medien und Kunst, Nachrichtentechnik, Nano- oder Biotechnologie. Neben günstigen und flexiblen Mietflächen (Büro, Labor, Produktionsstätten) an attraktiven Standorten bieten Gründer-, Technologie- und Innovationszentren gemeinschaftliche Infrastruktureinrichtungen (wie Intranet, Veranstaltungsräume) sowie umfangreiche Service- und Beratungsangebote (zum Beispiel Sekretariatsservice, Kontaktvermittlung zu regional bedeutsamen Forschungs- und Finanzierungsinstitutionen).

Wissenschafts-, Technologie- oder Forschungsparks (Science Parks): Im Unterschied zu den durch klein- und mittelständische Unternehmen getragenen öffentlich geförderten Gründer-, Technologie- und Innovationszentren sind Wissenschaftsparks durch die konzentrierte Ansiedlung universitärer und außeruniversitärer Wissenschafts- und Forschungseinrichtungen gekennzeichnet. Diese in der Regel ebenfalls öffentlich geförderten Forschungsstandorte werden in vielen Fällen ergänzt durch die Ansiedlung innovativer klein- und mittelständischer Unternehmen, so dass sich in der Praxis häufig Mischformen von Wissenschaftsparks und Gründer-, Technologie- und Innovationszentren herausgebildet haben.[4] In Analogie zu Industrie- und Gewerbeparks handelt es sich bei Wissenschaftsparks in der Regel um größere, in großzügige Freibereiche eingebettete Gewerbegebiete, in denen vornehmlich junge Forschungs- und Entwicklungsbetriebe oder -abteilungen größerer Unternehmen entweder durch die räumliche Nähe zu einer Hochschule oder etablierten Forschungseinrichtung oder allein durch die Qualität des Standorts attraktive Arbeitsbedingungen vorfinden.

Planungstipps Gewerbe (sekundärer Sektor)

Der Bau von Industrie- und Gewerbebauten unterliegt einer Vielzahl von Gesetzen, Richtlinien und Normen. Neben dem öffentlichen Baurecht sind dies etwa Auflagen zum Umwelt-, Arbeits- und Brandschutz. Darüber hinaus sollten folgende Aspekte bei der Planung beachtet werden:

Erschließung

- Bei größeren Betrieben oder Betriebsansammlungen sollte eine konsequente Trennung des Lieferverkehrs von der Wohnquartierserschließung erfolgen.
- Bei kleineren Betrieben und Gemengelagen ist auf eine möglichst geringe Beeinträchtigung anderer Nutzungen zu achten.
- Generell gilt jedoch, dass die interne Grundstückserschließung auf den Produktionsablauf und die Warenanlieferung abgestimmt sein muss.
- Der Stellplatzbedarf differeriert zwischen einem Stellplatz pro 50 bis 70 m² Nutzfläche (beziehungsweise je drei Beschäftigte) bei Handwerks- und Industriebetrieben und einem Stellplatz pro 80 bis 100 m² Nutzfläche (beziehungsweise je drei Beschäftigte) bei Lagerbauten und -plätzen.
- Lieferhöfe müssen gemäß den erforderlichen Wenderadien und Anlieferungsbedingungen dimensioniert werden.

Flächen

- Einen wichtigen Anhaltspunkt für die auszuweisende Größe von Gewerbegebieten kann der Flächenbedarf je Arbeitsplatz geben. Er differiert von Branche zu Branche und je nach örtlicher Lage erheblich (vgl. Abb. 19). Wenn die Branchen neuer Quartiere noch nicht feststehen, kann von einem Mittelwert von 100 bis 125 m² BGF pro Arbeitsplatz ausgegangen werden.
- Die erforderlichen Parzellengrößen richten sich nach dem Bedarf der Betriebe. Sind die künftigen Nutzer nicht bekannt, sind in der Regel Kleinteilungen mit 500 bis 1.000 m² für Handwerksbetriebe und größere Parzellen bis zu 20.000 m² für Industriebetriebe vorteilhaft. Die Grundstückstiefen variieren meist zwischen 30 und 75 m (Abb. 20).
- Eine modulare Schaltbarkeit mehrerer Parzellen garantiert eine größtmögliche Flexibilität bei der Belegung.
- Darüber hinaus werden in der Regel Erweiterungs- und Reserveflächen benötigt.

Bebauungsstruktur

Die städtebauliche Integration von Gewerbestandorten kann durch folgende Maßnahmen entscheidend verbessert werden:

- Eine Abstufung der Nutzungen durch Geschoss- und Gebäudemischung erleichtert die Eingliederung in den städtischen Organismus.
- Durch die Stapelung verschiedener Nutzungsbausteine (Produktion im Erdgeschoss, Verwaltung in den Obergeschossen...) können städtische Raumkanten gebildet und eine hohe Grundstücksausnutzung erreicht werden.
- Eine Anordnung der Gebäude „back-to-back" ermöglicht eine hohe Grundstücksausnutzung sowie eine optimierte stadträumliche Integration.
- Die städtebauliche Integration großer, freistehender Anlagen kann durch eine stadträumliche Gliederung verbessert werden. Sensible Stadtbereiche können durch Grünelemente (Parks, Baumreihen...) und öffentliche Wege geschützt werden.
- Im Sinne des Immissionsschutzes sind Lärm, Erschütterungen und Luftverunreinigungen zu beachten. Eine Abschirmung kann durch die Baukörperstellung, die Gebäudeorganisation sowie bauliche und technische Maßnahmen erfolgen.

Betriebsart	Schwankungsbreite
Industrie:	
chem. Grundstoffindustrie	50–250
Raffinerien	800–1500
Eisen- und Stahlerzeugung	80–500
Maschinenbau	30–80
Fahrzeugbau	40–160
Eisenindustrie	60–180
elektronische Industrie	20–50
Textil und Bekleidung	20–60
Schuhindustrie, Lederwaren	20–80
Lebensmittel	40–80
Handwerk:	
Bauhandwerk	20–130
Ausbaugewerke	10–40
Kfz-Instandsetzung	30–130
Kundendienstbetriebe	20–50

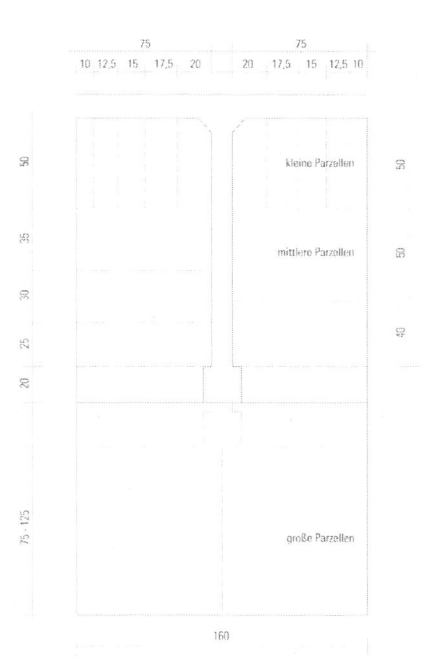

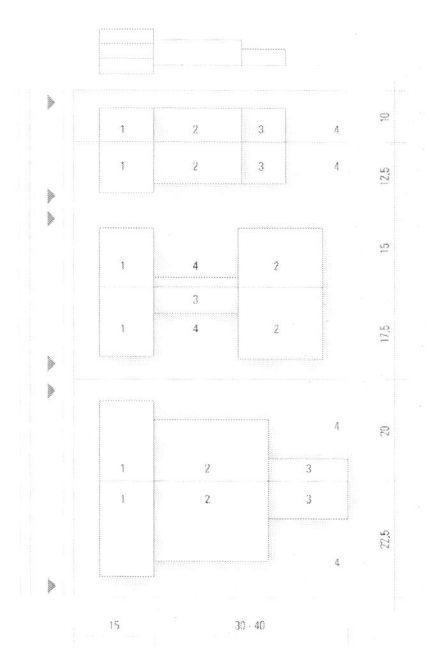

19 Nettobaulandbedarf je Arbeitsplatz in Industrie und Handwerk (m²/ A)

20 Modulare Schaltbarkeit von Parzellen für gewerbliche Bauflächen

- Kleine Parzellen, bis 1.000 m² Größe: Tiefe: 40–50 m, Breite: 10-20 m (zum Beispiel in 2,5 m Schritten)
- Mittlere Parzellen, 1.000–4.000 m²: Tiefe: 60–75 m, Breite: 20–50 m (zum Beispiel in 5 m-Schritten)
- Große Parzellen, 4.000–20.000 m²: Tiefe: bis 125 m, Breite: bis 160 m

21 Städtebauliche Integration von kleinen Betrieben: Durch die Ausbildung einer „Kopfzone" mit Büros und Wohnungen können attraktive Raumkanten gebildet werden.

1 Kopfzone: Büro, Wohnung
2 Werkstatt
3 Nebenräume (Lager, Garage...)
4 Stellplätze

22 Die zunehmende Flexibilisierung der Arbeitswelt bietet die Möglichkeit, die Funktionen im Sinne einer „Stadt der kurzen Wege" wieder stärker zu verknüpfen (hier dargestellt: Compact City in Wien).

23, 24 Auch bei der Entwicklung von Mietbüros gewinnen Strategien des Standort-Brandings sowie ein Angebot an attraktiven Besprechungs- und Kommunikationsbereichen an Bedeutung (hier dargestellt: das Bürohaus AdA 1 in Hamburg).

2.2 Dienstleistungen (tertiärer Sektor)

Die Zahl der Menschen, die in Büros arbeiten, nimmt im Verhältnis zur Gesamtzahl der Berufstätigen zu. Insbesondere das Verwalten und Bearbeiten von Informationen sowie die Generierung von Wissen haben an Bedeutung gewonnen. Heute liegen über zwei Drittel aller Arbeitsplätze in Deutschland im Dienstleistungsbereich (vgl. Beitrag Hüttenhain, Mayer-Dukart, S. 97).

Die Gebäudestruktur von Bürobauten ist stark durch Regelgrundrisse geprägt, die sich aus der Addition ihrer kleinsten Einheit – des Schreibtisches (französisch: „bureau") – ergeben. Ausgehend von den Schwerpunkten der Tätigkeit (dem Anteil an Routine-Sachbearbeitung, an kreativer Informationsverarbeitung sowie dem Wechsel zwischen konzentrierter Einzelarbeit, Teamarbeit und Kommunikation) haben sich im Laufe der letzten Jahrzehnte optimierte Grundrisstypen herausgebildet (Abb. 27).

Weitere Rahmenbedingungen für die Konzeption von Bürobauten ergeben sich aus der Notwendigkeit, möglichst schnell auf Umstrukturierungen, Wachstum oder Schrumpfung reagieren zu können. Die Entwicklung flexibler Baustrukturen gehört daher zu den wichtigsten Anforderungen an die Architektur, insbesondere an Tragkonstruktion, Fluchtwegekonzept und Brandschutz.

Obwohl sich die Planung infolgedessen meist auf die Konzeption von Gebäudehülle und Kern („shell and core") beschränkt, werden oft repräsentative, identitätsstifende Gebäude im Sinne einer Corporate Identity entwickelt – vor allem, wenn es sich nicht um Mietbüros, sondern um selbst genutzte Objekte handelt. Zusätzlich zur reinen Büronutzung werden dann auch häufig repräsentative Vorstandsetagen, Gäste-, Kommunikations- und Rekreationsbereiche sowie Gastronomieeinrichtungen realisiert.

Im Vergleich zu Arbeitsstätten im produzierenden Gewerbe entstehen bei der städtebaulichen Integration von Büros (in Bezug auf eine Einbindung in die urbane Textur, das Verkehrsaufkommen...) meist nur geringe Konflikte. Als emissionsarme, relativ kleinteilige Nutzung lassen sie sich gut in städtische Strukturen einpassen und mit anderen Funktionen kombinieren (Einzelhandel, Gastronomie, Wohnen...).

Erweiterte Integrationsmöglichkeiten ergeben sich darüber hinaus aus der Entwicklung der Informations- und Kommunikationstechnologien, die eine neue zeitliche und räumliche Flexibilität erlauben. Immer mehr Arbeit wird außerhalb des Büros erledigt (etwa im Zug, zu Hause oder beim Kunden). Diese zunehmende Flexibilisierung lässt den Mitarbeitern mehr Freiheit. Da eine persönliche Präsenz nicht mehr durchgängig erforderlich ist, erlauben Desk-Sharing und non-territoriale Bürokonzepte[5] eine Reduktion der benötigten Büroflächen und eine Verkleinerung der städtebaulichen Module. Grundvoraussetzung ist ein flächendeckend hoher technischer Standard, um das Arbeiten an jedem Ort zu ermöglichen. Die Kommunikation erfolgt über Mobiltelefone und ein zentrales Sekretariat, die Arbeitsorte können durch Sichtkontrolle oder durch Buchung ausgewählt werden („hotelling"). Darüber hinaus ermöglichen verschiedene Formen der Telearbeit eine Dezentralisierung der Büroeinheiten (etwa in Home-Offices, Satelliten- und Nachbarschaftsbüros).[6] Sie bieten damit die Möglichkeit, Arbeiten und Wohnen wieder enger zu verknüpfen.

Trotz der erweiterten zeitlichen und räumlichen Flexibilität werden traditionelle Büros beziehungsweise Bürobauten jedoch nicht überflüssig werden. Denn der Einsatz der Informations- und Kommunikationstechnik kann die Vorteile realer Face-to-Face-Kontakte nicht ersetzen. Sogar stärker als bisher bedarf es des bewussten Dialogs und somit einer hohen Arbeitsplatzqualität, insbesondere in Bezug auf Besprechungsräume und Gruppenarbeitsplätze.

Planungstipps Dienstleistungen

Neben den Arbeitsstättenrichtlinien (ASR) und der Arbeitsstättenverordnung (ArbStättV) sollten folgende Aspekte beachtet werden:

Erschließung
- Die Erschließung sollte zentral und übersichtlich erfolgen, um Sicherheit und eine leichte Orientierung zu gewährleisten. Bei größeren Gebäudekomplexen sollten Gebäudezugang, Anlieferung, An- und Abfahrt, Parkierung der Mitarbeiter und Besucher örtlich unabhängig voneinander funktionieren können.
- Zur Abschätzung des Stellplatzbedarfs kann davon ausgegangen werden, dass pro 30 bis 40 m² BGF ein Stellplatz benötigt wird.
- Die interne Erschließung sollte durch kurze Wege gekennzeichnet sein und keinen störenden Durchgangsverkehr erzeugen.
- Bei gemischt genutzten Projekten (etwa Wohnungen und Büros) fordern Investoren oft eine getrennte innere Erschließung. Dies wirkt sich auf Lage und Anzahl der Erschließungskerne aus.
- Ab 400 m² NF dürfen bauaufsichtlich vorgeschriebene maximale Abstände der Erschließungssysteme nicht überschritten werden (Fluchtwege). Ihre Anordnung bestimmt die Gebäudestruktur (Abb. 26).

Flächen
- Der Flächenbedarf an Dienstleistungen einer Stadt differiert aufgrund der verschiedenen Rahmenbedingungen (Lage, zentralörtliche Bedeutung, Wirtschaftsstruktur, Verflechtungen zur Regio ...) oft erheblich. Als Mittelwert kann jedoch heute von rund 1,2 m² BGF pro Einwohner ausgegangen werden.[7]
- Die notwendige Grundstücksgröße je Büroarbeitsplatz hängt vom Maß der baulichen Nutzung und damit von der baubaren Geschossfläche sowie von den notwendigen Freiflächen (wie Grünbereiche und Stellplatzflächen) ab. Es gelten folgende Erfahrungswerte: 30 bis 45 m² Grundstücksfläche bei Stadtrandlagen mit einer vorgesehenen Bebauung von zwei bis drei Geschossen, 10 bis 15 m² Grundstücksfläche bei Citylagen mit einer vorgesehenen Bebauung von vier und mehr Geschossen.[8]
- Die notwendige Fläche pro Büroarbeitsplatz beträgt je nach Büroform 8 bis 15 m².
- Unter Berücksichtigung mittel- und langfristiger Planung sollte das Grundstück Erweiterungsmöglichkeiten des Betriebs zulassen.

Bebauungsstruktur
- Gebäudetiefe: Die Tiefe der Gebäude steht in enger Beziehung zur Grundrissorganisation. Es können folgende Grundtypen unterschieden werden: Einbundanlagen mit Randflur entlang der Fassade (gelten als unwirtschaftlich, werden nur verwendet, wenn äußere Rahmenbedingungen es erfordern), Zweibundanlagen mit Innenflur und Dreibundanlagen mit Nebenräumen im Innenbund und beidseitigem Flur (vgl. Abb. 25 und 27).
- Gebäudelänge- und -gliederung: Die Länge und Gliederung der Gebäude richtet sich nach dem Bedarf an Arbeitsplätzen, dem städtebaulichen Kontext sowie den notwendigen Erschließungskernen.
Neben der klassischen Zeilenform können je nach Größe der Bürokomplexe weitere Gebäudetypen wie Kamm-, U- und L-Formen, Punkthäuser, Block-, Hof- und Campusstrukturen entwickelt werden.
- Mit dem Ziel, die Kosten für den Energiebedarf zu minimieren (also den Anteil an thermisch gedämmten Fassaden zu reduzieren) und die Nutzungsdauer der Freibereiche auszuweiten, werden im Bürobau häufig überdachte Innenhöfe, Atrien und Wintergärten gebaut.

25 Möglichkeiten der Grundrisszonierung: Ein-, Zwei- und Dreibundanlagen

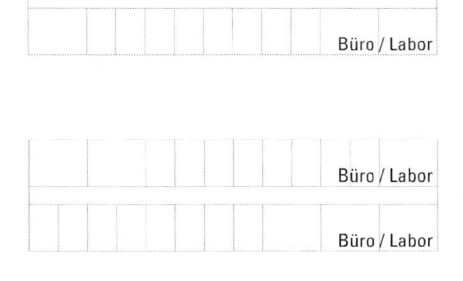

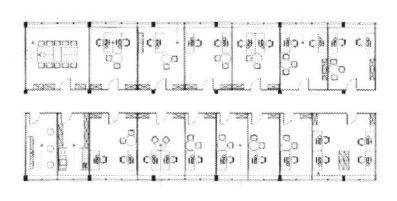

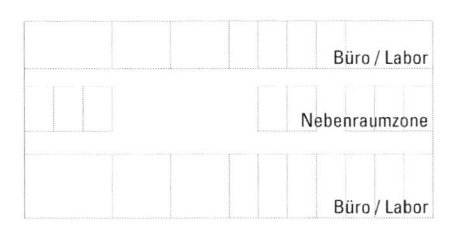

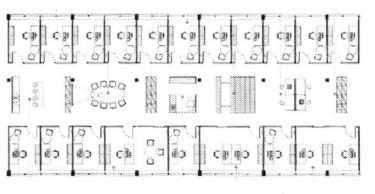

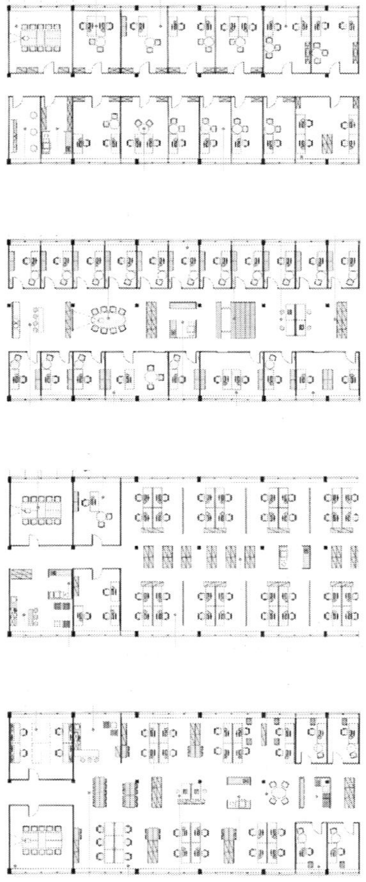

26 Maximale Abstände für Fluchtwege

27 Standard-Büroformen: Zellen-, Kombi-, und Gruppenbüros sowie Business-Clubs

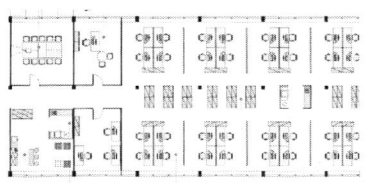

Zellenbüros bestehen aus einer Aneinanderreihung von Einzel- und Mehrpersonenbüros entlang eines meist künstlich belichteten Flurs. Sie bieten Rückzugsorte für konzentrierte Arbeit, haben aber einen hohen Flächenverbrauch, geringe räumliche Qualitäten und bieten nur wenig Anreize für einen informellen Austausch mit Kollegen.
Raumtiefen: 4,5–5,5 m; Gebäudetiefen: 12–13 m

Kombibüros verbinden die Vorteile des Zellenbüros mit denen des interaktiven Arbeitens im Gruppenraum. Die verschiedenen Arbeitsplätze gruppieren sich um eine breite kommunikative Mittelzone, von der sie durch raumhohe Glaswände getrennt sind. Durch die gemeinsam genutzte Infrastruktur kann die Flächenausnutzung optimiert werden.
Raumtiefen: 3,6–4,5 m; Gebäudetiefen: 14–17 m

Großraum- und Gruppenbüros sind multifunktional besiedelte Flächen für mehrere Arbeitsplätze. Sie verfügen über zentrale, gemeinsam genutzte Technikpools sowie Besprechungs- und Regenerationsbereiche. Sie bieten Vorteile der Zusammenarbeit und Flexibilität, werden jedoch durch gegenseitige Störungen und die gegebenenfalls erforderliche künstliche Belichtung und Belüftung belastet.
Raumtiefen: 5–40 m; Gebäudetiefen: 12–40 m

Business-Clubs tragen als non-territoriales Bürokonzept der räumlichen und zeitlichen Flexibilität Rechnung. Statt persönlicher Arbeitsplätze werden Bereiche für verschiedene Aufgabenszenarien und Tätigkeiten ausgebildet, die von den Mitarbeitern selbstverantwortlich ausgewählt werden können. Business-Clubs ermöglichen so eine große Flexibilität in Bezug auf Schwankungen der Mitarbeiterzahlen und Flächeneinsparungen von bis zu 50 Prozent.
Raumtiefen: 5–40 m; Gebäudetiefen: 12–40 m

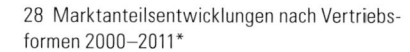

28 Marktanteilsentwicklungen nach Vertriebsformen 2000–2011*

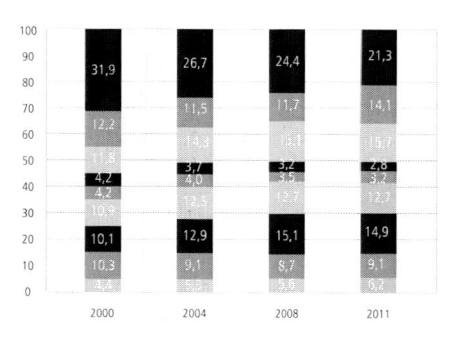

* am Einzelhandel (ohne Kfz, Brennstoffe, Apotheken) in Prozent

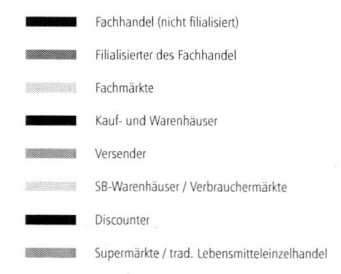

- Fachhandel (nicht filialisiert)
- Filialisierter des Fachhandel
- Fachmärkte
- Kauf- und Warenhäuser
- Versender
- SB-Warenhäuser / Verbrauchermärkte
- Discounter
- Supermärkte / trad. Lebensmitteleinzelhandel
- Sonstige

29 Durch eine geschickte Einbindung in den Bestand und eine Anordnung der Nutzungen back-to-back konnte bei den Fünf Höfen in München ein großes Einzelhandelsvolumen stadträumlich integriert werden.

2.3 Einzelhandel (tertiärer Sektor)

Die Einzelhandelslandschaft ist in Deutschland seit einigen Jahrzehnten in einem tiefgreifenden Wandel begriffen. Zu den wichtigsten Veränderungen gehören die fortschreitende Unternehmenskonzentration und Internationalisierung sowie das starke Verkaufsflächenwachstum und die zunehmende Maßstabsvergrößerung der Betriebe. Trotz einer weitgehend stagnierenden Nachfrage hat sich die Flächenausstattung im Einzelhandel in den letzten 25 Jahren fast verdoppelt. In der Konsequenz kommt es zu sinkenden Flächenproduktivitäten (und damit zu sinkenden Umsätzen pro Quadratmeter Verkaufsfläche) und zu einer Verschärfung des Wettbewerbs.

Getrieben wird das Verkaufsflächenwachstum durch den so genannten Betriebstypenwandel. Während neue Betriebstypen wie Fachmärkte, Discounter und der Onlinehandel ihren Marktanteil in den letzten Jahren steigern konnten und beim filialisierten Non-Food-Fachhandel, den SB-Warenhäusern und Verbrauchermärkten keine wesentlichen Veränderungen festzustellen sind, mussten traditionelle Fachgeschäfte und Warenhäuser hingegen massive Rückgänge verzeichnen (Abb. 28).

Dieser tiefgreifende Betriebstypenwandel führte zu einer Schwächung traditioneller Zentren und zu einer Stärkung des sekundären Einzelhandelsnetzes[9] und damit der autokundenorientierten Standorte am Rand oder außerhalb von Siedlungsgebieten. Insbesondere mit der Expansion von Einkaufszentren kam es seit den 1960er Jahren zu einer Verlagerung innenstadtrelevanter Sortimente[10] auf nicht-integrierte periphere Standorte. Insgesamt wird der Anteil der Geschäftsfläche im sekundären Netz in den alten Bundesländern auf 32, in den neuen Bundesländern sogar auf 55 Prozent geschätzt.[11] Niedrigere Baupreise, weniger Gestaltungsauflagen, vergleichsweise geringe Kosten für Logistik und verkehrliche Erschließung sowie oft bestehende gute Erweiterungsmöglichkeiten haben den Trend zu nicht-integrierten Standorten verstärkt.

Diese Entwicklung läuft in mehrfacher Hinsicht wichtigen planerischen Leitbildern zuwider und hat wesentlich zu einer Schwächung der bestehenden Stadt- und Ortszentren beigetragen. Zu den negativen Folgen gehören unter anderem die Gefährdung der flächendeckenden Nahversorgung, der zunehmende Leerstand in zentralen Lagen sowie die Erzeugung zusätzlichen Verkehrs durch längere Einkaufswege. Leidtragende sind vor allem weniger mobile Bevölkerungsschichten, wie Kinder, Jugendliche, Ältere sowie Haushalte mit geringem Einkommen, deren Versorgung mancherorts nicht mehr gewährleistet ist.

Angesichts langfristig rückläufiger Bevölkerungszahlen und einer stagnierenden Nachfrage werden sich die negativen Auswirkungen nicht-integrierter großflächiger Einzelhandelsstandorte in Deutschland in Zukunft verschärfen. Aus diesem Grund kann eine Stabilisierung der Zentren und Nebenzentren nur dann gelingen, wenn alle zukünftigen Einzelhandelsprojekte mit innenstadtrelevanten Sortimenten gezielt auf integrierte Lagen gelenkt werden. Besondere Bedeutung kommt in diesem Zusammenhang regionalen und kommunalen Einzelhandelskonzepten sowie unabhängigen Verträglichkeitsgutachten zu. Nur bei einer verträglichen Dimensionierung, einem auf das Angebot in der Innenstadt abgestimmten Branchenmix und einer möglichst direkten Anbindung an den bestehenden Haupteinkaufsbereich sind Synergieeffekte mit den gewachsenen Geschäftslagen zu erwarten. Darüber hinaus muss die stadträumliche und architektonische Einbindung in die feingliedrige urbane Textur innerstädtischer Standorte (zum Beispiel in Bezug auf das Gebäudevolumen, die Fassadengestaltung, die Integration der Anlieferungszonen und die Berücksichtigung denkmalpflegerischer Belange) sehr sorgfältig geprüft werden (Abb. 30).

Planungstipps Einzelhandel

Erschließung
- Je nach Größe und Lage des Einzelhandelsbetriebs sollte die verkehrliche Anbindung über ein eingebundenes oder ein unabhängiges Erschließungssystem erfolgen.
- Großflächiger Einzelhandel erfordert eine Trennung der Betriebs- und Benutzungsabläufe Fußgänger/ Käufer, Parken, Andienung.
- Der Stellplatzbedarf differiert je nach Betriebstyp, der Lage innerhalb der Stadt (eingebunden in die Fußgängerzone oder an verkehrsorientierten Standorten) und der Anbindung an den öffentlichen Personennahverkehr erheblich und muss im Einzelfall bestimmt werden.
- Anlieferungszonen müssen gemäß den erforderlichen Wenderadien und Andienungsbedingungen dimensioniert werden.
- Durch starken Zu- und Abfahrtsverkehr kann es zu Belastungen für die Nachbarschaft kommen. Des Weiteren besteht die Gefahr, dass über weite Strecken geschlossene oder durch Rampen und große Einfahrten beeinträchtigte Räume entstehen. Durch eine Integration der Anlieferung und der Parkierung in den Untergeschossen, in rückwärtigen Bereichen (zum Beispiel an einem Bahndamm) oder im Blockinneren können diese negativen Auswirkungen auf das Umfeld reduziert werden.

Flächen
- Die notwendigen Grundstücksgrößen hängen von der Art des Einzelhandelsbetriebs ab. Die im Folgenden aufgelisteten Verkaufsflächen der jeweiligen Betriebe betragen in der Regel zwei Drittel der Geschossfläche. Des Weiteren müssen ausreichend Stellplätze (Kundenparkplätze) auf den Grundstücksflächen oder in zumutbarer Entfernung nachgewiesen werden.
- Mit dem Ziel einer nachhaltigen Stadtentwicklung sollte auch bei Einzelhandelseinrichtungen an dezentralen Standorten (wie etwa bei Baumärkten) geprüft werden, wie der Flächenverbrauch minimiert werden kann – etwa durch eine Stapelung der Nutzungen, eine Ausbildung von Tiefgaragen, Parkhäusern oder von Parkierungsanlagen auf dem Dach.

Bebauungsstruktur
Einzelhandelsbetriebe mit festem Standort und Verkaufsräumen lassen sich im Wesentlichen in folgende Betriebstypen unterscheiden:
- Fachgeschäfte sind Einzelhandelsbetriebe, die Waren einer Branche in großer Auswahl in unterschiedlichen Qualitäten und Preislagen mit fachkundiger Beratung und ergänzenden Dienstleistungen anbieten. Sie befinden sich in der Regel in Innenstadtlagen. Die Verkaufsfläche kann differieren, sie beträgt jedoch meist deutlich weniger als 800 m².
- Fachmärkte bieten ein breites und häufig tiefes Sortiment aus einem Waren-, Bedarfs- oder Zielgruppenbereich (zum Beispiel Elektrofachmärkte oder Baumärkte) bei vorwiegend niedrigem bis mittlerem Preisniveau an. Der Standort ist meist autokundenorientiert in peripheren Lagen, zunehmend auch an innerstädtischen Standorten (insbesondere bei Drogerie- und Elektrofachmärkten). Die Verkaufsfläche ist weit gefächert und beträgt je nach Sortimentsschwerpunkt zirka 500–15.000 m².
- Kaufhäuser sind größere Einzelhandelsbetriebe mit Waren mehrerer oder nur einer Branche im mittleren oder höheren Preissegment, die, anders als Warenhäuser, keine Lebensmittel führen. Kaufhäuser verfügen meist über eine Verkaufsfläche von mindestens 1.000 m², Warenhäuser von mindestens 3.000 m². Sie befinden sich fast ausschließlich in Innenstadtlagen.
- SB-Warenhäuser sind großflächige Einzelhandelsbetriebe, die im Lebensmittelbereich eine Dauerniedrigpreis- und/ oder Sonderangebotspreispolitik betreiben und ein umfassendes Sortiment überwiegend in Selbstbedienung anbieten. Die Standorte sind in der Regel autokundenorientiert. Die Verkaufsfläche beträgt mindestens 3.000 m², häufig über 5.000 m².
- Verbrauchermärkte sind großflächige Einzelhandelsbetriebe, die ähnlich wie SB-Warenhäuser im Lebensmittelbereich ein großes Sortiment überwiegend in Selbstbedienung anbieten. Sie betreiben ebenfalls eine Dauerniedrigpreis- und/ oder Sonderangebotspreispolitik, sind aber als Nahversorger deutlich kleiner als SB-Warenhäuser und haben häufig ein weniger umfangreiches Non-Food-Sortiment. Die Verkaufsfläche beträgt mindestens 800 m². Der Standort ist in der Regel autokundenorientiert.
- Supermärkte sind Einzelhandelsbetriebe, die Nahrungs- und Genussmittel (einschließlich Frischwaren) sowie ergänzend Drogerieartikel und andere Waren des täglichen und des kurzfristigen Bedarfs bei vorwiegend mittlerem bis niedrigem Preisniveau in Selbstbedienung anbieten. Die Verkaufsfläche beträgt zirka 400 bis 1.000 m². Sie befinden sich meist in zentralen Lagen.
- Discounter bieten ein relativ schmales und flaches Warensortiment bei einfacher Ladenausstattung zu niedrigen Verkaufspreisen an. Die Verkaufsfläche beträgt meist 600 bis 800 m². Die Standorte sind in der Regel autokundenorientiert.[12]

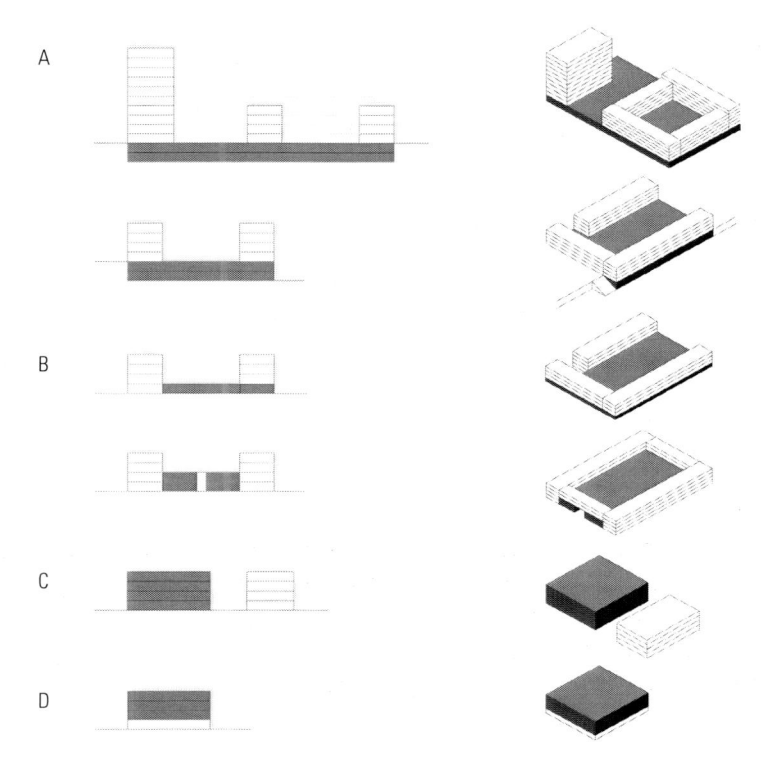

30 *Stadträumliche Integration großflächiger Betriebe und Nutzungen*
Besondere Schwierigkeiten ergeben sich häufig bei der stadträumlichen Integration großflächiger Betriebe und Nutzungen (wie Parkierungsanlagen, Fachmärkte oder SB-Warenhäuser). Insbesondere an innerstädtischen Standorten mit ihrer meist kleinteiligen Bebauungsstruktur kann es zu Maßstabssprüngen und einer Beeinträchtigung des Stadtbilds kommen. Da sich großflächige Betriebe und Nutzungen in der Regel nur wenig zum öffentlichen Raum orientieren, können sie mit ihrem hohen Anteil unbelebter Fassadenabschnitte zur Entstehung von Angsträumen und zu einer Beeinträchtigung benachbarter Stadträume führen. Diese negativen Auswirkungen können durch folgende Maßnahmen deutlich verringert werden:
- eine Anordnung großflächiger Nutzungen in den Untergeschossen – gegebenenfalls unter Ausnutzung der Topografie (Zeichnungen A),
- eine Einbindung in rückwärtige Bereiche oder im Blockinneren – gegebenenfalls back-to-back (Zeichnungen B),
- eine Aufspaltung der Nutzungsbausteine in unterschiedliche Volumina (Zeichnungen C) sowie
- eine Anordnung in den Obergeschossen (Zeichnungen D).

Literatur

Adam, Jürgen/ Hausmann, Katharina/ Jüttner, Frank (Hg.): Entwurfsatlas Industriebau. Basel, Berlin [u.a.] 2004.

Eisele, Johann/ Staniek, Bettina (Hg.): Bürobau Atlas. München 2005.

Flagge, Ingeborg/ Pesch, Franz (Hg.): Stadt und Wirtschaft. Darmstadt 2004.

Geissler, Thomas/ Hüger, Sigrun: Arbeiten. In: Städtbau-Institut Universität Stuttgart (Hg.): Lehrbausteine Städtebau. Stuttgart 2001, S. 77-97.

Grabow, Busso/ Henckel, Dietrich/ Hollbach-Grömig, Beate: Weiche Standortfaktoren. Stuttgart 1995

Hascher, Rainer/ Jeske Simone/ Klauck, Birgit (Hg.): Entwurfsatlas Bürobau. Basel 2002

Henckel, Dietrich/ Eberling, Matthias/ Grabow, Busso: Zukunft der Arbeit in der Stadt. Stuttgart 1999

Hüttenhain, Britta: Stadtentwicklung und Wirtschaft. Strategien und Handlungsansätze zur Entwicklung von Gewerbestandorten. Detmold 2012

Läpple, Dieter: Städtische Arbeitswelten im Umbruch. In: Heinrich-Böll-Stiftung (Hg.): Das Neue Gesicht der Stadt. Berlin 2006, S. 19–35

Mayer-Dukart, Anne: Handel und Urbanität. Städtebauliche Integration innerstädtischer Einkaufszentren. Detmold 2010

Oberste Baubehörde im Bayerischen Staatsministerium des Innern (STMI): Gewerbegebiete. München 1996

Schmidt, Alexander/ Bremer, Stefanie: Orte der Arbeit – Möglichkeiten zur gestalterischen Aufwertung von Gewerbegebieten. Gelsenkirchen 2007

Schulte, Karl-Werner/ Bergmann, Eckhard: Immobilienökonomie – Stadtplanerische Grundlagen. Oldenbourg, München, Wien 2005

Urhahn Urban Design: Industry in the city. Accomodating industrial activities in the contemporary city. Amsterdamm 2006. (http://www.urhahn.nl/file.php?fileName=puaon9bd1j49gp4nag381a1ojale0s; 20. September 2009)

Abbildungsnachweis

Pläne, Grafiken und Fotos: Hüttenhain, Britta/ Maurer, Carolin/ Mayer-Dukart, Anne. Mit Ausnahme von:

1	Ingenhoven Architekten, Düsseldorf
2	Schmidt-Contag, Ute, Stuttgart
3	Wohlfahrtswerk für Baden-Württemberg, Stuttgart
4	Nimbus GmbH, Stuttgart
6	Christiaanse, Kees, Zürich
7	Pesch & Partner, Stuttgart
8, 9	Kiessler, Uwe, München
12	Daimler AG, Stuttgart
14	Rose, Corinne, Berlin
15	eigene Darstellung auf Basis von: Hangarter, Ekkehard: Grundlagen der Bauleitplanung. Düsseldorf 1992, S. 66
16	Entwicklungs- und Sanierungsgesellschaft Plagwitz, Leipzig
17	Thomas Dix, Grenzach-Whylen
18	TechnologieZentrumDortmund
19-21	eigene Darstellungen auf Basis von: Meyer, Johannes: Städtebau. Ein Grundkurs. Stuttgart 2003, S. 150, 152, 153
23	Fellenberg, Dirk, Hamburg
24	fotografie Schaulin, Hamburg
25	eigene Darstellung auf Basis von: Neuffert, Ernst: Bauentwurfslehre. Braunschweig 2002, S. 242
27	Eisele, Johann/ Staniek, Bettina (Hg.): Bürobau Atlas. München 2005, S. 84
28	eigene Darstellung auf Basis von: HDE Hauptverband des deutschen Einzelhandels. Berlin 2012, S. 20

Endnoten

1. Gewerbe ist jede auf Gewinn ausgerichtete Tätigkeit – im Gegensatz zu öffentlichen Aufgaben wie Bildung, Kultur oder Gesundheitswesen. Im Folgenden werden mit dem Begriff Gewerbe nur Industrie und Handwerk – das heißt die Bereiche des sekundären Sektors – bezeichnet. Einzelhandel und Dienstleistungen gehören zum tertiären Sektor und werden in diesem Zusammenhang gesondert betrachtet.

2. Unter städtebaulichen Gemengelagen wird die mehr oder minder feinkörnige Mischung von Wohn- und Arbeitsstätten verstanden.

3. Baumgart, Sabine: Gewerbehöfe in der Stadt. Zwischen privaten Entwicklungsträgern und kommunaler Quartiersentwicklung. Stuttgart 2001, S. 110 f.

4. Kühn, Manfred: Wissenschaftsstädte – Wissenschaftsparks. Wissensbasierte Siedlungsstrukturen in deutschen Stadtregionen. In: Raumforschung und Raumordnung Heft 3/2003, Bonn, S. 139–149

5. Während sich beim Desk-Sharing mehrere Mitarbeiter einen Arbeitsplatz teilen, werden bei non-territorialen Bürokonzepten keine dauerhaften Arbeitsplätze zugewiesen.

6. Im Rahmen der heimbasierten individuellen Telearbeit können Tätigkeiten vom Büro auf den privaten Arbeitsplatz (Home-Office) verlagert werden. Kollektive Telearbeit wird in so genannten Satellitenbüros ermöglicht. Hierbei handelt es sich um Außenstellen eines Unternehmens im Wohnbereich der Angestellten, die durch moderne Kommunikationstechnik an die Unternehmenszentrale angeschlossen sind. Wird ein Satellitenbüro von mehreren Unternehmen gleichzeitig genutzt, so spricht man auch von einem Nachbarschaftsbüro.

7. Meyer, Johannes: Städtebau. Ein Grundkurs. Stuttgart 2003, S. 162

8. Gottschalk, Ottomar: Verwaltungsbauten. Wiesbaden, Berlin 1994, S. 41

9. Als sekundäres Netz wird das außerörtliche Zentren- und Streulagennetz bezeichnet. Hierzu gehören z. B. Fachmärkte und Einkaufszentren „auf der grünen Wiese".

10. Innenstadt- bzw. zentrenrelevante Sortimente sind prägend für das Einzelhandelsangebot in den Zentren und zeichnen sich durch eine hohe Attraktivität für Innenstadtbesucher und einen geringen Flächenanspruch aus.

11. Greipl, Erich: Der Einzelhandel als Treiber der Stadtentwicklung – Notwendigkeit und Bereitschaft zur Veränderung von Stadt und Handel. Vortrag am 18. November 2005 in Dresden, S. 12

12. Ausschuss für Definitionen zu Handel und Distribution (Hg.): Katalog E, Definitionen zu Handel und Distribution – Elektronische Fassung, 5. Ausgabe. Köln 2006

FRANZ PESCH
STEFAN WERRER

Der öffentliche Raum

1 Zur Bedeutung des öffentlichen Raums

Der öffentliche Raum scheint eine uralte menschliche Sehnsucht zu erfüllen – nach Aufenthalt unter anderen, nach Begegnung, Kommunikation und gemeinsamem Erleben. Wenn wir umgangssprachlich von öffentlichen Räumen sprechen, dann entstehen vor unseren Augen Bilder von Boulevards mit Straßencafés, von Märkten und Festen auf Stadtplätzen, von flanierenden Familien in Parks oder von jungen Leuten auf sonnigen Freitreppen.

Der amerikanische Architektur- und Stadthistoriker Spiro Kostof hat den öffentlichen Raum zu Recht als ein „universelles Merkmal des Städtischen"[1] bezeichnet. Soziologen sprechen davon, dass der öffentliche Raum „allen und niemandem gehöre" und bringen damit zum Ausdruck, dass jedes Individuum ein verbrieftes Recht beanspruchen könne, sich innerhalb gesellschaftlich definierter Grenzen im Stadtraum aufzuhalten. Obwohl die neuen Medien mit Macht in unseren Alltag drängen, obwohl an den Rändern der wachsenden Stadtregionen Konkurrenzangebote entstanden sind, haben öffentliche Räume noch immer eine hervorgehobene Stellung in der europäischen Stadt.

Der öffentliche Raum ist der Schauplatz des Stadtlebens – er gliedert sich in Raumtypen unterschiedlicher Form und Funktion: Plätze und Hofanlagen, Straßen und Boulevards, Parks und Grünzüge, Promenaden und Uferzonen. Diese Stadträume übernehmen unterschiedliche Aufgaben, von denen die wichtigsten hier genannt werden sollen: *Stadtplätze* dienen der Begegnung, dem Aufenthalt und dem Handel. Sie werden für Märkte, Versammlungen und Feste benutzt. *Straßen und Wege* dienen in der Regel der Erschließung und dem Transport und werden daher überwiegend transitorisch genutzt. In den *Parks und Grünanlagen* der Städte treffen sich Erholungssuchende und Freizeitsportler.

So ist der öffentliche Raum herausgehobener Ort sozialer Interaktion, zugleich ein Ort des Augenblicks wie der Dauer und darüber hinaus in einem ständigen Wandel begriffen. Er übernimmt die Funktion einer Bühne und bietet Individuen und Gruppen die Möglichkeit zur Selbstdarstellung. Die Rolle, in der man sich im öffentlichen Raum bewegt, ist frei wählbar – man kann als Akteur auftreten oder als Beobachter, man kann Nähe und Distanz zu seinen Mitmenschen selbst bestimmen.

Nutzung und Gestalt öffentlicher Räume sind bis heute ein Spiegel der Stadtgesellschaft. Hier offenbaren sich gesellschaftliche Werte und Verhaltensmuster, Gemeinsamkeiten und Unterschiede, der Grad der Selbstbestimmung und Freiheit des Einzelnen, hier zeigt sich das Grundverständnis einer Gesellschaft vom Zusammenleben in der Stadt.

Eine multikulturelle Gesellschaft ist ganz besonders auf Begegnung und Austausch angewiesen. In den öffentlichen Räumen der Stadt finden neue Mitbürger die Gelegenheit, untereinander und mit ihrer neuen Umwelt in Kontakt zu treten – ein

1 Nyhavn, Kopenhagen

2 Marktgeschehen in Patzcuaro, Mexiko

3 Künstler reflektieren den öffentlichen Raum: Georges Segal, Personengruppe im öffentlichen Raum, Greenwich Village, New York

4 Künstler reflektieren den öffentlichen Raum: Alberto Giacometti, Plaza

5 Shopping-Center CentrO, Oberhausen

unersetzlicher Beitrag zur Integration und Emanzipation, und damit auch zur Erneuerung der Stadtgesellschaft.

Polaritäten im Stadtraum
Die europäische Stadt lebt im Spannungsverhältnis zwischen Öffentlichkeit und Privatheit (vgl. Beitrag Pesch, Kappler, S. 9). Bedeutung und Reichweite dieser beiden Sphären für die Stadtgesellschaft sind einem steten Wandel unterworfen – bis in die jüngste Zeit, wie der Rückblick auf sozialtheoretische Paradigmen im 20. Jahrhundert zeigt. So versteht die bis in die 1970er Jahre tonangebende emanzipatorische Moderne die Öffentlichkeit als solidarischen Entfaltungsraum des vergesellschafteten Menschen, während unter dem Vorzeichen des Neoliberalismus der Gedanke eines autonomen Individuums eine Renaissance erlebt – fokussiert auf dessen Selbsterschaffung im Privaten.[2]

In einer von elektronischen Medien dominierten Welt verändern sich durch Synchronizität (alles ist augenblicklich überall) und Telepräsenz (wir können überall zugegen sein) die Formen der Kommunikation. Kontakte, die früher *face to face* auf Straßen und Plätzen stattfanden, verlagern sich in den virtuellen Raum, in Chat-Rooms, Internet-Foren, auf virtuelle Marktplätze wie Ebay oder digitale Buchhandlungen. Mit dem Verlust seiner kommunikativen Funktion wird der öffentliche Raum – noch gefördert durch zunehmenden Medienkonsum und den Rückzug ins Private („Cocooning") – gleichsam schleichend entwertet. Vor allem die allgegenwärtigen Medien haben die Trennlinien zwischen Öffentlichkeit und Privatheit verschoben und den „Schonraum" des Privaten erobert: In Dschungel-Camps und Big-Brother-Containern wird die Widerstandsfähigkeit der Kandidaten in Extremsituationen getestet, in Kochsendungen werden die häuslichen Lebensgewohnheiten und Absonderlichkeiten der Mitwirkenden öffentlich.

Dem voyeuristischen Blick einer medialen Öffentlichkeit steht, gleichsam im Gegenzug, eine zunehmend exhibitionistische Tendenz des Privaten komplementär zur Seite: wenn etwa via Handy an öffentlichen Orten Beziehungsprobleme verhandelt oder Intimitäten ausgetauscht werden, wenn die Bereitschaft, persönliche Dinge in und vor aller Öffentlichkeit zu verhandeln, nicht mehr hinterfragt wird. So wie im Alltagsleben die Trennlinie zwischen Öffentlichem und Privatem verschwimmt, so ist auch im Stadtraum eine Neupositionierung dieser beiden Sphären der europäischen Stadt zu beobachten.

Privatisierungstendenzen
Seit den 1980er Jahren haben sich die Verfügungsrechte in den europäischen Städten mit zunehmender Dynamik verändert. Die großen Shopping- und Entertainment Center implementieren einen neuen Raumtyp in der Stadt: den aus dem Geflecht der öffentlichen Räume ausgegrenzten privaten Raum – mit öffentlicher Nutzung, aber privatem Hausrecht.

Die Innenwelten dieser Malls imitieren städtisches Ambiente und „verkaufen" sich über virtuelle Stadtbilder. In den amerikanischen Beispielen entwerfen Event-Manager Erlebniswelten, für die Ikonen europäischer Stadtkultur originalgetreu nachgebildet werden: die römische Via Veneto oder die Place des Victoires in Paris – wenn man so will, werden die klassischen Stadtbilder der europäischen Stadt zu Werbezwecken „zweckentfremdet".

Die Fokussierung des Handels auf nach innen orientierte Einkaufswelten ist eine Probe auf die Funktionsfähigkeit des öffentlichen Raums, denn weniger zentrale Lagen drohen ins Abseits zu geraten, zu veröden, gar zu verwahrlosen. Die funktionsreduzierten Stadträume verbleiben als öffentliche Räume „ohne" Öffentlichkeit und werden als Angsträume wahrgenommen. Auf das verbreitete Unsicherheitsgefühl reagieren die Kommunen mit Überwachung: Wenig frequentierte Stadträume werden mit Kameras überwacht oder von Sicherheitsdiensten kontrolliert.

Lust auf Stadt(raum)
Wenn man heute das Alltagsleben in den Städten beobachtet, stellt man eine geradezu befremdliche Dialektik der Raumnutzung fest: Im krassen Gegensatz zu den erodierenden und verödenden Stadträumen in schrumpfenden Städten und an den wenig frequentierten Rändern von Einkaufsbereichen steht das quirlige Leben auf innerstädtischen Plätzen und Fußgängerzonen der Mittel- und Oberzentren, wo sich die Besucher nicht nur an besonderen Tagen tummeln. Inzwischen nimmt der öffentliche Raum einen festen Platz in der Freizeitgestaltung der Stadtbewohner ein. Der Drang, mit dem es die Menschen in die Straßencafés oder zu kulturellen Ereignissen in die Stadt zieht, spricht für eine „neue Lust am Stadtraum"[3].

Längst hat das Stadtmarketing sich dieses Phänomens bemächtigt. Der öffentliche Raums wird ganzjährig als Erlebnis, als Event inszeniert – über Programme, die nichts dem Zufall überlassen, mit Märkten und Veranstaltungen, Kultur- und Sportereignissen. Die inszenierte Stadt wird zur Drehscheibe der Spaßgesellschaft. Regina Bittner schreibt: „Stadt und Event scheinen in der postindustriellen Gegenwart aufs Engste miteinander verknüpft zu sein. Das neue Interesse an der Stadt speist sich aus dem Erlebnishunger der heutigen Zeitgenossen, einem Erlebnishunger, den die Sehnsucht nach Ortschaft und Identität antreibt."[4]

6 „Uncommon places" im Ruhrgebiet: Der Künstler Boris Sieverts erkundet wahrhaftige Orte unserer Ballungsgebiete zwischen den zu Corporate Identities schrumpfenden Innenstädten und den etablierten Ausflugslandschaften.

Nicht-Orte
Die Magnetfelder des öffentlichen Lebens verlagern sich. Urbanes Leben etabliert sich zunehmend auch außerhalb der traditionellen Zentren – in Formen und Zuständen, die gegensätzlicher nicht sein könnten.

Großflächige kommerzielle Agglomerationen wie Urban Entertainment Center, Factory Outlet Center und Lifestyle Center siedeln sich in der Peripherie der Städte oder an Verkehrsknotenpunkten an und verdichten sich dort zu sogenannten Edge Cities. Als Beispiele können der Flughafen Frankfurt am Main, der sich zu einer Airport City gewandelt hat ebenso dienen wie die kitschigen Factory Outlet Center der englischen Firma McArthur Glenn in Barberino, Italien, oder Parndorf, Österreich. Der französische Anthropologe Marc Augé hat für diese künstlichen Welten den Begriff „Nicht-Ort" geprägt: „So wie ein Ort durch Identität, Relation und Geschichte gekennzeichnet ist, so definiert ein Raum, der keine Identität besitzt und sich weder als relational noch als historisch bezeichnen lässt, einen „Nicht-Ort". Unsere Hypothese lautet nun, dass die „Übermoderne" Nicht-Orte hervorbringt – also Räume, die selbst keine anthropologischen Räume mehr sind."[5]

7 Designer-Outlet-Center, Barberino

Uncommon Places
Im Kontrast zu dieser extremen Umformung des traditionellen Stadtraums entstehen – ebenfalls abseits der Zentren – flüchtige urbane Szenarien, temporäre Treffpunkte der Jugendszene. Urbanes Leben für einige Stunden in einem zum Kommunikationszentrum umgestalteten E-Werk, in einem alten Hotel am Hafen zwischen leerstehenden Lagerhäusern, in einer leeren Fabrikhalle. Diese Episoden öffentlichen Lebens kann man nicht festhalten, kann man nicht konservieren und schon gar nicht planen. Ehe man sich versieht, wandert die Szene weiter.

So spricht viel dafür, dass die Stadt von morgen, weit mehr als in allen Epochen zuvor, mit Räumen unterschiedlichster Qualität und Verfügung ausgestattet sein wird: Dazu gehören traditionelle innerstädtische Plätze genauso wie künstlich inszenierte Innenwelten an der Peripherie, postindustrielle Gärten auf ehemaligen Bahnanlagen und Industrieflächen und urbane Wildnis in den verbleibenden Zwischenräumen. Urbane Strukturen und periphere Räume markieren keine Gegensätze mehr, sondern bilden eine einheitliche Stadt-Landschaft und bedingen sich gegenseitig.

8 „Spree-Strand", Berlin

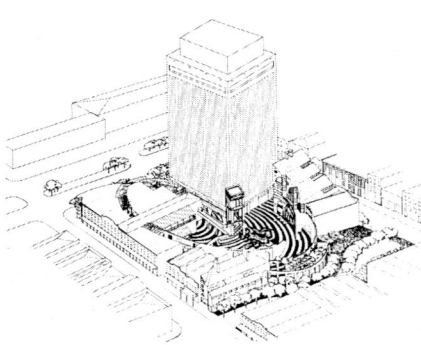

9, 10 Die klare räumliche Fassung der Piazza della Signoria in Florenz und die postmoderne Raumcollage der Piazza d'Italia in New Orleans repräsentieren gegensätzliche Haltungen bei der Gestaltung von Stadtplätzen: Im einen Fall wird der Platz als Gefäß für vielfältige Aktivitäten verstanden, im andern ist die Platzfläche als bespielbare Skulptur inszeniert.

2 Stadtplätze

Den Plätzen kommt unter den öffentlichen Räumen besondere Bedeutung zu. Sie können als Inbegriff des Städtischen verstanden werden. Plätze verkörpern den Anspruch vieler Generationen auf die Gestaltung des öffentlichen Lebens. Ihre heutige Gestalt ist nicht selten Resultat einer langen Optimierung, die – wie zum Beispiel bei der Piazza San Marco in Venedig oder bei der Piazza della Signoria in Florenz – mehrere Jahrhunderte in Anspruch nahm.

Im Lateinischen bedeutete placo (ursprünglich: platea) so viel wie ebene Fläche. Auch das italienische piazza oder das französische place meinen dasselbe. Wenn man den frühen Zustand der Plätze ansieht, die sehr lückenhaft mit Gebäuden umstellt waren, versteht man die Herkunft des Begriffs. Im heutigen Verständnis ist ein Platz ein „von Bebauung ausgesparter und öffentlich verfügbarer Raum"[6] – komplementär zum Individualraum in den Gebäuden. Als gute Stube der Stadt repräsentieren die Plätze die Stadtgesellschaft – das Bürgertum in der mittelalterlichen Stadt, die regierenden Fürsten im Absolutismus und die demokratische Zivilgesellschaft in der heutigen Zeit.

Wenn heute ein Platz geplant wird, so geschieht dies vor dem Hintergrund einer langen historischen Erfahrung – gekennzeichnet durch einen beständigen Wandel in Bedeutung, Funktion und Form. Die Geschichte stellt ein reiches Repertoire an Gestalt- und Raumbildern zur Verfügung. Sie lehrt uns aber auch, dass es ohne eine innere Beziehung zwischen Form und Inhalt in der Regel nicht gelingen kann, vitale Stadtplätze zu gestalten. Plätze ohne lebendige Nutzung und ohne Besucherfrequenz – und mögen sie noch so feinsinnig gestaltet sein – werden bestenfalls zu Kunsträumen in der Stadt, schlimmstenfalls aber zu blinden Flecken im Netz der öffentlichen Räume: nutzlos, leblos und angsteinflößend – ein bloßes Zerrbild der Urbanität.

Um lebendige Stadtplätze zu schaffen, müssen die aktuellen Nutzungsanforderungen, die sich aus der sozialen, politischen, kulturellen und ökonomischen Struktur einer Stadt ergeben, genau analysiert werden. Dazu gehört auch eine frühzeitige Beteiligung der zukünftigen Nutzer am Planungsprozess.

2.1 Platztypologie: Nutzung

Die Plätze in der Stadt dienen – ähnlich den Zimmern einer Wohnung – unterschiedlichen Aufgaben und Nutzungen. Dabei stellt sich immer auch die Frage, welchen Rang ein Platz im Netz der Stadträume einnimmt und wie er durch seine Nutzung determiniert ist. Mit der Nutzung verändert sich auch der Grad der Öffentlichkeit. Der ruhige Kirchhof spielt im städtischen Freiraumsystem eine nicht weniger wichtige Rolle als der vitale Markt. Die folgende Übersicht orientiert sich an der Aufstellung von Hans-Joachim Aminde.[7]

Zentraler Stadt-, Rathaus- oder Marktplatz
In der europäischen Stadt haben sich Markt und Stadt in enger Abhängigkeit entwickelt. Den schnell wachsenden mittelalterlichen Städten garantierte der Handel in ihren Mauern ein reiches Angebot an Waren und sichere Einnahmen. Die Kaufleute wiederum banden sich an einen festen Ort, weil ihnen der Mauerring der Städte permanenten Marktzugang und Sicherheit für ihre Güter verhieß. So ist der Marktplatz nachgerade der ursprünglichste aller Plätze in der Stadt. Umstellt mit Rathaus und repräsentativen Bürgerhäusern wurde er zur symbolischen Mitte der Stadt. Berühmte historische Marktplätze sind die *Piazza delle Erbe* in Verona, dem *Campo de' Fiori* in Rom, der Hildesheimer Markt oder der Bremer Markplatz. Mit wachsender Stadtgröße kam es zu einer räumlichen Arbeitsteilung mit der Anlage mehrerer Märkte mit jeweils spezifischen Angeboten.

Mit ihren großen, unverbauten Flächen eignen sich Marktplätze heute nicht nur für den Handel, sondern auch für andere, vielfältige Funktionen – politische Kundge-

11 Marktplatz, Stuttgart

bungen, Feste, Open-Air-Konzerte, Public Viewing… Eine multifunktionale Nutzung der den Markt begrenzenden Gebäude trägt zu einer lebendigen Stadtmitte bei. Es ist also ausdrücklich erwünscht, sie mit Läden und Gastronomie zu besetzen.

Bei der Gestaltung eines Marktplatzes ist zu beachten, dass die multifunktionale Nutzung nicht eingeschränkt wird. Einbauten sind folglich nur insoweit sinnvoll, als sie die Standflächen der Marktstände nicht tangieren. Da die Beläge heute maschinell gereinigt werden, ist eine robuste Oberfläche unverzichtbar.

Kulturplatz
Der Kulturplatz setzt die wichtigen kulturellen Spielstätten einer Stadt in Szene – Theater, Konzerthaus, Stadthalle oder Museen. Er kann als reiner Schmuckplatz gestaltet sein. Interessanter für das öffentliche Leben in einer Stadt ist es jedoch, wenn er für Außenveranstaltungen geeignet ist, für Stadtfeste, Musik- oder Theateraufführungen oder spontane Aktionen. Auch der Kulturplatz kann vom Rand her mit Geschäften und Gastronomie bespielt werden. Bekannte Beispiele für diese Kategorie sind der Platz vor dem *Centre Pompidou* in Paris oder die *Place des Terreaux* in Lyon. Dom- und Münsterplätze können eine vergleichbare öffentliche Funktion übernehmen, wie es etwa der Ulmer Münsterplatz zeigt. Doch gibt es auch Kirchplätze mit kontemplativem Charakter, wie etwa der Münsterplatz in Schwäbisch Gmünd.

Stadtteilplatz
In polyzentrisch organisierten Städten treffen wir auf ein verzweigtes Netz öffentlicher Räume, in dem neben den Plätzen im Zentrum auch Stadtteilplätze als dezentrale Stadträume zu finden sind. Als Kristallisationspunkte des Lebens im Stadtteil sind sie Orte der Identifikation für die Bevölkerung im Stadtteil. In Großstädten, die aus mehreren ehemals eigenständigen Städten zusammengewachsen sind, sind die Stadtteilplätze mit den klassischen Marktplätzen verwandt. In einer arbeitsteilig organisierten Stadt können ihnen weitere Funktionen zufallen. Neben kleineren Wochenmärkten und Stadtteilfesten sind sie Standort von Spielplätzen, Ballspielfeldern und Ruhezonen unter Baumdächern. Die Verkehrsfunktion der tangierenden Straßen tritt zurück, wenn sie als verkehrsberuhigter Bereich (gestaltet als Mischfläche) oder verkehrsberuhigter Geschäftsbereich in die Platzfläche einbezogen werden.

Quartiersplatz/ Nachbarschaftsplatz
Quartiersplätze sind wegen ihres Bezugs zu einer überschaubaren räumlichen Einheit und der Zugehörigkeit zu einer lokalen Gemeinschaft als sozialer Mittelpunkt sehr beliebt. Sie sind kleiner als Stadtteilplätze und in der Regel nur noch der Standort für einzelne öffentliche Nutzungen oder Geschäfte der Nahversorgung. Gelegentlich findet sich dort auch Kleingastronomie mit Außenbewirtung.

Quartiersplätze übernehmen eine wichtige Aufgabe bei der Schaffung und Erhaltung hoher Freiraumqualitäten in Wohn- und Mischgebieten. Ausgeführt werden Quartiersplätze in der Regel als baumbestandener Platz mit Spiel- und Aufenthaltsbereichen. Auch bei Quartiersplätzen werden die tangierenden Straßen in der Regel als Mischfläche gestaltet.

Verkehrs- und Bahnhofsplätze
Lange wurden Verkehrsplätze einseitig durch den Fahrverkehr dominiert. Im Rahmen einer neuen Mobilitätskultur, die auf Umweltverträglichkeit des Stadtverkehrs setzt, entstehen heute Konzepte zur Aufwertung dieser lange Zeit vernachlässigten Stadträume. Verengte Fahrstreifen, verbreiterte Gehwege, Bepflanzung und Sitzmöglichkeiten können die Aufenthaltsqualität und Sicherheit auf Verkehrsplätzen merklich erhöhen. Bei Umwandlung von signalisierten Kreuzungen zu Kreisverkehrsplätzen entfallen Fahrbahnmarkierungen und Abbiegespuren. Bedingt durch die reduzierte Geschwindigkeit und den kontinuierlichen Verkehrsfluss können Konflikte beim

12 Schlossplatz, Stuttgart

13 Marienplatz, Stuttgart

14 Französisches Viertel, Tübingen

15 Plaça dels Països Catalans, Barcelona

Überqueren der Fahrverkehrsflächen reduziert werden. Ein weiterer Vorteil ist, dass die teuren und das Stadtbild störenden Lichtsignalanlagen entfallen. In jüngster Zeit ist der Trend festzustellen, Kreisverkehrsplätze als Allheilmittel für die Lösung von innerstädtischen Verkehrsproblemen zu verwenden. In dicht bebauten Stadtkernen und bei architektonisch sensibler Umgebung ist die Integrationsfähigkeit und gestalterische Verträglichkeit der kreisförmigen Verkehrsflächen nicht immer gegeben und deshalb sorgfältig zu prüfen.

Bahnhofsplätze erfüllen in den meisten Städten die Funktion eines Stadteingangs mit direkter Verbindung zum städtischen Hauptwegenetz. Als Funktionsräume sind sie jedoch geprägt durch den Wechsel des Verkehrsmittels. Zusätzlich sind sogenannte Kiss&Ride-Parkplätze zu integrieren. Zugunsten eines attraktiven Stadtraums ist eine sorgfältige Integration der Verkehre und Haltestellen notwendig. Gestalterisch wichtige Elemente sind Schutzdächer und Stadtinformationen, Baumdächer oder Einzelbäume können hinzutreten. Wichtige aktuelle Beispiele sind der Bahnhofsplatz Bern mit dem gläsernen „Baldachin", der Bahnhofsplatz in Hannover mit seinem „Sternenhimmel" und die *Plaça dels Països Catalans*, Barcelona in Barcelona.

2.2 Platztypologie: Form und Geschlossenheit

In der Morphologie der Stadt spielt die Raumwirkung der Plätze eine entscheidende Rolle innerhalb des Gesamtsystems der öffentlichen Räume. Im Folgenden werden die Plätze nach ihrer Grundrissfigur unterschieden. Die Übersicht beruht auf der Gestalttypologie von Platzformen, die Hans-Joachim Aminde entwickelt hat.[8]

Geschlossener Platz
Die Gebäude verbinden sich zu weitgehend geschlossenen Platzwänden. Auf der Platzfläche gewinnt man den Eindruck, sich in einem Innenraum zu befinden. Die angestrebte Geschlossenheit ist nur zu erreichen, wenn die einführenden Straßen auf Öffnungen in der Platzwand zurückgenommen werden – etwa durch schmale Gassen oder mit Bögen und Gebäudebrücken über der Straßeneinführung. Berühmte historische Beispiele sind die *Plaza Mayor* in Madrid oder die *Piazza Navona* in Rom.

Halboffener Platz
Der halboffene Platz entwickelt sich als taschenartige Ausweitung einer tangierenden Straße: die geschlossenen Seiten verbinden Straße und Platz zu eine räumlichen Einheit. Seine vierte Wand bleibt offen oder erhält eine Membran durch Bäume, Säulen oder eine Loggia (offene Halle). Als historische Bespiele können die *Piazzetta* in Venedig und Plätze am Cassero, dem Corso Vittorio Emanuele in Palermo, genannt werden.

Offener Platz
Der offene Platz verfügt nicht über eine den Raum begrenzende Randbebauung. Vielmehr soll die Raumwirkung durch die Gestaltung der Platzfläche selbst erzeugt werden; etwa durch Grünelemente wie Baumreihen oder -gruppen, Hecken, Rankgerüste oder durch eingestellte Objekte wie Gebäude, Säulenreihen, Pergolen oder Wasserspiele. Als Beispiele sind hier zu nennen die *Piazza d'Italia* in New Orleans von Charles Moore und der *Schouwbourgplein* in Rotterdam vom Amsterdamer Büro West 8. Ein interessantes Beispiel ist ferner der *Pershing Square* in Los Angeles, der von einem baulich gefassten Schmuckplatz in einen offenen Platz mit skulpturalen Betonobjekten verwandelt wurde.

Zugeordneter Platz (beherrschter Platz)
Plätze, die sich auf ein besonderes, in der Regel öffentliches Gebäude beziehen, kommen in den Städten häufig vor – der Rathausplatz, der Domplatz, der Opern- und

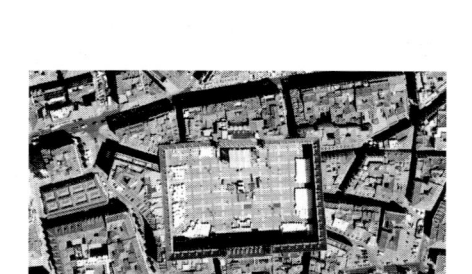

16 Plaza Mayor, Madrid

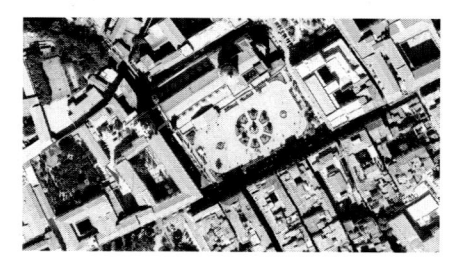

17 Platz am Cassero, Palermo

18 Piazza d'Italia, New Orleans

19 Münsterplatz, Ulm

Theaterplatz stehen für die Orientierung eines Platzes auf eine dominante Architektur. Beispiele sind die *Place des Héros* in Arras, Nordfrankreich, oder der *Münsterplatz* in Ulm, der mit dem Stadthaus von Richard Meier nach langer Zeit eine geniale städtebauliche Ergänzung erfahren hat.

Bebauter Platz
Der bebaute Platz wird auch als Kernplatz bezeichnet. Er bezieht seine räumliche Wirkung aus der besonderen Situation eines Umgebungsraums für einen Architekturkörper, der die Mitte besetzt. Ein Beispiel ist der *Opernplatz* in Hannover, der vom Hofbaumeister Laves in die klassizistische Stadterweiterung integriert wurde. Als eine Sonderform sind die französischen Markplätze zu bezeichnen, die seit dem Mittelalter mit Markthallen bebaut sind, die nur eine schmale Fuge zu den Bürgerhäusern am Platzrand offen lassen.

20 Opernplatz, Hannover

Zentrierter Platz
Der zentrierte Platz oder der Sternplatz ist der charakteristische Platz in den Stadterweiterungen des 19. Jahrhunderts. Der Sternplatz ist die ideale Platzfigur, um Verkehrsströme aus unterschiedlichen Richtungen zu verteilen und die Sichtachsen zu bündeln. Eine besondere Qualität erreichen die zentrierten Plätze, wenn sie Alleen und Boulevards verbinden. Das herausragende Beispiel ist ohne Frage die *Place Charles-de-Gaulle (Place de l'étoile)*, mit dem *Arc de Triomphe* im Zentrum.

21 Place Charles-de-Gaulle, Paris

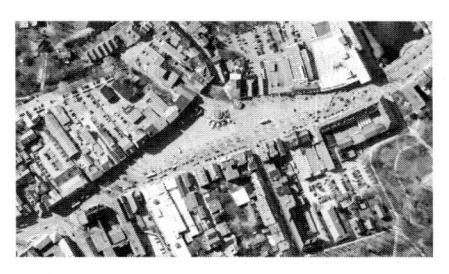

Gestreckter Platz
Als gestreckter Platz wird ein Platz bezeichnet, der durch die Erweiterung einer Straße entsteht. Charakteristisch für diese Platzkonfiguration sind die mittelalterlichen Straßenmärkte. Hervorragende Beispiele sind die historischen Marktstraßen in Bern und Rottweil oder der Großflecken in Neumünster. Landshut verfügt mit „Altstadt" und „Neustadt" sogar über zwei gestreckte Stadträume, in denen sich die Erschließungs- mit der Marktfunktion verbindet.

22 Großflecken, Neumünster

Platzgruppe
Die Gruppierung von Plätzen diente dazu, die Bedeutung eines Zentrums zu steigern. Verbundene Plätze ermöglichen arbeitsteilige Räume in der Stadt, Zentralmarkt und Kräutermarkt, Rathausplatz und Theaterplatz… Bekanntestes Beispiel ist fraglos die *Piazza San Marco* und die *Piazetta* in Venedig. Im nordeuropäischen Raum wäre außerdem der Braunschweiger Altstadtmarkt mit dem Platz an der St. Martini-Kirche zu nennen.

23 Piazza San Marco und Piazetta, Venedig

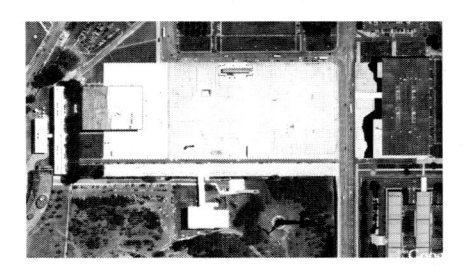

Skulpturaler Platz
Ein skulpturaler Platz entsteht aus frei zueinander gestellten Baukörpern in geometrischer Ordnung. Die offene Zuordnung ermöglicht fließende Zwischenräume gemäß den Entwurfsprinzipien der Moderne. Die zu nennenden Beispiele stammen demzufolge aus dieser Epoche – Lúcio Costas *Platz der drei Gewalten* in Brasília und Luis Barragáns Platz in der UNAM in *Coyoacán*, Mexico City.

24 Platz der drei Gewalten, Brasília

Fragmentarischer Platz
Hans Aminde führt als letzte Kategorie den fragmentarischen Platz an, der durch eine offene Gruppierung von Bebauung, Rauminstallationen und/ oder Versatzstücken beziehungsweise Einzelarchitekturen entstehen kann. Die räumliche Komposition wird dabei nicht von einer geometrischen Ordnung getragen. Da hier auch temporäre Installationen eine Rolle spielen können, ist man geneigt, an die Inszenierungen von Weltausstellungen oder Gartenschauen zu denken. Insgesamt handelt es sich wohl um einen Grenzfall im Spektrum der urbanen Räume, bei dem offen ist, ob das entstehende Gebilde überhaupt als räumliche Einheit wahrgenommen wird.

25 Forum, Barcelona

26 Rathausplatz, St. Pölten, Österreich

27 Place d'Armes, Namur, Belgien

28 Schouwburgplein, Rotterdam

2.3 Platzgestaltung – aktuelle Beispiele

Am Beispiel zeitgenössischer Projekte soll im Folgenden verdeutlicht werden, wie unterschiedlich Plätze heute gestaltet werden. Die Beispiele verstehen sich weniger als Entwurfsanleitung denn als Anregung, sich mit den Entwürfen kritisch auseinanderzusetzen.

Rathausplatz, St. Pölten, Österreich
Strukturwandel und Suburbanisierung hatten der niederösterreichischen Landeshauptstadt jahrelang zugesetzt. Damit verbunden war auch eine Abwertung des historischen Bestands im Kerngebiet und ein Verlust der öffentlichen Platzflächen der Stadt, die überwiegend als Parkplatz benutzt wurden. St. Pölten war also die „gute Stube", ein Ort gemeinsamer Identifikation, abhanden gekommen.

Der von Boris Podrecca gestaltete Platz ist heute „dreischiffig" aufgebaut: Die Mitte ist freigehalten und seitlich gibt es zwei Funktionsbereiche. Die gegebene Gliederung aus barocker Pestsäule und den gegenüberliegenden Hauptgebäuden Rathaus und Franziskanerkirche wird aufgegriffen. Die Funktionsbereiche nehmen die Stadtmöbel, die Brunnenanlage, die Tiefgaragenabfahrten sowie die Beleuchtungsmasten auf. Der Platz wurde in einen öffentlich genutzten Veranstaltungsraum zurückverwandelt. Der steinerne Teppich verbindet die traditionellen Zentren des bürgerlichen und religiösen Lebens. Während der Nacht werden die barocken Gebäudefassaden illuminiert.

Place d'Armes, Namur, Belgien
Die *Place d' Armes* in Namur liegt im Zentrum der wallonischen Stadt, in der Nähe der beiden wichtigsten Bahnhöfe. Vor seiner Zerstörung im Ersten Weltkrieg war das Rathaus der Stadt ein Bestandteil des Platzes. Die entstandene Freifläche war also einerseits eine Wunde in der alten Stadtstruktur, andererseits entdeckte man damals auch den schönen Ausblick auf die alten Festungsanlagen der Stadt. Der Platz selbst verkam aber nach dem Zweiten Weltkrieg zum Parkplatz für ein nahe gelegenes Kaufhaus.

Heute bildet das von atelier 4d Architekten entworfene Holzdeck einen großzügigen Freiraum und eine Aussichtsplattform auf die Festung. Unter dem neu gestalteten Platz liegt eine große Tiefgarage, die den ruhenden Verkehr aufnimmt, der zuvor die gesamte Platzfläche beansprucht hatte.

Schouwburgplein, Rotterdam
Auch die Gestaltung des *Schouwburgplein* in Rotterdam geht auf Probleme mit dem ruhenden Verkehr zurück. Die in die Jahre gekommene Tiefgarage unter dem Platz war einsturzgefährdet. Mit dem Neubau entstand auf dem Platz darüber eine neue Bühne für die Stadt.

Vom Platz aus ist der Großteil der Rotterdamer Skyline sichtbar. Die Planer des Büros West 8 verstehen die Skyline als Kulisse und den Platz somit auch als Aussichtsplattform. Die Platzfläche liegt 35 Zentimeter über dem Straßenniveau. So kann niemand über diese Bühne schreiten, „ohne dabei im Rampenlicht zu stehen", meinen die Architekten. Eine 70 Meter lange Bank lädt die Passanten ein, einige Minuten die Rolle des Zuschauers einzunehmen. Die ungewöhnlichen Oberflächenmaterialien – von Holz über Granit zu Gummi – erlauben vielfältige Aktivitäten. Als Beleuchtung dienen monumentale Scheinwerfer, deren kranförmige Gestalt auf den Rotterdamer Hafen anspielt. Sie können von den Besuchern selbst bewegt werden.

Metropol Parasol, Sevilla
Die *Plaza de la Encarnación* inmitten der südspanischen Stadt Sevilla ist umgeben von historischen Stadtvierteln. In dem von Jürgen Mayer H. gewonnenen Wettbewerb werden die Anforderungen an den Stadtraum geschickt in ein schlüssiges

Raumkonzept übertragen: Die Funktion als Stadtplatz für die angrenzenden auch von Touristen aufgesuchten Quartiere, die Beziehung zu den vorhandenen Museen und zu den archäologischen Funden im Untergrund. Die neu gestaltete Oberfläche soll ihre Funktion als Marktplatz behalten. Die Umgestaltung wurde außerdem genutzt, um die Haltestellen des öffentlichen Nahverkehrs neu zu ordnen. Als verbindendes Element für die einzelnen Nutzungen dient ein durch den rechteckigen Raum amöboid kurvendes Dach – ein dramatisch inszenierter, begehbarer Sonnenschirm.

Magellan-Terrassen, HafenCity, Hamburg
Die von der spanischen Architektin Benedetta Tagliabue (EMBT Arquitectes) entworfenen Magellan-Terrassen zeichnen sich als öffentlicher Raum am Wasser durch eine mediterrane Rauminszenierung mit expressiver Materialverwendung aus. Neben der Funktion als Treffpunkt für Bewohner und Besucher inmitten des neuen Wohn- und Geschäftsquartiers inszenieren die Terrassen durch den Verzicht auf eine klare Kaikante den Übergang vom Wasser zum Land. Zusammen mit den ebenfalls neu angelegten Marco-Polo-Terrassen prägen sie den öffentlichen Raum der westlichen HafenCity. Das größtenteils eigens für die Uferpromenade entworfene Stadtmobiliar betont die herausgehobene Bedeutung des Freiraums in dem neu entstehenden Stadtquartier. Dort, wo die Gebäude zurücktreten, entfaltet die räumliche Inszenierung ihren Reiz, in den angrenzenden Straßenräumen wirken die Rohrkonstruktionen eher störend.

2.4 Platzgestaltung

Aus der Abfolge der Stadträume ergibt sich ein Spiel von Enge und Weite, von Torsituationen, offenen und geschlossenen Räumen sowie von Bereichen unterschiedlicher Öffentlichkeitsgrade. Da sie in vielfältigen funktionalen und räumlichen Bezügen zu ihrer Umgebung stehen, kann es für ihre Entwicklung und Gestaltung kein Patentrezept geben. Vielmehr müssen sie stets in Bezug zum Kontext entwickelt werden. Dennoch lassen sich einige allgemeingültige Aspekte formulieren, die bei Planung und Realisierung von Plätzen berücksichtigt werden sollten.

Zunächst sollte man sich darüber klar werden, in welcher Zahl und Größe Platzräume in ein neues Quartier zu integrieren sind. Vorab zu klären sind also die Notwendigkeit und die Funktion eines Platzes. Angesichts konkurrierender Angebote ist ein inflationäres Angebot an Platzräumen wenig hilfreich.

Jeder neue Stadtraum sollte eine möglichst ungestörte Verbindung zu weiteren öffentlichen Räumen aufweisen und sich mit diesen zu einem durchlässigen System verbinden. Je größer die Bedeutung eines Platzes, desto deutlicher muss er im Schnittpunkt wichtiger Wege liegen.

Ein Platz wird vor allem dann belebt sein, wenn er von seinen Rändern her bespielt wird – und über eine „belebte Schicht" aus Geschäften, Dienstleistungen, Gastronomie und öffentlichen Nutzungen verfügt.

Ein lückenloser Besatz mit Nutzungen, die den öffentlichen Raum vom Rand her beleben, kann heute allenfalls in Stadt- und Stadtteilzentren garantiert werden. Außerhalb dieser stark frequentierten Räume ist es schwierig, solche Randnutzungen zu etablieren. Insofern sollte deren wirtschaftliche Tragfähigkeit schon in der Planungsphase sorgfältig geprüft werden. Quartiersplätze müssen in der Regel ohne eine größere Funktionsdichte auskommen. Wenn die Wohnfunktion den Platzrand bestimmt, müssen die Erdgeschosswohnungen gegen Einsicht geschützt werden. In Verbindung mit natürlich belüfteten, überdeckten Stellflächen bietet sich als gute Lösung „Wohnen im Hochparterre" an.

Ein Platz wird in der Regel nur als solcher begriffen und genutzt, wenn er einen geschlossenen Raum darstellt; die Platzwände sollten also gegenüber den Öffnungen dominieren. An dem von Camillo Sitte formulierten Axiom, dass der Platz ein offener Raum mit freigehaltener Mitte sein sollte, hat sich bis heute nichts geändert.

29 Metropol Parasol, Sevilla

30 Magellan-Terrassen, Hafen-City, Hamburg

Übermöblierungen tragen – im Gegensatz zur landläufigen Meinung – nicht zu einer Aufwertung bei. Das schließt jedoch nicht aus, sich Gedanken über eine mögliche Zonierung des Raums zu machen – über ein etwas angehobenes Holzdeck, sich kräuselnde Wasserflächen oder ein Schatten spendendes Baumdach. In Stadterneuerungsgebieten oder bei der Konversion von Gewerbe- oder Militärflächen bietet es sich an, historische Schichten in die Gestaltung einzubeziehen; etwa, indem man frühere Baufluchten oder historische Wege nachzeichnet.

Brunnen, Skulpturen, Bänke, Treppen und Terrassen zählen zu den klassischen Elementen der Platzgestaltung, die jedoch sparsam verwendet und präzise platziert werden sollten. Wie weit die Plätze in den Abendstunden durch Licht in Szene gesetzt werden können, ist von Fall zu Fall abzuwägen. Auch hier gilt, dass weniger mehr sein dürfte; denn Licht gibt es in europäischen Städten mehr als genug.

Trotz eines eventuell gegebenen Nutzungsszenarios sollte ein Platz aber immer auch ein Möglichkeitsraum für das Unerwartete bleiben.

3 Straßenräume

Nach Spiro Kostof ist die Straße eine Erfindung, die als lineares Strukturelement in der Stadt der Erschließung Vorrang vor den Ansprüchen des Einzelnen einräumt.[9] Sie ist nach Joseph Rykwert die Institutionalisierung menschlicher Bewegung.[10] Als Transportweg in die Stadt ist die Straße funktionale Lebensader der Gesellschaft.

So ist die Straße beides: ein vernetzter Stadtraum und ein Infrastrukturband. Straßenräume sind multifunktional: Auf engem Raum kanalisieren sie den Transport von Menschen und Gütern, erschließen Gebäude und Grundstücke, fungieren als Aufenthalts- und Veranstaltungsraum. Auf ihnen entsteht Öffentlichkeit als flüchtige Begegnung, nur gelegentlich als bewusste Inszenierung – etwa bei einer Prozession, einer Parade, einem Stadtfest oder bei Demonstrationen.

Mit ihrer architektonischen Dimension, ihrer Randbebauung und Begrünung, ihrer Querschnittsaufteilung und ihren Bodenbelägen sind die Straßenräume wichtig für die Stadtgestalt und die Adresse der sie säumenden Nutzungen. Aus dem Zusammenspiel der räumlichen und funktionalen Elemente entsteht eine besondere Atmosphäre – die Visitenkarte des Stadtquartiers.

31 Hochstraße, Shanghai

3.1 Typologie der Straßenräume

Im Laufe der Geschichte hat sich in den Städten eine große Vielfalt an Straßenräumen herausgebildet, die sich in folgender Typologie vereinfachend abbilden lassen.

Gasse
Die schmalsten Straßenräume, die in fein verzweigten Netzen Stadtquartiere erschließen, bezeichnet man als Gassen. Sie haben in der Regel nur eine eingeschränkte Erschließungsfunktion, da ihr schmaler Querschnitt nur bedingt für Fahrzeugverkehr geeignet ist. Gassensysteme finden sich in Europa vor allem in mittelalterlichen Städten. Beim Entwurf neuer Stadtquartiere spielen sie eine untergeordnete Rolle, da die Enge der historischen Stadt nicht mit den heutigen Anforderungen an Belichtung und Besonnung zu vereinbaren ist. Mit besonderer Begründung kann eine Gasse im Bebauungsplan festgesetzt werden.

Arkadenstraße
Von Arkaden gesäumte Straßen finden sich bereits in antiken Städten. Bedeutung erlangten sie jedoch vor allem im Mittelalter und in der Renaissance. Die Arkaden bieten den flanierenden Kunden einen geschützten Raum und schützen die ausge-

32 Gasse in Monschau

stellten Waren vor Sonne und Regen. Arkadenstraßen finden sich deshalb vor allem in innerstädtischen Einkaufsbereichen. Vom Handel wird dieser Straßentyp heute nicht mehr geschätzt, da die hinter Stützen liegenden Geschäfte aus größerer Entfernung kaum zu sehen sind.

Allee/ Boulevard
Beginnend mit den barocken Stadterweiterungen entstanden in den Städten repräsentative Straßenräume, die mit mehreren Baumreihen bepflanzt wurden. Der Erfolg der Boulevards entstand aus der Verschmelzung von städtischer Lebensform und der Modernität des Industriezeitalters. Das Bürgertum – bildhaft eingefangen im Typus des großstädtischen Flaneurs – fand hier das Äquivalent zum feudalen Hof.

Je nach Funktion und Gestaltprinzip sind zu unterscheiden: Alleen mit Bäumen im Seitenraum oder Alleen mit Bäumen auf einem Mittelstreifen. Besonders repräsentative Straßenräume – wie die *Avenue des Champs Elysées* – verfügen über vier und mehr Baumreihen.

Promenade
Als Promenade bezeichnet man einen Straßenraum, der sich zur (Stadt-)Landschaft öffnet – namentlich zu einem grandiosen Gebirgspanorama, einem Fluss, See oder Meer – und sich damit besonders zum Spazierengehen eignet. Berühmte Promenaden gibt vor allem in Verbindung mit Kulturbauten, Kuranlagen und Stränden. Viele Städte haben nach dem Schleifen der Befestigungsanlagen auf den Flächen der Wall- und Grabenzone Promenaden angelegt. So ist die Wiener Ringstraße Boulevard und Promenade zugleich. Berühmtheit erlangte die Promenade in Münster, wo durch die ringförmige Grünanlage ein weitgehend kreuzungsfreier Radweg geführt wird. In jüngster Zeit sind – vor allem in Verbindung mit der Urbanisierung von Flussufern, Binnen- und Seehäfen – viele neue Promenaden am Wasser entstanden. So zum Beispiel die *Rheinpromenade* in Düsseldorf oder *Am Sandtorkai* in der Hamburger HafenCity.

Passage
Aus temporären Inszenierungen bei Krönungsfeiern hat sich die Passage als permanent überdachter Straßenraum entwickelt, der im Paris des 18. und 19. Jahrhundert zu einem System zusammengewachsen ist. Ein historischer Stadtführer beschreibt sie so: „Diese Passagen, eine neuere Erfindung des industriellen Luxus, sind glasgedeckte, marmorgetäfelte Gänge durch ganze Häusermassen, deren Besitzer sich zu solchen Spekulationen vereinigt haben. Zu beiden Seiten dieser Gänge, die ihr Licht von oben erhalten, laufen die elegantesten Warenläden hin, so das eine solche Passage eine Stadt, ja eine Welt im kleinen ist." Moderne innerstädtische Einkaufszentren greifen dieses Prinzip nicht mit der notwendigen Konsequenz auf. Vor allem die introvertierten Shopping Malls generieren städtebauliche Probleme, wenn sie sich vollständig auf die innenliegende Einkaufsstraße konzentrieren und dem öffentlichen Raum nur geschlossene Außenflächen oder Andienungsrampen zuwenden.

3.2 Beispiele bedeutender Straßenräume

Auf dem Weg von der Stadtstraße zum großstädtischen Boulevard sind großartige Stadträume entstanden. Klaus Hartung (1997) spricht im Zusammenhang mit Boulevards von der „Utopie des Städtischen". In der Geschichte der europäischen Stadt hat sich eine differenzierte Straßentypologie herausgebildet – mit unterschiedlichen Funktionen und räumlichen Qualitäten.

33 Arkaden in der Spitalgasse, Bern

34 Allee: Avenida de la Independencia, Zaragossa

35 Rheinpromenade, Düsseldorf

36 Galeria Vittorio Emmanuelle, Mailand

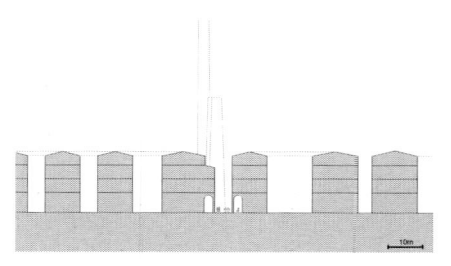

37 Via Zamboni, Bologna

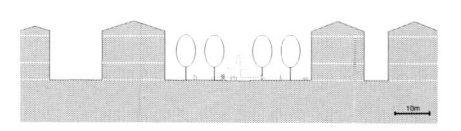

38 Cours Mirabeau, Aix-en-Provence

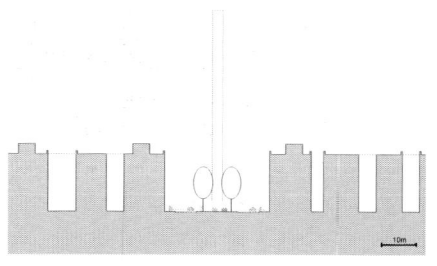

39 Ramblas, Barcelona

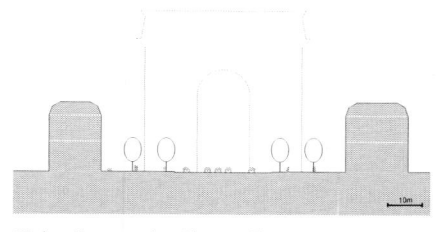

40 Les Avenues des Champs-Elysées

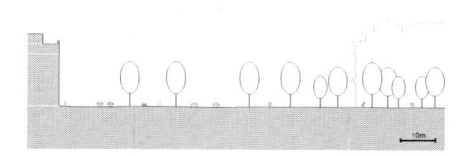

41 Paseo del Prado, Madrid

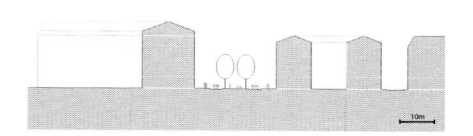

42 Sophienstraße, Baden-Baden

Via San Vitale, Via Zamboni, Bologna
Die im Mittelalter entstandenen Straßenräume der *Via San Vitale* und der *Via Zamboni* münden in die *Piazza di Porta Ravegnana*. Die Gebäude stehen sich in einem Abstand von vier bis fünf Metern gegenüber. Die beidseitig angeordneten, etwa 2,50 Meter breiten Arkaden sind mithin zwingende Voraussetzung für ein konfliktfreies Nebeneinander der städtischen Funktionen. Der Raumeindruck wird im Bereich des Stadttors gesteigert, indem sich der Straßenraum hier als Innenraum darstellt.

Cours Mirabeau, Aix-en-Provence
Die *Cours Mirabeau* in *Aix-en-Provence* wurde im 17. Jahrhundert als Flanierboulevard für Karossen angelegt. Mit einer Breite von 42 Metern wirkt er vor dem labyrinthischen Gefüge der mittelalterlichen Altstadt als weiträumige Verbindungsachse. Als repräsentativer Boulevard wird die *Cours Mirabeau* von Platanen, Brunnen, Cafés und eleganten Stadtpalais gesäumt.

Las Ramblas, Barcelona
Die zirka 1,2 Kilometer lange Straße liegt über einem ehemaligen Flussbett. Daher der Name: *rambla* heißt arabisch „sandiger Boden". Bis ins 14. Jahrhundert lag hier die westliche Stadtgrenze. Gegen Ende des 18. Jahrhunderts wurde nach dem Schleifen der Stadtmauer eine Art Promenade angelegt. Zwischen der Plaza de Catalunya und dem Hafen verlaufen die Ramblas in Barcelona als 30 Meter breiter, innerstädtischer Boulevard, den die Qualität einer Promenade zum Hafen auszeichnet. Die beiden Fahrstreifen liegen in Gebäudenähe und geben dort jeweils nur schmale Gehwege frei. Der Straßenraum ist auf den zehn bis zwölf Meter breiten Mittelstreifen konzentriert, der von der Bevölkerung und von Touristen als Flaniermeile frequentiert wird. In Kiosken bieten Händler Zeitungen, Rauchwaren und Mitbringsel an. Die Sitzbereiche werden von den Bistros am Straßenrand zur Außenbewirtung genutzt.

Avenue des Champs-Elysées, Paris
André Le Nôtre gestaltete im Jahr 1667 eine Promenade in Verlängerung der Zentralallee der Tuilerien, eine Promenade, aus der die Champs-Elysées hervorging. Erst 1828 ging die Avenue in den Besitz der Stadt Paris über und es wurden Fußwege, Brunnen und eine gasbetriebene Straßenbeleuchtung installiert. Die Avenue des Champs-Elysées in Paris gilt als eine der großen Prachtstraßen der Welt. Ausgehend von der im 17. Jahrhundert angelegten mit Baumreihen bepflanzten Promenade entstand über mehrere Umgestaltungen – die letzte 1994 durch Bernard Huet – die Avenue in ihrer heutigen Form als zentraler Stadtboulevard mit 70 Metern Breite und großzügigen Fußwegen.

Paseo del Prado, Madrid
Der Paseo del Prado ist einer der wichtigsten Straßenräume Madrids, der sich im Stadtgrundriss deutlich abzeichnet. Gesäumt wird er von mehreren hochrangigen Museen. Vor diesem Hintergrund entsteht seit 2002 nach Plänen Álvaro Sizas über eine schrittweise Neuregulierung der Verkehrsführung mit sehr reduzierten gestalterischen Mitteln ein parkähnlicher Boulevard mit hoher Aufenthaltsqualität.

Sophienstraße, Baden-Baden
Die Sophienstraße in Baden-Baden verbindet das Kur- mit dem Bäderviertel. Sie entstand in den zwanziger Jahren des 19. Jahrhunderts. Die repräsentative Straße folgt dem Verlauf des ehemaligen Stadtgrabens und wurde anfangs – gemäß ihrer Entstehungsgeschichte – Graben-Promenade genannt. Prägend für die Allee ist der mit Kastanien bepflanzte Streifen zwischen den beiden Richtungsfahrbahnen. Gesäumt von Hotels und klassizistischen Wohn- und Geschäftshäusern hat sich die Sophienstraße den Ruf einer luxuriösen Flaniermeile in der Stadtmitte erworben.

3.3 Gestaltung der Straßenräume

Wenn man die heutigen Entwürfe betrachtet, fällt ein eigenartiger Widerspruch auf: Obwohl die Gebäude in der Regel zur Straße ausgerichtet sind, wird die Straße oft aus dem Entwurfsprozess ausgeblendet. So, als wäre die Grundstücksgrenze zugleich eine Denkgrenze und der Raum zwischen den Gebäuden auf seine verkehrs- und tiefbautechnische Dimension zu reduzieren. Dabei hat der Straßenentwurf in Europa eine lange und große Tradition – eindrucksvoll dokumentiert in Joseph Stübbens Werk „Der Städtebau" aus dem Jahr 1890 oder in Allan B. Jacobs' Zeichnungen in seinem Buch „Great Streets" aus dem Jahr 1993, in denen die Querschnitte und Elemente des Straßenraums systematisch aufgearbeitet werden. Diese Dokumentationen belegen das große Gestaltrepertoire – anhand herausragender Beispiele in Bologna oder Bern, den Uferpromenaden in Cannes, Nizza oder Düsseldorf oder den Avenuen und Boulevards in Paris. Sie zeigen, dass repräsentativ gestaltete Straßenräume den Plätzen in ihrer Funktion und Bedeutung durchaus ebenbürtig sein können.

Um die Straße als Stadtraum zu erleben, muss ein ausgewogenes Verhältnis von Straßenbreite und Gebäudehöhe erreicht werden. Dieses Verhältnis, bei dem auch das Volumen der Baumkronen zu berücksichtigen ist, wird am besten empirisch ermittelt: im Vergleich mit bestehenden Straßenräumen, über Modelle und Schnitte oder über Simulationsverfahren.

Ein städtischer Straßenraum sollte nicht ins Uferlose führen. Insofern sollte im Entwurf ein (baulich) definiertes Ende gesucht werden. Das kann auf verschiedene Weise erreicht werden: durch die Topographie, durch landschaftliche Elemente wie etwa Hügel oder markante Bäume, den Blick auf Monumente oder hervorgehobene Gebäude oder einfach durch die Randbebauung einer querenden Straße.

Ein besonders subtiles Prinzip zur Steigerung der Raumwirkung ist die Krümmung des Straßenraums, die – in Verbindung mit der Bewegung – einen stets definierten und zugleich ständig sich wandelnden Raumeindruck schafft. Anfang des 20. Jahrhunderts wurde eine erbitterte Kontroverse über die ästhetische Qualität von gekrümmten und geraden Straßen geführt. Die damalige Polemik gegen die gekrümmte Straße wird durch viele attraktive Straßenräume widerlegt. Neben den Klassikern wie der *Regent Street* in London ist als aktuelles Beispiel das Quartier *Sluseholmen* in Kopenhagen zu nennen, wo dem holländischen Stadtplaner Sjoerd Soeters mit der Krümmung der Gradiente ein starker Raumeindruck gelungen ist.

Die Materialien und Gestaltungselemente der Straßen und Boulevards fallen regional sehr unterschiedlich aus und werden damit zum Träger von Identität und Atmosphäre. Dazu gehören Entwässerungsrinnen, großformatige Gehwegplatten, Prellsteine an Gebäudeecken, Freitreppen im Straßenraum, Natursteinmauern, schmiedeeiserne Einfriedungen und gestaltete Hausvorplätze.

Die Begrünung trägt ebenfalls zur Prägung des Straßenraums bei. Dörfliche Strukturen sind von städtebaulich wirksamen Einzelbäumen im Kernbereich und Windschutzpflanzungen am Dorfrand geprägt. In städtischer Umgebung werden die wichtigen Straßenachsen mit Baumreihen bepflanzt, zwischen denen die notwendigen Stellplätze angeordnet werden können. Villenviertel haben mit ihren kunstvoll eingefriedeten Vorgärten besonders vielfältige Grünelemente aufzuweisen. In den Gartenstadtsiedlungen der Jahrhundertwende und den Wohngebieten der 1920er und 30er Jahre werden Enge und Weite des Straßenraumes bewusst durch Stadtgrün akzentuiert. In den Siedlungen der Moderne gehen die Straßenräume in fließenden Grünräumen auf.

43 Via Dante, Mailand

44 Regent Street, London

45 Luftbild Manhattan 2009

46 Central Park, New York

47 The Comissioners Map of New York 1807, ursprünglicher Erweiterungsplan ohne Central Park

4 Städtische Grünräume

Über lange Phasen städtischer Entwicklung konnte man von einem Gegensatz von Stadt und Land, von Stadt und Natur, sprechen. Hier die Stadt: steinern, kompakt, dicht, wehrhaft, umgrenzt und deshalb sicher. Dort das Land: naturgegeben, teilweise kulturell überformt, ein unsicherer Raum, der jedoch die Stadt ernähren musste. Über Jahrhunderte hat der Gegensatz von Stadt und Land kein ausgeprägtes Bedürfnis nach Grün in der Stadt entstehen lassen; zumal bei der geringen Größe der Städte die Landschaft in Reichweite blieb.

Der das Verhältnis zum Grün prägende Gegensatz von Stadt und Land existiert heute in Europa nicht mehr. Ausufernde Siedlungsgebiete haben sich zu einer Stadtlandschaft verbunden, in der sich Siedlungsflächen und Landschaft, einem Flickenteppich gleich, durchdringen. So sind aus landschaftlich geprägten Außenräumen inzwischen Innenräume geworden. In den Stadtregionen unserer Zeit erhalten Garten und Landschaft daher eine völlig neue Bedeutung. Heute gilt das Paradigma: Eine Stadt ohne Park(s) ist keine Stadt – zumindest keine zeitgemäße Stadt. Kein anderer Freiraum der Stadt, kein Platz, kein Boulevard, keine Passage, vermag zu leisten, was ein Park zu bieten hat.

Die stadtpolitische Dimension von Grünräumen in der Stadt zeigt sich immer dann, wenn ein Park neu angelegt, umgestaltet oder angetastet werden soll. Kein anderer Stadtraum ruft so viele Interessengruppen und Lobbygruppen aus Bürgerschaft, Vereinen, Verbänden und Parteien auf den Plan. Andererseits können die Attraktivität und Atmosphäre eines Stadtparks genutzt werden, um neue Adressen in der Stadt zu etablieren und Vertrauen in die Zukunft eines Stadtquartiers zu stiften.

4.1 Typologie der städtischen Grünräume

Anger (dörflich)
Als Anger bezeichnete man ein grasbewachsenes Land in der Dorfmitte zwischen weiter auseinanderliegenden Häuserreihen, das von allen Bewohnern genutzt werden konnte. Der Anger erfüllte verschiedene Funktionen: als gemeinschaftliche Weidefläche sowie für den heimischen Obst- und Gemüseanbau oder auch als Festwiese. In den vergangenen Jahrzehnten hat der Dorfanger in seinem ursprünglichen Sinne an Bedeutung verloren. Heute findet man den Typus des Angers auch in Entwürfen für Stadtquartiere, wo er als zentraler Freiraum und grüne Mitte zur Identitätsbildung

beitragen soll. Als Beispiele kann der Entwurf des Büros Pesch & Partner für das Ackermann-Areal in Gummersbach genannt werden.

Taschenpark
Taschenparks oder – englisch – *Pocket Parks* nutzen kleinste Baulücken und Zwischenräume in der dichten Bebauungsstruktur einer Großstadt und schaffen grüne Refugien in den Häuserschluchten verdichteter Stadtquartiere. Bekannt geworden sind zwei Spielarten von Taschenparks: In erneuerungsbedürftigen Altbauquartieren werden brach gefallene Grundstücke genutzt, um kleine Grünflächen zu schaffen – teilweise für den Aufenthalt, teilweise für den Obst- und Gemüseanbau. Daneben stehen die innerstädtischen Projekte – als Rückzugs- und Pausenräume für Beschäftigte und Besucher eines Business Districts verwirklicht. Sehr oft werden diese Räume mit Brunnen oder Wasservorhängen bespielt. Das Rauschen des Wassers soll die Geräusche der Großstadt übertönen und die Entspannung inmitten großstädtischer Hektik erlauben. Beispiele finden sich in allen Großstädten, besonders bekannt geworden sind die New Yorker Projekte.

Square oder Gartenplatz
Die *Squares* – eine Mischform aus Platz und Garten – sind Ende des 18. Jahrhunderts in England entstanden, als man ehemals kahle Plätze zu bepflanzen begann. Puristen, die sich damals gegen „rus in urbe" (Landschaft in der Stadt) wandten, konnten den Siegeszug dieses neuen Freiraumtyps nicht verhindern. Anfangs waren die grünen Innenräume umzäunt und standen nur wohlhabenden Bewohnern der direkten Umgebung offen. Heute verbindet man gerade mit den Londoner *Squares* gepflegten Rasen und hochgewachsene Platanen inmitten urbaner Wohnquartiere. Neben ihrer positiven Wirkung auf das Kleinklima bilden diese „grünen Zimmer" in Stadtteilen und Quartieren einen wesentlichen Standortfaktor – eine erstklassige Adresse.

Stadtpark und Volksgarten
Städtische Parks und Volksgärten sind großzügige Grünflächen, die die Stadtbewohner mit Freizeit- und Erholungsmöglichkeiten versorgen. Ursprünglich bezogen sich Parkanlagen auf repräsentative Bauwerke wie Schlösser und Herrensitze und waren exklusive Freiräume, die allein vom Adel genutzt werden konnten. In England gab es über Jahrhunderte hinweg Auseinandersetzungen über den „gewohnheitsmäßigen Zugang" wichtiger Stadträume, die dann im 17. Jahrhundert dazu führten, dass Charles I. (1600 bis 1649) nach der Öffnung der Gärten von Whitehall Palace öffentliche Versammlungen auf dem *bowling green* erlaubte.[11]

Vollständig aufgehoben wurde die Exklusivität der Parks erst mit der Realisierung der großen Landschaftsparks – dem *Englischen Garten* in München etwa oder dem *Central Park* in New York, die von jedermann betreten werden konnten.

Die ersten Volksparks entstanden ohne jeglichen Zusammenhang mit einem öffentlichen Gebäude und zielten auf die Versorgung der Bevölkerung mit Freizeit- und Erholungsflächen. Viele zeitgenössische Entwürfe für (Volks-)Parks sind im Rahmen von Großereignissen wie etwa Gartenschauen entstanden – zu nennen sind hier u.a. der Stuttgarter *Höhenpark Killesberg*, der *Landschaftspark Riem* oder der *Olympiapark* in München.

Postindustrielle Landschaftsparks
Die neuen Landschaftsparks auf großen Industriebrachen oder Bahnarealen sind ein verhältnismäßig junger Typus des Stadtgrüns. Als maßgebliche Pioniere ihrer Entwicklung gelten der *Landschaftspark Duisburg-Meiderich* vom Büro Latz und Partner aus München sowie der *Görlitzer Park* in Berlin Kreuzberg nach dem Entwurf der Freien Planergruppe Berlin. In der schwierigen Phase eines durchgreifenden wirtschaftlichen Strukturwandels sollten mit dem Landschaftspark neue identitäts-

48 Anger: Osterdorf, Bayern

49 Taschenpark: Paley Park, New York

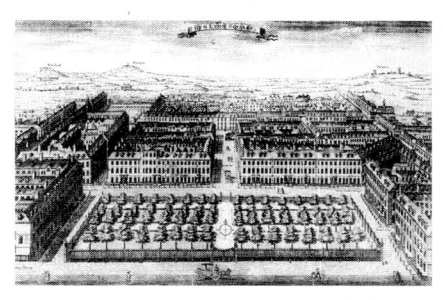

50 Square: Park Crescent, London, 1727

51 Englischer Garten, München

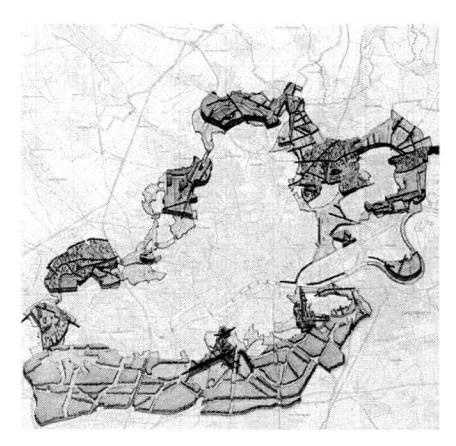

52 Grüner Ring, Frankfurt

stiftende Raumbilder geschaffen werden, in die Hinterlassenschaften der Industrie integriert und in neuer Interpretation erlebbar gemacht werden.

Vor der Umnutzung der Brownlands ist die Frage zu klären, ob und inwieweit Relikte der Vornutzung in die Gestaltung integriert werden können und wie man mit kontaminierten Böden verfährt. Beim *Annapark* in Alsdorf bei Aachen befindet sich der stark belastete Erdaushub unter der terrassierten Grünfläche (gesicherter Verbleib).

Grünzüge
Grünzüge gliedern die Siedlungsstruktur und vernetzen die Grünräume der Stadt untereinander und mit der freien Landschaft. Ihnen liegt die Idee zugrunde, dass alle städtischen Siedlungsbereiche und damit möglichst die gesamte Stadtbevölkerung nahezu an Grünflächen angebunden ist. In Kopenhagen werden die „green cycle routes" – ein Netz straßenunabhängiger Radwege, das gegenwärtig von 40 auf 110 Kilometer Länge ausgebaut wird – durch die städtischen Grünzüge geführt.

Über das Netz der Grünzüge soll die Versorgung der Bevölkerung mit vielfältigen Freiräumen für die Erholung sichergestellt und der Freizeitwert städtischer Grünanlagen erhöht werden. Gleichzeitig dienen Grünzüge dem Erhalt der naturräumlichen Gliederung und eines unverwechselbaren Stadt- und Landschaftsbildes sowie der Förderung des Biotopverbunds- und des Artenreichtums. Indem sie Frischluftschneisen freihalten, tragen Grünzüge zur Verbesserung der klimatischen und lufthygienischen Bedingungen in der „Wärmeinsel Stadt" bei.

Regionalparks und regionale Grünzüge
Regionalparks und regionale Grünzüge sind gemeindeübergreifende Freiraumverbundsysteme, in die Projekte aus den Bereichen Freizeit, Naherholung, Sport und Naturschutz integriert sind. In den letzten Jahren hat in den großen Agglomerationen die urbane Landwirtschaft einen besonderen Stellenwert erhalten. Orientiert an regionalen Leitbildern bereichern die Regionalparks die Stadtregion um neue Freiraumqualitäten und Landschaftsbilder. Die Anreicherung der Stadtlandschaft mit Freiräumen wird im Rahmen der Regionalplanung genutzt, um über die Stärkung „weicher Standortfaktoren" für wirtschaftliche Stabilität zu sorgen. Als Beispiele im Stuttgarter Raum sind der *Grünzug Neckartal* oder *Neckarpark* und der *Filderpark* zu nennen; im Ruhrgebiet stellt der *Emscher-Landschaftspark* entlang des umgestalteten Flusslaufs ein Jahrhundertprojekt dar.

4.2 Freiraumgestaltung – aktuelle Beispiele

Parque Manzanares, Madrid
Mit der Verlegung der Stadtautobahn M-30 in einen Tunnel entlang des *Rio Manzanares* ergibt sich auf den freiwerdenden Flächen die einzigartige Möglichkeit der Aufwertung eines vernachlässigten Bereichs der Stadt. Das Projekt MRio von West 8 und Burgos & Garrido definiert über eine großmaßstäbliche Freiraumsequenz das Verhältnis der Stadt zum Fluß neu.

IBM Park, Solana
Auf dem Gelände einer ehemaligen Ranch entstand Ende der 1990er Jahre im Einzugsbereich des Dallas Fort Worth Airport der IBM ein moderner Business Park. Ein interdisziplinäres Team aus Städtebauern, Architekten und Landschaftsarchitekten zeichnete verantwortlich für das Projekt, das ein *Recreation Center*, ein *Marketing Center* und einen Bürokomplex für 10.000 bis 20.000 Beschäftigte beinhaltet. Der von Peter Walker entworfene Park verbindet erhaltene Vegetation und Topographie mit einer artifiziellen Landschaftsarchitektur, die immer wieder überraschende Bilder erzeugt: Baumgruppen, Steinpyramiden, Wasseradern und Blumenwiesen.

53 Parque Manzanares, Madrid

54 IBM Park Clearlake, Houston

Tilla-Durieux-Park, Berlin
Der *Tilla-Durieux-Park* am Potsdamer Platz in Berlin entstand nach einem Entwurf des Büros DS Landschaftsarchitekten. Er besteht aus einer Rasenskulptur, die 450 Meter lang ist und bis zu einer Höhe von vier Metern anwächst. In der Mitte befindet sich ein Einschnitt, über den die angrenzenden Stadtquartiere eingebunden werden. An beiden Enden befinden sich Vorplätze. Seitlich wird die Skulptur von Promenaden mit Bäumen (Linden) und Bänken begleitet.

Landschaftstreppe Scharnhauser Park
Die *Landschaftstreppe* im Scharnhauser Park ist das Rückgrat des Stadtteils. Wie mit einem Reißverschluss werden die verschiedenen Quartiere in dem Entwurf des Büros Janson & Wolfrum miteinander verbunden. Die relativ sanfte Neigung des Hanges hat zur Folge, dass es eher eine Kette von Terrassen als um eine herkömmliche Treppe handelt. Die Inszenierung als Bühne macht die Landschaftstreppe zu einem markanten öffentlichen Raum, der dem Stadtteil Scharnhauser Park eine besondere Prägung gibt.

High-Line-Park, New York City
The High Line ist ein neuer linearer öffentlicher Park, der auf einer stillgelegten Hochbahnstrecke in Manhattan nach einem Entwurf von Diller & Scofidio entsteht. Auf dem bisher angelegten Teilstück von 800 Metern bietet der Park in neun Metern Höhe Aufenthaltsbereiche und Rückzugsräume in einer hektischen Stadt, aber auch neue Blicke auf die Stadtlandschaft. Parallel zu den erhaltenen Gleisen verlegte Betonelemente und eine an die Spontanvegetation angelehnte Bepflanzung bestimmen die Gestaltung.

55 Tilla-Durieux-Park, Berlin

56 Landschaftstreppe Scharnhauser Park

57 The High Line, New York City

4.3 Gestaltung

In den ausufernden und fragmentierten Stadtlandschaften unserer Zeit hat die Freiraumgestaltung enorm an Bedeutung gewonnen. Stadtplaner sehen in den Freiräumen das letzte Bindemittel, das die auseinanderdriftenden Siedlungsschollen der großen Agglomerationen zusammenzuhalten vermag. Die Flächen für die neuen Parks entstehen in Zwischenräumen und auf Konversionsflächen. Die in diesem Feld tätigen Landschaftsarchitekten beziehen sich auf die Kulturlandschaft, arbeiten mit den Spuren der industriellen Vergangenheit und setzen zeitgemäße künstlerische Akzente.

Im Bewusstsein dieses ambitionierten und innovativen Zugangs zur Gestaltung städtischer Freiräume ist auf der Ebene des städtebaulichen Entwurfs Zurückhaltung geboten, um kreative Spielräume für die Landschaftsarchitektur zu erhalten. Im städtebaulichen Maßstab sind jedoch grundsätzliche Weichenstellungen erforderlich, die den Zusammenhang zwischen Stadt und Freiraum thematisieren und in der Praxis bereits die frühzeitige Kooperation von Städtebauern und Landschaftsarchitekten erfordern.

Zunächst ist in Verbindung mit der Funktion und der Größe der jeweiligen Flächen die Frage nach der passenden Freiraumtypologie zu beantworten. Dann steht die Entscheidung über die räumliche Qualität an: Ist ein offener Raum angemessen oder eine Gehölzgruppe, ist eine Wasserfläche oder eine Wasserlinie sinnvoll? Muss der Freiraum gegen Störungen (Gewerbe, Verkehrstrasse) abgeschirmt werden?

Bei der Wahl der Grünelemente – ob singulär, linear oder gruppiert eingesetzt (vgl. Beitrag Roser, S.265) – sind Habitus und Dichte der Bäume in Rechnung zu stellen, bei ihrer Verteilung ist der entstehende Raum in Größe, Zuschnitt und Atmosphäre zu bedenken.

Literatur

Aminde, Hans-Joachim (Hg.): Plätze in der Stadt. Stuttgart 1994

Berding, Ulrich/ Havemann, Antje/ Pegels, Juliane/ Perenthaler, Bettina (Hg.): Stadträume in Spannungsfeldern. Plätze, Parks und Promenaden im Schnittbereich öffentlicher und privater Aktivitäten. Detmold 2010.

Bernhardt, Christoph; Fehl, Gerhard; Kuhn, Gerd; Petz, Ursula von (Hg.): Geschichte des öffentlichen Raums. Dortmund 2005

Fernández Per, Aurora/ Arpa, Javier: The public chance. Nuevos paisajes urbanos; new urban landscapes. Vitoria-Gasteiz 2008

Gehl, Jan/ Gemzoe, Lars: New city spaces. Kopenhagen 2003.

Geipel, Kaye/ Poeverlein, Ulrike: Public Spheres: Wer sagt, daß der öffentliche Raum funktioniert? Eine Europan Diskussion. O.O. 2008

Hajer, Maarten; Reijndorp, Arnold: In search of new public domain: Analysis and strategy; Rotterdam 2002

Hartung, Klaus (Einl.): Boulevards. Die Bühnen der Welt. Berlin 1997

Kuhn, Gerd/ Dürr, Susanne/ Simon-Philipp, Christina: Räume zum Leben. Strategien und Projekte zur Aufwertung des öffentlichen Raums. Stuttgart 2012.

Lay, Maxwell: Die Geschichte der Straße. Vom Trampelpfad zur Autobahn. Frankfurt / New York 1994

Jacobs, Allan B.: Great Streets. Cambridge 1999

Ryan, Zoe: The Good Life: New Public Spaces for Recreation. New York, Van Alen Institute 2006

Stübben, Joseph: Der Städtebau. Braunschweig/ Wiesbaden 1980

Sennett, Richard: Verfall und Ende des öffentlichen Lebens. Die Tyranei der Intimität. Frankfurt a. M. 1999

Webb, Michael: Die Mitte der Stadt. Städtische Plätze von der Antike bis heute. Frankfurt/ New York 1990

Endnoten

1. Kostof, Spiro: Die Anatomie der Stadt. Geschichte städtischer Strukturen. Frankfurt/ New York 1993, S. 123
2. vgl. Wolfrum, Sophie: Selbst, Solidarität und öffentlicher Raum. In: Becker, Jung, Schmal (Hg.): New Urbanity. Salzburg, München, Wien 2008, S.23–29
3. Humpert, Klaus: Die neue Lust am Stadtraum. In: Aminde, H.-J. (Hg.): Plätze in der Stadt. Stuttgart 1994, S. 30
4. Bittner, Regina (Hg.): Die Stadt als Event. Zur Konstruktion urbaner Erlebnisräume. Frankfurt (Main) 2001, S. 15 f.
5. Augé, Marc: Orte und Nicht-Orte. Vorüberlegungen zu einer Ethnologie der Einsamkeit. Frankfurt 1994, S. 92 f.
6. Curdes, Gerhard: Stadtstruktur und Stadtgestalt. Stuttgart 1997, S. 129
7. Vgl. Aminde, Hans-Joachim: Auf die Plätze...... Zur Gestalt und zur Funktion städtischer Plätze heute. In: Hans-Joachim Aminde (Hg.): Plätze in der Stadt. Stuttgart 1994, S. 58f
8. Vgl. Aminde, a.a.O., S. 44ff
9. Kostof, Spiro: Die Anatomie der Stadt. Geschichte städtischer Strukturen. Frankfurt/ New York 1993, S. 194
10. Rykwert, Joseph: The Necessity of Artifice. London/ New York 1982, S. 182
11. Kostof, Spiro: Die Anatomie der Stadt. Geschichte städtischer Strukturen. Frankfurt/ New York 1993, S. 167

Abbildungsnachweis

Fotos: Pesch, Franz/ Werrer, Stefan. Mit Ausnahme von:

4	Bildarchiv Städtebau-Institut
5	Bauwelt 45, 1996
6	Boris Sieverts
7	http://www.crickitalia.org/Sponsor/CovenzioneMcArthur_files/Barberino09.jpg
8	DB mobil 7, 2004
9	Bernardo Bellotto(Canaletto), Piazza della Signoria, Florenz 1742
10	Paolo Favole (Hg.): Plätze der Gegenwart
13	Amt für Stadtplanung, Stadt Stuttgart
14	Sanierungsamt, Stadt Tübingen
16–25	Google Earth
26	Boris Podrecca (Hg.): Offene Räume/Public Spaces
27	Topos 39, 2002
28	West 8, Skira Architecture Library 2000
29	J. Mayer H Architekten
31	Peter Bialobrzeski in: Museum für Arbeit (Hg.): Neon Tigers. Hamburg 2004
33	http://travel.webshots.com/photo/1003728342000217293kJrrWoItEM
35	Bildarchiv Städtebau-Institut
36	Bildarchiv Städtebau-Institut
43	Bildarchiv Städtebau-Institut
44	Allan B. Jacobs: Great Streets, Cambridge 1999
46	David Ball/ Corbis in: Stern 25, 2005
47	http://en.wikipedia.org/wiki/File:NYC-GRID-1811.png
48	Wilhelm Landzettel (Hg.): Deutsche Dörfer
49	Process: Pocket Park 78
50, 52	Bildarchiv Städtebau-Institut
54	Peter Walker: Minimalist Gardens
55	http://de.academic.ru/pictures/dewiki/112/potsdamer_platz_with_site_of_potsdamer_bahnhof_2005.jpg
56	Riemann Aerophoto
57	http://www.dillerscofidio.com

HELMUT BOTT

Stadtgestaltung

1 Begriffe: Stadtgestalt, Stadtbild, Stadtimage

Die Begriffe „Stadtbild" und „Stadtgestalt" werden häufig synonym benutzt. Da der Begriff Stadtbild jedoch erst durch die Übersetzung des grundlegenden Buches von Kevin Lynch, „The Image of the City", in der deutschen Fachwelt gebräuchlich wurde, sollte man ihn eigentlich im Sinne Lynchs benutzen. Dort bedeutet er das subjektive „innere Bild", das in unserer Erinnerung aus der Summe aller sinnlichen Wahrnehmungen von und Erfahrungen mit einer Stadt resultiert. Dabei spielen sowohl die objektive, spezifische Gestaltqualität der Stadt – unter anderem ihre leichte oder sehr schwere Erfassbarkeit eine Rolle, wie auch die unterschiedliche subjektive Fähigkeit, die sinnlichen Erfahrungen zu einem Gesamtbild zusammenzufassen. Der Begriff umfasst also die subjektive Wahrnehmung, „Verarbeitung" und Speicherung der objektiven Stadtgestalt.

Die Gestalt der heutigen Städte ist so vielfältig und komplex, dass sie in der subjektiven Wahrnehmung und Erinnerung nicht insgesamt erfasst und festgehalten werden kann. Jedes Individuum hat jedoch, in Abhängigkeit von Alter, Bildung, Beruf und „Aktionsraum" in einer Stadt, ein subjektives Bild von der Stadt. Es hat die subjektiven Wahrnehmungen, unter Umständen unterstützt durch die Kenntnis von Stadtplänen und „Sekundärinformationen" (Postkarten, Poster, Stadtwerbung, Filme), als eine Abstraktion vom Gesamtzusammenhang und von Einzelsituationen abgespeichert.

Diese bildhafte Erinnerung dient der spontanen Orientierung in der Stadt. In ihr ist eine unendliche Fülle von Eindrücken zu einer handhabbaren Kurzform zusammengefasst. Demnach wäre Stadtgestalt die objektive physische Gestalt, Stadtbild das Abbild dieser Gestalt in der bewussten und unbewussten Erinnerung. Leider hat sich diese klare Begriffstrennung in der Praxis nicht durchgesetzt. Beide Begriffe werden häufig synonym benutzt.

Wie bereits angedeutet, spielt die „Sekundärinformation", insbesondere bei Städten/Orten, die man selbst nicht gut kennt, eine wichtige Rolle. Dies wird bei der Werbung für Städte (Tourismus, Standortwerbung für Investitionen, Immobilienvermarktung) gezielt eingesetzt. Die subjektiven Kenntnisse werden durch Bilder, die an vorhandene Informationen der Individuen und/oder Klischees anknüpfen, zum Image einer Stadt zusammengefügt.

2 Stadtgestalt – gestaltbildende Faktoren

2.1 Der Standort und seine Lagebedingungen

Morphologie und naturräumliche Elemente (Topographie, Sonderformationen wie Felsen, Gewässer, Vegetation und anthropogene Landschaftselemente (Gruben, Halden, Terrassierungen, Steinbrüche, Dämme...) prägen die Gestalt der Stadt, aber auch die Voraussetzungen zu ihrer Wahrnehmung ganz wesentlich.

Das Zusammenspiel eines Stadtteiles auf einer Bergkuppe und eines anderen Teiles in der darunterliegenden Ebene (Bergamo, Lissabon), das Verhältnis von Burgberg/ Zitadelle/ Tempelberg und darunterliegender Stadt (wie Athen, Heidelberg, Prag, Kanazawa, Kairo) repräsentiert einen Archetypus, der in den meisten Kulturen immer wieder zu finden ist. Dort wo diese topografischen Bedingungen gegeben waren, entstanden in allen Kulturen charakteristische und einprägsame Erscheinungsbilder von Städten.

Das topografische Verhältnis von Gebirge und sich in der Ebene davor ausbreitender Stadt ermöglicht des Weiteren die Wahrnehmung der Stadt von oben. Die Gebäude zeigen eine fünfte Fassade, das Dach. In der Ebene wird die Silhouette der Stadt von Ferne näherkommend anders gesehen als von der Ebene auf eine Bergstadt blickend. Mit dem Blick von oben auf eine Stadt mit ihrer „Dachlandschaft" ist das Stadterleben völlig anders als bei der Annäherung in der Ebene.

Die Einbettung der Stadt vor einer oder in eine großartige Bergkulisse (wie Rio de Janeiro, Genua, Innsbruck, Turin, Grenoble) erzeugt ein spannungsreiches Verhältnis von städtischer und landschaftlicher Silhouette. Am Beispiel von Rio de Janeiro tritt die Wirkung der Bauten angesichts der kraftvollen Bergkulisse zurück; sie erscheinen als untergeordnete Figuren vor einem dominanten Hintergrund.

Gemessen an solchen dramatischen natürlichen Szenerien wird eine Stadt in der Ebene schwerlich mithalten können, es sei denn, sie kann sich auf das zweite starke natürliche Element der Stadtgestalt stützen, auf ausgedehnte Wasserflächen. Die Beziehung von Stadt und Wasser repräsentiert einen weiteren Archetypus der Stadtgestalt. Städte (wie Venedig, Amsterdam, St. Petersburg, das historische Suzhou, das Surabaya der Kolonialzeit), die von Kanälen durchzogen oder auf vielen Inseln verteilt gebaut wurden, konnten eine so unvergleichliche Stadtgestalt ausbilden, dass jeder, der sie einmal besucht und durchlaufen oder mit dem Boot durchfahren hat, diesen Eindruck nie vergessen kann. Die Spiegelungen der Gebäude und Lichter im Wasser lassen eine zweite, irreale Stadt entstehen, erzeugen einen scheinbar weiten, nicht präzise begrenzten Stadtraum. Die bei Wind oder durch Boote er-

1 Rio de Janeiro, Stadt am Meer und in den Bergen

2 Hamburg, Stadt am Wasser

3 Bern, Stadt am Fluss und auf dem Berg

zeugten Wellen zerschneiden diese Reflektionen in irritierende Fragmente, Farbflächen und Lichtreflexe. Aber auch schon die Lage an einem großen Fluss (Hamburg, Köln, Bremen, London) oder mehr noch die Lage auf einer Flussinsel (Paris, Berlin, Strassburg) oder gar einer See- oder Meeresinsel (Lindau, die Inselstädte der Lagune von Venezia) bieten das Potenzial einer charakteristischen Stadtgestalt.

Städte an Binnenseen haben zusätzlich die unverbaubare Weite der Wasserfläche. Die Verbindung von Seefläche, Zu- und Abflüssen in und aus dem See und der Stadt (wie Chicago, Konstanz, Genf, Como, Zürich, Luzern), bietet die Möglichkeit zur Entfaltung charakteristischer Situationen auf allen Ebenen der Stadtgestaltung. Die angesprochene Weite potenziert sich selbstverständlich bei der Lage am Meer (wie in Alexandria, Neapel, Liverpool, Göteborg, Marseille). Verbunden mit Flussmündungsbereichen oder Buchten wird diese Wirkung verstärkt und differenziert. New York ist auf zwei Flüsse, auf eine geschützte Bucht und auf die offene See orientiert, San Francisco auf die Bucht und in seinen westlichen Stadtteilen auf den Pacific. Seattle und Hongkong liegen an und auf einem verzweigten System von Inseln, Halbinseln, Buchten und Meeresarmen.

Auch andere Standortfaktoren wie das Klima bestimmen den Charakter einer Stadt ganz wesentlich. Venedig mit seiner hohen Luftfeuchte und dem Nebel, der in Verbindung mit dem Wasser der Kanäle oder des Beckens von San Marco insbesondere in der Dämmerung eine eigenartige, morbide Stimmung erzeugt, weist ein anderes Licht- und Farbspiel als die italienischen Städte des trockenen Südens auf.

2.2 Die Funktionen und ihre räumliche Verteilung

Nutzungen wirken in ihrer baulichen Ausformung auf die Stadtgestalt ein. Stadtgestalt „an sich", unabhängig von den Funktionen der Stadt, gibt es nicht. Die Maßstäblichkeit von Bauten ergibt sich zunächst aus den Nutzungen, für die sie ursprünglich gedacht waren, zusätzlich geprägt durch den jeweiligen sozio-ökonomischen und kulturellen Rahmen. Wohngebäude, Büros, Handel und Produktionsanlagen erfordern unterschiedliche Gebäudetiefen und Proportionen. Freilich besteht hier keine einfache Kausalität im Sinne von „form follows function". Wohngebäude können Wolkenkratzer oder Hütten sein und Wolkenkratzer können Büros und Wohnungen aufnehmen. Umgekehrt gilt aber, dass Gebäude und Baustrukturen unabhängig von ihrer Funktion stadtgestaltend wirken. So mag ein Gasometer oder ein Kühlturm unabhängig von seiner technischen Funktion als Merkzeichen dienen, die Eisenbahnunterführung als Stadttor, ein Bahndamm als Grenzlinie.

Stadtgestaltung als eine wichtige Dimension städtebaulichen Planens und Entwerfens kann nicht unabhängig von funktionalen und technischen Aspekten vollzogen werden, aber die Spielräume in der Planung im Sinne der Ablesbarkeit städtischer Strukturen und Elemente ausnutzen.

2.3 Sozialstruktur und Stadtkultur

Bauherren, Architekten und Bewohner prägen neben den rechtlichen Vorgaben die architektonische Ausformung der Nutzungen. Architektur ist kultur- und schichtspezifische Baukultur. Selbst zwei Straßen mit den exakt identischen Baukörper- und Straßenraumproportionen werden durch die Ausformung der Sekundärstruktur und der Art der Benutzung des öffentlichen Raums je nach Alter, Einkommen und Bildungsstand der Bewohnerschaft unterschiedliche räumliche Wirkung haben.

Klimatische Bedingungen bestimmen ebenso wie kulturell überlieferte Gewohnheiten etwa die Art der Benutzung des öffentlichen Raums oder das Verhältnis von Privatheit und Öffentlichkeit. Alle Details der Objekte und Subjekte an den Gebäuden und um die Gebäude herum wirken gestaltprägend. Mitteilungen von Reichtum oder Armut in Gestalt vieler äußerer Zeichen, Zustand der Gebäude, Kleidung, der Habitus

4 Stadtmitte Berlin von der Siegessäule aus gesehen. Die Bauwerke dienen unterschiedlichen staatlichen (Reichstag), städtischen (Rathaus), technischen (Funkturm) oder privatwirtschaftlichen Zwecken (Hotels, Büros). Unabhängig von ihren Funktionen wirken sie stadtgestaltend (Silhouette, Merkzeichen, Blickbeziehungen, Grenzlinien... bildend).

5 Straßenbild in einem „Kampong", einer Nachbarschaft in Yogyakarta, Indonesien. Häusliche Arbeiten werden in den öffentlichen Raum verlagert, der dadurch einen völlig anderen Charakter als eine europäische Straße bekommt.

6 Straßenbild in einem historischen Quartier von Kanasawa, Japan.

7 Vorgarten in einem deutschen Mittelstandsquartier

8 Straßenbild in einer informellen Siedlung in Kairo

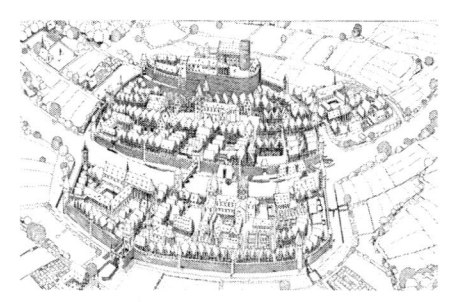

9 Regelbausteine und Sonderbausteine in einer idealtypischen Darstellung einer mittelalterlichen Burgstadt

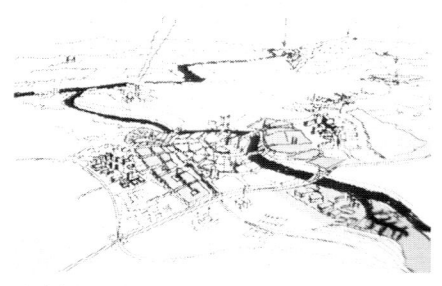

10 Schema einer mitteleuropäischen Stadt mit historischem Zentrum und Erweiterung aus verschiedenen Epochen mit unterschiedlichen Formen der Raumbildung. Elemente der technischen Infrastruktur (Straßen und Brücken, Kraftwerke, Häfen) wirken ebenso gestaltbildend wie die Landschaft (Fluss, Gebirge).

11 Die Strukturen des spätmittelalterlichen Raval (westlicher Teil des historischen Kerns von Barcelona) und der Stadterweiterung des „Eixample" von Cerda wirken wie die Collage zweier völlig unterschiedlicher Texturen.

und die Möbel der vor den Häusern sitzenden oder sich auf der Straße bewegenden Menschen, Typ, Größe sowie nicht zuletzt Alter und Zustand der in einer Wohnstraße parkenden Autos prägen die Gestalt einer Stadt mit.

2.4 Gebäude und bauliche Anlagen

Die räumliche Verteilung, die Fügungsregeln für die Anordnung der „Stadtbausteine", ihre Hierarchisierung (Regel- und Sonderbausteine) und bauliche Ausformung (Gebäudetypologie, konkrete Formen der Gebäudeteile, Höhen...) entstehen in verschiedenen Kulturen und Epochen jeweils unter sehr unterschiedlichen Bedingungen: deduziert aus herrschaftlich oder staatlich vorgegebenen Regeln oder aus religiösen Systemen oder aber „kommunikativ" entwickelt als gesellschaftlich allgemein akzeptierte Ordnungsprinzipien. Es geht nicht abstrakt um „Stadtgestalt", sondern um die charakteristische Stadtgestalt einer konkreten Epoche und Kultur.

Schon wenn wir von „Regelbausteinen" und „Sonderbausteinen" sprechen, unterstellt diese Begriffswahl bereits eine Ordnungsvorstellung, die tief in der europäischen Stadtbaugeschichte verwurzelt ist: Die Reihung und Gruppierung der ähnlich proportionierten bürgerlichen Wohnbauten ergaben als „Regelbausteine" den Grundrhythmus. Vor diesem Hintergrund wurden die Sonderbausteine, die Kirchen, Tempel und Klöster, die Paläste und Herrensitze, die Rathäuser und Zunfthäuser und nicht zuletzt die Stadttore und Wehrtürme hervorgehoben.

Dieses Ordnungsprinzip, das der sozialen Organisation einer vormodernen antiken, feudalen oder ständischen Gesellschaft entspricht, wurde in der bürgerlich-kapitalistischen Stadt grundlegend in Frage gestellt. Zum Regelbaustein der zeitgenössischen Megastädte ist der Typus des Hochhauses als Solitärbau geworden. Nichts desto trotz versucht die Stadtplanung in Barcelona ihre Interventionen im Rahmen von Stadtumbau und Stadterneuerung immer noch auf die Gesamterscheinung der Stadt zu beziehen – mit großem Erfolg.

2.5 Überlagerung und Collage

Insbesondere in der europäischen Kultur resultiert die Gestalt der Stadt in aller Regel nicht aus den Bauten und stadträumlichen Gestaltungsgrundsätzen nur einer Epoche. Selbst wenn man nur die Innenstädte betrachtet, findet man nur wenige Städte, die einheitlich in einer Epoche geplant und gebaut wurden und auch heute noch in dieser ursprünglichen Form erhalten sind. Der Regelfall ist viel mehr das Aneinanderfügen, Durchdringen oder Überlagern von Interventionen aus verschiedenen Epochen. Dies macht die Stadtgestalt vielfach zu einer „Collage" aus heterogenen Elementen, die vom erfahrenen Stadtplaner identifiziert und als eine Abfolge stadtbauhistorischer Entwicklungsabschnitte entschlüsselt werden können.

So gesehen ist die Stadtgestalt der europäischen Stadt ein faszinierendes Dokument der komplexen, häufig konfliktreichen politischen, sozialen, ökonomischen und technischen Entwicklungen, die die äußere materielle Erscheinung der Bauten und Stadträume über Jahrhunderte hinweg geformt haben. Colin Rowe und Fred Koetter haben in ihrem Buch „Collage City" diese Tatsache zum Leitbild erhoben. Wie in einer „gebastelten" Collage, in der Flächen und Objekte mit unterschiedlichen Farben, Texturen und Materialien zu einem Gesamtwerk komponiert werden, kann man auch die moderne Großstadt verstehen. Die unterschiedlichen Bestandteile der Collage behalten eine relative Selbständigkeit und stehen vielleicht sogar im Widerspruch zueinander. Im günstigsten Falle erwächst daraus ein produktives Spannungsverhältnis mit Wechselwirkungen, die einen neuen Gesamtzusammenhang formen können.

3 Erscheinungsformen der Stadtgestalt

3.1 Primärstruktur der Stadtgestalt

Zusammenfassend kann man die bauliche Ausformung der Stadtgestalt charakterisieren durch

- die natürlichen und morphologischen Gegebenheiten,
- die Gesamtvolumina der Gebäude,
- die Ausbildung einer Silhouette,
- das Verhältnis von Masse (Gebäudevolumen) und Raum (Freiraum zwischen den Gebäuden),
- die dadurch entstehenden Raumfolgen (Straßenzüge und Platzfolgen).

Damit ist die Stadt als „Skulptur", als ihr Volumen mit eingelagertem Raum beschrieben. Dies können wir als Primärstruktur der Stadt bezeichnen.

Stadtansicht, Silhouette und Fernwirkung
Auf historischen Stadtansichten insbesondere mittelalterlicher Städte sehen wir die charakteristischen Silhouetten, bei denen die Gebäude eingeordnet sind in eine Hierarchie von Bedeutungen. Kirchtürme, riesige Dächer der Kirchenschiffe, Klöster, Kirchenkuppeln, Wehrtürme und öffentliche Gebäude überragen die bürgerlichen Bauten, die nur teilweise über die Mauern und Bollwerke hinausragen. Die Stadtbefestigung verbindet als lange, horizontal gestreckte Basis die Vielzahl der Einzelgebäude zu einem imaginären Gesamtbauwerk. Die Erhaltung dieser Stadtansichten ist sicher eine wichtige Aufgabe der Denkmalpflege und bei der Planung von Stadtumbau- und Stadterneuerungsmaßnahmen zu berücksichtigen.

Städte wie Lyon oder Barcelona haben darauf geachtet, dass bei ihren Stadtumbaumaßnahmen der historische Maßstab erhalten blieb. Wenige neue Hochpunkte wurden in Barcelona so eingefügt, dass die historischen Türme des Zentrums in ihrer Fernwirkung nicht entwertet und die neuen Hochhäuser als Landmarks zur Orientierung in der Stadt beitragen. Das Hochhaus des Büros Jean Nouvel markiert etwa den wichtigen Schnittpunkt der großen Diagonalen, die das rechtwinklige Blockrastersystem der Stadterweiterung des 19. Jahrhunderts durchschneiden.

Zwar lassen sich in den heutigen, sehr viel größeren, komplexeren und nicht hierarchisch geordneten Städten mit den widersprüchlichen Interessen, die auf sie einwirken, solche klar geordneten Stadtansichten nur noch schwer durchsetzen. Gleichwohl gelingt es immer wieder Städten, in denen sich Politiker, Planer und Architekten und an der Baukultur ihrer Stadt interessierte, einflussreiche Bürger zusammenfinden, ihre Stadt durch Gestalt prägende Interventionen aufzuwerten (wie Barcelona, Lyon, Rotterdam, Bilbao, Maastricht). Auch bei der Planung von neuen Stadtteilen gibt es positive Beispiele, bei denen die Schaffung einer einprägsamen Stadtansicht, die Ausformung einer charakteristischen Silhouette gelungen ist.

Volumina und Freiflächen – Masse und Raum
Die Ausformung dieser „Gesamtskulptur", insbesondere das Verhältnis von Gebäudevolumina (Masse) zu unbebauten öffentlichen und privaten Freiflächen erzeugt die Charakteristika des Stadtraums, die wir in der Bewegung durch die Stadt als eine Sequenz von Masse und Raum wahrnehmen. Die Anordnung von Masse und Raum im historischen Städtebau war bis in die ersten Jahrzehnte des 20. Jahrhunderts hinein durch die Straßen- und Platzraumbildung geprägt. Die Gebäude waren längs der Straßen oder um die öffentlichen Flächen herum gruppiert und formten den öffentlichen Straßen- und Platzraum.

12 Ulm, Stadtansicht aus dem 17. Jahrhundert, Merianstich

13 San Gimignano; die charakteristische Silhouette der Bergstadt mit den Geschlechtertürmen

14 Lyon, Innenstadt. Der historische Maßstab der Regelbausteine des 19. Jahrhunderts wurde erhalten. Nur wenige Sonderbausteine, wie im Hintergrund das Tonnendach des Opernumbaus (Büro Nouvel) treten hervor.

15 Barcelona. Der Maßstab der Blocks des 19. Jahrhunderts und des mittelalterlichen Kerns bestimmen den Rhythmus der Stadt. Hochpunkte werden gezielt eingesetzt. Die beiden Hochhäuser links am Horizont öffnen eine Achse vom Mittelmeer zur Sagrada Família (links am Bildrand).

16 Zentrum des neuen Stadtteils Ypenburg von Den Haag mit einheitlichem Material (roter Klinker) und gestalteter Silhouette vor zentralem Grünzug mit Wasserflächen

17 Skyline von Sydney

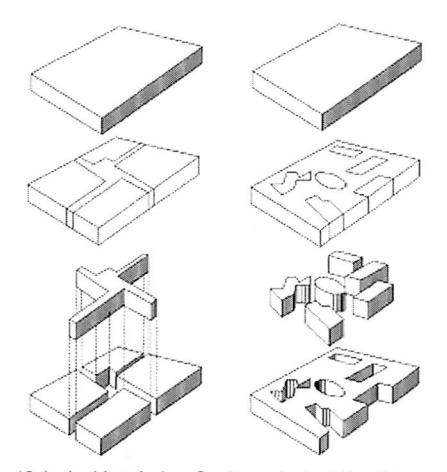

18 In der historischen Stadt wurde der öffentliche Raum als Straßen- und Platzraum geformt (links). In den Städten des 20. und 21. Jahrhunderts entsteht die Baustruktur als Addition von Solitärbauten. Der Raum zwischen den Baukörpern ergibt sich meist zufällig als ungestalteter Rest-Raum (rechts).

19 Ausschnitt aus dem Plan von Giambattista Nolli von 1748. Der Bestandsplan zeigt das traditionelle Verhältnis von öffentlichem Raum, den Blöcken mit den „Regelbausteinen" und den „Sonderbausteinen" (vor allem Kirchen), die im Grundriss als Bestandteil des öffentlichen Raums dargestellt werden.

Dieses traditionelle Stadtraumkonzept wurde im modernen Städtebau des 20. Jahrhunderts, vor allem noch in den ersten Jahrzehnten nach dem Zweiten Weltkrieg, aufgegeben. Der frei im Raum stehende Baukörper wurde zum städtebaulichen Ideal erhoben. Das Verhältnis von „Masse und Raum" kehrte sich um und der „geschlossene Stadtraum" wurde in den „fließenden Raum" zwischen den Baukörpern transformiert. Insbesondere in den Großsiedlungen der Nachkriegszeit gibt es kaum noch klare Unterscheidungen in öffentliche und private Bereiche und der „Stadtraum" wurde häufig zum Rest-Raum zwischen Solitär-, Zeilen- und Großbauten. Der „Raum-Städtebau" mit der traditionellen Stadtraumkonzeption und der „Objekt-Städtebau" mit der Raumkonzeption der Moderne stellen zwei Pole dar, zwischen denen sich eine große Bandbreite an Gestaltungsmöglichkeiten auftut.

Die Komposition der Platz- und Straßenraumfolgen, verbunden mit den historischen Monumenten aus verschiedenen Jahrhunderten in den historischen Kernen der europäischen Städte, gehören sicher zu den großartigsten Leistungen der Stadtbaukunst. Beim Durchwandern dieser Städte erleben wir spannungsreiche Abfolgen von Schatten und Licht, Enge und Weite, lange und kurze Perspektiven, gekrümmte und gerade Straßen, die unvergessliche Eindrücke hinterlassen.

In modernen Städtebau des 20. Jahrhundert wurde diese Form der Raumbildung in aller Regel durch den fließenden Raum ersetzt, durch Parkgestaltung zwischen den Baukörpern, mit oft problematischen Ergebnissen. Aber es gibt insbesondere in den Reformwohnsiedlungen der 1920er Jahre (etwa in den Siedlungen von Ernst May und Bruno Taut) auch durchdachte Stadtraumkonzepte, wobei diese Stadtrandsiedlungen nicht die Dichte und räumliche Geschlossenheit der Stadtkerne aufweisen können. In einer Vielzahl neuer Projekte zum Beispiel in den Niederlanden sind auch in jüngerer Zeit interessante Raumfolgen von Höfen, Plätzen und Landschaftsräumen realisiert worden, bei denen mit hybriden, geschlossenen und fließenden Räumen experimentiert wurde (Abb. 20).

Proportionen und Geometrie des Stadtraums
Die räumliche Wirkung von Straßen und Plätzen hängt neben den Materialien, Texturen und der Baukörpergliederung ganz wesentlich von den Proportionen des Raumes ab. Das Verhältnis von Breite und Tiefe der Fläche im Verhältnis zur Höhe der begrenzenden Bebauung erzeugt jeweils ganz spezifische Wirkungen. So entsteht zum Beispiel eine sehr geschlossene Raumwirkung, wenn bei normaler Kopfhaltung nur die abschließende Randbebauung eines Platzes erlebt wird und oberhalb kein Fernblick mehr möglich ist. Weitere wichtige Aspekte bei der Entstehung einer jeweils sehr unterschiedlichen Raumwirkung sind

- die Grundrissform,
- die Orientierung auf wichtige Gebäude der Längs- oder Breitseite,
- die Lage der Zugänge und der Bewegungslinien über einen Platz.

Die Länge oder Kürze des perspektivischen Blicks in einer Straße, der Abschluss des Straßenraums und seine Grundrissform erzeugen in gleicher Weise sehr unterschiedliche Raumwirkungen. Gekrümmte Straßen lassen den Blick an den Fassaden der konkaven Seite entlanggleiten, während die konvexe Seite aus dem Blickfeld verschwindet. Die diagonale Überquerung eines Platzes bewirkt eine andere Wahrnehmung als die mittige.

20 Ypenburg (zwischen Den Haag und Delft). Vielfältige Experimente in der Anordnung von Baukörpern, von öffentlichen und privaten Freiräumen sowie von offenen Landschaftsbereichen

3.2 Sekundärstruktur der Stadtgestalt: Farben, Materialien, Fassadengliederung

Stadtgestalt wird in einer weiteren Schicht, durch das „Rendering" der Volumina, geprägt: Die Proportionen der einzelnen Bauten, der Rhythmus ihrer Reihung, die Art der Fassadengliederung, der Typus der Öffnungen als Lochfenster oder Fensterbänder der Gebäude prägen die Gestalt des Stadtraumes wesentlich mit. Die plastische Ausbildung der Fassaden (Loggien, Balkone, Erker, Vor- und Rücksprünge) erzeugen schon allein durch das Schattenspiel andere Wirkungen als glatte Fassaden, die andererseits den Stadtraum klarer abschließen als sehr stark gegliederte Bauten. Des Weiteren wirken Materialität, Farbe und Textur der Oberflächen ganz wesentlich Gestalt prägend. In den historischen Städten vieler Kulturen gab es Gestaltungsregeln, die etwa die Fassadenbreiten, die Farben und sogar die Materialien vorschrieben.

Da die Baumaterialien in der Regel auf die regional verfügbaren beschränkt waren, entstanden Gebäudeensembles, die durch die gleiche oder verwandte Oberflächengestaltung aufeinander bezogen waren. Auf diese Weise kam es zu sehr charakteristischen Farb- und Materialwirkungen, die die Gestalt wesentlich mit prägten (so die „weiße" Stadt Lissabon (der Kalkstein) und die „graue" Stadt Porto (der Granit der Region, häufig kombiniert mit farbigen Kacheln)). Bei Pariser Bauten wurde über viele Stilepochen hinweg der helle Kalkstein des Pariser Beckens verbaut. In Verbindung mit dem Dachschiefer wurde so eine prägende Farb- und Materialstimmung erzeugt, die bis heute den einzigartigen Charakter der Pariser Kernstadt bestimmt. Auch die Innenstadt von Bern wird durch die Verwendung des gleichen regionalen Natursteines geprägt.

In der Stadt Hamburg gilt dies bis in die Gegenwart. Initiiert durch den berühmten Stadtbaurat Fritz Schumacher wurde dort der Klinker ab 1900 auch für die Bauten der Moderne als dominierendes Fassadenmaterial durchgesetzt. Bis heute werden bei öffentlichen Bauten immer wieder Klinkerfassaden gefordert. Auch private Bauherren bevorzugen diese Materialwahl. Auf diese Weise hat Hamburg noch weitgehend eine prägnante Material- und Farbstimmung in der Stadt bewahrt.

21 Die „weiße" Stadt Lissabon, geprägt durch den Kalkstein der Region

22 Die „graue" Stadt Porto, geprägt durch den Granit der Region

Viele Städte haben durch die Beschränkung der Putzfarben auf einen bestimmten Farbton oder ein bestimmtes Spektrum an Farben (zum Beispiel Bologna) eine besondere Stimmung. Murano hingegen, die kleine Fischerstadt im Norden der Lagune von Venedig, verdankt ihre Eigenart und internationale Bekanntheit gerade der mutigen Verwendung sehr intensiver und kontrastreicher Farben.

Bis in die Detailgestaltung der Geländer, die Wahl des Sonnenschutzes (wie Klappläden) oder der Fensterformen sind die „Accessoires" der Gebäude Stadtgestalt prägend. So gab es in vielen arabischen Städten sehr charakteristische Formen von Fenstervorbauten mit Holzlamellen, die die Durchlüftung des Gebäudes und den Ausblick auf die Gassen ermöglichten, den Einblick in das Gebäude aber verhinderten. In den modernen Innenstädten sind an die Stelle solcher Sekundärelemente der Gebäude Werbetafeln, Leuchtreklame, Lichtprojektionen, Videoschirme... getreten. Die Weiterentwicklung der digitalen Drucktechnik zum Bedrucken riesiger Planen, der Bau immer größerer Videoscreens und immer stärkerer Videobeamer bieten schon heute völlig neue Möglichkeiten der „ephemeren", vergänglichen Fassadengestaltung, die auf unsere Wahrnehmung des Stadtraums und die Speicherung der Stadtgestalt in unserer Erinnerung starken Einfluss nehmen werden.

3.3 Der Fußboden des Stadtraums und seine Möblierung

Wenn man die Fassaden der Gebäude als die „Wände" des öffentlichen Raums versteht, so bildet die Oberfläche der Straßen und Plätze den „Fußboden". Wie stark das Zusammenspiel der Materialität der Oberflächen wirkt, ist eine Erfahrung, die jeder aufmerksame Spaziergänger machen kann. Im Idealfall wird das Material der Fassade oder der Farbton der Gebäude zumindest partiell im Straßenbelag wieder aufgenommen und der Fassadenrhythmus der Gebäude in der Gliederung der Fußbodenoberfläche berücksichtigt. Mit der Gestaltung großartiger Plätze seit der Renaissance wurden Anlagen geschaffen, bei denen die raumbildenden Bauwerke mit ihren Fassaden, die Grundrissgeometrie, die Materialwahl und die geometrische Gliederung des Bodens zu Gesamtkunstwerken zusammengefügt wurden.

Solche feudal-herrschaftlichen oder kirchlichen Inszenierungen von Stadtraum können freilich nicht zum Modell alltäglicher Platzgestaltung in einer demokratischen Gesellschaft genutzt werden. Sie veranschaulichen jedoch das angesprochene Bild vom Stadtraum, dessen Oberfläche der Fußboden, dessen Wände die Fassaden der den Stadtraum begrenzenden Gebäude darstellen. Wie in einem gut eingerichteten Innenraum, bei dem die Oberflächen der Wände, des Fußbodens und die Möbel sich zu einer Gesamtstimmung zusammenfügen, so sollte dies auch bei einer Platzgestaltung konzipiert werden.

Zum Konzept einer Platzgestaltung gehört auch die Platzmöblierung, also alle Objekte, die im Stadtraum fest installiert werden: Sitzmöglichkeiten, Skulpturen, Leuchten, Brunnen, hinzu kommen Bäume und andere Pflanzen. Hier kommt es darauf an, im Gestalt-, Material- und Farbkonzept auch bei der Möblierung eine Balance zwischen Funktionalität und erwünschter Raumwirkung zu finden. Ein häufiger Fehler ist die „Übermöblierung" von Plätzen und eine zu große Material- und Formenvielfalt der Möbel. Wasser und Brunnen, Arkaden oder Kolonnaden, seit den römischen Städten in Europa geläufige Elemente der Stadtraumgestaltung, ergeben in Verbindung mit Bäumen, Baumdächern/ Baumgruppen und durchgehenden Stein- oder Kiesflächen einfache, multifunktionale Anlagen, die mit einzelnen, thematisch stark durchgestalteten Bereichen kontrastiert werden können (vgl. Beitrag Pesch, Werrer, S. 199).

Das Thema der Platzgestaltung ist allerdings so komplex, dass es im Rahmen einer knappen Einführung in die „Stadtgestaltung" nicht detailliert behandelt werden kann. Als interessantes Vorbild einer Gesamtkonzeption der zeitgenössischen Gestaltung des Stadtraums einer historischen Innenstadt mag Lyon gelten. Dort wurde eine Raumfolge von verkehrsberuhigten Straßen, Plätzen und Fußgängerzonen

23 Piazza del Campo in Siena. Platzgeometrie, Material der Platzoberfläche und der Randgebäude bilden eine gestalterische Einheit.

geschaffen. Jeder der Plätze erhielt einen je spezifischen Charakter auf der Basis eines Gesamtkatalogs von Material und Möblierung. So erlebt der Passant das Zusammenspiel von Plätzen mit sehr offener Struktur, großer Weite und minimiertem Gestaltungsaufwand auf der einen Seite und kleinteilig gegliederten, stark möblierten beziehungsweise bepflanzten Plätzen mit intimem Charakter auf der anderen Seite. Eine Addition kleinteiliger „Stadtgärten" wie die Place de la Bourse würde die Innenstadt „verkrauten". Viele Kinderkarussells anstatt des einen auf der Place de la Republique würden den Stadtraum verstopfen und optisch überladen.

Die Gestalt des öffentlichen Raums ist nicht nur die von Designern, Architekten, Städtebauern und Freiraumplanern gestaltete Form in allen ihren aufgelisteten Facetten. Sie wird letztlich sehr stark von ihren Nutzern und Nutzungen bestimmt. Fußgänger, Radfahrer, Verkaufsstände, Straßencafés: Sie alle prägen den öffentlichen Raum genauso. Für die meisten Menschen ist die Beobachtung von Menschen faszinierender als die Beobachtung von schicken Stadtmöbeln – was nicht gegen Stadtmöbel mit gutem Design spricht. Stadtraum sollte also zuallererst für die Nutzung und die Benutzer konzipiert werden. Die Gestaltung muss Offenheit für diese Nutzungen bieten.

Ein weiterer ganz wesentlicher Aspekt der Stadtgestalt ist die Vegetation, die, wenn auch nicht auf jedem Platz oder in jeder Straße, so doch in jedem Stadtteil, in jedem Quartier zur Gestaltung gehört. Sie ist in gewisser Weise hybrid (raumbildend und Bestandteil der Sekundärstruktur) und sie verändert über die Zeit ihre Gestalt (periodisch und langfristig).

Bäume (solitär, in Reihen und Gruppen, Baumdach bildende Haine…) gehören zur elementaren Ausstattung des öffentlichen Raums zumindest in Europa. Dabei muss die Entscheidung für oder gegen Baumpflanzungen sehr wohl auch aus der Analyse des Ortes heraus entschieden werden – nicht nur bezogen auf die Artenwahl für den geeigneten Standort. Mittelalterliche Stadtkerne etwa hatten nur wenige Bäume in den engen Gassen und auf den vergleichsweise kleinen Plätzen innerhalb der Stadtbefestigung und sollten deshalb nicht mit Bäumen vollgestopft werden.

3.4 Die Gestalt der Stadt bei Tag und Nacht

Seit der Einführung der Gasleuchten im 19. Jahrhundert ist die künstliche Beleuchtung der Stadt zum Gestaltungsthema geworden. Der weitaus größte Teil der bürgerlichen „Kultur"[1] findet außerhalb und nach dem streng im Arbeitsrhythmus geregelten Erwerbslebens in den Abendstunden statt. Bereits im 19. Jahrhundert begann das öffentliche Leben sich in den Stadtraum hinaus zu entwickeln. Der „Flaneur" genoss das ungezielte Umherstreifen in der Stadt – gerade auch bei Nacht.

Stadtbeleuchtung ist längst zu einer eigenständigen Disziplin geworden und die nächtliche Licht-Inszenierung von Plätzen und Monumenten hat in den meisten Städten um sich gegriffen. Auch in diesem Bereich der Stadtgestaltung wurde Lyon vorbildlich. Es wurde ein Lichtrahmenplan ausgearbeitet, der die wichtigen städtischen Verbindungslinien, Plätze und Monumente in der Hierarchie betonte. Vor allem die Ufer der beiden Flüsse, Saône und Rhône, zwischen denen die heutige Innenstadt auf einer Halbinsel liegt, sowie die Brücken werden durch intensive Beleuchtung hervorgehoben. Die einzelnen Straßenzüge, Plätze und Monumente werden jeweils vor dem Hintergrund einer durchgehenden Grundausleuchtung individuell und auf die Situation bezogen inszeniert.

24, 25 Shouwburg Plein Rotterdam; spannungsreiches Zusammenspiel von Materialien der Platzoberfläche, Möblierung und Platzbegrenzung

26, 27 Lyon, Place des Terreaux. Fassadengliederung der Platzbegrenzung, Platzoberfläche und Wasserspiele erzeugen ein kontrastreiches Bild bei Tag und Nacht.

4 Das Bild der Stadt: Theorie und Begriffe von Kevin Lynch

Wenn man Stadtgestaltung mit den Bedingungen der Wahrnehmung, Erinnerung und Orientierung zusammenbringt, hat man bereits den Anspruch an eine „objektiv" richtige oder schöne Gestaltung relativiert. Die Gestaltqualität wird bei einem solchen Ansatz nicht nach ihrer Nähe zu einem allgemeingültigen Schönheitsideal einer Stadt oder ihrer Kongruenz mit einem allgemein akzeptierten Leitbild beurteilt. Sie wird vielmehr auf ihre Erfassbarkeit, auf ihre „Lesbarkeit" hin beurteilt: Bietet eine Stadt dem Einzelnen die Möglichkeit, ihre Grundstrukturen zu erfassen, hat sie klar begrenzbare „Bereiche" und genügend, aber auch nicht zu viele charakteristische Elemente, die wir als „Merkmale" erinnern können.

Kevin Lynch entwickelte in seinem Buch „Das Bild der Stadt" Grundbegriffe, in die die sinnlichen Erfahrungen und Erinnerungen des Subjekts von der komplexen Gestalt der modernen Großstadt eingeordnet werden können. Auf der Grundlage von Gestalttheorien einerseits und allerdings nicht repräsentativen Befragungen in mehreren amerikanischen Städten andererseits, formulierte er die Theorie, dass das subjektive Stadtbild in der Ausformung von Wegen (path), Grenzen oder Rändern (edge), Bereichen oder Bezirken (district), Knoten- oder Brennpunkten (node) und Landmarken oder Merkmalen (landmark) besteht. Diese Begriffe gehen letztlich auf archaische Grunderfahrungen zurück. Wege, von Menschen geschaffen, erschließen ein Gebiet. Grenzen oder Ränder markieren das Ende oder den Anfang eines Bereichs. In Knoten führen mehrere Verbindungslinien zusammen, werden verschiedene Bewegungsrichtungen miteinander verwoben. Besonders auffällige Objekte, mit Fernwirkung oder besonderer Erscheinung vor dem Hintergrund gleichförmiger Objekte, werden zu Landmarken. In dieser sprachlichen Abstraktion lassen sich die Begriffe auch auf archaische Gesellschaften und ihre territoriale Orientierung und Organisation anwenden.

Kevin Lynch ließ Probanden aus der Erinnerung mental maps zeichnen und stellte fest, dass bei der Übertragung der Erinnerungsskizzen in eine Stadtkartierung Teile der Stadt offenbar eine sehr ausgeprägte Stadtgestalt haben, die von vielen Menschen klar in der Erinnerung begrifflich gefasst oder zeichnerisch dargestellt werden können. Umgekehrt lassen sich städtebauliche Strukturen ohne definierbare Bereiche (ohne regelhaft aufgebaute, kontrastreiche Teilbereiche), ohne Grenzlinien, und einprägsame Straßen nur schwer erfassen und erinnern. Ohne regelhaften „Hintergrund" lassen sich keine Landmarken finden, die sich davon abheben können. Solchermaßen unstrukturierte Städte erschweren die Orientierung und die Verortung von Einzelnen und Gruppen.

Diese „Subjektivierung" der Stadtgestalt, ihre Verlagerung in die Wahrnehmung der Individuen war zweifellos ein wichtiger Schritt auf dem Weg zur „Demokratisierung" des städtebaulichen Entwurfs. Stadtgestaltung wurde aus der Fachdebatte in den öffentlichen Disput überführt und als alle Menschen betreffende, wichtige Dimension der Gestaltung unserer Lebenswelt definiert. Durch die Fokussierung auf Aspekte der Wahrnehmung und Erinnerung von Information wurde jedoch der Zusammenhang von Form und Inhalt, von Zeichen und Bedeutung zurückgedrängt. Stadtgestaltung könnte bei dieser Herangehensweise als überhistorisch, kulturell neutral, als nur bezogen auf den allgemein menschlichen, kognitiven Apparat verstanden werden.

Tatsächlich ist Stadtgestaltung jedoch nicht von den konkreten technischen, gesellschaftlichen und kulturellen Bedingungen der städtischen Entwicklung und auch nicht vom kollektiven Gedächtnis ablösbar. Ein Merkzeichen ist etwas Besonderes, das vor seinem Hintergrund auffällt. Es kann jedoch mit negativen oder positiven Erfahrungen und Bedeutungsinhalten aufgeladen sein, die nicht von ihm ablösbar sind, etwa das Brandenburger Tor in Berlin als Symbol (Merkzeichen!) des geteilten Deutschlands und der Wiedervereinigung, der „Palast des Volkes" in Bukarest als Merkzeichen erinnert vor allem an eine brutale, zerstörerische Diktatur.

Gleichwohl ermöglichte die Arbeit von Kevin Lynch ein wichtige Erweiterung insbesondere des funktionalistisch verkürzten Städtebaus der klassischen Moderne. Die von Lynch ausgehenden Ansätze bilden keinen Widerspruch zu den oben erläuterten Aussagen zur Stadtgestalt. Sie sind im Gegenteil kongruent mit der Vorstellung der Stadt als einer Collage aus identifizierbaren Teilen und erkennbaren Kompositionsprinzipien der Gesamtcollage.

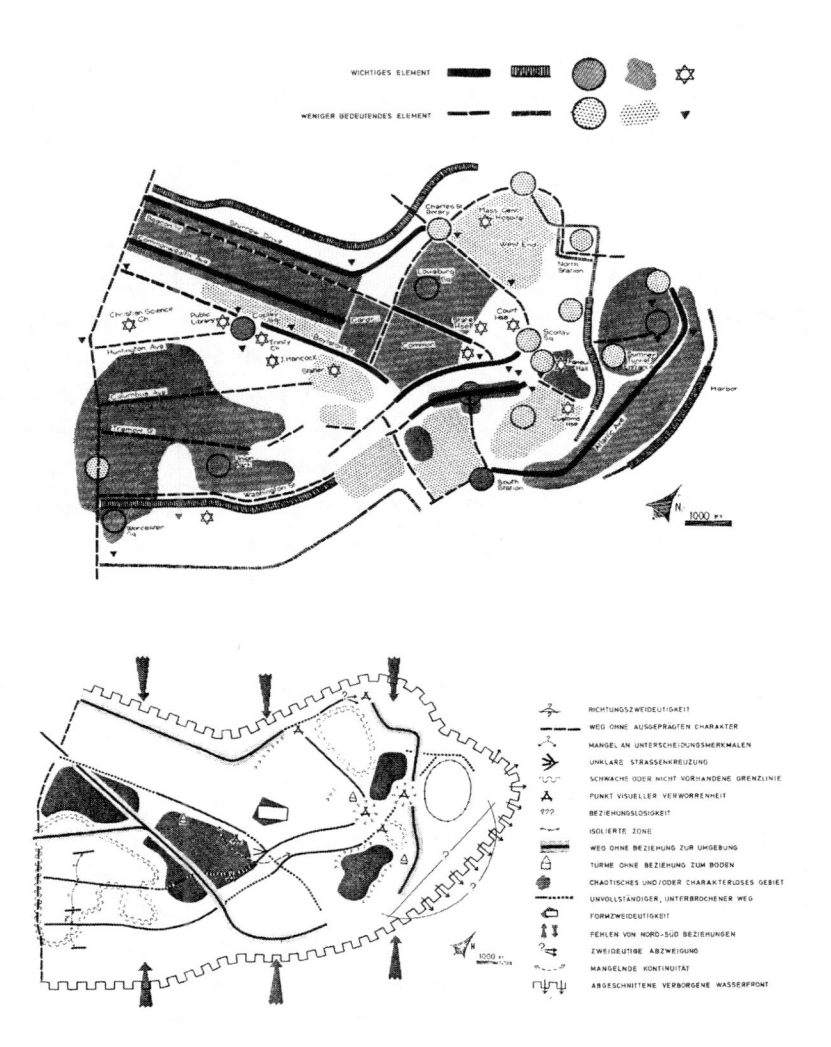

28 Boston. Das Bild der Stadt gemäß den Analysen von Kevin Lynch. Das aus mündlichen Befragungen hervorgegangene Vorstellungsbild (oben) und Problemzonen im Image von Boston (unten)

Weiterführende Literatur

Bott, Helmut (Hg): Inszenierung, Branding, Stadtmarketing; Stadtgestaltung in der Globalisierung. Stuttgart 2007

Cullen, Gordon: Townscape. London 1961

Gehl, Jan u. Gemzoe, Lars, New city spaces. Copenhagen 2001

Lynch, Kevin: Das Bild der Stadt. Berlin 1965

Rowe, Colin u. Koetter, Fred: Collage City. Cambridge/ London 1978

Sieverts, Thomas: Die Stadt als Erlebnisraum. In: Akademie für Raumforschung und Landesplanung (Hg.): Grundriss der Stadtplanung. Hannover 1983

Sieverts, Thomas: Was leisten städtebauliche Leitbilder? In: Becker, Heidede; Jessen, Johann; Sander, Robert (Hg.): Ohne Leitbild. Städtebau in Deutschland und Europa. Stuttgart 1998

Trieb, Michael/ Markelin, Antero: Stadtgestaltung in der Planungspraxis. Stuttgart 1976

Wagner, Kirsten: Die visuelle Ordnung der Stadt. Das Bild der Stadt bei Kevin Lynch. Berlin 2006. In: Borgmann, Karsten u.a. (Hg.): Das Ende der Urbanisierung? Wandelnde Perspektiven auf die Stadt, ihre Geschichte und Erforschung, Online Publikation der Humboldt Universität, Berlin

Endnoten

1   Mit Kultur ist hier der verkürzte Kulturbegriff gemeint, der alle Bereiche der „Schönen Künste" und der Bildung umfasst

Abbildungsnachweis

Fotos und Grafiken: Helmut Bott. Mit Ausnahme von:

1	Wolfhardt, K., GNU
2	Fa. Hanseballon
3	Marko Amstutz
4	Casp, Wikimedia GNU
7	Gruber, Karl: Die Gestalt der deutschen Stadt. Ihr Wandel aus der geistigen Ordnung der Zeiten. München 1983
9	Gruber, a.a.O.
11	Busquets, Joan: Barcelona. La construcción urbanística de una ciudad compacta, Barcelona 2004
12	Merian, Topographia Sueviae, 1643/1656
13	San Gimignano, GNU Free Documentation License
15	Creative Commons-Lizenz
17	D. Illiff, Wikimedia commons Lizenz
19	Giambattista Nolli, 1701–1756. Der Plan ist in verschiedenen Faksimile - Drucken veröffentlicht worden.
20	Google Earth
23	Wikimedia commons
24-27	Gehl, Jan / Gemzoe, Lars: New city spaces. Copenhagen 2001
28	Lynch, Kevin: Das Bild der Stadt. Berlin 1965

RALF HUBER-ERLER

Städtischer Verkehr

1 Einleitung

Der Beitrag gibt für Studierende der Stadtplanung einen Überblick über grundlegende Zusammenhänge und Planungsinstrumente der Verkehrsplanung. Es werden die wichtigsten methodischen Ansätze vorgestellt und Arbeitsgrundlagen für die verschiedenen Themenfelder aufbereitet. Sie sollen den Studierenden erste Hilfestellungen für die inhaltliche Einordnung des Fachaspektes Verkehr in den Planungs- und Entwurfsprozess bieten.

Vor diesem Hintergrund können die ausgewählten Inhalte keinen Anspruch auf Vollständigkeit erheben und dürfen keinesfalls als Rezepte verstanden werden. Für alle Aufgaben der kommunalen Verkehrsplanung wird auf die Veröffentlichungen der Forschungsgesellschaft für Straßen- und Verkehrswesen (FGSV) verwiesen, die in der Verkehrsplanung mit den Normungen aus dem Bauwesen vergleichbar sind (siehe Literaturverzeichnis).

1 Verkehrsplanung hat zum Ziel, dem heute hohen Mobilitätsbedarf gerecht zu werden und gleichzeitig eine hohe Stadt- und Lebensqualität zu erreichen.

2 Stadtentwicklung und Verkehr

Stadt und Verkehr bedingen sich gegenseitig: Städtische Nutzungen sind Ziele und Quellen von Verkehr. Ohne die notwendige Verkehrsinfrastruktur ist eine Stadt nicht funktionsfähig. Zuviel Verkehr, insbesondere zuviel Autoverkehr steht durch Lärm, Abgase, Flächenverbrauch und gestalterische Dominanz in Konkurrenz zu den Zielen der Stadtplanung. Die autogerechte Stadt, eine Vision des 20. Jahrhunderts, kann heute als gescheitert gelten. Obwohl im Detail oft kontrovers diskutiert, besteht heute weitgehend Einigkeit darüber, dass Autoverkehr in Städten auf das notwendige Maß begrenzt beziehungsweise reduziert werden muss. Hierzu stehen uns verschiedene planerische Ansätze zur Verfügung:

- Vermeidung von Verkehr bereits auf städtebaulicher Ebene durch Nutzungsmischung und Nutzungszuordnung (Stadt der kurzen Wege)
- Abwicklung eines möglichst großen Verkehrsanteils durch die Verkehrsmittel des Umweltverbundes (zu Fuß, Rad, öffentlicher Personennahverkehr (ÖPNV))
- verträgliche Abwicklung des verbleibenden (Auto-) Verkehrs

Mobilitätskenngrößen in Deutschland	1982	2008
Arbeit	21%	15%
Ausbildung	8%	4%
dienstlich, geschäftlich	6%	7%
Einkauf, Erledigung	30%	38%
Freizeit	35%	35%
Unterwegszeit pro mobile Person	1:27	1:30
Tagestrecke pro mobile Person	37km	46km
Kfz-Anteil an allen Wegen	37%	50%
Kfz-Anteil an allen Strecken	50%	58%

2.1 Mobilität und Verkehr

Wohnen – Arbeiten – Versorgen – Bilden – Freizeit gestalten – wirtschaftliche Aktivitäten sind Grundbedürfnisse menschlichen Lebens. Die Realisierung dieser Grundbedürfnisse erfordert in der modernen arbeitsteiligen Gesellschaft meist Ortsveränderungen: Mobilität. Das Ausmaß des daraus entstehenden Verkehrs ergibt sich durch die Länge der zurückgelegten Wege. Der dabei entstehende Autoverkehr ist darüber hinaus von der Möglichkeit abhängig, die entstehenden Wege zu Fuß, mit dem Fahrrad oder mit öffentlichen Verkehrsmitteln zurückzulegen. Die zunehmende räumliche Trennung der Funktionsbereiche in der Stadt und ihrem Umland hat in den vergangenen Jahrzehnten die zurückgelegten Distanzen ständig wachsen lassen. Somit hat bei gleicher Mobilität Verkehr und dabei insbesondere Autoverkehr stark zugenommen (vgl. Tabelle nebenstehend). Diese städtebauliche Entwicklung wurde durch die Massenmotorisierung möglich und bedingte sie zugleich.

2.2 Motorisierung

Die Motorisierung drückt sich durch das Verhältnis von Pkw zur Bevölkerung (Pkw pro 1.000 Einwohner) aus. In Deutschland kommen derzeit (ohne Firmen- und Geschäftswagen) 531 Pkw auf 1.000 Erwachsene. Bemerkenswert ist der heute geringe Motorisierungsgrad der Länder (China 54 Pkw/1.000 EW, Indien 11 Pkw/1.000 EW), die in den nächsten Jahrzehnten stärker motorisiert werden.[1]

Die Entwicklung der künftigen Motorisierung hängt davon ab, wie sich das Bewusstsein für die Bedeutung des Motorisierten Individualverkehrs (MIV) in unserer Gesellschaft verändert und wie die jeweilige demographische Entwicklung ihre Auswirkungen auf die relevanten Altersgruppen der Motorisierung zeigt.

2.3 Strategische Stadt- und Verkehrsplanung

Stadtplanung hat eine wichtige Aufgabe bei der Begrenzung beziehungsweise der Reduzierung des Autoverkehrs. Die „Stadt der kurzen Wege" mit einer Mischung und Zuordnung von Nutzungen reduziert die erforderlichen Distanzen und erhöht damit die Chancen, Wege zu Fuß und mit dem Fahrrad zurückzulegen. Wenn Stadtentwicklung dort stattfindet, wo ein gutes ÖPNV-Angebot vorhanden ist, ist Mobilität über längere Distanzen nicht auf das Auto angewiesen und leistet damit einen sozialen Beitrag. Auch die Entwicklung der Informationstechnologie ist wichtig für die Reduzierung von Verkehr, beispielsweise durch die Möglichkeit zu Hause zu arbeiten.

Die strategische Aufgabe der Verkehrsplanung besteht darin, Verkehrskonzepte zu entwickeln, die es ermöglichen, bei der täglichen Mobilität auf das Verkehrsmittel Auto zu verzichten. Hierzu werden die Netze des ÖPNV, des Radverkehrs und des Fußverkehrs möglichst nutzerfreundlich ausgestaltet. Stadtverträgliche Verkehrskonzepte unterstützen die Benutzung des Umweltverbundes aus Fuß, Rad und ÖPNV. Zunehmende Bedeutung gewinnt die Gestaltung der Schnittstellen zwischen den Verkehrssystemen, wie die Mitnahme von Fahrrädern im ÖPNV oder die Schaffung von Parkmöglichkeiten (für Fahrräder und Autos) an ÖPNV-Haltestellen. Autoverkehr in einem möglichst verträglichen Ausmaß kann und soll nicht verhindert werden. Trotzdem kann auch die Beschränkung der Autonutzung sinnvoll sein. Einige Städte außerhalb von Deutschland (London, Oslo) setzen dazu Citymaut ein. Auch durch Parkraummanagement lässt sich die Autobenutzung beeinflussen. Wenig geeignet ist die Strategie, Autobenutzung durch Stau zu steuern. Stau trifft auch diejenigen Verkehrsteilnehmer, deren Autonutzung man nicht beeinflussen will. Immer wichtiger werden Ansätze des Mobilitätsmanagements, um das Mobilitätsverhaltens auf organisatorischer Ebene zu steuern. Zur Beurteilung des Mobilitätsverhaltens wird der „Modal

Split" verwendet, die Verteilung des Verkehrsaufkommens eines Raumes auf die verschiedenen Verkehrsmittel. Mit dem Modal Split können Vergleiche verschiedener Räume oder Veränderungsanalysen durchgeführt werden (Abb. 2).

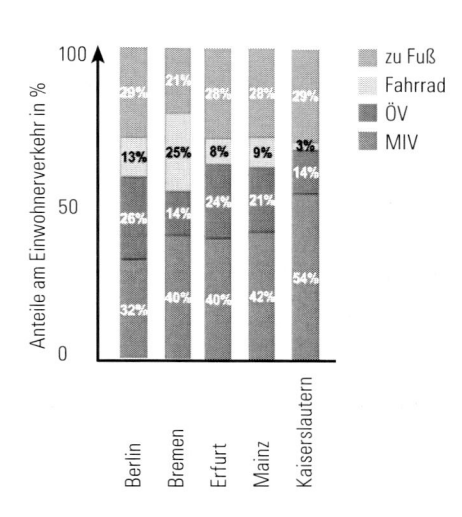

2.4 Der Trend zu mehr Autoverkehr

Trotz vielfältiger Anstrengungen kann in vielen Städten immer noch ein Trend zu mehr Autoverkehr festgestellt werden: Ursachen dafür sind weiterhin Flächenentwicklungen am Stadtrand mit zunehmender Funktionstrennung und tendenziell autoaffineren Verkehrsstrukturen. Hinzu kommen Effekte des demografischen Wandels mit immer weniger Kindern, die einen großen Teil der ÖPNV-Nutzer in einer Stadt ausmachen und eine zunehmende Motorisierung älterer Menschen, insbesondere Frauen, deren Motorisierungsrate weiter steigt.

Trotz der zu beobachtenden Umkehr der Stadt-Umland-Wanderungen nimmt die Zahl der Pendler in sehr vielen Städten weiter zu. Selbst dort, wo Einwohner- und Arbeitsplatzzahlen stagnieren, steigt die Zahl der Einpendler und Auspendler. Zu den Gründen sind keine abschließenden wissenschaftlichen Erkenntnisse bekannt. Es kann jedoch vermutet werden, dass dieser Effekt durch Veränderungen am Arbeitsmarkt und der privaten Lebensführung bedingt sind, wie häufigere Wechsel des Arbeitsplatzes, zunehmende Berufstätigkeit von beiden Partnern in Familien. Eine Zunahme von Ein- und Auspendlern verursacht eine Reduzierung des städtischen Binnenverkehrs und erhöht das Aufkommen des Quell- und Zielverkehrs. Aufgrund der größeren Distanzen und vielfach dispersen räumlichen Strukturen dieser Verkehre liegt der Anteil des Autoverkehrs an diesen Verkehren meist erheblich höher als im städtischen Binnenverkehr. Zukünftige Verkehrskonzepte müssen sich daher verstärkt des regionalen ÖPNV-Angebots annehmen.

2.5 Die Einstellung zum Auto wandelt sich

Jahrzehnte galt in Deutschland das eigene Auto bei jungen Erwachsenen als größter Wunsch und der Führerschein als „Eintrittskarte" ins Erwachsenenleben. Dieser Trend hat sich in den letzten Jahren umgekehrt. Bei den heutigen Jugendlichen und jungen Erwachsenen haben Autobesitz und Autobenutzung an Bedeutung verloren. So sank der Autobesitz der 18- bis 24-Jährigen von 2003 bis 2010 von 65 auf 56 Prozent.[2]

2.6 Verflechtungsmerkmale des Verkehrs

Bei der analytischen Betrachtung, vor allem aber bei planerischen Lösungsansätzen ist es besonders wichtig, den Verkehr nach unterschiedlichen Verflechtungsmerkmalen zu differenzieren:

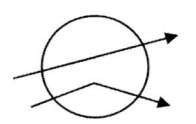

- *Durchgangsverkehr*: überörtlicher Fremdverkehr; Fahrzeuge, die ohne Aufenthalt durch das Gebiet fahren
- *Quell- und Zielverkehr*: örtliche Bezüge/ externe Verflechtung; Fahrzeuge, die ihre Fahrt im Gebiet beginnen oder das Gebiet als Ziel aufsuchen
- *Binnenverkehr*: innerörtliche Bezüge; Fahrzeuge, die innerhalb des Gebietes verkehren

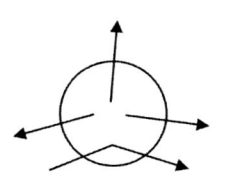

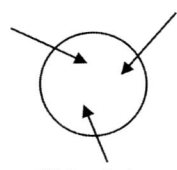

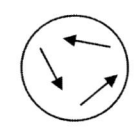

2 Der Modal Split in deutschen Städten variiert infolge des Mobilitätsverhaltens der Einwohner und Unternehmen. Ziel einer zukunftsfähigen Mobilitätsstrategie ist es den MIV zu reduzieren.

3 Verflechtungsmerkmale des Verkehrs

3 Verkehrsplanung als integraler Bestandteil der städtebaulichen Gesamtplanung

Städtische Verkehrsplanung ist als Teil einer städtischen Gesamtplanung zu sehen. Verkehrsplanerische Teilaspekte sind auf allen städtebaulichen Planungsebenen einzubeziehen. Verkehrsplanerische Aufgaben leiten sich aus der Tiefenschärfe der städtebaulichen Planungsaufgaben ab: Stadtentwicklung / Flächennutzungsplanung, Städtebauliche Rahmenplanung, Strukturkonzepte, Bebauungspläne, Detailkonzepte/ städtebauliche Entwürfe.

4 Hierarchie der Planungsebenen und jeweils zugeordneten verkehrsspezifischen Fachplanung

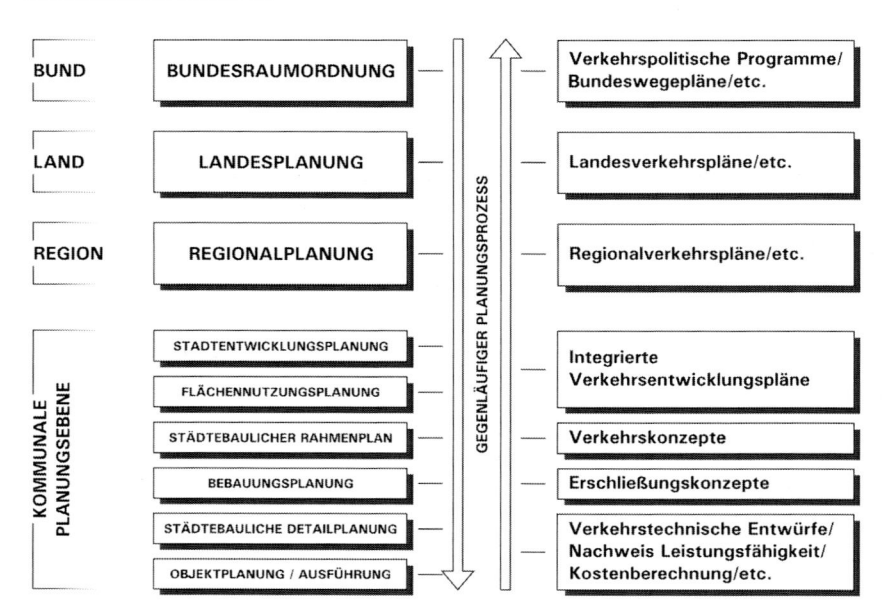

Ebene	Planung		Fachplanung Verkehr
BUND	BUNDESRAUMORDNUNG		Verkehrspolitische Programme/ Bundeswegepläne/etc.
LAND	LANDESPLANUNG		Landesverkehrspläne/etc.
REGION	REGIONALPLANUNG		Regionalverkehrspläne/etc.
KOMMUNALE PLANUNGSEBENE	STADTENTWICKLUNGSPLANUNG	GEGENLÄUFIGER PLANUNGSPROZESS	Integrierte Verkehrsentwicklungspläne
	FLÄCHENNUTZUNGSPLANUNG		
	STÄDTEBAULICHER RAHMENPLAN		Verkehrskonzepte
	BEBAUUNGSPLANUNG		Erschließungskonzepte
	STÄDTEBAULICHE DETAILPLANUNG		Verkehrstechnische Entwürfe/ Nachweis Leistungsfähigkeit/ Kostenberechnung/etc.
	OBJEKTPLANUNG / AUSFÜHRUNG		

Kenntnisse über die spezifischen Anforderungen der einzelnen Planungsebenen und ihre gegenseitigen Abhängigkeiten sind eine wichtige Voraussetzung für eine integrierte Verkehrsplanung im Rahmen der jeweiligen Gesamtplanung. In der Regel ist die Fachplanungsebene „Verkehr" aus planungsrechtlicher Sicht nicht verbindlich. Die Fachplanungsebene folgt primär einem fachbezogenen politischen Leitbild einer Kommune. Die Rechtsverbindlichkeit wird oftmals nur durch Aufnahme in die Gesamtplanung (zum Beispiel Flächennutzungsplan, Bebauungsplan) erreicht. Zu beachten ist die jeweilige Tiefenschärfe der Planungsebenen. Sie sollten in Rückkoppelungsprozessen immer wieder aufeinander bezogen und nicht streng hierarchisch vom großen zum kleinen Maßstab durchdekliniert werden. Die Verkehrsplanung ist dabei jeweils als ein integraler Bestandteil der städtebaulichen Gesamtplanung zu verstehen; sie darf also keine isolierte Fachplanung darstellen. Die Bewertung einer Verkehrskonzeption muss sich vor allem an der Verbesserung der Aufenthaltsqualität der öffentlichen Räume und des Umfeldes jeweiliger Nutzungsschwerpunkte orientieren (Beispiele vgl. Beitrag Pesch, Werrer, S. 203).

3.1 Verkehrsentwicklungsplanung

Der Verkehrsentwicklungsplan (VEP) ist ein strategischer Plan zur Entwicklung einer übergeordneten Mobilitäts- und Verkehrsstrategie. Er legt die grundlegenden Netze für die nächsten zehn bis 15 Jahre fest, jedoch ohne konkrete Maßnahmenplanung. Der VEP soll Chancengleichheit für alle Bevölkerungsgruppen im Hinblick auf Mobilität sicherstellen und dabei die Balance halten zwischen sozialer Ausgewogenheit, ökologischer Verträglichkeit und ökonomischer Vernunft.

Der VEP hat sich aus den Generalverkehrsplänen (GVP) der Vergangenheit, die überwiegend Straßenausbaupläne waren, entwickelt. Heute wird der Verkehrsentwicklungsplan um Aspekte des Mobilitätsmanagements erweitert und teilweise auch Mobilitätskonzept (MOKO) genannt.

Der VEP ist ein freiwilliger Plan der Kommunen. Zu Form und Inhalten eines VEP bestehen keine rechtlichen Bindungen. Fachlich zwingend erforderlich ist es aber, übergeordnete Pläne der Raumordnung und des Umweltschutzes darin zu berücksichtigen. Als strategischer Plan setzt der VEP den Rahmen für konkrete verkehrliche Vorhaben und Projekte. Eine Verbindlichkeit des VEP für diese Projektplanungen kann allerdings nur als Selbstverpflichtung der Kommune hergestellt werden.[3]

Die Integration des VEP in die städtebauliche Gesamtplanung erfordert eine Verzahnung von VEP und Flächennutzungsplan (FNP). So ist es möglich, die verkehrlichen Wirkungen der Siedlungsentwicklung zu bewerten und die Erkenntnisse in den FNP-Prozess zurückzuspielen. Gleichzeitig können die erforderlichen Flächen für Verkehrsinfrastruktur im FNP gesichert werden.

Grundlage des VEP ist in der Regel eine fundierte Analyse der Mobilitäts- und Verkehrsstrukturen sowie der vorhandenen Verkehrsnetze. Datengrundlagen sind Haushaltsbefragung zur Erfassung des Mobilitätsverhaltens, Fahrgastbefragung und Fahrgastzählungen im ÖPNV, Befragungen des Autoverkehrs (beispielsweise als Kordonbefragung), Knotenpunkt- und Querschnittszählungen sowie Parkraumerhebungen.

Verkehrsentwicklungsplanung erfolgt auf der Basis prognostischer Aussagen zur allgemeinen Mobilitäts- und Verkehrsentwicklung sowie im Hinblick auf die Zusammenhänge von Stadtentwicklung und Verkehrsentwicklung. Hierzu werden in der Regel Verkehrsmodelle verwendet, die in einem Untersuchungsraum das Verkehrsgeschehen eines „normalen" Werktages im Prognosejahr abbilden. Stand der Technik bei den Verkehrsmodellen ist die modellhafte Abbildung von Siedlungsstrukturen und Verkehrsnetzen für alle Verkehrsmittel. Damit ist es möglich, in den Prognoseberechnungen die verkehrlichen Wirkungen städtebaulicher Entwicklungen abzubilden. Mit multimodalen Verkehrsmodellen können die Auswirkungen von Veränderungen der Verkehrsinfrastruktur auf das Mobilitätsverhalten berücksichtigt werden.

Auf der Basis eines Leitbildes und konkreter Planungsziele wird eine verkehrliche Gesamtstrategie entwickelt. In vielen Verkehrsentwicklungsplänen werden die verkehrlichen Wirkungen unterschiedlicher Strategien in Testszenarien quantifiziert und bewertet. Auf die Auswahl des Zielszenarios folgt die Konkretisierung in Verkehrsmittel bezogenen Teilkonzepten. Die Teilkonzepte umfassen die grundlegenden Netze für alle Verkehrsmittel: Fußverkehr, Radverkehr, ÖPNV, motorisierter Individualverkehr, Lkw-Verkehr, ruhender Verkehr.

Außerdem werden Verkehrsmittel unabhängige oder Verkehrsmittel übergreifende Konzepte entwickelt, beispielsweise zum Immissionsschutz, Umfeldverträglichkeit, Wirtschaftsverkehr, Verkehrssicherheit, Multimodalität, Tourismusverkehr.

Immer häufiger werden in Verkehrsentwicklungsplänen auch Konzepte zur Beeinflussung des Mobilitätsverhaltens entwickelt. Diese Ansätze, die auf Information, Organisation und administrativen Ansätzen beruhen, werden als Mobilitätsmanagement bezeichnet.

Die verschiedenen Teilkonzepte eines VEP werden in einem integrierten Gesamtkonzept zusammengeführt. Hier werden Zielkonflikte zwischen den Teilkonzepten gelöst. Die Realisierung eines VEP wird in einem Umsetzungskonzept vorbereitet. Der gesamte VEP-Prozess, der in der Regel mehrere Jahre dauert, erfordert einen kontinuierlichen Austausch- und Diskussionsprozess mit den Bereichen der Stadtplanung, Grünplanung, Umweltplanung, Verkehrsplanung und des Tiefbaus sowie den Aufgabenträgern des ÖPNV. Der VEP-Prozess wird durch eine intensive Beteiligung von Bürgerinnen und Bürgern, Kommunalpolitik und Interessensverbänden begleitet.

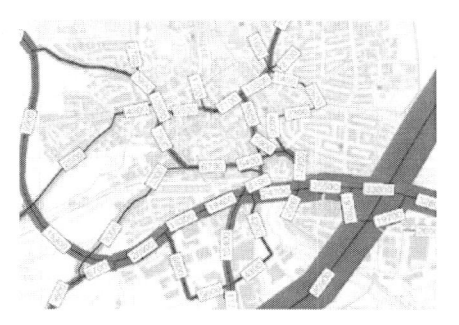

5 Prognosebelastungen im Straßennetz als Ergebnis des Verkehrsmodells

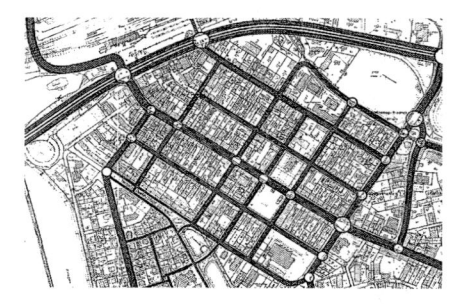

4 Grundlagen städtischer Verkehr

4.1 Gesamtstädtische Netzstrukturen

Die städtebaulichen Strukturen haben in vielen Städten die Struktur des Straßennetzes vorgegeben. Auffällig sind zum Beispiel die Unterschiede zwischen den organischen und ringförmigen Netzen vieler Städte in Europa und den orthogonalen Netzen in den USA.

- Rastersysteme sind orthogonale Netze, die eine flächendeckende Erschließungsstruktur ermöglichen, jedoch eine klare Hierarchie der Netzelemente erfordern.
- Ringsysteme bestehen aus einer Struktur konzentrischer Kreise, die in der Regel nur in Verbindung mit Radialen funktionsfähig sind.
- Tangentensysteme entstehen durch partielle Netzergänzungen zur Entflechtung/ Umverteilung der jeweiligen Verkehrsströme.

4.2 Funktionen einer Straße

Die Funktionen von Straßen unterscheiden wir in Verbindung (von A nach B kommen), Erschließung (Grundstücksein- und Ausfahrten, Parken) und den Aufenthalt (Straße als sozialer Raum).

- Eine Straße hat *Verbindungsfunktion*, wenn sie dem Transport von Personen und Gütern zwischen zwei Orten dient (Ortsverbindung oder überörtliche Verbindung).
- Innerhalb bebauter Gebiete dient eine Straße mit *Erschließungsfunktion* als Zufahrt zu den anliegenden Grundstücken und Häusern; Sie stellt deren Erschließung sicher.
- Das Maß und die Art der baulichen Nutzung beiderseits einer Straße führen dazu, dass Kommunikationsbedarf entsteht. Diese *Aufenthaltsfunktion* steht oft in Konflikt mit Erschließungs- und Verbindungsansprüchen.

Aus den Straßenfunktionen erwachsen unterschiedliche Anforderungen an Flächenaufteilung und Gestaltung. Insbesondere in städtischen Hauptstraßen bestehen erhebliche Zielkonflikte zwischen den sich überlagernden verschiedenen Nutzungsansprüchen. Dies erfordert eine sorgfältige Planung und Abwägung.

4.3 Straßenhierarchie

Das Erschließungsnetz ist hierarchisch aufgebaut. Vorwiegend dem überörtlichen und ortsverbindenden Verkehr dienende Straßen sind:
- Fernstraßen, Autobahnen,
- Schnellverkehrsstraßen, Stadtautobahnen,
- Hauptverkehrsstraßen,
- Verkehrsstraßen.

Vorwiegend der Erschließung der Quartiere und Grundstücke dienende Straßen- und Wegesysteme sind:
- Sammelstraßen,
- Anliegerstraßen, Anliegerwege,
- Wohnwege, Fußgängerzonen, verkehrsberuhigte Bereiche,
- selbständige und kombinierte Rad- beziehungsweise Gehwege.

In den Richtlinien für die Anlage von Stadtstraßen (RASt 06) werden typische Entwurfssituationen erfasst (Abb. 11). Unter Angabe von Randbedingungen aus Nutzungsansprüchen des Fußgänger-, Rad- und ruhenden Verkehrs, Bedeutung im ÖPNV, Kfz-Verkehrsstärke und Straßenraumbreite werden geeignete Querschnitte oder Querschnittkombinationen empfohlen (Abb. 12). Es kann davon ausgegangen werden, dass mit diesen typischen Entwurfssituationen ein Großteil (70 bis 80 Prozent) der in der Praxis auftretenden Entwurfsaufgaben abgedeckt sind.

6 Rastersystem (Kehl – Grundriss Weinbrenner)

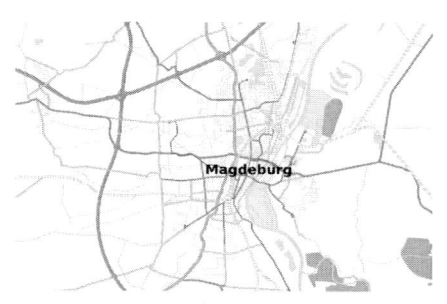

7 Tangentensystem (Magdeburg)

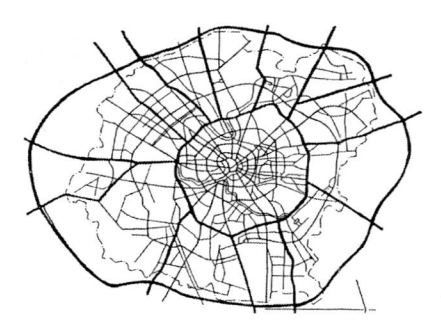

8 Ringsystem (Moskau)

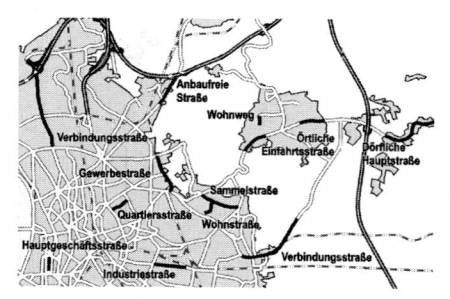

9 Typische Entwurfssituationen (entspr. RASt 06)

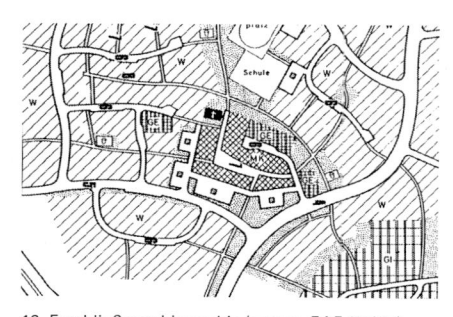

10 Erschließungshierarchie (entspr. EAE 85/95)

4.4 Entwurf und städtebauliche Bemessung

Die Planung und der Entwurf von Straßen ist ein kreativer und auf Erfahrung gestützter Gestaltungsprozess. Dabei gibt es Nutzungsansprüche und Entwurfsvorgaben zu beachten. Hinweise zur Dimensionierung enthält die RASt 06. Die städtebauliche Bemessung basiert auf drei Faktoren (RASt 06):

- Zwischen Gehbereich und äußerem Rand des Straßenraums ist ein Bereich anzuordnen, in dem die Ansprüche der angrenzenden baulichen Nutzung erfüllt werden können (Verweilflächen, Wirtschaftsflächen, Distanzbereiche, Vorgärten).
- Sowohl für den Fußgänger- als auch für den Radverkehr müssen die je nach Bedeutung des Straßenraums erforderlichen Flächen im Seitenraum bereit gestellt werden.
- Damit Fußgänger sich wohlfühlen, müssen die Seitenräume in einem angenehmen Breitenverhältnis zur Fahrbahn stehen; als angenehm wird eine Aufteilung von Seitenräumen zu Fahrbahn von 30:40:30 empfunden (Abb. 11).

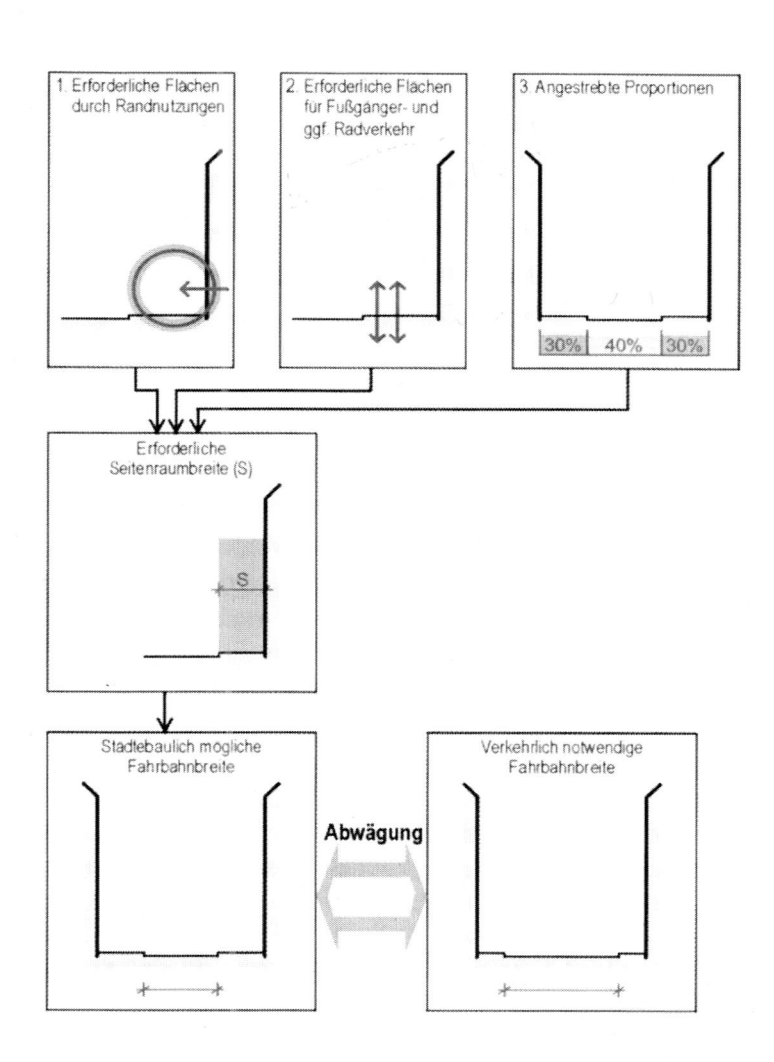

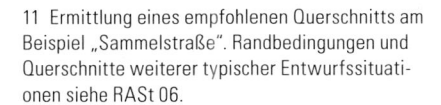

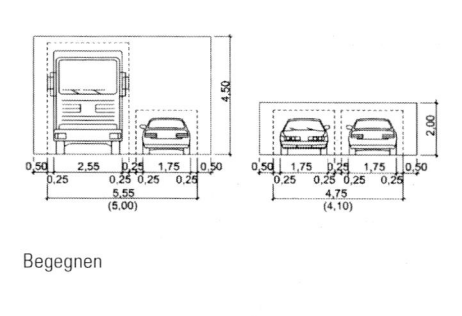

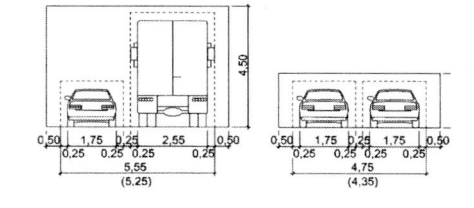

11 Ermittlung eines empfohlenen Querschnitts am Beispiel „Sammelstraße". Randbedingungen und Querschnitte weiterer typischer Entwurfssituationen siehe RASt 06.

12 Beispiele für Verkehrsräume und lichte Räume beim Begegnen, Nebeneinanderfahren und Vorbeifahren ausgewählter Kombinationen von Bemessungsfahrzeugen (Klammermaße: mit eingeschränkten Bewegungsspielräumen)

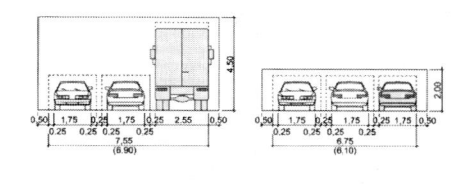

4.5 Typische Entwurfssituationen

Dörfliche Wohnstraße

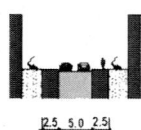

Sammelstraße

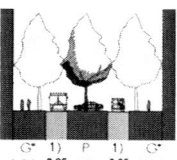

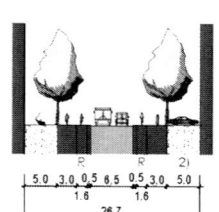

Örtliche Einfahrtsstraße

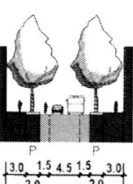

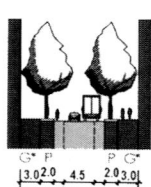

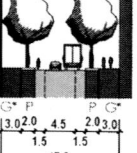

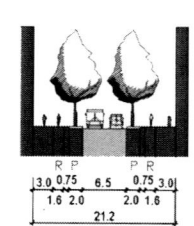

Hauptgeschäftsstraße

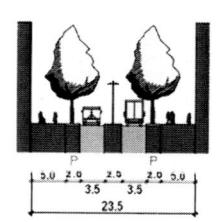

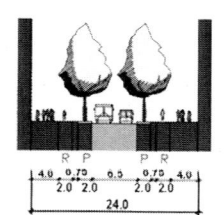

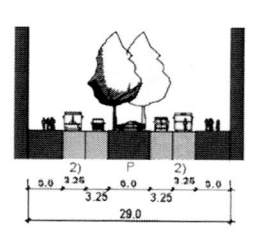

13 Auswahl empfohlener Querschnitte und Bildbeispiele für typische Entwurfssituationen

4.6 Bemessung von Wendeanlagen

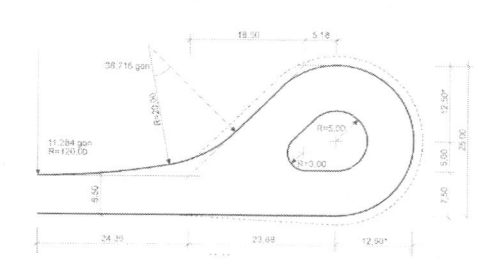

14 Wendeschleife für Omnibusse

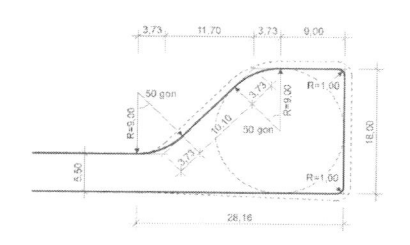

Flächenbedarf für einen Wendekreis für ein zweiachsiges Müllfahrzeug

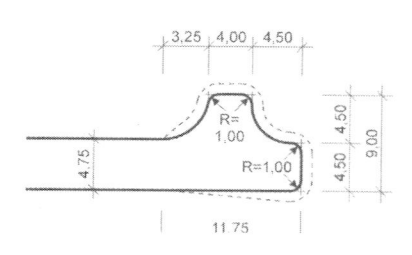

Flächenbedarf für einen Wendehammer für einen Pkw

5 Fußgängerverkehr

Zu Fuß gehen ist die Urform aller Mobilität. Zu Fuß gehen hat neben der reinen Ortsveränderung auch eine soziale Funktion durch Aufenthalt und Kommunikation. Fußgänger schaffen somit Urbanität. Leider geht der Anteil des Fußgängerverkehrs in den meisten Städten immer noch zurück. Die Anteile des Fußgängerverkehrs liegen in Städten heute meist zwischen 15 Prozent und 30 Prozent. Fußverkehrsförderung wird auf städtebaulicher Ebene durch Nutzungsmischung und kurze Wege erreicht. Förderung des Fußgängerverkehrs auf verkehrsplanerischer Ebene bedeutet:

- Schaffung umwegfreier und sicherer Verbindungen
- angemessene Dimensionierung
- ansprechende Gestaltung
- Vermeidung von Angsträumen
- Berücksichtigung mobilitätseingeschränkter Personen

Verkehrsrechtlich unterscheidet man die Führung des Fußgängerverkehrs in:

- straßenbegleitender Gehweg
- gemeinsame Rad-/Gehwege
- Unabhängig geführter Gehweg
- verkehrsberuhigte Bereiche
- Fußgängerzonen

Städtische Straßen sollten in aller Regel über beidseitige Gehwege verfügen. Die Mindestbreite ergibt sich aus dem erforderlichen Verkehrsraum für das Begegnen von zwei Personen. Darüber hinaus sind Breitenzuschläge zu berücksichtigen.

Die Attraktivität und Sicherheit von Straßen für den Fußgängerverkehr wird durch niedrige Kfz-Geschwindigkeiten positiv beeinflusst. Sofern Straßen begleitende Gehwege vorhanden sind, müssen Fußgänger diese benutzen. In verkehrsberuhigten Bereichen können Fußgänger die gesamte Straßenbreite nutzen. In Fußgängerzonen haben Fußgänger Vorrang. Autos sind dort nur in Ausnahmefällen zugelassen (Anlieferung, Anwohner).

Das Queren von Straßen ist bei niedrigen Kfz-Verkehrsstärken und Kfz-Geschwindigkeiten ohne Einschränkungen möglich und gewünscht. Mit zunehmenden Kfz-Verkehrsstärken und Kfz-Geschwindigkeiten kann die Querung von Fußgängern durch punktuelle oder linienhafte Mittelinseln verbessert werden. Für den Einsatz von Zebrastreifen gibt es enge Anwendungsgrenzen.[4] Bei Kfz-Geschwindigkeiten von weniger als 25 km/h kann in der Regel auch bei höheren Verkehrsstärken auf Querungshilfen verzichtet werden. An hoch belasteten Kreuzungen und anderen Querungsstellen wird das Queren von Fußgängern durch Lichtzeichenanlagen geregelt.

Überführungen oder Unterführungen widersprechen dem Bedürfnis von Fußgängern nach direkten und bequemen Verbindungen und sind nur mit erheblichem Aufwand barrierefrei herzustellen. Barrierefreie Verkehrsanlagen erfordern eine maximale Längsneigung von sechs Prozent sowie zusätzliche Ruhepodeste.

15 Fußgängerverkehr kann Urbanität schaffen. Auf städtebaulicher Ebene können Nutzungsmischung und kurze Wege den Fußgängerverkehr begünstigen.

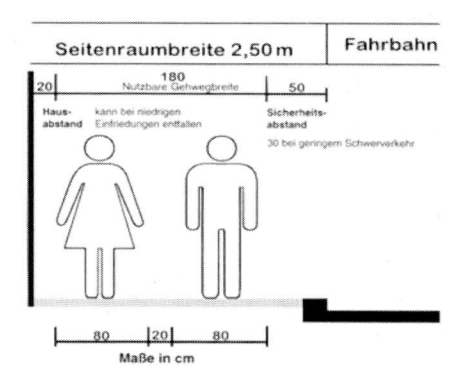

16 Aufteilung des Seitenraums für Wohnstraße

Zuschläge für Einbauten und Bepflanzung im Seitenraum	[m]
Verweilflächen vor Schaufenstern	1,00
Grünstreifen ohne Bäume	≥ 1,00
Straßen mit Bäumen	≥ 2,00 – 2,50
Ruhebänke	≥ 1,00
Haltestellen	≥ 1,50
Auslagen und Vitrinen	1,50
Stellflächen für Zweiräder 100 gon	2,00
In einem Aufstellwinkel von 50 gon	1,50
Fahrzeugüberhang bei Senkrecht- oder Schrägparkstreifen	0,75

17 Richtwerte für Breitenzuschläge zum Seitenraum

18 Die Förderung des Radverkehrs ist zurzeit ein wichtiges Anliegen der Verkehrsplanung. Er ist umweltfreundlich und gesund. Förderlich sind dabei geschickte Verflechtungen zwischen den verschiedenen Verkehrsmitteln.

6 Radverkehr

Fahrrad fahren ist umweltfreundlich und gesund. Das Fahrrad als Alltagsverkehrsmittel in der Stadt boomt. Es gibt einige Städte in Deutschland, die im Binnenverkehr Radverkehrsanteile von mehr als 25 Prozent aufweisen, beispielsweise Erlangen, Freiburg, Münster, Offenburg, Tübingen. Am anderen Ende der Skala liegen Städte mit Radverkehrsanteilen von ein bis drei Prozent. Hier spielt das Fahrrad praktisch keine Rolle. Oft wird die Topographie als Argument gegen das Radfahren genannt. Dieses Argument verliert durch die voranschreitende Elektrifizierung der Fahrräder an Bedeutung.

Im Hinblick auf unterschiedliche Fahrräder und Personengruppen wird die Bedeutung einer attraktiven und sicheren Radverkehrsinfrastruktur immer wichtiger. Erfolgreiche Radverkehrsplanung erfordert ein geschlossenes Netz von Verkehrsanlagen. Dieses Netz verbindet die wichtigsten Quellen und Ziele des Radverkehrs in einer Stadt möglichst umwegfrei miteinander.

Das Radverkehrsnetz kann aus unterschiedlichen Netzelementen bestehen. An Hauptverkehrsstraßen mit einer zulässigen Höchstgeschwindigkeit von 50km/h sind in der Regel Radwege oder Radstreifen erforderlich. Schutzstreifen kommen dort zum Einsatz, wo keine ausreichende Breite für Radwege oder Radstreifen zur Verfügung steht.

Bei Tempo 30 kann in der Regel auf separate Radverkehrsanlagen verzichtet werden. Die Freigabe von Gehwegen für Radfahrer ist nur bei geringem Rad- und Fußverkehr sinnvoll. Radverkehrsnetze können durch weitere Netzelemente sinnvoll ergänzt werden:

- Mitbenutzung von Busspuren
- Fahrradstraßen
- Öffnung von Fußgängerzonen
- Öffnung von Einbahnstraßen in Gegenrichtung („unechte" Einbahnstraße)

Es kann sinnvoll sein, neben den direkten Verbindungen auch Alternativen durch Grünflächen in der Netzplanung zu berücksichtigen sowie Verbindungen mit Freizeitradrouten im Außenbereich zu schaffen.

19 Breitenmaße von Radverkehrsanlagen und Sicherheitstrennstreifen

Anlagentyp	Breite der Radverkehrsanlage (jeweils einschließlich Markierung)		Breite des Sicherheitstrennstreifens		
			zur Fahrbahn	zu Längsparkständen (2,00 m)	zu Schräg-/Senkrechtparkständen
Schutzstreifen	Regelmaß	1,50 m	–	Sicherheitsraum[1]: 0,25 m bis 0,50 m	Sicherheitsraum: 0,75 m
	Mindestmaß	1,25 m			
Radfahrstreifen	Regelmaß (einschließlich Markierung)	1,85 m	–	0,50 m bis 0,75 m	0,75 m
Einrichtungsradweg	Regelmaß	2,00 m	0,50 m 0,75 m (bei festen Einbauten bzw. hoher Verkehrsstärke)	0,75 m	1,10 m (Überhangstreifen kann darauf angerechnet werden)
	(bei geringer Radverkehrsstärke)	(1,60 m)			
beidseitiger Zweirichtungsradweg	Regelmaß	2,50 m			
	(bei geringer Radverkehrsstärke)	(2,00 m)			
einseitiger Zweirichtungsradweg	Regelmaß	3,00 m		0,75 m	
	(bei geringer Radverkehrsstärke)	(2,50 m)			
gemeinsamer Geh- und Radweg (innerorts)	abhängig von Fußgänger- und Radverkehrsstärke, vgl. Abschnitt 3.6	≥ 2,50 m			
gemeinsamer Geh- und Radweg (außerorts)	Regelmaß	2,50 m	1,75 m bei Landstraßen (Regelmaß)		

[1] Ein Sicherheitsraum muss im Gegensatz zum Sicherheitstrennstreifen nicht baulich oder markierungstechnisch ausgeprägt sein.

Die Wahl einer geeigneten Form der Radverkehrsführung muss individuell für den jeweiligen Straßenraum ermittelt werden. Dabei spielen folgende Gesichtspunkte eine Rolle:

- Zulässige Höchstgeschwindigkeit
- Kfz-Verkehrsstärke, Schwerverkehr
- Flächenverfügbarkeit
- Parken
- Knotenpunkte, Grundstückszufahrten
- Längsneigung

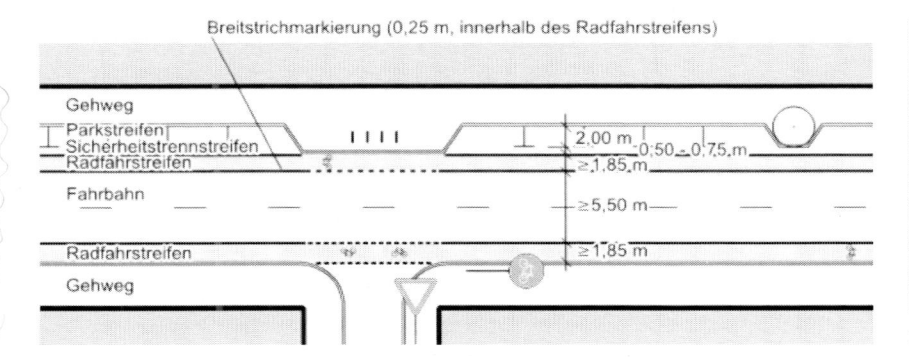

20 Radfahrstreifen

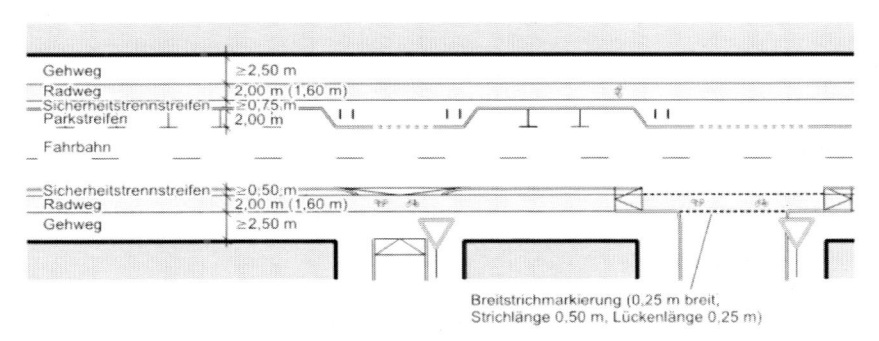

21 Baulich angelegter Radweg

Besonderes Augenmerk muss auf die Planung der Radverkehrsanlagen an Knotenpunkten gelegt werden. Details hierzu können den Empfehlungen für Radverkehrsanlagen (ERA 2010) entnommen werden. Wichtigster Entwurfsgrundsatz ist die Sichtbeziehung zwischen Radfahrern und Autofahrern. Daher werden Radwege im Knotenbereich als Radstreifen geführt. Aus Sicherheitsgründen enden Radstreifen vor Kreisverkehren. Radfahrer fahren im Kreisverkehr auf der Fahrbahn. Radwege können um Kreisverkehre abgesetzt herumgeführt werden.

Abstellanlagen für Fahrräder sollen ein sicheres Abstellen ermöglichen. Abstellanlagen sind an direkten Zielen des Radverkehrs sowie an den Haltestellen des ÖPNV vorzusehen. Gerne genutzt werden abschließbare Boxen.

7 Öffentlicher Personennahverkehr (ÖPNV)

Der ÖPNV kann bei deutlich geringerem Energie- und Flächenverbrauch als der Motorisierte Individualverkehr (MIV) wesentliche Anteile des städtischen Verkehrs übernehmen. Systembedingte Nachteile sind die niedrigere Geschwindigkeit durch Zu- und Abgangszeiten, Umsteigezeiten sowie Zeitverluste an den Haltestellen. Je nach Stadtgröße und Angebotsqualität erreicht der ÖPNV Anteile am Gesamtverkehr von unter zehn bis über 40 Prozent. Je größer eine Stadt ist, um so wichtiger ist die Bedeutung des ÖPNV. Qualitätsmerkmale des ÖPNV sind:

- räumliche Verfügbarkeit (Haltestellenabstand, Halstestelleneinzugsradius)
- zeitliche Verfügbarkeit (Takt, Bedienungszeit, Pünktlichkeit)
- Geschwindigkeit/Komfort (Reisezeitvergleich mit MIV, Umsteigehäufigkeit, Umsteigewartezeit)
- Qualität der Betriebseinrichtungen (Fahrzeuge, Haltestellen)
- Tarif
- Information

Je nach Stadtgröße und zurückzulegender Entfernung eignen sich verschiedene Verkehrsmittel des ÖPNVs: Bus, Straßen- und U-Bahn, S-Bahn, Regionalbahn. In Räumen und Zeiten schwacher Nachfrage bieten sich flexible Bedienungsformen an. Systeme wie Linien- und Anschlusstaxi, Anruf-Sammeltaxi, Rufbusse oder andere sind möglich.

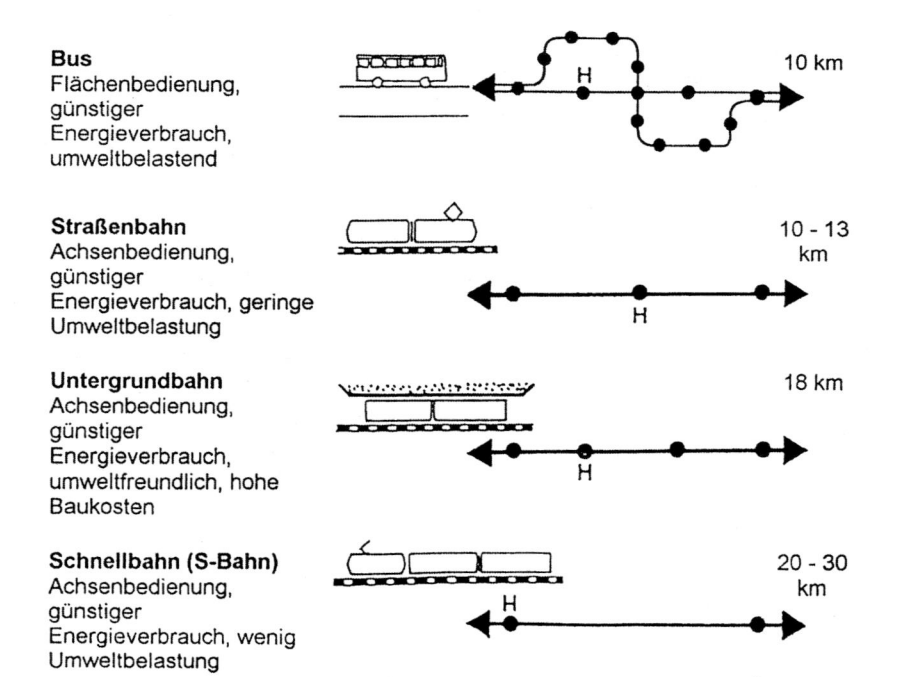

22-24 Je nach Stadtgröße und zurückzulegender Entfernung eignen sich verschiedene Verkehrsmittel des ÖPNVs: Bus, Straßen- und U-Bahn, S-Bahn, Regionalbahn.

Bus
Flächenbedienung, günstiger Energieverbrauch, umweltbelastend
10 km

Straßenbahn
Achsenbedienung, günstiger Energieverbrauch, geringe Umweltbelastung
10 - 13 km

Untergrundbahn
Achsenbedienung, günstiger Energieverbrauch, umweltfreundlich, hohe Baukosten
18 km

Schnellbahn (S-Bahn)
Achsenbedienung, günstiger Energieverbrauch, wenig Umweltbelastung
20 - 30 km

25 Vorteile des Umweltverbundes – Öffentlicher Nahverkehr

7.1 Bussysteme

Planungstipps

- Fahrzeuggröße: 75-100 Personen
- Max. Kapazität ca. 10.000 Pers./Std. und Spur
- Haltestellenabstände 200 – 300 m
- Hohe Flexibilität (Baustellen, Linienänderung)
- Geringe Kosten für Fahrweg
- Hohe Kosten für Personal
- Geringe Beförderungsgeschwindigkeit (innerorts 15-20km/h)
- Erhöhung der Beförderungsgeschwindigkeit durch Beschleunigungsmaßnahmen, beispielsweise: Ampelbevorrechtigung, Busspuren, Busschleusen, Haltestellen

Straßen mit Linienbusverkehr haben eine Regelbreite von 6,50 m. In Straßen mit reduzierter Geschwindigkeit kann die Querschnittsbreite auf 6,00 m reduziert werden. Als Fahrzeuge kommen zweiachsige Solobusse mit 12 m Länge (Standardlinienbus), dreiachsige Solobusse mit 15 m, Standardgelenkbusse mit 18 m Länge und größere Sonderfahrzeuge wie KappaCity und Doppelgelenkbusse zum Einsatz (Abb. 26). Bei geringen Transportkapazitäten und beengten Platzverhältnisse werden auch kleinere Fahrzeuge wie Minibusse und Midibusse eingesetzt. Es werden heute praktisch nur noch Niederflurfahrzeuge angeschafft, die einen barrierefreien Ein- und Ausstieg ermöglichen. Dies erfordert auch dafür geeignete Haltestellen. Um Busse so wenig wie möglich zu behindern, sollte in Straßen mit Tempo 30 und Busverkehr Vorfahrt angeordnet werden.

Als Bushaltestellen kommen bei einer Verkehrsstärke von bis zu 750 Kfz/Stunde und Richtung und einer Busfolgezeiten von unter zehn Minuten heute überwiegend Haltestellen am Fahrbahnrand und Buskaps zum Einsatz. Bei höherem Kfz- oder Busverkehr ist mit Störungen durch das Halten der Busse auf der Fahrbahn zu rechnen, sodass in diesen Fällen Busbuchten erforderlich sind. Busbuchten benötigen jedoch eine Gesamtlänge von mindestens 88m und sind daher nur schwer in Straßenräume zu integrieren.

Bei hohen Busfrequenzen kann die Anlage von Sonderfahrstreifen für Busse (Busspuren) sinnvoll sein. Damit wird der Busverkehr unabhängig vom allgemeinen Verkehr geführt und kann an Staus vorbei fahren. Busspuren haben einer Regelbreite von 3,50 m mindestens jedoch 3,00 m.[5]

Viele Städte beschleunigen den Busverkehr durch die Bevorrechtigung der Busse an den Lichtzeichenanlage. Dabei senden die Busse bei der Anfahrt auf eine Lichtzeichenanlage eine Grünanforderung. Dadurch wird im Steuergerät das Signalprogramm derart modifiziert, dass der Bus gar nicht oder nur ganz kurz anhalten muss.

Bus Rapid Transit (BRT)
Eine Weiterentwicklung moderner Bussysteme stellen sogenannte Bus Rapid Transit Systeme (BRT) dar. Hier fahren die Busse komplett ohne Behinderungen durch den motorisierten Individualverkehr (MIV) ausschließlich auf eigenen Trassen, oft in Mittellage. BRT ist deutlich günstiger als schienengebundene ÖPNV-Systeme und besonders in Südamerika weit verbreitet.

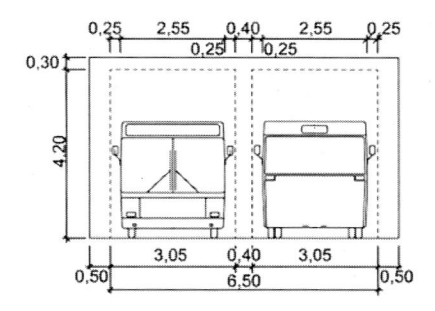

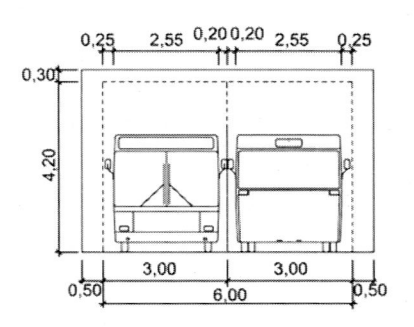

26 Grundmaße für Verkehrsräume und lichte Räume von Linienbussen mit maximaler Fahrzeugbreite (oben) und bei eingeschränkten Bewegungsspielräumen (unten)

27 Bus Rapid Transit Bogota

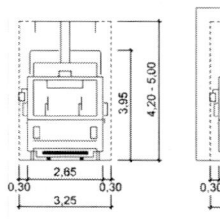

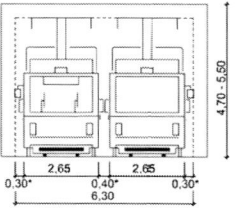

28 Grundmaße für Verkehrsräume und lichte Räume von Straßenbahnen mit maximaler Fahrzeugbreite

7.2 Straßenbahnsysteme

Planungstipps

- Fahrzeuggröße: 200-350 Personen
- Max. Kapazität ca. 16.000 Pers./Std. und Gleis
- Haltestellenabstände 300-600 m
- Beförderungsgeschwindigkeit innerorts 20-30 km/h
- Maximale Fahrzeuglänge 75 m
- Maximale Fahrzeugbreite 2,65 m
- i.d.R Betrieb nach BOStrab (Betriebsordnung Straßenbahn)
- Eigener Gleiskörper als Regellösung
- Straßenbündiger Bahnkörper als Ausnahmelösung (gemeinsame Führung mit Kfz-Verkehr, mit signaltechnischer Bevorrechtigung)
- Bevorrechtigung an Signalanlagen

Form		Abgrenzung
Straßenbündiger Bahnkörper	ohne räumliche Trennung der Straßenbahn von den übrigen Verkehrsarten	Abgrenzung durch Leitlinien (Zeichen 340 StVO)
	mit räumlicher Trennung der Straßenbahn von den übrigen Verkehrsarten	Abgrenzung durch Fahrstreifenbegrenzungen (Zeichen 295 StVO) oder Sperrflächen
Besonderer Bahnkörper	mit geschlossenem Oberbau*) Ausführung in Beton, Asphalt oder Pflaster	Abgrenzung mit Borden Befahrbarkeit durch Linienbusse in Abstimmung mit technischer Aufsichtsbehörde möglich
	mit geschottertem Oberbau	Abgrenzung in der Regel mit Borden
	mit begrüntem Oberbau (Rasengleis)	

29 Bahnkörper

Die klassische Straßenbahn verkehrte gemeinsam mit dem Kfz-Verkehr. Die moderne Straßenbahn wird gerne auch als Stadtbahn bezeichnet und fährt im Längsverkehr überwiegend unabhängig vom MIV.

Die Betriebsordnung Straßenbahn (BOStrab) gibt für Straßenbahnfahrzeuge folgende Maximalabmessungen vor: Breite bis 2,65 m; Höhe über Gleis bis abgezogene Stromabnehmer bis 4,00 m; Länge bis 75 m.

Die Förderrichtlinien zur Finanzierung von Straßenbahnprojekten verlangen einen besonderen Bahnkörper als Regellösung. Alternativ zur räumlichen Trennung ist in beengten Stadträumen auch eine zeitliche Trennung möglich: Hierbei werden die Bahnen durch Ampelsteuerung als Pulkführer durch den gemeinsam genutzten Straßenraum geführt.

Straßenbahnhaltestellen

Haltestellen werden bei Führung der Stadtbahn in Seitenlage als Kap-Haltestelle, bei Führung in Mittellage als Seitenbahnsteige, Mittelbahnsteige oder Zeitinseln angeordnet. Die Wahl der Haltestellenform hängt zunächst einmal von der Lage des Gleiskörpers ab. Weitere Kriterien sind unter anderem die Mitbenutzung durch Busse, Ausstattung der Fahrzeuge mit beidseitigen Türen, Umsteiger, städtebauliche Einbindung und Platzverfügbarkeit.

Zeitinseln kommen dort zum Einsatz, wo keine Flächen für separate Bahnsteige vorhanden sind. Durch die temporäre Sperrung der Fahrbahn wird der Fahrgastwechsel gesichert. Barrierefreie Zeitinseln erfordern das Anheben der Fahrbahn auf Fahrzeugbodenniveau.

30, 31 Stadtbahnhaltestelle Seitenbahnsteig (oben) und Zeitinsel (unten)

32 Besonderer Bahnkörper in Mittellage mit Rasengleis

33 Besonderer Bahnkörper in Seitenlage

34 Straßenbündiger Bahnkörper ohne räumliche Trennung

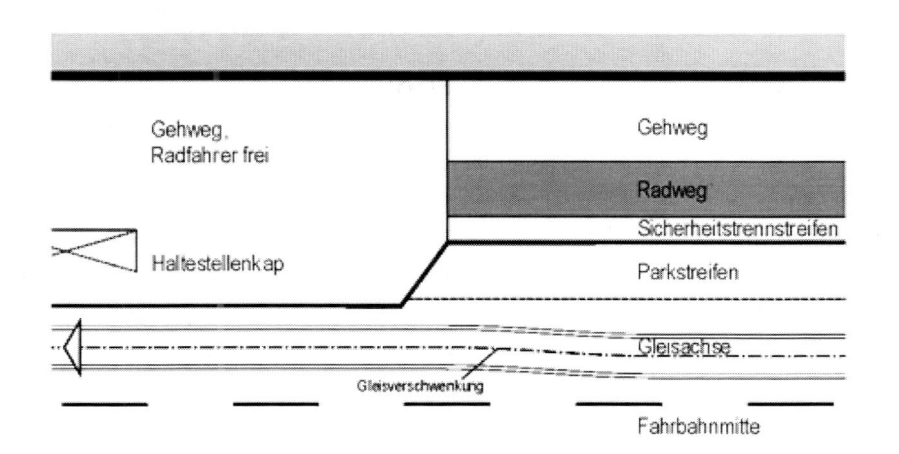

35 Beispiel für Haltestellenkap der Straßenbahn in Seitenlage

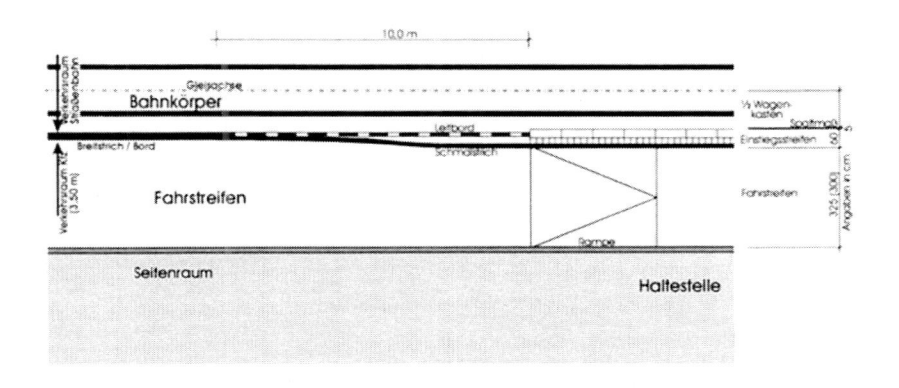

36 Beispiel für angehobene Fahrbahn Straßenbahn in Mittellage

7.3 U-Bahn, S-Bahn

Planungstipps

- Fahrzeuggröße: 750-1000 Personen
- max. Kapazität ca. 60.000 Pers./Std. und Gleis
- vom Kfz-Verkehr vollkommen unbeeinträchtigte Abwicklung
- geringen Flexibilität bei Betriebsstörungen
- sehr hohe Investitionskosten
- Haltestellenabstände 400-1500m (U-Bahn) und 600-2500m (S-Bahn)
- Beförderungsgeschwindigkeit 30-40km/h (U-Bahn) und 50-60km/h (S-Bahn)
- Betrieb bei U-Bahnen überwiegend nach BOStrab
- Betrieb bei S-Bahnen nach EBO (Eisenbahnbetriebsordnung)

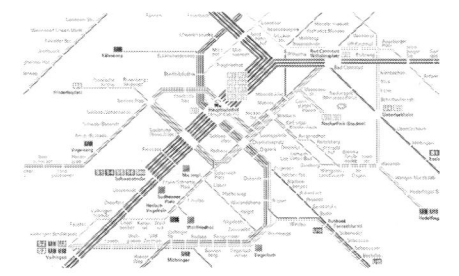

37 ÖPNV-Netz als Ebene städtischer Infrastruktur

Die leistungsfähigsten und schnellsten Stadtverkehrssysteme sind U-Bahnen und S-Bahnen. Sie werden in der Regel vollkommen unabhängig vom übrigen Verkehr auf eigenen Trassen geführt.

U-Bahnen verursachen durch ihre unterirdische Lage enorme Baukosten. Gleichzeitig ist die Verknüpfung mit anderen Stadtverkehrssystem aufwendig und nur umständlich barrierefrei zu gestalten. Investitionsentscheidungen fallen daher zunehmend häufiger gegen die Ausweitung der U-Bahn und für den Ausbau moderner Stadtbahnsysteme.

S-Bahnen decken durch ihre hohe Geschwindigkeit und vergleichsweise große Haltestellenabstände die langen Distanzen innerhalb großer Städte und die Verbindung mit der Region ab. S-Bahnen verkehren auf den Gleisen der Deutschen Bahn. Eine Netzausweitung erfordert daher bei vorhandener Elektrifizierung meist nur Kosten zum Ausbau vorhandener oder zum Neubau von Haltepunkten.

8 Ruhender Kfz-Verkehr

Ein Auto fährt im Durchschnitt pro Tag nur ca. 1 Stunde und steht 23 Stunden. Das Abstellen bzw. Parken von Kraftfahrzeugen hat also eine große Bedeutung in der Verkehrsplanung. Dabei geht es um die Organisation und das Regeln des Parkens (Parkraummangement) sowie um den Entwurf von Parkierungsanlagen.

8.1 Parkraummanagement

Parkraummanagement ist einer der wichtigsten und effizientesten Bausteine kommunaler Verkehrsplanung: Durch die Steuerung des Parkraumangebotes im Hinblick auf Menge, Zugänglichkeit und Kosten können das Parkverhalten selbst, der Parksuchverkehr, aber auch Verkehrsnachfrage und Verkehrsmittelwahl beeinflusst werden. Gegenüber Beschränkungen des Fahrweges, die meist mehrere Nutzergruppen gleich treffen, kann Parkraummanagement gezielt auf bestimmte Nutzergruppen abgestimmt eingesetzt werden.

Parkraummanagement umfasst alle Anlagen des ruhenden Verkehrs:
- alle öffentlichen, als Straßenverkehrsflächen gewidmeten Parkstände auf Straßen und Plätzen
- alle nicht gewidmeten, aber öffentlich zugänglichen Parkierungsanlagen
- alle nicht öffentlich zugänglichen privaten Stellplätze

Auf die als Straßenverkehrsflächen gewidmeten Parkstände hat die Kommune direkten Zugriff und kann über die StVO mit den Instrumenten der kommunalen Parkraum-bewirtschaftung sowohl deren Menge als auch den Betrieb regeln.

Auf den Betrieb der privaten Stellplätze hat die Kommune Einfluss, wenn sie in kommunalem Besitz sind oder wenn sie kommunal betrieben werden. Diese Stellplätze können dann in das kommunale Bewirtschaftungskonzept einbezogen werden.

Auf Stellplätze in Garagen, Parkhäusern und auf sonstigen nicht öffentlichen Flächen hat die Kommune nur langfristig bei Neubau, Umbau oder Umnutzung über eine Stellplatzsatzung Einfluss. Zur Beschränkung der Stellplatzherstellung wurde daher in den meisten Bundesländern das Instrument der „Einschränkungssatzung" eingeführt, mit dem die Herstellung von Stellplätzen bei Bauvorhaben in Gebieten mit gutem ÖPNV-Angebot begrenzt werden kann.

Kommunale Parkraumbewirtschaftung
Um den öffentlichen Parkraum konkurrieren sechs verschiedene Nachfragergruppen mit unterschiedlichen Charakteristika:

38 Kfz-Parkraumnachfrager und Parkmerkmale: Einwohner (A); Beschäftigte, Auszubildende, Studierende und Schüler (B); Kunden (C); Besucher und Gäste (D); Dienstleister (E); Lieferanten (F)

Da dem Wunsch aller Nachfragergruppen nach möglichst bequemen und preiswerten Parkmöglichkeiten aus städtebaulichen und verkehrlichen Gründen meist nicht entsprochen werden kann, muss ein Interessenausgleich zwischen deren Nutzungsansprüchen und den Zielsetzungen der Stadt- und Verkehrsplanung erfolgen. Die Deckung der „qualifizierten Nachfrage" wird häufig als allgemeine Zielformulierung kommunaler Parkraumplanung verwendet. Gemeint ist damit die vollständige Bedarfsdeckung des Wirtschaftsverkehrs und der Einwohner, die teilweise Bedarfsdeckung des Einkaufs- und Besucherverkehrs und nur in Ausnahmen die Bedarfsdeckung des Berufs- und Ausbildungsverkehrs. Somit zielen kommunale Parkraumkonzepte meist auf folgende Effekte:

- Verbesserung der Erreichbarkeit der bewirtschafteten Gebiete für Bewohner, Kunden/ Besucher und Wirtschaftsverkehr,
- Erhöhung der Attraktivität innerstädtischer und innenstadtnaher Wohngebiete durch verbessertes Parkangebot und geringere verkehrsbedingte Belastungen,
- Erhöhung des Umschlags des begrenzten Parkraums durch Verdrängung des überwiegend lang parkenden Berufsverkehrs auf private Stellplätze und Parkierungsanlagen oder in Bereiche ohne Parkdruck,
- Beeinflussung des Mobilitätsverhaltens im Stadtverkehr, insbesondere bei Beschäftigten, Kunden und Besuchern.

Instrumente der Parkraumbewirtschaftung und kommunale Praxis
Kommunale Parkraumbewirtschaftung umfasst folgende Instrumente:

- Umfang und räumliche Verteilung des Parkraumangebotes
- Parkdauerbeschränkungen
- Sonderparkberechtigung für Bewohner und ggf. andere Personengruppen (Behinderte, Handwerker, Lieferanten)
- Parkgebühren
- Überwachung und Ahndung

39 Parkraummanagement

Mit der Anordnung von Parkdauerbeschränkungen wird meist das Ziel verfolgt, das Parken von Beschäftigten zu verhindern. Parkdauerbeschränkungen können in Verbindung mit Parkuhren und Parkscheinautomaten gebührenpflichtig oder gebührenfrei mit Parkscheibenregelungen erfolgen. Die explizite Überwachung der Parkdauerbeschränkung ist aufwendig. Bei höheren Parkgebühren wirkt die Parkgebühr quasi Parkdauer begrenzend, so dass die Parkdauerbeschränkung an Bedeutung verliert. Die Festsetzung von Parkdauer-begrenzungen ist daher um so wichtiger, je niedriger die Parkgebühren sind.

Bewohnerparken ist nur dort zulässig, wo aufgrund fehlender privater Stellplätze und eines erheblichen allgemeinen Parkdrucks regelmäßig keine ausreichenden Parkgelegenheiten für Bewohner vorhanden sind. Bei der Anwendung des Bewohnerparkens wird zwischen Mischprinzip (Parkstände dürfen von Bewohnern mit Bewohnerausweis und von Kurzparken nach Zahlung der Parkgebühr benutzt werden) und Trennprinzip unterschieden. Beim Trennprinzip wird zwischen Parkständen nur für Bewohner und andere nur für Kurzparker unterschieden. Mit Trennprinzip wird gebietsfremder Verkehr verdrängt, andererseits können Kunden und Besucher der Quartiere nicht mehr zielnah parken. Bei der Anwendung des Mischprinzips hingegen können alle Parkstände sowohl von Anwohnern als auch von Kurzparkern genutzt werden. Die Lenkungswirkung des Trennprinzips fehlt.

8.2 Planung und Bemessung von Parkierungsanlagen

Vergleicht man die geometrischen Kenndaten der Fahrzeuge aus dem Jahr 2010 mit denen des Jahres 2000, dann stellt man fest dass die Autos 19 cm länger, 15 cm breiter und rund 25 cm höher geworden sind.[6] Diese Entwicklung ist in Garagenverordnungen der Bundesländer nicht ausreichend berücksichtigt. Damit Parkierungsanlagen benutzerfreundlich sind, müssen sie ausreichend bemessen werden. Parkstände sollten eine Mindestbreite von 2,50 m aufweisen. Neben Wänden und Stützen sind Breitenzuschläge erforderlich Als Bemessungsfahrzeug wird in der oben genannten Studie eine Fahrzeugbreite von 1,91 m (ohne Spiegel) vorgeschlagen.

Parken wird als Längsparken, Senkrechtparken oder Schrägparken angeordnet.

40–42 Grundmaße für Pkw-Parkstände: ohne seitliche Begrenzungen (o.li.), bei Begrenzung einer Längsseite (o.re.) und Parkstände für Rollstuhlbenutzer (u.)

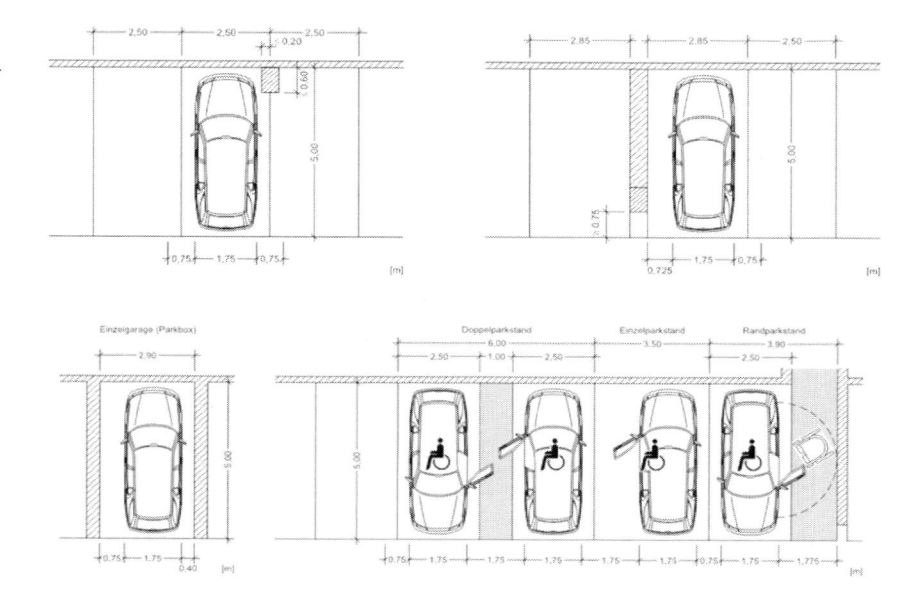

In Straßen dominiert Längsparken. Senkrechtparken hat durch das erforderliche rückwärts Ausparken Sicherheitsdefizite und sollte in Straßenräumen nur in Ausnahmefällen eingesetzt werden. Senkrecht einparken erfordert eine Fahrbahnbreite von mindestens 6 Meter oder überbreite Parkstände. Schrägparken eignet sich wegen der geringeren Fahrgassenbreite besonders für Einbahnsysteme.

43 Abmessungen von Parkständen und Fahrgassen für Pkw im Straßenraum

	Aufstell-winkel α [gon]	Tiefe ab Fahrgassen-rand $t-\ddot{u}$ [m]	Breite des Überhang-streifens $\ddot{u}$ [m]	Breite des Park-stands $b^{1)}$ [m]	Straßenfrontlänge l [m] beim Einparken vorwärts	Straßenfrontlänge l [m] beim Einparken rückwärts	Fahrgassenbreite g [m] beim Einparken vorwärts	Fahrgassenbreite g [m] beim Einparken rückwärts
Längsaufstellung	0			2,00	6,70²⁾	5,70 / 5,20³⁾	3,25	3,50
Schrägaufstellung	50	4,15	0,70	2,50	3,54		3,00	
	60	4,45	0,70	2,50	3,09		3,50	
	70	4,60	0,70	2,50	2,81		4,00	
	80	4,65	0,70	2,50	2,63		4,50	
	90	4,55	0,70	2,50	2,53		5,25	
Senkrechtaufstellung	100	4,30	0,70	2,50	2,50	2,50	6,00	4,50

Parkbauten

Parkbauten werden unterschieden in konventionelle, automatische und halbautomatische Systeme. Bei automatischen und halbautomatischen Anlagen wird auf Rampen und Fahrgassen verzichtet. Dadurch entstehen Parkbauten mit hoher Flächeneffizienz (vgl. Abb. 44).

Konventionelle Parkbauten unterscheiden sich durch das Rampensystem. Es werden Systeme mit geraden Vollrampen, geraden Halbrampen, Wendelrampen und Parkrampen unterschieden (vgl. Abb. 45). Bei der Wahl des Rampensystems ist darauf zu achten, wie die Anlage genutzt wird. Je höher der Parkplatzumschlag und je mehr Ein- und Ausfahrten gleichzeitig stattfinden, umso stärker ist auf eine von Ein- und Ausparkvorgängen unabhängige Führung der Zu- und Ausfahrten zu achten. Wendelrampen bieten in dieser Hinsicht den höchsten Komfort, erfordern jedoch Kompromisse bei Grundrissgestaltung. Halbrampensysteme ermöglichen in der Regel sehr effiziente Grundrisse.

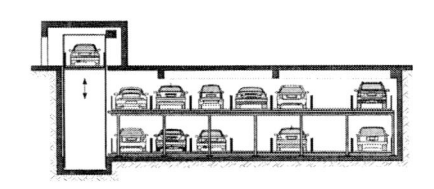

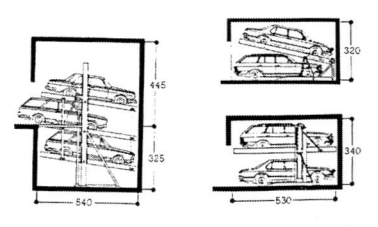

44 Parksysteme

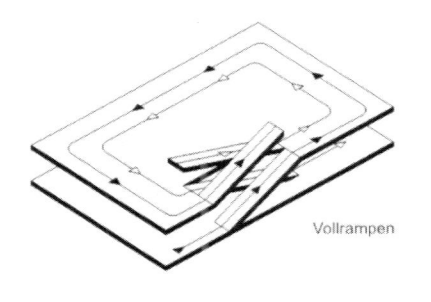

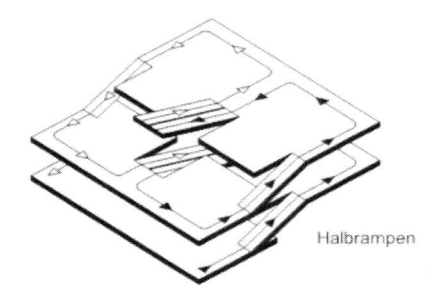

45 Rampensysteme

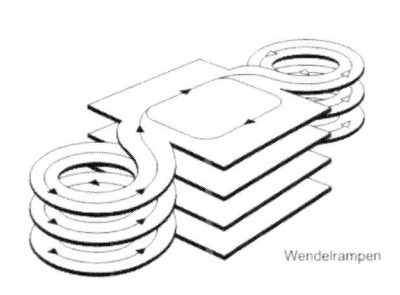

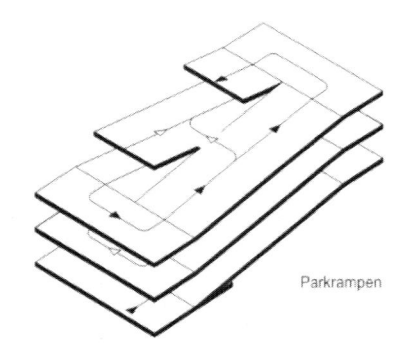

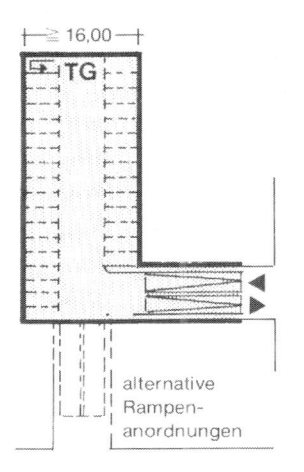

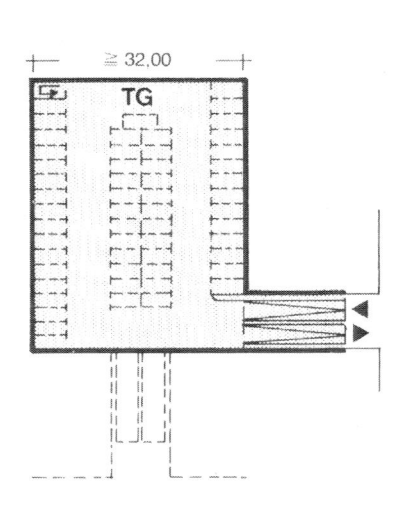

46 Grundriss- und Rampenalternativen von Tiefgaragen, sowie Schnittentwicklung und bauliche Verbindung mit Wohngebäuden

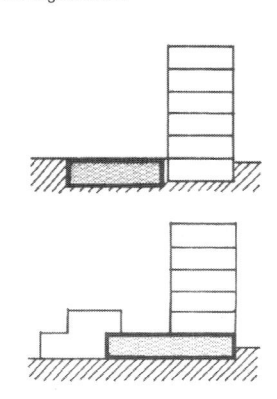

Literatur

Bundesministerium für Verkehrswesen (Hg.): Verkehr in Zahlen. Bonn (erscheint jährlich)

Buchanan, Colin: Verkehr in Städten. London 1964

Bracher, Tilman/ Haag, Martin/ Holzapfel, Helmut/ Kiepe, Folkert/ Lehmbrock, Michael/ Reutter, Ulrike (Hg.): Handbuch der kommunalen Verkehrsplanung. Loseblattsammlung in vier Ordnern. O.O. 2012

Huber-Erler, Ralf/ Topp, Hartmut: Reparatur der autogerechten Stadt, in: Internationales Verkehrswesen 41, 2013, S. 44–47

Huber-Erler, Ralf: Parkraum als Steuerungsinstrument, in: Handbuch der Kommunalen Verkehrsplanung 2010

Huber-Erler, Ralf: Modellvorhaben Stadtverträgliche Kfz-Geschwindigkeiten Kaiserslautern 1995. Grüne Reihe Nr. 33 Institut für Mobilität & Verkehr. Technische Universität Kaiserslautern

Knoflacher, Hermann: Zur Harmonie von Stadt und Verkehr. Wien 1996

Monheim, Heiner/ Zöpel, Christoph (Hg.): Raum für Zukunft. Essen 2008

Steierwald, Gerd/ Künne, Hans Dieter/ Vogt, Walter (Hg.): Stadtverkehrsplanung. Berlin 2005

Topp, Hartmut: Tempo 30 auf Hauptverkehrsstraßen mit Wohnnutzung, in: Straßenverkehrstechnik 58, 2014 Nr. 1, S.23–30

Topp, Hartmut: Anpassung des Straßenverkehrs an die Anforderungen älterer Menschen: Infrastruktur und Straßenraumgestaltung. Mobilität und demografische Entwicklung, Schriftenreihe Mobilität und Alter der Eugen-Otto-Butz-Stiftung Nr.07, S.299–326, TÜV Media GmbH, Köln 2013

Topp, Hartmut: Urbane Mobilität ohne Emissionen – eine Vision? in: Internationales Verkehrswesen 64, 2012. Nr.1, S.65–68

Topp, Hartmut: Postfossile Mobilität ist mehr als Elektro-Verkehr! in: Straßenverkehrstechnik 55, 2011. Nr.12, S.798–803

Topp, Hartmut: Ansatz zur Reduktion des Verkehrsaufwandes - Weniger Verkehr bei gleicher Mobilität? in: Internationales Verkehrswesen 46, 1994. Nr.9, S.486–493

Vester, Frederic: Ausfahrt Zukunft. München 1990

Richtlinien und Planungsempfehlungen
der Forschungsgesellschaft für Straßen und Verkehrswesen in Köln

RAST 06 Richtlinien für die Anlage von Stadtstraßen 2006

EFA Empfehlungen für Fußgängerverkehrsanlagen, 2002

ERA Empfehlungen für Radverkehrsanlagen, 2010

EAÖ Empfehlungen für Anlagen des öffentlichen Personennahverkehrs, 2003

EAR Empfehlungen für Anlagen des ruhenden Verkehr, 2005

HBS Handbuch für die Bemessung von Straßenverkehrsanlagen, 2005

RAS-K Richtlinien für die Anlage von Straßen (Teil: Knotenpunkte), 2001

ESG Empfehlungen zur Straßenraumgestaltung innerhalb bebauter Gebiete, 2011

H BVA Hinweise für barrierefreie Verkehrsanlagen, 2011

RIN Richtlinien für integrierte Netzgestaltung, 2008

RiLSA Richtlinien für Lichtsignalanlage, 2010

RLS 90 Richtlinien für den Lärmschutz an Straßen, 1990

Endnoten

1 http://data.worldbank.org/indicator/IS.VEH.PCAR.P3, 10.2014

2 http://www.fnp.de/rhein-main/frankfurt/Jugend-findet-Autos-nichtsexy;art675,157753, 07.2013

3 vgl. FGSV Nr. 158: Hinweise zum rechtlichen Rahmen der Verkehrsplanung (2011)

4 vgl. Empfehlungen für Fußgängerverkehrsanlagen EFA, FGSV 2010

5 vgl. RAS 06 bzw. FGSV 2006

6 Schuster, Sattler, Hoffmann in Straßenverkehrstechnik 2011

Abbildungsnachweis

Pläne und Fotos: Huber-Erler. Mit Ausnahme von:

2 TU Dresden/vip: Mobilität in Städten - SrV 2008. www.tu-dresden.de/srv

3, 4, 6, 8 Gunter Kölz, Planungsgruppe Kölz

7 Reinborn, Dietmar: Städtebau des 19. und 20. Jahrhunderts, Stuttgart 1996

10 Richtlinien EAE 85/ 95

9, 11-14 RAST 2006, S. 17, 27, 21, 38–41, 46, 47, 51–53

16, 17 Empfehlungen für Fußgängerverkehrsanlagen (EFA), FGSV 2010

19-21 Empfehlungen für Radverkehrsanlagen (ERA), FGSV 2010

22, 24 Gunter Kölz, Planungsgruppe Kölz

25 Institut für Landes- und Stadtentwicklungsforschung Nordrhein-Westfalen

26, 28-36 Richtlinien für die Anlage von Stadtstraße (RAST) 06, FGSV 2013

27 www2.jundiai.sp.gov.br, 10.07.2013, 10:28

37 www.vvs.de/download/Verbund_Schienennetz.pdf, 26.09.2013, 12:50

40-43, 45 Empfehlungen für Anlagen des ruhenden Verkehrs (EAR) 05, FGSV 2005

44, 46 Prinz, Dieter: Städtebauliches Entwerfen. Band 1. Stuttgart 1999, S.138, 141

SIGRID BUSCH
ANTONELLA SGOBBA
FACHBERATUNG: JÜRGEN BAUMÜLLER, OLAF HILDEBRANDT

Lärmschutz und Energieeffizienz im Städtebau

Steigende Energiekosten, zunehmende Mobilität sowie die immer deutlicher werdende klimatologische Veränderung unserer Umwelt lassen die Notwendigkeit nachhaltiger Planung auf Stadt- und Quartiersebene verstärkt in das gesellschaftliche Bewusstsein treten. Die Verantwortung für ressourcenschonendes, emissionsoptimiertes Planen und Bauen liegt hierbei in den Händen engagierter Architekten und Stadtplaner, die wie kaum eine andere Berufsgruppe die Qualität unserer Umwelt mitgestalten können.

Im folgenden Beitrag sollen daher anhand der Themenfelder Energieeffizienz und Lärmschutz wesentliche Kriterien einer ressourcenschonenden sowie emissions-und immissionsoptimierten Planung dargestellt werden. Abschließend werden computerbasierte analytische Methoden und Werkzeuge vorgestellt, die zur Optimierung von Lärmschutz und Energieeffizienz im städtebaulichen Entwurfsprozess eingesetzt werden können.

1 Emissionsproblematik und Klimawandel

1 Grundlagen und Rahmenbedingungen

Das Thema „Klimaschutz und Energieeffizienz" stellt seit über zehn Jahren einen Schwerpunkt innerhalb der Nachhaltigkeitsstrategie der deutschen Bundesregierung dar. Untrennbar ist dieses Thema auch mit Fragen städtischer Entwicklung, mit energieeffizientem Bauen und der Forderung nach innovativem Städtebau verknüpft. Die Grundlagen für eine nachhaltige, emissionsoptimierte Stadtentwicklung wurden bereits 1992 durch die Klimarahmenkonvention von Rio de Janeiro entwickelt, die zu verschiedenen Aktionsprogrammen sowie zur Vereinbarung von verbindlichen Zielwerten zum Ausstoß klimaschädlicher Gase (u.a. CO_2, Methan, N_2O, FCKW,..) im Kyoto-Protokoll von 1997 geführt hat. In Deutschland konnte auf der Basis des Kyoto-Protokolls der Ausstoß des besonders klimaschädlichen Gases CO_2 bis Ende 2011 um 26,5% gegenüber dem Stand von 1990 gesenkt werden[1]. In einer weiterführenden Vereinbarung hat sich die EU Ende 2012 verpflichtet, den CO_2 - Ausstoß bis 2020 um 30 % gegenüber dem Stand von 1990 zu senken.

Die Dringlichkeit dieser CO_2-Reduktion wird durch Studien von Klimaforschern deutlich, die belegen, dass ein Ausstoß des Treibhausgases CO_2, der problemlos durch das Ökosystem der Erde kompensiert werden könnte, bei maximal 2,5 bis 3 Tonnen pro Person und Jahr weltweit liegen müsste[2]. Real bewegt sich dieser Wert derzeit jedoch im Bundesdurchschnitt noch immer im Bereich von 11 Tonnen (Stand 2011). Um einen klimaverträglichen Zielwert an CO_2 - Ausstoß zu erreichen gilt es, in allen zur Verfügung stehenden Bereichen, insbesondere auch im Bereich der Stadtplanung, umweltgerechte Optimierungsmaßnahmen zu ergreifen.

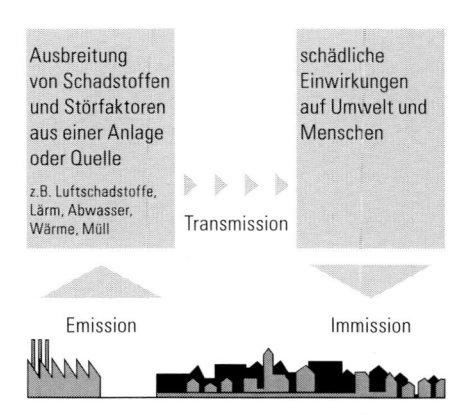

Das Arbeitsfeld umweltgerechter Stadtplanung umfasst eine weites Spektrum an Themen, die darauf abzielen, den Ressourcenverbrauch (Energie, Boden, Wasser) zu reduzieren und die Umweltbelastung durch zivilisationsbedingte Emission zu mindern. Unter zivilisationsbedingter Emission (lat. emittere „herausschicken, heraussenden") versteht man Einträge von Schadstoffen in die Umwelt, die durch menschliche Nutzungen (wie z.B. Siedlungstätigkeit) verursacht werden. Als Emissionsarten, die im Rahmen umweltgerechter Stadtplanung beeinflußt werden können, lassen sich die Kategorien Lärm, Luftschadstoffe, Wärme, Abwasser und Müll unterscheiden. Jede Emission verursacht eine Immission, d.h. einen Schadenseintrag in die Umgebung.

Innerhalb der Fachplanungskapitel Versorgung und Entsorgung in Stadtquartieren, Landschaftsarchitektur und Freiraumplanung sowie im Kapitel Ökologische Grundlagen der Stadtplanung dieses Buches werden die Emissionsaspekte Müll, Abwasser und der urbane Wärmehaushalt ausführlich behandelt.

Der Schwerpunkt dieses Kapitels besteht in der Auseinandersetzung mit dem Thema Effizienz hinsichtlich des Ressourcenverbrauchs Energie sowie der Emissionsoptimierung (CO_2) und Immissionsoptimierung (Lärm) auf Quartiersebene.

Die Wahrnehmung des Lärms[3] als gravierendes Umweltproblem hat sich aufgrund der Zunahme der Schallemission (Fahrzeuge und Flugzeuge sind leiser, aber ihre Anzahl stieg) sowie einer erhöhten Sensibilität der Menschen verstärkt, so dass die Qualität von Wohnquartieren und Arbeitsstätten maßgeblich durch Lärm- und Verkehrsbelastung mit beeinflusst wird. Daten des Umweltbundesamts belegen, dass sich mehr als drei Viertel der Bevölkerung in Deutschland von Lärm belästigt fühlen, wobei Straßenverkehr als gravierendste Lärmbelästigung aufgeführt wird. Im Ranking der bedeutendsten Belästigungsursachen folgen Nachbarschaftslärm, Fluglärm, Industrie- und Gewerbelärm sowie Schienenverkehrslärm.

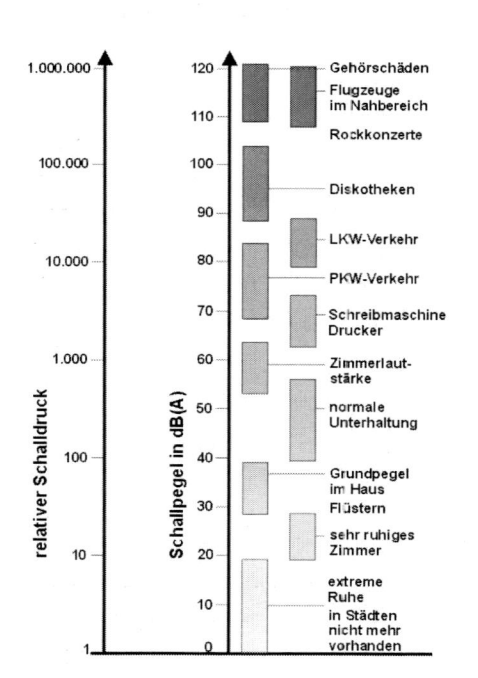

Lärm stellt ein bis jetzt unterschätztes Risiko für den Menschen dar, dessen negative Auswirkungen auf die Gesundheit von Schlafstörungen, Kopfschmerzen, Nervosität, Schwerhörigkeit über Konzentrationsmangel, Herabsetzung der Lern- und Leistungsfähigkeit bis hin zu Herz-Kreislaufkrankheiten reichen können. Die Schmerzgrenze liegt bei 130 dB(A), jedoch können schon ab 60 dB(A) Stressreaktionen ausgelöst werden, ab 90 dB(A) muss bei längerer Einwirkung mit Gehörschäden gerechnet werden und Schallpegel von 200 dB(A) können sogar tödlich sein[4].

Im Grünbuch der EU von 1996 über die künftige Lärmschutzpolitik wurde erstmals die Dringlichkeit der Lärmproblematik thematisiert: „Der von Verkehr, Industrie und Freizeitaktivitäten verursachte Lärm stellt eines der wichtigsten lokalen Umweltprobleme in Europa dar und ist zunehmend Gegenstand von Beschwerden der Öffentlichkeit".

Leider leben in unseren Städten, wie die Auswertung der Lärmkartierung von 2012 belegt, Tausende von Menschen in Vierteln, die stark lärmbelastet sind. In Stuttgart wohnen rund 16.000 Menschen in Gebieten, die nachts durch einen allein durch den Straßenverkehr ermittelten Lärmpegel von über 60 dB(A) belastet sind[5].

Derzeit werden in verschiedenen Forschungsprojekten der EU Konzepte zur nachhaltigen Stadtplanung erprobt und ausgewertet, die sich umweltverträglicher Energieerzeugung, reduziertem Energieverbrauch und lärmoptimierter Verkehrsplanung widmen. Parallel dazu wurden und werden auf lokaler Ebene von verschiedenen Städten, Kommunen und privaten Initiativen Pilotprojekte entwickelt, die im Bereich Mobilität und Energie innovative Strategien umsetzen.

2 Umweltbelastungen

3 Schalldruckbereiche üblicher Geräusche

2 Aspekte von Lärmschutz und Energieeffizienz

2.1 Energieeffizienz und CO_2 - Emission

Welchen Beitrag nachhaltige Stadtplanung im Zusammenhang mit Energieeffizienz und CO_2-Emission leisten kann und muss, wird deutlich, wenn man die bundesdeutschen CO_2-Emissionen nach Verursachergruppen betrachtet:

Die CO^2-Emissionen durch Verkehr (18,7%) und durch die privaten Haushalte (17,7%) werden nur durch die CO^2-Emissionen des Gewerbes und der Industrie sowie durch die CO^2-Emissionen der Energiewirtschaft, die zur Bereitstellung von Strom und Heizenergie den größten Anteil der Produktion klimaunverträglicher Schadstoffe einnimmt, übertroffen. Bei einer Analyse der Struktur des Endenergieverbrauchs in Deutschlands zeigt sich, dass Verkehr und private Haushalte derzeit neben der Industrie den größte Anteil an Energie benötigen. Dieser Energiebedarf des Verkehrs und der privaten Haushalte kann, wie in den folgenden Kapiteln dargelegt wird, durch Stadtplanung in hohem Maße beeinflusst werden.

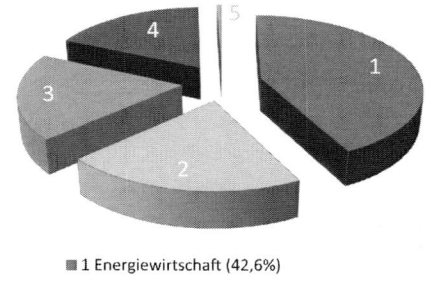

- 1 Energiewirtschaft (42,6%)
- 2 Gewerbe/Industrie (20,5%)
- 3 Verkehr (18,7%)
- 4 Haushalte/Kleinverbraucher (17, 7%)
- 5 Sonstige (0,5%)

4 CO_2 - Emissionen der BRD 2010 nach Sektoren

2.2 Emissionsaspekt Lärm

Ein wichtiger Beitrag für umweltgerechte Stadtplanung kann darüber hinaus durch Lärmschutzmaßnahmen im Städtebau geleistet werden. Lärmemission ist nicht nur in medizinischer Hinsicht bedeutend, sondern kann sich auch auf soziologischer, psychologischer sowie ökonomischer Ebene bemerkbar machen. Schutz vor Lärmimmission bedeutet einerseits die Förderung der Gesundheit und der Lebensqualität, ist aber andererseits auch bestimmend für die Attraktivität des Wohnviertels und somit für die Rentabilität der Grundstücke. Welchen wirtschaftlichen Schaden die Lärmimmission einem Wohnviertel zufügen kann, wird in einer Studie des Verkehrsclubs Österreich dargelegt: Der Immobilienwert nimmt ab 50 dB(A) um 0,5 Prozent für jedes zusätzliche Dezibel ab. Infolgedessen ist eine Änderung der sozialen Struktur des lärmbelasteten Wohnviertels nicht auszuschließen. Lässt sich Lärmemission im Vorfeld von städtebaulichen Projekten auf der Ebene der Verkehrsplanung nicht ausreichend minimieren, so kann die Lärmbelastung innerhalb der Quartiersplanung durch zusätzliche Maßnahmen wirkungsvoll verbessert werden.

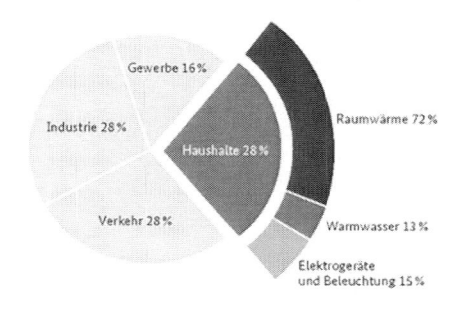

5 Endenergieverbrauch in der BRD (Stand 12/2011)

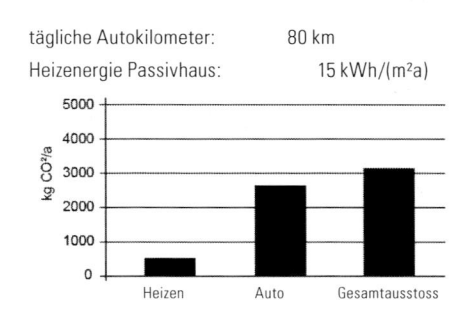

2.3 Wechselwirkungen von Siedlungsstrukturen und Emission

Letztlich gilt es, die Themen Mobilität, Verkehr, Lärmschutz und Energieeffizienz im Gesamtkontext zu betrachten. Abbildung 5 zeigt, dass die Energieeffizienz eines Quartiers mit Passivhausstandard relativiert wird, falls die Bewohner durch ein fehlendes öffentliches Nahverkehrsnetz und eine monofunktionale Siedlungsstruktur gezwungen sind, täglich große Strecken im PKW zurückzulegen. Ziel sollte sein, den Energieverbrauch sowohl durch Verkehr, als auch durch Gebäude zu minimieren.

Umweltgerechte Planung muß daher Aspekte auf verschiedenen Planungsebenen berücksichtigen:

- Auf Stadt- und Quartiersebene besteht die Herausforderung darin, dichte, nutzungsgemischte Stadtstrukturen mit guter ÖPNV-Anbindung bevorzugt als Innenentwicklung auf Konversionsflächen zu realisieren, deren Nutzungsangebote das Verkehrsaufkommen und den damit verbundenen Lärm minimieren können.
- Im städtebaulichen Detail kann die günstige Anordnungen von Gebäuden sowohl energetisch als auch im Hinblick auf Schallimmission positive Wirkung entfalten.

tägliche Autokilometer: 80 km
Heizenergie Passivhaus: 15 kWh/(m²a)

tägliche Autokilometer: 0 km
Heizenergie: 100 kWh/(m²a)

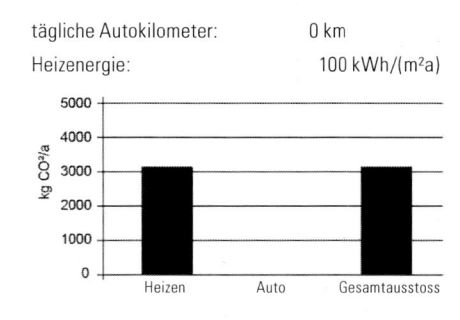

6 Gesamtausstoß an CO_2 eines Passivhauses ohne ÖPNV-Anbindung (oben) und eines Mehrfamilienhauses (Niedrigenergiestandard) mit ÖPNV-Anbindung (unten)

3 Gesetzliche Rahmenbedingungen

Bereits in den 70er Jahren wurden erste gesetzliche Grundlagen zur Steuerung der Energieeffizienz und Lärmminderung erlassen, die analog zu dem wachsenden Umweltbewusstsein der Gesellschaft seitdem vielfach ergänzt und novelliert wurden. Die folgenden Teilkapitel geben einen kurzen Überblick über die Entwicklung der gesetzlichen Rahmenbedingungen im Hinblick auf energetische Anforderungen sowie auf Anforderungen an den Lärmschutz und stellen die aktuell gültigen Rechtsgrundlagen vor. Da diese Rechtsgrundlagen jedoch in engen zeitlichen Abständen dem Stand der Technik sowie umweltpolitischen Entscheidungen angepasst werden, müssen sie als „Momentaufnahme" des Optimierungsprozesses von Lärmschutz und Energieeffizienz angesehen werden.

3.1 Energetische Anforderungen

Die ersten Regelungen zur Energieeinsparung in Deutschland wurden durch die Ölkrise von 1973 initiiert, in deren Folge 1976 das Energieeinsparungsgesetz (EnEG) verabschiedet wurde. Zur Umsetzung der geforderten Energieeinsparung traten 1977 die erste Wärmeschutzverordnung (WSchV) in Kraft. 1984 und 1995 wurde die Wärmeschutzverordnung novelliert und die Anforderungen an den baulichen Wärmeschutz schrittweise erhöht. Im Rahmen einer Vereinheitlichung der energetischen Richtlinien aller EU-Mitgliedstaaten wurde 2002 die Richtlinie 2002/91/EG des Europäischen Parlaments über die Gesamtenergieeffizienz von Gebäuden („Gebäuderichtlinie") verabschiedet. Diese Richtlinie wurde ebenfalls mehrmals - zuletzt 2012 - novelliert, um die Anforderungen an die Gesamtenergieeffizienz von Gebäuden zu verbessern. Die Richtlinie sieht vor, dass ab 2021 alle Neubauten im Niedrigstenergiestandard errichtet werden müssen. Für Gebäude, die von Behörden genutzt werden, gilt diese Anforderung bereits ab 2019[7].

Die Vorgaben der Europäische Richtlinie für energieeffiziente Gebäude müssen von den einzelnen Staaten in nationales Recht überführt werden. In der deutschen Rechtsprechung werden diese durch die Novellierung des Energieeinsparungsgesetzes umgesetzt, das wiederum die gesetzliche Grundlage der Energieeinsparungsverordnung (EnEV) bildet. Die EnEV definiert auf Gebäudemaßstabsebene die maximal zulässigen

7 Minimierung des Energiestandards durch gesetzliche Verordnungen und Förderrichtlinien

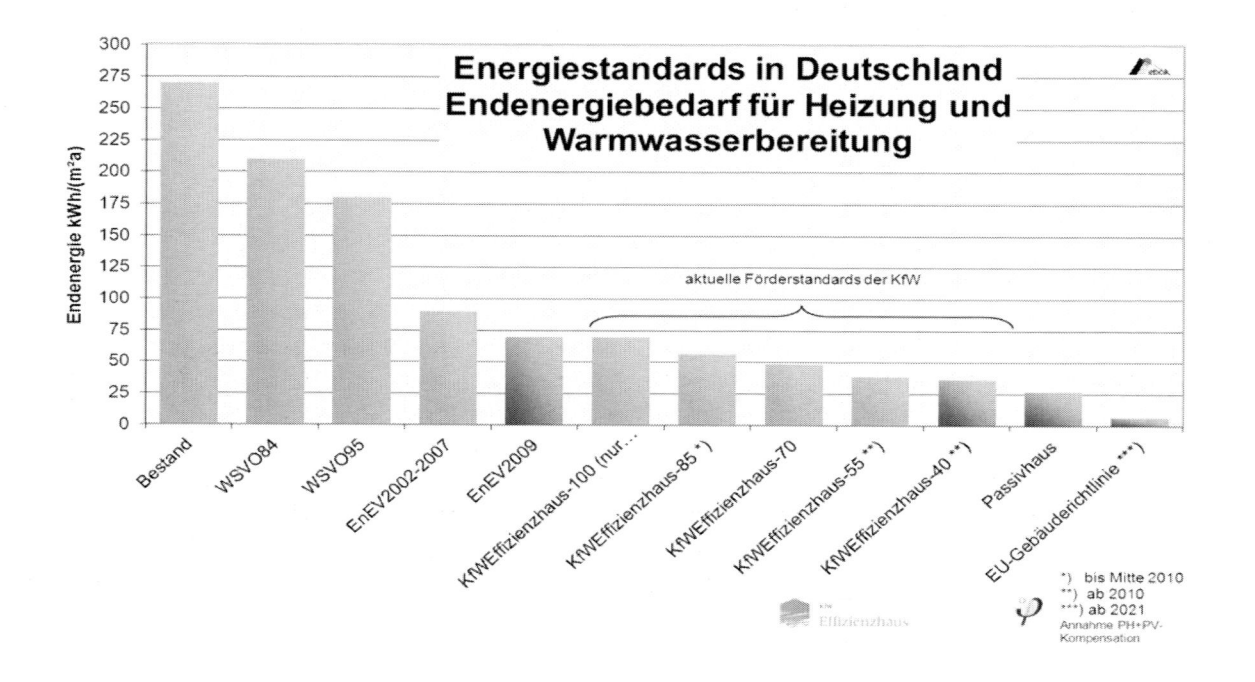

Grenzwerte und beschreibt Verfahren, nach denen Gebäude energetisch bewertet werden müssen. Diese Bewertungsverfahren und Grenzwerte unterscheiden sich für Neubauten je nach Nutzungsart (Wohngebäude/Nichtwohngebäude). Auch bei der energetischen Bewertung von Bestandsgebäuden sieht die EnEV eine Unterscheidung zwischen Wohngebäuden und Nichtwohngebäuden vor. Gemischt genutzte Gebäuden sind in einzelne Gebäudeteile (Wohnengebäude/Nichtwohngebäude) zu untergliedern, die getrennt bilanziert werden müssen:

- Energetische Bilanzierung im Segment Wohnungsbau:
Zielgrößen der energetischen Bilanzierung sind der Jahres-Primärenergiebedarf eines Gebäudes (unter Berücksichtigung des Heizwärmebedarfs, der Warmwasserbereitung sowie ggf. Lüftung und Kühlung), die Transmissionswärmeverluste der wärmeübertragenden Umfassungsflächen, sowie der sommerliche Wärmeschutz.[8] Um den jeweils unterschiedlichen energetischen Rahmenbedingungen verschiedener Gebäudetypologien gerecht zu werden, wurden in der EnEV seit 2009 Referenzgebäude definiert, deren Primärenergiebedarf den maximal zulässigen Primärenergiebedarf des entsprechenden Neubaus festlegt. Zur Ermittlung der Energiebilanz werden den Wärmeverlusten Wärmegewinne gegengerechnet, die durch Wärmequellen (solare Einstrahlung, aber auch Geräte und Benutzer) eingebracht werden.

- Energetische Bilanzierung im Segment Nichtwohnungsbau:
Zusätzlich zu den im Wohnungsbau zu berücksichtigenden Energiegewinnen und -verlusten muss bei Nichtwohngebäuden der Energieaufwand für eingebaute Beleuchtung mit in die Bilanzierung einbezogen werden. Auch für die Bilanzierung von Nichtwohngebäuden existieren Referenzgebäude zur Definition des zulässigen Primärenergiebedarfs.

Die EnEV wird voraussichtlich in den nächsten Jahren im Rahmen weiterer Novellierungen erhöhte Anforderungen an die Energieeffizienz von Gebäuden festschreiben. Das erklärte Ziel der Bundesregierung ist, durch diese schrittweise Erhöhung bis zum Jahr 2050 einen nahezu klimaneutralen Gebäudebestand zu erreichen.

Ergänzt werden die gesetzlichen Rahmenbedingungen durch Förderprogramme des Bundes, die das hohe Energieeinsparpotential bei Bestandsgebäuden auf freiwilliger Basis aktivieren sollen. Die Höhe der Fördergelder, die über die KfW-Bank beantragt werden können, ist abhängig von der Erfüllung bestimmter Energieeffizienzkriterien (KfW-Effizienzhausniveau). Diese Effizienzkriterien stehen in Relation zu dem maximal zulässigen Primärenergiebedarf nach EnEV: Ein KfW Effizienzhaus -70 darf beispielsweise nur weniger als 70% des maximal zulässigen Primärenergiebedarfs nach EnEV (2009) benötigen (Abb. 7).

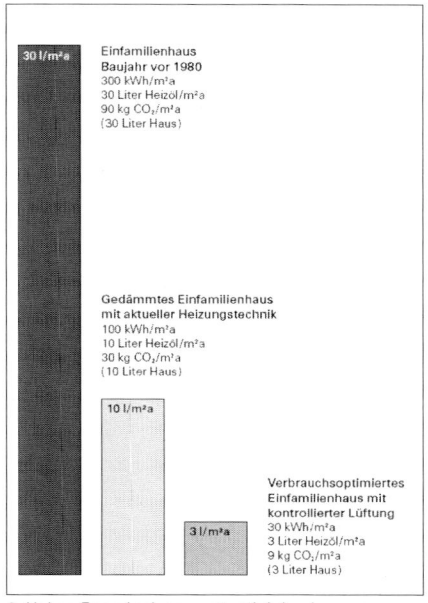

8 Hohes Energieeinsparpotential durch energetische Sanierung bei Bestandsgebäuden

3.2 Anforderungen an den Lärmschutz

Deutschland verfügt seit etwa 40 Jahren über eine Rechtsgrundlage zur Minderung des Lärms. Als Regelwerk gelten hierfür das 1974 in Kraft getretene und 2005 zuletzt geänderte Bundes-Immissionsschutzgesetz (BImSchG) und die darauf basierenden Verordnungen.

Aus städtebaulicher Sicht ist die DIN 18005 „Schallschutz im Städtebau" besonders von Bedeutung, da diese für die Bauleitplanung zugrunde gelegt wird.[9] Insgesamt handelt es sich um eine komplizierte gesetzliche Grundlage, die jedoch durch die vom „Lärmkontor" erstellte Übersicht anschaulich gemacht wird (Abb. 10). Hierbei gilt es folgende Aspekte zu beachten:

9 Die Lärmwahrnehmung ist von der subjektiven Akzeptanz der Geräusche abhängig.

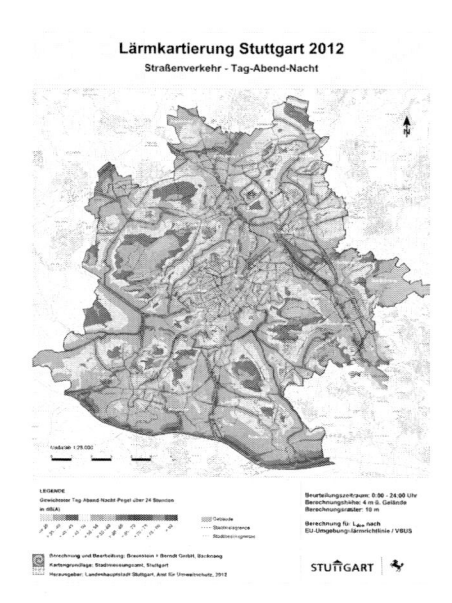

10 Lärmkartierung Stuttgart 2012 nach EU-Richtlinie. Straßenverkehr, gesamter Tag

- Gesetzlich sind Lärmobergrenzen in Dezibel dB(A) für Tag und Nacht festgelegt: Es wird unterschieden zwischen Immissionsgrenzwerten und Immissionsrichtwerten, die zwingend einzuhalten sind, sowie Orientierungswerten, die „wünschenswert" sind.
- Die Lärmobergrenzen differenzieren sich je nach Emissionsquelle, Nutzung (gemäß BauNVO) und Anwendungsbereich.

Je nachdem, ob es sich um Sanierung, Neubau oder wesentliche Änderung von Verkehrswegen, Neubau von Gewerbe- oder Sportanlagen oder um Planung allgemein handelt, variieren die Lärmobergrenzen deutlich. Bei Sanierungen sind diese Werte viel höher als bei der Planung, was jedoch primär auf finanzielle Aspekte und erst sekundär auf Aspekte der Nachhaltigkeit und der Gesundheit zurückzuführen ist. Als Lärmquellen gelten allgemein Straßen- und Schienenverkehr, Industrie- und Gewerbeanlagen, Sport- und Freizeitanlagen und Flughäfen (wobei der Fluglärm nicht in der Tabelle genannt wird).

Auf EU-Ebene gibt es seit 2002 erstmalig einen Regelungsansatz für die Lärmbekämpfung, die sogenannte EU-Umgebungslärmrichtlinie[10] welche seit 2005 in die deutsche Richtlinie umgesetzt worden ist. Die Anpassung der nationalen Richtlinie an die EU-Richtlinie ist jedoch noch nicht abgeschlossen, da in vielen Punkten noch Abstimmungsbedarf besteht. Vor allem sind zwischen dem deutschen Regelwerk und der EU-Richtlinie einige deutliche Unterschiede zu erkennen, welche die Vergleichbarkeit der Ergebnisse ausschließen. Hierbei ist insbesondere die Anwendung unterschiedlicher Berechnungsverfahren zu beachten. Darüber hinaus gelten für die nationale Richtlinie die Beurteilungspegel „Lr Tag" und „Lr Nacht". In der EU-Richtlinie wurden jedoch die Lärmindizes „LDEN" für die allgemeine Belastung über 24 Stunden und der „LNight", der Index für die Nachtbelastung, eingeführt.

Bis zu einer kompletten Harmonisierung der Regelungsansätze sind für Planung und Genehmigungsverfahren noch immer die nationalen Richtlinien gültig.

Für eine ausführlichere Betrachtung der rechtlichen Grundlage über Lärm wird auf die „Städtebauliche Lärmfibel Online" hingewiesen (www.staedtebauliche-laermfibel.de.)

11 Übersicht über Grenz-, Richt- und Orientierungswerte im Bereich des Lärmschutzes

Anwendungsbereich:	Verkehr				Anlagen						Planung	
Quellen:	Straßen, Schienenwege, Magnetschwebebahnen		Straßen in der Baulast des Bundes		Industrie- und Gewerbeanlagen		Sportanlagen		Freizeitanlagen		Verkehr, Industrie, Gewerbe und Freizeit	
Vorschriften:	16. BImSchV		Lärmsanierung		TA Lärm[1]		18. BImSchV[2]		Freizeitlärmrichtlinie[2]		DIN 18005	
	Immissionsgrenzwerte				Immissionsrichtwerte						Orientierungswerte	
Nutzung	Tag	Nacht	Tag	Nacht	Tag	Nacht[3]	Tag[4]	Nacht[3]	Tag[5]	Nacht[3]	Tag	Nacht[6]
Krankenhäuser	57	47	67	57	45	35	45/45	35	45/45	35		
Schulen	57	47	67	57								
Altenheime	57	47	67	57								
Kurheime	57	47	67	57								
Kurgebiete	Für diese Nutzungsart gibt es keine Immissionsgrenzwerte.				45	35	45/45	35	45/45	35	Für diese Nutzungsarten gibt es keine Orientierungswerte.	
Pflegeanstalten					45	35	45/45	35	45/45	35		
reine Wohngebiete	59	49	67	57	50	35	50/45	35	50/45	35	50	40/35
Wochenendhausgebiete	Für diese Nutzungsart gibt es weder Immissionsgrenzwerte noch Immissionsrichtwerte.										50	40/35
Ferienhausgebiete											50	40/35
Campingplatzgebiete											55	45/40
allgemeine Wohngebiete	59	49	67	57	55	40	55/50	40	55/50	40	55	45/40
Kleinsiedlungsgebiete	59	49	67	57	55	40	55/50	40	55/50	40	55	45/40
besondere Wohngebiete	Für diese Nutzungsart gibt es weder Immissionsgrenzwerte noch Immissionsrichtwerte.										60	45/40
Dorfgebiete	64	54	69	59	60	45	60/55	45	60/55	45	60	50/45
Mischgebiete	64	54	69	59	60	45	60/55	45	60/55	45	60	50/45
Kerngebiete	64	54	69	59	60	45	60/55	45	60/55	45	60	50/45
Gewerbegebiete	69	59	72	62	65	50	65/60	50	65/60	50	65	55/50
Friedhöfe	Für diese Nutzungsarten gibt es weder Immissionsgrenzwerte noch Immissionsrichtwerte.										55	55
Kleingartenanlagen											55	55
Parkanlagen											55	55
Sondergebiete[7]											45-65	35-65
Industriegebiete	Für diese Nutzungsart gibt es keine Immissionsgrenzwerte.				70	70	Für diese Nutzungsart gibt es keine Immissionsrichtwerte.		70/70	70	Für diese Nutzungsart gibt es keine Orientierungswerte.	

[1] Besonderheiten: Immissionsrichtwerte für seltene Ereignisse, Zuschläge für Tageszeiten mit besonderer Empfindlichkeit, Kriterien für einzelne Geräuschspitzen

[2] Besonderheiten: Immissionsrichtwerte für seltene Ereignisse, Kriterien für einzelne Geräuschspitzen, sehr differenzierte Beurteilungszeiträume

[3] lauteste (volle) Nachtstunde

[4] außerhalb der Ruhezeiten / innerhalb der Ruhezeiten

[5] außerhalb der Ruhezeiten / innerhalb der Ruhezeiten sowie an Sonn- und Feiertagen

[6] bei zwei Werten gilt der zweite Wert für Industrie-, Gewerbe- und Freizeitlärm

[7] je nach Nutzungsart

Stand: 03/2011

LÄRMKONTOR GmbH

4 Energieeffizienz und Lärmschutz im Städtebau

Zur Optimierung der Energieeffizienz eines städtebaulichen Entwurfs stehen prinzipiell zwei Konzepte zur Verfügung: Zum einen kann versucht werden, die bestmögliche Minimierung der Energieverluste zu erreichen, zum anderen besteht die Möglichkeit, die solaren Gewinne zu maximieren. Im Bereich der Lärmbekämpfung sind darüber hinaus Konzepte gefragt, in welchen die Lärmschutzmaßnahmen ideal auf die Prinzipien der Schallausbreitung abgestimmt sind.

4.1 Energieeffizienz – Minimierung der Energieverluste

Die Minimierung der Energieverluste in Quartieren kann durch die Dichte der Bebauung, die Kompaktheit der Baukörper sowie durch die Ausführung der Gebäudehülle positiv beeinflusst werden.

Dichte und Kompaktheit der Bebauung
Die Transmissionswärmeverluste stehen in Abhängigkeit zum Maß der wärmeübertragenden Außenhaut von Gebäuden. Je kleiner der Anteil der Außenhaut im Verhältnis zum Volumen (A/V-Verhältnis) eines Gebäudes ist, desto geringer fallen bei gleichbleibendem Dämmstandard die Wärmeverluste aus. Eine dichte Siedlungsstruktur in mehrgeschossiger Bauweise hat ein wesentlich günstigeres A/V-Verhältnis als eine eingeschossige Siedlung aus freistehenden Einfamilienhäusern.[11] Auskragende oder zurückspringende Bauteile tragen zusätzlich zur Erhöhung des A/V-Verhältnisses bei und steigern daher die Wärmeverluste. Je kompakter die einzelnen Stadtbausteine architektonisch gestaltet sind, desto weniger Energie wird an die Umwelt abgegeben.

Ausführung der Gebäudehülle
Der Wärmeschutz der Bauteile sowie deren Luftdichtheit spielt eine wesentliche Rolle bei der Reduktion von Energieverlusten. Prinzipiell müssen hierbei für Neubauten die Mindestanforderungen der Energieeinsparverordnung (Niedrigenergiestandard) eingehalten werden. In vielen Bauvorhaben wird jedoch ein höherer Wärmedämmstandard realisiert, der allerdings wiederum nur durch einen erhöhten Primärenergieaufwand bei der Erstellung der Materialien zu erreichen ist.

Insbesondere im Planungsfeld der Sanierung von älteren Stadtquartieren besteht ein großes Energieeinsparpotenzial darin, die Gebäudehülle der Altbauten durch zusätzliche Wärmedämmmaßnahmen energetisch zu verbessern.

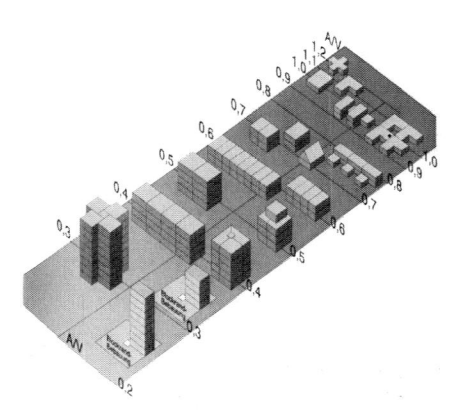

12 Verhältnis von Außenhaut zu Volumen (A/V-Verhältnis) verschiedener Typen

4.2 Energieeffizienz – Maximierung der Energiegewinne

Energiegewinne können durch passive und aktive solare Gewinne maximiert werden. Während aktive solare Gewinne nur durch zusätzliche Anlagentechnik (zum Beispiel Kollektoren, Photovoltaikmodule) in die Energiebilanz einfließen können, werden passive solare Gewinne im Wesentlichen durch die solare Exponiertheit der Baukörper sowie deren Fassadenausführung bestimmt. Die solare Exponiertheit von Baukörpern ist wiederum von den beiden Faktoren Gebäudeausrichtung und Verschattung abhängig.

Gebäudeausrichtung
Aufgrund des Sonneneinfallswinkels können in unseren Breitengraden optimale passive Solargewinne nur erreicht werden, falls die energetisch aktiven Flächen (zum Beispiel Fenster, Verglasungen, wärmespeichernde Bauteile) nach Süden orientiert sind. Eine Abweichung von der Südorientierung um mehr als 30 bis 45 Grad bedeu-

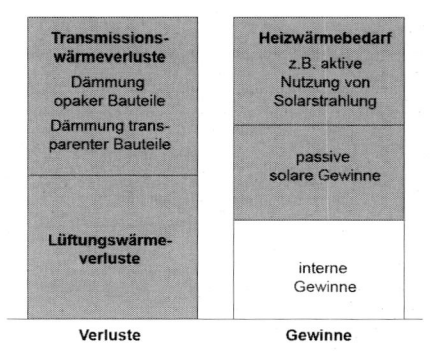

13 Energiegewinne und -verluste von Gebäuden

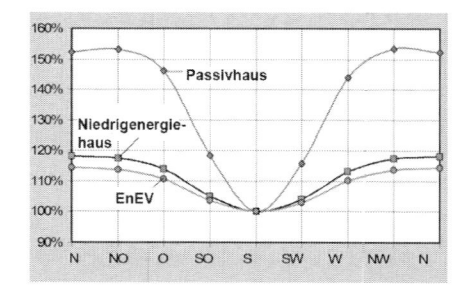

14 Heizenergiebedarf in Abhängigkeit vom energetischen Standard und der Ausrichtung des Gebäudes am Beispiel einer Zeilenbebauung und Orientierung nach Vallentin (2011)

tet deutliche Einbußen innerhalb möglicher solarer Einträge. Für die städtebauliche Grundkonfiguration bedeutet dies, das überwiegend Nord-Süd orientierte Zeilen bei entsprechender Fassadengestaltung energetisch günstiger sein können als Ost-West orientierte Zeilen. Letztere haben jedoch vom Wohnkomfort her den Vorteil, in den Morgen- und Abendstunden Sonneneinstrahlung zu erhalten. In Verbindung mit der Dachneigung der Baukörper ist die Gebäudeausrichtung darüber hinaus für die Effizienz der solaren Anlagetechnik bestimmend. Zur Integration von Kollektoren und Photovoltaikmodulen in die Dachhaut empfiehlt sich ebenfalls eine maximale Abweichung von ± 30 bis 45 Grad gegenüber der Südorientierung[12] sowie eine Dachschräge von 30 bis 40 Grad.

Verschattung
Baustrukturen können aufgrund ihrer topographischen Lage, benachbarter Bebauung oder durch Vegetation verschattet werden, wodurch sich die aktiven und passiven Solargewinne reduzieren. Die Vermeidung von Verschattung durch Topographie kann nur durch eine günstige Auswahl der Lage von Baugebieten verhindert werden. Ausreichende Gebäudeabstände, günstige Dachformen und eine optimierte Anordnung der Baukörper tragen dazu bei, die Verschattung durch benachbarte Bebauung zu reduzieren. Der Verschattungsgrad durch Nachbargebäude ist abhängig von der Höhe und dem Abstand der schattenwerfenden Kante zur Fassade eines Baukörpers. Allerdings bewirken große Gebäudeabstände zur Vermeidung von Verschattung einen erhöhten Verbrauch an Fläche und sind daher sowohl ökologisch als auch wirtschaftlich ungünstig.

Die beiden Konzepte „Minimierung der Energieverluste" und „Maximierung der Energiegewinne" können sich im Idealfall ergänzen, widersprechen sich jedoch auch in wesentlichen Punkten:

- Dem Prinzip einer dichten Siedlungsstruktur mit reduzierten Energieverlusten steht das Prinzip einer möglichst geringen Verschattung der Baukörper zur Erhöhung der solaren Gewinne gegenüber.
- Eine aufgelockerte Siedlungsstruktur, deren Baukörper zu mehreren Himmelsrichtungen solare Einträge verzeichnet besitzt gleichzeitig einen großen Anteil an Außenfläche und somit erhöhte Transmissionswärmeverluste.

Neben der Reduktion von Verlusten und der Steigerung von Gewinnen bietet die umweltgerechte Energieversorgung des Quartiers einen wesentlichen Ansatzpunkt zur energetischen Effizienzsteigerung.

15 Energieverbrauch und Emission – beeinflussbare Faktoren bei Stadt- beziehungsweise Bauleitplanung/ UVP. Darstellung nach O. Hildebrandt/Büro ebök

Energieverbrauch und Emission - beeinflussbare Faktoren bei Stadt- bzw. Bauleitplanung/UVP

sehr gut
- Energieversorgung
- Stellung der Gebäude
- gegenseitige Verschattung

gut
- städtebauliche Dichte / Kompaktheit
- Windschutz
- Verschattung durch Bepflanzung
- energetische Standards
- Kompaktheit der Baukörper
- baulicher Wärmeschutz
- Wärmebrücken

gar nicht
- Nutzerverhalten
- Wasser- und Strombedarf
- Gebäudedichtheit
- Lüftungsstrategie

überwiegend Objektplanung

4.3 Lärmschutz: Emission – Transmission – Immission

Lärmschutzmaßnahmen können an der Quelle, auf dem Ausbreitungsweg und am Immissionsort vorgenommen werden. Insofern sind folgende wichtige Fragen vorab zu beantworten: Woher kommt der Lärm? Wodurch verbreitet sich dieser? Und worauf wirkt er ein?

Lärmquellen werden in der Fachsprache mit dem Begriff Emissionsquellen bezeichnet. Das können Maschinen, Straßen und Schienen, Industrie-, Sport- und Freizeitanlagen oder Flughäfen sein. Die Stärke der Schallemission wird durch den Emissionspegel definiert und in Dezibel (dB(A)) angegeben. Der Emissionspegel des Verkehrs wird als Mittelwert ($L_{m,E}$) berechnet und ist von verschiedenen Faktoren abhängig (LKW-Anteil, zulässige Höchstgeschwindigkeit, Straßenoberfläche, Gradient). Tatsächlich variiert der Lärm je nach Geschwindigkeit und Art des Fahrzeuges, wobei ein schwerer LKW mit maximaler Geschwindigkeit am lautesten ist. Denn: je langsamer ein Fahrzeug fährt, desto leiser ist es! Auch eine Abnahme des Verkehrsaufkommens kann den Lärm mindern, wobei eine Halbierung des Verkehrs die Belastung lediglich um 3 dB reduziert. An die Lärmquelle werden darüber hinaus stets Lärmminderungsanforderungen gestellt (leisere Kraftfahrzeuge sowie elektrische Fahrzeuge oder lärmarme Geräte). Diese sind jedoch weitgehend vom Stand der Technik abhängig und deshalb durch Städtebau nicht zu beeinflussen.

Mit Transmission wird die Ausbreitung des Lärms durch die Luft von der Emissionsquelle zum Immissionspunkt bezeichnet. Die Schallausbreitung wird stark durch feste Hindernisse wie Gebäude, Wände oder Wälle beeinflusst. Insofern können durch städtebauliche Planungen entscheidende Lösungen gegen die Lärmausbreitung entwickelt werden.

Der Begriff Immission bezeichnet stattdessen Lärm, der auf einen bestimmten Bereich (zum Beispiel ein Wohngebiet) einwirkt und schädlich sein kann. Um die Höhe der Schallimmission und die Belastung eines Bereiches, der von Lärm betroffen ist, zu kennzeichnen, wird nach nationalen Richtlinien der Beurteilungspegel angewendet. Dieser bezieht sich auf eine Beurteilungszeit jeweils tagsüber ($L_{r,T}$) oder nachts ($L_{r,N}$). Der Beurteilungspegel wird in dB(A) angegeben und mit den vorgeschriebenen Lärmobergrenzen (Grenz-, Richt-, und Orientierungswerte) verglichen. Überschreitungen der Lärmobergrenzen belegen die Notwendigkeit von Lärmminderungsmaßnahmen. Auch am Einwirkungsort (auf Gebäudeebene) können Lärmminderungsmaßnahmen vorgenommen werden. Diese sollten jedoch nur als Notlösung, wenn alle anderen Möglichkeiten ausgeschöpft wurden, angewendet werden.

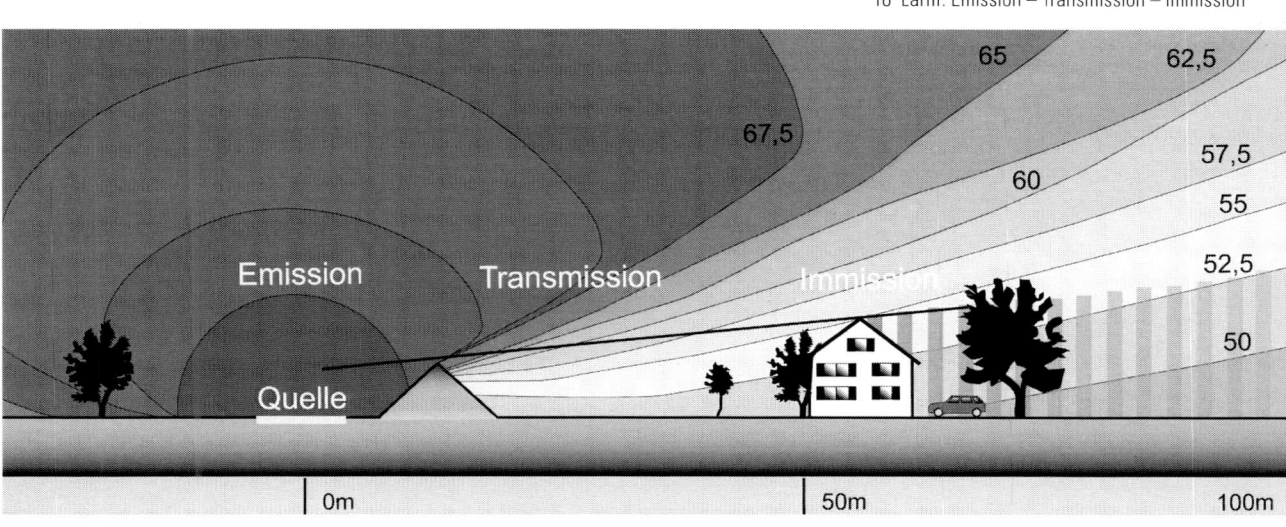

16 Lärm: Emission – Transmission – Immission

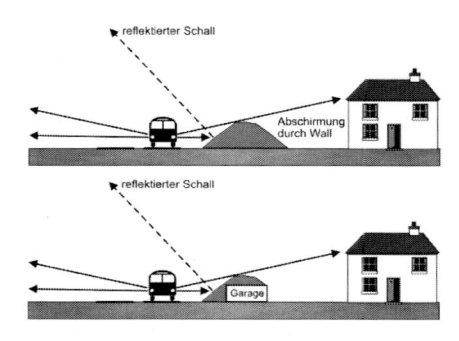

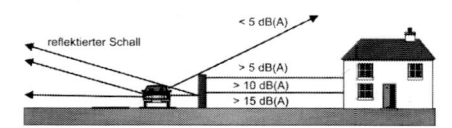

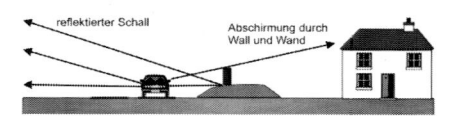

17 Schallabschirmung durch Wall, Wall mit integrierter Garagenzeile, Wand, Kombination Wall+Wand

4.4 Lärmschutzmaßnahmen

In Folgenden werden Lärmschutzmaßnahmen im Städtebau betrachtet. Sie werden als aktive Maßnahmen bezeichnet, während passive Maßnahmen bauliche Lösungen (Schallschutzfenster, Schalldämmung an den Fassaden...) sind. Für die passiven Maßnahmen und die entsprechende Lärmobergrenze des Innenpegels wird auf folgende Richtlinien hingewiesen: die VDI Richtlinie 2719 „Schalldämmung von Fenstern und deren Zusatzeinrichtungen" und die DIN 4109 „Schallschutz im Hochbau". Lärmschutz im Städtebau ist allgemein durch folgende Maßnahmen umsetzbar:

Lärmschutzanlagen
Unter Lärmschutzanlagen versteht man allgemein Lärmschutzwälle und -wände. Wälle sind begrünte Anlagen, die in die Landschaft sehr gut integrierbar sind und darüber hinaus verschiedene Funktionen auf der lärmabgewandten Seite erfüllen können (zum Beispiel eine Garage oder Kinderspielplätze). Stattdessen versteht man unter der Bezeichnung Schallschutzwand eine Anlage, die im Vergleich zu einem Wall eine höhere Abschirmwirkung bei gleicher Bauhöhe hat und weniger Platz in Anspruch nimmt. Falls sich auf der Straßenseite, welche der Lärmschutzanlage gegenüberliegt, Wohngebäude befinden, muss jedoch der von der Schallschutzwand reflektierte Schall ebenfalls berücksichtigt werden. Kombinationen von Wällen und Wänden bieten im Allgemeinen mehr Gestaltungsmöglichkeiten und sind vor allem bei einer größeren erforderlichen Höhe geeignet. Insgesamt gilt, dass eine Schallschutzanlage umso effektiver ist, je näher sie an der Lärmquelle steht.

Abstände
Freizuhaltende Flächen oder Abstände zwischen Schallquellen und zum Beispiel einem Neubaugebiet zu schaffen, wäre die einfachste, aber meist unrealistischste Lösung, da in der Regel diese Abstandsflächen nicht zur Verfügung stehen. Stattdessen sind Pufferflächen mit weniger störempfindlichen Nutzungen eine umsetzbare Lösung, wie etwa die Anordnung eines Gebäudes für tertiäre Nutzung zwischen Lärmquelle (Gewerbe oder Verkehr) und Wohngebiet.

Gebäudeanordnung
Baustrukturen können durch ihre Geometrie als Hindernisse den Lärm abschirmen. Sehr gute Wirkungen gegen Lärm haben zum Beispiel lange geschlossene Gebäudezeilen, in denen eventuell nicht lärmempfindliche Nutzungen in Richtung der Lärmquelle angeordnet sein können. Eine andere Lösung zur Lärmabschirmung kann durch Blockrandbebauung erzielt werden, die einen ruhigen Innenhof schafft. Bei beiden Typologien muss der reflektierte Schall mit berücksichtigt werden.

18 Schallschutzwände, -wälle und die Kombinationen von beiden

Raumanordnung

Innerhalb des Gebäudes kann die geschickte Anordnung der Räume helfen, die Lärmbelastung zu senken. Es ist empfehlenswert, Schlafzimmer und Wohnräume auf der ruhigen Seite anzuordnen und stattdessen Küche, Bad, Esszimmer, Treppenhäuser, Wintergärten und andere weniger störempfindliche Nutzungen auf die vom Lärm betroffene Seite zu platzieren. Außerdem können Laubengänge, Doppelfassaden oder geschlossene Balkone wie eine Pufferzone wirken und den Lärm um bis zu zehn dB(A) mindern.

Der Vollständigkeit halber muss auch auf die Schallschutzwirkung von Bepflanzungen hingewiesen werden. Diese ist entgegen aller Erwartungen sehr niedrig und erst ab einem hundert Meter breiten und dichten Waldstreifen wahrnehmbar.
Die optische Abschirmung von der Lärmquelle kann jedoch psychologisch trotzdem Wirkung entfalten, obwohl sie objektiv nicht messbar ist. Denn: Der Lärm entsteht vor allem im Kopf!

Aus verkehrsplanerischer Sicht können folgende Maßnahmen je nach Situation eine gute Wirkung gegen Lärm haben: Verkehrsverbote, Verkehrsbeschränkungen (wie Fahrverbot für LKW über 3,5 t), Geschwindigkeitsbeschränkungen (zum Beispiel Tempo 30-Zone), lärmmindernde Fahrbahnbeläge, Errichtung einer Lärmschutzanlage, Förderung des Radverkehrs oder des öffentlichen Verkehrs… All diese Maßnahmen können zu einer höheren Aufenthaltsqualität im öffentlichen Raum führen und gleichzeitig dazu beitragen, die Luftverschmutzung zu verringern und die Sicherheit vor allem für Kinder und alte Menschen zu erhöhen.

Um zu klären, welche der genannten Maßnahmen für ein Projekt geeignet sind, sollten stadtgestalterische, soziale, funktionale und ökonomische Aspekte gegeneinander abgewogen werden: Lärmschutz, der durch eine günstige Anordnung der Baukörper erzielt wird, kann attraktiver und eventuell sogar kostengünstiger sein als die Montage von Lärmschutzwänden, die vor allem im innerstädtischen Bereich unerwünschte Barrieren bilden.

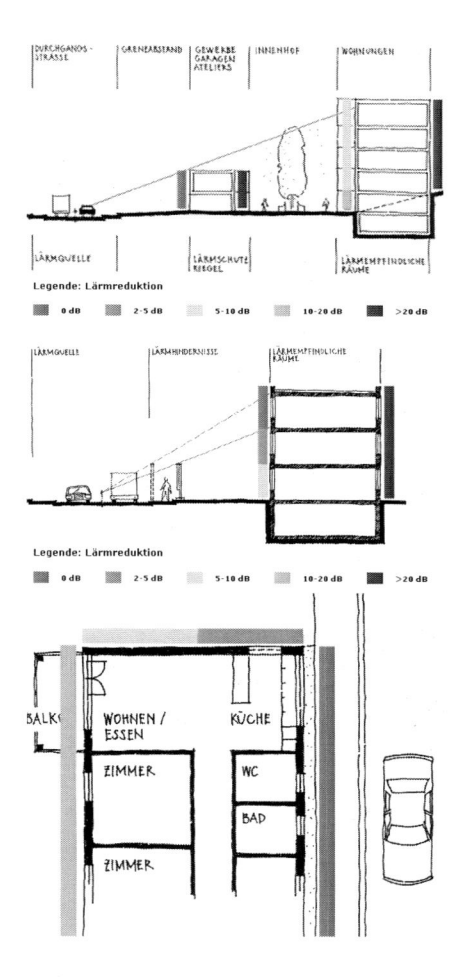

19–21 Abschirmung durch einen Lärmschutzriegel und eine Lärmschutzwand. Anordnung der Räume

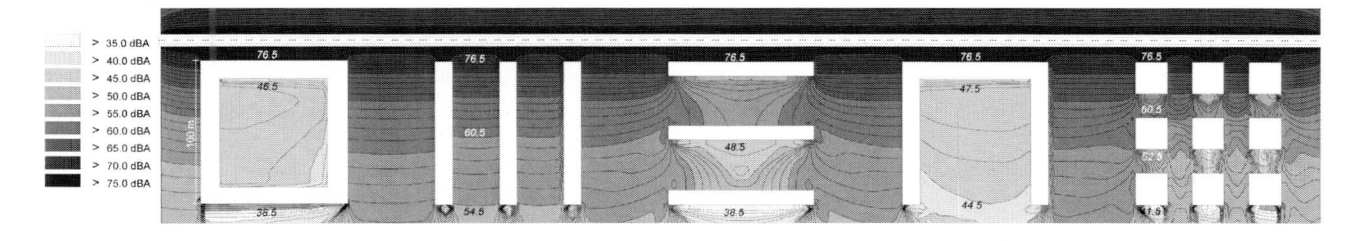

22 Abschirmung durch unterschiedliche Baustrukturen

23 Brücke über das Nesenbachtal, S-Vaihingen. Oben Geh- und Radweg mit integriertem Schallschutz. (Entwurf: Schlaich, Bergermann und Partner)

24 Rasenabdeckung der Gleiskörper

5 Umweltgerechte Planungspraxis – Planungsmaßnahmen und Bauleitplanung

Im Städtebau kann in verschiedenen Planungsphasen sowohl auf den Lärmschutz als auch auf die Steigerung der Energieeffizienz Einfluss genommen werden. Die Rechtsgrundlage hierfür bietet das Baugesetzbuch (BauGB). Das BauGB ist jedoch weder als Energieeinsparrecht noch als Lärmschutzrecht konzipiert, sondern regelt im Wesentlichen die zulässige Nutzung der Fläche (vgl. Beitrag Büchner S. 313). Konzepte für Lärmschutz und energetische Maßnahmen können jedoch in den Prozess der Bauleitplanung integriert und durch Bebauungspläne gesichert werden:

Zunächst kann innerhalb der *vorbereitenden Bauleitplanung* (§§ 5–7 BauGB) die Lage und Nutzung eines Baugebiets definiert und im *Flächennutzungsplan* dargestellt werden. Durch die Wahl der Lage kann die Verschattung des Gebietes (durch Topographie und umgebende Bebauung) beeinflusst werden. Auch eine gute oder schlechte Anbindung des Baugebiets an den öffentlichen Nahverkehr kann während dieser Phase bestimmt werden. Wird der Flächennutzungsplan genehmigt, so ist er in der Regel für die weitere Bauleitplanung bindend.

Die *verbindliche Bauleitplanung* stellt dann für Teilbereiche eines Gebietes rechtskräftige Bebauungspläne auf, die folgende Aspekte regeln können:

Dichte der Bebauung (§ 9 BauGB sowie §§ 17–21 der BauNVO)
Das Maß der baulichen Nutzung (GRZ und GFZ) sowie die Höhe baulicher Anlagen können im Bebauungsplan festgesetzt und dargestellt werden. Die Kombination dieser Aspekte regelt die zulässige Kubatur der Bebauung und steuert damit das A/V-Verhältnis der Baustruktur, welches wiederum die Transmissionswärmeverluste mitbestimmt.

Kompaktheit der Bebauung (§ 9 BauGB, § 22 und § 23 der BauNVO)
Ebenfalls wirksam für das A/V-Verhältnis ist die Kompaktheit der Bebauung. Die Kompaktheit kann durch die vorgeschriebene Bauweise (offene, geschlossene oder abweichende Bauweise) und die überbaubare Grundstücksfläche beeinflusst werden. Die überbaubare Grundstücksfläche kann im Bebauungsplan durch Baulinien, Baugrenzen und die Bebauungstiefe festgeschrieben werden.
Auch die Dachform ist bestimmend für die Kompaktheit der Bebauung und kann im Bebauungsplan durch die Angabe der Dachneigung sowie der First- und Traufhöhe geregelt werden. Darüber hinaus hat die Dachform auch Auswirkungen auf die Effizienz von aktiven Solarmaßnahmen (Photovoltaik, Kollektoren).

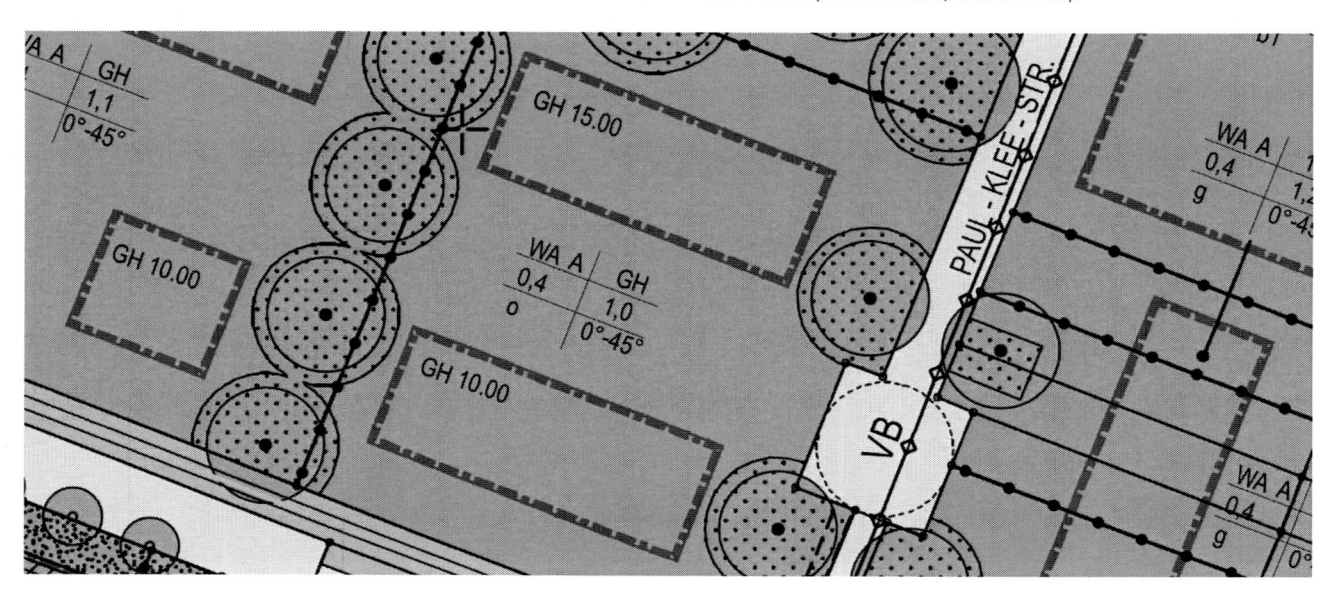

25 Ausschnitt des Bebauungsplans zum Quartier Vauban, Freiburg, mit Legende (oben)

Solare Exponiertheit (§ 9 BauGB sowie §§ 17–21 der BauNVO)
Durch eine optimale Stellung auf dem Grundstück kann erreicht werden, dass das Gebäude möglichst wenig verschattet und energetisch günstig ausgerichtet wird. Im Bebauungsplan kann die Position des Gebäudes mittels Baulinie, Baugrenze und Bebauungstiefe definiert werden. Das Maß der baulichen Nutzung kann über die GRZ, die GFZ und die Höhe der baulichen Anlagen bestimmt werden (siehe auch Dichte und Kompaktheit der Bebauung).
Die Verschattung durch Vegetation kann ebenfalls im Bebauungsplan geregelt werden. Bestimmte Bepflanzungen können hier definiert und der Erhalt von Bäumen festgelegt werden.

Ergänzend sollte erwähnt werden, dass die Landesbauordnung der jeweiligen Bundesländer Mindestabstände von Gebäuden regelt (§ 5–7 LBO). Diese sichern jedoch ausschließlich eine ausreichende natürlichen Belichtung und sind für eine optimale solare Exponiertheit zu gering bemessen.

Wie in der Bauleitplanung für neue Gebäude ein höchstzulässiger Jahres-Heizwärme-/ Primärenergiebedarf oder ein vergleichbarer Kennwert, der die Anforderungen der Energieeinsparungsverordnung unterschreitet, festgesetzt werden kann, ist derzeit rechtlich nicht eindeutig definiert. Um Verbrauchsgrenzwerte und die Nutzung erneuerbarer Energien in die Quartiersplanung zu integrieren, müssen daher über die Bauleitplanung hinaus Verträge (beispielsweise ein städtebaulicher Vertrag nach § 11 BauGB oder ein privatrechtlicher Kaufvertrag nach dem Bürgerlichen Gesetzbuch, falls die öffentliche Hand Eigentümerin des Grundstücks ist) abgeschlossen werden (vgl. Beitrag Büchner, S. 313).

Auch für die Umsetzung von Lärmschutzmaßnahmen steht den Stadtplanern das Instrument der Bauleitplanung zur Verfügung. Ziel der Lärmschutzmaßnahmen ist, den Anforderungen des BauGBs an gesunde Wohn-und Arbeitsverhältnisse zu entsprechen und den Belangen des Umweltschutzes gerecht zu werden.

Im *Flächennutzungsplan* können Lärmschutzanlagen als „Flächen für Vorkehrungen zum Schutz gegen schädliche Umwelteinwirkungen im Sinne des Bundes-Immissionsschutzgesetzes" vorgesehen werden (§ 5 Abs.2 Nr. 6 BauGB).

Weitere Festlegungen werden auf Bebauungsplanebene konkretisiert und verbindlich geregelt:

Durch die Definition der „Art der baulichen Nutzung" im Bebauungsplan gemäß BauNVO (zum Beispiel allgemeines Wohngebiet WA, Mischgebiet MI) kann man Aussagen über die Anordnung der Nutzungen treffen sowie deren Lage innerhalb eines Gebiets entsprechend ihrer Lärmempfindlichkeit festlegen. Auch die Festsetzung der Bauweise und des Maßes der baulichen Nutzung kann ein wirksames Instrument gegen Lärm sein: Eine geschlossene Bebauung statt einer offenen Baustruktur schirmt den Lärm besser ab, und auch die Höhe einer Bebauung kann als Schutz gegen Lärm eingesetzt werden.

Auf Gebäudeebene können diese Festsetzungen im Bebauungsplan weiter konkretisiert werden (Schallschutzmaterial oder Schallschutzfenster, Verbot von Fensteröffnungen auf einer bestimmten Seite eines Gebäudes, Laubengänge oder Balkone, Raumanordnung innerhalb einer Wohnung…).

26 Bebauungsplan Stuttgart 21: Lärmschutzanforderung

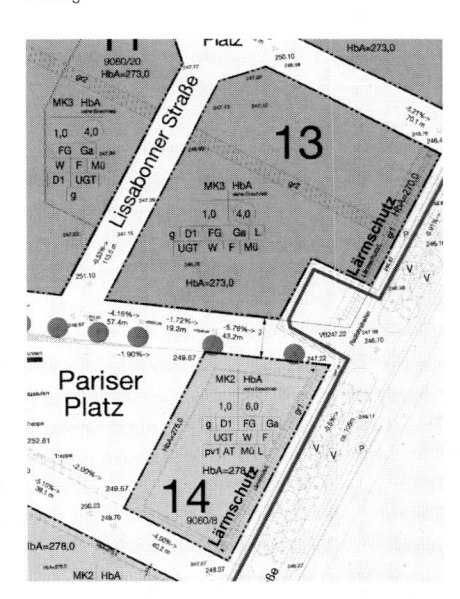

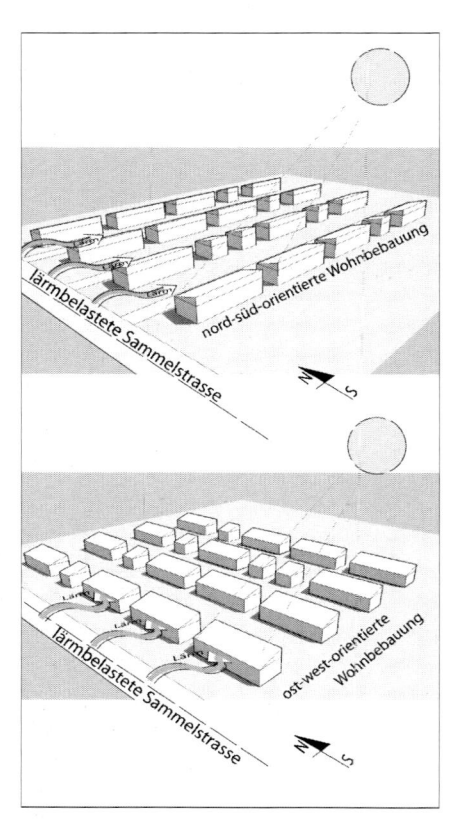

27 Solare Exponiertheit und Lärmschutz im Vergleich

28 Testgebiet Schriesheim, OEG-Gelände

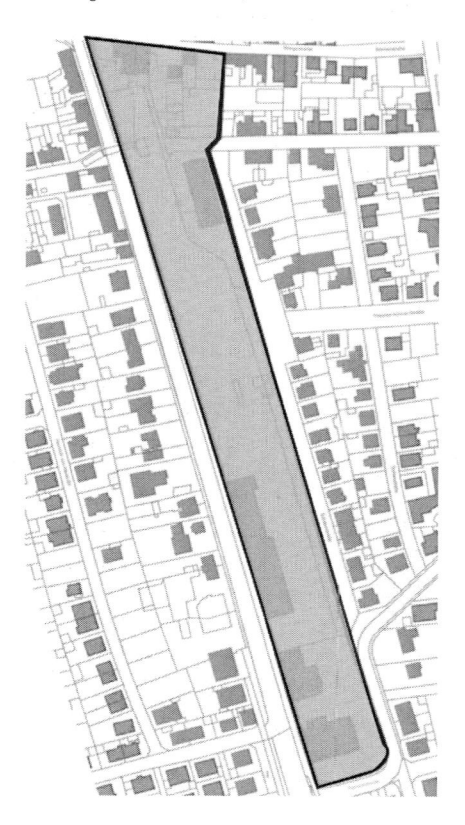

6 Simulation, Evaluation und Optimierung von Energieeffizienz und Lärmschutz im städtebaulichen Planungsprozess

Da die Qualität städtebaulicher Entwürfe hinsichtlich Lärmschutz und Energieeffizienz ohne technische Hilfsmittel nur schwer abzuschätzen ist, bedarf es geeigneter objektiver Analyseverfahren. Im Bereich der Energieeffizienz können Verschattungsgrad und solare Gewinne einer städtebaulichen Konfiguration ermittelt und optimiert werden. Auf der Maßstabsebene einzelner Gebäude stehen verschiedene Softwarelösungen zur detaillierten Ermittlung des Energiebedarfs zur Verfügung. Im Bereich des Lärmschutzes sind ebenfalls gut entwickelte Softwareprodukte erhältlich, welche die Lärmimmission berechnen und Schallimmissionspläne kartieren können.

6.1 Optimierung städtebaulicher Entwürfe

Nicht immer ergeben sich aus energetischen und schalltechnischen Anforderungen die gleichen Lösungsansätze:
    Eine vielbefahrene Straße am westlichen Rand eines neu zu beplanenden Gebiets legt beispielsweise den Entwurf einer nach Westen hin möglichst geschlossenen Randbebauung nahe, während aus energetischer Sicht für das Gebiet eine nord-südorientierte Zeilenstruktur mit hohem Anteil passiver Solargewinne sinnvoll wäre (Abb. 26).
    Im Rahmen der Seminarreihe „Urban Design Lab" (SS 07 und WS 07/08) wurden für insgesamt sechs verschiedene innerstädtische Konversionsflächen mit moderater bis starker Verkehrsbelastung städtebauliche Entwürfe entwickelt. Ziel hierbei war, die Entwürfe sowohl in Bezug auf energetische als auch auf schallschutztechnische Anforderungen zu optimieren. Ausgehend von ersten „Testentwürfen" für die Gebiete wurde sowohl die Energieeffizienz als auch die Lärmabschirmung der Baustrukturen durch Simulationssoftware berechnet.
    Die Ergebnisse der Simulationen wurden eingesetzt, um die Testentwürfe schrittweise zu überarbeiten und abzuwägen, inwiefern Verbesserungen im Hinblick auf Lärmschutz und Energieeffizienz erzielt werden können. Die im Folgenden dargestellten Simulationsergebnisse beziehen sich auf ein Entwurfsgebiet in Schriesheim (bei Heidelberg), das aufgrund seiner starken Lärmbelastung sowie des schmalen, nord-südverlaufenden Flächenzuschnitts ausgesucht wurde. Von den Entwürfen werden zwei studentische Arbeiten vorgestellt (Abb. 29 und 30), die gegensätzliche räumliche Konzepte verfolgen.

6.2 Durchführung der Simulation und Optimierung am Beispiel des Gebietes Schriesheim, OEG-Gelände

Bei dem Entwurfsgebiet in Schriesheim handelt es sich um ein Gelände, welches im Zuge des Umbaus und der Verkleinerung des Bahnhofs für eine neue städtebauliche Entwicklung frei wird. Es ist etwa drei Hektar groß und liegt einen halben Kilometer südwestlich des alten Stadtkerns zwischen der stark befahrenen Bundesstraße B3 („Landstraße") und den Gleisen der Regionalbahn.
    Als Programm für das Gebiet wurde eine Nutzungsmischung mit hohem Wohnflächenanteil und innovativen Wohnkonzepten in Verbindung mit neuen Dienstleistungen angestrebt.

6.3 Vorgehen zur Ermittlung der Energieeffizienz

Zur Ermittlung der Energieeffizienz der ersten Testentwürfe für das Planungsgebiet wurden für die jeweiligen Baustrukturen Verschattungsstudien durchgeführt, mittels derer die solare Exponiertheit der Gebäude analysiert werden konnte. Erstellt wurden diese Studien mit Hilfe der Simulationssoftware GOSOL des Solarbüros für energieeffiziente Stadtplanung Dr.-Ing. Peter Goretzki.

Ziel der Simulation war es, durch den Grad der Verschattung Aussagen über die zu erwartenden solaren Gewinne als Durchschnittswerte für das Quartier zu errechnen, welche zur Minderung des Primärenergiebedarfs während der Heizperiode beitragen können. Über die Verschattungsstudien hinaus wurden auf Grundlage eines definierten Dämmstandards der Gebäudehüllen (nach EnEV 2007) sowie Angaben zur Anlagentechnik (Raumheizung und Warmwasserbereitung) der prognostizierte Heizwärmebedarf und Primärenergiebedarf des Quartiers ermittelt. Aufgrund der derzeit zur Verfügung stehenden Simulationssoftware konnten jedoch Aspekte der Klimatisierung und Beleuchtung von Gebäuden, welche insbesondere bei Büronutzungen eine maßgebliche Rolle innerhalb der Energieeffizienz eines Quartiers spielen, nicht in die Bilanz einfließen.

6.4 Vorgehen zur Ermittlung des Lärmschutzes

Die Auswirkung der Entwurfsvorschläge auf die Schallausbreitung im Gebiet und in den angrenzenden (Wohn-) Quartieren wurde über digitale Schallimmissionspläne kartiert, die mit Hilfe der Software CADNA A der Firma Datakustik erstellt wurden.

Schallimmissionspläne, auch Lärmkarten genannt, sind farbige und mit Hilfe einer speziellen Software erstellte, flächendeckende Darstellungen der Lärmbelastung eines Gebietes, das von Umgebungslärm betroffen ist. Die Erstellung von Schallimmissionsplänen ist nach EU-Umgebungsrichtlinie vorgeschrieben. Sie stellen jedoch auch darüber hinaus ein sehr gutes Hilfsmittel für städtebauliche Planungen dar, da die Lärmbelastung im Planungsprozess anschaulich kartiert wird. Sie finden daher immer häufiger Anwendung in der Bauleitplanung und tragen dazu bei, Lärmbelastung im Vorfeld zu beurteilen und umweltbewusst zu planen. Durch die Analyse dieser Lärmkarten wird es möglich, die Lärmbelastung eines Stadtteils abzuschätzen und Lärmschutzmaßnahmen oder Optimierungsvorschläge für die Planung zu definieren, welche auf Stadt- und Verkehrsplanungsebene umgesetzt werden können.

Grundlage der Lärmkartierung bilden die Verkehrsdaten von Straße und Schiene (durchschnittlicher täglicher Verkehr (DTV), LKW-Anteil, Zugklasse, Zuggattung, Anzahl der Züge...), sowie Emissionsdaten von Gewerbegebieten, Sportanlagen oder Parkplätzen. Lärmkarten werden durch Interpolationen eines vordefinierten Rasters von Berechnungspunkten (zum Beispiel alle zehn Meter) und auf einer vorgegebenen Höhe erstellt (nach EU-Richtlinie vier Meter üFFB). Die Berechnung erfolgt nach der nationalen Richtlinie für Tag (6 bis 22 Uhr) und Nacht (22 bis 6 Uhr) und wird für jede Schallquelle ermittelt. Zusätzlich können über sogenannte Immissionspunkte an der Fassade der Baukörper detaillierte Daten über die Lärmimmission in jedem Geschoss berechnet und dargestellt werden.

Das Entwurfsgebiet in Schriesheim lag allein durch den Einfluss des Straßenverkehrs im Schallpegelbereich von zirka 68 dB(A) bis 72 dB(A) am Tag und zirka 59 dB(A) bis 65 dB(A) während der Nacht, was wesentlich über den zulässigen Werten für Mischgebiete liegt. Da Lärmschutzmaßnahmen an der Bundesstraße nicht kurzfristig zu erwarten waren (die Baulast ist beim Bund), wurde für das Gebiet eine Minderung der Lärmbelastung durch den städtebaulichen Entwurf angestrebt.

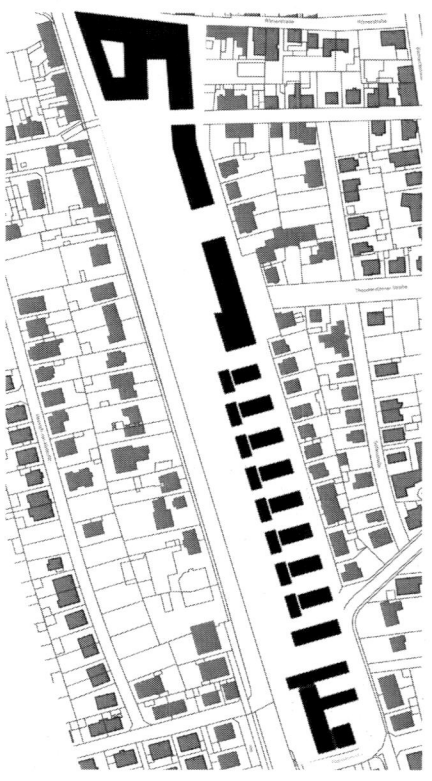

29 Entwurf 1 – Julie Scheffler

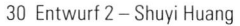

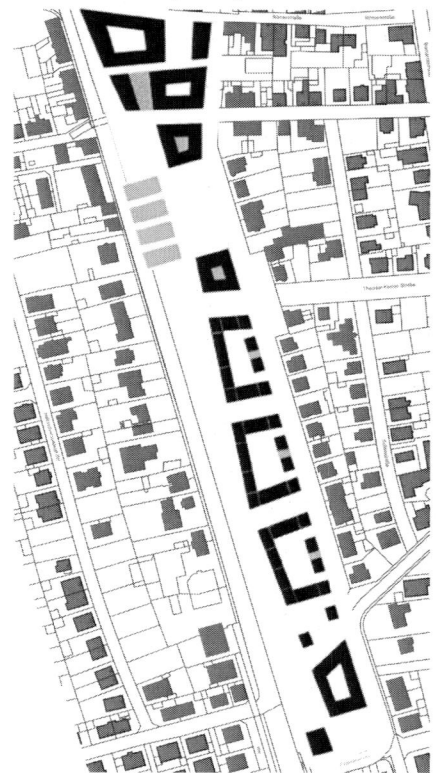

30 Entwurf 2 – Shuyi Huang

6.5. Entwurf 1 – Zeilenstruktur

Der Entwurfsansatz der Studentin Julie Scheffler ist durch eine kleinteilige Baustruktur aus Nord-Süd orientierten Zeilen gekennzeichnet. Diese Struktur ermöglicht es ideal, passive solare Gewinne zu nutzen; sie ist der umgebenden Wohnbebauung angepasst.

Die ausgewählte städtebauliche Struktur verursachte jedoch unerwünschte Lärmlücken, so dass die Baustrukturen bereits in einem sehr frühen Stadium der Arbeit durch quer zu den Zeilen stehende Kopfbauten entlang der B3 ergänzt wurden.

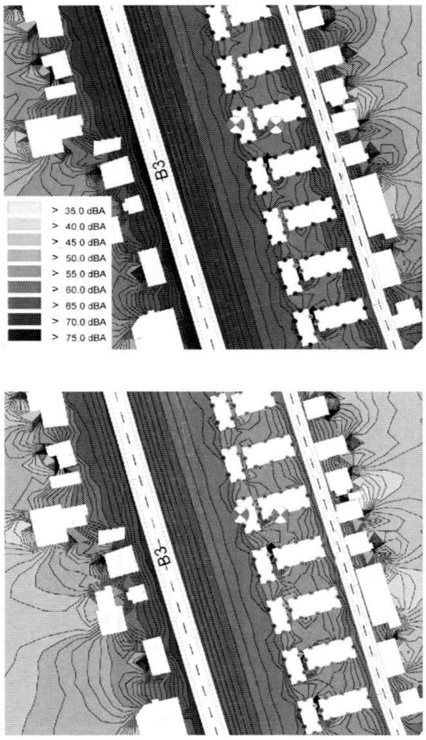

31 Lärmsimulation vor der Optimierung (nur Straße), oben am Tag und unten in der Nacht

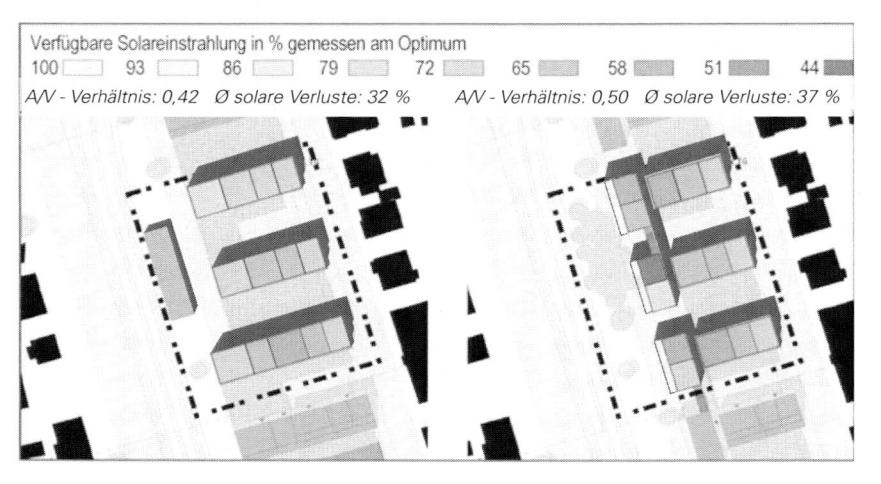

32 Zeilenbebauung (links); Optimierung mit Querzeilen (rechts). Die Kompaktheit der Baukörper und das Potenzial passiver Solargewinne vermindert sich stark, um den Lärmanforderungen gerecht zu werden.

6.6 Entwurf 2 – Blockrandbebauung

Um der Lärmsituation entlang der B3 zu entsprechen, wurde von der Studentin Shuyi Huang für den städtebaulichen Entwurf eine Blockrandbebauung gewählt, die durch ihre Geschlossenheit einen ruhigen Innenhof ermöglichte. Die Lärmbelastung der an der Bundestraße gelegenen Fassade wies dennoch zu hohe Werte auf. Aufgrund der hoch kompakten Baustrukturen stellt die Blockrandbebauung eine energetisch sinnvolle Lösung im Hinblick auf die Minimierung von Transmissionswärmeverlusten dar, passive solare Gewinne können jedoch nur in geringem Umfang erzielt werden.

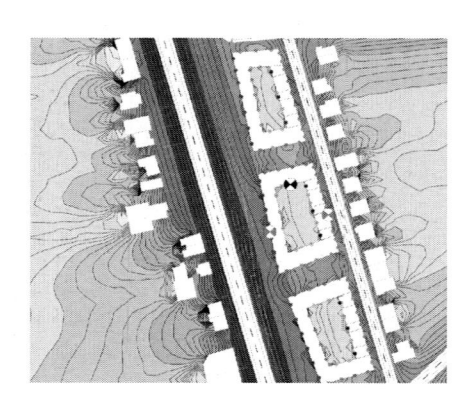

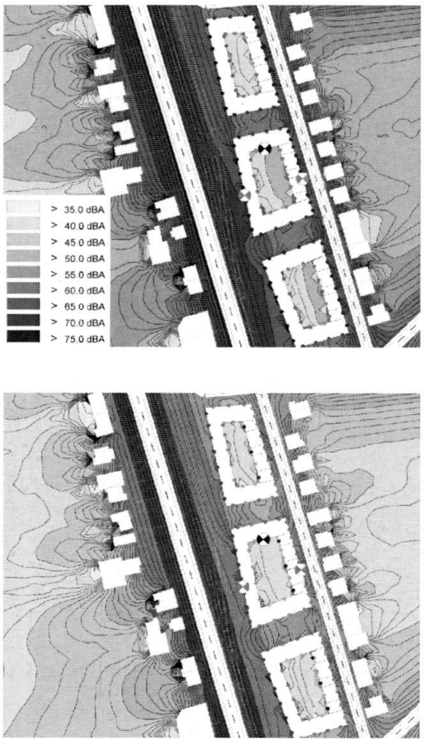

33 Lärmsimulation vor der Optimierung (nur Straße), oben am Tag und unten in der Nacht

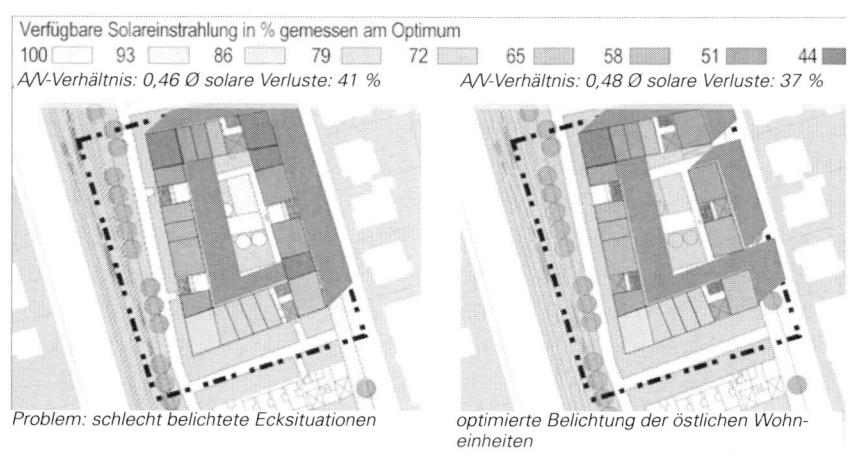

34 Blockrandbebauung (links); Optimierung mit aufgelockertem Blockrand (rechts). Die Baukörper werden weniger kompakt, das Potenzial passiver Solargewinne wird jedoch stark verbessert.

6.7 Optimierung der Entwürfe

Beim Entwurf 1 stand die Optimierung der Lärmsituation im Vordergrund. Diese wurde durch die Ergänzung von Nebengebäuden (Kommunikationszonen und Erschließungselemente) entlang der B3 verbessert. Als weitere Optimierungsmaßnahme wurde für die Wohnsammelstraße parallel zur Bundestraße eine Geschwindigkeitsbeschränkung (von 50 auf 30 km/h) vorgenommen und für die Gleiskörper der Bahnschienen eine Rasenabdeckung vorgesehen. Obwohl die Lärmbelastung um etwa 3 dB(A) reduziert werden konnte, wurden noch fast überall Überschreitungen der zulässigen Grenzwerte ermittelt, die nur mit passiven Maßnahmen und durch Raumanordnung innerhalb der Wohnungen (wie Loggien zur Westseite) gelöst werden können.

Um die neuen Baustrukturen an die kleinteilige Bestandsbebauung anzugleichen wurde die Blockrandbebauung von Entwurf 2 im südlichen Teil des Planungsgebietes entlang der Schillerstraße aufgelöst. Hierdurch wurde zwar die Baustruktur weniger kompakt, die solaren Einträge für die Wohnungen selbst konnten jedoch wesentlich verbessert werden. Im Zuge der Lärmoptimierung wurde die Bundestraße stark begrünt, um „psychologisch" den negativen Einfluss des Lärms zu minimieren. Denn je mehr man von einer Lärmquelle sieht, desto lauter wird der Lärm empfunden! Der Abstand von der Bundestraße wurde zusätzlich vergrößert. Darüber hinaus wurde mit der für die Wohnsammelstraße vorgenommene Geschwindigkeitsbeschränkung (von 50 auf 30 km/h) die Lärmbelastung um zirka 2 dB(A) gesenkt.

6.8 Bedeutung von Simulation im Entwurfsprozess

Zusammenfassend läßt sich feststellen, dass die verwendeten Softwarelösungen zur Berechnung objektiver Werte im Hinblick auf Lärmschutz und Energieeffizienz beitragen und als wertvolle Mittel zur Überprüfung der Qualität und Praxistauglichkeit städtebaulicher Entwürfe eingesetzt werden können. Durch die Simulationen können darüber hinaus iterativ Optimierungen erprobt und gleichzeitig evaluiert werden. Der Abstraktionsgrad der verwendeten Softwarelösungen, für welche keine detaillierten Angaben zur architektonischen Ausgestaltung der Baukörper notwendig sind, erlaubt eine Bewertung städtebaulicher Entwürfe innerhalb relativ kurzer Zeit. Insbesondere die Methode der Lärmkartierung mit CADNA A wurde Dank der Verständlichkeit der Software und der direkten Überprüfungsmöglichkeiten sowie der Nachvollziehbarkeit der Lärmabhängigkeit von den Studierenden sehr geschätzt.

Die Abwägung zwischen den einzelnen Bewertungskriterien ist jedoch stets Aufgabe des Entwurfsprozesses und kann aufgrund der komplexen und zum Teil widersprüchlichen Anforderungen meist nicht ausschließlich durch Simulationssoftware erbracht werden.

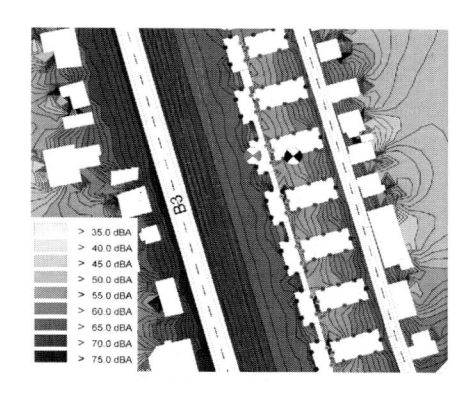

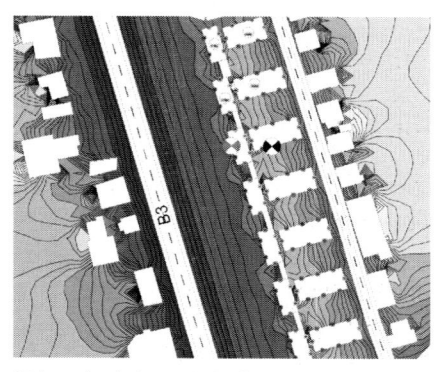

35 Lärmsimulation nach der Optimierung (nur Straße), oben am Tag und unten in der Nacht

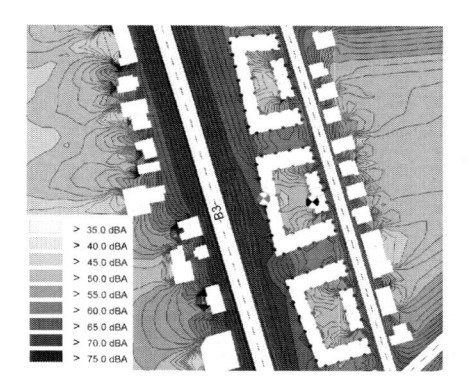

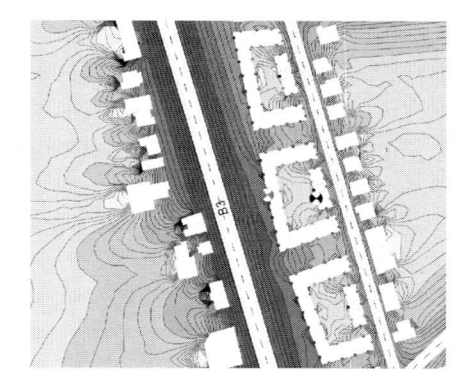

36 Lärmsimulation: 1. Optimierungsvariante (nur Straße), oben am Tag und unten in der Nacht

Literatur – Lärmschutz

Amt für Umweltschutz / Baumüller, Jürgen.: Lärm und Lärmschutz. Stuttgart 2002 (CD-ROM)

Landeshauptstadt Stuttgart- Amt für Umweltschutz (Hg.) : Lärmkartierung Stuttgart. Broschüre 2012

Landeshauptstadt Stuttgart-Referat Städtebau und Umwelt Amt für Umweltschutz (Hg.): Lärmaktionsplan der Landeshauptstadt Stuttgart 2009. Schriftenreihe des Amtes für Umweltschutz - Heft 1, 2010

Spannowsky W., Mitschang, S.: Lärmschutz in der Bauleitplanung und bei der Zulassung von Bauvorhaben. Köln 2003

Umweltbundesamt: PULS Praxisorientierter Umgang mit Lärm in der räumlichen Planung und im Städtebau. Dessau 2006

Umweltbundesamt: Silent City. Berlin 2008

Wirtschaftsministerium Baden-Württemberg / Baumüller, Jürgen.: Städtebauliche Lärmfibel. Stuttgart 1994

Literatur – Energieeffizienz

Archplus 184, 2007 Architektur im Klimawandel

EnergieAgentur NRW: 50 Solarsiedlungen in Nordrhein-Westfalen. Planungsleitfaden. Düsseldorf 2008

Everding, Dagmar: Solarer Städtebau. Vom Pilotprojekt zum planerischen Leitbild. Stuttgart 2007

Hegger, Manfred/ Fuchs, Matthias/ Stark, Thomas/ Zeumer, Martin: Energieatlas nachhaltige Architektur. München 2007

Vallentin, Rainer: Energieeffizienter Städtebau mit Passivhäusern. München 2011

Wirtschaftsministerium Baden-Württemberg: Solarfibel - Städtebauliche Maßnahmen. Solare und energetische Wirkungszusammenhänge und Anforderungen. Stuttgart 2007

Wirtschaftsministerium Baden-Württemberg / Baumüller, Jürgen: Städtebauliche Klimafibel. Hinweise für die Bauleitplanung.Stuttgart1998

Endnoten

Dank an: Prof. Baumüller, Landeshauptstadt Stuttgart/ Amt für Umweltschutz, H. Metzen/ Firma Datakustik und H. Hildebrandt / Büro ebök für die Fachberatung/ H. Dr. Goretzki für die Software Gosol und die Grafiken zur Energieeffizienz.

1 Umweltbundesamt (UBA): Weniger Treibhausgase mit weniger Atomenergie. Presseinformation 17/2012, Dessau 2012

2 Byrne, John/ Wang, Young-Doo/ Lee, Hoesung et al.: An Equity- and Sustainability–Based Policy Response to Global Climate Change. In: Energy Policy, Vol. 24, No. 4, S. 335–343

3 Der Begriff Lärm stammt aus dem italienischen „all'arme" (wörtlich „zu den Waffen"). Zuerst als „Alarm"-Signal im militärischen Sinn verwendet, beschreibt das Wort Lärm heute „jedes störende, belästigende oder gesundheitsschädliche Geräusch" das der Mensch empfängt. In der Akustik wird Lärm als „Hörschall" oder mechanische Schwingungen und Wellen eines elastischen Mediums im Frequenzbereich des menschlichen Hörens (von 0 bis 120 dB, und von 16 Hz bis 16000 Hz) bezeichnet. Schall wird durch zwei physikalische Einheiten definiert: Dezibel dB und Hertz Hz. Dezibel ist die Maßeinheit des Schalldruckpegels, Hertz die Maßeinheit der Frequenz, das heißt die der Anzahl der Schwingungen pro Sekunde. Bei einer Frequenz spricht man von Ton, und bei gemischten unregelmäßigen Frequenzen von Geräusch. Während Schall durch physikalische Größen eindeutig definierbar ist, ist Lärm objektiv schwer zu messen, da die Wahrnehmung des Lärms durch subjektive Faktoren sehr stark beeinflusst werden kann. Schallsignale werden im Gehirn verarbeitet und bewertet, was zu der umgangssprachlichen Deutung führt, dass Lärm „zuerst im Kopf" entsteht.

4 Da das menschliche Ohr hohe Töne lauter als tiefe Töne empfindet, ist eine Korrektur (A-Bewertung) eingeführt worden, die die unterschiedliche Lautstärkeempfindung berücksichtigt. Die A-bewerteten Schalldruckpegel werden in dB(A) angegeben.

5 Landeshauptstadt Stuttgart, Amt für Umweltschutz Dezember 2012 „Flyer Lärmkartierung Stuttgart 2012", http://www.stadtklima-stuttgart.de/stadtklima_filestorage/download/LMP/Flyer-Laermkartierung-2012.pdf

6 Umweltbundesamt: PULS Praxisorientierter Umgang mit Lärm in der räumlichen Planung und im Städtebau. Dessau 2006

7 EU Parlament :RICHTLINIE 2010/31/EU vom 19. Mai 2010, S. 21

8 Hegger, Manfred/ Fuchs, Matthias/ Stark, Thomas/ Zeumer, Martin: Energieatlas nachhaltige Architektur. München 2007, S. 185

9 DIN 18005-1 „Schallschutz im Städtebau". Teil 1 Ausgabe 2002. Beiblatt 1 Ausgabe 1987. Teil 2 Ausgabe 1991

10 ULR (2002/49/EG) „Richtlinie für die Bewertung und Bekämpfung von Umgebungslärm". Die EU schreibt vor, schrittweise Lärmkarten, Betroffenheitsanalysen und Lärmminderungspläne zu erstellen, die alle 5 Jahre zu aktualisieren sind. Die aktualisierte Lärmkartierung von Stuttgart steht der Öffentlichkeit unter http://www.stadtklima-stuttgart.de/index.php?laerm_laermkartierung_karten_Stgt_2012 zur Verfügung.

11–12 Goretzki, Peter u.a.: Solarfibel – Solare und energetische Stadtplanungsfibel. Stuttgart 2001, S. 27

Abbildungsnachweis

1 www.andysinger.com/

2-3, 16-18 Baumüller, J.: Städtebauliche Lärmfibel : Hinweise für die Bauleitplanung. Stuttgart, 1994, www.staedtebauliche-laermfibel.de

4 Eigene Darstellung, Datengrundlage Bundesumweltamt 2012

5 Deutsche Energie-Agentur (dena)/Energiedaten BMWi 2011

6 DAS BAUZENTRUM / BAUKULTUR, Band 23, (2003), S.10

7, 15 PHI, ebök

8 Oberste Baubehörde im Bayrischen Staatsministerium des Inneren: Modernisieren und sparen. München 2005, S. 6

10 Landeshauptstadt Stuttgart, Amt für Umweltschutz http://www.stadtklima-stuttgart.de/index.php?laerm_laermkartierung_karten_Stgt_2012

11 Lärkontor GmbH Hamburg www.laermkontor.de

12 Goretzki, Peter u.a.: Solarfibel-solare und energetische Stadtplanungsfibel. Stuttgart 2001, S. 27

13 Hegger, Manfred/ Fuchs, Matthias/ Stark, Thomas/ Zeumer, Martin 2007, S. 86

14 Vallentin 2011, S. VII-34

16-18 Baumüller, J.: Städtebauliche Lärmfibel : Hinweise für die Bauleitplanung. Stuttgart, 1994, www.staedtebauliche-laermfibel.de

19-21 Kanton Zürich, Fachstelle Lärmschutz, www.laerm.zh.ch

23-24 Baumüller, J.: Städtebauliche Lärmfibel : Hinweise für die Bauleitplanung. Stuttgart, 1994, www.staedtebauliche-laermfibel.de

25 Stadt Freiburg i. B.: Bebauungsplan Quartier Vauban. http://www.freiburg.de/servlet/PB/menu/1167568_l1/

26 www.bahnprojekt-stuttgart-ulm.de

9,22,27-36 Städtebau-Institut Universität Stuttgart, Seminar Urban Design Lab

FRANK ROSER

Landschaftsarchitektur und Freiraumplanung

1 Einleitung

Für die Qualität einer Stadt, aber auch eines Quartiers ist es von großer Bedeutung, wie sich Baukörper zu den Freiflächen, den Plätzen, Parks und Straßen verhalten.[1] Für den Eindruck, den wir von einer Stadt gewinnen, sind häufig die Freiräume sogar entscheidend, sei es die Ramblas für Barcelona oder der Schlossplatz für Stuttgart. Im Freiraum verbringen wir einen wichtigen Teil unserer Freizeit. Er kann repräsentative Funktionen erfüllen, er hat für das Zusammenleben im Quartier, für das Wohlbefinden, für die Gesundheit der Menschen eine kaum zu überschätzende Bedeutung. An den Freiräumen zeigt sich, wie kinderfreundlich eine Stadt ist, in ihnen bildet sich genauso wie in den Gebäuden ab, von welchen Strukturen die Gesellschaft geprägt wird, aber auch, welchen Leitbildern sie sich verpflichtet hat. Vom Hausgarten bis zum Stadtpark reicht die Vielfalt der Grün- und Freiräume, mit denen Stadt gestaltet werden kann.

Auch wenn es für ihre Gestaltung Fachleute – die Landschaftsarchitekten – gibt, reicht es nicht aus, im städtebaulichen Entwurf die Freiräume als grüne Fläche anzulegen und dann dem Landschaftsarchitekten zu überantworten. Ohne ein Grundverständnis für die Funktion und die Gestaltung von Freiräumen, ohne ein Verständnis für das Zusammenspiel aus bebauten und unbebauten Flächen und die möglichen Differenzierungen kann kein guter städtebaulicher Entwurf entstehen.

Dieser Beitrag möchte Basiswissen über Freiräume vermitteln, um beim städtebaulichen Entwerfen die wichtigsten Aspekte angemessen berücksichtigen zu können. Dazu werden städtische Freiräume aus verschiedenen Blickwinkeln betrachtet. Im zweiten Abschnitt werden die historischen Entwicklungen grob umrissen. Viele der Bilder, die wir heute von städtischen Freiräumen haben, wurden unter den Bedingungen ihrer Entstehungszeit entwickelt und von Anliegen motiviert, die heute nicht mehr wirken. Trotzdem bestimmen sie die Vorstellung, die wir mit Grünräumen verbinden, etwa die des Landschaftsgartens und die der geschwungenen „Brezelwege" auf der gemähten Rasenfläche. Im dritten Abhschnitt wird kurz gezeigt, auf welche Weise Freiräume in den verschiedenen Planungsebenen rechtlich verankert sind. Der Schwerpunkt des Beitrags liegt auf den beiden darauffolgenden Abschnitten. Im vierten Abschnitt geht es zunächst um die vielfältigen Funktionen städtischer Freiräume. Hier wird gezeigt, wie Gliederung, Erschließung, Stadtklima, Repräsentationsfunktion und Freizeitwert zusammenhängen. Darauf folgt die typologische Einordnung in öffentliche, gemeinschaftliche und private Freiräume, die für das Verständnis der unterschiedlichen Freiraumtypen wesentlich ist. Im fünften Abschnitt stehen gestalterische Aspekte im Vordergrund. Zum Abschluss werden einige Möglichkeiten für eine weitergehende Recherche vorgestellt.

1, 2 Rosensteinpark und Schlossplatz in Stuttgart

3 Rambla in Barcelona

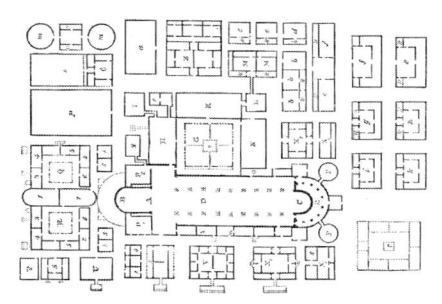

4 St. Galler Klosterplan

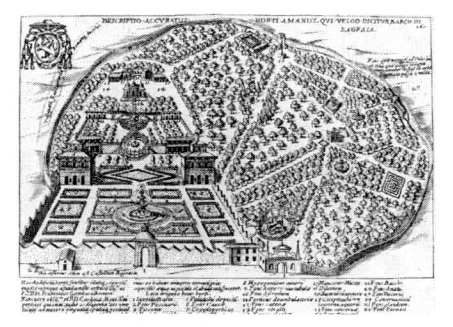

5, 6 Villa Lante

7 Schlossgarten Schwetzingen

2 Geschichte

In der Gestaltung von Plätzen, Parks und Gärten spiegelt sich das jeweils vorherrschende Gesellschafts- und Naturideal einer Epoche wider.[2] An wenigen ausgewählten Beispielen wird die Entwicklung der gestalterischen Grundideen der „Gartenkunst" gezeigt. Abschließend nennt eine Übersicht Beispiele aus der Region Stuttgart und aus Baden-Württemberg, die sich gut für einen Besuch eignen.

2.1 Klostergärten und Marktplätze

Das wirtschaftliche Zentrum vieler mittelalterlicher Städte war der Marktplatz. Über dessen Gestaltung wissen wir wenig, seine äußere Form ist jedoch häufig heute noch erkennbar. Wichtige kulturelle Zentren waren damals die Klöster. Folgerichtig stammt der erste überlieferte mitteleuropäische Gartenplan aus einem Kloster, neben dem Kreuzgarten ist darauf die Struktur der Nutzgärten gut erkennbar.

2.2 Villa Lante, Bagnaia bei Rom

Mit der italienischen Renaissance wurde in Europa die Gartenkunst neu entdeckt. Das Kernstück des italienischen Renaissancegartens ist die Villa, die mit dem Garten eine untrennbare Einheit eingeht. Die Weltanschauung einer hochgebildeten Elite, Repräsentation und neue Machtverhältnisse finden hier ihren Ausdruck. Die Renaissance war eine Zeit der Neubestimmung des Mensch-Natur-Verhältnisses. Man begann die wilde und unberechenbare Natur zu domestizieren und sich an ausgewählten Orten Landhäuser zu errichten. Gleichwohl bleibt eine Distanz zum größten Teil der Landschaft bestehen: Die nach dem neuen Ideal gestalteten Gärten und Anlagen waren nur kleine Ausschnitte, Abbilder einer neuen Vorstellung der Einheit von Welt und Kosmos in einer Landschaft, in der die Natur wild und gefährlich blieb.

Im 16. Jahrhundert überboten sich verschiedene Kardinäle beim Bau von prachtvollen Villen in der Nähe von Rom. Kardinal Gambara teilte das Gebäude der Villa Lante in Viterbo bei Rom in zwei Baukörper und ordnete sie beidseits einer zentralen Gartenachse an. Erstmals stellte er damit den Garten ins Zentrum der Gestaltung. Während im oberen Teil des Gartens die natürliche Vegetation und das in der zentralen Achse fließende Wasser sich scheinbar ungezügelt den Weg bahnt, entwickeln sich die Formen den Hang hinab zunehmend strenger: die oben noch frei wachsenden Bäume werden hier in Beeten zusammengefasst, das Wasser fließt durch Brunnen.

2.3 Schlossgarten Schwetzingen bei Heidelberg

Unter dem pfälzischen Kurfürsten Carl Theodor wurde im 18. Jahrhundert in der Nähe von Heidelberg eine der bedeutendsten Barock- und Rokoko-Anlagen Europas geschaffen. Überall in Europa regierten absolutistische Herrscher, die ihre absolut verstandene, vorgeblich von Gottes Gnaden verliehene Stellung gegenüber Natur und Gesellschaft im Bau riesiger Schloss- und Gartenanlagen ausdrückten. Sowohl das Volk wie auch die Natur hatten sich dem Herrscher uneingeschränkt zu unterwerfen. Architektonischen Ausdruck findet dies im barocken Teil des Schwetzinger Schlossgartens in ausschließlich geometrischen Formen; geradlinige Wege führen kilometerweit ins Land. Beinahe alle Bäume und Hecken zeigen sich in streng geschnittener und gereihter Form. Sie erlauben, den Blick prägnant zu führen und ein beeindruckendes Spiel von Licht und Schatten zu entfalten. Und anders als 200 Jahre zuvor darf das Wasser nicht mehr wild durch den Garten rauschen, sondern muss in Form möglichst hoher Fontänen dem Erbauer zusätzliches Prestige verschaffen.

2.4 Stowe, England

Nur kurze Zeit später entwickelte sich in England eine völlig neue Gestaltungsrichtung. Lord Cobham, ein beim König in Ungnade gefallener Adeliger mit freiheitlichen Ideen, staffierte seinen Garten zunächst mit Statuen von Freigeistern wie Isaac Newton oder Francis Drake. Dann baute er den sogenannten „Sachsentempel" mit asymmetrischen Türmchen, weil er die Sachsen für ein sehr freies Volk hielt. Später übertrug er seine politischen Vorstellungen und sein Naturverständnis auf die Formgebung seines Schlossgartens und erfand so das „political gardening": Landschaft und Natur wurden dem Vorbild des griechischen Arkadien nachempfunden, einer Landschaft, die man sich frei von gesellschaftlichen Zwängen vorstellte. Die Natur wurde nun sinnbildlich für Freiheit verstanden und deshalb im Garten idealisiert dargestellt. In Stowe gibt es keine geometrischen Formen mehr – Baumgruppen, Einzelbäume, Wege und Parkbauten gruppieren sich scheinbar zufällig in einer Hügellandschaft. Tatsächlich ist der Park bis ins Detail durchgestaltet: Die Kurve des Weges geht perfekt in die geschwungene Horizontlinie über, Blickachsen zu kleinen Parkarchitekturen öffnen und schließen sich und stellen thematische Bezüge beispielsweise zu Rousseau oder Palladio her (zu deren Verständnis uns heute oft die klassische Bildung fehlt). Der neue Stil wurde mitsamt der damit verbundenen Ideen vom Bürgertum aufgenommen und verbreitete sich mit dem Niedergang des Absolutismus schnell über die ganze westliche Welt. Im 19. Jahrhundert wurden nach den Grundideen des englischen Landschaftsgartens viele nun für die gesamte Bevölkerung geöffnete Parks in den Städten gebaut oder erweitert (Englischer Garten München, Tiergarten Berlin, Central Park New York City). Diese großen Parks erlangten in den schnell wachsenden Städten eine große Bedeutung für die Bevölkerung, was eine Erklärung für die immer noch starke Wirkung dieses Stils ist. Daraus entwickelte sich zu Beginn des 20. Jahrhunderts der Typ des Volksparks, der sich aber nicht mehr ausschließlich auf das gestalterische Vorbild des englischen Landschaftsgartens bezog (Stadtpark Hamburg-Winterhude).

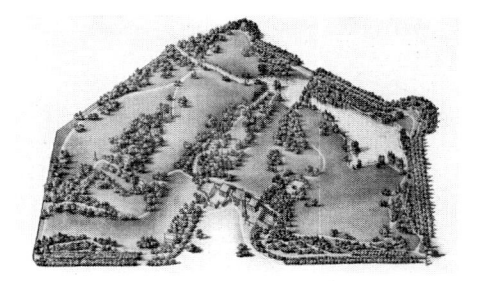

8, 9, 10 Stowe, England

2.5 Siedlung Römerstadt, Frankfurt

Das erste Viertel des 20. Jahrhunderts war eine stadtplanerisch bewegte Zeit. Ausgehend von der Kritik an den sehr schlechten Lebensverhältnissen weiter Bevölkerungsteile in der Großstadt wurden Reformüberlegungen für Städte- und Wohnungsbau entwickelt. Ein wichtiger Reformansatz wurde im Siedlungsbau verfolgt. Unter dem Frankfurter Stadtbaurat Ernst May wurden gemeinsam mit dem Landschaftsarchitekten Leberecht Migge mehrere Siedlungen erbaut. In der Siedlung Römerstadt sind die Baukörper an der Hangkante zum Niddatal ausgerichtet, die landschaftliche Situation wird mit an Wehranlagen erinnernden Terrassierungen, den „Bastionen", inszeniert. Die Reihenhauszeilen stehen im Inneren der Siedlung in gespiegelter Anordnung, so dass sich eine Differenzierung in öffentlich und privat zugängliche Freiräume ergibt. Während die öffentliche Erschließungsseite der Häuser kleine Vorgärten aufweist, ist der hintere Bereich mit den privaten Gärten großzügig bemessen. Ein sogenannter Dungweg als hinterer Zugang zu den Gärten zeigt heute noch, dass die Eigenversorgung mit Gemüse und Kleintieren ein wichtiger Aspekt des Siedlungsbaus war. Neben den Reihenhäusern finden sich in der Siedlung auch Geschosswohnungsbauten, deren Bewohnern Kleingärten unterhalb der Bastionen zur Verfügung standen.

Während die Parks des 19. Jahrhunderts vor allem zur ästhetischen Erbauung der bürgerlichen Stadtbevölkerung angelegt wurden, spielte nun die funktionale Differenzierung der Freiräume eine zentrale Rolle. Trotzdem wurde mit den Siedlungen des Neuen Bauens auch ein hervorragendes Zusammenspiel von Landschaft, Architektur und Freiraum erreicht.

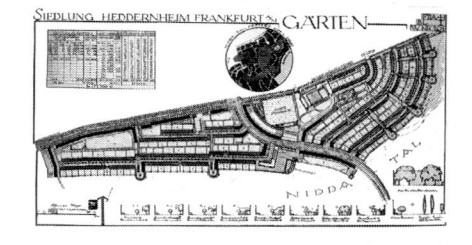

11, 12 Siedlung Römerstadt, Frankfurt

13 Plaça dels Països Catalans, Barcelona, 1984

14 Passeig Marítim de Barceloneta, Barcelona 1995

2.6 Espacio publico Barcelona, Spanien

Die Stadt am Mittelmeer ist eine der am dichtesten bevölkerten Städte Europas, ihr öffentliches Leben hatte jahrzehntelang unter der Franco-Diktatur gelitten. Mit der Demokratisierung entwickelte sich Anfang der 1980er Jahre ein neues Bewusstsein für den hohen Stellenwert, den der öffentliche Raum für die Stadtgesellschaft hat. Auf dieser Haltung aufbauend wurden im Zuge der Vorbereitungen auf die Olympischen Spiele 1992 und in den folgenden Jahren weite Teile des städtischen Raums neu gestaltet. Zu einer Zeit, als in Stuttgart Stadtplätze noch mit schmiedeeisernen Ketten und Stiefmütterchen-Beeten angelegt wurden, entwickelte Barcelona für seine Parks und Plätze eine eigene, völlig neue Gestaltung. Die Freiräume zeichnen sich durch räumliche Großzügigkeit, Eigenständigkeit und ein relativ schlichtes Design aus. Viele Projekte zeigen, wie durch hochwertig gestalteten öffentlichen Raum die angrenzenden Stadtviertel aufgewertet werden können. Das Beispiel Barcelonas machte in ganz Europa Schule und wurde als Ausgangspunkt einer „Renaissance des öffentlichen Raums" beschrieben.

2.7 Beispiele aus Baden-Württemberg

Epoche	Typischer Freiraum	Beispiel aus Baden-Württemberg
Mittelalter	Stadtplätze, Klostergärten	Marktplätze in Tübingen, Esslingen etc., Kloster Maulbronn
Renaissance	Schlossgärten	Pommeranzengarten Leonberg
Barock	Schlossparks	Schlossgarten Schwetzingen
19. Jahrhundert	Landschaftsparks, Schmuckplätze, Boulevards	Rosensteinpark Stuttgart, Schlossgarten Schwetzingen (Erweiterung)
20. Jahrhundert	Volksparks, Stadtparks	Höhenpark Killesberg und Unterer Schlossgarten, Stuttgart
	Siedlungsbau	Eiernest Stuttgart-Heslach
Ende 20./ Anfang 21. Jahrhundert	Stadtplätze, Quartiersplätze, Konversionsflächen, Uferzonen	www.landschaftsarchitektur-heute.de (Beispiele: Marienplatz Stuttgart, Eingangsbereich Höhenpark Killesberg Stuttgart, Stadtgarten Böblingen)

3 Planungsebenen und rechtlicher Rahmen

Städte und Gemeinden sind verpflichtet, im Flächennutzungsplan „für das ganze Gemeindegebiet die sich aus der beabsichtigten städtebaulichen Entwicklung ergebende Art der Bodennutzung nach den voraussehbaren Bedürfnissen der Gemeinde in den Grundzügen darzustellen" (BauGB 2004, § 5 Abs. 1) (vgl. Beitrag Büchner/Heer, S. 313). Darzustellen sind im Flächennutzungsplan neben vielen anderen Aspekten „die Grünflächen, wie Parkanlagen, Dauerkleingärten, Sport-, Spiel-, Zelt- und Badeplätze, Friedhöfe" (BauGB 2004, § 5 Abs. 2 Nr. 5) sowie „Flächen für Maßnahmen zum Schutz, zur Pflege und zur Entwicklung von Boden, Natur und Landschaft" (ebd., Nr. 10). Bereits in dieser gesamtstädtischen Maßstabsebene sind also die Freiräume innerhalb und außerhalb der Siedlungen als Teil der städtebaulichen Planung zwingend zu berücksichtigen.

Während der Flächennutzungsplan als vorbereitender Bauleitplan für die gesamte Stadt den Rahmen für die zukünftige Entwicklung absteckt, hat der Bebauungsplan als verbindlicher Bauleitplan eine unmittelbare Bedeutung für die Bürger und für alle an der Planung eines Bauprojektes Beteiligten. Der Bebauungsplan (oder B-Plan) definiert den Rahmen, innerhalb dessen ein Bauantrag von der Stadt oder der Gemeinde zu genehmigen oder abzulehnen ist.[3]

Im Bebauungsplan kann die Gemeinde genaue Festsetzungen für Art, Maß und Bauweise einer möglichen Bebauung nennen (BauGB 2004, § 9 Abs. 1 Nr. 1–2). Die Angaben können inhaltlich detailliert sein und räumlich zwischen einzelnen Grundstücken differenzieren. Genauso können Festsetzungen für den nicht zu bebauenden Teil der Grundstücke getroffen werden, so etwa für „Spiel-, Freizeit- und Erholungsflächen" (ebd., Nr. 4), für „Flächen, die von der Bebauung freizuhalten sind, und ihre Nutzung" (ebd., Nr. 10) sowie für „das Anpflanzen (...) und für die Erhaltung von Bäumen, Sträuchern und sonstigen Bepflanzungen sowie von Gewässern" (ebd.,Nr. 25). Die entsprechenden Inhalte können aus einem für das Gebiet erstellten Grünordnungsplan übernommen werden (vgl. BNatSchG 2010 § 11). Da es sich dabei um eine Kann-Regelung handelt, schwanken Umfang und Zielrichtung der Festsetzungen in der Praxis erheblich. Dies gilt für die Gebäude genauso wie für die unbebauten Flächen.

Für den Bauherrn und seinen Architekten können solche Rahmensetzungen ärgerliche Einschränkungen in der Gestaltungsfreiheit bedeuten. Viel wichtiger ist jedoch, dass sie umgekehrt für Stadtplaner praktisch die einzige Möglichkeit bieten, städtebauliche und freiraumplanerische Grundgedanken und Qualitäten auch bei privaten Bauvorhaben durchzusetzen.

In der Abbildung 15 lässt sich erkennen, welcher Art solche Festsetzungen sein können: Für die nördlichen Baufelder wird eine Bebauungsstruktur festgelegt, die aus einem Architektenwettbewerb entwickelt wurde. In der südlich anschließenden Bebauung sind dagegen nur die Baufenster festgelegt.

Über die Plandarstellung hinaus gibt es eine Vielzahl von Rahmensetzungen im sogenannten Textteil, im Bebauungsplan aus Abb. 15 werden beispielsweise folgende Angaben gemacht: :

- Die Eigentümer müssen pro angefangene 200 Quadratmeter Grundstücksfläche einen neuen einheimischen Laubbaum mit einem definierten Mindest-Stammumfang pflanzen und dauerhaft erhalten.
- Die Grundstücke sind mit bestimmten Heckenarten zu umpflanzen, andere Einfriedungen wie Mauern, Sichtschutzwände oder Zäune sind nicht zulässig.
- Die Aufstellung der Müllbehälter ist in das Hauptgebäude zu integrieren.
- Das auf Dächern und Erschließungsflächen anfallende Regenwasser muss an der Geländeoberfläche abgeleitet und in Mulden zurückgehalten werden oder versickern. Wege und Stellplätze sind wasserdurchlässig anzulegen.
- Die Wohnstraßen sind so zu gestalten, dass eine gemeinsame Nutzung für Fußgänger und eingeschränkten Fahrverkehr ohne Trennung in Fahrbahn und Gehwege ermöglicht wird (verkehrsberuhigte Zone). Die Wohnwege sollen Fußgängern vorbehalten bleiben.

Es wird also das Ziel verfolgt, über die Definition von Pflanzungen und Einfriedungen den in vielen Neubaugebieten üblichen gestalterischen Wildwuchs zu verhindern und eine dauerhaft hochwertige Bepflanzung zu sichern. Das Gebot der Regenwasserbewirtschaftung erfolgt aus stadtökologischen Gründen.

Zusätzlich zu den im Beispiel ersichtlichen Möglichkeiten lässt sich die Gestaltung auch in vielen weiteren Details regeln, so können die Abmessungen von Erschließungs- und Stellplatzflächen sowie die Größe von Spielplätzen festgelegt oder Grenzabstände vorgeschrieben werden.

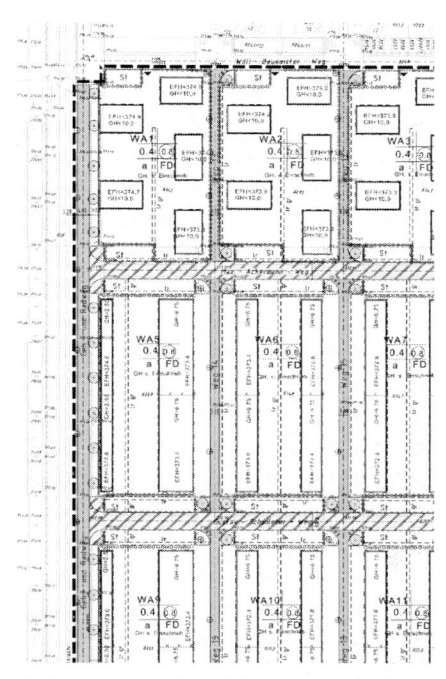

15 Ausschnitt aus einem Bebauungsplan, Ostfildern

16 Nach dem Bebauungsplan aus Abbildung 15 realisierte Bebauung

17 Public Viewing auf dem Stuttgarter Schlossplatz

18 Markt in Waldkirch

19 Flussufer der Saône in Lyon im Frühjahr

4 Funktion der Freiräume

Freiräume übernehmen im städtischen Gefüge eine ganze Reihe unterschiedlicher Funktionen, die sich häufig überlagern. Multifunktionalität ist ein Grundmerkmal vor allem der öffentlichen Freiräume. Auch wenn dies nicht für jede einzelne Fläche gilt, sollten bei stadtplanerischen Überlegungen möglichst viele Nutzungen und Ansprüche berücksichtigt werden. So können spätere Konflikte vermieden werden. Dann können Freiräume entstehen, die durch eine multifunktionale Nutzung belebt werden und attraktiv sind.

- Fast jeder Freiraum ist ein sozialer und gesellschaftlicher Raum. Je nach Zugänglichkeit und Gestaltung dient er entweder einer großen Öffentlichkeit, bestimmten Gruppen oder auch den Bewohnern eines Hauses als Treffpunkt und Ort der Kommunikation.
- Schon immer waren städtische Freiräume Orte des Handels. Während etwa Marktplätze in erster Linie für diese Nutzung angelegt sind, kann sich die Kommerzialisierung vieler öffentlicher Räume heute zu einem Problem entwickeln, da sie die Zugänglichkeit und Handlungsfreiheit einschränkt. Stadtplaner müssen hier besonders achtsam sein.
- Viele Freiräume dienen als Erholungs- oder Erlebnisräume. Dies beginnt beim Privatgarten und bei quartiersbezogenen Spiel- und Sportflächen, von besonderer Bedeutung sind für diesen Aspekt jedoch die großen Stadtparks und zusammenhängende Freiraumsysteme, die manche Städte durchziehen.
- Manchmal übernehmen Freiräume wichtige ästhetische oder stadtgestalterische Funktionen und prägen das Bild einer Stadt. In Stuttgart wird der Schlossplatz als Mitte der Stadt wahrgenommen – und nicht etwa das Neue Schloss oder der Kronprinzenbau. Gerade das Bild eines neuen Quartiers kann durch gestaltete Plätze oder Parks geprägt werden. Hochwertige öffentliche Räume geben dann ein Qualitätsniveau für die sie umgebenden Bauten vor. Positivbeispiele für diese stadtplanerische Strategie sind die Hafen-City in Hamburg oder der Scharnhauser Park in Ostfildern. Manche Städte versuchen mit neuen Freiräumen das Image eines Stadtteils zu verbessern, beispielsweise möchte Mannheim neue Akzente setzen, indem es die Flächen entlang der Wasserstraßen gestaltet und zugänglich macht.
- Für manche dicht besiedelten Städte sind die stadtökologischen Aspekte der Freiflächen von großer Bedeutung. Bebaute und versiegelte Flächen heizen sich im Sommer stark auf, während Grünflächen und Wälder kühlere und schadstoffärmere Frischluft produzieren und so einen Austausch von verschmutzter Luft bewirken (vgl. Beitrag Stokman/Jörg, S. 61). In Stuttgart mit seiner ausgeprägten Kessellage ist die von den Hängen herabströmende Kaltluft besonders wichtig, weshalb die weitere Bebauung dieser Bereiche sehr heikel ist. Überschreitungen der gesetzlich festgelegten Grenzwerte für Feinstaub oder andere Schadstoffe gibt es deshalb vor allem an Orten mit starken Emissionen und eingeschränktem Luftaustausch, wie beispielsweise dem Stuttgarter Neckartor.
- In manchen Städten übernehmen Grünflächen Lärmschutzfunktionen. Eine bloße Baumpflanzung reduziert den Lärm einer Straße oder einer Bahnstrecke zwar nur unwesentlich, doch können breite Grünflächen als Schutzstreifen mit Lärmschutzwänden oder -wällen kombiniert werden.
- Die dominante Funktion von Freiräumen ist häufig die der Erschließung. Freiflächen werden als Verkehrs- und Parkplatzflächen genutzt und als „Träger" sonstiger Infrastruktur[4]. Die Organisation des Verkehrs ist ein wichtiger Teil des städtebaulichen Entwurfs, Erschließung muss gut funktionieren. Problematisch für den Stadtraum sind Straßen, die hohe Geschwindigkeiten zulassen und daher

Nutzungsmischung verhindern, es entstehen monofunktionale und damit letztlich unstädtische Straßenräume. Andererseits kann ein nicht dominierender Autoverkehr auch den öffentlichen Raum beleben und die Nutzerfrequenz erhöhen. Wünschenswert sind deshalb Straßenräume mit einem nicht zu hohen Anteil an reinen Verkehrsflächen, bis hin zu Konzepten des „shared space" (vgl. Beitrag Huber-Erler, S. 233).

5 Freiraumtypen

Es gibt unterschiedliche Typen von Freiräumen, große und kleine, stark begrünte und solche, bei denen harte Beläge dominieren, gestaltete und ungestaltete, im städtischen oder im ländlichen Kontext. Im folgenden Kapitel wird ein Überblick über die wichtigsten Freiraumtypen gegeben. Sie werden in einer Abfolge vorgestellt, die sich an einem Gradienten von „öffentlicher" zu „privater" Zugänglichkeit orientiert. Dazu wird zunächst der Frage nachgegangen, was eigentlich öffentliche und private Zugänglichkeit ausmacht.

Die Einordnung in verschiedene Restriktionen des Zugangs ist das für städtebauliche Fragestellungen wesentliche Ordnungsprinzip. So ist es beispielsweise für den Freiraum zwischen zwei Häuserzeilen von untergeordneter Bedeutung, ob dort Bäume stehen oder nicht – entscheidend für die Funktion des Quartiers und das Leben seiner Bewohner ist vielmehr die Frage, ob dieser Freiraum der Öffentlichkeit oder nur den Bewohnern der angrenzenden Häuser zugänglich ist. Von dieser Grundsatzentscheidung hängen alle weiteren funktionalen und gestalterischen Überlegungen ab.[5]

Bereits im Jahre 1748 hat Giovanni Battista Nolli in seiner „Nuova Topografia di Roma" das Gebiet der Stadt Rom entsprechend dieser Grundüberlegung eingeteilt und dargestellt. Privat bebaute Grundstücke stellt er wie im heute gebräuchlichen Schwarzplan dunkel dar, weiß bleiben die öffentlichen Straßen und Plätze. Die Besonderheit des sogenannten Nolli-Plans ist die differenzierte Darstellung aller öffentlichen Gebäude: Indem sie mit ihrem Erdgeschossgrundriss vor weißem Hintergrund gezeigt werden, sind sie dem öffentlichen Raum zugeordnet – weil sie frei zugänglich sind. Im Rom des 18. Jahrhunderts mit seinen unzähligen (geöffneten) Kirchen ergibt sich so ein differenziertes Netz von öffentlichen Räumen, das auf dem Nolli-Plan mit etwas Vorstellungskraft wunderbar durchwandert werden kann.

Die Definition von öffentlichem Raum hat sich seit Nolli verändert, Kircheninnenräume würde heute kaum noch ein Stadtplaner zum öffentlichen Raum zählen. Unverändert und von zentraler Bedeutung ist jedoch das Kriterium der freien Zugänglichkeit. Dies gilt in erster Linie für die physische Zugänglichkeit, die nicht von Zäunen oder Ähnlichem eingeschränkt sein darf. Darüber hinaus dürfen aber auch keine Restriktionen für bestimmte Nutzungen oder Bevölkerungsgruppen aufgebaut werden: Ist eine Einkaufspassage noch öffentlicher Raum, wenn dort Sicherheitsleute darüber wachen, dass das Konsumklima nicht von Obdachlosen gestört wird? Schränkt die Kameraüberwachung eines Stadtplatzes bereits den öffentlichen Charakter ein? Darf ich dort auf einer Treppe sitzen und ein mitgebrachtes Bier trinken? Bereits die wenigen Beispiele machen deutlich, dass es keine exakte Definition des öffentlichen Raumes gibt und diese Frage immer wieder neu diskutiert werden muss (vgl. Beitrag Pesch, Werrer, S. 203).

Private Freiräume haben einen völlig anderen Charakter. Sie sind nur für einen kleinen Personenkreis zugänglich, für eine Familie oder die Bewohner eines Haushaltes. Sie entscheiden über Gestaltung und Nutzung der Fläche. Dabei ist der Charakter umso intimer, je stärker die Abgrenzung wirkt.

20, 21 Die Hauptstätter Straße in Stuttgart Anfang des 20. Jahrhunderts und heute

22 Von der Straße zur Passage: Die Karlstraße ist heute die „Breuninger-Passage".

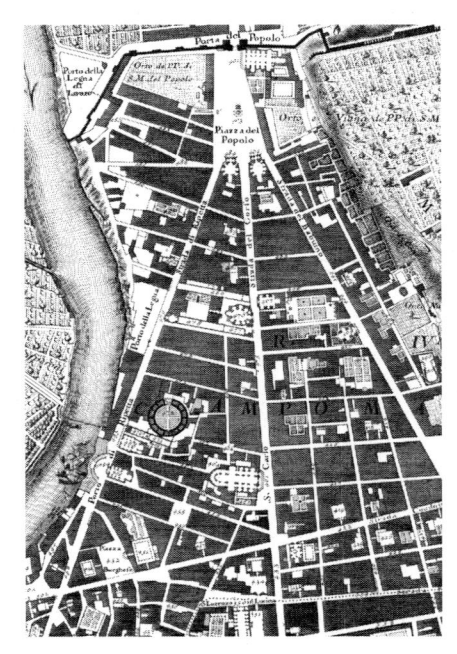

23 Ausschnitt aus Nollis „Nuova Topografia di Roma"

Eine Zwischenstellung nehmen halböffentliche und gemeinschaftliche Freiräume ein, sie sind für einen eingeschränkten Personenkreis nutzbar. Zugangsbeschränkungen oder eine starke soziale Kontrolle durch Anwohner können beispielsweise bewirken, dass nur bestimmte Personen solche Flächen nutzen. Die Bezeichnung „halböffentlich" wird für Stadträume verwendet, die entweder durch Restriktionen keinen echten öffentlichen Charakter haben oder durch eine uneindeutige Regelung der Zugänglichkeit auch keine private Nutzung erlauben.

Gemeinschaftlich nutzbar sind dagegen Flächen, die einem klar definierten Personenkreis offen stehen, beispielsweise allen Bewohnern eines Hauses. Durch eindeutig geregelte Zugänglichkeit haben solche Freiflächen eine potenziell hohe Nutzungsqualität, weshalb der Begriff in der Regel positiv besetzt ist.

5.1 Private Freiräume

Ein privater Freiraum sollte zu jeder Wohnung gehören: Loggia, Balkon, Dachterrasse oder Hausgarten. Grundsätzlich kann man hier tun und lassen, was man will – sofern andere damit nicht gestört werden. Für Flächengröße und Einsehbarkeit gibt es keine festen Regeln, doch bestimmt deren Zusammenspiel und Anordnung in starkem Maße ihre Nutzbarkeit für die Bewohner. Weshalb Lage, Typ und Dimension der privaten Freiräume bereits im städtebaulichen Entwurf konzipiert werden sollten, zeigt das folgende Beispiel: Wenn einem kleinen (privaten) Erdgeschossgarten der (halböffentliche) Hauszugang zu nahe rückt, kann die Nutzbarkeit durch gegenseitige Störungen erheblich eingeschränkt sein. Die Nutzungsqualität einer kleinen Loggia kann in diesem Fall höher sein als die des größeren Erdgeschossgartens. Hervorragend lässt sich die Zuordnung der privaten Freiräume zu den Wohnungen bei den Entwürfen des „Atelier 5" studieren: In vielen der von diesem Büro entworfenen Siedlungen gehört trotz einer insgesamt hohen Dichte zu jeder Wohnung ein differenzierter und weitgehend uneinsehbarer privater Freiraum.

Die Spanne der gestalterischen Möglichkeiten ist breit, sie richtet sich stark nach der verfügbaren Fläche und den Vorlieben der Bewohner. Wichtige Themen sind Wasser sowie Pflanzungen, die den Wandel der Jahreszeiten erleben lassen, und von Anfang an muss auch der Charakter der Abgrenzung nach außen bedacht werden.

5.2 Gemeinschaftliche Freiräume

In Form von Blockinnenhöfen oder Gartenhöfen findet sich dieser Typ vor allem in dichten städtischen Strukturen. Häufig steht hier die Kommunikation der Bewohner im Vordergrund, weshalb Sitzmöglichkeiten, Beschattung und eine klare Abgrenzung zu gegebenenfalls angrenzenden privaten Freiräumen wichtige Gestaltungselemente sind. Kleine Kinder machen auf solchen Flächen häufig ihre ersten Erfahrungen außerhalb der elterlichen Wohnung, die Landesbauordnungen fordern daher gemeinschaftliche Spielflächen für Mehrfamilienhäuser.

24 Hecken schützen private Freiräume vor unerwünschten Einblicken. Meistens.

25 Privater Freiraum zwischen zwei Gebäuden. Markisen aus Kattun dienen als Sonnenschutz.

26 Blick in den Innenhof der Siedlung Lorraine (Burgdorf, CH) von Atelier 5 (1976)

5.3 Öffentliche Freiräume

Plätze

Bereits in antiken Städten bildeten Plätze das wirtschaftliche und kommunikative Zentrum städtischer Strukturen. Auch in den Städten des Mittelalters waren Markt-, Rathaus- und Domplätze wichtige Orte des öffentlichen Lebens. Geprägt waren diese offenen Plätze durch ihre Nutzungen und durch die sie umgebende Bebauung. Sie funktionierten auch ohne Gestaltung. Heute sind Nutzung und Gestaltung von Stadtplätzen differenzierter. Flächen unterschiedlicher Nutzung müssen definiert werden, die Wahl des Bodenbelags und funktionale Einbauten wie zum Beispiel Haltestellen spielen eine große Rolle. Die Raumbildung eines Platzes wird in der Regel durch die Bebauung der Platzränder geprägt, eine wichtige Rolle können jedoch auch Bäume übernehmen. Die Größe eines Platzes korrespondiert mit der städtebaulichen Struktur. Der Typ des Quartiersplatzes ist eher klein, er ist das öffentliche Zentrum eines Quartiers oder Stadtteils. Beispiele in Stuttgart sind Bismarck-, Eugens- oder Südheimer Platz. Plätze von gesamtstädtischer Relevanz sind größer und in der Regel auch repräsentativer gestaltet, wie beispielsweise der Stuttgarter Schlossplatz.

27 Marktplatz Vic, Spanien

Parks

Im Gegensatz zu „harten" Plätzen sind Parks nicht durch den befestigten Bodenbelag geprägt, sondern durch einen hohen Anteil an Rasenflächen und Baumpflanzungen, meist sind Parks auch deutlich größer als Plätze. Die vielen für Erholungsnutzung denkbaren Funktionen wie Sportflächen, Kinderspiel oder auch Schmuckpflanzungen können nebeneinander in größeren Stadt- oder Volksparks integriert sein. Die kleineren Quartiersparks beschränken sich oft auf ein weniger breites Angebot, hier gibt es neben dem „Grün" Aufenthaltsflächen und einen Spielplatz. Stuttgarter Beispiele für Quartiersparks sind die Uhlandshöhe oder die Karlshöhe, während der Killesbergpark oder der Schlossgarten typische Stadtparks sind.

28 Marienplatz, Stuttgart

Straßen und Boulevards

Straßen nehmen einen großen Teil des städtischen Freiraums ein. Straßenräume werden umso mehr als öffentlicher Freiraum wahrgenommen, je weniger sie ausschließlich als Verkehrsfläche dienen. Von Bedeutung ist deshalb die Anordnung von Fußgänger- und Verkehrsflächen sowie die Ausstattung mit Bäumen. Während bei geringen Verkehrsstärken Mischflächen den Bewohnern große Potenziale bieten, ist bei höheren Verkehrsstärken die absolute Größe und Anordnung der Fahrbahnen, der Stellplätze und Fußgängerbereiche ausschlaggebend für die Nutzungsqualität.

Die meisten Straßen dienen der Erschließung der angrenzenden Gebäude, Grundstücke und Quartiere. In vielen Stadtgrundrissen finden sich aber auch überbreite Straßenräume, deren Hauptzweck nicht die Erschließungsfunktion ist. Als städtebauliche Achsen oder Dominanten verbinden sie wichtige Orte und bieten Orientierung. Auf dem breiten Querschnitt stehen meist mehrere Baumreihen, großzügige Fußgängerbereiche nehmen den Fahrbahnen ihre Dominanz. In unserem Sprachgebrauch hat sich dafür die Bezeichnung „Boulevard" durchgesetzt. Dieser Straßentyp ist in vielen europäischen Großstädten stadtbildprägend; in Stuttgart gibt es leider keinen richtigen Boulevard. Die Konrad-Adenauer-Straße hätte nach einem Umbau das Potenzial dazu, heute kommt einzig die Theodor-Heuss-Straße einem Boulevard nahe.

29 Olympiapark München, Günther Grzimek (1972)

30 Prototyp des Boulevards: die Champs Elysées in Paris

31 Die Topographie als wichtige Rahmenbedingung für Gestaltung genutzt: Der Friedhof Hörnli in Basel, Vetsch Nipkow und Partner (2002)

32 Vielfältig nutzbarer Park in einem ehemaligen Stahlwerk in Duisburg, Latz + Partner (2002)

6 Gestaltung

Gute Freiräume zu entwerfen ist eine ähnlich komplexe Aufgabe wie Gebäude zu projektieren. Obwohl Parks und Plätze in der Regel von Landschaftsarchitekten entworfen werden, hilft es den Architekten und Stadtplanern bei deren Arbeit, wenn sie die Grundelemente der Freiraumgestaltung kennen.

6.1 Kontext

Es ist das Ziel vieler Architekten, Gebäude zu schaffen, die sich am Ort (oder am „genius loci") orientieren und dadurch an Eigenart und Selbstverständlichkeit gewinnen. Doch während Gebäude auch ohne starke Bezüge zu ihrer Umgebung funktionieren können, ist jeder Freiraum zwingend mit der ihn umgebenden Landschaft verbunden: Als Fußgänger spüren wir die Topographie bei jedem Schritt; ohne Klimatisierung und Regenschutz wirkt das Klima unvermittelt auf jeden Nutzer; alte Bäume können nicht versetzt werden; neue Gehölze müssen an Boden, Wasserversorgung und Temperatur eines Standortes angepasst sein. Vor jedem Entwurf gilt es also die Eigenarten und den Charakter des Ortes zu studieren. Welche Potenziale erwachsen daraus, die Einflussfaktoren zu nutzen? Die wichtigsten dieser Rahmenbedingungen sind:

- Die vorgefundene Topographie bestimmt viele Grundüberlegungen, weil es sich kaum umgehen lässt, mit ihr zu arbeiten. In einer ebenen Umgebung ist es widersinnig, einen Berg aufzuschütten; umgekehrt empfiehlt es sich selten, vorhandene Höhenunterschiede unter großem Aufwand zu nivellieren. Viel besser ist es, mit der Topographie zu arbeiten, das heißt etwa Hochpunkte für Aussichtssituationen zu nutzen oder Hänge in eine spannende Raumbildung einzubeziehen. Auch Umgebungsbebauung und Baumbestand beeinflussen den Charakter des Orts. So bieten geschlossene Situationen die Möglichkeit zu introvertierten, ruhigen Freiräumen.
- Boden und Klima sind natürliche Rahmenbedingungen, die sich kaum beeinflussen lassen und deshalb Berücksichtigung finden müssen. Da viele Pflanzenarten an das Klima ihrer Herkunftsregionen angepasst sind, kann schon eine einzige besonders kalte Frostnacht den Verlust einer falsch gewählten Pflanzung bedeuten – auch wenn diese zuvor viele Winter überlebt hat. Viele städtische Standorte erzeugen bei den Pflanzen Hitzestress, in Zeiten des Klimawandels gewinnt deshalb die Hitzetoleranz von Pflanzen an Bedeutung. Die Buche, die ohne menschlichen Eingriff in fast ganz Deutschland flächendeckend wachsen würde, wird daher nicht mehr in der Liste der empfehlenswerten Stadtbäume geführt.[6] Werden nicht-heimische Gehölze in die Auswahl einbezogen, sind jedoch auch zukünftig für fast jeden Standort passende Bäume zu finden. Die Bodenart hat über Struktur und Chemie ebenfalls Einfluss auf die Wuchsbedingungen aller Pflanzen.
- Je besser es gelingt, den kulturellen Kontext zu berücksichtigen, desto eher kann ein Entwurf selbstverständlicher und besser am Ort verankert wirken. Die durchgängige Verwendung von regionalen Baumaterialien und Bauweisen bei vielen öffentlichen Bauwerken und Freiflächen einer Stadt kann das Bild einer Stadt prägen, etwa die warmbeigen Travertinbordsteine Roms oder die fast schwarzen Basaltstraßen nordhessischer Städte. Manchmal ist es möglich, an die Geschichte eines Ortes anzuknüpfen. Im Landschaftspark Duisburg-Nord sind Ruderalvegetation, Stahlkonstruktionen und rötliche Schlackebeläge allgegenwärtig und knüpfen an die frühere Nutzung des Areals als Stahlwerk an. Doch auch ein weniger prägnanter Kontext muss berücksichtigt werden, etwa wenn es um die Unterschiede zwischen städtischer und ländlicher Umgebung geht.
- Funktionale Aspekte wie vorhandene Wegeanschlüsse, Erreichbarkeit, Nutzergruppen und Hauptnutzungen sind selbstverständlich ebenfalls zu untersuchen und beim Entwurf entsprechend zu berücksichtigen.

6.2 Gestaltungselemente

Im folgenden Kapitel werden die wichtigsten Bausteine für die Gestaltung von Freiräumen vorgestellt. Wesentlich für einen Entwurf ist vor allem die räumliche Disposition. Ein Freiraum ohne ein spürbares räumliches Gerüst kann keine Wirkung entfalten; wie in einem Gebäude muss auch der Freiraum begrenzt und gegliedert oder rhythmisiert werden. Die der Raumwirkung untergeordneten Aspekte, wie zum Beispiel Materialien, sind dagegen eher austauschbar und für den Entwurf erst in zweiter Linie wichtig.

Relief
Je nach Situation lässt sich die vorgefundene Topographie durch gezielte Eingriffe akzentuieren und die Raumbildung verstärken.

Die raumbildende Wirkung von Böschungen variiert mit ihrer Höhe und Neigung. Böschungen mit geringen Höhenunterschieden lassen sich besser in einer langgezogenen Form wahrnehmen. Wenn Ober- und Unterkanten scharfkantig modelliert sind, verstärkt sich ihre Wirkung; umgekehrt reduziert Bepflanzung die räumliche Prägnanz. Im flachen Gelände können freistehende Mauern, Pflanzungen oder andere Einbauten Flächen und Räume begrenzen.

33 Senkrechte Stützmauern aus unterschiedlichsten Materialien können mehrere Meter hoch sein. Sie formen den Raum stärker als eine geneigte Böschung.

34 Ein Hang wird besser nutzbar, wenn er in mehreren Terrassen abgestuft wird. Insbesondere auf nach Süden orientierten Terrassen entsteht ein spezifisches Mikroklima, mediterrane Pflanzen können gedeihen und eine besondere Atmosphäre erzeugen.

35 Freistehende, übermannshohe Mauern sind die aufwendigste Form einer Abgrenzung. Aus Kostengründen kommen sie für den öffentlichen Raum nur selten in Frage, sind jedoch in räumlich beengten privaten oder gemeinschaftlichen Gärten ein wichtiges Element, um Räume eindeutig zuzuordnen.

36 Treppenanlagen vermitteln zwischen den verschiedenen Ebenen, sie können dabei wichtige Eingangs- oder Übergangssituationen markieren. Während schmale Treppen der Nutzungsanforderung genügen, können breite Freitreppen Stadträumen eine eigene, besondere Prägung verleihen. Freitreppen symbolisieren Größe und Bedeutung und sind in der Baugeschichte ein häufig verwendetes Motiv. Als Sitztreppe in belebten Stadträumen können sie beliebte Treff- und Aufenthaltspunkte sein.

37 Die gepflanzte Form der Mauer ist die geschnittene Hecke. Sie kann räumlich und funktional klare Situationen schaffen, ohne hart und rigide zu wirken. Es eignen sich unterschiedliche Pflanzen zur Verwendung als Schnitthecke, darunter gibt es immergrüne Gehölze wie die Eibe und viele laubabwerfende Arten. Letztgenannte bieten zwar in der nutzungsschwachen Jahreszeit nur eingeschränkten Sichtschutz, zeigen dafür ihren Betrachtern den Wechsel der Jahreszeiten.

38 Es gibt eine große Vielfalt an Sträuchern, die sich als Gruppen pflanzen lassen und so Flächen begrenzen können. Im Gegensatz zur geschnittenen Hecke brauchen solche frei wachsenden Hecken deutlich mehr Platz. Durch die Auswahl von Arten mit auffälliger Blüte oder Herbstfärbung lassen sich gestalterische Akzente setzen.

Bäume
Unter den raumbildenden Elementen sind in der Landschaftsarchitektur Bäume das wichtigste gestalterische Mittel, da nur sie eine mit Gebäuden vergleichbare stadträumliche Wirkung entfalten können. Bäume können städtebauliche Akzente setzen oder Stimmungen prägen, sie können Räume voneinander abschirmen oder zwischen ihnen vermitteln. Darüber hinaus übernehmen sie eine wichtige Funktion für das Stadtklima, indem sie Schatten spenden, große Mengen von Wasser verdunsten und Staub binden. Großen stadtgestalterischen Spielraum eröffnet die Anordnung von Bäumen.

39 Einzelne freistehende Solitärbäume können Endpunkte von Blickachsen bilden. Dafür kommen nur Großbäume in Frage, die entsprechend viel freien Raum benötigen. Aus mehreren Einzelbäumen lassen sich Gruppen formen, so kann etwa eine kreisförmige Pflanzung einen stärkeren Akzent setzen als ein einzelner Baum.

40 Eine lange Reihe aus Bäumen einer Art kann den Blick leiten, beispielsweise entlang eines Flussufers. Zwei oder mehr parallele Reihen von Bäumen bilden eine Allee oder einen Boulevard. Die Wirkung ähnelt dabei je nach Baumart einem lichten Schirm oder aber einem Tunnel. Oder die Bäume bilden bei dichter Pflanzung einen linearen Filter und können so eine architektonisch weniger anspruchsvolle Bebauung in ihrer Wirkung auf den Stadt- und Landschaftsraum zurücknehmen.

Für Baumpflanzungen kommt eine für Laien unüberschaubar große Zahl an unterschiedlichen Arten in Frage – für fast jeden Anspruch lässt sich ein geeigneter Baum finden. So führt etwa die Straßenbaumliste der deutschen Gartenamtsleiter[6] über 150 verschiedene Baumarten, hinzu kommen unzählige für den Straßenraum weniger geeignete oder seltener verwendete Arten. Sie unterscheiden sich untereinander erheblich in ihren wesentlichen Eigenschaften. Die Auswahl des richtigen Baumes für einen bestimmten gestalterischen und funktionalen Zweck sollte deshalb unbedingt ein Fachmann treffen.

Die Abmessungen der Bäume werden oft unterschätzt und in Plänen teilweise viel zu klein dargestellt. Großbäume wie Linde, Kastanie, Eiche oder Platane können nach einigen Jahrzehnten Kronendurchmesser von 15 bis über 20 Metern und Höhen von weit über 20 Metern erreichen. Es gibt zwar Kleinbäume wie Säulenweißdorn oder Zierapfel mit einem Durchmesser von nur zirka fünf Metern, diese entsprechen jedoch in der Regel nicht der Vorstellung von einem „richtigen" Baum. Um Fehleinschätzungen und spätere Konflikte zu vermeiden, wird in Plänen immer die Größe des ausgewachsenen Baumes eingezeichnet. Ist die Baumart noch nicht bekannt, sollte für einen Straßenbaum ein Durchmesser von mindestens acht Metern eingeplant werden.

Ähnlich verhält es sich mit der Höhe. Kleinwüchsige Bäume stellen ihr Wachstum bei etwa fünf Metern ein, die meisten Bäume werden jedoch mehrere Stockwerke hoch. Tulpenbaum, Stieleiche und Linde werden bis zu 35 Meter hoch.

41 Eine flächendeckende Pflanzung etwa auf einem Platz wird häufig als Baumdach bezeichnet. Den städtischen Charakter einer solchen Pflanzung unterstreicht die Rasterpflanzung. Schnittverträgliche Arten können in Kastenform geschnitten werden; dies stärkt die formale Wirkung der Bäume, der Pflegeaufwand ist allerdings hoch.

42 Neben den bisher genannten formalen Anordnungen sind selbstverständlich auch andere Pflanzschemata denkbar: frei verteilte Bäume oder Baumgruppen in unterschiedlichen Dichten können gestalterische Kontrapunkte zu harten Gebäudekanten setzen.

43 Für alle Formen der Pflanzung gilt, dass sie ein wirksames Mittel darstellen können, um die Topographie eines Ortes zu betonen. Ein prägnanter Solitär kann einen Hochpunkt zu einer Landmarke adeln, eine Baumreihe kann eine Hangkante spürbar machen oder aber ein Baumdach eine Senke in einen stimmungsvollen introvertierten Raum verwandeln.

In ihren Ansprüchen an das Klima unterscheiden sich Bäume im Einzelfall erheblich. So wachsen manche Arten nur im für Weinberge typischen Klima, andere sind nicht resistent gegen Abgase oder Streusalz.

Für die Wirkung von Baumpflanzungen kann deren Farbigkeit interessant sein. Einige Bäume zeigen eine auffällige Blüte und können damit den Frühling ins Stadtbild tragen. Und während manche Bäume beim ersten Frost ihr grünes Laub schlagartig abwerfen, setzen andere Arten mit einer leuchtenden Herbstfärbung wochenlange Akzente. Die Dichte des Laubes ist entscheidend für die Lichtwirkung. Unter Kastanien ist es im Sommer fast dunkel, während etwa der Schnurbaum mit seinen gefiederten Blättern die Sonne sanft filtert.

Ausstattung
Auch durch den Einsatz von Licht oder Einbauten wie Kiosks, Pavillons oder Brunnenanlagen können gestalterische Akzente gesetzt werden. Für die Nutzbarkeit ist die Möblierung oder der Einbau von Spielgeräten wichtig. In der Regel sollten solche Ausstattungselemente jedoch keine tragende Funktion im Entwurf eines Freiraumes übernehmen, vielmehr ist es entscheidend, dass im städtebaulichen Maßstab die räumliche Grundidee, die Flächenanordnung und die Zugänglichkeit schlüssig integriert werden.

Flächen
Für intensiv und multifunktional genutzte Flächen werden vor allem harte Beläge verwendet. Sie sind bei jeder Witterung nutzbar und bei Einbau einer entsprechenden Unterkonstruktion befahrbar. Die verschiedenen Materialien und Bauweisen unterscheiden sich vor allem in ihrer Wirkung auf den Betrachter und in ihrer Funktionalität.

44 Asphalt kann großflächig vergleichsweise preiswert eingebaut werden und dabei neutrale, homogene Flächen erzeugen. Über die glatte Oberfläche freuen sich Radfahrer, Skater und andere Rollsportler. Die anfangs dunkle Farbe verblasst leider schnell zu einem langweiligen Grau, auch die künstlich wirkenden Farben von gefärbtem Asphalt stellen keine echte Alternative dar.

45 Das Spektrum von Natursteinpflastern ist durch unterschiedliche Formate, Pflastertechniken und Ausgangsgesteine sehr breit. Durch die Glätte der Oberfläche, die Farbigkeit der Steine und die Breite der Fugen können unterschiedliche Wirkungen und Nutzungsmöglichkeiten erzielt werden. Großformatiges oder in Bögen verlegtes Pflaster wirkt rustikaler als Steine mit glatten Oberflächen. Durch die leicht variierenden Abmessungen der Steine entstehen Fugen, in denen sich trockenheits- und trittresistente Moose und Gräser halten können. Zusammen mit der changierenden Farbe des Natursteins ergibt sich so ein in der Nah- und Fernsicht attraktives Bild. Natursteinpflaster ist äußerst dauerhaft und belastbar, durch den Handeinbau jedoch mit hohen Baukosten verbunden.

46 Betonsteinpflaster ist einheitlich gefärbt und hat in der Regel sehr schmale, unbewachsene Fugen. Deshalb wirkt es kühler, moderner und homogener als Pflaster aus Naturstein und stellt je nach gewünschter Wirkung eine interessante Alternative dar. In großen Flächen verlegt besteht die Gefahr von Eintönigkeit, außerdem ist Betonstein wegen des ständigen Sortimentswechsels mitunter kaum reparierbar.

47 Beläge aus Betonplatten sind preiswert in Bau und Unterhaltung und werden vor allem für Gehwege verwendet. Mit großformatigen Platten lassen sich hochwertige, großzügige Flächen belegen.

48 Weniger intensiv nutzbar und nur eingeschränkt befahrbar sind wassergebundene Decken. Durch eine definierte Korngrößenzusammensetzung des Kalkschotters genügt die Oberflächenspannung des im Material vorhandenen Wassers, um den Belag stabil zu halten. Die sichtbare Oberfläche bildet meist ein Einstreu aus Kies oder Splitt. Wassergebundene Decken versiegeln die Oberfläche nicht vollständig gegen Regenwasser und Luft, weshalb in diesem Belag Bäume gepflanzt werden können. Je nach Nutzungsintensität können sich vom Rand her Gräser und Kräuter auf der Fläche ansiedeln, wodurch ein weniger harter Eindruck entsteht. Wassergebundene Decken sind typisch für Fußwege und Aufenthaltsflächen in Parks oder Biergärten, doch das beruhigende Knirschen der Kieselsteinchen passt auch gut in Gärten, Friedhöfe oder historische Anlagen.

49 Rasenflächen bestehen aus verschiedenen Grasarten. Durch deren Zusammensetzung und die Pflege lässt sich der Rasen der Nutzung anpassen. Ein drainierter, gedüngter, im Sommer häufig gemähter und bewässerter Rasen kann intensiv genutzt werden – bis hin zum Fußballplatz. Rasen kann zum Lagern, Spielen oder als temporärer Festplatz dienen. Oder aber einfach als offener, weiter, angenehm kühler Freiraum dienen.

50 Anders als der Rasen ist die Wiese eigentlich eine Nutzungsform der bäuerlichen Kulturlandschaft. Sie hat gegenüber dem Intensivrasen eine niedrigere Pflegeintensität, einen höheren Kräuteranteil und darf höher wachsen. So entsteht ein eher „natürlicher" Charakter und ein vielfältigeres Bild, das sich im Laufe der Jahreszeiten mehrmals wandelt. Trotz der eingeschränkten Nutzbarkeit hat sie deshalb in ruhigeren, größeren Stadtparks ihre Berechtigung.

51 Beete können nicht nur mit Stiefmütterchen bepflanzt werden, sondern können bei Verwendung von großflächigen Stauden- oder Gräserpflanzungen interessante Akzente in der Farbigkeit und Textur öffentlicher Räume darstellen. Ohnehin gibt es breite Nutzergruppen, die ein gewisses Maß an Blüten in jedem Park erwarten.

52 Wasserfläche in Stallungen San Cristobal, Mexico, Luis Barragan (1968)

Eine Sonderstellung nehmen Wasserflächen ein. Obwohl sie nicht nutzbar sind, strahlen vor allem größere Wasserflächen immer Großzügigkeit aus, zudem wirken sie positiv auf das Mikroklima und schaffen besondere Lichtstimmungen. Egal ob natürlich vorhanden oder künstlich angelegt, sind sie für jeden Freiraum ein potenzielles Alleinstellungsmerkmal. Allerdings gibt es auch Situationen, in den größere Wasserflächen unangemessen sind: Am Hang besteht die Gefahr, dass sie wegen der notwendigen Staumauern oder -wälle deplatziert wirken, ebenso in Gebieten mit klimatisch oder geologisch bedingter Wasserknappheit.

53 Ufergestaltung an der Donau in Ingolstadt, Wolfgang Weinzierl Landschaftsarchitekten (2007)

Für die stadträumliche Wirkung einer Wasserfläche ist ihre Fassung von Bedeutung. Während eine bewachsene Böschung nur schlecht betretbar ist, signalisiert ein als Treppenanlage oder ein mit einer niedrigen Mauer gefasstes Ufer, dass eine Annäherung gewünscht ist.

7 Resümee

„Freiflächen sind alles andere als Restflächen. Sie erfordern den gleichen planerischen Einsatz wie die Architekturen, die sie umgeben, und ebenso viel Sorgfalt bei der Umsetzung. Sie müssen mehreren Funktionen dienen und robust sein – und dabei eine Handschrift entwickeln, die den Ort bestimmt."[7]

Literatur

BDLA (Hg.): Zeiträume - Time Scales. Zeitgenössische deutsche Landschaftsarchitektur. Basel 2013

BDLA (Hg.): System Landschaft. Zeitgenössische deutsche Landschaftsarchitektur. Basel 2009

BMVBS; BBR (Hg.): Future Landscapes, Perspektiven einer Kulturlandschaft. Bonn 2005

Gothein, Marie Luise: Geschichte der Gartenkunst. Jena 1926

Kienast, Dieter: Gärten. Basel 1997

Kienast, Dieter: Außenräume. Basel 2000

Küster, Hansjörg: Geschichte der Landschaft in Mitteleuropa. Von der Eiszeit bis zur Gegenwart. München 2013

Landscape Architecture Europe Foundation (Hg.): On site. Basel 2009

Landscape Architecture Europe Foundation (Hg.): Fieldwork. Basel 2009

Loidl, Hans, Bernard, Stefan: Freiräumen. Entwerfen in der Landschaftsarchitektur. Basel 2003

Ludwig, Karl H.C./ Möhrle, Hubert: Stuttgart und Umgebung. München 2005

Mader, Günter/ Neubert-Mader, Laila: Bäume, Gestaltungsmittel in Garten, Landschaft und Städtebau. Stuttgart 1996

Mader, Günter: Freiraumplanung. Stuttgart/ München 2004

Reed, Peter: Groundswell. Constructin the Contemporary Landscape. Basel/ Berlin/ Boston 2005

Schröder, Thies: Inszenierte Naturen. Zeitgenössische deutsche Landschaftsarchitektur. Basel 2011

Weilacher, Udo: In Gärten. Profile aktueller europäischer Landschaftsarchitektur. Basel 2012

Zeitschriften: Topos, Garten + Landschaft, 'scape

Endnoten

1. Freiräume im Sinne dieses Beitrags sind alle nach oben geöffneten Räume, egal ob sie öffentlich oder eingeschränkt zugänglich sind, egal ob sie „grün" sind oder einen festen Bodenbelag haben.

2. Dieses komplexe Thema lässt sich hier nur grob vereinfachend anschneiden. Für den Einstieg geeignet: Mader, Günter: Geschichte der Gartenkunst. Streifzüge durch vier Jahrtausende, Stuttgart 2006. Einen vertieften Überblick bietet: Mosser, Monique/ Teyssot, Georges: Die Gartenkunst des Abendlandes. Von der Renaissance bis zur Gegenwart, Stuttgart 1993, sowie Gothein, Marie-Luise: Geschichte der Gartenkunst, München 1914/1997

3. Es gibt auch Genehmigungsverfahren für Bereiche ohne rechtsgültigen Bebauungsplan, diese sind jedoch nicht der Regelfall und praktisch von eher untergeordneter Bedeutung.

4. Dazu gehören Anlagen für Trinkwasser, Kanalisation, Elektrizität, diverse Kommunikationskabel und Schaltschränke, Nahwärme, Werbung, Beschilderung, Haltestellen.

5. Der folgenden Unterscheidung werden nicht die Besitzrechte zugrunde gelegt, sondern die in der Planung üblichen Begriffe, die sich an den realen Möglichkeiten des Zugangs orientieren.

6. GALK Straßenbaumliste 2012, www.galk.de

7. Bauwelt 19/2001 (92. Jg), Seite 1

Abbildungsnachweis

Fotos: Roser, Frank/ Holl, Christian. Mit Ausnahme von:

1. John, Timo: Die königlichen Gärten des 19. Jahrhunderts in Stuttgart. Worms 2000, S. 64

4. http://commons.wikimedia.org/wiki/Image:Abbey_3.png?uselang=de (Download 17. Juli 2009)

5, 6, 7, 9, 11, 12. Mosser, Monique/ Teyssot, Georges: Die Gartenkunst des Abendlandes. Von der Renaissance bis zur Gegenwart. Stuttgart 1993, S. 90 (Abb.5); S. 88 (Abb.6); S. 203 (Abb. 7); S. 250 (Abb. 9); S. 414 (Abb. 11); S. 415 (Abb. 12)

8. Gothein, Marie-Luise: Geschichte der Gartenkunst, München 1914/1997. S. 375

10. http://commons.wikimedia.org/wiki/File:Stowe_Morris_edited.jpg (Download 17. Juli 2009)

13. Ajuntament de Barcelona: espacio publico. Barcelona 1993, S. 93

15. http://www.ostfildern.de/multimedia/Downloads/rathaus/kommunalpolitik/Gemeinderat/2006/Vorlagen+06/Vorlage+093-p-2852.pdf (Download 17. Juli 09)

20. Markelin, Antero: Stadtbaugeschichte Stuttgart. Stuttgart 1991, S. 19

23. http://commons.wikimedia.org/wiki/File:Giovanni_Battista_Nolli-Nuova_Pianta_di_Roma_(1748)_02-12.JPG (Download 17. Juli 2009)

24. Moser, Florian: Perspektivwechsel. Katalog der Bundesgartenschau München 2005. München 2005, S.1

25, 51, 52. Bradley-Hole, Christopher: The minimalist garden. London 1999, S. 27 (Abb.25); S. 162 (Abb.51); S. 44 (Abb. 52)

26. Burkhard, Balthasar: Atelier 5. 26 ausgewählte Bauten. Zürich 1986, S.190

29. http://commons.wikimedia.org/wiki/File:OlympiaparkMuenchen.jpg (Download 17. Juli 2009)

30. http://commons.wikimedia.org/wiki/File:Champs-Elysées,_vue_de_la_Concorde_à_l%27Etoile.jpg (Download 17. Juli 2009)

31. Vetsch Nipkow und Partner (2002)

35, 38, 39, 43. Mader, Günter: Freiraumplanung. München 2004, S. 71 (Abb.35); S. 51 (Abb.38); S. 122 (Abb. 39); S. 37 (Abb. 43)

37. Niemeyer, Wolfgang: Geschnittene Gartenkunst. München 1996

46. Suzanne Grijsbach

50. Frank Lohrberg

53. Montag Stiftung Urbane Räume und Regionale 2010 (Hg.): Stromlagen. Urbane Flusslandschaften gestalten. Basel/ Boston/ Berlin, 2008, S. 377

HEIDRUN STEINMETZ
SVEN ECKARDT

Versorgung und Entsorgung in Stadtquartieren

1 Grundlagen

Das Zusammenleben einer großen Zahl von Menschen in einer städtischen Agglomeration ist ohne entwickelte Ver- und Entsorgungssysteme nicht vorstellbar. Man könnte auch sagen, dass die Entstehung der modernen Großstadt um die Wende vom 19. zum 20. Jahrhundert ohne den Aufbau leistungsfähiger Ver- und Entsorgungssysteme nicht möglich gewesen wäre. Es kommt nicht von ungefähr, dass die Entwerfer der großen Stadterweiterungen des frühen Industriezeitalters – etwa James Hobrecht in Berlin oder Ildefons Cerdà in Barcelona – Ingenieure waren.

Bei der Planung neuer Baugebiete, aber auch bei der Umgestaltung bestehender Stadtquartiere ist die Ver- und Entsorgung mit ihren Leitungen und Anlagen sehr sorgfältig zu planen. So ist zum Beispiel die erforderliche Leitungslänge ein wichtiger Faktor für die wirtschaftliche Erschließung und die Lage der Leitungen im Bestandsgebiet ein wichtiger Parameter für den Veränderungsspielraum; denn die Umlegung von Leitungssträngen und Versorgungsbauwerken ist in der Regel sehr teuer und nur im Ausnahmefall finanzierbar.

1.1 Technische Infrastruktur

Die technische Infrastruktur umfasst die Bereiche

- Wasserversorgung,
- Abwasserentsorgung (Abwasserableitung und Abwasserreinigung),
- Versorgung mit Energie (Strom und Wärme),
- Versorgung mit Kommunikationsmedien (Telefon, Internet, TV),
- Abfallentsorgung (Sammlung, Transport, Verwertung, Behandlung, Ablagerung).

Technische Infrastruktureinrichtungen sind in der Regel fest an einen Standort gebunden. Meist umfassen sie zentrale Anlagen, die als Großbauprojekte lange Planungs- und Bauzeiten sowie lange kalkulatorische und tatsächliche Lebensdauern aufweisen. Damit ist in der Infrastruktur erhebliches Kapital gebunden, was überwiegend durch die öffentliche Hand, zunehmend aber auch durch private Investoren finanziert wird.

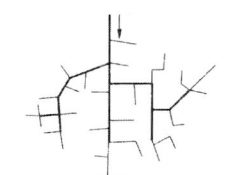

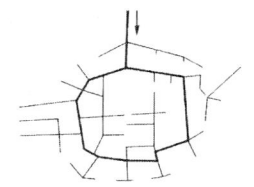

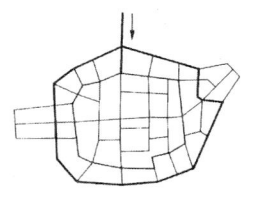

1 Netztypen der Ver- und Entsorgung, von links nach rechts: lineares Netz, Verästelungsnetz, Ringnetz und Ringnetz mit Vermaschung (in Anlehnung an Gujer, W.: Siedlungswasserwirtschaft)

Die Medien, die über Versorgungsnetze verteilt werden, können gegen eine Gebühr von den Haushalten bezogen werden. Die Gebühren sind so bemessen, dass sie die Kosten decken. Für die Systeme der Entsorgung besteht ein Anschluss- und Benutzerzwang.

Die Verteil- beziehungsweise Ableitungssysteme dienen dem Transport der Ver- und Entsorgungsgüter und bestehen aus weitläufigen unterirdischen Netzen. Lediglich die Produktions- oder Behandlungsanlagen, wie Wasserwerke, Abwasserbehandlungsanlagen und Kraftwerke, sind in der Regel überirdisch angeordnet, dann aber meist außerhalb der verdichteten städtischen Gebiete. Die Netze sind die räumlichen Erschließungselemente, deren Lage und Dimension maßgeblich die Möglichkeit der weiteren Stadtentwicklung bestimmen. In der Erschließung neuer Gebiete kommen oft einfache Linear- oder Sternnetze zum Einsatz, die mit der Zeit und der Weiterentwicklung der Gebiete sich weiter verästeln und in Ringnetze oder vermaschte Netze (Kombination mehrerer Ringnetze) ausgebaut werden.

Je nach Netzstruktur gibt es nur noch bedingte Möglichkeiten der Ausbaufähigkeit und der Netzflexibilität. Dies hat wiederum erhebliche Auswirkungen auf konkrete, geplante Baumaßnahmen und deren Entwicklungs- und Anschlusskosten.

Damit ist die Erhaltung und Erneuerung der technischen Infrastruktursysteme eine fortlaufende, bedeutende Aufgabe der Stadtplanung und Voraussetzung für das Funktionieren und Wachsen der Städte. Die komplexen Aufgaben können dabei nur im Zusammenwirken von Raumplanern, Stadtplanern, Architekten, Siedlungswasserwirtschaftlern und anderen Fachdisziplinen bewältigt werden. Ziel ist es, zu vorausschauenden, wirtschaftlich vertretbaren und umweltgerechten Lösungen zu kommen, die sowohl den ingenieurtechnischen als auch den gestalterischen Ansprüchen gerecht werden.

1.2 Flächennutzungsplanung und Bebauungsplanung

In der Flächennutzungsplanung (§ 5 BauGB) und in der Bebauungsplanung (§ 9 BauGB) werden die Infrastrukturanlagen dargestellt und festgelegt. Unter dem Begriff „Erschließungsanlagen" (§ 123 ff. BauGB) werden die nach den Landesbauordnungen oder nach dem Bebauungsplan verbindlich vorgeschriebenen Infrastrukturanlagen zusammengefasst. Stadt- und Objektplanung müssen koordiniert werden, um neben der Wasserversorgung und der Abwasserentsorgung alle weiteren Infrastrukturelemente, wie Energieversorgung und Telekommunikation, in dem oft nur eingeschränkt dafür zur Verfügung stehenden Raum integrieren zu können. Die Planung der Infrastruktur ist ein Baustein der Stadtentwicklung; wie andere unterliegt sie gesellschaftlichen Tendenzen wie demographischem Wandel, Globalisierung und Nachhaltigkeitsbestrebungen.

Bei der Realisierung von technischen Infrastrukturanlagen wird zwischen der Konzeptions-, der Projektplanungs- und der Ausführungsphase unterschieden. Die meisten Kosten für Bau und Betrieb der Anlagen lassen sich in der Konzeptionsphase vermeiden. Jeder Konzeption sollte daher eine vorausschauende Planung zugrunde liegen, in der die möglichen technischen Varianten sowie die Entwicklungsschwerpunkte und Ausbaustufen berücksichtigt werden.

1.3 Verlegung von Leitungen im Straßenraum

Bei der Festlegung von Leitungsachsen im Straßenraum ist zu berücksichtigen, dass eine große Zahl von Leitungen aller Art aufzunehmen ist. Bei Straßenneubauten sollte die Richtlinie über das Einordnen von öffentlichen Versorgungsleitungen (DIN 1998) berücksichtigt werden; beim Bauen im Bestand ist es oft schwieriger, Entwässerungsleitungen, die an das erforderliche Gefälle gebunden sind, ohne Umlegung anderer Leitungen neu im Straßenraum unterzubringen.[1]

Im Ortsgebiet sollten Leitungen der Wasserversorgung möglichst frostsicher, wärmegeschützt, belastungsgerecht und unter dem Gehweg oder unter der Fahrbahn nahe am Straßenrand verlegt werden. Wasserversorgungsleitungen sollten stets oberhalb der Abwasserleitungen liegen, nicht nur innerorts. Übliche Überdeckungshöhen für Wasserleitungen sind 0,9 bis 1,8 Meter.[2] Abwasserkanäle sollten nach Möglichkeit straßenmittig verlegt werden, so dass das Sohlniveau meist mindestens zwei bis drei Meter unter Geländeoberkante (GOK), bei städtischen Sammlern oft auch deutlich tiefer liegt.

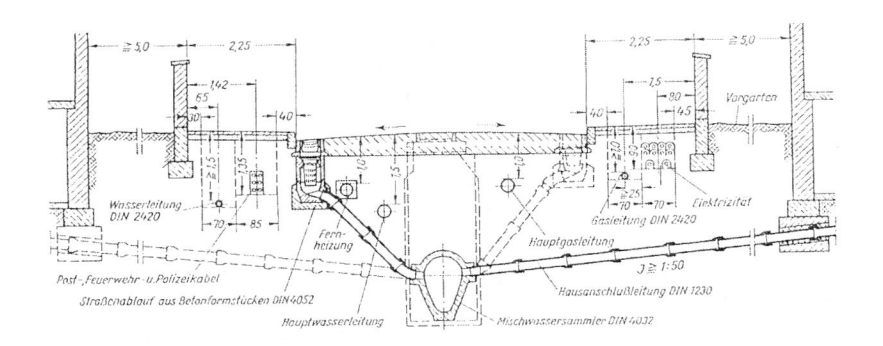

2 Querschnitte durch eine Stadtstraße

2 Wasser im urbanen Raum

Wasser im urbanen Raum ist Gegenstand der Siedlungswasserwirtschaft. Sie befasst sich mit den Bereichen der Trinkwasserversorgung, der Abwasserentsorgung und den Auswirkungen von Siedlungsflächen auf den Wasserhaushalt und die Gewässer.

2.1 Wasserversorgung

Trinkwasser ist das wichtigste Lebensmittel und kann durch nichts anderes ersetzt werden. Der Mensch benötigt etwa drei bis zehn Liter Wasser pro Tag als Nahrungsmittel. Darüber hinaus wird Wasser in deutlich größeren Mengen zur Körperpflege, als Reinigungsmittel, zur Toilettenspülung und in zahlreichen industriellen Anwendungen, etwa zur Kühlung und in Produktionsprozessen, verwendet. In der Landwirtschaft wird Wasser in vielen Regionen gezielt zur Bewässerung eingesetzt. Daher unterliegt der Wasserbedarf Schwankungen im Tages-, Wochen- und Jahresverlauf. Der tägliche Pro-Kopf-Wasserverbrauch liegt in Deutschland bei 121 Litern, in den USA bei 350 Litern, in Italien bei 249 Litern und in Indien bei 25 Litern. Regionale und lokale Unterschiede im Wasserverbrauch und der Verbrauchscharakteristik resultieren aus demografischen Entwicklungen (Zu- oder Abnahme der Bevölkerungszahlen, Änderung der Alters- oder Erwerbsstruktur), dem Aus- oder Einpendeln der Einwohner oder der Nutzung von Liegenschaften als Zweitwohnsitz.

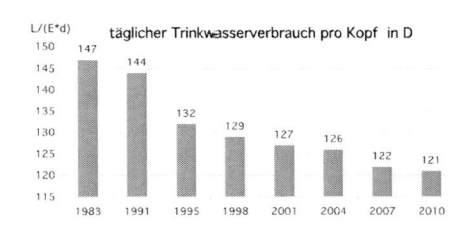

3 Entwicklung des täglichen Wasserverbrauchs in Haushalten (Verhältnis Wasserabgabe an Haushalte und Kleingewerbe zu angeschlossenen Einwohnern)

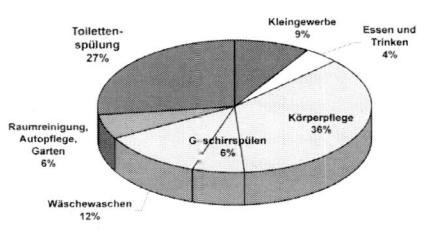

Anlagen zur Wasserversorgung sollen den Verbrauchern genügend Wasser mit einwandfreier hygienischer, chemischer und physikalischer Qualität zur Verfügung stellen. Qualitätskriterien von Wasser für den menschlichen Gebrauch werden durch die Trinkwasserverordnung (TrinkwV) vorgegeben.

Die dauerhafte Sicherstellung der Trinkwasserversorgung ist eine der Kernaufgaben der kommunalen Daseinsvorsorge sowie der Standortsicherung und ist daher bei allen Entwicklungsplanungen zu berücksichtigen.

Generell wird zwischen öffentlicher Versorgung mit Wasser und Eigenwasserversorgung unterschieden. Nach DIN 4046 spricht man von zentraler Wasserversorgung, wenn mehrere Verbraucher über ein Rohrnetz versorgt werden. In Deutschland

4 Wasserverbrauch in Haushalten nach Nutzungen

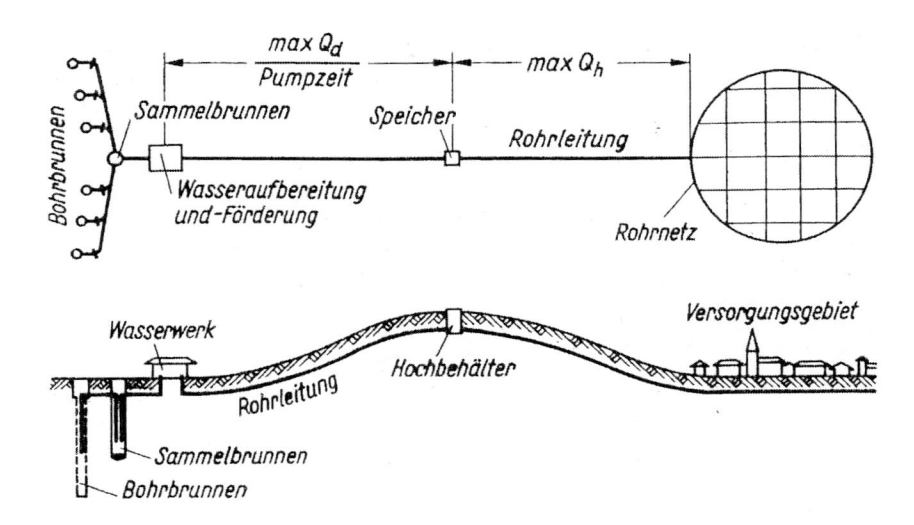

5 Aufbau einer Wasserversorgung

6 Förderpumpwerk des Zweckverbands Bodenseewasserversorgung in Sipplingen

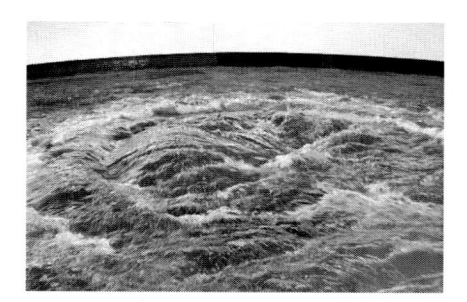

7 „Quelltopf" (Rohwasserzulauf) des Zweckverbands Bodenseewasserversorgung in Sipplingen

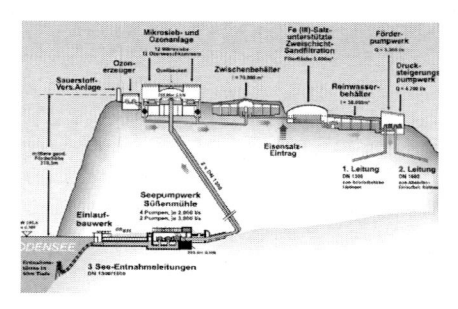

8 Betriebsschema der Förderung und Aufbereitung der Bodenseewasserversorgung in Sipplingen

beziehen über 99 Prozent der Bevölkerung ihr Wasser aus dem öffentlichen Netz.[3] Wesentliche Bestandteile der Wasserversorgung sind:

- Wassergewinnung,
- Wasseraufbereitung,
- Wassertransport,
- Wasserspeicherung,
- Wasserverteilung.

Als Ressource zur Trinkwassergewinnung dienen in Deutschland Grundwasser und Oberflächengewässer. Die Gewinnung und Aufbereitung erfolgt teilweise in ortsnahen Systemen, teilweise in weiter Entfernung zu den Städten. In manchen Regionen steht Wasser nicht in ausreichender Menge und Qualität für die Trinkwassergewinnung zur Verfügung, so dass Fernwasserversorgungsanlagen errichtet werden. Typisches Beispiel hierfür ist die Versorgung der Region Stuttgart mit Bodenseewasser (über die Bodenseewasserversorgung) und mit Donauwasser (über die Landeswasserversorgung). Solche Fernwasserversorgungen können Landes- und Flusseinzugsgebietsgrenzen überschreiten; so versorgt die Landeswasserversorgung die Region Stuttgart mit Donauwasser aus Bayern, nach Nutzung wird das Wasser jedoch dem Rheineinzugsgebiet zugeführt.

Vorteilhaft ist es, die Wasserversorgungssysteme auf mehrere Standbeine zu stellen, um im Not- oder Katastrophenfall eine Mindestversorgung der Bevölkerung aufrecht erhalten zu können. Die Stadt Stuttgart beispielsweise erhält Wasser sowohl von der Bodenseewasserversorgung als auch von der Landeswasserversorgung. Lediglich die Notversorgung der Stadt wird durch ortsnahe Wasserressourcen abgedeckt. In Notsituationen kann die Stadt über einen begrenzten Zeitraum etwa durch das Wasserwerk Münster, in welchem Grundwasser oder Uferfiltrat aufbereitet werden, versorgt werden.

Die technische Struktur einer Wasserversorgungsanlage sowie Bemessung und Betrieb der einzelnen technischen Elemente hängen direkt von der Entwicklung der Wasserabgabe ab. Maßgebend für die Infrastrukturteile Fassungen, Aufbereitung, Transport und Speicherung ist hierbei der maximale Tagesbedarf eines Versorgungsgebietes sowie das Verhältnis des maximalen Tagesbedarfs zum durchschnittlichen Tagesbedarf. Für die Verteilung ist der maximale Stundenbedarf eines Versorgungsgebietes sowie das Verhältnis des maximalen Stundenbedarfs zum durchschnittlichen Stundenbedarf relevant.

Die Qualität des Trinkwassers wird weitgehend durch die Wasserressource und die Art der Aufbereitung bestimmt. Des Weiteren muss beim Transport darauf geachtet werden, dass die Qualität des Trinkwassers nicht leidet und Wasserverluste vermieden werden. Hierzu ist es erforderlich, Barrieren zwischen Umwelt und Trinkwasser zu errichten. Dies erfolgt im Bereich der Wasserfassung durch wasserbehördlich ausgewiesene Trinkwasserschutzgebiete[4], bei der Wasserspeicherung durch den Einsatz geeigneter Materialien und im Versorgungsnetz durch eine eventuelle Vorrats-Chlorung gegen Wiederverkeimung sowie durch einen entsprechenden Betriebsdruck im Leitungssystem. Der Betriebsdruck verhindert, dass das Wasser kontaminiert wird, gleichzeitig kann über ihn kontrolliert werden, ob die Leitungen dicht sind.[5]

Die Wasserleitungen werden nach ihrem Verwendungszeck sowie der Durchflussmenge und dem damit verbundenen erforderlichen Durchmesser wie folgt eingeteilt:

- *Transportleitungen* transportieren das Wasser vom Wasserwerk zum Versorgungsgebiet (Wasserspeicher).
- *Hauptleitungen* dienen der Verteilung im Versorgungsgebiet. Sie stellen das Gerüst des Netzes dar, Hausanschlussleitungen werden nicht direkt an Hauptleitungen angeschlossen.
- *Nebenleitungen* (Versorgungsleitungen) liegen in jeder Straße. Hier werden die Hausanschlussleitungen angeschlossen.
- *Hausanschlussleitungen* führen von der Nebenleitung zum Grundstück. Sie enden an der Wasseruhr.
- *Verbrauchsleitungen* liegen im Haus.

In Abhängigkeit von der Leitungsfunktion (Pumpendruckleitungen, Hausanschluss- und Fallleitungen) werden sogenannte wirtschaftliche Fließgeschwindigkeiten in m/s gewählt, um die Wirtschaftlichkeit und Betriebssicherheit der Versorgung zu gewährleisten. Die Fließgeschwindigkeiten wiederum bestimmen die Rohrnennweiten. Zu hohe Fließgeschwindigkeiten führen zu großen Druck- beziehungsweise Energieverlusten, zu geringe Fließgeschwindigkeiten haben lange Verweilzeiten des Wassers im Netz zur Folge, wodurch die Hygiene beeinträchtigt werden kann (Verkeimung, Trübung).

Bei der Dimensionierung der Leitungen ist neben dem Bedarf der Bevölkerung auch die ausreichende Bereitstellung von Löschwasser zu berücksichtigen.

Wasserversorgungsanlagen sind überwiegend sehr langlebige Anlagen mit Lebensdauern von 50 bis 100 Jahren. Da die Entwicklung des Wasserverbrauchs über einen so langen Zeitraum kaum absehbar ist, sollten zukünftig verstärkt Konzepte entwickelt werden, die eine flexible Anpassung auf sich ändernde Randbedingungen und einen sparsamen Umgang mit der Ressource Wasser ermöglichen. Hierzu gehören Konzepte, bei denen Wasser in einer zur jeweiligen Nutzung erforderlichen Qualität bereitgestellt wird, etwa durch die Nutzung von Regenwasser oder Wasserrecycling auch im kommunalen Bereich. Nur so kann das Ziel erreicht werden, mittelfristig allen Menschen auf der Erde ausreichend Trinkwasser in entsprechender Qualität zur Verfügung zu stellen.

2.2 Siedlungsentwässerung und Abwasserreinigung

Die in den west- und mitteleuropäischen Staaten sowie in Nordamerika praktizierte Art der Abwasserentsorgung hat sich sukzessive bis zum heutigen Stand entwickelt. Zunächst stand mit der Zunahme der Bevölkerung in den Stadtzentren die Erfordernis im Vordergrund, das Abwasser möglichst schnell vom Verbraucher wegzutransportieren, um abwasserbürtige Krankheiten zu vermeiden. Später sollten durch biologische und physikalisch-chemische Reinigungsprozesse Kohlenstoffverbindungen sowie die Nährstoffe Stickstoff und Phosphor von den Gewässern ferngehalten werden.

In Deutschland hat die Abwasserentsorgung inzwischen einen sehr hohen Standard erreicht. 2010 waren über 96 Prozent der Einwohner an eine öffentliche Kanalisation und 94 Prozent an eine öffentliche Abwasserbehandlungsanlage angeschlossen. In einigen Bundesländern, wie Baden-Württemberg, sind es 99 Prozent.[6]

9 Regenwasserüberlaufbecken Voltastraße, Stuttgart

10 Spülkippe im Regenwasserüberlaufbecken Schwanenplatz, Stuttgart

Die Aufgabe der *Abwasserableitung* ist es, das gesamte Abwasser, und somit außer dem Schmutzwasser auch den Abfluss der gesammelten Niederschläge, so schnell und so vollständig wie möglich aus den Siedlungsgebieten herauszuführen, wobei folgende Zielsetzungen verfolgt werden:

- Aufrechterhaltung der hygienischen Verhältnisse in den Siedlungen,
- weitgehende Vermeidung von Überflutungen und den daraus resultierenden Schäden in Siedlungsgebieten,
- ästhetische Belange und Geruchsvermeidung.

Die *Abwasserreinigung* sorgt dafür, dass die Abwässer die Gewässer, in die sie eingeleitet werden, möglichst wenig beeinträchtigen. Dabei ist zu berücksichtigen, dass das Wasser im Ablauf einer Kläranlage selbst bei Reinigung nach dem Stand der Technik keine *Trinkwasserqualität* aufweist. So werden insbesondere Schadstoffe (Schwermetalle, anthropogene Spurenstoffe), aber auch Keime nicht gezielt eliminiert. Abwässer werden nach ihrer Herkunft wie folgt unterteilt:

- *Schmutzwasser*: häusliches Schmutzwasser aus Küchen, Waschräumen, Baderäumen, Toiletten und ähnlich genutzten Räumen; gewerbliches Schmutzwasser und industrielles Schmutzwasser;
- *Fremdwasser*: in die Kanalisation eindringendes, meist nur gering verschmutztes Wasser, wie Grundwasser, über Fehlanschlüsse und Drainagen eingeleitetes Wasser sowie der Kanalisation zufließendes Oberflächenwasser. Es stellt eine unerwünschte hydraulische Belastung des Entsorgungssystems dar und sollte soweit wie möglich der Kanalisation ferngehalten werden;
- *Niederschlagswasser*: gelangt mit Regenereignissen aus dem Bereich bebauter und befestigter Flächen in die Kanalisation;
- *Mischwasser*: gemeinsam abgeleitetes Schmutz- und Niederschlagswasser.

In der heutigen konventionellen Siedlungsentwässerung haben sich zwei grundlegende Verfahren herauskristallisiert, die sich in der Ableitung und Behandlung des zum Abfluss gelangenden Niederschlagswassers unterscheiden.

Mischverfahren
Das Mischverfahren überwiegt im Westen und Süden Deutschlands und ist im Kern der meisten Großstädte anzutreffen. Hierbei werden sowohl häusliches, gewerbliches und industrielles Schmutzwasser als auch der Regenabfluss von Dach- und Verkehrsflächen *gemeinsam in einem Mischwasserkanal* im freien Gefälle und in der Regel in geschlossenen Kanälen aus dem Einzugsgebiet abgeleitet. Bei Niederschlagereignissen vermischt sich das kontinuierlich anfallende häusliche und industrielle Schmutzwasser (Trockenwetterabfluss) mit dem von befestigten Flächen abfließenden Oberflächenwässer, das je nach Herkunft (Dachfläche, Hoffläche, Gehweg, Parkplatz, schwach oder stark befahrene Straße) unterschiedlich verschmutzt ist.

Im nur aperiodisch und plötzlich auftretenden Regenwetterfall steigt die anfallende Abwassermenge rasant an und kann das Hundertfache des Trockenwetterabflusses betragen. Die Kanäle, die den der Bemessung zugrunde gelegten Mischwasserabfluss schadlos ableiten müssen, weisen daher sehr große Leitungsquerschnitte auf und wachsen mit zunehmendem Einzugsgebiet und Versiegelungsgrad stark an.

Diese großen Abwassermengen können die Kläranlagen aus verfahrenstechnischen Gründen nicht verkraften, so dass der Zufluss zur Kläranlage auf üblicherweise knapp den doppelten Trockenwetterabfluss gedrosselt wird.

Auch innerhalb der Kanalisation wäre es unwirtschaftlich und technisch schwierig, im Regenwetterfall stets das gesamte Abwasser über weite Strecken zu transportieren, da die hierfür erforderlichen sehr großen Rohrquerschnitte teuer sind und im Trockenwetterfall zu Betriebsproblemen, etwa durch Ablagerungen, führen würden. Daher werden an geeigneten Stellen Regenentlastungsbauwerke angeordnet. Dies sind zum einen Speicherbecken (Regenrückhaltebecken), in denen ein Teil des Abwassers zurückgehalten und zeitversetzt der Kanalisation sukzessive zugeführt wird. Zum anderen wird Abwasser an definierten Stellen aus der Kanalisation entlastet. Da dieses Wasser Schmutzwasser aus Haushalten und Industrie, wenn auch in stark verdünnter Form, enthält, müssen vor der Einleitung in das Gewässer Niederschlagswasserbehandlungsanlagen zwischengeschaltet werden. Typische Bauwerke hierzu sind Regenüberlaufbecken.

Trennverfahren
Beim Trennverfahren werden der Schmutzwasserabfluss und der Regenabfluss von Dach- und Verkehrsflächen *in zwei getrennten Ableitungssystemen* abgeführt.

Der Schmutzwasserkanal führt zur Kläranlage, der Regenwasserkanal sollte nach Möglichkeit auf kürzestem Wege zum Gewässer verlaufen. Bei stark verschmutzten Flächen oder bei besonderen Gewässerschutzbedürfnissen ist eine Behandlung der Regenabflüsse erforderlich.

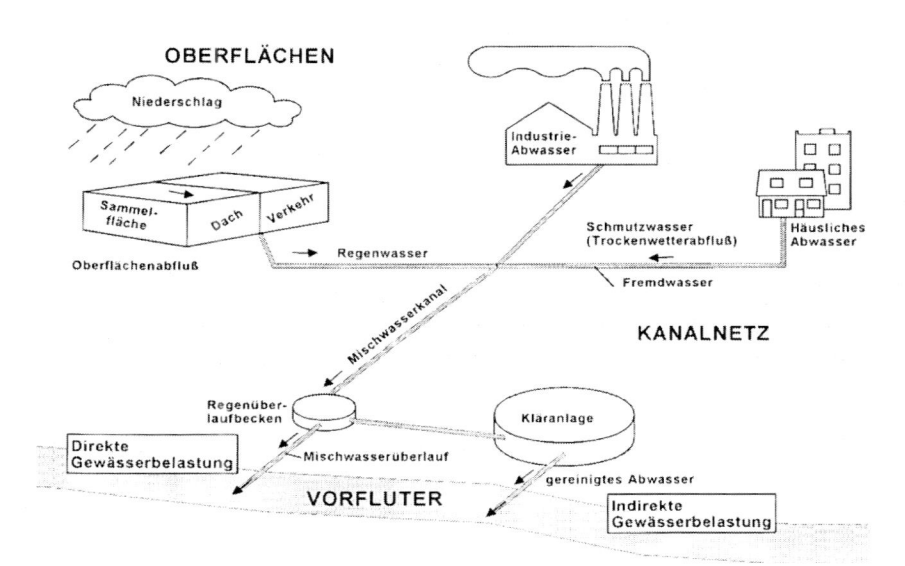

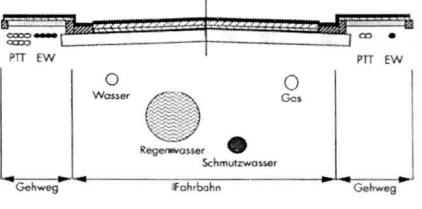

11 Trennsystem im Straßenquerschnitt

12 Verfahrensschema Mischsystem

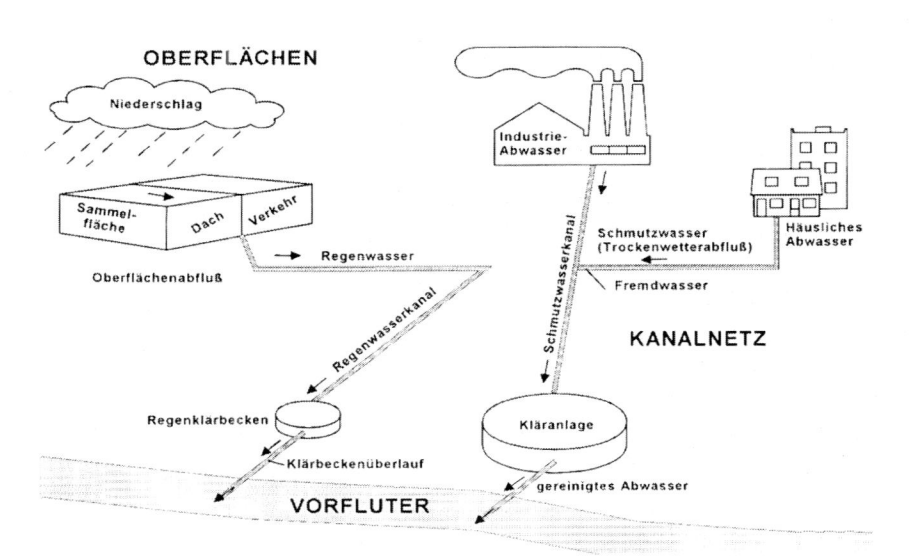

13 Verfahrensschema Trennsystem

Hochwasserabfluß m³/s

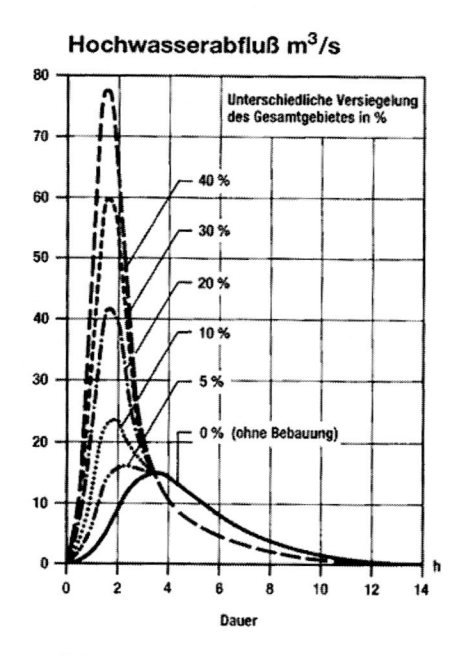

14 Einfluss des Versiegelungsgrades auf die Ganglinie (Amplitude, Fülle und Zeitdauer) einer Hochwasserwelle in der Emscher

Neue Verfahren

Beide Entwässerungsverfahren weisen Vor- und Nachteile auf, so dass vor der Wahl eines Verfahrens die örtlichen Verhältnisse, gewässergütewirtschaftliche Anforderungen und wirtschaftliche Gesichtspunkte erfasst werden müssen.

Obwohl das Trennsystem zunächst das verständlichere der beiden Systeme ist, da Schmutz- und Regenwasser entsprechend ihrer unterschiedlichen Qualitäten und Quantitäten getrennt abgeleitet werden, weist dieses System auch einige Nachteile auf. Es besteht das Risiko des Fehlanschlusses (Schmutzwasser an Regenwasserkanal) und stark verschmutztes Niederschlagswasser (etwa durch Öle, Reifenabrieb) wird im Standardfall ungereinigt dem Gewässer zugeführt. Baulich weist das Mischsystem gegenüber dem Trennsystem den Vorteil auf, dass nur ein Kanal im öffentlichen Bereich erforderlich ist, was in beengten Verhältnissen, wie in Stadtgebieten, kostengünstiger ist. Die zwei bisher dargestellten Entwässerungsverfahren verdeutlichen das bisherig verfolgte Anliegen, nämlich das Regenwasser so schnell und vollständig wie möglich aus den Siedlungsgebieten abzuleiten. Dadurch können die Siedlungs- und Verkehrsflächen in den meisten Fällen während und nach Regenereignissen ihrem Zweck entsprechend genutzt werden, es kommt aber auch öfter zu mitunter extremem Hochwasser. Außerdem wird der natürliche Wasserkreislauf erheblich gestört, da die Versiegelung zu einem Rückgang der Verdunstung und Bodenspeicherung führt.[7] Dies hat Auswirkungen auf das Kleinklima und die Grundwasserneubildung.

Daher versucht man seit einigen Jahren, mit neuen, modifizierten Verfahren den Anteil des Niederschlagswasserabflusses verzögert abzuleiten oder insgesamt zu minimieren. Neue Wege der Regenwasserbewirtschaftung verfolgen das Ziel, den Wasserhaushalt von Siedlungsgebieten möglichst weitgehend den natürlichen Verhältnissen anzugleichen; das heißt, die Komponenten Grundwasserneubildung, Verdunstung und Abfluss sollten in Neubaugebieten in ihrer natürlichen Form erhalten oder dieser in Bestandsgebieten wieder angenähert werden. Um dieses Ziel zu erreichen, müssen Verfahren der Abflussvermeidung, der Versickerung, der Regenwassernutzung und der gedrosselten Ableitung entsprechend den örtlichen Möglichkeiten eingesetzt werden. Dies ist in Neubaugebieten vergleichsweise leicht, wenn

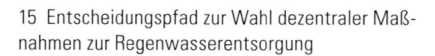

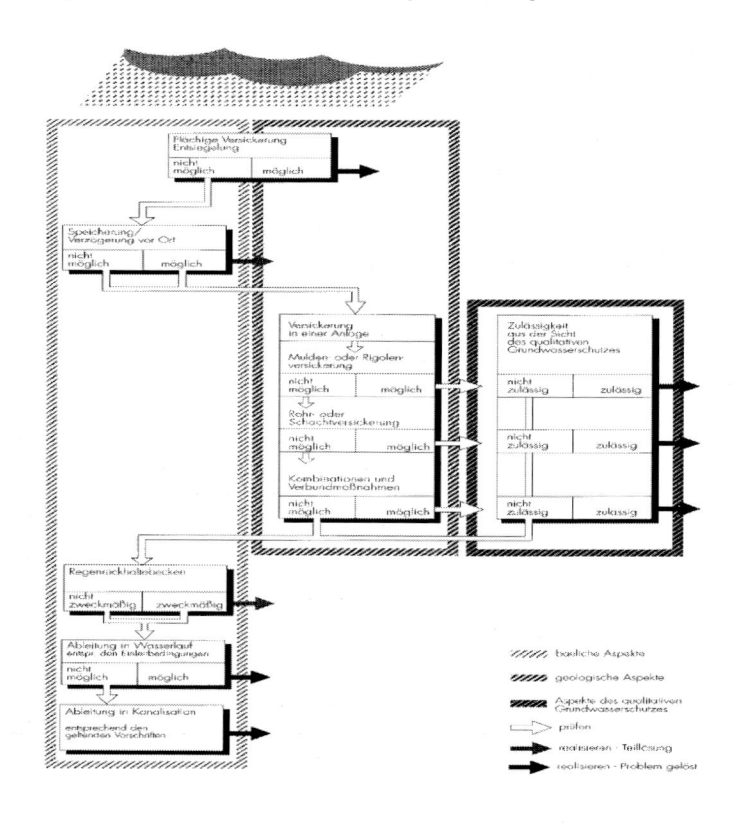

15 Entscheidungspfad zur Wahl dezentraler Maßnahmen zur Regenwasserentsorgung

die Entwässerungsplanung frühzeitig in den städtebaulichen Entwurf integriert wird. In Bestandsflächen ist es deutlich schwieriger, die der Kanalisation angeschlossenen Flächen umfassend zu reduzieren. Die deutsche Vereinigung für Wasserwirtschaft, Abwasser und Abfall (DWA) empfiehlt, in Bestandsgebieten eine Reduzierung der an die Kanalisation angeschlossenen befestigten Flächen um 25 Prozent anzustreben. Dieses Ziel kann durch die Aufstellung von Entwicklungsplänen, Fördermaßnahmen und die Einführung der gesplitteten Abwassergebühr erreicht werden.[8]

2.3 Regenwasserbewirtschaftung

Aufgabe der Regenwasserbewirtschaftung ist es, Niederschlagsabflüsse von Siedlungs- und Verkehrsflächen so zu bewirtschaften, dass Überflutungen und Vernässungen dieser Flächen mit eventuell daraus resultierenden Personen- und Sachschäden weitgehend vermieden werden. Die Art der Regenwasserbewirtschaftung wird unter anderem von folgenden Faktoren beeinflusst:

- Versickerungsfähigkeit des Bodens,
- Flächenverfügbarkeit,
- Geländeneigung,
- Grundwasserstand,
- Anforderungen an die Qualität der Oberflächengewässer,
- Leistungsfähigkeit der Gewässer in Bezug auf hydraulische und stoffliche Belastungen,
- Besonderheiten, wie Wasserschutzzonen, Altlastenbereiche.

Wo möglich, sollten direkte Abflüsse vermindert und unbelastetes oder nur gering belastetes Niederschlagswasser der Versickerung zugeführt werden. Stark verschmutztes Niederschlagswasser (etwa von stark befahrenen Straßen, Oberflächen von Gewerbebetrieben, von nicht oberflächenbeschichteten Metalldächern) sollte weiterhin in die Kanalisation (Mischsystem) geleitet oder separat vor Zuführung in die Umwelt (Wasser, Boden) behandelt werden.

Wasser- und planungsrechtliche Aspekte
Im Rahmen der Entwässerungsplanung müssen sowohl wasser- als auch planungsrechtliche Aspekte berücksichtigt werden. Generell erfolgt die Umsetzung der Regenwasserbewirtschaftung in der Bauplanung auf der Grundlage von §§ 5 und 9 BauGB (Flächennutzungsplan, Bebauungsplan).

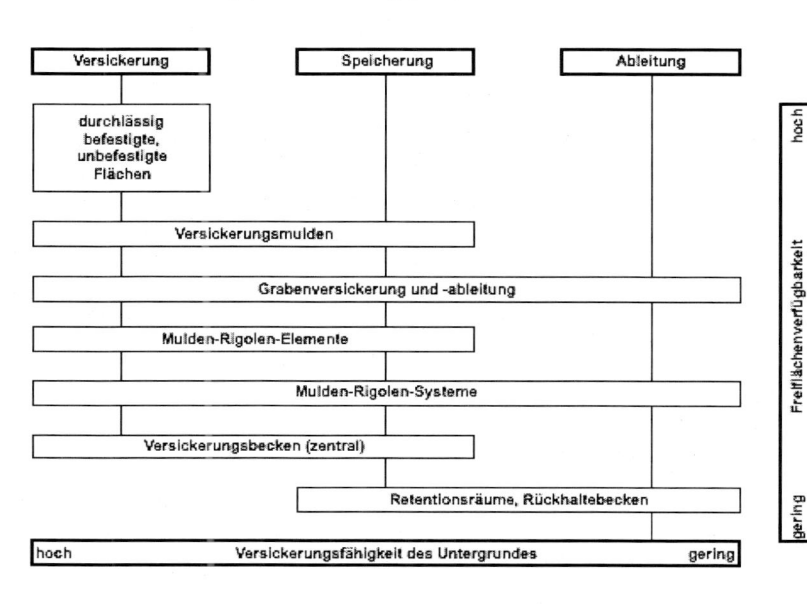

16 Wasserhaushalt unbefestigter (links) und befestigter (rechts) Flächen. Von der Flächenversickerung bis zum Rigolen-System nimmt der erforderliche Platzbedarf ab.

17 Die Dachbegrünung verzögert den Abfluss und wirkt sich durch stärkere Verdunstung auch günstig auf das Kleinklima aus.

Nach dem Wasserhaushaltsgesetz (WHG) ist Abwasser, zu dem auch die Niederschlagsabflüsse von befestigten Flächen zählen, so zu beseitigen, dass das Wohl der Allgemeinheit nicht beeinträchtigt wird. Die Bundesländer regeln in ihren Wassergesetzen, wer zur Abwasserbeseitigung verpflichtet ist. Grundsätzlich sind dies die Kommunen. Bei der dezentralen Beseitigung von Niederschlagswasser entfällt in vielen Bundesländern die Abwasserbeseitigungspflicht der Kommune oder kann auf eine Privatperson übertragen werden (etwa das Wassergesetz für Baden-Württemberg § 45 b (2) 1. WG). Versickerungsanlagen befinden sich daher oft im Besitz und auf dem Grundstück von Privaten. Unberührt von der Abwasserbeseitigungspflicht bleibt die Erlaubniserfordernis (§ 2 (1) WHG i. V. m. § 7 WHG) für eine Gewässerbenutzung (§ 3 WHG), zu der auch das Einleiten von Abwasser in oberirdische Gewässer oder in das Grundwasser (Versickern) zählt. Jedoch werden in einigen Bundesländern mittels Rechtsverordnungen speziell für die dezentrale Beseitigung von Niederschlagswasser Befreiungen von der Erlaubnispflicht ausgesprochen. In Baden-Württemberg ist dies der Fall, wenn eine dezentrale Abwasseranlage bestimmte Anforderungen (etwa die Versickerung von Niederschlagsabfluss nur über eine bewachsene Bodenschicht) erfüllt, oder wenn sie in bauplanungsrechtlichen oder bauordnungsrechtlichen Vorschriften vorgesehen ist.

Wie bei anderen Baumaßnahmen sind auch die Anforderungen aus dem Naturschutzrecht, etwa Eingriffs- oder Ausgleichsregelungen, zu beachten. Auf der anderen Seite ist es im Rahmen der Grünordnungsplanung grundsätzlich möglich, Versickerungsanlagen als Ausgleichmaßnahme für Flächenversiegelungen vorzusehen oder in öffentliche Grünanlagen zu integrieren.

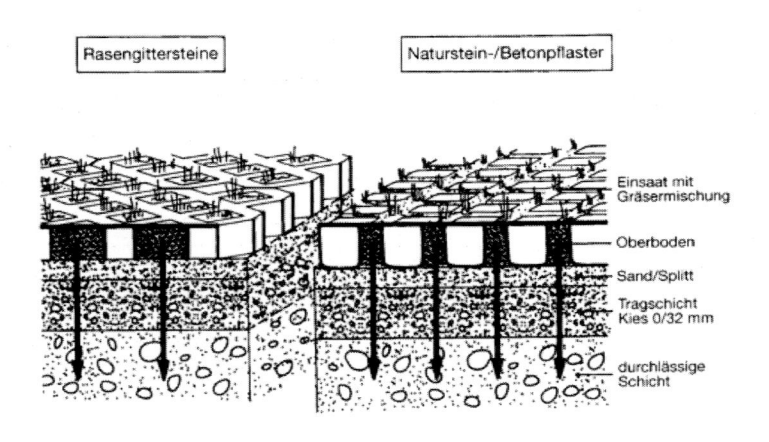

18 Mulden-Rigolenversickerung: Das Wasser versickert in einer Mulde durch die Oberbodenschicht in eine unterirdische Rigole. Diese dient als zweiter Speicher und gibt das Wasser zeitlich verzögert in den Untergrund ab. Bei einem reinen Rigolensystem entfällt die Oberbodenpassage und damit die Reinigungsfunktion. Dieses System ist für bestimmte Einsatzfälle (Wasser bestimmter Dachflächen) erlaubnisfrei zugelassen, ansonsten muss das Konzept stimmig sein.

19.1 und 19.2 Flächenversickerung

Die Versickerung erfolgt auf einer großen, ebenen und durchlässigen Fläche über feinkörnige Deckschichten. Eine Speichermöglichkeit besteht dabei nicht.

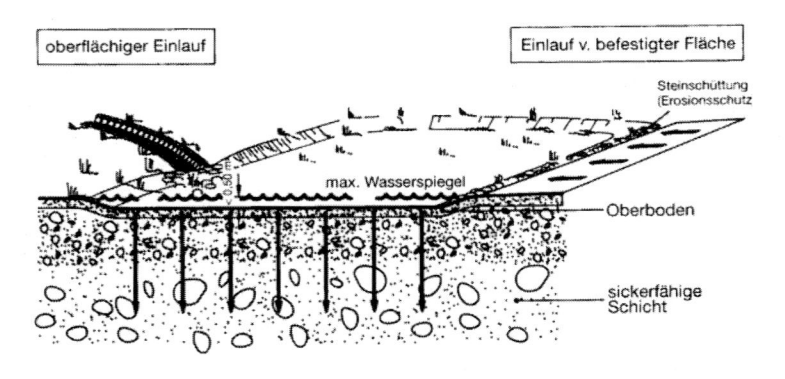

20.1 und 20.2 Muldenversickerung

Das Wasser wird einer bewachsenen Mulde zugeführt, in der es kurzfristig zwischengespeichert wird. Bei der anschließenden Passage durch den Oberboden erfolgt eine Reinigung vor der Infiltration in die sickerfähige Schicht.

3 Versorgung mit Energie

Im Mittelpunkt der Versorgung von Stadtteilen stehen zentrale und dezentrale Versorgungssysteme für Elektrizität und Wärme. Beispielsweise zentrale Stromerzeugung in Kraftwerken (Kohle, Erdöl, Ergas, Kernkraft, Wind) oder eine dezentrale mit Photovoltaikanlagen oder Blockheizkraftwerken. Eine zentrale Wärmeversorgung durch ein Fern- oder Nahwärmenetz eines Kraftwerkes steht der dezentralen Wärmeerzeugung durch Heizöl- oder Holzheizungen oder auch mit Hilfe von Solarkollektoren gegenüber.

Strom wird mittels eines gestuften Leitungssystems transportiert. Große Distanzen werden im europäischen Verbundnetz mit 380/220 kV Hochspannungsleitungen, regionale Verteilungen mit einer 110 kV Freileitung vorgenommen. In der Nähe von Verbrauchsschwerpunkten wird die ankommende elektrische Energie auf Mittelspannung (10 bis 30 kV) heruntertransformiert. In Wohngebieten setzen Transformatoren die Spannung bis auf Haushaltsstrom von 380/220 V herab. Hochspannungsstraßen und Umspannwerke verbrauchen erhebliche Flächen und stellen mit ihrer Trennwirkung bei der Planung neuer Siedlungsbereiche häufig starke Einschränkungen dar.[9]

Die Notwendigkeit, Energie einzusparen und Emissionen zu vermindern, stellen Städte und Gemeinden vor die Aufgabe, im Rahmen der Entwicklungs- und Bauleitplanung den energiepolitischen Erfordernissen verstärkt Bedeutung einzuräumen. Neben Versorgungssicherheit stehen Nachhaltigkeit und Wirtschaftlichkeit hierbei im Mittelpunkt. Nach §1 (6) Nr. 7 f. BauGB sind die Nutzung erneuerbarer Energien sowie die sparsame und effiziente Nutzung von Energie zu berücksichtigen.[10]

Als wichtige Entscheidungshilfe für die kommunale Planung dienen Versorgungskonzepte, die von den Trägern der Energieversorgung und den öffentlichen Planungsträgern auf örtlicher und regionaler Ebene entwickelt werden. Aufgabe dieser Konzepte ist es, vor allem im Bereich der Niedertemperaturwärme für die Gebäudeheizung die Möglichkeiten der Kraft-Wärme-Kopplung, der Nutzung industrieller Abwärme, sowie neuer Techniken (etwa Biomasseanlagen, Klär- und Deponiegasnutzung, Geothermie, Solarenergie) langfristig sinnvoll zu gestalten.[11] In Abstimmung mit der Bauplanung müssen zentrale wie dezentrale Versorgungsmöglichkeiten ermittelt werden. Deshalb sind für die Bauleitplanung und für die Stadt- und Gemeindesanierung die siedlungsstrukturellen Rahmenbedingungen der zu versorgenden Gebiete

Stromverbrauch private Haushalte 2011:
147 Mrd kWh/ 3.700 kWh pro Haushalt

Erdgasheizungen 2009:
in 18,7 Mio. Wohnungen /
51 Prozent des Bestands
49 Prozent Marktanteil im Neubau

Energieversorgung Deutschland 2012:
Mineralöl: 33,1 Prozent
Erdgas: 21,6 Prozent
Steinkohle: 12,2 Prozent
Kernenergie: 8 Prozent
Braunkohle: 12,1 Prozent
Erneuerbare Energien: 11,6 Prozent

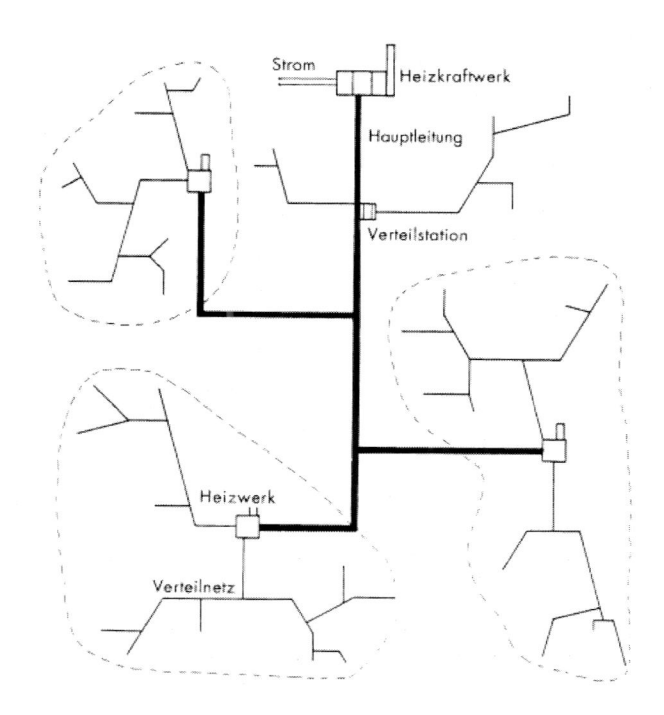

21 Komponenten des Wärmeverteilnetzes und Art der Wärmeverbraucher

Art der Wärmeverbraucher	spezifischer Wärmebedarf
unsanierter Altbau	180–220 W/ m^2
bis Baujahr 1977	140–180 W/ m^2
Baujahr 1977–83	100–130 W/ m^2
Baujahr 1984–1994	70–90 W/ m^2
Baujahr 1995–2001	50–60 W/ m^2
Baujahr 2002 oder jünger (EnEV)	35–40 W/ m^2

Wärmeverbrauch für	erforderliche Temperaturen
Niederheiztemperatursysteme	30 °C
sonstige Raumheizsysteme	60–110 °C
Brauchwarmwasser	50–70 °C
Dampfanlagen (Spitäler)	180 °C
Produktionswärme (Industrie, je nach Betrieb) zirka	40–400 °C

Für Raumheizzwecke ist der spezifische Wärmeverbrauch abhängig von:
der Lage des Gebäudes (Sonnen-, Windeinflüsse), den Außentemperaturen, der Isolation, der Anzahl Luftwechsel, der gewünschten Raumtemperatur.

(so die Lage und Dichte der Siedlungseinheiten), der bestehenden zentralen Erzeugungsanlagen, der Leitungen (Strom, Gas, Fernwärme) sowie der Standorte der Betriebe (nutzbare Abwärme) von großer Bedeutung.

Auf den Wärmebedarf der Gebäude kann Einfluss genommen werden unter anderem durch

- entsprechende Situierung (etwa Windschutz),
- Bauweise (Verhältnis Gebäudeaußenfläche zu Gebäudevolumen),
- Gebäudestellung (Ausrichtung zur Sonne),
- Außenanpflanzungen (Windregulierung).

Die effiziente Nutzung und damit Wirtschaftlichkeit der Solarenergie kann baurechtlich wesentlich mit beeinflusst werden durch

- Größe der Dachfläche,
- Dachneigung,
- Anordnung der benachbarten Gebäude,
- Gebäudehöhen.

Im Rahmen der Ortsplanung sind auch die Möglichkeiten zur Energie- und Emissionseinsparung durch eine entsprechende Verkehrsplanung zu bedenken. Lage und Dichte eines Siedlungsgebietes sowie die Zuordnung der verschiedenen Einrichtungen, wie Ämter, Schulen, Kindergärten, Einkaufszentren, Kultureinrichtungen, Wertstoffhöfe, Kinos, Schwimmbäder, Sportplätze und Turnhallen, haben einen großen Einfluss auf Art und Umfang der notwendigen Fahrleistungen und damit auf den Energieverbrauch des motorisierten Verkehrs. Durch den konsequenten Ausbau der Radwegenetze und die stärkere Berücksichtigung des Radverkehrs beim Aus- und Umbau bestehender Straßen können Anreiz und Möglichkeiten geschaffen werden, häufiger auf die Benutzung des Autos zu verzichten. (§1 (6) Nr. 9 BauGB). Ferner sollte besondere Bedeutung auf die Anbindung eines Siedlungsgebietes an öffentliche Verkehrsmittel (wie Bus und Bahn) gelegt werden.

Zukünftig werden die Optimierung der Erzeugungs- und Versorgungsstruktur und der Einsatz neuer Technologien (wie Blockheizkraftwerke, Brennstoffzellen, Mikrogasturbinen) mit verstärkter dezentraler Ausrichtung interessante und besonders nachhaltige Lösungen aufzeigen. Auch werden die derzeit getrennt betrachteten Anlagen der Versorgung stärker miteinander verbunden werden. So können neue Stadtgebiete an ein Nah- oder Fernwärmenetz eines benachbarten Industriegebietes angeschlossen werden; das in Kläranlagen und Landwirtschaft erzeugte Biogas wird in die bestehenden Erdgasnetze eingespeist werden, die Abwärme aus dem Abwasserkanalnetz wird mit dem Wärmepumpenprinzip nutzbar gemacht werden können.

Bereits heute beschreibt die *EnergieEinsparVerordnung (EnEV)*, die die frühere Wärmeschutzverordnung (WSchV) und die Heizungsanlagenverordnung (HeizAnlV) abgelöst hat, wesentliche Standards bezüglich des Energiegebrauchs für Neubauten und bei Umbaumaßnahmen.

Ob und wie ein Nachweis nach der EnEV geführt werden muss, hängt zunächst davon ab, ob ein neues Gebäude errichtet oder ein bestehendes verändert werden soll.

22, 23 Dezentrale Versorgung: Ein Blockheizkraftwerk versorgt den Scharnhauser Park (Ostfildern, oben) mit Wärme und Energie. Es wird mit Biomasse (Holzhackschnitzel) betrieben.

- Für Neubauten mit normalen Innentemperaturen (> 19 °C) ist die Einhaltung der in Anhang 1 der EnEV genannten Höchstwerte des Jahres-Primärenergiebedarfs wie auch des spezifischen Transmissionswärmeverlustes nachzuweisen.
- Für Neubauten mit niedrigen Innentemperaturen (< 19 °C) oder kleinen Gebäudevolumen (< 100 m³) gelten geringere Anforderungen und vereinfachte Nachweisverfahren.

- Bei einem Fensterflächenanteil von mehr als 30 Prozent ist zur Sicherstellung des sommerlichen Wärmeschutzes zusätzlich die Einhaltung von Sonneneintragskennwerten nachzuweisen.
- Für Änderungen im Bestand sind je nach Umfang der Maßnahmen entweder die geforderten Wärmedurchgangskoeffizienten (U-Werte) einzuhalten (Bauteilverfahren) oder die Höchstwerte des Jahres-Primärenergiebedarfs des ganzen Gebäudes nachzuweisen (Bilanzverfahren), die jedoch um bis zu 40 Prozent über den Grenzwerten für Neubauten liegen dürfen.
- Bei Erweiterungen des beheizten Volumens um mehr als 30 Kubikmeter gelten für den neuen Gebäudeteil die Anforderungen an Neubauten.

Das am 1. Januar 2009 in Kraft getretene Gesetz zur Nutzung erneuerbarer Wärmeenergie (EEWärmeG)) führt erstmals bundesweit eine Pflicht zur Verwendung von erneuerbaren Energien beim Neubau von Gebäuden ein (so genannte Nutzungspflicht gem. § 3 Abs. 1 EEWärmeG). Bis zum Jahr 2020 müssen demnach mindestens 14 Prozent des Wärme- und Kälteenergiebedarfs von Gebäuden durch erneuerbare Energien gedeckt werden. Das Gesetz zur Nutzung erneuerbarer Wärmeenergie in BW schreibt für die Wärmeversorgung bei Neubauten, für die ab 1. April 2008 die Bauunterlagen erstmalig eingereicht werden, vor, dass diese zu mindestens 20 Prozent über erneuerbare Energien, wie Sonnenenergie, Erdwärme, Kraft-Wärmekopplung oder Biomasse, gedeckt werden. Für den Gebäudebestand ist ab 2010 ein Anteil regenerativer Energien von zehn Prozent vorgeschrieben, der immer dann erfüllt werden muss, wenn es zum Austausch der Heizungsanlage kommt. Ersatzweise kann die Verpflichtung auch durch eine verbesserte energetische Dämmung erfüllt werden.

4 Versorgung mit Kommunikationsmedien

Die Entwicklung der Kommunikationsmedien (Internet, Telefon, Mobilfunk, UMTS, W-LAN, Satelliten- und Kabelfernsehen,...) schreitet immer schneller voran. Satellitenschüsseln und Sendemasten gehören in das alltägliche Erscheinungsbild einer Stadt. Wurden früher die Leitungen in die sogenannte P-Zone (oder Post-Zone) in die Erde verlegt, werden heute oftmals Sendemasten und Satellitenschüsseln zur Datenübertragung benutzt. Soweit die Kommunikationsmedien auf Leitungsnetze angewiesen sind, liegen die Trassen unter dem Gehweg. Durch die Begrenztheit des Platzes, zu wenige Leerleitungen und die Beeinträchtigungen durch das permanente Öffnen von Gehwegen und Autofahrbahnen erscheinen die Vorteile der Funkübertragung auf der Hand. Dennoch werden auch die Einwirkungen und Strahlungsintensität der elektromagnetischen Strahlung für den Menschen zukünftig noch mehr untersucht werden müssen.

5 Abfallbeseitigung und Wertstoffkreislauf

In der Abfallwirtschaft gibt es den Grundsatz: „Vermeiden vor Verwerten vor Endlagern". Vorrangig sollen also Abfälle vermieden, danach erst stofflich oder energetisch verwertet und danach erst endgelagert werden. Sowohl bei der stofflichen und energetischen Verwertung als auch bei der Endlagerung entstehen Materialflüsse und Transporte. Hierbei ist durch die Stadt zu klären, ob sie ein Hol- oder Bringsystem für Abfälle, eine Abfalltrennung in verschiedene Fraktionen und ein Anreizprogramm für Abfalltrennung installieren will.

In § 1 (5) BauGB werden explizit neben den allgemeinen Anforderungen an gesunde Wohn- und Arbeitsverhältnisse die Belange der Abfallentsorgung beim Bauleitplanaufstellungsverfahren berücksichtigt. Im Flächennutzungsplan können unter anderem Flächen der Abfallentsorgung einbezogen und abgebildet werden. Bei der Standortwahl der Abfallentsorgungsanlagen ist der Schutz der benachbarten Gebiete oder sonstiger schützenswerter Flächen zu beachten. Auch die Dimensionierung der Verkehrswege ist den Erfordernissen der Abfallsammelfahrzeuge anzupassen.

Folgende Berechnungsgrundlagen dienen als grobe Abschätzung und beruhen auf Angaben von Abfuhrunternehmen und Gebietskörperschaften:[12]

24 Jährliches Abfallgewicht und Abfallvolumen (in Anlehnung an Schmitt: Planung von Infrastrukturanlagen der Ver- und Entsorgung)

	jährliches Abfallgewicht pro Einwohner	jährliches Abfallvolumen pro Einwohner	spezifisches Gewicht im Behälter
Papier	70 kg/ Einwohner	700 Liter / Einwohner	0,1 t/ m³
Glas	40 kg/ Einwohner	135 Liter / Einwohner	0,3 t/ m³
Bio-Abfall	100 kg/ Einwohner	200 Liter / Einwohner	0,5 t/ m³
Metalle	15 kg/ Einwohner	300 Liter / Einwohner	0,05 t/ m³
Kunststoffe	20 kg/ Einwohner	400 Liter / Einwohner	0,05 t/ m³
Gesamt	245 kg/ Einwohner	1.735 Liter /Einwohner	

Für die energetische Nutzung der Abfälle gibt es zwei wesentliche Möglichkeiten. Die allgemeine Abfallverbrennung (für Papier, Kunststoffe, Restmüll, etc.) oder aber den für Bio-Abfall interessanten und nachhaltigen Weg der Vergärung und Biogasproduktion mit anschließender Wärmeproduktion oder Verstromung im BHKW. Nach der Behandlung und Aufbereitung des Gases (Reduzierung des Schwefel- und Kohlendioxidgehalts) könnte das Biogas auch in das Erdgasnetz eingespeist werden und somit in eine bislang bereits vorhandene Netz-Infrastruktur integriert werden.

6 Zukünftige Entwicklungen und Fallbeispiele

Unterschiedliche klimatische, geografische, soziale und ökonomische Randbedingungen führen dazu, dass ein Einsatz der konventionellen Systeme in Entwicklungs- und Schwellenländern, aber auch in wasserarmen Gebieten oftmals ungeeignet ist. Entsprechend der weltweit sehr heterogenen Randbedingungen und klimatischer Veränderungen müssen daher auch Ressourcen schonende und die Grundbedürfnisse der Menschen befriedigende, neue oder modifizierte Systeme entwickelt werden, die bedarfsangepasst sind und von einfachen Konzepten bis hin zu High-Tech-Lösungen reichen. Die neu entwickelten Systeme sollten Defizite unserer konventionellen Systeme, wie den hohen Bedarf an Trinkwasser vermeiden, aber dennoch deren Stärken, wie eine hohe Ver- und Entsorgungssicherheit, zuverlässig erfüllen. Zukünftige Systeme müssen es ermöglichen, flexibel auf anstehende Herausforderungen wie Bevölkerungsentwicklung, Veränderung des Wasserbedarfs... zu reagieren.

Typische Beispiele für sich wandelnde Randbedingungen sind etwa die extrem schnelle Bevölkerungszunahme in Megacities oder die schrumpfenden Städte in Ostdeutschland. Dies kann insbesondere die Systeme der Wasserver- und Entsorgung beeinträchtigen. So kann die Funktionsfähigkeit von auf Zuwachs dimensionierten Systemen durch Verkeimung von Trinkwasserleitungen bei geringer Auslastung oder durch unerwünschte Ablagerungen in der Kanalisation bei Verringerung des Schmutzwasseranfalls erheblich gestört werden. Hierbei könnte auch die Verknüpfung von dezentralen Maßnahmen mit zentralen Systemen bedeutsam werden.

Auch wird dem Ressourcenschutz eine größere Bedeutung zukommen. Neue Konzepte müssen entwickelt werden, um Wasser und Stoffkreisläufe sinnvoll zu schließen. Dabei werden Abwasser und Abfall zukünftig zunehmend als Wertstoffe, nicht als zu entsorgende Reststoffe zu betrachten sein.

Im Gegensatz zu konventionellen Systemen, die im Wesentlichen durch die Prinzipien Mischen, gemeinsame Ableitung und anschließende zentrale Reinigung geprägt sind, beruhen neuartige Konzepte und Strategien zur Abwasserentsorgung nach heutigem Diskussionsstand auf folgenden grundlegenden Säulen:

- Trennung und Behandlung der Teilströme,
- Schließung von Wasser- und Stoffkreisläufen durch Wiederverwendung aufbereiteten Wassers (im Haushalt, im Gewerbe, in der Landwirtschaft),
- (lokale) Nutzung vorhandener Nährstoffe und des Energiepotenzials (Ressourcenschutz),
- Vermeidung des Eintrags von Schadstoffen in die Umwelt.

Eine Trennung und Behandlung der Teilströme muss schon in den Haushalten ansetzen, indem zum Beispiel das Schwarzwasser (Toilettenabwasser) vom Grauwasser (Dusche, Handwaschbecken, Küchenabwasser) getrennt wird. Mit dem Aufbau eines zweiten Versorgungsnetzes könnte ein Großteil des Trinkwassers in Deutschland durch Wasser minderer Qualität substituiert werden, etwa durch die Wiederverwendung aufbereiteten Grauwassers oder die Verwendung von Regenwasser.

Oftmals werden umweltorientierte Konzepte in kleinen Siedlungen erprobt, der Nachweis der Funktionsfähigkeit in größeren Einheiten oder bei flächendeckendem Einsatz steht noch aus. Auch ist zu berücksichtigen, dass bei solchen Pilotprojekten das Engagement aller Beteiligten meist sehr hoch ist und sich die Systeme auch unter „Normalbedingungen" noch bewähren müssen. Dennoch helfen solche Projekte, das Umdenken anzuschieben und weitere Ideen hin zu einer umweltfreundlichen und lebenswerten „Stadt der Zukunft" zu entwickeln.

Für eine Umsetzung neuer Erkenntnisse in der Praxis ist es notwendig, dass die relevanten Aspekte wichtigen Akteuren (Planer, Behörden, Ver- und Entsorger) zur Verfügung gestellt werden. Das bisherige Wissen über Neuartige Sanitärsysteme ist in einem Themenband des Siedlungswasserwirtschaftlichen Fachverbandes DWA ausführlich dargestellt.[12]

Ein weiteres Anliegen ist die Systematisierung der Vorgehensweise bei der Planung und die vergleichende Bewertung unterschiedlicher Konzepte der Ver- und Entsorgung unter Einbeziehung von Neuartigen Sanitärsystemen. Hierzu liegt aktuell ein Entwurf für ein Arbeitsblatt „Grundsätze für die Planung und Implementierung Neuartiger Sanitärsysteme" vor.[13] Sollte dieser Entwurf von der Fachöffentlichkeit akzeptiert und als Arbeitsblatt veröffentlicht werden, so läge eine wichtige Entscheidungshilfe sowohl für Fachplaner als auch für Stadt- und Regionalplaner vor, wenn es um grundlegende Infrastrukturentscheidungen geht.

Literatur

Deutsche Vereinigung für Wasserwirtschaft, Abwasser und Abfall e.V. (DWA): DWA Themen, Abkopplungsmaßnahmen in der Stadtentwässerung, Hennef 2007

Deutsche Vereinigung für Wasserwirtschaft, Abwasser und Abfall e.V. (DWA): DWA Themen, Neuartige Sanitärsysteme, Hennef 2008

Deutsche Vereinigung für Wasserwirtschaft, Abwasser und Abfall e.V. (DWA): Zahlen und Fakten zum Thema Wasser, Hennef 2008

Gujer, W.: Siedlungswasserwirtschaft, Berlin 1999

Geiger, W., Dreiseitl, H.: Neue Wege für das Regenwasser, 2. Auflage, München 2001

Hosang, W., Bischof, W.: Abwassertechnik, Stuttgart 1998

Karger, R., u.a.: Wasserversorgung, 12. Auflage, Stuttgart 2005

Endnoten

1 Hosang, W., Bischof, W.: Abwassertechnik, Stuttgart 1998

2 DVGW Arbeitsblatt W 397: Hinweisblatt Ermittlung der erforderlichen Verlegetiefen von Wasseranschlussleitungen, Berlin 2004

3 Deutsche Vereinigung für Wasserwirtschaft, Abwasser und Abfall e.V. (DWA): Zahlen und Fakten zum Thema Wasser, Hennef 2008

4 DVGW Arbeitsblatt W 400: Richtlinien Wasserverteilungsanlagen Teil 1–3, Berlin 2004
DVGW W 102: Richtlinien für Trinkwasserschutzgebiete Teil 2 Schutzgebiete für Talsperren, Berlin 2002

5 DVGW Arbeitsblatt W 400: Richtlinien Wasserverteilungsanlagen Teil 1–3, Berlin 2004

6 Statistisches Bundesamt: Fachserie 19, Reihe 2.1, Wiesbaden 2013

7 Deutsche Vereinigung für Wasserwirtschaft, Abwasser und Abfall e.V. (DWA): DWA Themen, Abkopplungsmaßnahmen in der Stadtentwässerung, Hennef 2007

8 ebd.

9 Städtebau Institut der Universität Stuttgart.: Lehrbausteine Städtebau, 5.Auflage, Stuttgart 2006

10 Bayrisches Staatsministerium des Innern: Planungshilfen für die Bauleitung p04/5, München 2004

11 Schmitt, T.G.: Skript Planung von Infrastrukturanlagen der Ver- und Entsorgung, TU Kaiserslautern, 2003

12 Deutsche Vereinigung für Wasserwirtschaft, Abwasser und Abfall e.V. (DWA): DWA Themen, Neuartige Sanitärsysteme, Hennef 2008

13 Deutsche Vereinigung für Wasserwirtschaft, Abwasser und Abfall e.V. (DWA): Arbeitsblatt A 272 (Entwurf): Grundsätze für die Planung und Implementierung Neuartiger Sanitärsysteme, Hennef 2012

Abbildungsnachweis

1 Karger, R., u.a.: Wasserversorgung, 12. Auflage, Stuttgart 2005

2 Hosang, W., Bischof, W.: Abwassertechnik, Stuttgart 1998

3, 4 Statistisches Bundesamt: Fachserie 19, Reihe 2.1.1, Wiesbaden 2013

5 Karger, R., u.a.: Wasserversorgung, 12. Auflage, Stuttgart 2005

6, 7 C. Meyer

8 Zweckverband Bodenseewasserversorgung

9, 10 Stadtentwässerung Stuttgart

11, 21 ETH Zürich (Hg.): Städtebau – Raumplanung, Zürich 1992

12, 13, 17 Archiv Steinmetz

14, 16, 18–20 Geiger, W., Dreiseitl, H.: Neue Wege für das Regenwasser, 2. Auflage, München 2001

15 Emschergesnossenschaft (Hg.): Wohin mit dem Regenwasser? Arbeitshilfe für einen ökologisch ausgerichteten Umgang mit dem rgenwasser in Baugebieten, Essen/ Gelsenkirchen 1993

22, 23 Stadt Ostfildern

19 Schmitt, T. G.: Skript Planung von Infrastrukturanlagen der Ver- und Entsorgung, TU Kaiserslautern, 2003

Links

www.solarsiedlung.de

www.zvbwv.de

www.polycity.net

www.otterwasser.de/german/konzepte/flintg.htm

www.otterwasser.de/german/konzepte/land.htm

www.burscheid.de/deutsch/tourismus/lambertsmuehle/forschungsprojekt.html

HANS BÜCHNER
REINHARD HEER

Raumordnung als überkommunale Gesamtplanung – rechtliche Rahmenbedingungen

1 Anlass und Geschichte der Raumordnung

„Raumordnung ist die zusammenfassende, übergeordnete und überörtliche Planung zur Ordnung und Entwicklung eines Raums". Auf diesen Wortlaut legte sich das Bundesverfassungsgericht 1954 in einem Gutachten fest. Die Geschichte der Raumordnung begann aber bereits 50 Jahre vorher. Raumordnung ist für die Menschen von Bedeutung, seit sie sesshaft geworden sind und das von ihnen abgegrenzte Gebiet nicht nur als Siedlungsfläche betrachteten, sondern als wesentliche Existenzgrundlage und ökonomisches Entwicklungspotential. Sie waren bestrebt, diese Gesellschaft zu sichern, zu ordnen und zu entwickeln und dabei den Boden zu nutzen, Siedlungen zu gründen, Infrastruktur auf- und auszubauen, soziale und technische Versorgungseinrichtungen bereitzustellen und Verwaltungsstrukturen auszuweiten unter den jeweiligen politischen und wirtschaftlichen Leitbildern.

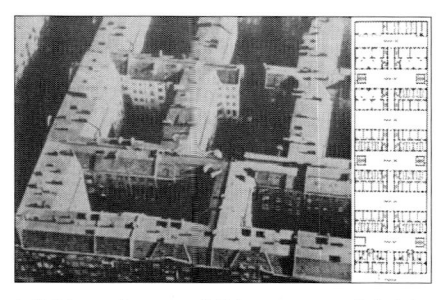

1 Städtewachstum und Wohnungsnot am Beispiel der Berliner Höfe um 1890

Die moderne Raumordnung (die in den Ländern als Landesplanung bezeichnet wird) ist entwicklungsgeschichtlich aus dem Städtebau der industriellen Revolution des letzten Jahrhunderts hervorgegangen. Der wachsende **Verstädterungsprozess** mit seinen sozialen Folgen wie Wohnungsnot und den daraus resultierenden Gesundheitsrisiken, Bodenspekulationen und kapitalistischen Vermieterpraktiken, aber auch mit seinen neuen Verkehrs- und Kommunikationsfragen, der Ausweisung und Erschließung neuer Industrie- und Wohnflächen und der daraus entstehende Verlust an Freiflächen machten überkommunale Regelungen in den Agglomerationsräumen der großen Städte und Industriegebiete in den Gebieten des Braunkohle- und Steinkohleabbaus notwendig.

Die ersten **interkommunalen Vereinbarungen** wurden in Groß-Berlin und im Regierungsbezirk Düsseldorf getroffen. Anlass war der rasante Verlust wohnungsnaher Freiflächen und die Gefährdung der Gesundheit als Folge der ungesteuerten Siedlungsentwicklung und Bautätigkeit. Es wurde ein Mindestbedarf an Freiflächen je Einwohner ermittelt. Dies führte 1910 unter Einberufung einer „Grünflächenkommission" im Regierungsbezirk Düsseldorf zur Gründung des „Siedlungsverbandes Ruhrkohlebezirk Düsseldorf" als Selbstverwaltungsorganisation. Aufgabe des Verbandes, der auf Initiative der Gemeinden und der Wirtschaft entstand und durch Umlagen seiner Mitglieder finanziert wurde, war es, ausschließlich überlokale Funktionen der Planung und Infrastrukturerstellung wahrzunehmen. Kleinräumige Planungsaufgaben wie Fluchtlinien- und Bebauungspläne sollten weiterhin Angelegenheit der Kommunen bleiben. Der Verband war Ursprung der heutigen Landes- und Regionalplanung. Weitere freiwillige kommunale Zusammenschlüsse folgten diesem Beispiel während der Weimarer Republik.

Mischte sich der Staat in den 1920er Jahren nur zögerlich in die materiellen Planungen der überlokalen Ebene ein, so nutzte das **nationalsozialistische System** von 1933 bis 1945 umso mehr die Entwicklung der Raumordnung zur Sicherung seiner Herrschaft im eigenen Land sowie im besetzten Osteuropa. Viele der in dieser Zeit entwickelten Konzepte und Instrumente der Raumordnung sind in der Nachkriegszeit in veränderter Form wieder aufgegriffen worden. Trotz der Vielzahl raumordnerischer Aufgaben der Nachkriegszeit machte der Bund von seiner in Artikel 75 GG festgelegten Rahmenkompetenz zunächst keinen Gebrauch. Die Länder bangten um ihre Autonomie, die Privatwirtschaft fürchtete eine zentralistische Planung und die Kommunen wollten ihre wiedergewonnene Planungshoheit behalten.

Erst 1965 machte der Bund von seiner Gesetzgebungskompetenz Gebrauch und setzte das **Bundesraumordnungsgesetz** (BROG) in Kraft. Auf seiner Grundlage wurde 1967 die „Ministerkonferenz für Raumordnung" (MKRO) geschaffen, die bis heute zahlreiche Beschlüsse zur Raumordnung in der Bundesrepublik Deutschland fasste.[1] Sie betreffen unter anderem das Bundesraumordnungsprogramm (1975), den raumordnungspolitischen Orientierungsrahmen (1992), die Anforderungen an die Standorte großflächiger Einzelhandelsbetriebe (1995), Entschließung zu Factory-Outlet-Centern (1997, 2001...).

Das Bundesraumordnungsgesetz (jetzt: **Raumordnungsgesetz** – ROG) bildete den Rahmen für die von den Ländern erlassenen **Landesplanungsgesetze**. In Baden-Württemberg wurde 1962 das erste Landesplanungsgesetz beschlossen. Auf seiner Grundlage wurde 1971 der erste **Landesentwicklungsplan** als Raumordnungsplan für das Land Baden-Württemberg aufgestellt. Darauf folgte der Landesentwicklungsplan 1983 und der derzeit gültige Landesentwicklungsplan 2002.

Das Landesplanungsgesetz schuf **Regionalverbände** und Regionen als Träger der Regionalplanung und begründete somit eine weitere Planungsebene der Raumordnung. Als Planungsinstrument steht der **Regionalplan** zur Verfügung.

Eine Sonderstellung nimmt dabei der Verband Region Stuttgart ein, der im Jahre 1994 gegründet wurde, um die spezifische Stadt-Umland-Problematik im Ballungsraum Stuttgart zu bewältigen. Dieser Verband ist nicht nur für Planungsaufgaben zuständig, sondern auch für deren Umsetzung verantwortlich. Sein Hauptorgan ist – wie bei den Regionalverbänden – die Verbandsversammlung (sie heißt jedoch abweichend: Regionalversammlung). Ihre 80 Mitglieder werden – insoweit ebenfalls abweichend – in allgemeiner, unmittelbarer, freier, gleicher und geheimer Wahl bestimmt. Dem Verband sind folgende Pflichtaufgaben übertragen:

- Trägerschaft der Regionalplanung,
- Aufstellung und Fortschreibung des Landschaftsrahmenplans,
- Konzeption und Planung eines Landschaftsparks Region Stuttgart,
- Regionalverkehrsplanung,
- Durchführung des regionalbedeutsamen öffentlichen Personennahverkehrs,
- Durchführung der Abfallentsorgung nach Maßgabe des Landesabfallgesetzes,
- Trägerschaft und Koordinierung regionalbedeutsamer Wirtschaftsförderungen,
- Trägerschaft und Koordinierung des regionalen Tourismus-Marketing.

Der Verband kann folgende weitere Aufgaben übernehmen:

- Trägerschaft und Koordinierung regionalbedeutsamer neuer Messen,
- Trägerschaft und Koordinierung regionalbedeutsamer Kongresse, Kultur- und Sportveranstaltungen,
- Trägerschaft für regionalbedeutsame Schienenpersonennahverkehre, die in Trägerschaft mehrerer Aufgabenträger liegen,
- Trägerschaft eines Landschaftsparks Region Stuttgart (unter bestimmten Voraussetzungen).

Raumordnungsgesetz
Vom 8. April 1965
Sammlung des Bundesrechts, Bundesgesetzbl. III 2300-1

Der Bundestag hat mit Zustimmung des Bundesrates das folgende Gesetz beschlossen:

§ 1
Aufgaben und Ziele der Raumordnung

(1) Das Bundesgebiet ist in seiner allgemeinen räumlichen Struktur einer Entwicklung zuzuführen, die der freien Entfaltung der Persönlichkeit in der Gemeinschaft am besten dient. Dabei sind die natürlichen Gegebenheiten sowie die wirtschaftlichen, sozialen und kulturellen Erfordernisse zu beachten.

(2) Das Ziel der Wiedervereinigung des gesamten Deutschlands ist zu berücksichtigen und seine Verwirklichung zu fördern. Dabei ist der räumliche Zusammenhang der Gebiete zu beachten und zu verbessern.

(3) Die Raumordnung im Bundesgebiet hat die räumlichen Voraussetzungen für die Zusammenarbeit im europäischen Raum zu schaffen und sie zu fördern.

2 Auszug aus dem ersten Bundesraumordnungsgesetz 1965

Landesplanungsgesetz
Vom 19. Dezember 1962

Der Landtag hat am 13. Dezember 1962 das folgende Gesetz beschlossen, das hiermit verkündet wird:

Abschnitt I
Gegenstand und Aufgabe der Landesplanung

§ 3
Aufgaben

(1) Die oberste Landesplanungsbehörde hat, soweit in diesem Gesetz nichts anderes bestimmt ist, die erforderlichen Entwicklungspläne (§ 13) zu erarbeiten und im Rahmen dieses Gesetzes für deren Beachtung zu sorgen. Sie hat die beteiligten Ministerien und den Landesplanungsrat (§ 4) über die Planungen zu unterrichten, die für die Landesplanung von Bedeutung sein können. Können sich Maßnahmen der Landesplanung über den Bereich des Landes hinaus auswirken, so hat die oberste Landesplanungsbehörde die mit den Behörden anderer Länder und des Bundes erforderlichen Verhandlungen zu führen.

(2) Die nachgeordneten Landesplanungsbehörden haben die oberste Landesplanungsbehörde bei der Erarbeitung von Entwicklungsplänen zu beraten und im Rahmen dieses Gesetzes für deren Beachtung zu sorgen.

3 Auszug aus dem Landesplanungsgesetz 1962 mit Ermächtigung zum Erlass von Entwicklungsplänen (GBl. 1963, S. 1)

2. Abschnitt
Aufgaben des Verbands

§ 3
Pflichtaufgaben, freiwillige Aufgaben

(1) Der Verband hat folgende Pflichtaufgaben:
1. Trägerschaft der Regionalplanung,
2. Aufstellung und Fortschreibung des Landschaftsrahmenplans,
3. Regionalverkehrsplanung,
4. regionalbedeutsamer öffentlicher Personennahverkehr nach Maßgabe des § 4,
5. Abfallentsorgung nach Maßgabe des § 6 a Abs. 1, 2 Satz 2 und Abs. 4 des Landesabfallgesetzes,
6. Trägerschaft und Koordinierung regionalbedeutsamer Wirtschaftsförderung,
7. Trägerschaft und Koordinierung des regionalen Tourismus-Marketing.

4 Auszug aus dem Gesetz über die Stärkung der Zusammenarbeit in der Region Stuttgart (GBl. 1994, S. 92)

2 Planungsebenen der Raumordnung

Die raumordnerische Planung in Deutschland vollzieht sich in vier Ebenen:

- Europäische Raumordnung,
- Raumordnung des Bundes,
- Landesplanung der Länder,
- Regionale Planung.

Die Planungsebenen stehen nicht isoliert nebeneinander. Soweit sie verbindliche Regelungen enthalten, gehen die höherrangigen den nachrangigen Planungen vor. Allerdings ist bei der Planerarbeitung das sogenannte „Gegenstromprinzip" zu beachten. Nach § 1 Abs. 3 ROG und § 2 Abs. 2 LplG (BW) soll sich die Entwicklung, Ordnung und Sicherung der Teilräume in die Gegebenheiten und Erfordernisse des Gesamtraums einfügen; andererseits soll die Entwicklung, Ordnung und Sicherung des Gesamtraumes die Gegebenheiten und Erfordernisse seiner Teilräume berücksichtigen. Im Rahmen des Gegenstromprinzips sind auch die Belange der kommunalen Bauleitplanung (vgl. Beitrag Büchner, S. 307) mit zu berücksichtigen, obgleich die Bauleitplanung nicht zur Raumordnung im Rechtssinne zählt. Dadurch wird ein Ausgleich dafür geschaffen, dass die Gemeinden bei ihrer Bauleitplanung an die Ziele der Raumordnung strikt gebunden sind (§ 1 Abs. 4 BauGB).

2.1 Europäische Raumordnung

Gestützt auf Artikel 23 Grundgesetz (GG) hat die Bundesrepublik einen Teil ihrer Hoheitsrechte an die Europäische Union übertragen. Soweit die Übertragung reicht, ist die Europäische Union berechtigt, Rechtsregeln zu erlassen, die für die Mitgliedsstaaten unmittelbar gelten (Rechtsverordnungen) beziehungsweise von den Mitgliedsstaaten umgesetzt werden müssen (Richtlinien). Die Raumordnung zählt nicht zu den auf die EU übertragenen Politikbereichen. Dennoch haben sich die Mitgliedsstaaten und die Europäische Kommission 1999 auf ein **Europäisches Raumentwicklungskonzept** (EUREK) verständigt. Das EUREK stellt mit seinen gemeinsamen Ziel- und Leitvorstellungen einen europäischen Bezugsrahmen für raumbedeutsame Maßnahmen öffentlicher und privater Entscheidungsträger auf allen Ebenen dar. Die Durchsetzung dieser Vorstellungen erfolgt nicht durch Ge- und Verbote, sondern durch die Anreize der Strukurfonds (zum Beispiel Europäischer Fonds für regionale Entwicklung – EFRE).

2.2 Raumordnung des Bundes

Der rechtliche Handlungsrahmen für die Raumordnung des Bundes findet sich im Raumordnungsgesetz (ROG) vom 22. Dezember 2008 (BGBl. I. S. 2.986). Das Gesetz wurde vom Bund im Rahmen seiner neu geschaffenen **konkurrierenden Gesetzgebungszuständigkeit** (Art. 74 Abs. 1 Nr. 31 GG) erlassen. Durch die Förderalismusreform 2006 wurde die Rahmengesetzgebung des Bundes abgeschafft und die Befugnis, die Raumordnung gesetzlich zu regeln, der konkurrierenden Gesetzgebung des Bundes im Sinne des Art. 72 Abs. 1 GG zugeordnet. Im Bereich dieser konkurrierenden Gesetzgebung haben die Länder die Befugnis zur Gesetzgebung nur, solange und soweit der Bund von seiner Gesetzgebungszuständigkeit nicht selbst Gebrauch gemacht hat. Allerdings räumt Art. 72 Abs. 3 GG den Ländern für den Bereich der Raumordnung der Länder das Recht ein, auch dann abweichende Regelungen zu treffen, wenn der Bund von seiner Gesetzgebungszuständigkeit Gebrauch gemacht hat (**Abweichungskompetenz der Länder**). Die Regelung ist angesichts des Bemühens um eine europäische Raumordnung schwer nachvollziehbar.

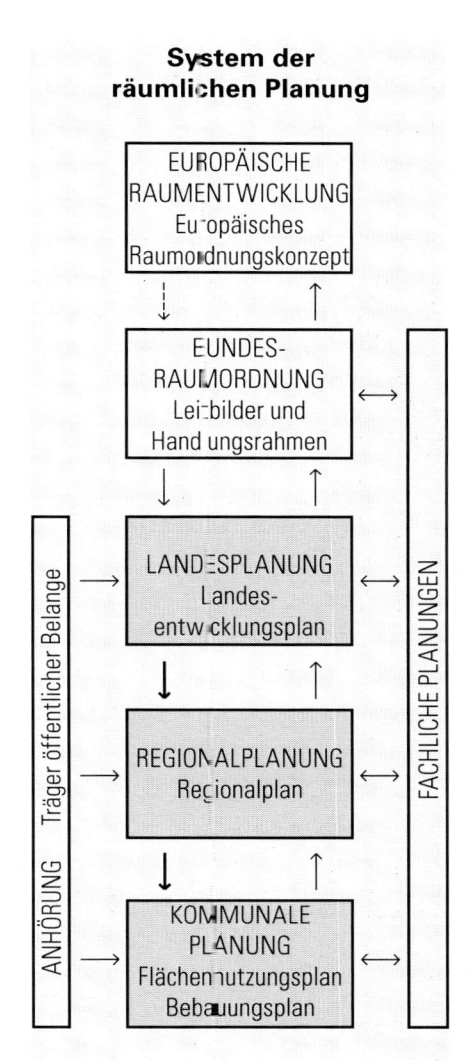

System der räumlichen Planung

5 Planungsebenen stehen im Sinne eines Gegenstromprinzips im gegenseitigen Zusammenhang

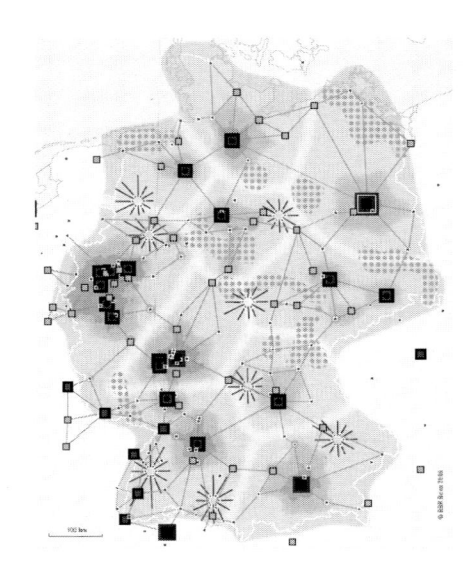

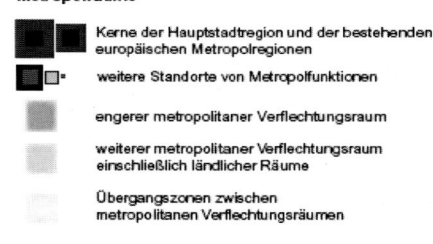

Soweit es um die **Raumordnung im Gesamtstaat** geht, bleibt es freilich „Kraft Natur der Sache" bei der alleinigen Regelungszuständigkeit des Bundes. Deshalb findet sich im neuen Raumordnungsgesetz ein Abschnitt 3, der die Raumordnung im Bund regelt. Danach ist der Bund berechtigt, Raumordnungspläne für den Gesamtraum und für die deutsche ausschließliche Wirtschaftszone (AWZ) aufzustellen (§ 17 ROG). Darin kann er einzelne Grundsätze der Raumordnung, die in § 2 Abs. 2 ROG aufgeführt sind, für die räumliche Entwicklung des Bundesgebietes unter Einbeziehung der raumbedeutsamen Planungen und Maßnahmen der Europäischen Union konkretisieren (§ 17 Abs. 1 ROG). Soweit allerdings Raumordnungspläne mit Festlegungen zu länderübergreifenden Standortkonzepten für See- und Binnenhäfen sowie für Flughäfen aufgestellt werden, sind diese Raumordnungspläne für raumbedeutsame Planungen und Maßnahmen der Länder nicht bindend (§ 17 Abs. 2 ROG). Im Übrigen ergibt sich die Bindungswirkung der Raumordnungspläne des Bundes aus den §§ 4 und 5 ROG. Eine strenge Bindung erzeugen die **Ziele** der Raumordnung (§ 4 Abs. 1 i.V.m. § 3 Abs. 1 Nr. 2 ROG), während die **Grundsätze** (§ 3 Abs. 1 Nr. 3 ROG) und die **sonstigen Erfordernisse** der Raumordnung (§ 3 Abs. 1 Nr. 3 ROG) im Rahmen späterer Abwägungs- und Ermessensentscheidungen überwunden werden können (§ 4 Abs. 1 ROG). Um einen Verstoß gegen die Ziele bundesrechtlicher Raumordnungspläne ausräumen zu können, steht jedoch ein **Zielabweichungsverfahren** (§ 21 ROG) zur Verfügung. Das Planaufstellungsverfahren wird durch eine befristete **Untersagungsbefugnis** der Raumordnungsbehörde vor zielwidrigen raumbedeutsamen Planungen und Maßnahmen abgesichert (§ 22 ROG). Der Bund kann im Übrigen durch Rechtsverordnung Planungen und Maßnahmen bestimmen, für die in einem **Raumordnungsverfahren** zu prüfen ist, ob sie raumverträglich sind (§ 23 ROG i.V.m. der Raumordnungsverordnung – ROV).

In Abschnitt 1 des ROG finden sich **allgemeine Vorschriften**, bei denen umstritten ist, ob sie nur für die bundesrechtliche oder auch für die landesrechtliche Raumordnung verbindlich sind. Es geht vor allem um die **Leitvorstellungen** und **Grundsätze der Raumordnung**. Sie sind auf den Gesamtraum der Bundesrepublik bezogen und deshalb auch bei der Raumordnung der Länder zu beachten. Danach sind der Gesamtraum der Bundesrepublik und seine Teilräume durch zusammenfassende, überörtliche und fachübergreifende Raumordnungspläne, durch raumordnerische Zusammenarbeit und durch die Abstimmung bedeutsamer Planungen und Maßnahmen derart zu entwickeln, zu ordnen und zu sichern, dass eine **nachhaltige Raumentwicklung** gewährleistet ist, die die sozialen und wirtschaftlichen Ansprüche an den Raum mit seinen ökologischen Funktionen in Einklang bringt (Prinzip der Nachhaltigkeit) und zu einer dauerhaften großräumig ausgewogenen Ordnung mit gleichwertigen Lebensverhältnissen in den Teilräumen führt (§ 1 Abs. 2 ROG).

In Abschnitt 2 des ROG finden sich bundesrechtliche **Vorgaben für die Raumordnung in den Ländern**. Sie sollen ein einheitliches System der Landesplanung und deren Bedeutung sicherstellen. Dieser Abschnitt unterliegt jedoch der Abweichkompetenz der Länder gem. Artikel 72 Abs. 3 GG. Um den Inhalt und die Bedeutung der landesrechtlichen Raumordnung zu verstehen, muss deshalb das jeweilige Landesrecht konsultiert werden.

2.3 Raumordnung der Länder (Landesplanung)

Obwohl die Raumordnung zur konkurrierenden Gesetzgebung des Bundes zählt, können die Länder eigene Landesplanungsgesetze erlassen und dadurch den übergemeindlichen Raum des jeweiligen Landes ordnen. Artikel 72 Abs. 3 GG weist ihnen eine entsprechende Abweichungskompetenz zu. In Baden-Württemberg gilt derzeit noch das **Landesplanungsgesetz** in der Fassung vom 22. Mai 2012 (GBl. S. 285). Das Landesplanungsgesetz wird für den Bereich einzelner Verbände beziehungsweise Regionalverbände ergänzt durch spezielle gesetzliche Regelungen, zum Beispiel

6 Leitbilder und Handlungsstrategien für die Raumentwicklung in Deutschland – Leitbild Wachstum und Innovation der Raumordnungsminister von Bund und Ländern

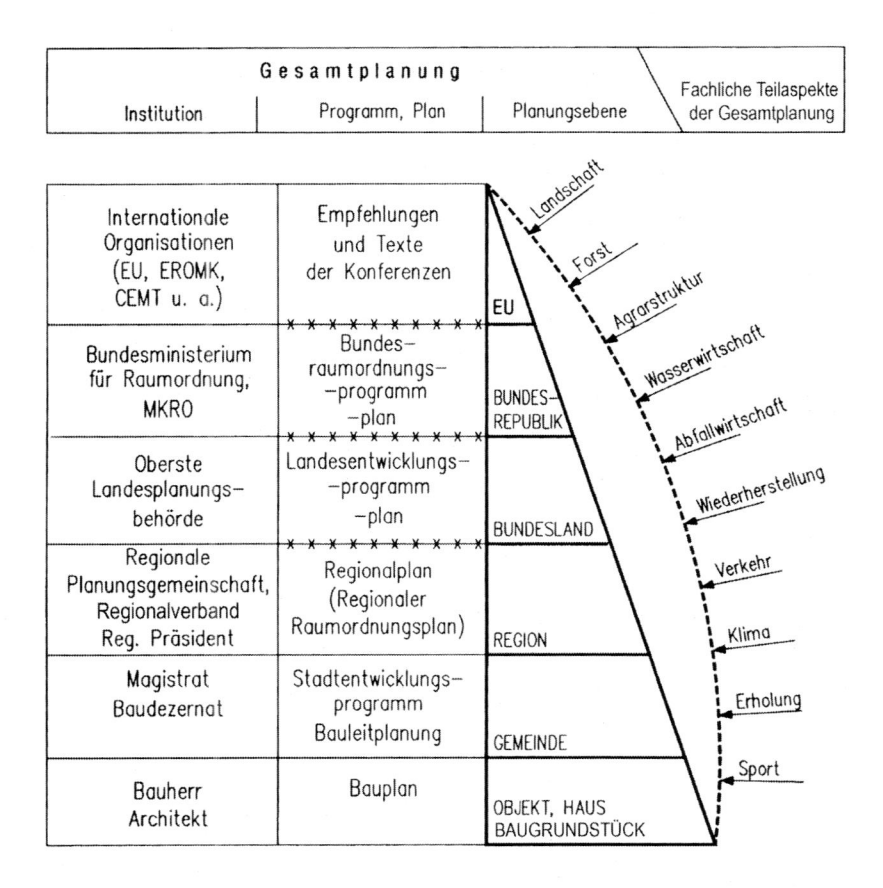

Gesamtplanung			Fachliche Teilaspekte der Gesamtplanung
Institution	Programm, Plan	Planungsebene	
Internationale Organisationen (EU, EROMK, CEMT u. a.)	Empfehlungen und Texte der Konferenzen	EU	Landschaft, Forst, Agrarstruktur
Bundesministerium für Raumordnung, MKRO	Bundesraumordnungsprogramm -plan	BUNDESREPUBLIK	Wasserwirtschaft, Abfallwirtschaft
Oberste Landesplanungsbehörde	Landesentwicklungsprogramm -plan	BUNDESLAND	Wiederherstellung
Regionale Planungsgemeinschaft, Regionalverband Reg. Präsident	Regionalplan (Regionaler Raumordnungsplan)	REGION	Verkehr, Klima
Magistrat Baudezernat	Stadtentwicklungsprogramm Bauleitplanung	GEMEINDE	Erholung, Sport
Bauherr Architekt	Bauplan	OBJEKT, HAUS BAUGRUNDSTÜCK	

x x x = Grenzüberschreitender Bereich
EU = Europäische Union
EROMK = Europäische Raumordnungsministerkonferenz
CEMT = Europäische Konferenz der Verkehrsminister
MKRO = Ministerkonferenz für Raumordnung (Bund und Länder)

7 Räumliche Planung in der Bundesrepublik Deutschland

durch das „Gesetz über die Errichtung des Verbands Region Stuttgart" vom 7. Februar 1994 (GBl. S. 92 – zuletzt geändert durch das Gesetz vom 14. Oktober 2008 – GBl. S. 338) und das Gesetz zu dem Staatsvertrag zwischen den Ländern Baden-Württemberg, Hessen und Rheinland-Pfalz über die Zusammenarbeit bei der Raumordnung und Weiterentwicklung im Rhein-Neckar-Gebiet und zur Änderung weiterer Vorschriften vom 1. Dezember 2005 (GBl. S. 710). Im Folgenden wird nur auf das Landesrecht Baden-Württemberg abgestellt. Die Landesplanung in Baden-Württemberg hat nach dem Landesplanungsgesetz drei Aufgabenbereiche (§ 1 LplG):

- **Planungsfunktion**: Ausarbeitung und Aufstellung von übergeordneten, überörtlichen und zusammenfassenden Planungen und Programmen für die räumliche Ordnung und Entwicklung des Landes (durch Landesentwicklungsplan und Fachentwicklungspläne).
- **Abstimmungs- und Koordinierungsfunktion**: Abstimmung raumbedeutsamer Planungen und Maßnahmen. Dafür stehen den Raumordnungsbehörden beziehungsweise der Landesplanungsbehörde (§ 30 LplG) und den Trägern der Regionalplanung (§ 31 LplG) verschiedene Instrumentarien zur Verfügung. Die höhere Raumordnungsbehörde (Regierungspräsidium) kann (muss) die Raumverträglichkeit in einem **Raumordnungsverfahren** prüfen (§ 18 LplG), sie kann raumordnungswidrige Planungen und Maßnahmen **untersagen** (§ 20 LplG), sie kann auf Antrag eine Abweichung von einem Ziel der Raumordnung in einem **Zielabweichungsverfahren** zulassen (§ 24 LplG). Der Träger der Regionalplanung kann einen Träger der Bauleitplanung (Gemeinde) verpflichten, Bauleitpläne den Zielen der Raumordnung und Landesplanung anzupassen, wenn dies zur Verwirklichung regionalbedeutsamer Vorhaben oder zur Erreichung anderer Ziele der Raumordnung erforderlich ist (**Planungsgebot** – § 21 LplG). Dieses Planungsgebot kann dann durch die Rechtsaufsichtsbehörde der Gemeinde (Landratsamt oder Regierungspräsidium) zwangsweise durchgesetzt werden (§ 21 Abs. 2 LplG). Der Träger der Regionalplanung kann außerdem gegen die Genehmigung von

Einkaufszentren, großflächigen Einzelhandelsbetrieben oder sonstigen großflächigen Handelsbetrieben **klagen**, sofern die Bindungswirkung der Raumordnung und Landesplanung nicht beachtet wurde (§ 22 LplG). Die Raumordnungsbehörden beobachten laufend die räumliche Entwicklung des Landes und dabei insbesondere die erheblichen Auswirkungen der Entwicklungspläne und der Regionalpläne auf die Umwelt, die aufgrund der Durchführung des Plans eintreten (§ 28 Abs. 1 und 4 LplG - **Raumbeobachtung/ Monitoring**). Dazu führt die höhere Raumordnungsbehörde (Regierungspräsidium) ein digitales **Raumordnungskataster**, das die raumbedeutsamen Planungen und Maßnahmen in ihrem Bezirk enthält (§ 28 Abs. 2 LplG). Die Festlegungen des Landesentwicklungsplans und der Regionalpläne werden von der höheren Raumordnungsbehörde (Regierungspräsidium) und den Trägern der Regionalplanung (Regionalverbände/ Verbandsregionen) in einem digitalen Informationssystem zusammengeführt (§ 28 Abs. 3 LplG).

- **Mitwirkungsfunktion**: Die Träger der Regionalplanung können in allen regionalbedeutsamen Angelegenheiten, insbesondere bei der regionalbedeutsamen Wirtschaftsförderung und beim regionalen Tourismusmarketing, Mitglied in Körperschaften, Gesellschaften und Einrichtungen werden (§ 16 LplG). Dies gilt auch für grenzüberschreitende Zusammenarbeiten (§ 17 LplG).

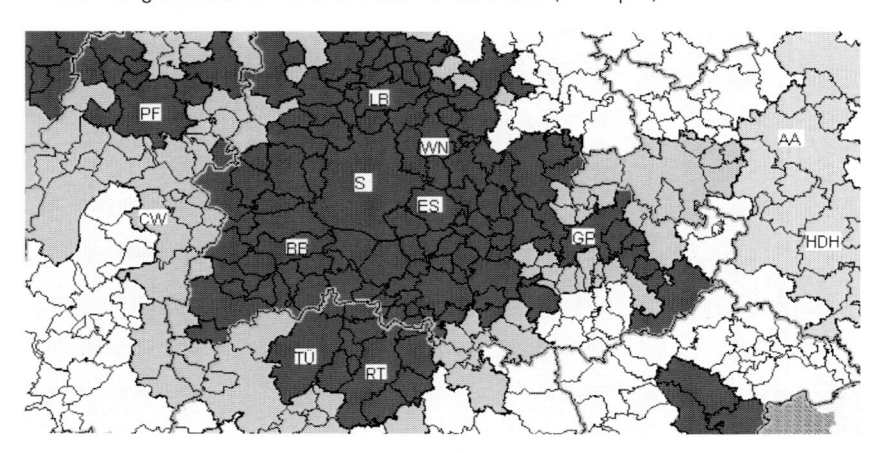

8 Ausschnitt aus dem Landesentwicklungsplan 2002 Baden-Württemberg – Raumkategorien

Der **Landesentwicklungsplan** (LEP) ist von der obersten Landesplanungsbehörde (Ministerium für Verkehr und Infrastruktur, § 30 Abs. 1 LplG) zwingend für das ganze Land aufzustellen. Er enthält die Ziele und Grundsätze der Raumordnung für die räumliche Entwicklung und Ordnung des ganzen Landes sowie Ziele für einzelne raumbedeutsame Vorhaben, die für das Land von Bedeutung sind (zum Beispiel Flughafen, Eisenbahnstrecken...). Ob es sich um ein „Ziel" oder um einen „Grundsatz" handelt, ist an der entsprechenden Kennzeichnung „Z" oder „G" zu erkennen. Der derzeit für das Land Baden-Württemberg geltende Landesentwicklungsplan stammt aus dem Jahre 2002.

Ziele der Raumordnung sind verbindliche Vorgaben in Form von räumlich und sachlich bestimmten oder bestimmbaren, vom Träger der Landes- oder Regionalplanung abschließend abgewogenen textlichen oder zeichnerischen Festlegungen in Raumordnungsplänen zur Entwicklung, Ordnung und Sicherung des Raums (§ 3 Abs. 1 Nr. 2 ROG und § 4 Abs. 1 LplG). **Grundsätze der Raumordnung** sind hingegen allgemeine Aussagen zur Entwicklung, Ordnung und Sicherung des Raums in oder aufgrund des ROG, in verbindlich erklärten Entwicklungsplänen oder Regionalplänen als Vorgaben für nachfolgende Abwägungs- oder Ermessensentscheidungen (§ 3 Abs. 1 Nr. 3 ROG und § 4 Abs. 2 LplG).

Die Aufstellung, Fortschreibung oder sonstige Änderung eines Landesentwicklungsplans durchläuft ein langwieriges Aufstellungsverfahren, das im Landesplanungsgesetz geregelt ist und umfängliche **Beteiligungspflichten** vorsieht (insbesondere Landtag, Gemeinden, Landkreise, Regionalverbände, Nachbarländer,

Nachbarstaaten, anerkannte Naturschutzvereine und die Öffentlichkeit (§ 9 Abs. 2-8 LplG). Außerdem ist eine **Umweltprüfung** durchzuführen, die in einen Umweltbericht mündet (§ 2a LplG). Die Entwicklungspläne werden von der **Landesregierung** beschlossen (§ 9 Abs. 9 LplG) und durch **Erlass einer Rechtsverordnung** für verbindlich erklärt (§ 10 LplG). Er ist auch zu **begründen** (§ 7 Abs. 3 LplG). Im Rahmen des Gegenstromprinzips (§ 2 Abs. 2 LplG) trifft der Landesentwicklungsplan landesweite Vorgaben für die räumliche Entwicklung und legt dabei insbesondere fest (§ 7 Abs. 2 LplG):

- Raumkategorien: Die flächenhafte Aufteilung des Landes in Verdichtungsräume, Randzonen um die Verdichtungsräume und den ländlichen Raum mit seinen Verdichtungsbereichen. Diesen Raumkategorien können besondere Aufgaben oder Maßnahmen zugeordnet werden. Maßgebend dafür sind Strukturkriterien wie Dichtewerte von Einwohnern oder Arbeitsplätzen...
- Höhere zentrale Orte (Oberzentren und Mittelzentren) sowie die Mittelbereiche: Städte und Gemeinden übernehmen in Bezug auf Güter und Dienstleistungen die Versorgungsfunktion für einen überörtlichen Verflechtungsbereich. Dazu gehören weiterführende Schulen verschiedener Art, kulturelle Einrichtungen, Krankenhäuser... (zum Beispiel: Oberzentrum: Stuttgart; Mittelzentrum: Ludwigsburg).
- Landesentwicklungsachsen: Sie stellen eine axiale Vervollständigung des punktuellen Systems der zentralen Orte dar. Das Netz der Entwicklungsachsen soll die Siedlungsstruktur ordnen und entwickeln, wobei die Siedlungsentwicklung auf die Entwicklungsachsen konzentriert werden soll, um die Räume dazwischen von großem Siedlungsdruck freizuhalten und als Grünräume und Erholungsflächen zu sichern.
- Besondere regionale Entwicklungsaufgaben für Teilräume: Zur Stärkung der Leistungskraft des Landes, insbesondere zur Förderung seiner nationalen und internationalen Einbindung, zur Intensivierung der regionalen und grenzüberschreitenden Kooperation und zur Unterstützung des wirtschaftlichen Strukturwandels werden für die europäische Metropolregion Stuttgart, den europäischen Verflechtungsraum Oberrhein und den Bodenseeraum besondere regionale Entwicklungsaufgaben festgelegt.

Fachliche Entwicklungspläne können für einen Fachbereich oder mehrere Fachbereiche aufgestellt werden (§ 6 Abs. 3 LplG). Fachliche Entwicklungspläne enthalten Ziele und Grundsätze der Raumordnung für die Entwicklung des Landes in einem oder mehreren Fachbereichen (§ 8 Abs. 2 LplG). So können Standorte für Großkraftwerke oder für die forstliche Entwicklung oder die Krankenhausentwicklung festgelegt werden. In Baden-Württemberg existiert kein derartiger Fachplan.

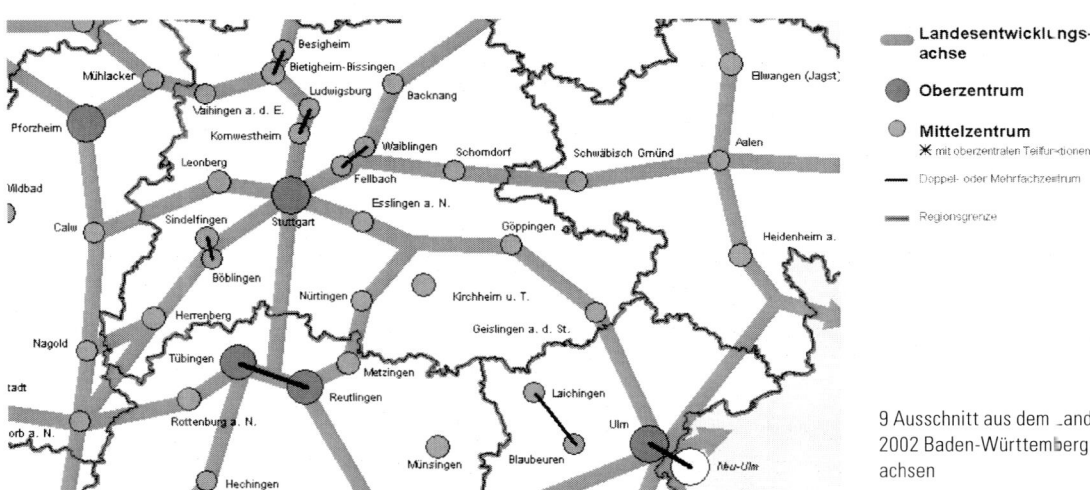

9 Ausschnitt aus dem Landesentwicklungsplan 2002 Baden-Württemberg – Landesentwicklungsachsen

2.4 Raumordnung auf regionaler Ebene (Regionalplanung)

Die jeweiligen Landesplanungsgesetze unterteilen das Landesgebiet in **Regionen** und regeln deren Rechtsform und Organisation. In Baden-Württemberg legt § 31 LplG (i.V.m. den Ratifizierungsgesetzen nach § 31 Abs. 2 LplG) die Regionen (Abb. 10) fest.

Der **Verband Region Stuttgart** nimmt eine Sonderstellung ein. Ihm sind durch das Gesetz über die Errichtung des Verbands Region Stuttgart besondere Aufgaben übertragen worden. Seine Mitglieder werden von den Bürgern der Region in direkter Wahl gewählt.

Die **Regionalpläne** werden von der Verbandsversammlung (beim Verband Region Stuttgart: Regionalversammlung) beschlossen. Der Regionalplan konkretisiert die Grundsätze der Raumordnung des ROG und die Grundsätze des Landesentwicklungsplans und der fachlichen Entwicklungspläne. Er formt diese Grundsätze und die Ziele der Raumordnung des Landesentwicklungsplans und der fachlichen Entwicklungspläne räumlich und sachlich aus (§ 11 Abs. 2 LplG). Er enthält Festlegungen zur anzustrebenden Siedlungsstruktur und Freiraumstruktur und zu den zu sichernden Standorten und Trassen für die Infrastruktur der Region, soweit es für deren Entwicklung und Ordnung erforderlich ist (**Regionalbedeutsamkeit**). Festlegungsinhalte sind:

- Unterzentren und Kleinzentren,
- zusätzliche regionale Entwicklungsachsen,
- Gemeinde oder Gemeindeteile mit verstärkter Siedlungstätigkeit
- Gemeinden, in denen keine über die eigene Entwicklung hinausgehende Siedlungstätigkeit stattfinden soll,
- Schwerpunkte für Industrie, Gewerbe und Dienstleistungseinrichtungen, insbesondere Standorte für Einkaufszentren, großflächige Einzelhandelsbetriebe und sonstige großflächige Handelsbetriebe,
- Wohnungsbauschwerpunkte,
- regionale Grünzüge und Grünzäsuren sowie Gebiete für besondere Nutzungen im Freiraum,
- Gebiete zur Sicherung von Wasservorkommen,
- Gebiete für den vorbeugenden Hochwasserschutz,
- Gebiete für den Abbau oberflächennaher Rohstoffe und Gebiete zur Sicherung von Rohstoffen,
- Standorte und Trassen für Infrastrukturvorhaben, insbesondere Gebiete für Standorte regionalbedeutsamer Windkraftanlagen.

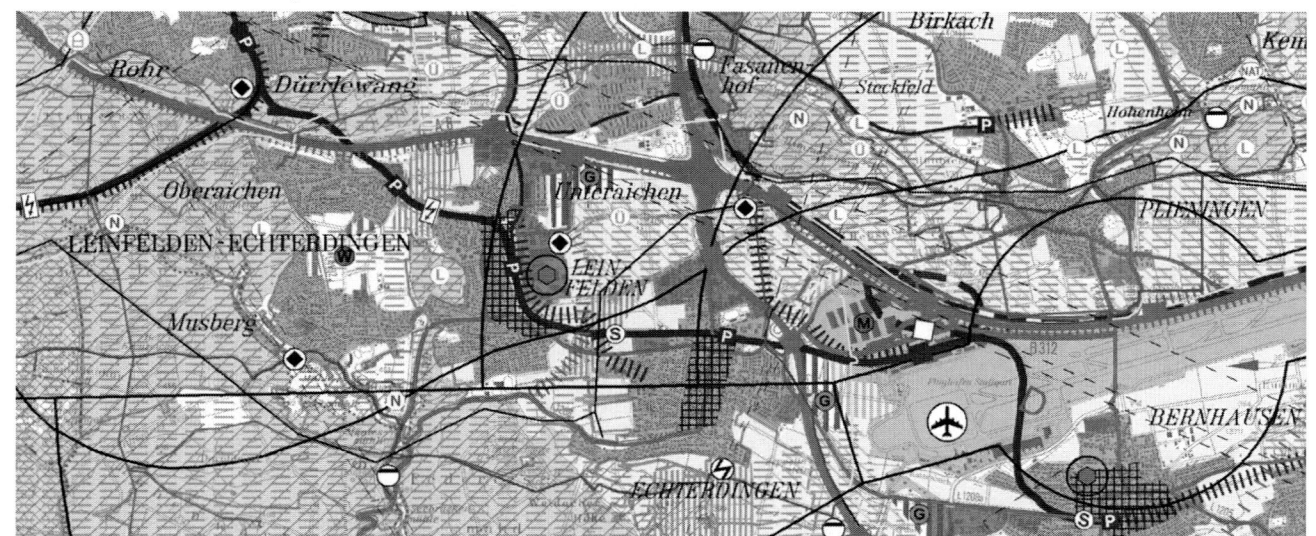

10 Regionalverbände in Baden-Württemberg

11 Auszug aus dem Entwurf zur Fortschreibung des Regionalplans Stuttgart vom 27. Februar 2008. (Er wurde am 22. Juli 2009 als Satzung beschlossen)

Wie intensiv die Entwicklungs- und Ordnungsvorgaben des Regionalplans binden, hängt davon ab, ob sie als **Ziel** („Z") oder als **Grundsatz** („G") gekennzeichnet sind (§ 11 Abs. 1 LplG) beziehungsweise ob sie durch die Festlegung eines **Vorranggebietes**, **Vorbehaltsgebietes** oder **Ausschlussgebietes** umgesetzt werden (§ 11 Abs. 7 LplG). Die Standorte für regionalbedeutsame Windkraftanlagen können nur als Vorranggebiete festgelegt werden.

Die Regionalpläne sind in einem durch das Landesplanungsgesetz geregelten Verfahren unter **Beteiligung der Öffentlichkeit** und der **Träger öffentlicher Belange** aufzustellen und als **Satzung** zu beschließen. Außerdem ist eine **Umweltprüfung** durchzuführen, die in einen Umweltbericht mündet (§ 2a LplG). Die Ziele und Grundsätze eines Regionalplans werden von der obersten Raumordnungs- und Landesplanungsbehörde (Ministerium für Verkehr und Infrastruktur Baden-Württemberg) durch **Genehmigung** für verbindlich erklärt. Vorher wird geprüft, ob sich die vorgesehene räumlich Entwicklung der Region in die angestrebte räumliche Entwicklung des Landes einfügt, wie sie sich aus Entwicklungsplänen sowie Entscheidungen des Landtags, der Landesregierung und der obersten Landesbehörde ergibt (§ 13 LplG). Insoweit ist die Planungshoheit der regionalen Planungsträger eingeschränkt.

12 Auszug aus dem Regionalplan Heilbronn-Franken 2020.

3 Bindungswirkung raumordnerischer Vorgaben

Ziele der Raumordnung sind von öffentlichen Stellen (§ 3 Abs. 1 Nr. 5 ROG) bei ihren raumbedeutsamen Planungen und Maßnahmen zu beachten (§ 4 Abs. 1 LplG). Dies gilt auch für raumbedeutsame Planungen und Maßnahmen, die Personen des Privatrechts in Wahrnehmung öffentlicher Aufgaben durchführen, wenn öffentliche Stellen an den Personen mehrheitlich beteiligt sind oder die Planungen und Maßnahmen überwiegend mit öffentlichen Mitteln finanziert werden (§ 4 Abs. 3 LplG; Beispiel: Deponie einer Abfallgesellschaft). Im Übrigen müssen sich die Planungen und Maßnahmen privater Personen nur dann an den Zielen der Raumordnung orientieren, wenn über deren Zulässigkeit in einem Planfeststellungsverfahren oder einem Genehmigungsverfahren, das die Rechtswirkung der Planfeststellung beinhaltet, entschieden wird (§ 4 Abs. 1 Satz 2 Nr. 2 LplG) oder wenn in der die Zulässigkeit regelnden Rechtsvorschrift auf die Ziele der Raumordnung Bezug genommen wird (§ 4 Abs. 4 LplG i.V.m. § 4 Abs. 2 ROG). Bei Vorhaben, die nach § 30 Abs. 1 und 2 BauGB beziehungsweise nach § 34 BauGB in einem **bauaufsichtlichen Genehmigungsverfahren** zugelassen werden, spielen die Ziele der Raumordnung deshalb keine Rolle (Beispiel: Großflächiger Einzelhandel in einem Kerngebiet) – anders als bei Vorhaben nach § 35 BauGB. Entsprechende Bindungswirkungen sieht § 4 ROG vor.

Grundsätze der Raumordnung sind hingegen bei raumbedeutsamen Planungen und Maßnahmen auch von öffentlichen Stellen nur im Rahmen der Abwägung oder bei der Ermessensausübung zu berücksichtigen, das heißt sie können **„weggewogen"** werden. Dies gilt auch, soweit private Personen – wie dargelegt – den Grundsätzen der Raumordnung unterworfen sind (§ 4 Abs. 2 LplG und § 4 Abs. 1 ROG).

Für das Verhältnis zwischen Raumordnung und Bauleitplanung ist die Bindungswirkung in § 1 Abs. 4 BauGB speziell geregelt. Danach besteht für die Bauleitplanung eine strikte Bindung an die Ziele der Raumordnung, während die Grundsätze der Raumordnung Bestandteil des Abwägungsmaterials sind.

Weiterführende Literatur

Bielenberg, Walter/ Runkel, Peter/ Spannowsky, Willy: Raumordnungs- und Landesplanungsrecht des Bundes und der Länder. Kommentar und Textsammlung (Loseblattausgabe)

Brohm, Winfried: Öffentliches Baurecht. 4. Auflage. München 2008

Büchner, Hans/ Schlotterbeck, Karlheinz: Baurecht. Band 1, Städtebaurecht einschließlich örtlicher Bauvorschriften. 4. Auflage. Stuttgart 2008, (Randnr. 18 ff., 202, 651 ff.).

Erbguth, Wilfried: Neues Städtebau- und Raumordnungsrecht. Baden-Baden 2007

Gubelt, Manfred/ Muckel, Stefan/ Stemmler, Thomas: Fälle zum Bau- und Raumordnungsrecht. 7. Auflage. München 2013

Krautzberger, Michael/ Stüer, Bernhard: Das neue Raumordnungsgesetz des Bundes. Zeitschrift für das gesamte öffentliche und zivile Baurecht (BauR). 2009, S. 180.

Spannowsky, Willy: Die Zuständigkeitsverteilung zwischen Bund und Ländern im Bereich der Raumordnung nach der Förderalismusreform. In: Zeitschrift für deutsches und internationales Bau- und Vergaberecht (ZfBR). 2007, S. 221.

Stollmann, Frank: Öffentliches Baurecht. 8. Auflage. München 2011

Ziekow, Jan: Aktuelle Fragen des Fachplanungs-, Raumordnungs- und Naturschutzrechts 2007 (Vorträge auf den Speyerer Planungsrechtstagen). 2008

Abbildungsnachweis

1 Bildarchiv Städtebau-Institut

5 Eigene Darstellung Städtebau-Institut

6 Leitbilder und Handlungsstrategien für die Raumentwicklung in Deutschland: Leitbilder und Handlungsstrategien für die Raumentwicklung in Deutschland. Berlin 2006, S. 13

7 Spitzer, Hartwig: Einführung in die räumliche Planung. 26 Tabellen. Stuttgart 1995, S. 26 – vom Autor überarbeitete Darstellung

10 Regionalverband Neckar Alb: http://rvna.de/links/links_karte-regionen85.jpg

11 Verband Region Stuttgart: www.region-stuttgart.org/kacheln/RNK-Entwurf_28_internet.pdf

Endnoten

1 vergleiche Nachweise bei Bielenberg/ Runkel/ Spannowski: Raumordnungs- und Landesplanungsrecht des Bundes und der Länder, B310 ff.

HANS BÜCHNER
REINHARD HEER

Bauleitplanung als kommunale Gesamtplanung und die Zulässigkeit von Bauvorhaben

1 Bauleitplanung

1.1 Unterscheidung Raumordnung/Bauleitplanung/Fachplanung

Bei der Raumordnung und der Bauleitplanung handelt es sich um **„Gesamtplanung"**. Ein gesamter Raum und die an ihn gerichteten unterschiedlichen Nutzungsanforderungen sind Gegenstand der Planung. Die **Raumordnung** befriedigt den übergemeindlichen Ordnungsbedarf (vgl. Beitrag Büchner/Heer S. 297). Die **Bauleitplanung** ordnet die Nutzungsbedürfnisse innerhalb der Gemeinde und konkretisiert dabei die Vorgaben der Raumordnung. Gegenstand der **Fachplanung** ist hingegen ein konkretes Planungsobjekt (zum Beispiel Straßenbauvorhaben, Flughafen, Messe, Mülldeponie), dessen Zulässigkeit in einem Planungsprozess unter Abwägung der sonstigen Nutzungsansprüche festgelegt werden soll. Gesamtplanung und Fachplanung zeichnen sich dadurch aus, dass ihre inhaltlichen Aussagen Ergebnis eines Prozesses sind, bei dem die berührten öffentlichen und privaten Belange untereinander und gegeneinander gerecht abzuwägen sind. Der Planungsprozess findet in unterschiedlichen Verfahren statt: Für die Raumordnung sind **Raumordnungspläne** aufzustellen; für die Bauleitplanung **Flächennutzungspläne** und **Bebauungspläne**; für die Fachplanung ist ein **Planfeststellungsverfahren** durchzuführen. Der Begriff der „Fachplanung" wird häufig auch für die fachlichen Teilaspekte (Verkehr, Wasserwirtschaft, Ver- und Entsorgung) der Raumordung verwendet. Dabei handelt es sich aber nicht um „Fachplanungen" im Rechtssinne. Deshalb sollte dafür der Begriff „fachliche Planungen" benutzt werden.

1.2 Aufgabe der Bauleitplanung

Aufgabe der Bauleitplanung ist es, die bauliche und sonstige Nutzung der Grundstücke in der Gemeinde nach Maßgabe des Baugesetzbuches (zuletzt geändert durch das Gesetz zur Stärkung der Innenentwicklung in den Städten und Gemeinden und weitere Fortentwicklung des Städtebaurechts vom 11.06.2013, BGBl. I, 1548) vorzubereiten und zu leiten (§ 1 Abs. 1 BauGB). Die Gemeinden haben deshalb Bauleitpläne aufzustellen, sobald und soweit es für die städtebauliche Entwicklung und Ordnung **erforderlich** ist (§ 1 Abs. 3 BauGB). Die Bauleitpläne sollen eine nachhaltige städtebauliche Entwicklung, die die sozialen wirtschaftlichen und umweltschützenden Anforderungen auch in Verantwortung gegenüber künftigen Generationen miteinander in Einklang bringt (**Begriff der Nachhaltigkeit**) und eine dem Wohl der Allgemeinheit dienende **sozialgerechte Bodennutzung** gewährleisten. Sie sollen dazu beitragen, eine menschenwürdige Umwelt zu sichern und die natürlichen Lebensgrundlagen zu schützen und zu entwickeln, auch in Verantwortung für den

1, 2 Deckblatt und Auszug Planfeststellungsverfahren ICE-Neubaustrecke und BAB A8

allgemeinen **Klimaschutz**, sowie die städtebauliche Gestalt und das Orts- und Landschaftsbild baukulturell zu erhalten und zu entwickeln (§ 1 Abs. 5 BauGB). Die dabei zu berücksichtigenden Belange sind in § 1 Abs. 6 und § 1 a BauGB exemplarisch aufgeführt. Dazu zählen insbesondere auch die Belange des Umweltschutzes (§ 1 Abs. 6 Nr. 7 und § 1 a BauGB).

Während die Raumordnung zur überörtlichen Planung gehört, zählt die Bauleitplanung zur örtlichen Planung. Sie stellt gemäß Artikel 74 Abs. 1 Nr. 18 GG einen selbständigen Regelungsgegenstand der **konkurrierenden Gesetzgebungszuständigkeit des Bundes** dar. Sie gehört zum dort genannten „Bodenrecht". Soweit der Bund von seinem Gesetzgebungsrecht Gebrauch gemacht hat, dürfen die Länder keine hiervon abweichende Regelungen treffen (keine Abweichungskompetenz der Länder – Artikel 72 Abs. 3 GG). Von dieser Kompetenz hat der Bund 1960 durch den Erlass des Bundesbaugesetzes – BBauG (seit 1987: **Baugesetzbuch – BauGB**) – und durch die darin enthaltenen Ermächtigungen zum Erlass von **Rechtsverordnungen** (§ 9 a BauGB – wie die Baunutzungsverordnung oder die Planzeichenverordnung) und zum Erlass von **Satzungen** – wie etwa Bebauungspläne (§ 10 BauGB), Veränderungssperren (§ 16 BauGB), Vorkaufssatzungen (§ 25 BauGB), Innenbereichssatzungen (§ 34 Abs. 4 BauGB), Außenbereichssatzungen (§ 35 Abs. 6 BauGB) oder Sanierungssatzungen (§ 142 Abs. 3 BauGB) – Gebrauch gemacht.

1.3 Geschichte des Städtebaurechts

Das BauGB und sein Rechtsvorgänger, das BBauG, beinhalten Städtebaurecht. Schon vor ihrem Erlass bestand das Bedürfnis, die städtebauliche Entwicklung durch Rechtsregeln zu lenken und zu ordnen. Es fand seinen Niederschlag in zahlreichen Gesetzeswerken, die zunächst landesrechtlicher Natur waren und nur im jeweiligen Hoheitsgebiet galten.

In Preußen etwa gewährte das „Preußische Allgemeine Landrecht" dem Einzelnen seit 1794 Baufreiheit, die jedoch nicht „zum Schaden oder Unsicherheit des gemeinen Wesens und zur Verunstaltung der Städte und öffentlichen Plätze" ausgeübt werden durfte. Ihm folgte 1875 das „Gesetz betreffend die Anlegung und Veränderung von Straßen und Plätzen in Städten und ländlichen Ortschaften" (Preußisches Fluchtliniengesetz) sowie 1918 das Wohnungsgesetz, das zum Erlass von Baupolizeiverordnungen ermächtigte. Sie regulierten vor allem die städtebauliche Entwicklung.

Im ehemaligen **Land Baden** findet sich Städtebaurecht im „Badischen Gesetz vom 20. Februar 1868, die Anlage der Ortsstraßen und die Festsetzung der Baufluchten sowie das Bauen längs der Landesstraßen und Eisenbahnen betreffend". Ihm folgte das Badische Ortsstraßengesetz vom 15. Oktober 1908 und die Badische Landesbauordnung vom 1. September 1907, die 1935 neu bekannt gemacht wurde. Deren Regelungen wurden durch das Badische Aufbaugesetz vom 25. November 1949 ergänzt.

Im ehemaligen **Land Württemberg** finden sich städtebaurechtliche Regelungen in der „Neuen allgemeinen Bauordnung" vom 6. Oktober 1872 und deren Nachfolger, der „Württembergischen Bauordnung" vom 28. Juli 1910. Deren Regelungen wurden durch das Württembergische Aufbaugesetz vom 18. August 1948 ergänzt.

Während der **Zeit des Dritten Reiches** wurden reichseinheitliche Regelungen mit städtebaulichem Charakter erlassen. Rechtsgrundlage war das Gesetz über einstweilige Maßnahmen zur Ordnung des Deutschen Siedlungswesens vom 3. Juli 1934. Auf seiner Grundlage wurde die Verordnung über die Regelung der Bebauung vom 15. Februar 1936 und die Verordnung über die Baugestaltung vom 10. November 1936 erlassen.

Diese alten städtebaulichen Regelungen sind vielfach auch heute noch zu beachten. Soweit auf ihrer Grundlage baurechtliche Vorschriften erlassen oder städtebauliche Pläne aufgestellt worden sind, gelten sie noch heute, sofern sie nicht

3 Auszug aus der Vollzugsverfügung zur Württembergischen Bauordnung

ausdrücklich außer Kraft gesetzt wurden. § 173 Abs. 3 BBauGB 1960 erklärte alle bei Inkrafttreten des Baugesetzbuchs bestehenden baurechtlichen Vorschriften und festgestellten städtebaulichen Pläne zu Bebauungsplänen im Sinne des Bundesbaugesetzes, soweit sie verbindliche Regelungen der in § 9 BBauG bezeichneten Art enthielten (**übergeleitete Bebauungspläne**).

1.4 Instrumente der Bauleitplanung

Das Baugesetzbuch belegt den Begriff des Bauleitplans mit einer eigenen gesetzlichen Definition. Nach § 1 Abs. 2 BauBG sind Bauleitpläne der **Flächennutzungsplan** (vorbereitender Bauleitplan) und der **Bebauungsplan** (verbindlicher Bauleitplan). Mit dem Flächennutzungsplan werden Grobziele der städtebaulichen Entwicklung dargestellt, aus denen jedoch keine Ansprüche abgeleitet werden können. Mit dem Bebauungsplan werden die Feinziele der städtebaulichen Entwicklung durch Satzung festgesetzt. Sie sind für den Bürger verbindlich und können im Falle der Änderung Entschädigungsansprüche auslösen (§ 42 BauGB).

Flächennutzungspläne und Bebauungspläne sind der formelle Teil der Bauleitplanung. Ihnen geht regelmäßig eine **informelle Planung** in Form städtebaulicher Rahmenpläne oder Stadtentwicklungspläne voraus. Sie stellen rechtsunverbindliche Absichtserklärungen dar, für die das Baugesetzbuch keinerlei Vorgaben oder Folgen vorsieht. Allerdings schreibt § 1 Abs. 6 Nr. 11 BauBG vor, dass die Ergebnisse eines von der Gemeinde beschlossenen städtebaulichen Entwicklungskonzeptes oder einer von ihr beschlossenen sonstigen städtebaulichen Planung, also die von der Gemeinde beschlossene informelle Planung, bei der Aufstellung der Bauleitpläne zu berücksichtigen sei.

1.5 Verhältnis zur Raumordnung und zur Fachplanung

Das Verhältnis zwischen **Raumordnung** und Bauleitplanung ist in § 1 Abs. 4 BauGB klar beschrieben. Die Bauleitplanung hat sich den Zielen der Raumordnung strikt anzupassen. Widersprüche lassen sich nur im Rahmen eines **Zielabweichungsverfahrens** bei der höheren Raumordnungsbehörde (Regierungspräsidium) ausräumen (§ 24 LplG). Grundsätze der Raumordnung und sonstige Erfordernisse der Raumordnung (§ 3 Abs. 1 Nr. 1 ROG) können jedoch im Wege der Abwägung überwunden werden.

4 Schaubild zur Raumplanung

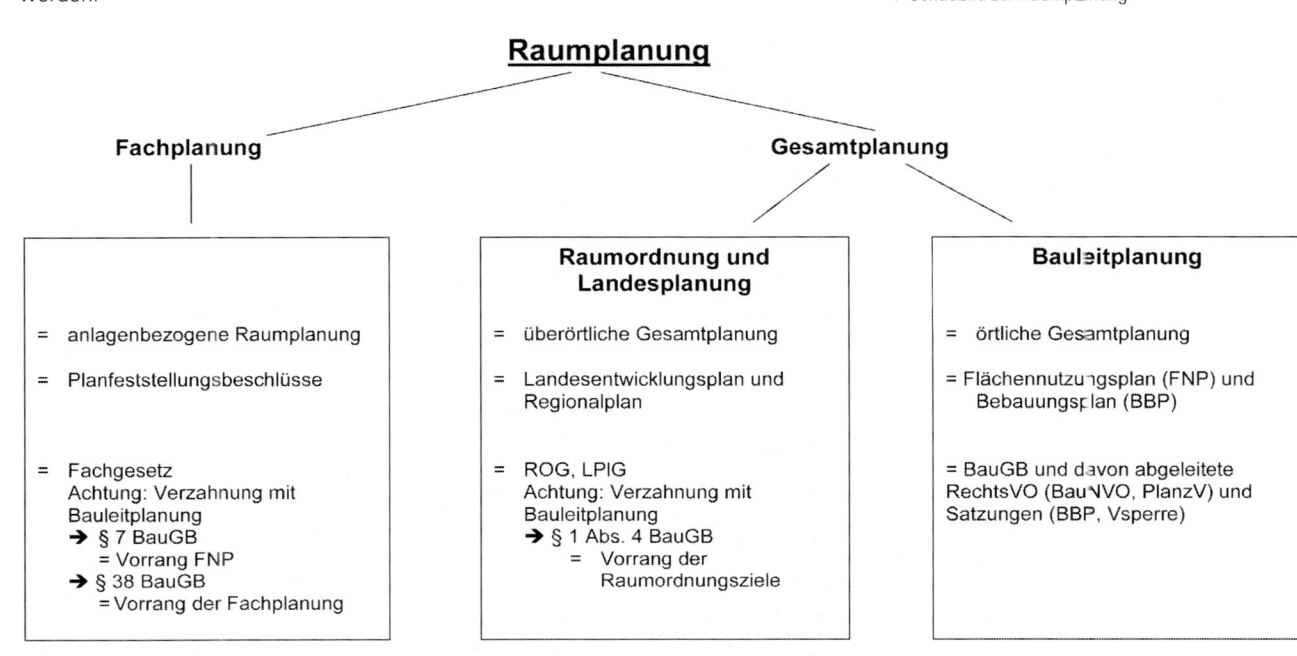

Für Vorhaben der **Fachplanung** scheint § 7 BauGB einen Vorrang der Bauleitplanung vorzusehen. Danach haben öffentliche Planungsträger, soweit sie beteiligt worden sind, ihre Planungen dem Flächennutzungsplan insoweit anzupassen, als sie diesem Plan nicht widersprochen haben. Macht allerdings eine Veränderung der Sachlage eine abweichende Planung erforderlich, sieht § 7 BauGB Überwindungsmöglichkeiten vor. In den meisten Fällen entfällt deshalb die **Bindungswirkung des Flächennutzungsplans**.

Für das Verhältnis Bebauungsplan/ Fachplanung sieht § 38 BauGB hingegen den **Vorrang der Fachplanung** ausdrücklich vor. Für Vorhaben von überörtlicher Bedeutung, die in einem Planfeststellungsverfahren oder in einem sonstigen Verfahren mit den Rechtswirkungen der Planfeststellung zuzulassen sind (wie Messen, Flughäfen, Bundes- oder Landesstraßen, Abfalldeponien) gilt die Vorschrift des § 30 BauGB nicht. Daraus folgt, dass sich die Planfeststellungs- beziehungsweise Genehmigungsbehörde über die Festsetzungen eines Bebauungsplans hinwegsetzen kann, wenn sie der Zulassung des Vorhabens entgegenstehen. Allerdings muss die Gemeinde am Planfeststellungsverfahren beteiligt gewesen sein und ihre städtebaulichen Belange müssen bei der Entscheidung über die Zulassung des Vorhabens als Abwägungsbelang berücksichtigt werden. Nur dann können sie „weggewogen" werden.

2 Flächennutzungsplan

2.1 Aufgabe des Flächennutzungsplans

Der Flächennutzungsplan **bereitet** die bauliche und sonstige Nutzung der Grundstücke innerhalb einer Gemeinde **vor**, indem er für das ganze Gemeindegebiet die sich aus der beabsichtigten städtebaulichen Entwicklung ergebende Art der Bodennutzung nach den voraussehbaren Bedürfnissen der Gemeinde in den Grundzügen darstellt (§ 5 Abs. 1 Satz 1 BauGB). Bei seiner Aufstellung sind die **Planungsleitsätze** des § 1 Abs. 5 und Abs. 6 BauGB sowie des § 1 a BauGB zu beachten. Die danach zu berücksichtigenden öffentlichen und privaten Belange sind untereinander und gegeneinander gerecht abzuwägen (§ 1 Abs. 7 BauGB). Der zulässige Inhalt eines Flächennutzungsplans muss also stets Ergebnis einer **gerechten Abwägung** sein. Der Planungszeitraum wird durch das BauGB nicht (mehr) festgelegt. Regelmäßig werden zirka 15 Jahre zu Grunde gelegt.

2.2 Inhalt des Flächennutzungsplans

Im Flächennutzungsplan können insbesondere (die Aufzählung ist nicht abschließend, § 5 Abs. 2 BauGB) dargestellt werden (**Darstellungskatalog**):

- Die für die Bebauung vorgesehenen Bauflächen, unterschieden nach Wohnbaufläche (W), gemischter Bauflläche (M), gewerblicher Baufläche (G) oder Sonderbaufläche (S), wie etwa Messen, Kliniken oder Einkaufszentren (§ 1 Abs. 1 BauNVO); es können auch schon Baugebiete (§ 1 Abs. 2 BauNVO) dargestellt werden, was jedoch nicht üblich ist. Es kann auch schon das allgemeine Maß der baulichen Nutzung durch die Angabe der Geschossflächenzahl, der Baumassenzahl oder der Höhe der baulichen Anlagen dargestellt werden (§ 16 Abs. 1 BauNVO), was jedoch ebenfalls unüblich ist;
- Flächen für die Ausstattung des Gemeindegebiets mit Einrichtungen und Anlagen zur Versorgung mit Gütern und Dienstleistungen, wie Schulen, Kirchen, Kindergärten, Sportanlagen...,
- Flächen für den überörtlichen Verkehr und für die örtlichen Hauptverkehrszüge,

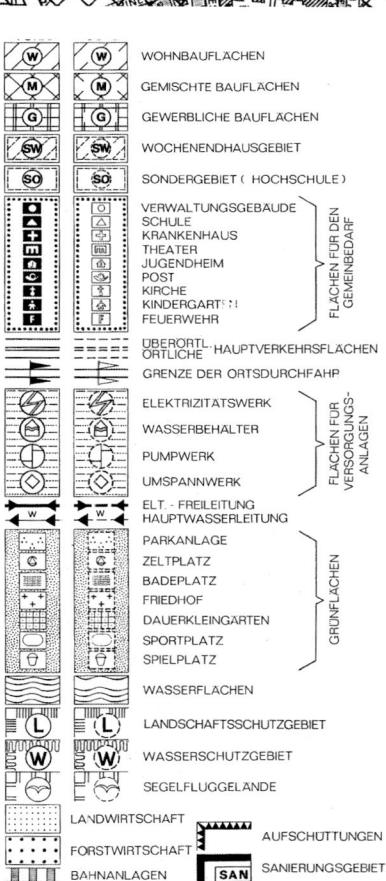

5 Auszug aus einem Flächennutzungsplan

Bezugssysteme der Raumplanung

BUNDESRAUMORDNUNG	LANDESPLANUNG	REGIONALPLANUNG
Grundsätze und Ziele Bundesraumordnungsprogramm Raumordnungspläne	Grundsätze und Ziele (Landesenwicklungsprogramm) Landesentwicklungspläne	Grundsätze und Ziele (Regional- oder Gebietsentwicklungsplan)
Fachliche Planungen Bund	Fachliche Planungen Land	Fachliche Planungen Gebiet/Bezirk

STADTENTWICKLUNGSKONZEPT
Kommunale räumliche Ziele und Programme
(Koordinierung von Bauleitplanung, Investitions- und Infrastrukturpolitik)
- Gesamtstadt unter Einschluß regionaler Entwicklungstendenzen
- Verbales Programm und karthographisches Konzept
- Leitlinie für Stadtverwaltung
- Allgemeine Formulierungen

FLÄCHENNUTZUNGSPLAN (Vorbereitende Bauleitplanung)
- Gesamtstadt
- Plan der Bodennutzung in den Grundzügen Maßstab 1 : 20.000 bzw. 1 : 10.000 (nicht parzellengenau) + verbale Begründung
- Behördenverbindliche Richtlinie
- Allgemeine Art der baulichen und sonstigen Nutzung

STADTTEILENTWICKLUNGSPROGRAMM + RAHMENPLAN
- Stadtteil
- Detailliertere interpretierende Flächennutzung Maßstab 1 : 5.000 und Handlungsprogramme
- Leitlinie für Stadtverwaltung
- Allgemeine Art und Allgemeines Maß der Nutzung

Kommunale fachliche Planungen

BEBAUUNGSPLAN (Verbindlicher Bauleitplan)
- Teilbereiche des Gemeindegebietes
- "Festsetzungen" Maßstab 1 : 1.000 bzw. 1 : 500 durch parzellenscharfen Plan und verbale Begründung
- Ortssatzung allgemein rechtsverbindlich
- Besondere Art und Maß der baulichen und sonstigen Nutzung

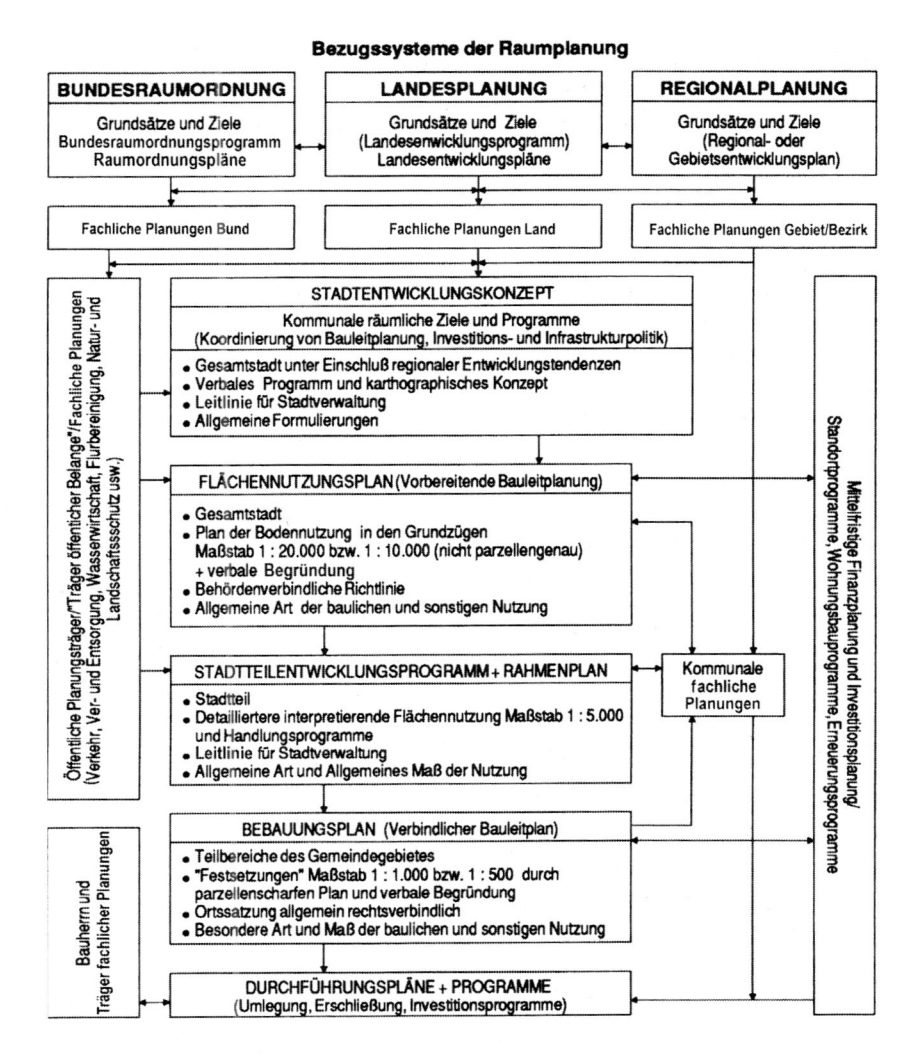

DURCHFÜHRUNGSPLÄNE + PROGRAMME
(Umlegung, Erschließung, Investitionsprogramme)

6 Bezugssystem der Raumplanung

- Flächen für die Ver- und Entsorgungsanlagen, die Abfallentsorgungs- und Abwasserbeseitigungsanlagen sowie für Stromleitungen,
- Grünflächen wie Parkanlagen, Friedhöfe, Sport- und Spielanlagen, Dauerkleingärten, Badeplätze..., Flächen für Nutzungsbeschränkungen oder für Vorkehrungen zum Schutz gegen schädliche Immissionen, wie Flächen für Schutzdämme, Schutzwände oder Flächen, die aus Abstandsgründen ganz freizuhalten sind;
- Wasserflächen, Häfen, Hochwasserschutzflächen,
- Flächen für Aufschüttungen, Abgrabungen oder für die Gewinnung von Steinen, Erden und anderen Bodenschätzen,
- Flächen für die Landwirtschaft und den Wald,
- Flächen für Maßnahmen zum Schutz, zur Pflege und zur Entwicklung von Boden und Landschaft, die regelmäßig die Funktion haben, den mit dem Flächennutzungsplan verbundenen Eingriff (teilweise) auszugleichen. Die Ausgleichsdarstellungen können den Eingriffen einzeln oder insgesamt zugeordnet werden, die durch den Flächennutzungsplan ermöglicht werden sollen (§ 9 Abs. 2 a BauGB), was jedoch unüblich ist.

Für den Flächennutzungsplan gilt ein **Kennzeichnungsgebot** (§ 5 Abs. 3 BauGB) für:

- Flächen, bei denen bauliche Vorkehrungen oder bauliche Sicherungsmaßnahmen erforderlich sind (erdbebengefährdete Gebiete, dolinenhaltiger Untergrund),

- Bergbau-/ oder Abbauflächen,
- Altlastenflächen.

Für den Flächennutzungsplan sind entsprechend des **Übernahmegebotes** (§ 5 Abs.4 und 4 a BauGB) zu übernehmen:

- Planungen und sonstige Nutzungsregelungen, die nach anderen gesetzlichen Vorschriften festgesetzt sind (Naturschutzgebiete, Landschaftsschutzgebiete, FFH-Gebiete und fachplanerische Festlegungen) sowie geschützte Denkmal-Ensembles,
- festgesetzte Überschwemmungsgebiete.

Auch wenn die Planungen und Festsetzungen noch nicht erfolgt, sondern nur in Aussicht genommen sind, sind sie jedenfalls zu vermerken (**Vermerkgebot**).

2.3 Bindungswirkung

Der Flächennutzungsplan ist – anders als der Bebauungsplan – keine Rechtsvorschrift (Satzung). Er ist für den Bürger nicht in dem Sinne verbindlich, dass er daraus Nutzungsansprüche ableiten kann. Wird der Flächennutzungsplan geändert, entstehen keine Entschädigungsansprüche (§ 42 BauGB). Dennoch entfaltet er **gewisse Rechtswirkungen**:

- Bebauungspläne können nur in Kraft treten, wenn sie aus dem Flächennutzungsplan entwickelt worden sind (Entwicklungsgebot § 8 Abs. 2 Satz 1 BauGB). Ausnahmen gelten für den selbständigen Bebauungsplan (§ 8 Abs. 2 Satz 2 BauGB), den gleichzeitigen Bebauungsplan (Parallelverfahren, § 8 Abs. 3 BauGB), den vorzeitigen Bebauungsplan (§ 8 Abs. 4 BauGB) und den Bebauungsplan der Innenentwicklung (beschleunigtes Verfahren, § 13 a BauGB – Einzelheiten s. unten).
- Die Darstellungen des Flächennutzungsplans können der Zulassung eines **Vorhabens im Außenbereich** entgegen stehen (§ 35 Abs. 3 Satz 1 Nr. 1 BauGB). Selbst privilegierte Vorhaben (§ 35 Abs. 1 BauGB) sind unzulässig, wenn im Flächennutzungsplan eine standortbezogene anderweitige Nutzung dargestellt ist. Der Flächennutzungsplan kann die Standorte für privilegierte Vorhaben sogar für den gesamten Außenbereich verbindlich steuern, indem er Konzentrationsflächen (in der Terminologie der Raumordnung: einerseits Vorranggebiete, andererseits Ausschlussgebiete) darstellt, auf denen nur bestimmte Vorhaben zulässig sind, das heißt dass sie auf anderen Flächen nicht zugelassen werden können (§ 35 Abs. 3 Satz 3 BauGB). Davon wird insbesondere zur Steuerung der Windkraftanlagen, der Kiesabbauflächen, versuchsweise auch zur Steuerung der Biogasanlagen oder der Mobilfunkanlagen Gebrauch gemacht. Die Steuerungsmöglichkeit besteht nicht bei Vorhaben, die einem land- oder forstwirtschaftlichen Betrieb dienen und bei Kernenergievorhaben (§ 35 Abs. 3 Satz 3 i.V.m. § 35 Abs. 1 Nr. 1 und Nr. 6 BauGB).

2.4 Verfahren

Der Flächennutzungsplan ist in dem vom Baugesetzbuch vorgegebenen Verfahren mit umfangreichen **Beteiligungspflichten** (§§ 3, 4, 4 a Abs. 5 BauGB) und der Pflicht zur Durchführung einer **Umweltprüfung** (§ 2 Abs. 4 BauGB) aufzustellen. Er ist mit einer **Begründung** zu versehen (§ 5 Abs. 5 BauGB), zu deren Bestandteil auch der Umweltbericht zählt (§ 2 a BauGB), der das Ergebnis der Umweltprüfung festhält. Er bedarf der **Genehmigung** der höheren Verwaltungsbehörde (§ 6 Abs. 1 BauGB). In Baden-Württemberg wurde die Zuständigkeit für Gemeinden, die keine großen Kreisstädte oder Stadtkreise sind, auf die Landratsämter verlagert (§ 1 Abs. 2 BauGB-DVO).

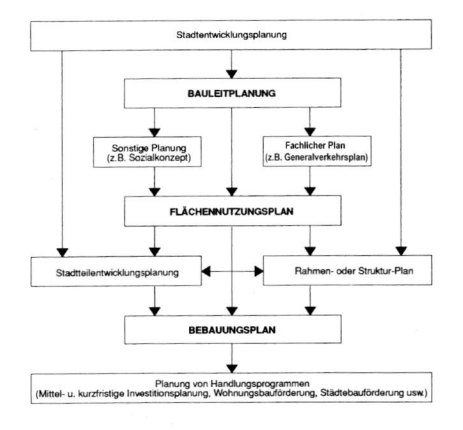

7 Ablaufschema einer Planung

3 Bebauungsplan

3.1 Aufgabe

Der Bebauungsplan hat die Aufgabe, die bauliche und sonstige Nutzung der Grundstücke in einer Gemeinde **verbindlich zu leiten**. Die Aufgabe kann er deshalb erfüllen, weil die Bebauungspläne als Satzungen und somit als Rechtsvorschriften erlassen werden, die von jedermann zu beachten sind (§ 10 BauGB). Im Übrigen legt § 30 BauGB für den qualifizierten (siehe unten) und den vorhabenbezogenen (siehe unten) Bebauungsplan verbindlich fest, dass ein Bauvorhaben städtebaurechtlich zuzulassen ist, wenn es die Festsetzungen des Bebauungsplans einhält (und die Erschließung gesichert ist). Der Bebauungsplan vermittelt also einen **Zulassungsanspruch**. Andererseits sind danach Vorhaben unzulässig, wenn sie den Festsetzungen des Bebauungsplans widersprechen – dies gilt auch für den einfachen Bebauungsplan (s. unten).

3.2 Arten der Bebauungspläne

Das Baugesetzbuch unterscheidet drei Arten von Bebauungsplänen:

Qualifizierter Bebauungsplan
(Q-Plan: § 30 Abs. 1 BauGB): Er muss die in § 30 Abs. 1 BauGB genannten **Mindestfestsetzungen** über die Art der baulichen Nutzung (§ 1 Abs. 2 und 3 BauNVO), das Maß der baulichen Nutzung (§ 16 Abs. 2 BauNVO), die überbaubaren Grundstücksflächen (§ 23 BauNVO) und die örtlichen Verkehrsflächen (§ 9 Abs. 1 Nr. 11 BauGB) enthalten. In seinem Geltungsbereich hat sich ein Bauvorhaben **ausschließlich** nach den Bebauungsplanfestsetzungen zu richten. Die Umgebungsbebauung spielt keine Rolle – es sei denn, sie wird im Einzelfall im Rahmen des § 15 BauNVO bedeutsam („städtebaurechtliche Notbremse").

Einfacher Bebauungsplan
(E-Plan: § 30 Abs. 3 BauGB): Fehlt im Bebauungsplan eine der oben genannten Mindestfestsetzungen, handelt es sich um einen „einfachen" – manchmal auch als „nicht qualifiziert" bezeichneten – Bebauungsplan. Auch er wird als Satzung erlassen und ist somit Rechtsvorschrift und strikt zu beachten. Im Übrigen (**ergänzend**) bestimmt sich in seinem Geltungsbereich die Zulässigkeit eines Vorhabens jedoch nach § 34 BauGB oder § 35 BauGB. Welche Vorschrift ergänzend anzuwenden ist, hängt davon ab, ob das Baugrundstück im faktischen Bebauungsbereich des § 34 BauGB oder im Außenbereich des § 35 BauGB liegt.

Vorhabenbezogener Bebauungsplan
(V-Plan: §§ 12 und 30 Abs. 2 BauGB): Der vorhabenbezogene Bebauungsplan durchläuft grundsätzlich dasselbe Verfahren wie der qualifizierte und der einfache Bebauungsplan. **Verfahrensanlass** ist jedoch ein vom Vorhabenträger (Investor) erarbeiteter **Vorhaben- und Erschließungsplan**, für den er die Einleitung eines Bebauungsplanverfahrens beantragt (§ 12 Abs. 2 BauGB). Wenn sich die Gemeinde entscheidet, das Bebauungsplanverfahren durchzuführen, darf sie den Bebauungsplan erst als Satzung beschließen, nachdem sich der Vorhabenträger (Investor) in einem **Durchführungsvertrag** verpflichtet hat, das im Vorhaben- und Erschließungsplan beschriebene Vorhaben und die Erschließungsmaßnahmen innerhalb einer bestimmten Frist herzustellen und die Kosten der Planung und Erschließung ganz oder teilweise zu tragen (§ 12 Abs. 1 Satz 1 BauGB). Der Bebauungsplan muss sich auf ein konkretes Vorhaben beziehen, das aber durchaus aus mehreren Gebäuden bestehen kann – wie etwa die Errichtung mehrerer Reihen- und Doppelhäuser. Wird

8 Bebauungsplan mit Legende

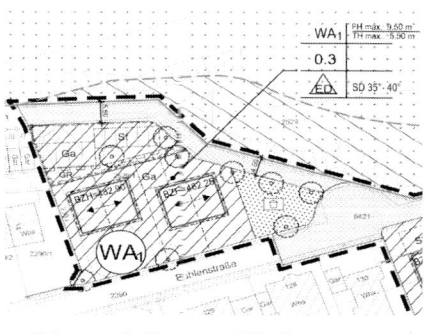

der Vorhaben- und Erschließungsplan nicht innerhalb der vereinbarten Frist durchgeführt, soll die Gemeinde den Bebauungsplan aufheben. Entschädigungsansprüche entstehen dann nicht (§ 12 Abs. 6 BauGB).

Eine ähnliche Wirkung wie beim vorhabenbezogenen Bebauungsplan kann auch bei den beiden anderen Bebauungsplänen (Q-Plan und E-Plan) erzielt werden, wenn sie mit einem **städtebaulichen Vertrag** (§ 11 BauGB) gekoppelt werden. Anders als beim vorhabenbezogenen Bebauungsplan ist dieser Vertrag jedoch nicht Wirksamkeitsvoraussetzung für den Bebauungsplan. Auch in ihm kann die Herstellungsverpflichtung und die Kostentragungspflicht geregelt werden. Darüber hinaus kann ein solcher Vertrag folgende Regelungsgegenstände beinhalten:

- Verträge zur Vorbereitung oder Durchführung städtebaulicher Maßnahmen durch den Vertragspartner (§ 11 Abs. 1 Nr. 1 BauGB): Umlegungsverträge, Bodensanierungsverträge, Plan-Ausarbeitungsverträge, Erschließungsverträge,
- Ziel-Bindungsverträge (§ 11 Abs. 1 Nr. 2 BauGB): verpflichtende Grundstücksnutzungsverträge, umweltschützende Ausgleichsverträge, Wohnbedarfsdeckungsverträge,
- Folgekostenvertrag (§ 11 Abs. 1 Nr. 3 BauGB): Verwaltungskostenverträge, Infrastrukturkostenverträge,
- Energienutzungsverträge (§ 11 Abs. 1 Nr. 4 BauGB): Verträge zur Nutzung von Netzen und Anlagen der Kraft-Wärme-Koppelung und von Solaranlagen.

Diese städtebaulichen Verträge müssen das **Angemessenheitsgebot** (§ 11 Abs. 2 Satz 1 BauGB), das **Koppelungsverbot** (§ 11 Abs. 2 Satz 2 BauGB) und das **Kausalitätsgebot** (§ 11 Abs. 1 Nr. 4 BauGB) beachten, sonst sind sie unwirksam.

3.3 Inhalt

Im *qualifizierten* und *einfachen* Bebauungsplan können nur solche Festsetzungen getroffen werden, die in § 9 BauGB aufgeführt sind (**abschließender Festsetzungskatalog**). Er wird bezüglich der Art und des Maßes der baulichen Nutzung sowie der überbaubaren Grundstücksfläche und der Bauweise durch die Bestimmungen der *Baunutzungsverordnung* konkretisiert. Die wichtigsten Festsetzungen sind in der folgenden Übersicht aufgeführt (S. 321 bis 324).

Der *vorhabenbezogene Bebauungsplan* ist dem Festsetzungskatalog nicht unterworfen (§ 12 Abs. 3 Satz 2 BauGB). Dort können auf das konkrete **Vorhaben bezogene Festsetzungen** getroffen werden (zum Beispiel fünf Wohngebäude – ohne Festlegung eines Gebietstyps). Es ist jedoch auch beim vorhabenbezogenen Bebauungsplan nicht verboten, sich der allgemeinen Festsetzungsmöglichkeiten des § 9 BauGB zu bedienen (zum Beispiel Festsetzung eines WA mit einer GRZ von 0,4). Dann muss jedoch zusätzlich die Festsetzung enthalten sein, dass im Rahmen der festgesetzten Nutzung nur solche Vorhaben zulässig sind, zu deren Durchführung sich der Vorhabenträger im Durchführungsvertrag verpflichtet hat (§ 12 Abs. 3 a BauGB). Scheitert dann die Umsetzung des im (konstituierenden) Durchführungsvertrag vorgesehenen Vorhabens, kann ohne Änderung des Bebauungsplans in einem nachfolgenden Durchführungsvertrag ein neues Bauvorhaben zugelassen werden (statt des ursprünglich im Durchführungsvertrag vorgesehenen Altenheims wird in dem festgesetzten WA die Durchführung einer Reihenhausbebauung vereinbart).

9 Auszug aus einem städtebaulichen Vertrag (anonymisiert)

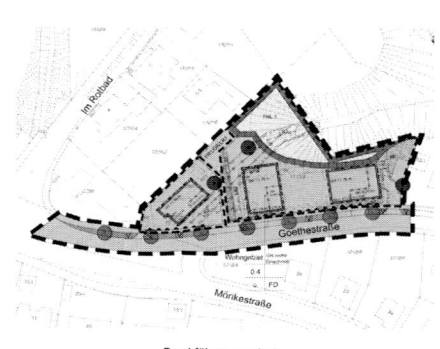

10 Auszug aus einem Durchführungsvertrag und einem vorhabenbezogenen Bebauungsplan (anonymisiert)

Festsetzungen im Bebauungsplan nach §9 BauGB (nicht abschließend)

Festsetzung der einzelnen Baugebiete, in denen die in §§ 2-11 BauNVO aufgeführten baulichen Anlagen und Einrichtungen zulässig oder ausnahmsweise zulässig sind. Einschränkungen oder Erweiterungen der zulässigen Anlagen können nach § 1 Abs.4-10 BauNVO getroffen werden (Abweichungsfestsetzungen). Die §§ 12-14 BauNVO ergänzen im Übrigen die Baugebietsregelungen (Annexregelungen); § 15 BauNVO schränkt sie im Einzelfall ein.

Art der baulichen Nutzung
§ 9 Abs. 1 Nr. 1 BauGB

Es kann gem. § 16 Abs. 2 BauNVO bestimmt werden durch:

die Grundflächenzahl GRZ oder die zulässige Grundfläche baulicher Anlagen,
die Geschoßflächenzahl GFZ oder die zulässige Geschossfläche,
die Baumassenzahl BMZ oder die zulässige Baumasse,
die Zahl der Vollgeschosse Z oder
die Höhe baulicher Anlagen H (First-, Trauf- oder Wandhöhe).

Maß der baulichen Nutzung
§ 9 Abs. 1 Nr. 1 BauGB

Stets festzusetzen ist die GRZ oder die zulässige Grundfläche. Die Höhe der Gebäude oder die Zahl der Vollgeschosse sollte dann festgesetzt werden, wenn dadurch das Erscheinungsbild des Gebietes oder das Orts- und Landschaftsbild berührt werden können (§ 16 Abs. 3 BauNVO). Damit ein qualifizierter Bebauungsplan entstehen kann, muss stets auch die vertikale Ausdehnung geregelt sein.
§ 17 Abs. 1 BauNVO enthält die festsetzbaren Höchstwerte, die im Bebauungsplan nur in besonderen Fällen überschritten werden können (§ 17 Abs.2 BauNVO).

Sie gibt an, wieviel Quadratmeter überbaute Grundfläche je Quadratmeter Baugrundstück höchstens zulässig sind (GRZ = überbaute Grundfläche/ Grundstücksfläche). Auf die Grundfläche sind die überbauten Flächen der Hauptbaukörper sowie die Flächen von Nebenanlagen, Garagen, Zufahrten, unterbauten Grundstücksteilen... anzurechnen, wobei die Flächen dieser Nebenanlagen die GRZ um bis zu 50 Prozent überschreiten dürfen. Abweichende Regelungen können im Bebauungsplan getroffen werden.

Grundflächenzahl GRZ
§ 19 BauNVO

Sie gibt an, wieviel Quadratmeter Geschossfläche je Quadratmeter Grundstücksfläche höchstens eventuell auch mindestens (§ 16 Abs. 4 BauNVO) zulässig sind. Die Geschossfläche ist nach den Außenmaßen des Gebäudes in allen Vollgeschossen zu ermitteln, wobei im Bebauungsplan festgesetzt werden kann, dass die Flächen für Aufenthaltsräume in Nicht-Vollgeschossen (zum Beispiel Dach- oder Untergeschoss) ganz oder teilweise anzurechnen sind. Die GFZ kann, sie muss aber nicht im Bebauungsplan festgesetzt werden.

Geschossflächenzahl GFZ
§ 20 BauNVO

Sie gibt an, wieviel Kubikmeter Baumasse je Quadratmeter Grundstücksfläche höchstens zulässig sind. Die Baumasse ist nach den Außenmaßen des Gebäudes vom Fußboden des untersten Vollgeschosses an zu ermitteln. Die BMZ wird nur in Gewerbe-, Industrie- und Sondergebieten festgesetzt.

Baumassenzahl BMZ
§ 21 BauNVO

Die zulässige Zahl der Vollgeschosse kann als Höchstgrenze, eventuell verbunden mit einer Mindestzahl, oder zwingend (§ 16 Abs. 4 BauNVO) festgesetzt werden. Der Begriff Vollgeschoss wird in der jeweiligen Landesbauordnung definiert. Maßgebend ist die Fassung, die zum Zeitpunkt der ersten Auslegung des Bebauungsplans galt.

Zahl der Vollgeschosse Z
§ 20 BauNVO

11 Maß der baulichen Nutzung

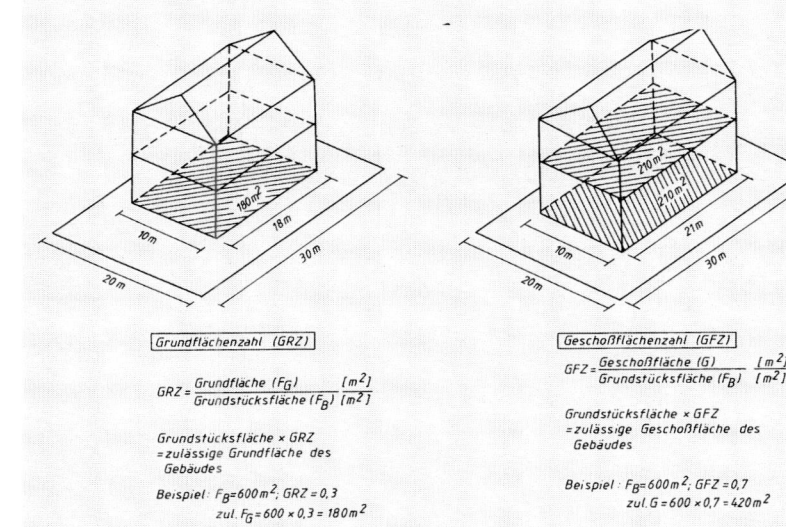

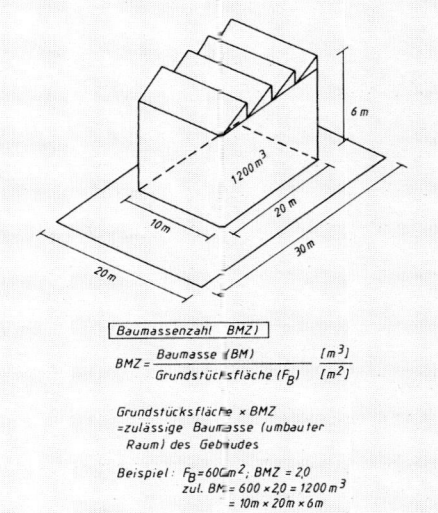

Grundflächenzahl (GRZ)

$$GRZ = \frac{Grundfläche\ (F_G)}{Grundstücksfläche\ (F_B)} \quad \frac{[m^2]}{[m^2]}$$

Grundstücksfläche × GRZ
= zulässige Grundfläche des Gebäudes

Beispiel: $F_B = 600\,m^2$; $GRZ = 0,3$
zul. $F_G = 600 \times 0,3 = 180\,m^2$

Geschoßflächenzahl (GFZ)

$$GFZ = \frac{Geschoßfläche\ (G)}{Grundstücksfläche\ (F_B)} \quad \frac{[m^2]}{[m^2]}$$

Grundstücksfläche × GFZ
= zulässige Geschoßfläche des Gebäudes

Beispiel: $F_B = 600\,m^2$; $GFZ = 0,7$
zul. $G = 600 \times 0,7 = 420\,m^2$

Baumassenzahl BMZ

$$BMZ = \frac{Baumasse\ (BM)}{Grundstücksfläche\ (F_B)} \quad \frac{[m^3]}{[m^2]}$$

Grundstücksfläche × BMZ
= zulässige Baumasse (umbauter Raum) des Gebäudes

Beispiel: $F_B = 600\,m^2$; $BMZ = 2,0$
zul. $BM = 600 \times 2,0 = 1200\,m^3$
= $10m \times 20m \times 6m$

Art der baulichen Nutzung				Maß der baulichen Nutzung		
Bauflächen § 1 Abs. 1 BauNVO	**Baugebiete** § 1 Abs. 2 BauNVO		**Charakteristik** Abs. 1 der Baugebietsregelung	**Höchstgrenzen § 17 Bau NVO**		
				GRZ	GFZ	BMZ
Wohnbaufläche W	Kleinsiedlungsgebiete	WS	vorwiegend Kleinsiedlungen einschl. Wohngebäuden mit Nutzgärten, landw. Nebenerwerbstellen-	0,2	0,4	-
	Reine Wohngebiete	WR	Wohnen	0,4	1,2	-
	Allgemeine Wohngebiete	WA	vorwiegend Wohnen			
	Besondere Wohngebiete	WB	überwiegend bebaut; vorwiegend Wohnen; auch mit Wohnnutzung vereinbare Gewerbebetriebe	0,6	1,6	-
Gemischte Bauflächen M	Dorfgebiete	MD	landwirtschaftliche Betriebe, Wohnen, nicht wesentlich störende Gewerbebetriebe	0,6	1,2	-
	Mischgebiete	MI	Gleichgewicht zwischen Wohnen und Gewerbebetrieben, die das Wohnen nicht wesentlich stören			
	Kerngebiete	MK	vorwiegend Handelsbetriebe, zentrale Einrichtungen der Wirtschaft, der Verwaltung und der Kultur	1,0	3,0	-
Gewerbl. Bauflächen G	Gewerbegebiete	GE	vorwiegend nicht erheblich belästigende Gewerbebtriebe	0,8	2,4	10,0
	Industriegebiete	GI	ausschließlich Gewerbebetriebe; vorwiegend solche, die in anderen Baugebieten unzulässig sind			
Sonderbaufläche S	Sondergebiete für Erholung	SO	insbesondere: - Wochenendhausgebiete - Ferienhausgebiete - Campingplatzgebiete	0,2 0,4	0,2 1,0	- -
	sonstige Sondergebiete		insbesondere: Kurgebiete, Ladengebiete, Einkaufszentren, großflächige Handelsbetriebe, Messen, Ausstellungen, Kongresse, Hochschulgebiete, Klinikgebiete, Hafengebiete	0,8	2,4	10,0

12 Übersicht Art und Maß der baulichen Nutzung

Höhe baulicher Anlagen § 18 BauNVO	Hier können die First-, Trauf- oder Wandhöhen, eventuell berg- oder talseitig unterschiedlich festgesetzt werden. Wichtig ist die Festlegung einer unteren Bezugshöhe, bei der sich die durch absolute Höhenangaben festgelegte Erdgeschossfußbodenhöhe anbietet. Wird das künftige Gelände als Bezugshöhe genommen, bestimmt der Bauherr die Höhenentwicklung. Die Höhe wird als Maximalhöhe eventuell verbunden mit einer Mindesthöhe oder auch zwingend (§ 16 Abs. 4 BauNVO) vorgeschrieben.
Bauweise § 9 Abs. 1 Nr. 2 BauGB/ § 22 BauNVO	Die Bauweise regelt das Verhältnis des Baukörpers zur seitlichen Grundstücksgrenze, betrachtet von der Erschließungsstraße aus (§ 22 BauNVO). Man unterscheidet: *Offene Bauweise*: Die Gebäude sind mit seitlichem Grenzabstand in das Grundstück zu stellen. Sie können als Einzel- oder Doppelhäuser oder als Hausgruppen mit einer Länge von jeweils maximal 50 Metern erstellt werden. Doppelhäuser und Hausgruppen können nur auf getrennten, selbständigen Grundstücken entstehen. Ein auf einem Einzelgrundstück stehendes Reihenhaus ist ein Einzelhaus im Sinne einer festgesetzten offenen Bauweise. *Geschlossene Bauweise*: Die Gebäude sind auf die seitliche Grundstücksgrenze zu stellen. *Abweichende Bauweise*: Hier kann geregelt werden, wie das Gebäude im Verhältnis zur seitlichen oder rückwärtigen Grundstücksgrenze abweichend von der offenen oder geschlossenen Bauweise zu erstellen ist.
Überbaubare Grundstücksfläche § 9 Abs. 1 Nr. 2 BauGB/ § 23 BauNVO	Der Teil des Grundstücks, in den das Gebäude zu stellen ist. Sie wird mit Baulinien, Baugrenzen oder Bebauungstiefen festgelegt (§ 23 BauNVO). Eine auf diese Weise nach allen Seiten begrenzte Fläche wird „Baufenster" genannt. *Baulinie*: Das Gebäude muss auf die Linie gebaut werden. *Baugrenze*: Das Gebäude darf sie nicht überschreiten, kann aber zurückbleiben. *Bebauungstiefe*: Sie ist von der tatsächlichen Straßengrenze ab zu ermitteln und darf mit Gebäuden nicht überschritten werden. Im Bebauungsplan kann geregelt werden, ob in der nicht überbaubaren Grundstücksfläche Nebenanlagen oder Garagen und Stellplätze zugelassen sind (§ 23 Abs. 5 BauNVO).
Stellung der baulichen Anlagen § 9 Abs. 1 Nr. 2 BauGB	Festlegung der Hauptrichtung des Baukörpers und/ oder der Firstrichtung. Die Gebäudehauptrichtung braucht nicht identisch mit der Firstrichtung eines Satteldaches zu sein.

Offene Bauweise	Geschlossene Bauweise	Abweichende Bauweise	
			Einzelhäuser
			Doppelhäuser
Länge ≤ 50m		Länge > 50m	Hausgruppen

13 Bauweise

Festsetzung größerer Abstandsflächentiefen als nach § 5 Abs. 7 LBO erforderlich. Reduzierung der bauordnungsrechtlich erforderlichen Abstandsflächentiefe, wenn sie sich mit den LBO-Bestimmungen harmonisieren lässt (§ 74 Abs. 1 Nr. 6 LBO)	Abweichende Abstandsflächentiefen § 9 Abs. 1 Nr. 2 a BauGB
Bei allen Baugrundstücken können Mindestmaße für die Größe, Breite und Tiefe der Grundstücke festgesetzt werden, bei Wohnbaugrundstücken auch Höchstmaße, um Grund und Boden zu sparen (zum Beispiel Reihenhausbebauung)	Höchst- oder Mindestmaße von Grundstücken § 9 Abs. 1 Nr. 3 BauGB
Festlegung von Flächen für Nebenanlagen, wie Spiel-, Freizeit- und Erholungsflächen, sowie von Stellplätzen und Garagen mit Zufahrten (Ausschluss anderer Nutzungen)	Nebenanlagen und Garagen § 9 Abs. 1 Nr. 4 BauGB
Festlegung von Flächen für den Gemeinbedarf, wie Schulen, Kirchen, Kindergärten, Spiel- und Sportanlagen (Nachrang der Gewinnerzielungsabsicht).	Gemeinbedarfseinrichtungen § 9 Abs. 1 Nr. 5 BauGB
Bei Wohngebäuden kann die höchstzulässige Zahl von Wohnungen festgelegt werden.	Zahl von Wohnungen § 9 Abs. 1 Nr. 6 BauGB
Ausweisung der von einer Bebauung freizuhaltenden Flächen und deren mögliche Nutzung, wie Sichtdreiecke an Straßeneinmündungen, vor besonderen Bauwerken oder Aussichtstürmen...	Freizuhaltende Flächen § 9 Abs. 1 Nr. 10 BauGB
Festlegung der öffentlichen und/ oder privaten Verkehrsflächen. Sie können auch nach der besonderen Zweckbestimmung unterschiedlich ausgewiesen werden, wie Fahrverkehrsflächen, Gehwege, Fußgängerbereiche, gemischt genutzte Verkehrsflächen (verkehrsberuhigte Bereiche), Wohnwege, öffentliche Parkplätze, sowie die Anschlüsse der Grundstücke an die Verkehrsanlagen.	Verkehrsflächen § 9 Abs. 1 Nr. 11 BauGB
Flächen- und Lagesicherung für entsprechende Anlagen wie Anlagen oder Einrichtungen zur Sammlung oder Versickerung von Niederschlagswasser (zum Beispiel Zisternen, Mulden...).	Flächen für Ver- und Entsorgungseinrichtungen sowie Leitungsfestlegung § 9 Abs. 1 Nr. 12–14 BauGB
Festsetzung von öffentlichen Grünflächen, wie Parkanlagen, Sport- und Spielplätzen, Dauerkleingärten, Friedhöfen... Auch die Festsetzung von Grundstücken oder Teilen davon als private Grünflächen ist möglich, wie bei Sportanlagen von Vereinen oder wenn Grundstücksteile aus landschaftsgestalterischen Gründen von anderer Nutzung freizuhalten sind. Diese Teile von Grundstücken sind dann nicht mehr Teil des „Bau-"grundstückes und können nicht auf die GRZ oder GFZ angerechnet werden.	Öffentliche und private Grünflächen § 9 Abs. 1 Nr. 15 BauGB
Tümpel, Teiche oder Bachläufe, wobei zu beachten ist, dass bei größeren Anlagen ein wasserrechtliches Genehmigungsverfahren erforderlich ist.	Wasserflächen § 9 Abs. 1 Nr. 16 BauGB
Diese Flächen können nur festgesetzt werden, wenn es städtebaulich erforderlich ist, also z.B. zur bewussten Trennung von Siedlungskörpern oder zur Erhaltung einer Waldkulisse.	Flächen für die Landwirtschaft und Wald § 9 Abs. 1 Nr. 18 BauGB
Hier können städtebaulich erforderliche Maßnahmen und Flächen zur Pflege von Boden, Natur und Landschaft festgesetzt werden, wie sie zum Beispiel als Ausgleichsmaßnahmen für Eingriffe in Natur und Landschaft erforderlich werden (§ 1 a Abs. 3 BauGB).	Umweltschützende Maßnahmen und Flächen § 9 Abs. 1 Nr. 20 BauGB
Zum Beispiel Festlegung eines Verbrennungsverbotes für bestimmte Brennstoffe oder Festlegung von Flächen für Lärmschutzeinrichtungen oder von technischen oder baulichen Vorkehrungen zur Minderung oder Vermeidung von schädlichen Umwelteinwirkungen; Vorkehrungen für den Einsatz regenerativer Energien	Immissionsschutz/ regenerative Energien § 9 Abs. 1 Nr. 23–24 BauGB

Pflanz- bzw. Erhaltungszwang und Pflanzbindung § 9 Abs. 1 Nr. 25 BauGB	Für Flächen oder Grundstücksteile kann festgesetzt werden, dass bestimmte Bäume, Sträucher oder sonstige Pflanzungen anzupflanzen oder zu erhalten sind. Die Festlegung kann auch für Teile baulicher Anlagen getroffen werden, zum Beispiel für ein begrüntes Dach oder eine Fassadenbegrünung. Die Erhaltungspflicht kann sich auch auf Gewässer erstrecken.
Herstellung des Straßenkörpers § 9 Abs. 1 Nr. 26 BauGB	Die für die Herstellung des Straßenkörpers erforderlichen Böschungen oder Stützmauern auf den Privatgrundstücken können festgesetzt werden, soweit sie weiterhin privat genutzt werden können. Dabei ist konkret anzugeben, ob eine Abgrabung oder Aufschüttung oder eine Stützmauer erforderlich ist.
Eingriffs-Ausgleichs-Maßnahmen § 9 Abs. 1a BauGB	Wenn bei der Durchführung des Bebauungsplanes Eingriffe in Natur und Landschaft zu erwarten sind, so müssen hierfür Ausgleichsmaßnahmen vorgesehen werden (§ 21 BNatSchG i.V.m. § 1a Abs. 3 BauGB). Sie können auf dem jeweiligen Eingriffsgrundstück (zum Beispiel Pflanzzwang) oder an anderer Stelle innerhalb des Geltungsbereichs des Bebauungsplanes (zum Beispiel Anlegen einer Grünfläche) liegen oder im Geltungsbereich eines anderen Bebauungsplanes (Ausgleichsbebauungsplan) festgesetzt werden oder an ganz anderer Stelle auf einer von der Gemeinde bereitgestellten Fläche (zum Beispiel Bachrenaturierung durch die Gemeinde) ausgeführt werden. Der Ausgleich kann auch durch städtebaulichen Vertrag (§ 11 Abs. 1 Nr. 3 BauGB) festgelegt werden. Ausgleichsmaßnahmen, die in einem Bebauungsplan festgesetzt sind oder die außerhalb des Bebauungsplanes auf einer von der Gemeinde bereit gestellten Fläche stattfinden, können den Eingriffsgrundstücken im Bebauungsplan zugeordnet werden (§ 9 Abs. 1a Satz 2 BauGB – Zuordnungsfestsetzungen). Die Kosten der Ausgleichsmaßnahmen hat dann der Baugrundstückseigentümer zu tragen, wobei die Gemeinde Art, Umfang und Berechnungsgrundlage durch Satzung bestimmen kann, wenn sie selbst Ausgleichsmaßnahmen durchführt (siehe dazu § 1a Abs. 3, § 5 Abs. 2a, §§ 135 a–c BauGB).
Bedingte und befristete Festsetzungen (Baurecht auf Zeit) § 9 Abs. 2 BauGB	Falls eine Nutzung nur für einen bestimmten Zeitraum zulässig sein soll oder erst zulässig bzw. nachträglich unzulässig werden soll, wenn bestimmte Umstände eintreten, kann in besonderen Fällen die Nutzung bedingt oder befristet zugelassen und die Folgenutzung festgesetzt werden (Bebauung nach Entwidmung der Bahnfläche; Bebauung der zweiten Reihe erst nach Errichtung der als Schallschutz gedachten Riegelbebauung entlang einer Straße).
Baugebietsfreie Nutzungsfestsetzung zur Sicherung zentraler Versorgungsbereiche § 9 Abs. 2a BauGB	Im Interesse einer verbrauchernahen Versorgung der Bevölkerung und der Innenentwicklung können im faktischen Bebauungsbereich (§ 34 BauGB) Nutzungsarten ausgeschlossen, ausnahmsweise zugelassen oder allgemein zugelassen werden, ohne zuvor eines der Baugebiete der BauNVO (§ 1 Abs. 2 BauNVO) festsetzen zu müssen (zum Beispiel zur Steuerung des Einzelhandels oder der Vergnügungsstätten oder der Altenpflegeheime).
Steuerung der Ansiedlung von Vergnügungsstätten § 9 Abs. 2b BauGB.	Die Regelung dient dazu städtebaulichen Fehlentwicklungen entgegenzuwirken, insbesondere um eine vermehrte Ansiedlung von Spielhallen und damit einen sogenannten „trading down"-Effekt für das betreffende Quartier zu vermeiden.
Höhenlage und vertikale Gliederung § 9 Abs. 3 BauGB.	Falls erforderlich, kann die Höhenlage einzelner Vorhaben festgesetzt werden (zum Beispiel Straßenüberführung). Für übereinanderliegende Geschosse oder Ebenen baulicher Anlagen können unterschiedliche Regelungen getroffen werden. Dies ist auch möglich für Ebenen unter der Erde (zum Beispiel Tiefgarage) oder für sonstige Teile baulicher Anlagen (zum Beispiel Vorder- und Hintergebäude).
Übernahme landesrechtlicher Regelungen (insbesondere örtliche Bauvorschriften) § 9 Abs. 4 BauG	Landesrechtliche Regelungen, die nicht zum Städtebaurecht gehören, können als Festsetzungen in den Bebauungsplan übernommen werden, wenn es nach Landesrecht vorgesehen ist. So können örtliche Bauvorschriften (zum Beispiel Gestaltungssatzungen) Bestandteil des Bebauungsplans werden. Davon hat Baden-Württemberg aber keinen Gebrauch gemacht. Örtliche Bauvorschriften können nur zusammen mit dem Bebauungsplan nach demselben Verfahren beschlossen werden (§ 74 Abs. 7 LBO), ohne dadurch zu Festsetzungen des Bebauungsplans zu werden. Sie bleiben Bauordnungsrecht. Ein Beispiel sind die Grünordnungspläne nach § 18 Abs. 3 Satz 3 Naturschutzgesetz BW.
Kennzeichnungen § 9 Abs. 5 BauGB	Im Bebauungsplan sollen Flächen gekennzeichnet werden, bei deren Bebauung bauliche Vorkehrungen gegen äußere Einwirkungen erforderlich werden (zum Beispiel Schallschutzfenster bei unvermeidbarem Straßenlärm), oder bei denen der Bergbau umgeht, oder die mit umweltgefährdenden Stoffen belastet sind (Altlasten).
Nachrichtliche Übernahmen § 9 Abs. 6 BauGB und 6 a BauGB	Regelungen, die aufgrund anderer Gesetze getroffen wurden, sollen in den Bebauungsplan aufgenommen werden, wenn es für die städtebauliche Beurteilung notwendig und zweckmäßig ist (zum Beispiel Landschaftsschutzgebiet, klassifizierte Straße, Bahnlinie, Starkstromleitung, Überschwemmungsgebiete und überschwemmungsgefährdete Gebiete).
Räumlicher Geltungsbereich § 9 Abs. 7 BauGB	Der räumliche Geltungsbereich des Bebauungsplans ist exakt zeichnerisch festzulegen, da sonst die Satzung fehlerhaft ist. Bei verbaler Beschreibung muss genauso exakt verfahren werden (zum Beispiel südliche Straßenkante der X-Straße). Werden die Grundstücke verbal aufgeführt, so darf kein Grundstücksteil vergessen werden.

3.4 Aufstellungsverfahren

Normales Verfahren: Alle Bebauungspläne sind in dem vom Baugesetzbuch vorgegebenen Verfahren mit umfangreichen **Beteiligungspflichten** (§§ 3, 4, 4 a Abs. 5 BauGB) und der Pflicht zur Durchführung einer **Umweltprüfung** (§ 2 Abs. 4 BauGB) aufzustellen. Die Umweltprüfung ist kein selbständiges Teilverfahren, sondern wird im Rahmen des Bebauungsplanverfahrens und mit Hilfe der vorgesehenen Beteiligungen abgearbeitet. Sie ist das „Trägerverfahren" für die Prüfung aller im Bebauungsplanverfahren zu berücksichtigenden Umweltbelange (§ 1 a BauGB). Ob diese Belange im Wege der Abwägung zurückgestellt werden können (etwa im Rahmen der Eingriffs- und Ausgleichsregelung des § 18 BNatSchG i. V. m. § 1a Abs. 3 BauGB) oder zwingend beachtet werden müssen, hängt vom jeweiligen **Schutzniveau des Fachgesetzes** ab. Die fachgesetzlichen Hindernisse können **dem Plan selbst** entgegen stehen, wie etwa FFH- und Vogelschutzgebietsregelungen (§ 1 Abs. 4 BauGB i. V. m. §§ 34, 36 BNatSchG), Überschwemmungsgebietsregelungen (§ 78 WHG) oder Waldumwandlungsregelungen (§ 10 LWaldG BW). Der Bebauungsplan kann dann nur in Kraft gesetzt werden, wenn die Hindernisse durch behördliche Ausnahmen (§ 34 Abs. 3–5 BNatSchG, § 78 Abs. 2 WHG) beziehungsweise durch andere Überwindungsmöglichkeiten (Umwandlungserklärung nach § 10 Abs. 2 LWaldG BW) beseitigt wurden. Die fachlichen Hindernisse können aber auch nur die Umsetzung des Bebauungsplans betreffen, wie etwa die Regelungen für besonders geschützte Biotope (§ 32 NatSchG BW), die artenschutzrechtlichen Verbote (§ 44 BNatSchG), die Verbote in Landschaftsschutzgebieten (§ 29 NatSchG) oder in Wasserschutzgebieten (§ 51 WHG). Dann reicht es aus, wenn im Bebauungsplanverfahren geklärt wird, ob der spätere Eingriff zugelassen werden wird (Planung in die **„Genehmigungs-/ Ausnahme-/ Befreiungslage"** hinein). Ist sicher, dass der Bebauungsplan nicht umgesetzt werden kann (weil die Genehmigung oder Befreiung oder Ausnahme nicht erteilt wird), ist er nicht erforderlich (§ 1 Abs. 3 BauGB) und kann deshalb auch nicht wirksam in Kraft gesetzt werden. Nach § 2 Abs. 3 BauGB sind bei der Aufstellung des Bebauungsplans auch die übrigen Belange, die für die **Abwägung** von Bedeutung sind (Abwägungsmaterial) zu ermitteln und zu bewerten und untereinander und gegeneinander gerecht abzuwägen (§ 1 Abs. 7 BauGB).

Dem Bebauungsplan ist eine **Begründung** beizufügen (§ 9 Abs. 8 BauGB), zu der auch der Umweltbericht (§ 2 a BauGB) zählt, der das Ergebnis der Umweltprüfung festhält. Der Bebauungsplan bedarf nur dann einer **Genehmigung** der höheren Verwaltungsbehörde (Regierungspräsidium), wenn er ohne Flächennutzungsplan (selbständiger Bebauungsplan, § 8 Abs. 2 BauGB) oder parallel zum Flächennutzungsplan (Parallelverfahren, § 8 Abs. 3 BauGB) oder vor dem Flächennutzungsplan (vorzeitiger Bebauungsplan, § 8 Abs. 4 BauGB) aufgestellt wird. In Baden-Württemberg wurde die Zuständigkeit für Gemeinden, die keine großen Kreisstädte oder Stadtkreise sind, auf die Landratsämter verlagert (§ 1 Abs. 2 BauGB – DVO BW). Genehmigungspflichtige Bebauungspläne treten dadurch in Kraft, dass die Genehmigung (nicht der Bebauungsplan) **ortsüblich bekannt gemacht** wird; bei nicht genehmigungspflichtigen Bebauungsplänen ist nur der Beschluss des Bebauungsplanes (nicht der Bebauungsplan selbst) ortsüblich bekannt zu machen (§ 10 Abs. 3 BauGB). Die Bekanntmachungssatzungen der Gemeinden regeln, wie die ortsübliche Bekanntmachung durchzuführen ist (im eigenen Amtsblatt oder in der Tageszeitung oder an der Verkündungstafel des Rathauses nach vorheriger Ankündigung §1 DVO GemO BW).

Planerfordernis
Aufstellungsbeschluss
Rohkonzept, Alternativen, Umweltprüfung-Checkliste (UP)
Vorentwurf
Beteiligung der Öffentlichkeit
Beteiligung der Behörden und Träger öffentlicher Belange
Bebauungsplanentwurf mit Umweltprüfung
Auslegungsbeschluss
Öffentliche Auslegung
Prüfung der Stellungnahmen, erneutes Beteiligungsverfahren
Satzungsbeschluss Bebauungsplan
Mitteilung des Prüfungsergebnisses
Bekanntmachung, Inkrafttreten

14 Vereinfachtes Ablaufschema Aufstellung eines Bebauungsplanes

Aufstellungsverfahren zum Bebauungsplan

Arbeit des Planers	Aufstellungsverfahren
Entwicklung und Formulierung von Zielvorstellungen, Beachtung anderer Planungen und Ziele der Raumordnung (Restriktionen)	Feststellung des Planungserfordernisses (§ 1 Abs. 3 BauGB)
Erkennen und Abgrenzen von Problemen, Berücksichtigung informeller Planungen und zwingender rechtlicher Hindernisse	Einleitungsbeschluss durch Gemeinderat oder Ausschuss (§ 2 Abs. 1 S. 1 BauGB)
	Öffentl. Bekanntmachung des Einleitungsbeschlusses (§ 2 Abs.1 S. 2 BauGB) Wichtig: Voraussetzung für den Erlass einer Veränderungssperre (§ 14 BauGB) und für die Zurückstellung von Bauanträgen beziehungsweise Untersagung der Bauarbeiten (§ 15 BauGB).
Fertigung eines B-Plan-Vorentwurfs mit Alternativen und Begründung einschließlich Umweltbericht gem. Kenntnisstand der Gemeinde (§ 2 Abs. 4 Satz 2 und 3 BauGB – Umweltprüfung)	
Fertigung des Planvorentwurfs Grünordnungsplan (Umweltprüfung)	Frühzeitige Öffentlichkeitsbeteiligung mit Unterrichtung und Erörterung der Planalternativen (§ 3 Abs. 1 BauGB)
	Frühzeitige Beteiligung der Behörden (Träger öffentlicher Belange, einschließlich Nachbargemeinden, § 2 Abs. 2 BauGB) mit Scoping-Anfrage für die Umweltprüfung (§ 4 Abs. 1 BauGB)
Verarbeitung der eingegangenen Stellungnahmen; Abschätzung möglicher Auswirkungen; Prüfung der Ausnahme- und Befreiungslage; Ermittlung und Bewertung der Eingriffs-Ausgleichs-Maßnahmen	
Erarbeitung eines Planentwurfs mit Begründung inklusive Umweltbericht	
Erarbeitung des Planentwurfs und Grundordnungsplan (Umweltprüfung)	Billigungs- und Auslegungsbeschluss durch Gemeinderat oder Ausschuss
	Mindestens eine Woche vor der öffentlichen Auslegung: ortsübliche Bekanntmachung der öffentl. Auslegung mit Ort und Zeit der Auslegung und dem Hinweis, welche Art umweltbezogener Informationen schon verfügbar sind, sowie dem Hinweis, dass jedermann Stellungnahmen abgeben kann, dass nicht fristgerecht abgegebene Stellungnahmen bei der Beschlussfassung über den Bebauungsplan und im späteren gerichtlichen Normenkontrollverfahren unberücksichtigt bleiben können (§ 3 Abs. 2 BauGB)
	Förmliche Auslegung des Bebauungsplans mit der Begründung (einschließlich Umweltbericht) und den wesentlichen, bereits vorliegenden umweltbezogenen Stellungnahmen für einen Monat (§ 3 Abs. 2 BauGB)
	Benachrichtigung der Träger öffentlicher Belange von der Auslegung (§ 3 Abs. 2 BauGB) eventuell gleichzeitig: Förmliche Beteiligung der Behörden (Träger öffentlicher Belange) zur Abgabe von Stellungnahmen zum Planentwurf und zur Begründung (einschließlich Umweltbericht) innerhalb eines Monats (§ 4 Abs. 2 BauGB)
Zusammenstellung und Aufarbeitung der vorgebrachten Stellungnahmen; Erarbeitung von Abwägungsvorschlägen und entsprechender Planfertigung	Öffentliche Gemeinderatssitzung, Prüfen der eingegangenen Stellungnahmen, Bewerten des Abwägungsmaterials (§ 2 Abs. 3 BauGB), Abwägungsprozess (§ 1 Abs. 7 BauGB); Grundlage: Abwägungsvorschlag des Planers
	Satzungsbeschluss (§ 10 Abs. 1 BauGB). Mitteilung des Ergebnisses der Prüfung der Stellungnahmen an die Vorbringer (§ 3 Abs. 2 BauGB)
Erstellen der beschlossenen Planfertigung	Eventuell erneute Auslegung und Stellungnahmeeinholung bei Änderungen oder Ergänzungen des ausgelegten Planentwurfs (§ 4 a Abs. 3 BauGB) und Wiederholung des anschließenden Verfahrens. Vorlage zur Genehmigung durch die Rechtsaufsichtsbehörde bei gegenüber dem Flächennutzungsplan selbständigen, gleichzeitigen oder vorzeitigen Bebauungsplänen (§ 10 Abs. 2 BauGB)
	Ausfertigen sämtlicher Bestandteile des Bebauungsplanes durch den Bürgermeister. Inkraftsetzen des Planes durch ortsübliche (öffentliche) Bekanntmachung (§ 10 Abs. 3 BauGB)
	Überwachung der Umweltauswirkungen (Monitoring) durch die Gemeinde (§ 4 c BauGB) mit Unterstützung der Behörden (§ 4 Abs. 3 BauGB).

Vereinfachtes Bebauungsplanverfahren: Werden Bebauungspläne geändert oder ergänzt oder wird im faktischen Bebauungsbereich (§ 34 BauGB) ein neuer Bebauungsplan aufgestellt, lässt sich unter bestimmten Voraussetzungen das Verfahren vereinfachen (§ 13 BauGB). Folgende **Verfahrensteile** können **entfallen** oder **modifiziert** werden:

- frühzeitige Öffentlichkeits- und Behördenbeteiligung (§ 13 Abs. 2 Nr. 1 BauGB),
- die förmliche Öffentlichkeits- und Behördenbeteiligung kann durch eine Betroffenenbeteiligung ersetzt werden (§ 13 Abs. 2 Nr. 2 und 3 BauGB),
- Wegfall der Umweltprüfung und des Umweltberichtes (§ 13 Abs. 3 BauGB),
- Wegfall der Hinweispflicht vor der förmlichen Auslegung bezüglich der verfügbaren Arten umweltbezogener Informationen (§ 13 Abs. 3 BauGB),
- Wegfall der zusammenfassenden Erklärung (§ 13 Abs. 3 BauGB),
- Wegfall des Monitoring (§ 13 Abs. 3 BauGB).

Beschleunigtes Verfahren: Bei **Bebauungsplänen der Innenentwicklung** (Wiedernutzbarmachung von Flächen, Nachverdichtung oder andere Maßnahmen der Innenentwicklung) kann das Verfahren unter bestimmten Voraussetzungen im beschleunigten Verfahren noch weiter vereinfacht werden (§ 13 a BauGB). Zusätzlich zu den Erleichterungen des vereinfachten Verfahrens ergeben sich folgende **weitere Vereinfachungen**:

- *Wegfall des Entwicklungsgebots*; der Flächennutzungsplan kann nachträglich redaktionell berichtigt werden (§ 13 a Abs. 2 Nr. 2 BauGB),
- bei *kleingebietlichen Bebauungsplänen* (weniger als 20.000 m² zulässige Grundfläche) bedarf es keines naturschutzrechtlichen Ausgleichs (§ 13 a Abs. 2 Nr. 4 BauGB).

4 Zulässigkeit von Bauvorhaben

4.1 Rechtlicher Rahmen der Zulässigkeitsprüfung

Ein bauliches Vorhaben ist nur dann zulässig, wenn es alle geltenden öffentlich-rechtlichen Rechtsvorschriften einhält. Solche – die sich aus Artikel 14 GG ergebende Baufreiheit einschränkende – Rechtsvorschriften können sich aus dem **Städtebaurecht** (BauGB und davon abgeleitete Rechtsvorschriften), aus dem **Bauordnungsrecht** (LBO BW und davon abgeleitete Rechtsvorschriften) sowie aus sonstigen Vorschriften, die die bauliche Nutzung eines Grundstücks regeln (**Baunebenrecht**), ergeben. Sie stellen (für bodenrechtlich relevante Vorhaben) den Rahmen der Zulässigkeitsprüfung dar (§ 29 Abs. 2 BauGB).

4.2 Städtebaurechtliche Zulässigkeitsvoraussetzungen

Das gesamte Gebiet einer Gemeinde lässt sich in **vier Bebauungsbereiche** unterteilen, für die das BauGB eigenständige Zulässigkeitsregeln enthält. Es sind folgende Bebauungsbereiche:

- *Geltungsbereich eines qualifizierten Bebauungsplanes* (Anwendungs- und Zulässigkeitsregel: § 30 Abs 1 BauGB),
- *Geltungsbereich eines vorhabenbezogenen Bebauungsplans* (Anwendungs- und Zulässigkeitsregel: § 30 Abs. 2 BauGB i. V. m. § 12 BauGB),
- *faktischer Bebauungsbereich* (Anwendungs- und Zulässigkeitsregel: § 34 BauGB),
- *Außenbereich* (Zulässigkeitsregel: § 35 BauGB).

Veröffentlichung am 31.01.2008 unter „Amtliche Bekanntmachungen"

Aufstellungsbeschluss des vorhabenbezogenen Bebauungsplans und der örtlichen Bauvorschriften „Gottlieb-Daimler-Straße 62"
und
öffentliche Auslegung des Entwurfs im beschleunigten Verfahren

Der Gemeinderat der Gemeinde Neuhausen a.d.F. hat in öffentlicher Sitzung am 29.01.2008 aufgrund des § 2 Abs. 1 BauGB beschlossen, den vorhabenbezogenen Bebauungsplan „Gottlieb-Daimler-Straße 62" zusammen mit Örtlichen Bauvorschriften (§ 74 LBO) aufzustellen und das Verfahren gem. § 13a BauGB (beschleunigtes Verfahren ohne Durchführung einer Umweltprüfung) durchzuführen. Für den Planbereich ist der Lageplan vom 07.09.2007 mit der Umgrenzung des Geltungsbereichs maßgebend. Er ergibt sich aus dem nachfolgenden Kartenausschnitt.

In gleicher Sitzung wurde der Entwurf des vorhabenbezogenen Bebauungsplans und der örtlichen Bauvorschriften gebilligt und die öffentliche Auslegung beschlossen. Maßgebend ist der Entwurf des Büros Prof. Dr. Gerd Baldauf vom 29.01.2008, bestehend aus dem Rechtsplan, den Vorhaben- und Erschließungsplänen 1 - 9, dem Textteil mit planungsrechtlichen Festsetzungen und örtlichen Bauvorschriften und der Begründung gleichen Datums.

Ziel und Zweck der Planung:
Das Bebauungsplanverfahren dient dem Zweck der planungsrechtlichen Absicherung des auf dem Grundstück bereits genehmigten Mehrfamilienhauses und der Festlegung erhöhter Schallschutzanforderungen zur planungsrechtlichen Absicherung des Nebeneinanders von Gewerbe und Wohnen.

Der Entwurf des vorhabenbezogenen Bebauungsplans liegt mit der Begründung und den wesentlichen umweltbezogenen Stellungnahmen (schalltechnische Untersuchung) gemäß § 3 Abs. 2 BauGB in der Zeit vom **08.02.2008** bis **10.03.2008** (je einschließlich) während der allgemeinen Dienststunden im Rathaus, Schloßplatz 1, II. Stock, öffentlich aus. Stellungnahmen können während der Auslegungsfrist beim Ortsbauamt schriftlich oder mündlich zur Niederschrift abgegeben werden. Nicht fristgemäß vorgebrachte Stellungnahmen können bei der Beschlussfassung über den Bebauungsplan unberücksichtigt bleiben. Ein Antrag gemäß § 47 Abs. 2 VwGO (Normenkontrollantrag) ist unzulässig, soweit mit ihm Einwendungen geltend gemacht werden, die vom Antragsteller im Rahmen der Auslegung nicht oder verspätet geltend gemacht wurden, aber hätten geltend gemacht werden können.

Der Bebauungsplan wird gem. § 13a Abs. 2 Nr. 1 BauGB i.V.m. § 13 Abs. 3 BauGB ohne Durchführung einer Umweltprüfung nach § 2 Abs. 4 BauGB und ohne Durchführung einer frühzeitigen Öffentlichkeits- und Behördenbeteiligung aufgestellt.

Neuhausen a.d.F., 31.01.2008

15 Beispiel für die Bekanntmachung der öffentlichen Auslegung des Entwurfs im beschleunigten Verfahren (Amtsblatt der Gemeinde)

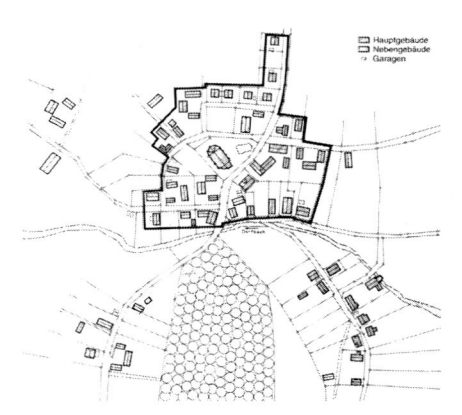

Ortsteil im Sinne des § 34 Abs. 1 BauGB

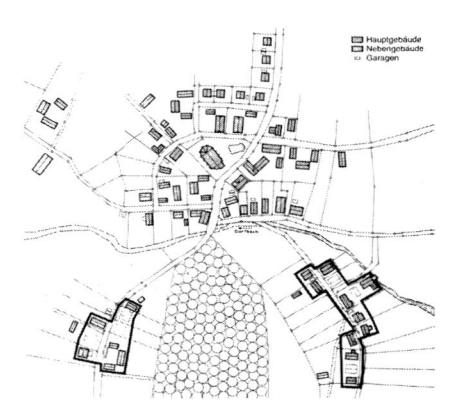

Keine Ortsteile i.S. d. § 34 Abs. 1 BauGB

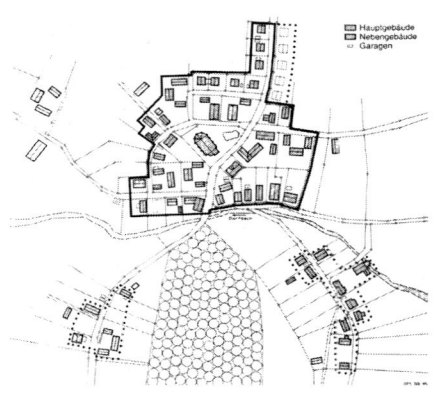

Flächen ohne Bebauungszusammenhang zum Ortsteil

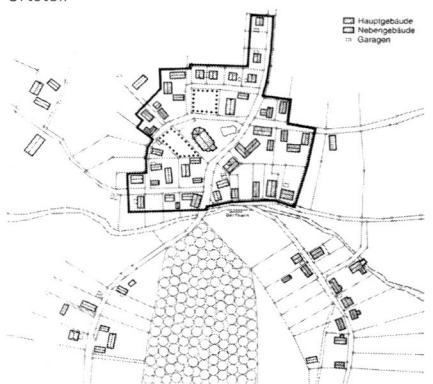

Fläche innerhalb des Bebauungszusammenhangs eines Ortsteils

16–19 Schaubilder zur Veranschaulichung der Begriffe Ortsteil und Bebauungszusammenhang

Zulässigkeit im Geltungsbereich eines qualifizierten Bebauungsplans: Dort sind Vorhaben zulässig, die *alle* Festsetzungen (trotz des anders lautenden Wortlauts in § 30 Abs. 1 BauGB) des Bebauungsplans einhalten, wenn die Erschließung gesichert ist (§ 30 Abs. 1 BauGB). Das Verständnis der Festsetzungen zur Art der baulichen Nutzung, zum Maß der baulichen Nutzung, zur überbaubaren Grundstücksfläche und zur Bauweise erschließt sich durch die konkretisierenden Vorschriften der Baunutzungsverordnung.

Zulässigkeit im Geltungsbereich eines vorhabenbezogenen Bebauungsplans: Auch dort ist ein Vorhaben zulässig, wenn es alle Festsetzungen des Bebauungsplans einhält und die Erschließung gesichert ist (§ 30 Abs. 2 BauGB).

Zulässigkeit im faktischen Bebauungsbereich: Dort sind zunächst die Festsetzungen eines eventuell vorhandenen **einfachen Bebauungsplanes** einzuhalten (§ 30 Abs. 3 BauGB). Ergänzend muss sich das Vorhaben nach seiner Art und nach seinem Maß der baulichen Nutzung, nach der überbaubaren Grundstücksfläche und nach der Bauweise in die Eigenart der näheren Umgebung **einfügen**, soweit der eventuell vorhandene einfache Bebauungsplan hierzu keine Festsetzungen trifft (vgl. „im Übrigen", § 30 Abs. 3 BauGB). Außerdem muss die Erschließung gesichert sein, müssen die Anforderungen an gesunde Wohn- und Arbeitsverhältnisse gewahrt bleiben und es darf das Ortsbild nicht beeinträchtigt werden (§ 34 Abs. 1 BauGB). Sofern die nähere Umgebung einem der Baugebiete der BauNVO entspricht, wird die Zulässigkeit der Vorhaben nach der **Art der baulichen Nutzung** ausschließlich nach den Baugebietsvorschriften der BauNVO bestimmt. Es wird so getan, als ob dieses Gebiet durch Bebauungsplan festgesetzt wäre (§ 34 Abs. 2 BauGB).

Der Anwendungsbereich des § 34 BauGB wirft schwierige Abgrenzungsfragen auf. Wann eine Gebäudeansammlung einen „**Ortsteil**" darstellt und ob eine Baulücke den „**Bebauungszusammenhang**" unterbricht, ist stets eine Einzelfallentscheidung. Beispiele können allenfalls eine Orientierungshilfe sein.

Die Gemeinde kann Flächen, die zum Außenbereich zählen, durch **Innenbereichssatzungen** (das sind keine Bebauungspläne) zum Innenbereich erklären beziehungsweise klarstellen, was nach Auffassung der Gemeinde zum Innenbereich zählt. Folgende Satzungen sind möglich:

- *Klarstellungssatzung* (§ 34 Abs. 4 Nr. 1 BauGB): Es werden die Grenzen des im Zusammenhang bebauten Ortsteils zum Außenbereich festgelegt. Die Satzung hat jedoch keine konstitutive Wirkung.
- *Entwicklungssatzung* (§ 34 Abs. 4 Nr. 2 BauGB): Bebaute entwicklungswürdige Außenbereichsflächen, die aber keine Ortsteile im Sinne des § 34 Abs. 1 BauGB darstellen (zum Beispiel kleine Weiler) können zum faktischen Bebauungsbereich (Innenbereich) erklärt werden, sofern diese Flächen im Flächennutzungsplan als Bauflächen dargestellt sind.
- *Ergänzungssatzung* (§ 34 Abs. 4 Nr. 3 BauGB): Außenbereichsflächen, die an den Ortsrand anschließen, können in den Innenbereich einbezogen werden, wenn sie durch die bauliche Nutzung der Umgebungsbebauung geprägt sind.

Zulässigkeit im Außenbereich: Der Anwendungsbereich des § 35 BauGB wird nicht positiv definiert. Er lässt sich nur negativ formulieren: Außenbereich sind die Flächen, die nicht zum Innenbereich zählen, das heißt die nicht im Geltungsbereich eines qualifizierten oder vorhabenbezogenen Bebauungsplanes und auch nicht im faktischen Bebauungsbereich des § 34 BauGB liegen. Die Existenz eines einfachen Bebauungsplans wandelt den Außenbereich nicht zum Innenbereich (§ 30 Abs. 3 BauGB).

§ 35 BauGB enthält vier verschiedene Zulässigkeitsmaßstäbe:

- Die in § 35 Abs. 1 BauGB aufgeführten *privilegierten Vorhaben* sind zulässig, wenn keine öffentlichen Belange entgegenstehen und die Erschließung gesichert ist. Öffentliche Belange stehen nur dann entgegen, wenn sie so wichtig sind, dass sie die gesetzlich gewollte Privilegierung wieder entziehen können. Daraus folgt, dass privilegierte Vorhaben im Außenbereich **grundsätzlich zulässig** sind (Beispiel: forst- und landwirtschaftliche Betriebe, Gartenbaubetriebe, Steinbruchbetriebe, Windkraftanlagen, Biomasseanlagen, Tierhaltungsbetriebe nur insoweit, als sie keine Pflicht zur Durchführung einer Umweltverträglichkeitsprüfung nach UVPG unterliegen).
- Alle anderen Vorhaben sind *sonstige Vorhaben*, die nach § 35 Abs. 2 BauGB nur dann zulässig sind, wenn sie öffentliche Belange nicht beeinträchtigen und die Erschließung gesichert ist. Diese Vorhaben beeinträchtigen regelmäßig einen der in § 35 Abs. 3 BauGB exemplarisch aufgeführten öffentlichen Belange (zum Beispiel Darstellungen im Flächennutzungsplan (Nr. 1), natürliche Eigenart der Landschaft (Nr. 5) oder Beginn einer Splittersiedlung (Nr. 7)). Sie sind deshalb **regelmäßig unzulässig**.
- Für die in § 35 Abs. 4 BauGB aufgeführten Vorhaben wird die Zulassung erleichtert. Die öffentlichen Belange, die den sonstigen Vorhaben regelmäßig entgegenstehen, werden vom Prüfungsmaßstab ausgenommen. Die sogenannten *begünstigten* oder *erleichterten Vorhaben* sind deshalb ebenfalls **grundsätzlich zulässig**.
- Eine weitergehende Begünstigung kann die Gemeinde durch den Erlass einer **Außenbereichssatzung** schaffen (§ 35 Abs. 6 BauGB). Für bebaute Bereiche im Außenbereich, die nicht überwiegend landwirtschaftlich geprägt sind und in denen eine Wohnbebauung von einigem Gewicht vorhanden ist, kann die Gemeinde durch Satzung bestimmen, dass Wohnzwecken dienenden Vorhaben diejenigen öffentlichen Belange nicht entgegen gehalten werden können, die normalerweise die Zulassung verhindern. Die Satzung kann weitergehende Regelungen über die Zulassung von Vorhaben treffen.

Sofern die Prüfung ergibt, dass ein Vorhaben nach den Zulässigkeitsregeln der Bebauungsbereiche unzulässig ist, muss geprüft werden, ob die Verstöße durch Abweichungen, Ausnahmen oder Befreiungen oder auf sonstige Weise überwunden werden können. Bei Verstößen gegen Bebauungspläne ist insbesondere zu prüfen, ob eine **Ausnahme** gemäß § 31 Abs. 1 BauGB oder eine **Befreiung** gemäß § 31 Abs. 2 BauGB erteilt werden kann. In allen Bebauungsbereichen kann ein Vorhaben vorzeitig im Vorgriff auf einen künftigen Bebauungsplan zugelassen werden, wenn die Voraussetzungen des § 33 BauGB erfüllt sind (**vorzeitige Zulassung**).

4.3 Bauordnungsrechtliche Zulässigkeitsvoraussetzungen

Das Bauordnungsrecht findet sich in der Landesbauordnung (LBO BW). Sie gilt für bauliche Anlagen und Bauprodukte, aber auch für Grundstücke, andere Anlagen und Einrichtungen, soweit an sie bauordnungsrechtliche Anforderungen gestellt werden (§ 1 LBO). Die bauordnungsrechtlichen Vorschriften sind bei Errichtungs-, baulichen Änderungs-, Nutzungsänderungs- und Abbruchsvorhaben, aber auch bei sonstigen Maßnahmen zu beachten (vgl. die **Gleichstellungsklausel** in § 2 Abs. 12 LBO). Die bauordnungsrechtlichen Anforderungen sind auf **Personen** (am Bau Beteiligte, §§ 41 ff. LBO) und auf „**Anlagen**" bezogen. Sie dienen in erster Linie der **Gefahrenabwehr** (Beispiel: §§ 3 Abs. 1 Satz 1, 5, 12–33 LBO). Sie enthalten aber auch **Baugestaltungsrecht** (Beispiel: § 11 – Verunstaltungsabwehr, § 74 Abs. 1 – Positive Gestaltungspflege), **Bausozialrecht** (Beispiel: § 9 Abs. 2 – Kinderspielplatzpflicht, § 39 – Barrierefreiheitsgebot) sowie **Bauökologierecht** (Beispiel: § 14 Abs. 3 – Energiebedarfsdeckungsanforderungen, § 35 Abs. 3 – Wasserzählergebot, § 74 Abs. 3 – Bodenaushub und Niederschlagswasser- beziehungsweise Brauchwassersatzung).

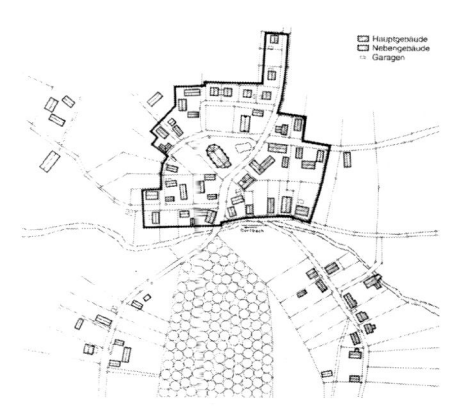

Klarstellungssatzung nach § 34 Abs. 4 Nr. 1 BauGB

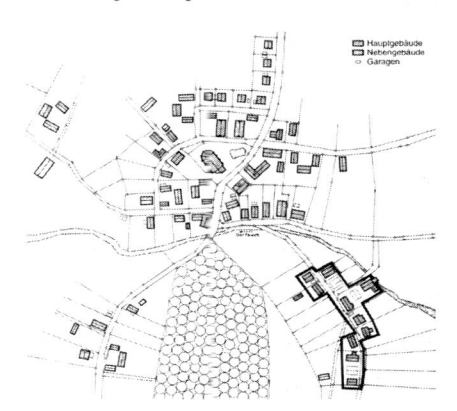

Entwicklungssatzung nach § 34 Abs. 4 Nr. 2 BauGB

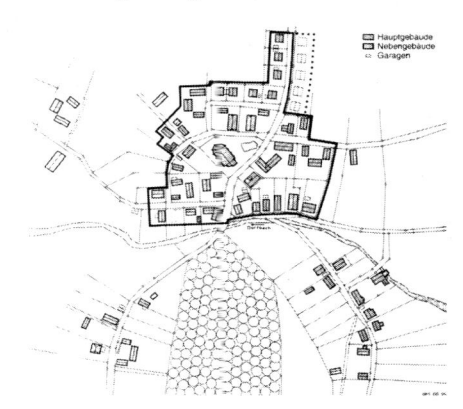

Ergänzungssatzung nach § 34 Abs. 4 Nr. 3 BauGB

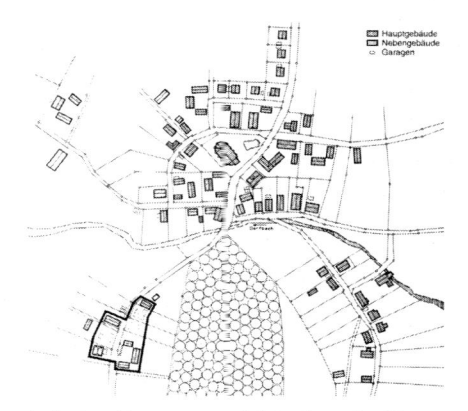

Außenbereichssatzung nach § 35 Abs. 6 BauGB
20–23 Schaubilder zur Veranschaulichung der Innen- und Außenbereichssatzungen und ihrer Geltungsbereiche

VOLLGESCHOSSE NACH LBO B.W.

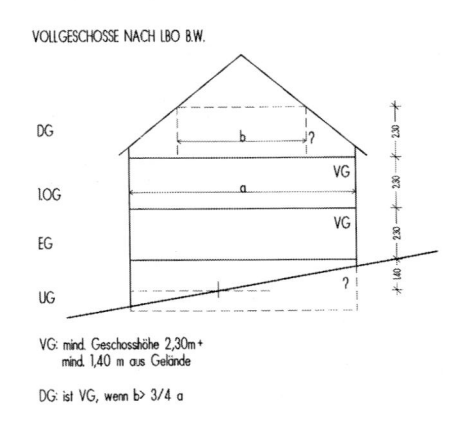

VG: mind. Geschosshöhe 2,30 m + mind. 1,40 m aus Gelände
DG: ist VG, wenn b > 3/4 a

24 Vollgeschoss nach Landesbauordnung Baden-Württemberg

Die LBO legt nur die Grundsätze fest. Sie werden vielfach durch **Rechtsverordnungen** (§ 73 LBO) konkretisiert (Beispiel: Allgemeine Ausführungsverordnung – LBOAVO, Verfahrensverordnung – LBOVVO, Garagenverordnung – GaVO, Versammlungsstättenverordnung – VSVO, Verkaufsstättenverordnung – VkVO). Den Gemeinden ist das Recht eingeräumt (§ 74 LBO), durch **örtliche Bauvorschriften (Satzungen)** bauordnungsrechtliches Ortsrecht zu schaffen (Gestaltungssatzungen, Stellplatzsatzungen, Bodenaushubsatzungen, Niederschlagswasser- und Brauchwassersatzungen). Diese örtlichen Bauvorschriften können zusammen mit einem Bebauungsplan beschlossen werden (zusammengefasstes Verfahren, § 74 Abs. 6 LBO). Sie bleiben aber selbständige bauordnungsrechtliche Satzungen und werden nicht zu Festsetzungen des Bebauungsplans. Baden-Württemberg hat von der Möglichkeit des § 9 Abs. 4 BauGB keinen Gebrauch gemacht.

Die Landesbauordnung bedient sich der Fachsprache. Deshalb werden zahlreiche Begriffe im Gesetz selbst definiert (§ 2 LBO, „Legaldefinitionen"). Beispielhaft seien einige genannt:

Bauliche Anlagen (§ 2 Abs. 1 LBO)
Anlagen, die unmittelbar oder durch eigene Schwere mit dem Erdboden verbunden sind (Ortsfestigkeit) und aus Bauprodukten hergestellt sind (Künstlichkeit). Dazu zählen Gebäude, Mauern, Teppichklopfstangen..., aber auch – Kraft Fiktion – Aufschüttungen und Abgrabungen sowie Stellplätze (§ 2 Abs. 1 Satz 3 LBO).

Gebäude (§ 2 Abs. 2 LBO)
Selbständig benutzbare, überdeckte bauliche Anlagen, die von Menschen betreten werden können und geeignet sind, dem Schutz von Menschen, Tieren oder Sachen zu dienen (Wohnhaus, Garage, Stall, Industriehalle...). Ein „Doppelhaus" besteht demnach bauordnungsrechtlich aus zwei Gebäuden, wenn jedes durch ein eigenes Treppenhaus erschlossen wird und mit eigenen Ver- und Entsorgungsanlagen versehen ist. Städtebaulich kann es dennoch ein „Einzelhaus" sein (§ 22 BauNVO).

Gebäudeklassen (§ 2 Abs. 4 LBO)
Die Landesbauordnung teilt die Gebäude in fünf Gebäudeklassen ein, die nach einer Kombination der Kriterien Gebäudehöhe, Zahl und Größe der Nutzeinheiten abgestuft sind. Die Gebäudeklassen dienen als systematische Grundlage für das Brandschutzkonzept der LBO (§§ 26 ff. LBO).

Oberirdisches Geschoss (§ 2 Abs. 5 LBO)
Geschosse sind oberirdische Geschosse, wenn ihre Deckenoberkanten im Mittel mehr als 1,4 m über die Geländeoberfläche hinausragen; im Übrigen sind sie Kellergeschosse. Hohlräume zwischen der obersten Decke und der Bedachung, in denen Aufenthaltsräume nicht möglich sind, sind keine Geschosse.

Vollgeschoss (§ 2 Abs. 6 LBO)
Ein Geschoss, das jeweils von Oberkante Fußboden bis Oberkante Decke mindestens 2,30 m hoch ist und mindestens 1,40 m über die im Mittel gemessene Geländeoberkante hinausragt. Das oberste Geschoss ist dann ein Vollgeschoss, wenn die Höhe von 2,30 m über drei Viertel der Grundfläche des darunterliegenden Geschosses vorhanden ist. Maßgebend sind die Rohbaumaße.

Stellplätze und Garagen (§ 2 Abs. 8 LBO)
Stellplätze sind Flächen im Freien, die dem Abstellen von Kraftfahrzeugen außerhalb der öffentlichen Verkehrsflächen dienen. Garagen sind Gebäude oder Gebäudeteile zum Abstellen von Kraftfahrzeugen. Ausstellungs-, Verkaufs-, Werk- und Lagerräume für Kraftfahrzeuge sind keine Stellplätze oder Garagen.

Das **bauordnungsrechtliche Stellplatz- und Garagenrecht** (§ 37 LBO) hat auch einen städtebaulichen Bezug, weshalb es hier besonders erwähnt wird. Bei Wohnungsvorhaben muss mindestens ein Stellplatz pro Wohnung hergestellt werden (§ 37 Abs. 1 LBO), der nicht durch eine Ablösezahlung ersetzt werden kann (§ 37 Abs. 6 Satz 1 LBO). Scheitert die Herstellung, darf das Wohngebäude auch ohne die erforderliche Zahl der Stellplätze errichtet werden (§ 37 Abs. 6 Satz 2 LBO). Bei sonstigen Vorhaben orientiert sich die Zahl der Stellplätze am Bedarf (§ 37 Abs. 1 Satz 2 LBO). Für dessen Ermittlung wird auf die Verwaltungsvorschrift über die Herstellung notwendiger Stellplätze (VwV Stellplätze) zurückgegriffen. Die Herstellung muss nicht zwingend auf dem Baugrundstück selbst (Eigengrundstück) erfolgen (§ 37 Abs. 4 LBO). Die Stellplatzverpflichtung kann unter bestimmten Voraussetzungen sogar durch die Zahlung eines Ablösebetrags erfüllt werden (§ 37 Abs. 5 LBO).

Auch das **Abstandsflächenrecht** kennt den besonderen städtebaulichen Bezug (§§ 5-7 LBO). Vor Außenwänden von baulichen Anlagen müssen Abstandsflächen liegen (**Abstandsflächengebot**, § 5 Abs. 1 LBO). Sie sind nur dann nicht erforderlich, wenn aus planungsrechtlichen Gründen (geschlossene Bauweise oder Baulinie auf der Grundstücksgrenze) auf die Grundstücksgrenze gebaut werden muss oder durch Baulasterklärung (§ 71 LBO) der beidseitige Grenzbau gesichert ist (§ 5 Abs. 1 Satz 2 LBO).

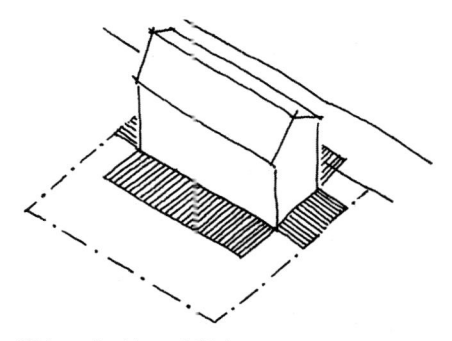

25 Lage der Abstandsflächen

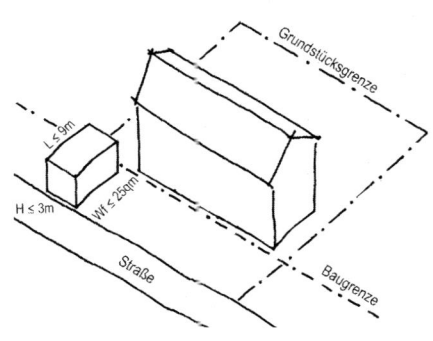

Die Abstandsflächen sind von oberirdischen baulichen Anlagen freizuhalten (**Freihaltegebot**, § 5 Abs. 1 Satz 1 LBO), wovon jedoch bestimmte „Bauwichanlagen" ausgenommen sind (§ 6 Abs. 1 LBO). Die Abstandsflächen dürfen sich nicht überdecken (**Überdeckungsverbot**, § 5 Abs. 3 LBO) und müssen auf dem eigenen Grundstück liegen (**Lagegebot**, § 5 Abs. 2 LBO). Sie können sich aber teilweise auf öffentliche Flächen (etwa Straßen) erstrecken. Wenn eine Abstandsfläche auf ein Nachbargrundstück übergreift, muss sie durch eine Baulast gesichert sein (§ 7 LBO).

Die Tiefe der Abstandsfläche ist abhängig von der Höhe der jeweiligen Wand (**Bemessungsregel**, § 5 Abs. 4 LBO). Dach- und Giebelflächen werden nur teilweise angerechnet (**Anrechnungsbefehl**, § 5 Abs. 5 LBO). Untergeordnete Bauteile, wie Gesimse und Terrassenüberdachungen, sowie Vorbauten, wie Erker und Balkone, bleiben unter gewissen Voraussetzungen außer Betracht (**Außerachtlassungsbefehl**, § 5 Abs. 6 LBO). Die Abstandsflächentiefe beträgt allgemein 0,4 der Wandhöhe; sie wird jedoch bei bestimmten Baugebieten reduziert (**Tiefenfaktor**, § 5 Abs. 7 LBO). Die Mindestabstandsflächentiefe beträgt stets 2,50 m, bei Wänden bis fünf Metern Länge lediglich zwei Meter (**Kappungsgrenze**, § 5 Abs. 7 Satz 2 LBO).

26 Grenzgarage in nicht überbaubarer Grundstücksfläche

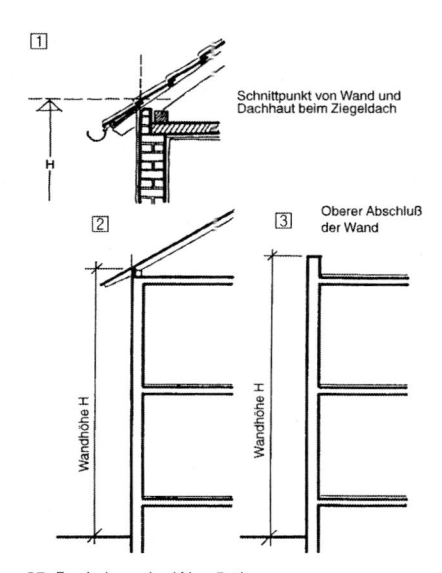

Abstandsflächen sind nicht erforderlich vor baulichen Anlagen, die keine Gebäude sind (Mauern, Pergolen...), wenn sie nicht höher als 2,50 m sind oder ihre Wandfläche nicht mehr als 25 m^2 beträgt (§ 6 Abs. 1 Satz 1 Nr. 3 LBO).

Bei Garagen, Gewächshäusern und Gebäuden ohne Aufenthaltsraum sind keine Abstandsflächen erforderlich, sofern die jeweilige Wandhöhe nicht mehr als drei Meter beträgt und die Wandfläche nicht größer als 25 m^2 ist. Dasselbe gilt für Gebäude oder Gebäudeteile, die eine Wandhöhe von nicht mehr als einen Meter haben. Die privilegierte Bebauung darf aber an einer Nachbargrenze nicht mehr als neun Meter und zusammen an allen Grundstücksgrenzen nicht mehr als 15 Meter betragen (§ 6 Abs. 1 Satz 2 LBO). Solche Anlagen sind auch in den Abstandsflächen anderer Gebäude zulässig (§ 6 Abs. 1 LBO) und dürfen ausnahmsweise auch auf den nicht überbaubaren Grundstücksflächen errichtet werden (§ 23 Abs. 5 Satz 2 BauNVO), soweit es der Bebauungsplan nicht verbietet.

27 Ermittlung der Wandhöhe

Tiefen der Abstandsflächen §5 Abs. 7 LBO / 2010		
Gebietsart	Wandhöhe (H)	Nachbarschutz
1. Allgem., WS, WR, WA, MI, SO/ E	0,4	0,4 H
2. MK, MD, WB	0,2	0,2 H
3. GE, GI, SO/ Sonstige	0,125	0,125 H

28 Berechnung der Abstandsflächentiefe (nach LBO-Novelle 2010)

4.4 Baunebenrechtliche Zulässigkeit

Die Zulässigkeit von Bauvorhaben kann auch durch Rechtsvorschriften eingeschränkt sein, denen man das „Baurecht" nicht von vornherein ansieht. Es sind Gesetzeswerke, die nicht das Bauen, sondern einen anderen Lebensbereich regeln, zum Beispiel Wasserrecht, Immissionsschutzrecht, Straßenrecht, Naturschutzrecht. Dort können sich aber Regelungen finden, die sich unmittelbar einschränkend auf das gewünschte Bauvorhaben auswirken.

So verbietet § 22 BImSchG schädliche Umwelteinwirkungen auch bei solchen Vorhaben, die immissionsschutzrechtlich nicht genehmigungspflichtig sind.

In festgesetzten Überschwemmungsgebieten ist die Errichtung oder Erweiterung baulicher Anlagen nach den §§ 30, 33, 34 und 35 des Baugesetzbuches untersagt (§ 78 Abs. 1 Nr. 2 Wasserhaushaltsgesetz - WHG -). Unter den engen Voraussetzungen nach § 78 Abs. 3 WHG kann die zuständige Behörde hiervon eine Abweichung genehmigen. Entsprechendes gilt in festgesetzten Überschwemmungsgebieten gemäß § 78 Abs. 4 WHG für die weiteren Untersagungstatbestände in § 78 Abs. 1 Nr. 3 bis 9 WHG. Der neu formulierte § 65 WasserG BW definiert, welche Gebiete als festgesetzte Überschwemmungsgebiete gelten („Fiktion"), ohne dass es deren weiterer Festsetzung bedarf. Danach gelten unter anderem solche Gebiete als festgesetzte Überschwemmungsgebiete, in denen ein Hochwasser statistisch einmal in 100 Jahren zu erwarten ist (sogenannte HQ100-Gebiete). Nach § 29 Abs. 3 Nr. 2 WasserG BW sind bauliche und sonstige Anlagen in Gewässerrandstreifen unzulässig.

Das Straßengesetz Baden-Württemberg enthält in § 22 Anbaubeschränkungen für Hochbauten jeder Art.
Welche Vorschriften des Baunebenrechts zu beachten sind, hängt vom Standort und von der Eigenart des jeweiligen Bauvorhabens ab.

4.5 Bauaufsichtliche Prüfverfahren

Präventive Kontrollverfahren
Das Bauordnungsrecht kennt behördliche Verfahren, die durchlaufen werden müssen, ehe ein Bauvorhaben begonnen werden darf (präventive bauaufsichtliche Kontrollverfahren).

Umfassendes Baugenehmigungsverfahren
Nach § 49 LBO bedürfen die Errichtung und der Abbruch sowie die gleichgestellten (§ 2 Abs. 12 LBO) Maßnahmen grundsätzlich der Genehmigung durch die nach Landesrecht zuständigen Behörden. Nach § 48 LBO i.V.m. § 46 Abs. 1 Nr. 3 LBO sind es die Landratsämter, die Stadtkreise, großen Kreisstädte oder sonstigen Gemeinden und Verwaltungsgemeinschaften mit eigener Baurechtszuständigkeit. Sie erteilen gemäß § 58 Abs. 1 Satz 1 LBO eine Baugenehmigung, wenn alle von ihr zu prüfenden öffentlich-rechtlichen Vorschriften (städtebaurechtlicher, bauordnungsrechtlicher und nebenrechtlicher Art) eingehalten sind. Die Baugenehmigung ist ein Verwaltungsakt im Sinne des § 35 LVwVfG und vermittelt dem durchgeführten Vorhaben Bestandsschutz. Die Baugenehmigung erlischt, wenn nicht innerhalb von 3 Jahren nach Erteilung der Genehmigung mit der Bauausführung begonnen wird oder wenn die Bauausführung drei Jahre unterbrochen wird; eine Verlängerung ist jedoch möglich (§ 62 LBO).

Vereinfachtes Baugenehmigungsverfahren
Seit der LBO-Novelle 2010 gibt es auch in Baden-Württemberg ein vereinfachtes Baugenehmigungsverfahren. Vorhaben, die kenntnisgabefähig sind, können vom Bauherrn stattdessen dem vereinfachten Baugenehmigungsverfahren unterworfen werden (§ 52 Abs. 1 LBO). In ihm prüft die Baurechtsbehörde nur die Übereinstim-

29 Auszug aus dem Straßengesetz für Baden-Württemberg (§ 22 StrG)

30 Beispiel einer Baugenehmigung (anonymisiert)

mung mit dem städtebaurechtlichen Bebauungsrecht (§§ 29–38 BauGB), mit dem bauordnungsrechtlichen Abstandsflächengebot (§§ 5–7 LBO) sowie mit baunebenrechtlichen Vorschriften, soweit in diesen Anforderungen an eine Baugenehmigung gestellt werden oder soweit es sich um ein Außenbereichsvorhaben handelt und die Vorschriften nicht in einem separaten Genehmigungsverfahren geprüft werden. Der Bestandsschutz, den die Baugenehmigung vermittelt, reicht nur so weit, wie das Bauvorhaben von der Baugenehmigungsbehörde zu prüfen war. Das vereinfachte Baugenehmigungsverfahren führt also zu einer gegenüber dem umfassenden Baugenehmigungsverfahren eingeschränkten Rechtssicherheit.

Kenntnisgabeverfahren
Das Kenntnisgabeverfahren ist dadurch gekennzeichnet, dass der Bauherr seine Bauabsicht bekannt gibt, indem er bei der Gemeinde die Bauvorlagen einreicht (§ 53 LBO i.V.m. § 1 LBO VVO). Er darf dann nach Ablauf einer Wartefrist von zwei Wochen (bei zugestimmten Vorhaben) beziehungsweise einem Monat mit den Bauarbeiten beginnen, soweit ihm die Gemeinde vorher nichts anderes mitteilt beziehungsweise die Baurechtsbehörde ihm den Beginn der Bauarbeiten nicht vorher untersagt (§ 59 Abs. 4 LBO). Für Sonderbauten (§ 38 Abs. 2 LBO) steht das Kenntnisgabeverfahren nicht zur Verfügung. Andere Anlagen, insbesondere Wohngebäude bis zur Hochhausgrenze und sonstige Gebäude der Gebäudeklassen 1 bis 3 (ausgenommen Gaststätten) können errichtet, baulich und in ihrer Nutzung abgeändert werden (§ 2 Abs. 12 LBO), wenn sie im Geltungsbereich eines qualifizierten (aber nicht übergeleiteten) oder vorhabenbezogenen Bebauungsplanes liegen und keine Veränderungssperre besteht (§ 51 Abs. 2 LBO). Der Vorteil des Kenntnisgabeverfahrens liegt in der kürzeren Verfahrensdauer und der geringeren Verwaltungsgebühr; der Nachteil in der höheren Verantwortlichkeit des Architekten und in der fehlenden Rechtssicherheit. Da keine Genehmigung (Unbedenklichkeitsbescheinigung) erteilt wird, gibt es auch keinen formellen Bestandsschutz.

Verfahrensfreie Vorhaben (§ 50 LBO)
Die Landesbauordnung kennt auch Vorhaben, die ohne vorherige behördliche Beteiligung ausgeführt werden dürfen. Sie sind in § 50 LBO aufgeführt. Für die Errichtungs- und baulichen Änderungsvorhaben ist der Anhang zur Landesbauordnung zu beachten (§ 50 Abs. 1 LBO). In ihm sind die verfahrensfreien Vorhaben nach Vorhabengruppen zusammengefasst und einzeln benannt.

Repressive Eingriffsmöglichkeiten
Stellt die zuständige untere Baurechtsbehörde fest, dass ein Vorhaben gegen öffentlich-rechtliche Vorschriften verstößt und diese Verstöße nicht durch eine Baugenehmigung gedeckt sind, kann sie nachträglich (repressiv) Anordnungen treffen, um rechtmäßige Zustände herbeizuführen. Solche Maßnahmen sind insbesondere die Baueinstellung (§ 64 LBO), die Nutzungsuntersagung (§ 65 Satz 2 LBO), die Abbruchsanordnung (§ 65 Satz 1 LBO) und sonst erforderliche Anordnungen (§ 47 Abs. 1 Satz 2 LBO). Sind Leib und Leben in Gefahr, können solche Anordnungen sogar Bauvorhaben betreffen, die von Baugenehmigungen gedeckt sind (§§ 58 Abs. 6 und 76 LBO).

31 Beispiel für die Anordnung einer Nutzungsuntersagung (anonymisiert)

Weiterführende Literatur

Battis, Ulrich/ Krautzberger, Michael/ Löhr, Rolf-Peter: Baugesetzbuch – BauGB. 12. Auflage. München 2013

Birk, Hans-Jörg: Städtebauliche Verträge. 5. Auflage. Stuttgart 2013

Büchner, Hans/ Schlotterbeck, Karlheinz: Baurecht. Band 1, Städtebaurecht einschließlich örtlicher Bauvorschriften. 4. Auflage. Stuttgart 2008

Büchner, Hans/ Schlotterbeck, Karlheinz: Baurecht. Band 2. 4. Auflage. 2011

Busch, Manfred/ Hager, Gerd/ Hermann, Dirk/ Kirchberg, Christian/ Schlotterbeck, Karlheinz: Das neue Baurecht in Baden-Württemberg (Loseblatt)

Ernst, Werner/ Zinkahn, Willy/ Bielenberg, Walter: BauGB. Kommentar (Loseblatt)

Fickert, Hans Carl/ Fieseler, Herbert: Baunutzungsverordnung. Kommentar. 11. Auflage. Stuttgart 2008

König, Helmut/ Roeser, Thomas/ Stock, Jürgen: Baunutzungsverordnung – BauNVO. 2. Auflage. München 2003

Sauter, Helmut: Landesbauordnung für Baden-Württemberg. Kommentar (Loseblatt)

Schlotterbeck, Karlheinz/ Busch, Manfred: Abstandsflächenrecht in Baden-Württemberg. 2. Auflage. Stuttgart 2011

Stollmann, Frank: Öffentliches Baurecht. 8. Auflage. 2011

Abbildungsnachweis

4 Eigene Darstellung

5 Bihr, Wilhelm/ Veil, Joachim/ Marzahn, Klaus: Die Bauleitpläne; Stuttgart 1971, Anlage Flächennutzungsplan – vom Autor überarbeitete Darstellung

6 Müller-Ibold, Klaus: Einführung in die Stadtplanung - Bd.2 Leitgedanken, Systeme und Strukturen. Stuttgart 1996, S.50 – vom Autor überarbeitete Darstellung

7 Müller-Ibold, Klaus: Einführung in die Stadtplanung - Bd.3 Methoden, Instrumente und Vollzug. Stuttgart 1997, S. 12

8, 10 Architektur- und Stadtplanungsbüro Prof. Dr. Baldauf

9 Autorenbeispiel

11, 13 Braam, Werner: Stadtplanung: Aufgabenbereiche – Planungsmethodik – Rechtsgrundlagen. Düsseldorf 1993, S.32 und S. 35

12 Bundesministerium für Raumordnung, Bauwesen und Städtebau: Planen, Bauen, Erneuern – Informationen zum neuen Städtebaurecht. Bonn 1997, S. 51

14 Stadt Stuttgart – Stufen der räumlichen Planung, Stuttgart 2006, S. 29 – vom Autor überarbeitete Darstellung

16-23 Sächsisches Staatsministerium des Inneren, Ortsplanung des Regierungspräsidium Dresden: Weiterentwicklung von Siedlungsbereichen – vom Autor überarbeitete Darstellung

24 Ettl, Karlheinz. Stuttgart 1998

25, 27 Imig, Klaus: Abstandsflächen im Baden-Württembergischen Baurecht. Stuttgart 1996

26 Eigene Darstellung

GERD BALDAUF

Städtebauliches Projektmanagement

Während in vielen Städten und Gemeinden umfangreiche und intelligente Ideen zur Stadtentwicklung vorliegen, mangelt es oft an der konsequenten und zügigen Umsetzung. Deshalb wird das städtebauliche Projektmanagement für die Umsetzung von Planungsideen mittels planerischer, rechtlicher, finanzieller und politischer Instrumente immer wichtiger.

Das traditionelle Planungssystem in der Bundesrepublik Deutschland ist geprägt von einer zweistufigen Bauleitplanung (Flächennutzungs- und Bebauungsplan), die Investoren den Bewegungsspielraum vorgibt (vgl. Beitrag Büchner, S. 307). In dieser „Angebotsplanung" endet das kommunale Handeln in der Regel mit der Formulierung eines städtebaulichen Zieles oder mit dessen Verankerung in einem verbindlichen Bauleitplan. Die Umsetzung und Realisierung bleiben dabei großteils den privaten Investoren überlassen. Dieses statische Vorgehen, zunächst einen Plan zu erarbeiten, um dann die Realisierung lediglich abzuwarten, genügt heute nicht mehr und wirkt eher entwicklungshemmend.

Nicht nur die Zweistufigkeit der Bauleitplanung, auch die klassische Rollenverteilung zwischen Planer und Investor (Realisierer) ist im modernen Planungsgeschehen nur noch begrenzt sinnvoll. Der Verfahrensablauf mit vorausgehender Planung und nachfolgender Verwirklichung und damit die Trennung von Planungs- und Realisierungsaufgaben sind bei der Umsetzung städtebaulicher Vorhaben überholt.

Bereits ab Mitte der 1970er Jahre lockerte sich allmählich die strikte Zweistufigkeit der Bauleitplanung, der Wandel hin zur entwicklungsorientierten Stadtplanung begann. Begriffe wie „Entwicklungsplanung" oder „städtebauliche Entwicklungsplanung" im Baugesetzbuch spiegelten die Erkenntnis wider, dass die Bauleitplanung allein zur Bewältigung der neuen Aufgaben nicht mehr ausreiche. Die Herausforderung besteht heute darin, den Interpretationsspielraum des zweistufigen Systems planerisch zu nutzen und die zwischenzeitlich erfolgten Ergänzungen des Baugesetzbuches sinnvoll und in Kombination mit Bebauungs- und Flächennutzungsplan einzusetzen.

Hierfür ist es entscheidend, schon von Planungsbeginn an die Realisierung zu berücksichtigen und insofern die strikte Trennung von Planung und Realisierung zu überwinden. Ziel ist danach ein konsequent umsetzungsbezogenes Entwerfen: Bereits beim ersten Strich der Planungskonzeption ist zu bedenken, in welcher Form sie später realisiert werden kann.

Damit wird auch die übliche Trennlinie zwischen städtebaulichem Entwurf und Rechtsplan infrage gestellt. Da Rechtspläne ebenso wie städtebauliche Konzepte „entworfen" werden müssen, ist auch diese Grenze künftig zu durchbrechen. Die Formulierung städtebaulicher Ideen und deren Umsetzung in Rechtspläne werden im Folgenden thematisiert. Organisation, Finanzierung und der Einsatz sonstiger Instrumente werden zu einem möglichst umfassenden städtebaulichen Projektmanagement zusammengefasst.

1 Ziele und Aufgaben des städtebaulichen Projektmanagements

Städtebauliches Projektmanagement zeichnet sich durch die folgenden Grundsätze, Ziele und Aufgaben aus:

Ausführungsorientierte Ideenfindung im gesamten Planungsprozess
Da es in den komplexen städtebaulichen Projekten meist um sehr kompakte und dichte Konzepte geht, fällt dem normgerechten Entwerfen eine hohe Bedeutung zu. Bereits von der ersten Konzeption an gilt es, die spätere Umsetzung auf der Grundlage bestehender rechtlicher und planerischer Normen zu berücksichtigen. Entwürfe städtebaulicher „Bilder" und „Visionen", die zum Beispiel Dichtewerte oder Abstandsregeln gemäß Landesbauordnung nicht beachten, können in der Phase der Umsetzung durch die nachträglich notwendige Anpassung an diese Vorgaben zur Deformation der ursprünglichen Planungsabsichten führen. Im Extremfall kann dann das tatsächlich realisierte Projekt kaum noch Bezug zum ursprünglichen städtebaulichen Entwurf haben.

Die Erfahrungen im städtebaulichen Projektmanagement zeigen, dass umgekehrt auch die Ideenfindung mit dem städtebaulichen Entwurf längst nicht abgeschlossen ist. Gerade in den komplexen und räumlich beengten Verhältnissen der Innenstädte ist es notwendig, bis zur Investorensuche und damit kurz vor Beginn der baulichen Umsetzung städtebauliche Entwürfe fortzuschreiben und gegebenenfalls zu korrigieren. Anstelle eines starren Entwurfs, der keine spätere Änderungen zulässt, ist das Entwerfen selbst als ein „Prozess" auf allen Ebenen (Recht, Gestaltung, Funktion, Finanzen, Instrumente...) bis hin zur Realisierung zu verstehen – als ein innovativer Prozess, der von festen, aber allgemein gehaltenen Grundsätzen ausgeht und in den Details stets variabel bleibt. Durch einen modularen und prozessualen Aufbau des Entwurfs können neue Entwicklungen aufgefangen und verarbeitet werden.

Sicherung eines hohen Qualitätsniveaus
Wenn es gelingen soll, eine wirtschaftlich wettbewerbsfähige, ökologisch nachhaltige, sozial ausgeglichene Stadt von städtebaulicher und architektonischer Prägnanz im Planungsprozess zu erreichen, kommt Städtebauern und Architekten eine wesentliche Aufgabe zu. So hängt die Qualität einer Stadt meist entscheidend von der in Einzelprojekten erreichten Qualität ab. Hier reicht nicht nur ein guter Entwurf; dessen Qualitäten müssen durch das städtebauliche Projektmanagement gesichert werden.

1 Prozessualer und modularer Aufbau eines Stadtentwicklungskonzeptes am Beispiel der Konversionsfläche des Schiesserareals in Radolfzell

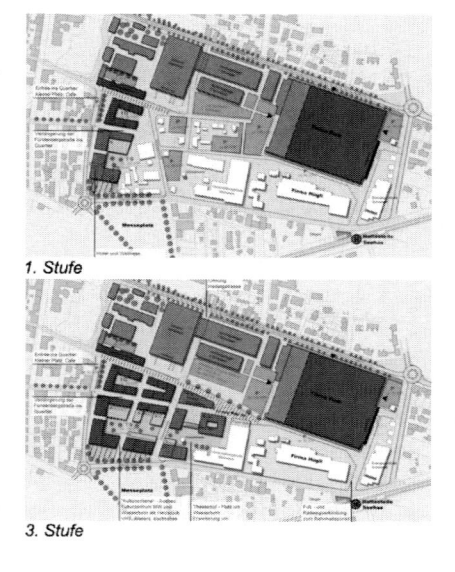

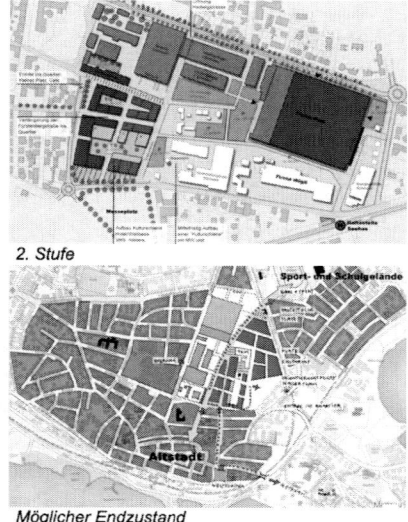

1. Stufe

2. Stufe

3. Stufe

Möglicher Endzustand

Die Qualitätssicherung umfasst alle wesentlichen Aspekte des Vorhabens:

- städtebauliche Qualität,
- Gestaltungsqualität,
- Nutzungsqualität,
- Umweltqualität,
- funktionale Qualität,
- Qualität des sozialen Gefüges (Wohlbefinden der Bürger).

Dynamische Projektführung. Schnelligkeit und Reaktionsfähigkeit im Planungsprozess und schlanke Organisation

Nur durch permanent hohes Engagement und ständige Dynamik im Sinne einer schnellen und zielgerichteten Realisierung kann der Planungsprozess erfolgreich abgeschlossen werden. Ein aktives, mit hohem Einsatz und Erfolgsdruck betriebenes Arbeiten erhöht die Realisierungschance. Dazu gehört, den Organisationsprozess auf das Wesentliche zu beschränken: straffe, zielgerichtete Organisation des Planungshandelns bei größtmöglicher Transparenz.

Bewahrung und bewusster Einsatz „weicher" Faktoren

Neben den nachprüfbaren „harten" Organisationsformen, wie Ablaufdiagramme, Prüflisten..., sind im städtebaulichen Projektmanagement eher „weiche" Faktoren gefragt: Überzeugungskraft, Mut, Kreativität, Durchsetzungsvermögen, politisches Gespür, Flexibilität, Ideenreichtum und Raffinesse sind unverzichtbare Fähigkeiten zur erfolgreichen Bewältigung schwieriger Stadtentwicklungsprojekte.

2 Die Abbildung zeigt an Beispielen aus innerstädtischen Planungen (Bad Herrenalb und Bad Wildbad) die Vielfalt und Vielschichtigkeit des Planungsprozesses im Übergang vom „grauen Planungsrecht" zum „bunten Instrumentenmanagement", der mit dem städtebaulichen Projektmanagement einhergeht.

Vom (GRAUEN) BEBAUUNGSPLAN

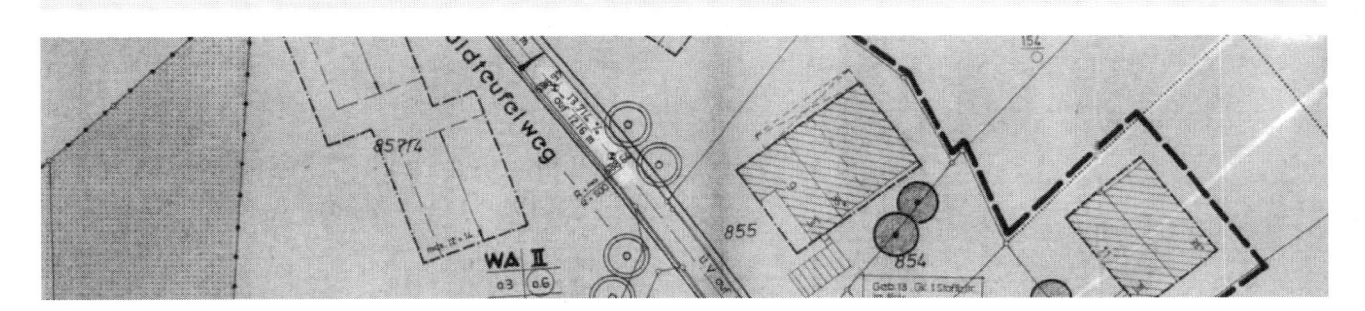

zum BUNTEN INS RUMEN ENMANA EMENT

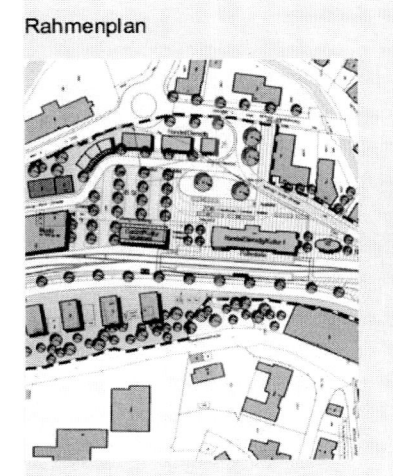

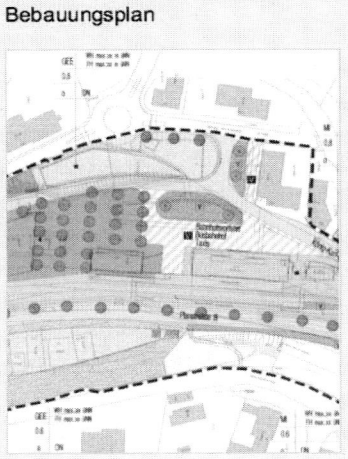

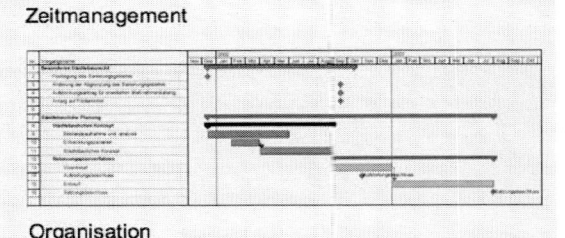

Hohes Maß an Einvernehmen in politischen Gremien und in der Öffentlichkeit
Die Umsetzung komplexer städtebaulicher Projekte ist kein linearer Vorgang mit klar definierten Beteiligten und Abläufen. Städtebauliches Projektmanagement bewegt sich in einem sehr heterogenen Feld mit divergierenden Interessen und sich ständig ändernden Konstellationen. Dies wird in wechselnder Gewichtung von beteiligten Personen und Institutionen, eingesetzten Instrumenten, den Ansprüchen der Öffentlichkeit, den Erfordernissen der Wirtschaftlichkeit und nicht zuletzt der Politik beeinflusst. Städtebauliches Projektmanagement ist für eine erfolgreiche Umsetzung in gleichem Maße auf ein gutes Einvernehmen mit der Politik wie mit der Öffentlichkeit angewiesen und muss diese herbeiführen (Abb. 3).

1.1 Grundsätze der Realisierung

Die Umsetzung komplexer städtebaulicher Vorhaben kann auf unterschiedlichen Ebenen stattfinden:

- *auf freiwilliger Basis:* Die Bebauung, Nutzung und Entwicklung von Innenflächen durch Privatinvestoren beziehungsweise Grundstückseigentümer erfolgt freiwillig, meist nach einer eingehenden Beratung oder langfristiger Überzeugungsarbeit bei Bevölkerung, Politik und Grundstückseigentümern; oder aber das betreffende Grundstück wird an die Gemeinde verkauft. Letzteres ist leider die Ausnahme; denn die angesprochene Beratung ist aufwendig und zeitraubend.

- *durch rechtliche Beeinflussung:* Die informellen Planungen und die geltenden Bauleitpläne setzen den rechtlichen Rahmen für die städtebaulichen Projekte. Bei ihrer Umsetzung stellt sich stets die Frage, ob die geplante Bebauung nach dem geltenden Städtebaurecht zulässig ist. Unter Umständen kann sich der Stadtentwicklungsplan oder sonstige Rahmenpläne im Falle einer Abweichung von der formellen Planung bei der Auslegung der Zulässigkeitsvorschriften auswirken.

- *durch Vorsorge der Gemeinde:* Die Kommune kann Grundstücke zum Zwecke der Stadtentwicklung kaufen. Bei der Umsetzung geplanter städtebaulicher Vorhaben spielen der Gebrauch von Vorkaufsrechten oder Hilfestellungen in Form von Förderprogrammen und Finanzmittel der Gemeinde eine wichtige Rolle.

- *durch partnerschaftliche Beteiligung:* Die Kommune geht mit privaten Investoren und/oder privaten Bauherren eine vertraglich vereinbarte Kooperation zur Durchführung des Projekts ein. Solche Kooperationen und damit einhergehende Aushandlungsprozesse zwischen öffentlich und privat gewinnen immer mehr an Bedeutung. Sie bergen zahlreiche Chancen, aber auch einige Risiken.

- *durch Einsatz besonderer durchführungsorientierter Rechtsinstrumente:* Die Kommune wendet zur Durchführung das Besondere Städtebaurecht an (Entwicklungsmaßnahme/Sanierungsmaßnahmen); damit kann sie mehrere finanzielle, planerische und rechtliche Instrumente kombinieren und die Chancen einer erfolgreichen Umsetzung komplexer städtebaulicher Vorhaben erhöhen. Der Einsatz dieser starken Instrumente ist jedoch an bestimmte Voraussetzungen gebunden, die nicht immer gegeben sind.

- *durch Zwangsmaßnahmen:* Die Kommune setzt die ihr rechtlich gegebenen Instrumente des Gebots und der Enteignung ein; dies geschieht allerdings im Rahmen der Realisierung städtebaulicher Projekte sehr selten.

3 Städtebauliches Projektmanagement

| Realisierung der Stadtentwicklungskonzepte |

| **Freiwillig** Mitwirkung der Betroffenen | **Formal** Bebauungsplan Umlegung Gebote | **Verhandlung** zwischen Gemeinde und Betroffenen | **Bezahlung** durch Gemeinde oder Träger |

Kombi-Lösung
- Städtebauliche Ideen
- Verhandlung
- Verträge
- Planungsrecht
- Finanzierung / Förderung

4 Realisierung der Stadtentwicklungskonzepte

Die genannten Ebenen zeigen ein breites Spektrum heutiger Planung. Dabei ist es für eine erfolgreiche Umsetzung wesentlich, Konsens unter den Akteuren herzustellen. Dies gelingt in der Praxis meist durch eine Mischung verschiedener Instrumente und Methoden.

2 Elemente des städtebaulichen Projektmanagements

Erfolgreiches städtebauliches Projektmanagement beruht auf drei Eckpfeilern: auf einer effektiven Organisation des Planens (2.1), auf einer soliden Finanzierung der Realisierung (2.2) und auf einem geschickten instrumentellen Management (2.3).

2.1 Organisation des Planens

Auf städtebaulicher Ebene stellen sich im Wesentlichen fünf Aufgaben, die zusammen als „Organisation des Planens" bezeichnet werden können:
- die Organisation der beteiligten Personen (Personalorganisation),
- die inhaltliche Koordination (Fachkoordination),
- das Koordination von Institutionen und Ämtern innerhalb und außerhalb der Gemeinde,
- das Zeitmanagement,
- die Öffentlichkeitsarbeit und Präsentation.

Ziel dieser Managementaufgabe sind überschaubare Organisationsstrukturen, um das gesamte Vorgehen unbürokratisch und einfach, zielgerichtet und problemorientiert gestalten zu können. Hierfür sind klare Planungs- und Organisationsabläufe zu schaffen, die auch bei Personalwechsel fortführbar sind. Die Strukturen müssen Offenheit, Transparenz und Flexibilität gewährleisten, so dass alle Beteiligten die Zusammenhänge erkennen können und zugleich das Grundkonzept laufend fortgeschrieben werden kann. Je kompetenter und sorgfältiger dieser Arbeitsschritt ausgeführt wird, desto leichter fällt den Beteiligten die Abwicklung selbst schwieriger Prozessabläufe.

Personalorganisation
Im städtebaulichen Projektmanagement kommt der Personalorganisation eine besondere Bedeutung zu, denn im Städtebau gibt es (schon kraft Gesetzes) sehr viele Beteiligte. Während des Planungsprozesses kommt es immer wieder zu Personalwechseln und zu Änderungen in der Bedeutung und Funktion der einzelnen Beteiligten. Die Ziele und Aufgaben der Personalorganisation lauten daher unter anderem:
- das Verwaltungsverfahren zu beschleunigen,
- die Transparenz zu erhöhen,
- Reibungsverluste zu vermeiden,
- die Öffentlichkeitsarbeit zu verbessern,
- für ein möglichst konfliktfreies Bewegen im Verwaltungshandeln zu sorgen,
- die Privatisierung von Planungselementen (Public-Private-Partnership) einzubeziehen und
- neue Formen der Zusammenarbeit zwischen Kommune und privaten Trägern zu nutzen.

Fachkoordination
Das städtebauliche Projektmanagement zeichnet sich durch eine ausgeprägte fachliche Vielschichtigkeit aus. Das Fachwissen unterschiedlicher Disziplinen ist deshalb möglichst kompakt zu bündeln und in den Planungsprozess einzuspeisen. Im Wesentlichen sind es die in Abbildung 5-8 genannten Fachgebiete, die – je nach Zuschnitt und Ausprägung des Vorhabens – einbezogen werden müssen.

5–8 Beispielhafte Symboldarstellungen für die unterschiedlichen Fachaspekte Verkehr, Lärm, Versorgung, Altlasten

Fachplanungen:
Raumordnung und Landesplanung,
Umlegung,
Baurecht,
Landschafts- und Grünplanung,
Denkmalpflege,
Straßenbau und Verkehr, ÖPNV,
Lärmschutz,
Altlasten, Bodenbeschaffenheit,
Liegenschaften,
Geologie,
Wasserwirtschaft, Flussbau,
Vermarktung, Einzelhandel,
Telekommunikation,
Energie, Windenergie,
Bahn,
Förderung/ Finanzierung/ Folgekosten,
Ver- und Entsorgung,
Telemedien

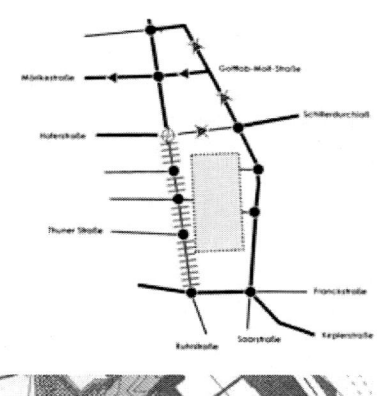

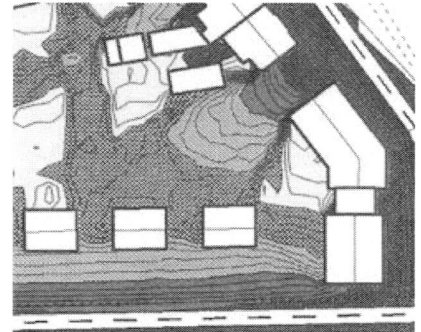

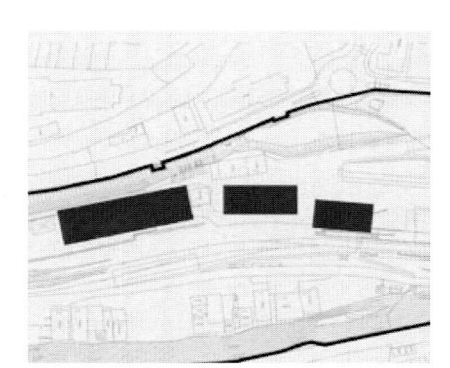

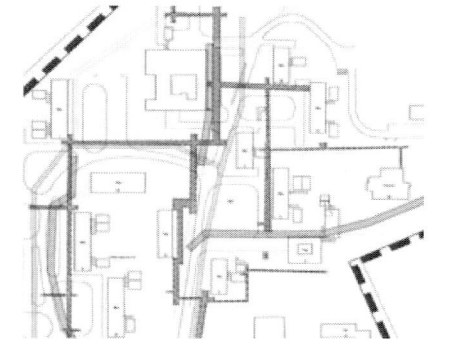

Städtebauliche Planungen sind Querschnittsaufgaben, die durch Einbeziehung nur einiger weniger Fachaspekte nicht bewältigt werden können. Obwohl dies inzwischen allgemein berücksichtigt wird, empfiehlt es sich dennoch, die Zusammenarbeit der unterschiedlichen Spezialisten zu intensivieren und hierfür die Funktion eines „Planungskoordinators" einzurichten, der das Zusammenführen fachlicher, personeller und instrumenteller Aspekte übernimmt. Die Funktion des „Planungskoordinators" kann entweder gemeindeintern oder gemeindeextern durch das Einbeziehen privater Büros (Fachkapazität auf Zeit) verankert sein. Seine Aufgaben sind:

- die konsequente Überwachen des zeitlichen Ablaufs,
- das Sicherstellen der Vollständigkeit der fachlichen Betrachtung,
- das Vermeiden und Lösen von Zielkonflikten zwischen den Fachaspekten und Ausgleich zwischen sich widersprechenden Aussagen,
- das Vorbereiten der Abwägung zwischen unterschiedlichen Fachdisziplinen,
- das innere Controlling,
- die rechtliche Überprüfung der Machbarkeit von Vorschlägen,
- das Einbeziehen der Finanzplanung in den Planungsprozess,
- das Einbinden von Investoren und Interessenten,
- die Mitwirkung bei der Öffentlichkeitsarbeit.

Die Abbildung 9 zeigt eine mögliche Organisationsstruktur für die Fachkoordination durch den für das städtebauliche Projektmanagement eingesetzten Plankoordinator. Im Spannungsfeld zwischen den Gremien der Stadt und der Öffentlichkeit hat er hauptverantwortlich zu prüfen, ob die benötigten Fachinformationen vollständig und korrekt sind. Diese sind in die Planung einzuarbeiten, eventuell vorhandene Zielkonflikte sind zu lösen. Auch im Zuge der Beratung des Auftraggebers über den notwendigen Leistungsbedarf ist der Planungskoordinator für die Vollständigkeit der fachlichen Stellungnahme verantwortlich. Die Funktion des Planungskoordinators nimmt im Planungsprozess aufgrund der wachsenden Komplexität eine immer wichtigere Rolle ein. Der mit dieser Funktion verbundene zeitliche Aufwand sollte ebenfalls nicht unterschätzt werden.

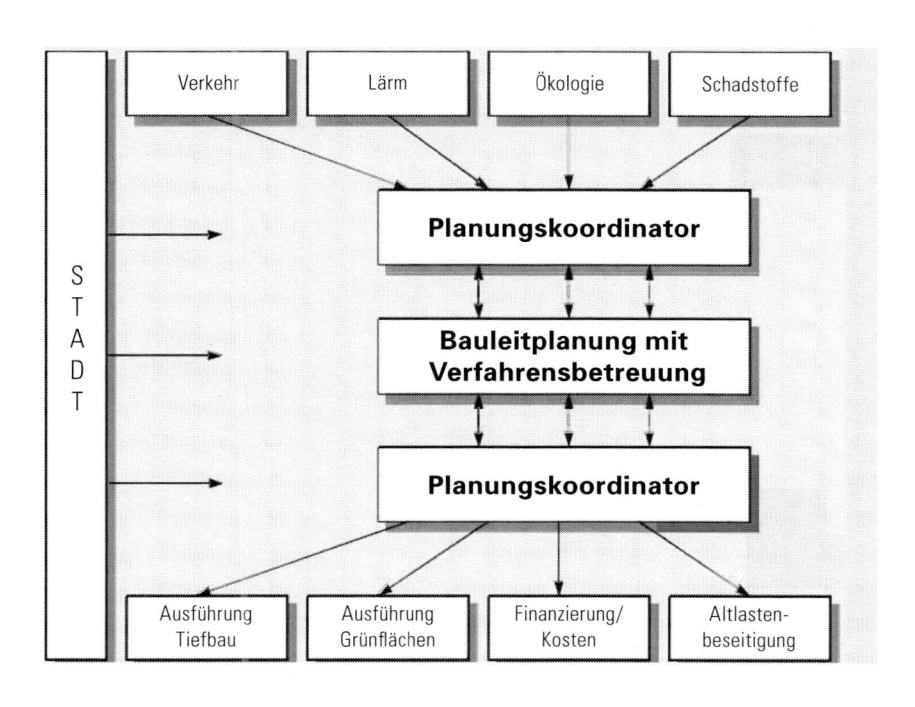

9 Vorschlag Organisationsstruktur. Städtebauliches Projektmanagement durch Planungskoordinator

Koordination von Institutionen und Ämtern (Träger öffentlicher Belange)
Da die Komplexität von Planungsprojekten die Beteiligung einer Vielzahl von unterschiedlichen Fachinstitutionen und gemeindlichen Ämtern erfordert, zählt die Koordination zu den zentralen Managementaufgaben des städtebaulichen Projektmanagements. Im Bauleitplanverfahren regelt dies die Gemeinde unter anderem durch die Beteiligung der Träger öffentlicher Belange erst relativ spät im Verfahren (vgl. Beitrag Büchner, S. 313). Im städtebaulichen Projektmanagement muss jedoch möglichst frühzeitig das Fachwissen der beteiligten Träger öffentlicher Belange erfragt und koordiniert werden.

Dazu ist es erforderlich, dass bereits mit Beginn des Projektes bei der Formulierung erster Zielvorstellungen und Absichten eine Informations- und Eröffnungsrunde mit den Trägern öffentlicher Belange erfolgt. Aufbauend auf dem bisherigen Vorgehen bei der Beteiligung von Trägern öffentlicher Belange sollten zusätzlich folgende Aspekte berücksichtigt werden:

- Das Beteiligungsverfahren muss zielgerichtet und offensiv zu Beginn des Planungsprozesses eingeleitet werden, das heißt es sollten die Träger öffentlicher Belange direkt einbezogen und von ihnen nicht nur Informationen abgefragt werden. Zumindest mit den wichtigsten Trägern öffentlicher Belange, die an der Stadtentwicklung beteiligt sind, erfolgt ein intensiver fachlicher Austausch. Abzustimmen ist außerdem die zeitliche Abwicklung kommunaler und sonstiger Maßnahmen der öffentlichen Hand.
- Die Träger öffentlicher Belange haben ihre Planungen zur Stadtentwicklung darzulegen, bereits eingeleitete Verfahren zu erläutern und auch Informationen zu sonstigen Maßnahmen mitzuteilen. Die einzelnen Träger öffentlicher Belange sollten sich dabei auf die ihnen zugeordneten Fachgebiete beschränken. Dies trägt entscheidend zur Vereinfachung des Planungsprozesses bei.

Zeitmanagement
Angesichts des wachsenden Einflusses von privater Seite insbesondere bei komplexen Stadtumbauvorhaben ist ein konsequentes Zeitmanagement unumgänglich. Zu Beginn des Planungsprozesses ist ein Zeitplan aufzustellen, der in regelmäßigen Abständen fortzuschreiben ist. Er enthält alle wichtigen Entscheidungsschritte und bildet somit die Klammer zwischen den bereits geschilderten Organisationsaufgaben. Im Zeitplan sind – gestützt auf inzwischen sehr komfortable und ausgereifte EDV-Programme – die Entscheidungswege, die Abläufe in den beteiligten Fachbereichen, die Einschaltung von Ämtern... zeitlich und organisatorisch vorbereitet.

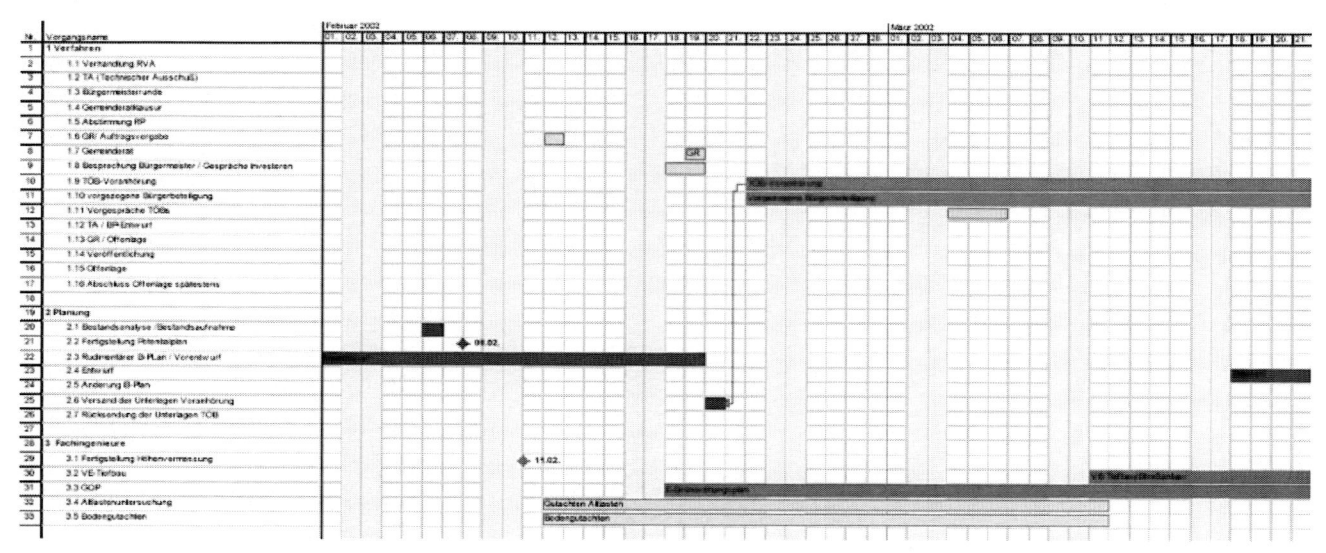

10 Zeitplan

Öffentlichkeitsarbeit und Präsentation
Da komplexe städtebauliche Projekte in der Regel in gewachsene soziale Strukturen eingreifen, sind eine effiziente Öffentlichkeitsarbeit und die umfassende Beteiligung der Bürger unabdingbar, denn das Verständnis von der Notwendigkeit wie von den möglichen Vorteilen, aber auch Risiken solcher Projekte sind sowohl in der Öffentlichkeit als auch in politischen Entscheidungsgremien unterentwickelt.

Öffentlichkeitsarbeit und Bürgerbeteiligung sind in Bestandsgebieten aufwendiger und kostenträchtiger als in Neubaugebieten. Darauf sollte sich die planende Kommune einstellen, auch mit Blick auf die zeitliche Abwicklung.

Dabei sind Instrumente und Methoden der Öffentlichkeitsarbeit, die sich sowohl innerhalb als auch außerhalb von Bauleitplanverfahren bereits bewährt haben, konsequent einzusetzen. Da diese an anderer Stelle ausführlicher behandelt werden (Beiträge Selle S. 367 und Büchner S. 307), werden sie hier nicht näher erläutert.

2.2 Finanzierung der Realisierung

Städtebau ist ohne gesicherte Finanzierung nicht möglich. Dies ist eine Selbstverständlichkeit, die jedoch häufig missachtet wird. Immer wieder ist zu beobachten, dass die Ideenfindung abgeschlossen wird, ohne dass die Finanzierung bedacht wurde. Statt eines Nacheinanders in der Abfolge der Planungsschritte muss daher bereits parallel zu den ersten Entwurfsideen geklärt werden, in welcher Form und mit welchen Mitteln die Planungsideen später umgesetzt werden können.

Finanzierungsfragen gehören nicht zu den Kernaufgaben des Städtebaus. Dennoch kann städtebauliches Projektmanagement wesentliche Beiträge zur Kostensenkung, zur Mittelbeschaffung und damit zur Realisierbarkeit von Projekten leisten: durch eine Optimierung des Planungsprozesses und das volle Ausschöpfung bestehender Förder- und Finanzierungsmöglichkeiten. Im Einzelnen kann dies umfassen:

Akquisition von Fördermitteln
Die Kommunen können bei Land und Bund Fördermittel für die Realisierung städtebaulicher Vorhaben aus mehreren Förderprogrammen einwerben (vgl. Beitrag Simon-Philipp, S. 341). In der vollen Ausschöpfung der Fördermöglichkeiten und in ihrem geschickten, kombinierten Einsatz liegt eine wichtige Aufgabe des städtebaulichen Projektmanagements. Folgende wichtige Fördermöglichkeiten, die jeweils an besondere Voraussetzungen gebunden sind, sind zu nennen: Landessanierungsprogramm, die Bund-Länder-Programme „Stadtumbau West", „Aktive Stadtzentren", und „Städtebaulicher Denkmalschutz", das Entwicklungsprogramm „Ländlicher Raum" und Fachförderungen (zum Beispiel Gemeindeverkehrsfinanzierungsgesetz (GVFG)) sowie der Ausgleichstock (Bedarfszuweisungen des Landes an solche Kommunen, die trotz verantwortlicher Haushaltsführung ihren Haushalt nicht ausgeglichen gestalten konnten). Diese Programme sind in den vergangenen 30 Jahren in Baden-Württemberg sehr erfolgreich angewandt worden und stellen die Hauptsäule der finanziellen Unterstützung planerischer Maßnahmen.

Aktivierung von Mitteln in öffentlichen Haushalten
Das städtebauliche Projektmanagement muss einen Beitrag dazu leisten, dass die Planung und Umsetzung städtebaulicher Konzepte im Finanzierungsvolumen der Städte und Gemeinden angemessen verankert sind. Hier geht es in erster Linie um Überzeugungsarbeit, damit die Projekte den Stellenwert in der Kommunalpolitik bekommen, der ihnen zusteht.

Wirtschaftlichkeit
Das städtebauliche Projektmanagement muss die finanzielle Solidität der Planungen überprüfen und hat dafür zu sorgen, dass über Kostennutzenanalysen und Kostenberechnungen deren Wirtschaftlichkeit nachgewiesen wird.

Modularer Aufbau von Städtebaukonzepten
Städtebauliche Konzepte müssen so modular aufgebaut sein, dass sie im Endzustand ein in sich geschlossenes, aufeinander abgestimmtes Ganzes ergeben, das zu einer nachhaltigen Verbesserung im Stadtgebiet führt, und dass sich zugleich in einzelnen Schritten mit unterschiedlichen Beteiligten und Finanziers realisieren lässt. Hierzu muss bereits im städtebaulichen Entwurf der Ansatz einer möglichen modularen Umsetzung enthalten sein.

Verhandlungsstädtebau
Städtebauliches Projektmanagement kann durch geschickte Kombination städtebaulicher Konzepte und Instrumente ein gewisses Maß an Wertschöpfung bei der Realisierung erzielen. Die besondere Herausforderung liegt darin, die mit erfolgreichen Projekten stets erzielte Wertschöpfung zumindest teilweise für die Allgemeinheit nutzbar zu machen, zum Beispiel durch die Übernahme von Planungs- und Organisationskosten durch beteiligte Privatfirmen oder durch die Übernahme von Erschließungskosten und weiterer Infrastrukturkosten durch private Investoren.

Projekte im Public-Private-Partnership
Mit abnehmender finanzieller Leistungsfähigkeit der Kommunen wird die vertraglich vereinbarte Partnerschaft mit privaten Investoren bei der Durchführung komplexer städtebaulicher Vorhaben immer wichtiger. Hier geht es im städtebaulichen Projektmanagement ebenfalls auch darum, einen Mehrwert für die Allgemeinheit in städtebaulichen Belangen zu sichern.

Die Möglichkeit, Planungsrecht zu schaffen, eröffnet der Kommune die Chance, privaten Investoren verbesserte Rahmenbedingungen für eine Neubebauung bzw. die Umnutzung von Grundstücken zu bieten. Dabei muss der Mehrwert zumindest zum Teil auch wieder für die Allgemeinheit nutzbar gemacht werden.

2.3 Instrumentelles Management

Das instrumentelle Management bildet die zentrale Handlungsebene für die städtebauliche Umsetzung von Komplexen städtebaulichen Projekten. Bei der Realisierung von Planungen ergeben sich neue Vorgehensweisen durch das heutige Planungsinstrumentarium: z.B. durch vorhabenbezogene Bebauungspläne, durch städtebauliche Verträge, die Einbeziehung sonstiger städtebaulicher Planungen, die Beschleunigung von Bauleitplanverfahren wie auch dadurch, dass die Kommunen Planungs- und Betreuungsleistungen nach außen vergeben können. Es steht eine Klaviatur an Instrumenten mit unterschiedlichen Einsatzmöglichkeiten zur Verfügung. Dabei sollten alle denkbaren informellen und formellen Instrumente einbezogen werden:

- informelle Planungsinstrumente: Entwicklungsszenarien; Stadtentwicklungspläne und -konzepte; städtebauliche Rahmenpläne; Machbarkeitsstudien; Strategiepläne...;
- rechtliche Planungsinstrumente (vgl. Beitrag Büchner, S. 313): Flächennutzungsplan; Bebauungsplan; Vorhaben- und Entwicklungsplan und sonstige städtebauliche Satzungen (zum BeispielSatzungen gem. § 34 Abs. 4 BauGB);

- Rechtsinstrumente zur Verwirklichung der Planung: städtebaulicher Vertrag, Erschließungsvertrag; besonderes Städtebaurecht mit städtebaulichen Entwicklungsmaßnahmen, städtebaulichen Sanierungsmaßnahmen sowie städtebaulichen Geboten; Umlegung und Grenzregelung; Vorkaufsrechte gem. §§ 24 ff. BauGB; Enteignung;
- Rechtsinstrumente des Bebauungsrechts (vgl. Beitrag Büchner, S. 313): Zulässigkeitsregelungen gemäß § 30 Abs. 1 und Abs. 2 BauGB; Zulässigkeitsregelungen des § 34 BauGB.

Diese planerischen und rechtlichen Instrumente sind zu ergänzen durch Öffentlichkeitsarbeit und Maßnahmen zur Vermarktung. Wichtig ist des Weiteren die aktive Einbindung des Vorhabens in die Entscheidungsprozesse der Gemeinde. Insgesamt gilt es im städtebaulichen Projektmanagement darum, sämtliche Variationen und Kombinationen des Instrumenteneinsatzes auszuschöpfen, um entsprechend der jeweiligen Problem- und Aufgabendefinition die richtige Strategie für die Realisierung von Maßnahmen zu finden.

11 Städtebauliches Projektmanagement, Ablaufdiagramm

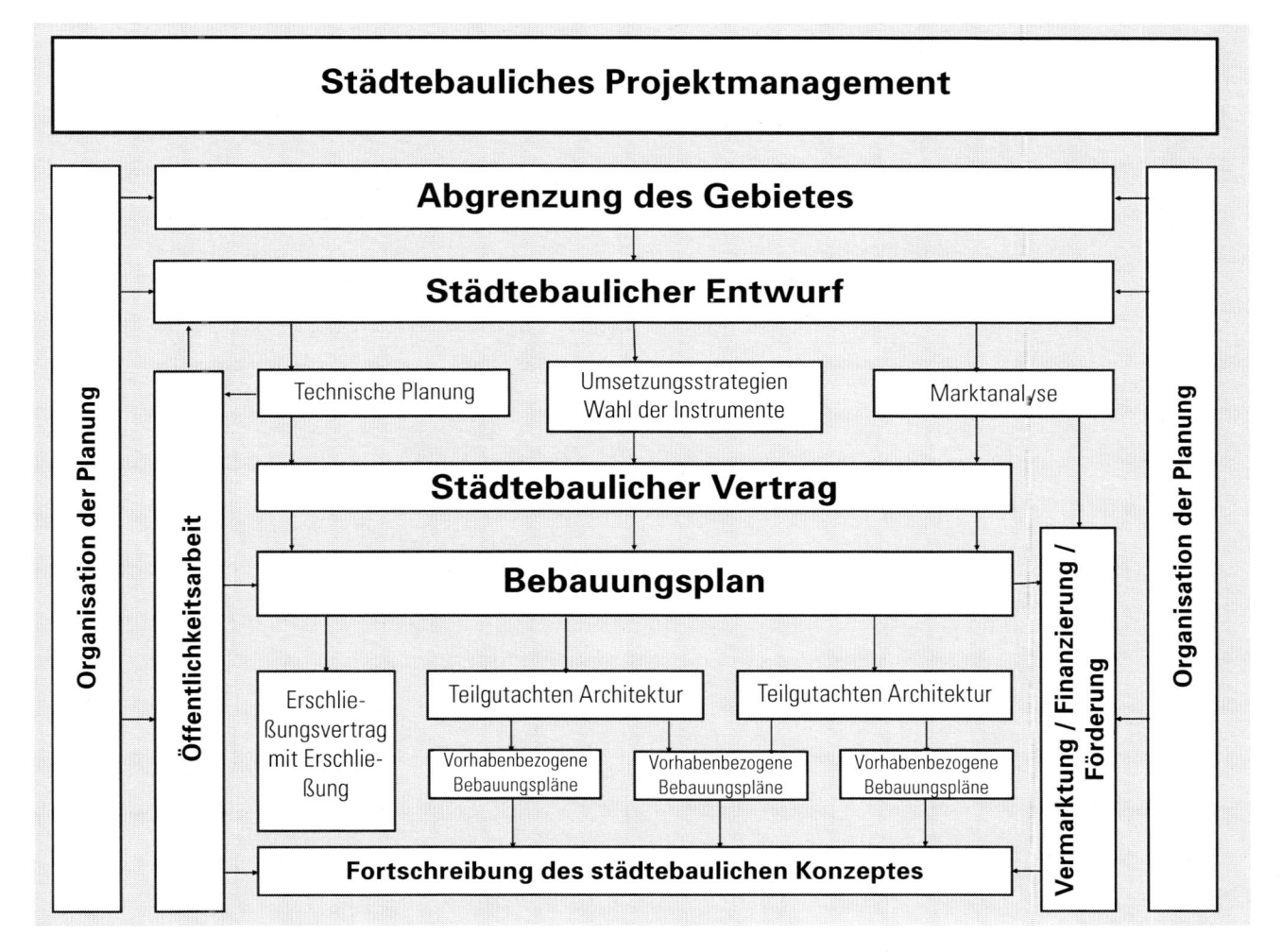

Weiterführende Literatur

Baldauf, Gerd: Innenentwicklung PUR. planen und realisieren. Studie im Auftrag des Wirtschaftsministeriums Baden-Württemberg und des Ministeriums für Umwelt und Verkehr Baden-Württemberg. Stuttgart 2003

Dransfeld, Egbert: Wirtschaftliche Baulandbereitstellung – städtebauliche Kalkulation. Bonn 2003

Köster, Claudia: Städtebauliche Qualifizierung bei der Entwicklung neuer Stadtquartiere. Zusammenarbeit öffentlicher und privater Partner, Münster/Wetfalen 2006

Selle, Klaus: Planen. Steuern. Entwickeln – Über den Beitrag öffentlicher Akteure zur Entwicklung von Stadt und Land. Dortmund 2005

Sinning, Heidi (Hg.): Stadtmanagement. Strategien zur Modernisierung der Stadt(-Region). Dortmund 2006

Endnoten

1 Dieser Beitrag basiert auf G. Baldauf/ H. Büchner: Innenentwicklung PUR. Planen und Realisieren. Studie im Auftrag des Wirtschaftsministeriums Baden-Württemberg und des Ministeriums für Umwelt und Verkehr Baden-Württemberg. Stuttgart 2003

2 PPP = Public Private Partnership

3 vgl. „Kirchhof-Gutachten": Prof. Dr. Ferdinand Kirchhof: Die Optimierung der Beteiligung der Träger öffentlicher Belange an Bauleitplanungsverfahren, Stuttgart 1994; vgl. auch § 4 Abs. 2 Satz 2 BauGB

Abbildungsnachweis

1–4   Dr. Ing. Gerd Baldauf
5   Planungsbüro von Mörner + Jünger, Darmstadt
6   Accon GmbH, München
7–11 Dr. Ing. Gerd Baldauf

THOMAS KRÜGER

Projektentwicklung als Handlungsfeld der Stadtplanung

Schon seit einigen Jahren werden Begriffe wie „Projekt" und „Projektmanagement" in der Praxis wie auch in der Lehre und Forschung zu Städtebau, Stadt- und Raumplanung verwendet, freilich in der Regel ohne näher zu definieren, was genau gemeint ist. Im Zusammenhang mit städtebaulichen Großprojekten, die in den 2000er Jahren aus Anlass des Brachfallens großer, ehemaliger Industrie- und Infrastrukturflächen zunahmen, trat verstärkt der Terminus „städtebauliches Projektmanagement" hinzu, vielfach ebenso undefiniert. Zum Ausdruck kommt in diesen Begriffen und Begriffskonjunkturen, dass es bei der städtebaulichen Entwicklung zunehmend um mehr und andere Aufgaben geht, als sie mit den klassischen Zugängen von „Entwurf" oder „Planung" erfasst werden.

Um zu klären, worum es sich bei dem „Management" von städtebaulichen „Projekten" handelt, wird im Folgenden zunächst das vorherrschende Verständnis von Projekten erläutert. Anschließend wird dargestellt, dass sich die Bedingungen von städtebaulichen bzw. Projekten der Stadtentwicklung strukturell erheblich von diesem vorherrschenden Projektverständnis unterscheiden. Dabei spielen insbesondere verschiedene Akteure innerhalb und auch außerhalb des eigenen organisatorischen Kontextes eine wichtige Rolle; hierzu wird ein einfaches Modell vorgestellt. Anschließend wird unter der Fragestellung „Planung durch Projekte?" auf deren Stellung in der räumlichen Planung eingegangen und durch das Praxisbeispiel Hochschulstadtteil Lübeck ergänzt, um zum Abschluss kurz das Berufsfeld der Projektentwicklung zu beleuchten.

1 Projekte in Organisationen

Das vorherrschende Projektverständnis ist geprägt von der Aufgabenstellung und dem organisatorischen Umfeld von Projekten in großen Unternehmen bzw. Organisationen im Bereich der Industrie und Dienstleistungswirtschaft. Diese setzen Projekte für größere und besondere Aufgaben ein, die nicht im Rahmen der Standardverfahren und Routinen dieser Organisationen bearbeitet werden können. Die Aufgaben sind oft komplex: Projekte werden zum Beispiel für die Entwicklung neuer Produkte oder auch von neuen Organisationskonzepten (etwa bei der Einführung neuer Softwaresysteme) eingesetzt. Bei aller Komplexität können die typischen Aufgaben und Ziele der Projekte in der Regel allerdings doch relativ klar in „Lastenheften" definiert werden, das heißt, in den vom Auftraggeber zusammenfassend formulierten Anforderungen an das Ergebnis eines Projekts.

Diese Ausrichtung an klar definierten Zielvorgaben gilt insbesondere auch für die Bauwirtschaft, in der eine hoch entwickelte „Projektsteuerung" für die komplexen arbeitsteiligen Prozesse bei großen Vorhaben seit langem Standard ist. Auch Ar-

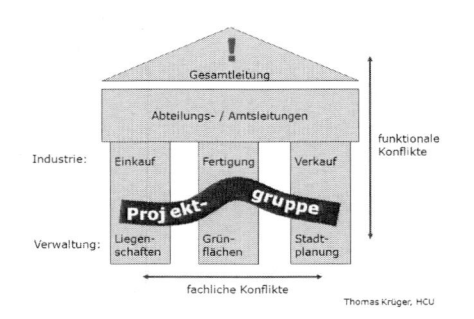

1 Projektorganisation

beitsgemeinschaften von verschiedenen Unternehmen, wie sie in der Bauwirtschaft zum Zwecke der Errichtung eines bestimmten Vorhabens üblich sind, werden durch eine übergreifende Projektsteuerung, die die Einhaltung der Vorgaben überwacht, koordiniert.

Das in der Literatur vorherrschende Verständnis von Projektmanagement kommt in komprimierter Form in der DIN 69901 zum „Projektmanagement" klar zum Ausdruck:[1] Demnach ist ein „Projekt" ein „Vorhaben, das im Wesentlichen durch Einmaligkeit der Bedingungen in ihrer Gesamtheit gekennzeichnet ist, wie z. B. Zielvorgabe, zeitliche, finanzielle, personelle oder andere Begrenzungen, Abgrenzung gegenüber anderen Vorhaben und projektspezifische Organisation."

Das „Projektmanagement" wird in der DIN definiert als „Gesamtheit der Führungsaufgaben, -organisation, -techniken und -mittel für die Abwicklung eines Projektes" (ebd.). Nach dieser Vorstellung ist das Projektmanagement also darauf beschränkt, eine klar definierte Aufgabenstellung in einem begrenzten Rahmen umzusetzen.

Von der DIN wird die „projektspezifische Organisation" als ein wichtiges Merkmal eines Projekts genannt. In größeren Organisationen werden Projekte oft aus Mitarbeiterinnen und Mitarbeitern verschiedener Abteilungen (Einkauf, Fertigung, Verkauf) oder Ämtern (Planung, Bau, Grün, Liegenschaften) zusammengesetzt. Dabei wird neben der fachlichen auch die hierarchische Gliederung überlagert, da Mitarbeiterinnen und Mitarbeiter für die Projektarbeit eben nicht der Aufsichts- und Weisungskompetenz ihrer Vorgesetzen unterliegen sollten. Schließlich sollen ja gezielt eine andere Arbeitskonstellation geschaffen und neue Wege gegangen werden. Projekte befinden sich also – bildlich ausgedrückt – „quer" zur vorhandenen fachlichen und hierarchischen Gliederung einer Organisation. Die Projektleitung kann sogar Verantwortung und Zuständigkeiten erhalten, die denen der Abteilungs- oder Amtsleitungen vergleichbar sind. Dies führt naturgemäß zu einer Vielzahl potenzieller fachlicher und funktionaler Reibungsprobleme und Konflikte, die nach dem vorherrschenden Verständnis durch eine klare Definition der Ziele, Zuständigkeiten und verfügbaren Ressourcen ausgeschlossen oder stark minimiert werden können. Eine solche Klarheit und Entschlusskraft ist bei komplexen Aufgaben nur realistisch, wenn eine höhere Instanz befugt ist, abschließende Entscheidungen über das Projekt und sein organisatorisches Umfeld zu treffen. Dies ist bei Projekten in Organisationen die Aufgabe und Verantwortung von Eigentümern, Geschäftsführung, Vorstand oder Behördenleitung (vgl. Abb. 1).

Die konzeptionelle Beschränkung des Projektmanagements auf Methoden einer effizienten Abwicklung von Aufgaben kann damit erklärt werden, dass ganz überwiegend von Projekten innerhalb von Organisationen oder – wie in der Bauwirtschaft – von weitgehend definierten Vorhaben ausgegangen wird. Erst in jüngerer Zeit wurde begonnen, die Probleme von Projekten in komplexen gesellschaftlichen Kontexten – beispielsweise auf der Basis von „Stakeholder-Analysen" – zu diskutieren.[2] Der Nestor des Projektmanagements in Deutschland, Heinz Schelle, stellt dies in einen Zusammenhang mit der Kritik an den vorherrschenden technokratischen Ansätzen und sprach Anfang der 2000er Jahre sogar von einem „Neuen Paradigma" des Projektmanagements.[3]

2 Projekte der Stadtentwicklung

Die Rahmenbedingungen von typischen Projekten der Stadtentwicklung weichen von den Bedingungen wie sie der DIN 69901 zugrunde liegen, von der auch die Literatur geprägt ist, deutlich ab. Projekte der Stadtentwicklung sind oftmals gekennzeichnet durch

- ungenaue und widersprüchliche Zielvorstellungen,
- die Beteiligung mehrerer und sehr verschiedenartiger Akteure sowie
- unklare oder fehlende Zuständigkeiten und Hierarchien.

Projekte der Stadtentwicklung sind nur selten allein oder auch nur wesentlich innerhalb einer Organisation verortet. Es ist vielmehr typisch, dass sie zwischen mehreren und sehr verschiedenen Organisationen angesiedelt sind. Dazu gehören bei komplexeren Vorhaben mindestens verschiedene Ämter, Dezernate oder Ministerien, Planungs- und Beratungsbüros sowie – nicht zuletzt – Investoren und Nutzer bzw. Betreiber als unmittelbar Beteiligte. Die Mitwirkung verschiedener Organisationen hat zur Folge, dass es zwar viele, mehr oder weniger autonome Beteiligte und Entscheider gibt, aber keine höhere Instanz, die zur abschließenden Entscheidung ermächtigt wäre, wie es bei Projekten innerhalb von Organisationen der Fall ist. Vielmehr müssen die Mitwirkenden, insbesondere die Planungs- und Genehmigungsinstanz und der Träger des Vorhabens, im Zweifelsfall verhandeln und sich verständigen (vgl. Abb. 2). Sie müssen dabei das komplexe Umfeld von indirekt Beteiligten und Betroffenen berücksichtigen, das bei Projekten der Stadtentwicklung mit ihrer prinzipiell gesellschaftlichen Einbettung und Wirkung gegeben ist. Die Komplexität größerer Projekte der Stadtentwicklung, die Vielzahl der unmittelbar Mitwirkenden und die fehlende Hierarchie bzw. die „Heterarchie" führen dazu, dass die in der Literatur vorherrschenden Ansätze und Methoden des Projektmanagements nur sehr begrenzt eingesetzt werden können.

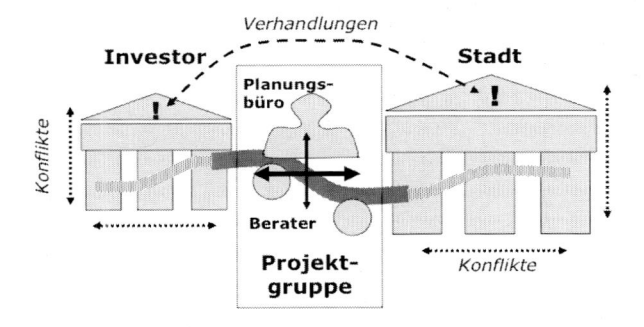

2 Projekte der Stadtentwicklung

Abgesehen von der besonderen Konsultations- und Entscheidungsstruktur ist für Projekte der Stadtentwicklung außerdem typisch, dass die Ziele, die Inhalte und deren Ausgestaltung nur begrenzt vorab und von außen gesetzt und entschieden werden können. Diese müssen vielmehr von den Beteiligten in einem gemeinsamen Projektentwicklungsprozess interpretiert, weiterentwickelt oder modifiziert werden. Die Beteiligten werden die Entwicklung des Projekts in ihren „Heimatorganisationen" erläutern und deren Zustimmung erhalten müssen – insbesondere die der „Auftraggeber", das heißt der verantwortlichen Entscheider beim Vorhabenträger bzw. Investor und bei der Gebietskörperschaft. Dabei bestehen allerdings oftmals erhebliche Spielräume, wie Projekte innerhalb von Eckdaten im Detail ausgestaltet werden. Aufgrund der mit wachsendem Projektfortschritt aufgelaufenen Kosten entsteht ein Druck – zumindest für die Investoren – Zugeständnisse zu machen, um das Projekt zügig abschließen bzw. realisieren zu können. Bei Projekten der Stadtentwicklung geht also das Management weit über das „Abwickeln" exogen gestellter Aufgaben hinaus. Es handelt sich im Wesentlichen um eine inhaltliche Aufgabe der Projekt-Entwicklung mit dem Ziel, ein umsetzbares Ergebnis zu erreichen. Dabei spielen die Akteure, die auf die Gestaltung und den Verlauf des Projekts Einfluss nehmen können, eine entscheidende Rolle.

3 Akteursmodell

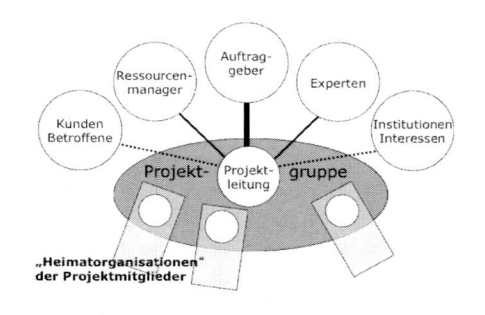

3 Akteursmodell für Projekte der Stadtentwicklung

Die Einbettung von Projekten der Stadtentwicklung kann in einem vereinfachten Akteursmodell erfasst werden, das die Akteurstypen und ihre Bedeutung für die Projektarbeit grundsätzlich abbildet (siehe Abb. 3). Dabei hat der bzw. haben die Auftraggeber die größte Bedeutung, denn im Zweifel sind sie es – als Leitung des Vorhabenträgers oder der Gebietskörperschaft –, die über das Projekt entscheiden und es verantworten. Es sind allerdings weitere Akteure mit wesentlichem Einfluss zu berücksichtigen. Die „Ressourcenmanager" sind in Organisationen oft die Abteilungs-, Fachbereichs- oder Amtsleitungen. Sie sind in der Regel nicht Mitglieder von Projekten, verfügen aber über Personalkapazitäten und Budgets, die für die Projektarbeit gebraucht werden. Es ist eher selten, dass Projekte vorab und in ausreichendem Umfang die erforderlichen Personal- und Sachmittel erhalten. Vielmehr müssen diese nach grundsätzlicher Freigabe durch die Organisationsleitung nach Qualität, Umfang und Zeitpunkt zwischen der Projektleitung und den Ressourcenmanagern ausgehandelt werden, sodass diese de facto einen wesentlichen Einfluss auf die Projektarbeit haben. In diesem Zusammenhang darf nicht übersehen werden, dass die Mitglieder einer Projektgruppe vor, oftmals auch während und nach dem Projekt einer anderen Organisationseinheit angehören, also fachlich und persönlich auch außerhalb des Projekts in Strukturen eingebunden sind (vgl. „Heimatorganisationen", Abb. 3).

Von ähnlich großer Bedeutung wie die Ressourcenmanager sind die „Experten". Als solche werden hier Fachleute mit hoher Reputation und großem Einfluss auf die Meinungsbildung insbesondere in der Fachwelt, in der Politik und in der Öffentlichkeit bezeichnet. Dabei geht es nicht nur um Fachleute in Sachen Stadtentwicklung im engeren Sinne wie engagierte Planer/innen, Architekten und Architektinnen oder Manager/innen von Wohnungsunternehmen und Bauträgern. Es können im Einzelfall auch Fraktionsvorsitzende, Sparkassenvorstände, Immobilienmakler, Pastoren und Pastorinnen, die Schulleitung, der Vorstand des Kunstvereins usw. über relevantes Wissen für ein Projekt verfügen oder zumindest selbst der Meinung sein, dass es so sei. Werden Experten übergangen, können fachliche Fehler entstehen und kann es durch direkte oder indirekte Interventionen dieser Fachleute auch zu Verzögerungen und Widerständen kommen, deren eigentliche Ursachen oft nicht unmittelbar erkennbar sind.

Eine weitere bedeutende Akteursgruppe, deren Vertreter gleichzeitig als „Experten" involviert sein können, sind die „Institutionen und Interessen" im Umfeld eines Projekts der Stadtentwicklung, beispielsweise Kammern, Parteien, Verbände, Vereine, Initiativen, Grundeigentümer, Einzelhändler, Nachbargemeinden und Konkurrenzstandorte. Schon der Auftraggeber tut gut daran, diese zu berücksichtigen, um die Erfolgsaussichten eines Projektes zu verbessern. Angesichts von oft langen Laufzeiten in der Stadtentwicklung, von Modifikationen von Projektinhalten und Veränderungen der Situation im Umfeld des Projekts ist das Projektmanagement gut beraten, sich eigenständig von der Haltung der Institutionen und Interessen vor Ort ein Bild zu machen. Ähnliches gilt für die Akteursgruppe der „Kunden und Betroffenen". Auch sie müssen vom Auftraggeber berücksichtigt werden, um eine möglichst hohe Nachfrage und Akzeptanz zu erzielen. Allerdings sind auch hier Veränderungen im Zeitverlauf wahrscheinlich, die gegebenenfalls unmittelbar in die Projektarbeit einfließen können.

Die Aufgaben des Managements gehen bei Projekten der Stadtentwicklung also weit über das vorherrschende Verständnis einer möglichst effektiven Abwicklung extern gesetzter Vorgaben hinaus, wie sie mit den technokratischen Ansätzen des Projektmanagements bewältigt werden kann. Die dafür entwickelten Methoden sind sehr nützlich, sie müssen allerdings den Anforderungen und dem Selbstverständnis der Akteure angepasst werden, die in Projekten der Stadtentwicklung im Grundsatz eigenständig agieren. Darüber hinaus gilt es, die jeweilige Aufgabe in relevantem Umfang inhaltlich auszuarbeiten und weiterzuentwickeln, dabei auch Veränderungen im Umfeld wahrzunehmen und diese gegebenenfalls in der Entwicklung des Projekts zu berücksichtigen.

4 Planung durch Projekte?

Die wachsende Bedeutung von Projekten und die damit verbundenen Veränderungen der räumlichen Planung werden seit längerem theoretisch reflektiert.[4] Dabei steht die Veränderung der Inhalte und Prozesse der öffentlichen bzw. hoheitlichen Planung im Mittelpunkt, die sich wie folgt zusammenfassen lassen:

- Durch Projekte erfolgt eine Veränderung des Planungsprozesses, indem die klassische Abfolge von Planung und Umsetzung miteinander verschränkt werden oder sogar simultan erfolgen. Dies führt zu einer veränderten Rolle der Planung, die eine Mitverantwortung für die Umsetzung erhält und mit den Akteuren kooperieren muss. Klaus Selle hat diesen Wandel der Aufgabe und Arbeitsweise auf den Punkt gebracht:[5] „die Planung lernt das Handeln".
- Im Unterschied zum umfassenden, flächendeckenden und auf Dauer angelegten Ansatz der Planung wird bei Projekten eine inhaltliche, räumliche und zeitliche Schwerpunktsetzung vorgenommen. Projektorientierung ist mit Selektivität und Ungleichbehandlung verbunden, was in der räumlichen Planung dem dominanten Paradigma der Gleichwertigkeit der Lebensverhältnisse bzw. des Ausgleichs widerspricht. Insbesondere Großprojekte bergen zudem erhebliche Risiken für die öffentliche Hand, die bei den traditionellen Ansätzen der reinen Ordnungs- und Angebotsplanung nicht auftreten.[6] Mit der Konzentration von Ressourcen auf vermeintlich „lohnende" Schwerpunkte erhält die öffentliche Stadtentwicklung Merkmale unternehmerischen Handelns.

Die skizzierten Veränderungen von Planungsprozessen und -inhalten, wie sie durch Projekte befördert werden, könnten als Rückwendung zu altbekannten inkrementalen Ansätzen der Planung interpretiert werden. Eine grundlegend neue Qualität erhält die Projektorientierung allerdings durch die Verknüpfung des Modells inkrementalen, unkoordinierten Handelns mit dem Modell einer umfassenden Entwicklungsplanung, die Karl Ganser unter dem Titel des „perspektivischen Inkrementalismus" vorschlug.[7] Dieser Planungsansatz wurde – inhaltlich unverändert – später auf den Begriff der „projektorientierten Planung" gebracht.[8]

Bei dem perspektivischen Inkrementalismus bzw. der projektorientierten Planung wird versucht, die Zielorientierung der „Comprehensive Planning" mit dem Pragmatismus des „Disjointed Incrementalism" zu fusionieren. Dabei soll die Wertentscheidung der Planung mit der praktischen Bearbeitung der komplexen Problemstellung verkoppelt werden. Die Interpretation widersprüchlicher Ziele und die Bewältigung von Zielkonflikten wird nicht vorab abstrakt vorgenommen, sondern erfolgt im konkreten Planungsprozess. Die Rationalität der Planung bestehe demzufolge in ihrer Fähigkeit „sich gleichsam in der Schwebe zu halten im Spannungsfeld verschiedener Rationalitäten." Die Qualität einer Planungsstrategie bemesse sich daran, „inwieweit es ihr gelingt, die Widersprüche und Ambivalenzen zu inkorporieren, in sich abzubilden und so mit ihnen angemessener umzugehen"[9]. Deshalb werden die angestrebten Ziele, Inhalte und Verfahren der Planung nicht als detaillierte Vorgabe, sondern relativ allgemein, gewissermaßen als perspektivischer Korridor und Qualitätsanforderungen an die Projekte formuliert.

Beispiel Hochschulstadtteil Lübeck

Planungsgeschichte

Ende der 1980er Jahre kamen Überlegungen auf, der wirtschaftlichen Entwicklung der Stadt Lübeck, die durch ihre unmittelbare Grenzlage zur DDR und die niedergehende Hafenwirtschaft ungünstig verlief, durch einen Technologiepark neue Impulse zu geben. Dieser sollte im Umfeld der bestehenden Hochschulen entstehen, wo Stadt und Land über umfangreiche unbebaute Flächen verfügten.

Mit der Grenzöffnung änderte sich schlagartig die Lage. Lübeck erlebte einen Boom, insbesondere im Einzelhandel wie auch bei der Wohnungsnachfrage. Entsprechend wurde im 1991 entschiedenen Wettbewerb für den neuen „Hochschulstadtteil" Lübecks ein erheblicher Anteil an Wohnbauflächen vorgesehen. Der Entwurf des Preisträgers sah, ausgehend von einem zentralen Park mit einem städtebaulichen Gelenk zu den Hochschulen, eine klare Gliederung mit konzentrisch abnehmender baulicher Dichte vor, der an klassische Gartenstadtkonzepte erinnerte.

Die Anfang der 1990er Jahre starke Wohnungsnachfrage führte zu wiederholten Überarbeitungen der städtebaulichen Planungen, deren Fläche ausgedehnt und deren Dichte erhöht wurde, sodass das Konzept zunehmend „städtischer" wurde (vgl. Abb. 4). Dies führte Mitte der 1990er Jahre, als die Nachfrage insbesondere für den Geschoßwohnungsbau sich bereits deutlich abschwächte, zu erheblichen Widerständen insbesondere aus „grüner" Perspektive. In der zweiten Hälfte der 1990er Jahre entstand durch zunehmende Anforderungen, die seitens der verschiedenen Akteure der Wirtschaft (Technologiepark, Finanzierungsbeitrag Technologiezentrum), der Stadtentwicklung (Wohnungsbau) und des Boden-, Wasser- und Naturschutzes (Ökologie), hier im Bündnis mit Kleingärtnern, die dem Projekt weichen sollten, eine regelrechte Blockade des Projektes. Der Widerstreit der fachlichen Sichtweisen und politischen Perspektiven, die sich in der Lübecker Kommunalverwaltung damals bis in die Spitze der Dezernenten bzw. „Bürgermeister" abbildeten, schien innerhalb Lübecks nicht mehr lösbar. Gleichzeitig zeigten die wirtschaftliche und die Bevölkerungsentwicklung der Stadt – nach dem kurzen Boom in der Zeit unmittelbar nach der deutschen Wiedervereinigung – inzwischen wieder deutlich negative Tendenzen.

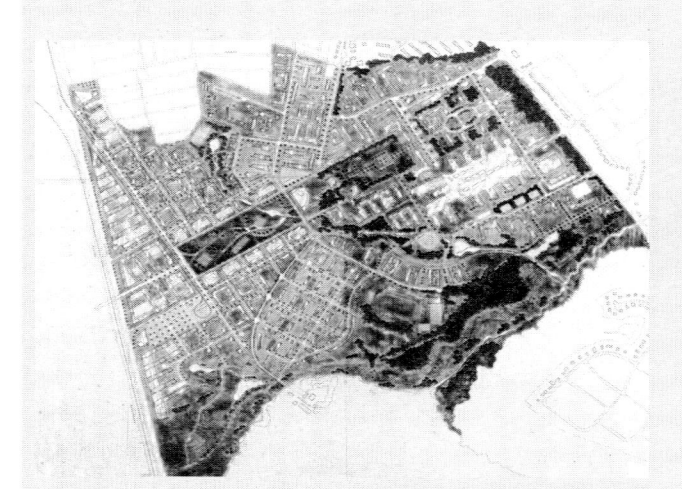

4 Städtebaulicher Rahmenplan 1994 (Czerner, Sudbrack)

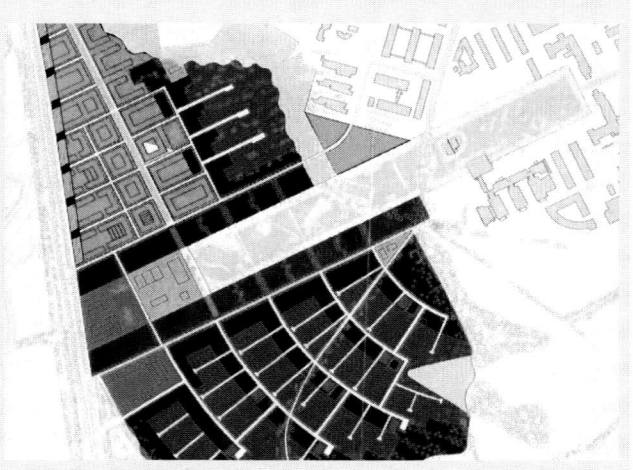

5 Rahmenplan 2000 (Petersen, Pörcksen)

Projektentwicklung Hochschulstadtteil

1998 wurde die Landesentwicklungsgesellschaft Schleswig-Holstein (LEG) als nicht-Lübecker und bisher nicht beteiligter Akteur gebeten, eine Machbarkeitsstudie zu erarbeiten. Der Hochschulstadtteil sollte ohne Kosten für die Stadt Lübeck realisiert werden. Die für die Errichtung eines Technologiezentrums und der äußeren Erschließung (Bau einer übergeordneten Straße mit Bahnbrücke) erforderlichen Eigenanteile der Stadt von ca. 6 Mio. Euro bzw. 15% der geplanten Gesamtkosten, die soziale Infrastruktur (Kita, Grundschule usw.) sowie sämtliche Kosten der Planung und der Erschließung sollten aus dem Projekt heraus finanziert werden.

Das von LEG erarbeitete Konzept behielt die Grundfigur der städtebaulichen Planung bei, reduzierte aber die städtebaulichen Aussagen zunächst auf das Niveau einer Flächennutzungsplanung (vgl. Abb. 5). Für den Wohnungsbau wurde die Struktur so verändert, dass statt der damals geplanten ca. 2/3 der Wohnungen im Geschosswohnungsbau nunmehr ein entsprechender Anteil Einfamilien-, Doppel und Reihenhausbebauung vorsehen wurde bzw. der Geschosswohnungsbau auf 1/3 der Einheiten verringert wurde. Als kurzfristig zu realisierendes Startprojekt wurde das von der Wirtschaft gewünschte Technologiezentrum vorgesehen. Alle mit Einwänden aus ökologischer Sicht belegten Flächen sollten unangetastet bleiben und umfangreiche Gutachten zur Klärung der ökologischen Sachverhalte, die von der Stadt nicht finanziert werden konnten, sollten in Auftrag gegeben werden. Eine Finanzplanung über das Gesamtprojekt (Technische und Soziale Infrastrukturen, Erschließung, Ausgleichs- und Ersatzmaßnahmen, Projektsteuerung) von insgesamt ca. 120 ha Fläche stellte eine schwarze Null dar. Dieses Konzept, das den wesentlichen Akteursgruppen Wirtschaft, Bevölkerung und Ökologie jeweils das Minimum ihrer Interessen zusicherte, wurde schließlich vom Rat der Stadt Lübeck beschlossen.

Zusammen mit dem städtebaulichen Konzept wurde die Trägerschaft für das Projekt vereinbart. Die Stadt Lübeck bzw. von ihr beherrschte Gesellschaften (61%) und die LEG (39%) gingen eine wirtschaftliche Partnerschaft zur Realisierung des Projektes ein und gründeten eine Hochschulstadtteil Entwicklungsgesellschaft (s. Abb. 6). Umgesetzt wurde diese Partnerschaft durch Geschäftsbesorgungen. Das Koordinierungsbüro Wirtschaft Lübeck (KWL) übernahm die Geschäftsführung, das somit, zumindest optisch, den Hut auf' hatte, was in der Stadt, die zur Zeit der Hanse das Zentrum des Handels in Nordeuropa war, sehr wichtig war. Die gesamte Planung und Durchführung der Maßnahmen oblag aber der LEG, in der fachliches Know How, das Wissen um und der Zugang zu politisch-administrativen Strukturen außerhalb Lübecks und Finanzkraft jenseits des Systems öffentlicher Haushalte gebündelt waren. Diese konnte die Planung und Durchführung durch eigene Leistungen oder durch Beauftragungen erbringen. Dazu kam es in großem Umfang, allein schon um Lübecker Fachkundige und Büros, Experten

Beispiel Hochschulstadtteil Lübeck

und Interessensträger in konstruktiver Weise in das Projekt einzubinden.

Für den nachhaltigen Erfolg bzw. die Bewältigung von Problemen, die im Verlauf eines solchen Großprojektes immer wieder auftauchen, ist wesentlich, dass die relevanten Akteure kontinuierlich eingebunden sind. Dies geschah im Hinblick auf die Öffentlichkeit und die Fachwelt durch klassische PR auch mit spezifischen Formaten für das Fachpublikum, beides verantwortet von der KWL. Die politischen und institutionellen Akteure wurden in die laufende Arbeit über ein Netz der Beteiligung und Konsultationen eingebunden. Die Akteure der Wirtschaft, ursprünglich die Initiatoren des Projekts, wurden noch vor der Realisierung des neuen Stadtteils mit dem Bau des ersehnten Technologiezentrums berücksichtigt. Eine generöse Entschädigung oder Umsiedlung der vorhandenen Kleingärten trug ebenso wie die Beauftragung verschiedener Untersuchungen zur Umweltsituation wesentlich zur Entschärfung der vormaligen Konflikte bei.

Zentral waren die Planungsrunden, in denen Vertreter der Fachressorts der Stadt, die für die Planungs- bzw. Genehmigungshoheit stehen, mit den Fachplanern, zumeist beauftragten Büros, unter kritischer Beobachtung und Begleitung von Experten bei der LEG zur Vermeidung von „Fachseilschaften" unter der Projektleitung der LEG kontinuierlich zusammentrafen. Über ein ‚miteinander reden' wurde ein komplexes und zum Teil ‚schwieriges' Projekt nach und nach zu einem akzeptierten, in Teilen sogar ‚gemeinsamen' Projekt. Entscheidend dafür war, dass die verschiedenen Belange wechselseitig transparent wurden, Vertrauen in die Koordination und Kompetenz der Projektsteuerung entstand und Möglichkeiten für kurzfristige Beauftragungen wie auch Kompensationen innerhalb oder außerhalb des Projektes, d.h. Handlungsfähigkeit bestand. Dies war möglich, weil das Projekt im Rahmen einer eigenen privatrechtlich aufgestellten Gesellschaft realisiert und geführt wurde, die unter dem Schutzschirm von Stadt und LEG bzw. dem Land Schleswig-Holstein stand. Die Handlungsfähigkeit bzw. Vertrauen und Zustimmung wurden darüber hinaus durch den systematischen laufenden Kontakt zu den verschiedenen Akteuren innerhalb der Stadt kommunikativ abgesichert.

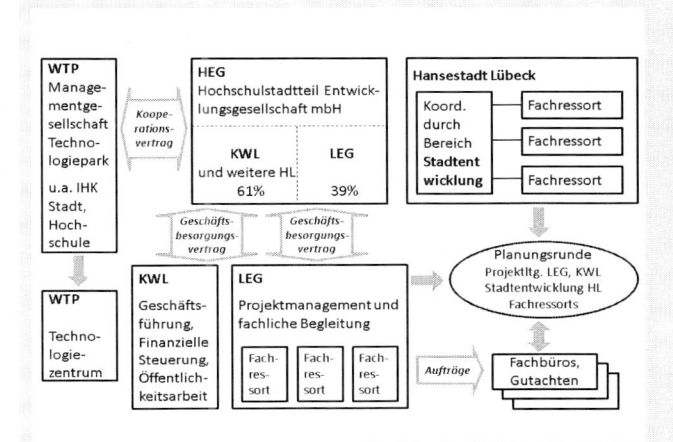

6 Trägerschaft und Steuerung des Hochschulstadtteils Lübeck; Quelle eigene Darstellung auf Basis Machbarkeitsstudie LEG 1999

7 Situation 2008

Realisierung

Im Zuge der Realisierung kam es zu diversen Schwierigkeiten und auch Veränderungen der Planung, allerdings nicht in deren Grundzügen. Der Rahmenplan 2000 hat sich als robust erwiesen und das Projekt ist in Teilabschnitten insgesamt in vorzeigbar hoher Qualität umgesetzt worden. Dabei wurde ein anspruchsvoller Städtebau, durch Wettbewerbe für zentrale Bausteine und intensive Beratung bei Grundstücksverkäufen und von Bauanträgen, verknüpft mit dem frühzeitigen Aufbau von Versorgungsinfrastrukturen: vom ALDI als Erstbesiedler im späteren Nahversorgungszentrum – was zur Attraktivität des Stadtteils, damals ‚auf der grünen Wiese', wesentlich beitrug – bis hin zum Stadtteilzentrum mit Kita, Grundschule, Polizeistation und ökumenischen Treffpunkt. Wirtschaftlich möglich wurde der frühzeitige Aufbau der Infrastrukturen durch eine zügige Realisierung der Teile des Stadtteils mit überwiegender Einfamilien-, Doppel und Reihenhausbebauung, die auf rege Nachfrage stießen (s. Abb. 7). Der Geschosswohnungsbau entlang des zentralen Parks wurde bzw. wird demgegenüber erst deutlich später realisiert. Die Lübecker Wohnungswirtschaft, die über einen großen Bestand von Nachkriegssiedlungen verfügt, hielt sich mit Engagements lange zurück. Etwa zehn Jahre nach Beginn der ersten Baumaßnahmen wurde Ende 2013 der Geschäftsbetrieb der HEG Hochschulstadtteil Entwicklungsgesellschaft mbH eingestellt und leider auch die informative eigene Homepage hochschulstadtteil.de. Die noch nicht entwickelten Flächen, es handelt sich um ursprünglich ausschließlich für technologieorientierte Betriebe vorgesehene Gewerbeflächen, sollen noch von der Lübecker Wirtschaftsförderung vermarktet werden.

Im Konzept der projektorientierten Planung ist es dem Beratungs- und Verhandlungsprozess der Projektentwicklung überlassen, die Perspektivplanung im Lichte des jeweiligen Falles zu konkretisieren. Diese Dezentralisierung der Problemlösung auf die Ebene des Projektes unter hohen fachlichen, aus der Gesamtschau formulierten Anforderungen und Zielsetzungen ist der planungsmethodisch innovative Kern der „projektorientierten Planung" und eine große Herausforderung für die stark regulierten und hierarchischen öffentlichen Planungs- und Entscheidungsstrukturen.

Der Ansatz der projektorientierten Planung ist zuerst am Beispiel der IBA Emscher Park entwickelt, analysiert und reflektiert worden. Dabei stand im Vordergrund, durch Innovationen die Erneuerung einer alten Industrieregion zu fördern. Es wurde eine einflussreiche und zugleich eigenständige Planungsgesellschaft geschaffen, die als Innovationstreiber fungierte. Sowohl die Dimension der Aufgabe als auch die verfügbaren öffentlichen Ressourcen waren sehr groß. Auch lagen die Entscheidungsstrukturen und das Management jenseits des vorhandenen politisch-administrativen Systems. Die IBA Emscher-Park war in mehrfacher Hinsicht ein Ausnahmefall, ein Labor, in dem besondere Bedingungen bestanden.[10]

Um eine projektorientierte Planung zu realisieren, sind neben einer neuen Qualität von Zielen in Form einer Perspektivplanung insbesondere auch neue Organisationsformen und Verfahren in der Planung erforderlich. Solche Veränderungen sind in der Tat in vielfältiger Weise zu beobachten: Planung durch Projekte scheint eine Konzentration von Erörterungs- und Entscheidungssträngen als „Chefsache" bis hin zu einem Verhandlungs-Städtebau zu befördern.[11] Projekte sind ein wesentlicher Gegenstand der vielfältigen neueren Diskursforen in der Planung, zum Beispiel in der Quartiersentwicklung, in Stadtmarketingprozessen oder in Regionalkonferenzen.[12] Planverfahren werden außerdem stark durch fachliche, regionale und interinstitutionelle Akteursnetzwerke und Machtkonstellationen beeinflusst, vorbereitet oder gesteuert.[13] Die Ausgestaltung und Umsetzung großer Projekte werden aus den traditionellen Strukturen kommunaler Politik und Verwaltung in privatrechtliche Projektgesellschaften ausgelagert, zum Beispiel beim Hochschulstadtteil Lübeck und der HafenCity Hamburg. Die IBA Emscher-Park und diese Beispiele zeigen, dass sich die Projektentwicklung und -planung vor allem auf Formen informeller Planung und Entscheidungsfindung stützt.

Die Planung durch Projekte bildet eine Art „Bypass" zu dem hochgradig ausdifferenzierten und normierten, selbstreferentiellen System der öffentlichen Planung in Deutschland. Allerdings sind diese informellen Planungen und Entscheidungsprozesse wenig transparent, kaum legitimiert und nur selten nachhaltig. Weder die Auswahl und die Verantwortung der Akteure noch die Verfahren sind klar geregelt. Die Kriterien für Entscheidungen werden von Fall zu Fall entwickelt. Der Einsatz von öffentlichen Ressourcen, d.h. von Finanzmitteln und Nutzungsrechten, ist oft nicht transparent. Ein weiteres Grundproblem ist, wie die Projektentwicklung in das System der öffentlichen Planung, in dem die vielfältigen Belange der räumlichen Entwicklung verankert sind, produktiv eingebunden werden kann. Werden die Verfahren der traditionellen öffentlichen „Angebotsplanung" durch Verhandlungs-Städtebau und Informalisierung der Projektentwicklung zu einer bloßen „Ausführungsplanung" degradiert? In der Praxis besteht zumindest die Gefahr, dass die hohe Flexibilität der projektorientierten Planung durch einen Verlust an Transparenz, Legitimation und Qualitätssicherung erkauft wird.

Innerhalb der Strukturen und Verfahren der öffentlichen Planung kann das innovative Potential einer projektorientierten Planung offenbar kaum entfaltet werden. Planung durch Projekte scheint vor allem pragmatisches Handeln im Rahmen von informellen (Vor-) Verfahren und „Bypass"-Lösungen zu befördern. Im Rahmen der kommunalen und regionalen Planung müssen geeignete Organisationsformen und Verfahren der Projektentwicklung, mit denen die gesellschaftlichen Bindungen gesichert und die angestrebten Qualitäten bzw. perspektivischen Ziele verwirklicht werden können, erst noch entwickelt werden.

5 Berufsfeld Projektentwicklung

Es gibt mittlerweile zwar eine beträchtliche Zahl von Absolventen von Studiengängen der Stadt- und Raumplanung, die als Projektentwickler/ in tätig sind. Obwohl in diesen Studiengängen eigentlich nicht dafür ausgebildet wird, geben Absolventen der Dortmunder Raumplanung aus den Jahrgängen 2004-2009 das Tätigkeitsfeld „Immobilienwirtschaft und Projektentwicklung" an der vierten Stelle an, bei den Absolventen der Hamburger Stadtplanung kommt es bei den vergleichbaren Jahrgängen sogar an die erste Stelle.[14]

Dass die Absolventen der Stadt- und Raumplanung sich auch für die Aufgaben der Immobilien- und Projektentwicklung eignen, überrascht auf den zweiten Blick nicht. Denn ähnlich wie in der räumlichen Planung ist auch in der Projektentwicklung ein sehr breites fachliches Fundament aus den Bereichen der Ingenieur- und der Sozialwissenschaften erforderlich. Relevant sind insbesondere Kenntnisse in den Bereichen Nutzungs-, Träger- und Betreiberkonzepte von baulichen Anlagen, Entwurf, Planung, Bau und Betrieb von Gebäuden, Investitionsrechnung und Bewirtschaftung, Planungs- und Managementtechniken, Vergabe- und Vertragsrecht, Öffentlichkeitsarbeit, sozialpsychologische und institutionelle Grundlagen und Methoden der Führung, der Verhandlung und der Kooperation. Wie auch in der Gestaltung und der Planung sind in der Projektentwicklung eigene Syntheseleistung und Kreativität gegenüber den verschiedenen fachlichen Aspekten erforderlich. Diese ist allerdings nicht auf einen Plan begrenzt, der nur ein Zwischenschritt zum angestrebten und schließlich realisierten Projekt ist. Dieses Projekt soll schließlich einen sehr konkreten gesellschaftlichen Bedarf oder eine Nachfrage abdecken – beispielsweise in Form einer sozialen Einrichtung, eines interkommunalen Gewerbegebiet oder einer Renditeimmobilie.

Mit dieser Aufgabenstellung und den sich daraus ergebenden Anforderungen wird ein neuer Planungsansatz bzw. eine Planung neuen Typs umrissen, die an das bestehende Kompetenzprofil der Stadt- und Raumplanung anschließt und dieses erweitert. Jede Projektentwicklung orientiert sich an einem funktionalen und räumlichen Entwicklungskontext und -rahmen, in dem das Projekt realisiert werden soll. Ein Projekt wird in diesem Umfeld, ausgehend von der Nutzungsidee, allerdings „bottom up" konzipiert, denn es soll in dem gegebenen Umfeld funktionieren. Diese gewisse Eigenlogik der Projektentwicklung kann zu innovativen Ergebnissen führen. Allerdings bereiten die Eigenlogik bzw. das innovative Potenzial von Projekten im Alltag der öffentlichen Planung auch häufig große Probleme. Beispielsweise sind die Anforderungen im Lebensmitteleinzelhandel oder in der Immobilienwirtschaft oft nicht kompatibel mit der Logik öffentlicher Stadtplanung. Man denke zum Beispiel an die „Innovation" durch die Ansiedlung eines Discount-Lebensmittelmarktes in der Nähe einer kleinteilig strukturierten Ladenstraße. Projektentwicklungen passen nicht immer in die vorhandenen Pläne. Projekte können zur Modifikation oder sogar zur Aufhebung und Neuentwicklung von Planungen führen. Wie auch immer das Vorhaben bzw. die ausgelöste Veränderung jeweils einschätzt wird: Projektentwicklung hat offenkundig eine dynamische Funktion in der Stadtentwicklung und hat in den letzten Jahren beträchtlich an Bedeutung gewonnen.

Zwischen Stadtplanung und Projektentwicklung kann ein produktives Spannungsverhältnis geschaffen werden, das auch die kulturellen und kreativen Qualitäten der Stadtgestaltung einbinden sollte. Die Stadt- und Raumplanung sollte Methoden des Projektmanagements angemessen einsetzen und weiter entwickeln. Sie kann die Projektentwicklung als neues Kompetenzfeld erschließen – sei es, um das Verständnis zu vertiefen oder um selbst Projektentwicklung als eine Strategie der Stadtentwicklung zu betreiben.[15]

Weiterführende Literatur

Altrock, Uwe/ Güntner, Simon/ Huning, Sandra/ Peters, Deike (Hg.): Mega-Projekte und Stadtentwicklung. Planungsrundschau. Berlin 2003

Bundesministerium für Verkehr, Bau und Stadtentwicklung (Hg.): Image und Stadtentwicklung. Städtebauliche Großprojekte in Metropolräumen. Forschungen Heft 150, Berlin 2011

Dziomba, Maike: Städtebauliche Großprojekte der urbanen Renaissance. Die Phase der Grundstücksverkäufe und ihr Einfluss auf den Projekterfolg. Berlin 2009

Fürst, Dietrich/ Scholles, Frank (Hg.): Handbuch Theorien und Methoden der Raum- und Umweltplanung. Dortmund 2008

Krüger, Thomas: Planung durch Projekte. Projektentwicklung als Element des Stadtmanagement. In: Sinning, Heidi (Hg.). Stadtmanagement. Strategien zur Modernisierung der Stadt(-Region). Dortmund 2007, S. 332-334

Kyrein, Rolf: Immobilien-Projektmanagement. Projektentwicklung und -steuerung. München 2009

Lütke Daltrup, Engelbert/ Zlonicky, Peter (Hg.):Große Projekte in deutschen Städten. Stadtentwicklung 1990-2010. Berlin 2009

Rationalisierungs-Kuratorium der Deutschen Wirtschaft (Hg.): Projektmanagement-Fachmann. Band 1. Eschborn 2011

Selle, Klaus: Planen. Steuern. Entwickeln. Über den Beitrag öffentlicher Akteure zur Entwicklung von Stadt und Land. Dortmund 2005

Siebel, Walter/ Ibert, Oliver/ Mayer, Hans-Norbert: Projektorientierte Planung – ein neues Paradigma? In: Informationen zur Raumentwicklung, Heft 3/4 (1999), S. 163-172

Abbildungsnachweis

1–3, 6 Krüger 2013
4 HEG, Czerner, Sudbrack 1994
5 HEG, Petersen, Pörcksen 2000
7 HEG 2008

Endnoten

1. Deutsches Institut für Normung, DIN 69901 (1987), S. 1
2. Abresch, Projektumfeld und Stakeholder (2011), S. 59-85
3. Schelle, Projekte und Projektmanagement (2011), S. 42
4. Keller, Donald A./ Koch, Michael/ Selle, Klaus: Planung + Projekte. Verständigungsversuche zum Wandel der Planung, Dortmund 1998
5. Selle, Was ist bloß mit der Planung los? (1994)
6. Knieling, Projektorientierung in der Raumordnung (2005), S. 813-818
7. Ganser, Instrumente von gestern für die Städte von morgen? (1991), S. 54-65
8. Siebel/ Ibert / Mayer, Projektorientierte Planung (1999), S. 163-172
9. ebenda, S. 170
10. vgl. Siebel/ Ibert/ Mayer, Projektorientierte Planung (1999)
11. Schubert/ Altrock, „Wachsende Städte" (2004), S. 351-372
12. Selle, Klaus: Planen. Steuern. Entwickeln. Über den Beitrag öffentlicher Akteure zur Entwicklung von Stadt und Land. Dortmund 2005
13. Reuter, Planung und Macht (2004), S. 57-78
14. vgl. Greiwe u.a., AbsolventInnenbefragung 2009 (2010); Krüger, AbsolventInnenbefragung 2011 (2013)
15. vgl. hierzu: Krüger, Thomas: Alles Management? Fortgesetzte Anregungen aus der Managementforschung für die Planungstheorie. In: Raumplanung 167 (2013), S. 14-19

CHRISTINA SIMON-PHILIPP

Stadterneuerung und Städtebauförderung

1 Einführung

1.1 Inhalt, Ziel und Aufbau des Beitrags

Die Stadterneuerung ist seit über 40 Jahren eine wichtige Aufgabe des Bundes, der Länder und der Kommunen. In den letzten Jahrzehnten hat sie sich zu einem Schwerpunkt der Stadtplanung entwickelt. Bund und Länder fördern die städtebauliche Erneuerung seit Inkrafttreten des Städtebauförderungsgesetzes (StBauFG) im Jahr 1971. Ohne diese Finanzhilfen könnten viele Kommunen die anspruchsvollen städtebaulichen Probleme in ihren Bestandsgebieten nicht bewältigen. Jährlich werden Stadterneuerungsprogramme ausgeschrieben, für die sich die Kommunen nach bestimmten Verfahrensvorgaben bewerben können.

Die Stadterneuerung konzentriert sich nicht nur auf städtebauliche und gestalterische Sanierungsaufgaben, sondern umfasst auch soziale, ökologische und ökonomische Aspekte. Gefördert wird auf Bundes-, Länder- und seit dem Jahr 2000 auch auf europäischer Ebene.

Die Förderung der Stadterneuerung ist in Europa eine anerkannte staatliche Aufgabe. In der Leipzig Charta zur nachhaltigen europäischen Stadt haben sich die Bauminister der Europäischen Union 2007 über die Eckpunkte der europäischen Stadtentwicklungspolitik verständigt. Eines der zentralen Ziele ist es, die Stadtentwicklung durch die Weiterführung und Verstetigung der integrierten Stadterneuerungsansätze voranzubringen. Aus zunächst einem Bundes- und in der Regel einem Landesprogramm je Bundesland zu Beginn der 1970er Jahre haben sich auf Bundesebene mittlerweile mehrere problemorientierte, zum Teil räumlich auf die alten und neuen Bundesländer zugeschnittene Einzelprogramme ausdifferenziert: Städtebauliche Sanierungs- und Entwicklungsmaßnahmen (seit 1971), Städtebaulicher Denkmalschutz Ost (seit 1991), Soziale Stadt (seit 1999; seit 2012 Soziale Stadt – Investitionen im Quartier), Stadtumbau Ost (seit 2002) und Stadtumbau West (seit 2004), Attraktive Stadt- und Ortsteilzentren (seit 2008), Kleinere Städte und Gemeinden (seit 2010) sowie in den Jahren 2008 und 2009 der Investitionspakt zur energetischen Sanierung der sozialen Infrastruktur der Kommunen.[1] Die Ausgestaltung dieser problemorientierten, befristeten Programme liegt in der Verantwortung des Bundes. Gefördert werden Städten und Gemeinden aller Größenordnungen.

Im Folgenden wird das komplexe Feld der geförderten Stadterneuerung für angehende Architekten, Architektinnen, Planer und Planerinnen in einem Überblick dargestellt. Die Anfänge der geförderten Stadterneuerung und die Ausdifferenzierung der Aufgaben werden skizziert. Die gesetzlichen Grundlagen, Verfahrensvorschriften und die Grundzüge der nationalen Städtebauförderungsprogramme werden mit einem Schwerpunkt auf Baden-Württemberg umrissen. Ein Einblick in die Europäische Strukturförderung rundet die Ausführungen ab.[2]

1 Das Stuttgarter Bohnenviertel während der Sanierung (1970er Jahre)

2 Die Wagnerstraße im Bohnenviertel nach der Sanierungsmaßnahme (2008)

3 Ulm, Neue Straße – Rückbau und Überbauung einer Verkehrsschneise aus den 1970er Jahren (Landessanierungsprogramm, Fertigstellung 2007)

1.2 Vom Beginn der geförderten Stadterneuerung zur integrierten Quartiersentwicklung

Zu Beginn der geförderten Stadterneuerung standen zunächst Flächensanierungen im Vordergrund. Beispielhaft hierfür ist die Sanierung der historischen Karlsruher Innenstadt. Das sogenannte „Dörfle" war bundesweit die erste Flächensanierung, die nach dem Städtebauförderungsgesetz umgesetzt wurde. Die Planungen für die Sanierung begannen in den 1960er Jahren; ein Großteil der historischen Strukturen wurde abgebrochen. Obwohl mehr als 3.000 Menschen umgesiedelt werden mussten, fand so gut wie keine Bürgerbeteiligung statt.

Später kam man, nicht zuletzt hervorgerufen durch massive Bürgerproteste, vom Konzept der „Kahlschlagsanierung" ab. Das Stuttgarter Bohnenviertel entging der Planierraupe nur knapp. Angestoßen durch die Sitzung des Deutschen Städtetags 1971 unter dem Motto „Rettet unsere Städte jetzt", nach der Ölkrise 1973, dem Europäischen Denkmalschutzjahr 1975 und im Zuge der Internationalen Bauausstellung (IBA) Berlin ab 1979 veränderten sich die Vorstellungen. Die fertigen Konzepte zum Abriss ganzer innerstädtischer Quartiere wurden ad acta gelegt, und die behutsame, sozialverträgliche Stadterneuerung unter Mitwirkung der Betroffenen ersetzte die bisherigen Planungen. Kleinräumige Strukturen, einprägsame Stadträume und die Identifikation der Bewohner mit ihrem Wohnumfeld waren die Zielvorstellungen, nach denen die städtebaulichen Planungen konzipiert wurden. Sie entstanden auf der Grundlage von Sozialraumkonzepten. Das Bohnenviertel, das stellvertretend für die frühen „behutsamen" Sanierungsmaßnahmen nach dem Städtebauförderungsgesetz steht, markiert die neuen Schwerpunkte der Stadterneuerungspolitik: Wertschätzung historischer Strukturen, Verkehrsberuhigung und Schaffung qualitätvoller öffentlicher Räume.

In den 1980er Jahren wurden neben der Altstadtsanierung die Wohnumfeldverbesserung und Verkehrsberuhigung in Gebieten der 1950er bis 1970er Jahre zum Gegenstand der Stadterneuerung (in Baden-Württemberg: Wohnumfeldprogramm 1981-1985, Programm Einfache Stadterneuerung 1985-1995, Landessanierungsprogramm seit 1971). Überdimensionierte Straßen wurden rückgebaut sowie Fußgängern und Radfahren mehr Raum gegeben.

Nach den kleinteiligen Stadterneuerungsstrategien in den 1980er und frühen 1990er Jahren stehen seit dem Beginn des Bund-Länder-Programms Soziale Stadt 1999 ganzheitliche, fachübergreifende Ansätze der Quartiersentwicklung im Vordergrund. Das Programm markiert den Übergang von der rein investiv orientierten Städtebaupolitik zu einer integrierten Stadtentwicklungspolitik. Im Rahmen des Programms Stadtumbau Ost und West setzen sich die Kommunen in Deutschland seit der Jahrtausendwende mit dem Phänomen der Schrumpfung und einer veränderten Nachfrage auseinander. Auf der Grundlage von integrierten Stadt(teil)entwicklungskonzepten und Stadtumbaukonzepten werden Planungen für eine nachhaltige, den veränderten Rahmenbedingungen angepasste Stadterneuerung erarbeitet und umgesetzt.

Damit sind die Handlungsfelder der Stadterneuerung heute breit gefächert: neben die „klassischen" Aufgaben der Stadtsanierung (Aufwertung des öffentlichen Raumes, Verkehrsberuhigung, Modernisierung des Gebäudebestandes) sind Stadtumbaumaßnahmen getreten, die sich aus dem wirtschaftlichen und demographischen Wandel ergeben (zum Beispiel Konversion von Bahn-, Post- oder militärischen Liegenschaften, Umbau von Großsiedlungen, etc.) sowie integrierte Stadterneuerungskonzepte für benachteiligte Stadtquartiere (Aufwertung des Wohnungsbestandes, Verbesserung der sozialen Infrastruktur, Maßnahmen zur Integration).

In der Stadterneuerung werden in Deutschland seit einigen Jahren auch neue Strategien erprobt. Neben die bewährten Instrumente, wie die Städtebau- und Strukturförderung, treten neue Instrumente, die das private Engagement in den Vordergrund stellen (beispielsweise Immobilien- und Standortgemeinschaften, Eigentümer-Standortgemeinschaften, Business Improvement Districts, Housing Improvement Districts). Im Rahmen der Städtebauförderung kommen Stadtteilfonds (Soziale Stadt) oder Verfügungsfonds zur Stärkung lokaler Aktivitäten zur Anwendung (Programm Aktive Stadt- und Ortsteilzentren).

2 Gesetzliche Grundlagen und Ziele der Städtebauförderung

Der rechtliche Rahmen der Städtebauförderung ergibt sich aus den Regelungen des Grundgesetzes (Artikel 104b) und des Baugesetzbuches (§ 164a ff; Besonderes Städtebaurecht) in Verbindung mit der Bund-Länder-Verwaltungsvereinbarung Städtebauförderung (VV Städtebauförderung), die jedes Jahr neu abgeschlossen wird, dem Landeshaushalt (in Baden-Württemberg § 23 und § 44) und den Städtebauförderungsrichtlinien der Länder (StBauFR). Ein wesentlicher Teil der steuernden und bodenrechtlichen sowie der förderrechtlichen Bestimmungen gehören zum Besonderen Städtebaurecht (BauGB § 136 ff).

Ziel der Städtebauförderung ist es, städtebauliche und funktionale Missstände sowie Entwicklungsdefizite in den Kommunen durch städtebauliche Erneuerungsmaßnahmen zu beseitigen. Im Rahmen der Stadterneuerungsprogramme werden Stadtquartiere aufgewertet, Brachflächen einer neuen Nutzung zugeführt, Strukturverbesserungen erreicht, Stadt- und Ortskerne bewahrt sowie Wohnraum und Arbeitsplätze geschaffen. Die Städtebauförderung ist ein wichtiges Instrument zur Stärkung der Innenentwicklung.

Nach der gesetzlichen Definition bedeutet Stadterneuerung die Behebung – oder zumindest entscheidende Minderung – städtebaulicher und funktionaler Missstände und Entwicklungsdefizite in abgegrenzten innerörtlichen Gebieten im Rahmen von Verfahren, die von den Gemeinden zügig durchzuführen sind (BauGB § 136 Abs. 1). Notwendig ist das prozesshafte Zusammentreffen von untereinander nicht im Zusammenhang stehender Einzelmaßnahmen. Das Gebiet soll im Rahmen eines mehrjährigen Sanierungsprozesses (ca. acht bis zehn Jahre) von flächenhaften Missständen befreit werden. Städtebauförderung ist stets Prozessförderung (Gesamtmaßnahme) und keine Förderung von baulichen Einzelvorhaben (§ 164 a BauGB).

3 Umsetzung einer städtebaulichen Erneuerungsmaßnahme

Am Beginn jeder geförderten Stadterneuerungsmaßnahme stehen die Voruntersuchungen. Sie sollen den Gemeinderat informieren, welche Probleme im Gebiet anstehen und die Kosten überschlagen. Sie dienen als Grundlage für die Förderanfrage bei der jeweils zuständigen Landesbehörde (in Baden-Württemberg: Ministerium für Finanzen und Wirtschaft). Hält der Gemeinderat die Stadterneuerungsmaßnahme für notwendig, beschließt er die Erarbeitung von Vorbereitenden Untersuchungen (VU), je nach Gebiet kombiniert mit Sozialraumanalysen (Programme Soziale Stadt, Stadtumbau). Der Beschluss Vorbereitender Untersuchungen nach § 141 BauGB hat zur Folge, dass Betroffene im Gebiet Auskunft geben müssen (Auskunftspflicht) und Baugesuche im Gebiet bis zu ein Jahr zurückgestellt werden können.

Beschließt der Gemeinderat nach Abschluss der Vorbereitenden Untersuchungen die Durchführung der Stadterneuerungsmaßnahme, wird ein grundstücksscharf abgegrenztes Gebiet in Form einer kommunalen Satzung förmlich festgelegt (§ 142

4 Ulm, Neue Straße – Rückeroberung des Stadtraumes (2008)

5 Ulm, Stadtregal, Magirus-Areal Ulm – Umbau eines Gewerbekomplexes für Wohnen und Arbeiten (Stadtumbau West 2005)

6 Mannheim, Jungbusch – neue Uferpromenade (Soziale Stadt 2002-2012)

7 Stuttgart Fasanenhof – (Spiel)Räume für Jung und Alt (Soziale Stadt 2003-2011)

8 Verlauf einer städtebaulichen Erneuerungsmaßnahme

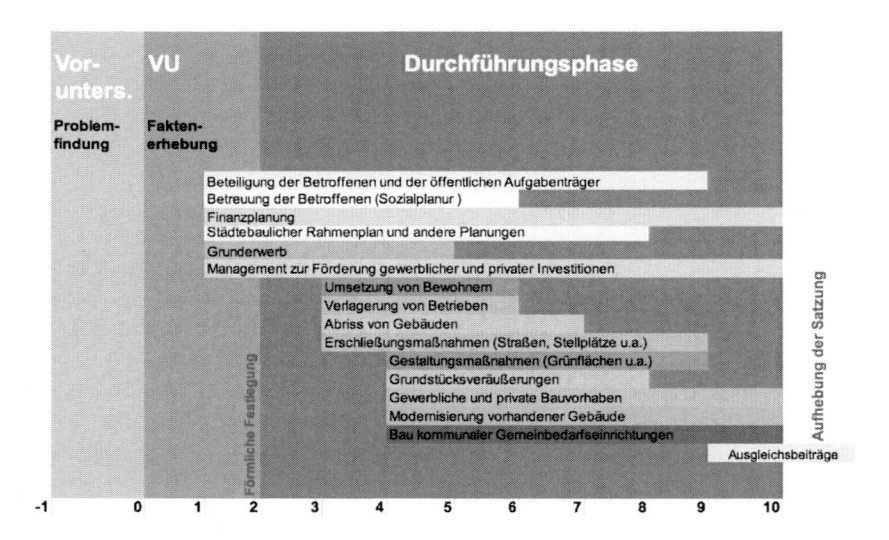

BauGB). Stadterneuerungsgebiete können seit der Novellierung des Baugesetzbuches im Jahr 2004 (EAGBau) auch durch einen Gemeinderatsbeschluss ohne kommunale Satzung festgelegt werden (beispielsweise Stadtumbau-Gebiete). In diesem Fall ist keine steuerliche Abschreibung möglich. Sie ist an die Satzung gebunden (§ 7 h Einkommensteuergesetz-EStG). Die Kommune muss die Größe des Gebietes so bemessen, dass eine zügige Durchführung möglich ist. Je größer die Zahl der Eigentümer, desto kleiner ist das Gebiet zu bemessen.

Sind alle wesentlichen städtebaulichen Missstände (zirka nach acht bis zehn Jahren) behoben und ist das Ziel der städtebaulichen Erneuerungsmaßnahme erreicht, nämlich Problemfreiheit für voraussichtlich mindestens 30 Jahre, so hebt die Kommune die Sanierungssatzung auf. Die Stadterneuerungsmaßnahme und damit die Geltung des besonderen Städtebaurechts sind beendet.

Die Kommune kann zur Erfüllung ihrer Aufgaben im Rahmen der Vorbereitung und Durchführung von städtebaulichen Erneuerungsmaßnahmen Sanierungs- und Entwicklungsträger oder Sanierungsbeauftragte heranziehen. Manche Kommunen übertragen Sanierungsträgern das ganze Aufgabenpaket (Faktenerhebung, Bürgerbeteiligung, Betroffenenbetreuung, Öffentlichkeitsarbeit, städtebauliche Planung, Finanzplanung, Verkehrsplanung, Investorensuche, Wertermittlung etc.), andere Kommunen nur Teilsegmente, beispielsweise die Vorbereitenden Untersuchungen. Nicht übertragbar sind hoheitliche Befugnisse der Kommunen. Die Planungshoheit, beispielsweise die förmliche Festlegung des Gebietes oder die Beschlussfassung über Bebauungspläne, bleibt immer bei der Gemeinde.

Stadterneuerung ist Teil der kommunalen Selbstverwaltungsaufgaben. Sie unterliegt der kommunalen Planungshoheit. Wann, wo und wie sie von den Städten und Gemeinden wahrgenommen wird, entscheiden diese selbst. Will die Kommune aber staatliche Förderung in Anspruch nehmen, muss sie die oben beschriebenen gesetzlichen Anforderungen und Verfahrensvorschriften beachten.

Stadterneuerung ist für die Kommunen, für die vor Ort Betroffenen und die Investoren und alle weiteren Beteiligten eine langwierige Aufgabe, die Ausdauer und Kompromissfähigkeit erfordert. Die arbeitsintensiven und schwierigen Schritte der Vorbereitung und Durchführung müssen in jedem einzelnen Erneuerungsverfahren durchgehalten werden; gelingt dies nicht, bleibt die Stadterneuerungsmaßnahme ein Torso.

4 Fördergrundsätze und Förderschwerpunkte

Man unterscheidet zwei Förderbeziehungen:

- die Förderbeziehung zwischen Land und Kommune und
- die Förder- (und Entschädigungs-)beziehung zwischen Kommune und Beteiligten vor Ort

An den Förderbeziehungen vor Ort ist das Land nicht beteiligt. Das Baugesetzbuch und insbesondere die Verwaltungsvorschriften der Länder (Städtebauförderungsrichtlinien StBFR) geben Auskunft über die förderfähigen Einzelmaßnahmen sowohl für das Verhältnis Land - Kommune als auch für das Verhältnis Kommune - Beteiligte.

Städte und Gemeinden aller Größenklassen können jährlich Anträge auf Aufnahme in die Städtebauförderungsprogramme stellen. Die Programme werden aus Landesmitteln (Landessanierungsprogramm) oder Bundes- und Landesmitteln gespeist (Bund-Länder-Programme; zur Bundesförderung vgl. § 104b GG). In Baden-Württemberg beträgt der Fördersatz 60 Prozent; 40 Prozent der Kosten muss die Kommune aufbringen. Sie trägt damit einen entscheidenden Anteil der Finanzierung ihrer Sanierungsmaßnahmen.

Wird eine Kommune in ein Städtebauförderungsprogramm aufgenommen, bewilligt das Land Finanzhilfen. Förderfähig sind im Rahmen der Städtebauförderung investive sowie investitionsvorbereitende Maßnahmen: Vorbereitende Untersuchungen samt Planungs- und Betreuungshonoraren, städtebauliche Wettbewerbe, Ordnungsmaßnahmen, Grunderwerb, Instandsetzung, Modernisierung und Umbau von Gebäuden, gebietsbezogene Gemeinbedarfs- und Folgeeinrichtungen.

Die Förderung erfolgt in Baden-Württemberg als Gesamtförderung des vieljährigen Sanierungsprozesses in einem Betrag, der von der Kommune im Lauf der Durchführungsjahre abgerufen werden kann (in vielen anderen Ländern erfolgt die Förderung in Jahresraten). Fördergegenstand ist die Gesamtmaßnahme, das heißt der vieljährige Sanierungsprozess, nicht die Einzelmaßnahme. Welche Einzelmaßnahme wann durchgeführt wird, bestimmt die Kommune, allerdings unter Berücksichtigung rechtlicher Vorgaben. Am Ende des Verfahrens wird mit dem Land abgerechnet.

Der Bund stellt im Jahr 2014 rund 650 Mio. Euro Finanzhilfen zur Verfügung.[3] Sie verteilen sich auf die Programme wie folgt:

- Stadtumbau Ost   105 Mio. Euro
- Stadtumbau West   105 Mio. Euro
- Städtebaulicher Denkmalschutz Ost   70 Mio. Euro
- Städtebaulicher Denkmalschutz West   40 Mio. Euro
- Soziale Stadt – Investitionen im Quartier 150 Mio. Euro
- Aktive Stadt- und Ortsteilzentren   110 Mio. Euro
- Kleinere Städte und Gemeinden   70 Mio. Euro

Auf Baden-Württemberg entfallen von den Bundesfinanzhilfen, je nach Programm, rund elf bis 15 Prozent. Die Bundesmittel und die deutlich höheren Landesfinanzhilfen ergeben ein jährliches Programmvolumen für die Städtebauförderung in Baden-Württemberg von rund 183 Mio. Euro (2014).

5 Städtebauförderungsprogramme in Baden-Württemberg

In der Programmausschreibung des Ministeriums für Finanzen und Wirtschaft sind die Förderschwerpunkte der Städtebauförderung in Baden-Württemberg festgehalten:[4]

- Stärkung bestehender Zentren, Profilierung der kommunalen Individualität, Sicherung und Erhalt denkmalpflegerisch wertvoller Bausubstanz.
- Sicherung und Verbesserung des sozialen Zusammenhalts und der Integration durch Erhaltung und Aufwertung des Wohnungsbestandes sowie des Wohnumfeldes in Wohnquartieren mit negativer Entwicklungsperspektive und besonderem Entwicklungsbedarf - insbesondere in Gebieten mit benachteiligten Bevölkerungsgruppen
- Maßnahmen zur Anpassung vorhandener Strukturen an den demografischen Wandel (insbesondere Maßnahmen zur Erreichung von Barrierefreiheit im öffentlichen Raum und zum altersgerechten Umbau von Wohnungen),
- ganzheitliche ökologische Erneuerung mit den vordringlichen Handlungsfeldern Energieeffizienz im Altbaubestand, Verbesserung des Stadtklimas, Reduzierung von Lärm und Abgasen, Aktivierung der Naturkreisläufe in den festgelegten Gebieten,
- Neustrukturierung und Umnutzung baulich vorgenutzter Brachflächen, insbesondere bisher militärisch genutzter Gebäude und Liegenschaften sowie Industrie-, Gewerbe- und Bahnbrachen, für andere Nutzungen, z. B. den Wohnungsneubau, Gewerbe und hochwertige Dienstleistungen,
- Stabilisierung und Aufwertung bestehender Gewerbegebiete, um den Wirtschaftsstandort Baden-Württemberg zu stärken

Die Städtebauförderung umfasst in Baden-Württemberg derzeit sieben Programme:

- Landessanierungsprogramm (LSP)
- Bund-Länder Sanierungs- und Entwicklungsprogramm (SEP)
- Bund-Länderprogramm Aktive Stadt- und Ortsteilzentren (ASP)
- Bund-Länder-Programm Stadtumbau West (SUW)
- Bund-Länder-Programm Soziale Stadt (SSP)
- Bund-Länder-Programm Städtebaulicher Denkmalschutz West (DSP)
- Bund Länder-Programm für Kleinere Städte und Gemeinden (LRP)

Im Folgenden werden die Stadt- und Ortskernsanierung, die vorwiegend im Landessanierungsprogramm und seit 2008 im Programm Aktive Stadt- und Ortsteilzentren umgesetzt werden sowie die Inhalte und Ziele des Programms Soziale Stadt und des Programms Stadtumbau West anhand von Beispielen erläutert.

5.1 Stabilisierung der Stadt- und Ortszentren

Die Aufwertung der Zentren, der Umbau und die Gestaltung sind ein „Dauerbrenner" der städtebaulichen Erneuerung. Die Aufwertung des öffentlichen Raumes ist oft Impulsgeber für Sanierungsmaßnahmen im Umfeld. In Baden-Württemberg werden die meisten Ortskernsanierungen im Landessanierungsprogramm umgesetzt und seit 2008 auch im Programm Aktive Stadt- und Ortsteilzentren. Das Programm wurde vom Bund aufgelegt, um auf die Veränderungen in den Zentren zu reagieren (Ladenleerstände, Defizite im öffentlichen Raum, etc.). In diesem Zusammenhang werden auch neue Instrumente diskutiert und erprobt, wie beispielsweise Business Improvement Districts (BIDs). Dieses Instrument, das eine landesgesetzliche Regelung erfordert, stellt das Engagement Privater in den Vordergrund. Ziel des Städtebauförderungsprogramms Aktive Stadt- und Ortsteilzentren ist es, die Zentren als multifunktionale Standorte für Wirtschaft, Kultur, Wohnen, Arbeiten und Freizeit zu erhalten.

9 Neuhausen auf den Fildern: der öffentliche Raum als Impulsgeber für die Aufwertung der Mitte

Ortskernsanierung Neuhausen auf den Fildern
Die Aufnahme in das Landessanierungsprogramm 1999 war die Initialzündung für die innerörtliche Entwicklung in Neuhausen. Ziel der städtebaulichen Erneuerung war es, den Ort insbesondere durch die umfassende Aufwertung des öffentlichen Raumes attraktiv zu gestalten und für die Zukunft zu stärken. Die Neugestaltung des Schlossplatzes wurde durch zahlreiche weitere öffentliche und private Maßnahmen begleitet und in ein Netz öffentlicher Räume eingebettet. Wegeverbindungen wurden gestärkt, die Parkierung neu geordnet, Gebäude und Fassaden saniert und historische Bauten mit neuen Nutzungen belebt. Die Aufwertung des Zentrums gibt dem Ort eine neue Identität. Die öffentlichen Investitionen ziehen vielfache private Investitionen nach sich.

5.2 Integrierte Quartiersentwicklung im Programm Soziale Stadt

Das Programm Soziale Stadt ist auf Stadtteile ausgerichtet, die mit komplexen Problemen in den Bereichen Städtebau und Wohnen, Infrastruktur, Umwelt, lokale Ökonomie, Soziales, Nachbarschaft, Integration und Imagebildung konfrontiert sind. Gesellschaftliche, wirtschaftliche und städtebauliche Entwicklungen können zu Benachteiligungen führen. Die Quartiere werden durch ein Bündel von Maßnahmen aus unterschiedlichen Handlungsfeldern weiterentwickelt: Wohnverhältnisse und das Wohnumfeld werden verbessert, Gebäude energetisch erneuert, der öffentliche Raum aufgewertet und Quartierszentren gestärkt. Die soziale Infrastruktur, die Stadtteilkultur und Freizeitmöglichkeiten werden ausgebaut.

In ämterübergreifender Zusammenarbeit werden integrierte Entwicklungskonzepte aufgestellt, um das Ineinandergreifen der Maßnahmen und die koordinierte Durchführung der einzelnen Projekte zu sichern. Nachhaltige Verbesserungen in den

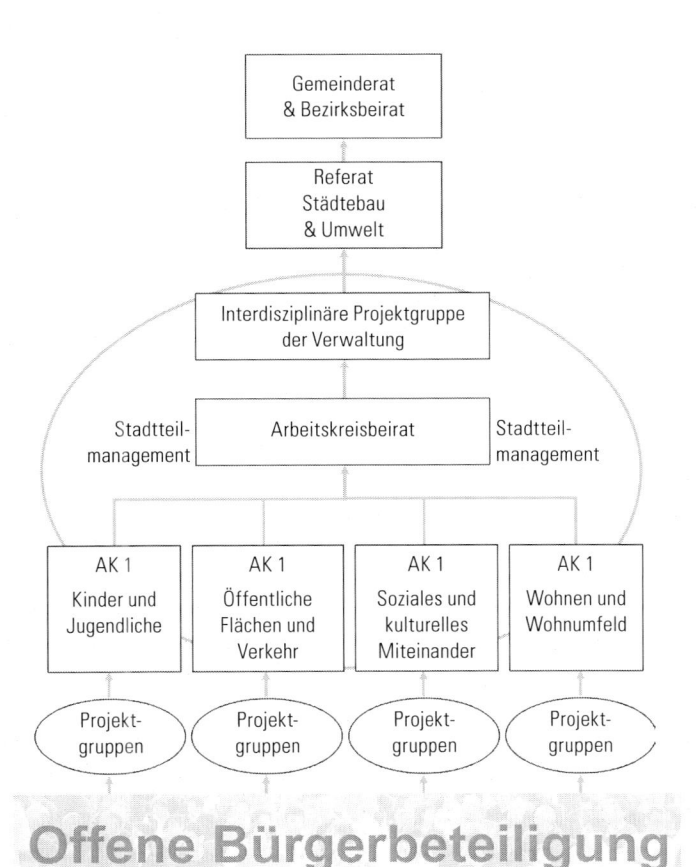

10 Organisationsschema Bürgerbeteiligung (Soziale Stadt Zuffenhausen Rot)

Quartieren können nur durch die Beteiligung der Menschen sowie das Zusammenwirken unterschiedlicher Politikfelder und Fördermöglichkeiten aus den investiven (= baulichen) und nicht-investiven (= nicht-baulichen) Bereichen erreicht werden. Es besteht der Anspruch, verschiedene stadtentwicklungspolitisch relevante Förderprogramme auf Landes-, Bundes- und Europäischer Ebene zu bündeln. Maßnahmen unterschiedlicher Politikfelder wie zum Beispiel der Wohnungs-, Wirtschafts-, Arbeits- und Sozialpolitik werden zusammengeführt. Die Städtebauförderung ist das Investitions- und Leitprogramm. Ziel ist es, durch die Bündelung und Koordinierung der Initiative mit weiteren stadtentwicklungspolitisch relevanten Förderprogrammen (beispielsweise Europäischer Sozialfonds ESF, Bundesprogramm BIWAQ Bildung, Wirtschaft, Arbeit im Quartier) nachhaltige Strukturverbesserungen zu erreichen.

11 Soziale Stadt Freiberg-Mönchfeld in Stuttgart

Stuttgart Freiberg-Mönchfeld
Eines der ersten Stadtgebiete in Baden-Württemberg, das in das Programm Soziale Stadt aufgenommen wurde, war die Großsiedlung Freiberg-Mönchfeld in Stuttgart (1999-2013). Das Baugebiet mit über 3.000 Wohneinheiten wurde in den 1950er-1970er Jahren errichtet und weist die typischen Probleme der großen Nachkriegssiedlungen auf: monostrukturierte Wohnnutzungen, städtebauliche Probleme und soziokulturelle Schwächen. Die Bevölkerung wies einen hohen Altersdurchschnitt auf, es gab erste Wohnungsleerstände, defizitäre Einkaufs- und Infrastruktureinrichtungen sowie fehlende Freizeiteinrichtungen für Jugendliche.

12 „Wir haben Aussicht"

Die Stadt Stuttgart richtete ein Stadtteilmanagement ein, um die Bevölkerung zu aktivieren. Vor allem im Bereich der Infrastruktur, im öffentlichen Raum und im Wohnungsangebot konnten Verbesserungen erreicht werden. Das neue Jugendhaus hat sich zu einem beliebten Treffpunkt entwickelt, das Bürgerhaus wird durch Vereine und Arbeitsgruppen rege genutzt. Um die Stadtteilidentität zu stärken und auch um die Innen- und Außenwahrnehmung zu verbessern, wurde eine Homepage eingerichtet und ein Logo „Wir haben Aussicht" entwickelt. Das Gemeinwesen übernimmt im Stadtteil eine Schlüsselfunktion für die Integration. Nach dem Auslaufen der Förderung geht es nun um die Verstetigung der Ergebnisse.

13 Marode Bausubstanz und Freiflächen im Hallschlag: früher Verbotszone

Stuttgart-Hallschlag
Im Jahr 2007 wurde der Stuttgarter Stadtteil Hallschlag in das Programm Soziale Stadt aufgenommen. Die Bebauung wurde in den 1920er bis 1940er Jahren als eine der ersten städtischen Großsiedlungen errichtet. Bauherrin war die kommunale Wohnungsbaugesellschaft (heute Stuttgarter Wohnungs- und Städtebaugesellschaft SWSG). Kennzeichnend sind Zeilenstrukturen mit standardisierten Wohnungen, in denen Flüchtlinge und Kriegsheimkehrer ein Zuhause fanden.

Der Stadtteil liegt im Nord-Osten der Stadt oberhalb der Weinberge in landschaftlich schöner, aber schlecht angebundener Lage. Der Grünanteil ist groß und durch einen alten Baumbestand geprägt, die Freiräume sind aber in einem desolaten Zustand und werden nur wenig genutzt.

14 Intensive Kinder- und Jugendbeteiligung bei der Planung öffentlicher Räume

Heute leben rund 7.300 Menschen im Hallschlag, rund 42 Prozent haben nicht die deutsche Staatsbürgerschaft und 60 Prozent einen Migrationshintergrund. Der Anteil der Kinder und Jugendlichen ist hoch, 20 Prozent der Bewohner sind unter 18 Jahre alt.

Ziel der Erneuerung ist es, das Wohnungsangebot zu erweitern, familien- und altengerechte Wohnungen zu errichten, bestehende Wohnungen energetisch zu ertüchtigen, privat nutzbare Freibereiche zu schaffen, den öffentlichen Raum zu qualifizieren und sozial- und bildungsorientierte Pilotprojekte anzustoßen.

Nach mehrmonatiger Bürgerbeteiligung wurde ein Rahmenplan aufgestellt und 2010 über erste Maßnahmen und Prioritäten abgestimmt. Einen hohen Stellenwert haben die Neugestaltung des öffentlichen Raumes, insbesondere für die Bedürfnisse von Kindern und Jugendlichen, sowie die Verbesserung der sozialen Infrastruktur und der Nahversorgung. Sehr wichtig für den Stadtteil ist der Anschluss an das Schienennetz der Stadtbahn (2013).

5.3 Gestaltung des demographischen und wirtschafsstrukturellen Wandels im Programm Stadtumbau West

Im Programm Stadtumbau West werden Gebiete gefördert, die von erheblichen städtebaulichen Funktionsverlusten betroffen sind. Diese liegen beispielsweise vor, wenn ein dauerhaftes Überangebot an baulichen Anlagen für bestimmte Nutzungen, etwa für Wohnzwecke, besteht oder zu erwarten ist (§ BauGB 171a Abs. 2). Das Programm soll auch präventiv eingesetzt werden, um zu verhindern, dass Gebäude und Wohnungen leer stehen und in einem größeren Umfang zurückgebaut werden müssen.

15 Leipziger Osten, Leerstände im gründerzeitlichen Wohnungsbestand

Die Stadtentwicklung in Deutschland wird durch den langfristigen Rückgang der Bevölkerung, der sich regional und auch kleinräumlich sehr unterschiedlich abbildet, sowie den wirtschaftsstrukturellen Wandel vor die Aufgabe gestellt, Gestaltungsantworten auf diese Herausforderungen zu finden und die dafür geeigneten Strategien und Methoden anzuwenden. Stadtumbau ist nichts Neues. Städte wurden und werden permanent verändert, an neue Anforderungen angepasst und nach den Wertvorstellungen der Gesellschaft neu gestaltet.

In den neuen Bundesländern gibt es seit 2002 das Programm Stadtumbau Ost. Auslöser waren die enormen Wohnungsleerstände, zu denen es infolge der massiven Bevölkerungsverluste durch Abwanderung, aber auch auf Grund der rasant fortschreitenden Suburbanisierung gekommen war. Im Jahr 2002 wurde im Rahmen des Experimentellen Wohnungs- und Städtebaus des Bundes (ExWoSt) das Forschungsfeld Stadtumbau West initiiert. Ziel war es, die städtebauliche Tragweite dieser ökonomischen und demographischen Entwicklung in den alten Bundesländern zu untersuchen. In Baden-Württemberg wurde Albstadt als Pilotstadt aufgenommen. Im Jahr 2004 wurde das Forschungsfeld in das Städtebauförderprogramm Stadtumbau West überführt. Das Programm konzentriert sich neben der Aufwertung von Stadtgebieten, die vom wirtschaftlichen und militärischen Strukturwandel betroffen sind, auf die Anpassung der (großen) Nachkriegssiedlungen.

16 Albstadt, Baugeb et Stiegel Nord; leerstehende Substandardwohnungen wurden abgerissen

Stadtumbaumaßnahmen sollen insbesondere dazu beitragen:

- die Siedlungsstruktur an die Entwicklung der Bevölkerung und Wirtschaft anzupassen
- die Wohn- und Arbeitsverhältnisse zu verbessern
- nicht mehr bedarfsgerechte bauliche Anlagen einer neuen Nutzung zuzuführen
- einer anderen Nutzung nicht zuführbare bauliche Anlagen zurückzubauen
- freigelegte Flächen einer nachhaltigen städtebaulichen Entwicklung oder einer verträglichen Zwischennutzung zuzuführen
- innerstädtische Altbaubestände zu erhalten

17 Pausa-Areal in Mössingen, Fabrikareal mit denkmalgeschützter Tonnendachhalle

Grundlage für die Durchführung von Stadtumbaumaßnahmen ist die Aufstellung eines städtebaulichen Entwicklungskonzeptes (§ 171 b Abs. 2 BauGB), in dem die Ziele und Maßnahmen im Fördergebiet dargestellt sind.

Mössingen, Pausa Areal
Die Insolvenz der Textildruckerei PAUSA AG im Jahr 2004 hinterließ in der Stadt Mössingen eine große innerstädtische Brache mit großvolumigen Baustrukturen. Die Stadt erwarb das in den frühen 1950er und 60erJahren errichtete, zentrumsnahe Fabrikensemble (Architekt: Manfred Lehmbruck) und erarbeitete ein Stadtumbaukon-

18 Die neue Stadtbücherei im Obergeschoss der Tonnendachhalle

zept. Die Stadt stellte zunächst die Nutzung der großen Bauvolumina in Frage, dank des Denkmalschutzes und einer großen Wertschätzung des Ensembles in der Öffentlichkeit konnte ein ambitioniertes und tragfähiges Umbaukonzept realisiert werden. In den historischen Strukturen entstand Raum für vielfältige Nutzungen: Stadtbücherei, Büroflächen sowie eine Gewerbefläche. Trotz erheblicher Eingriffe konnten viele historische Spuren erhalten werden, die an die einzigartige Produktionsgeschichte der PAUSA Stoffdruckerei erinnern.

19 Freiburg, Weingarten West - Passivhochhaus

6 Europäische Strukturförderung

Im zusammenwachsenden Europa sind die Städte und Regionen einer enormen Konkurrenz ausgesetzt: um Arbeitsplätze, wirtschaftliches Wachstum, soziale Stabilität oder die Ausstattung mit Infrastruktur – um nur einige Faktoren zu nennen. Zudem sind starke regionale Disparitäten zu beobachten.

Ziel der Europäischen Strukturpolitik ist es, den wirtschaftlichen Wohlstand und die Beschäftigung in den Städten und Regionen Europas zu stärken, die Chancengleichheit, die soziale Eingliederung und die Sanierung von Problemvierteln zu fördern, die städtische Umwelt zu verbessern sowie eine stärkere Beteiligung der lokalen Akteure, der Bürgerinnen und Bürger zu erreichen.

Auf Grundlage dieser Ziele hat die Europäische Union bereits 1998 einen Aktionsrahmen für eine nachhaltige Stadtentwicklung beschlossen. Seit dem Jahr 2000 ergänzt die Europäische Strukturförderung die nationale Städtebauförderung. Die vom Strukturwandel betroffenen Städte werden sowohl beim Umbau ihrer Infrastruktur als auch bei ihrer sozialen und wirtschaftlichen Entwicklung unterstützt. Die Strukturfondsprogramme sollen ganz wesentlich zu einer zukunftsorientierten Stadtentwicklungs- und Stadterneuerungspolitik beitragen.

Im Rahmen der Struktur- und Kohäsionspolitik wurden bis 2006 Maßnahmen aus den Strukturfonds, insbesondere dem Europäischen Fonds für Regionale Entwicklung (EFRE), im Rahmen der Ziel II und Ziel III Förderung sowie nach den Gemeinschaftsinitiativen URBAN und INTERREG, gefördert. 2007 stand die EU-Strukturförderung vor einer Neuausrichtung. Im Kohäsionsbericht und in den Verordnungsvorschlägen hatte die EU schon ab 2004 ihren Willen artikuliert, statt eigener kleinerer Gemeinschaftsinitiativen wie URBAN eine stärkere Berücksichtigung integrierter quartiersbezogener Entwicklungsansätze in den Regionalprogrammen zu erreichen. Die bisherigen sechs Finanzierungsinstrumente hat die europäische Kommission dann gemäß der Maxime „weniger Bürokratie – bessere Programme" auf die drei Finanzierungsinstrumente Kohäsionsfonds, Europäischer Fonds für die Regionalentwicklung (EFRE) und den Europäischen Sozialfonds (ESF) zusammengeführt. Die Auswahl der Fördergebiete obliegt dabei den Mitgliedsstaaten. Sie verteilen die Mittel nach eigenen Prioritäten. Die Fördermittel werden thematisch und auf Grund der regionalen Unterschiede, insbesondere zwischen West- und Ostdeutschland, nach unterschiedlichen Gebietskategorien vergeben: Die neuen Länder werden im Ziel „Konvergenz" und die alten Länder, einschließlich Berlin West im Ziel „Regionale Wettbewerbsfähigkeit und Beschäftigung" (RWB) gefördert (vgl. Nationaler Strategischer Rahmenplan 2007-2013, Berlin 2007).[5]

Art und Umfang der stadtbezogenen Förderung innerhalb der EU-Strukturförderung wurden in der „Städtischen Dimension" zusammengefasst. Soziale Integration, städtische Umwelt und nachhaltiges Stadtmanagement sind als wichtige stadtentwicklungspolitische Ziele formuliert worden. Deutschland erhielt in der Förderperiode 2007-2013 insgesamt 26,3 Mrd. Euro an Finanzhilfen aus den Europäischen Strukturfonds. Im Rahmen des EFRE wird mit der Initiative JESSICA (Joint European Support for Sustainable Investment in City Areas) seit 2007 das neue Instrument der revolvierenden Stadtentwicklungsfonds angeboten. Zur Erprobung dieser neuen Formen der Stadt- und Regionalentwicklung wurde 2008 das ExWoSt-Forschungsfeld „Stadtentwicklungsfonds in Deutschland" ins Leben gerufen. Diese Finanzierungsart wird bisher jedoch nur relativ zurückhaltend in den Bundesländern angewendet.

7 Zusammenfassung

Die Städte und Gemeinden sind heute mit vielfältigen Aufgaben der städtebaulichen Erneuerung konfrontiert, die aus dem Klimawandel, dem demographischen und wirtschaftsstrukturellen Wandel, veränderten Wohnwünschen, Lebensmodellen und Mobilitätsbedürfnissen resultieren. Die Städtebauförderung trägt durch ihre Flexibilität, Effizienz und Zielgenauigkeit dazu bei, Lösungen für diese Herausforderungen zu finden. Das Spektrum der Städtebauförderung ist groß. Als wirkungsvolles Instrument der Innenentwicklung wird sie auch in Zukunft von Bedeutung sein.

Die Stärkung der Zentren und Stadtteilzentren sowie des innerörtlichen Wohnens, die Sicherung der Nahversorgung, die Aufwertung des öffentlichen Raumes, die Stabilisierung benachteiligter Quartiere, die Neu- und Umnutzung von Brachflächen sowie die energetische und ökologische Erneuerung stehen heute im Vordergrund der Stadterneuerung. Insbesondere der Klimaschutz und Projekte zur energetischen Sanierung haben eine hohe Priorität. Durch integrierte Ansätze und unter Wahrung sozialer und gestalterischer Aspekte können nachhaltige Lösungen umgesetzt werden. Die energetische Aufwertung ganzer Stadtquartiere wird zu einem Schwerpunkt der städtebaulichen Erneuerung.

Grundlage der Stadterneuerung sind integrierte Stadt(teil)- und Quartiersentwicklungskonzepte. Die aktuellen Entwicklungen erfordern einen intensiven Dialog aller beteiligten Akteure: Öffentliche Hand, Bürger, Investoren, Wohnungswirtschaft unter Einbeziehung aller relevanten Politikfelder: Sozial-, Wirtschafts-, Kultur-, Bildungs-, und Integrationspolitik. Dabei wird es zunehmend wichtig, die bisher getrennten räumlichen Förderungen stärker zu verzahnen.

Auch gewinnt die Abstimmung im interkommunalen und regionalen Kontext an Bedeutung. Viele der anstehenden Aufgaben, insbesondere in Bezug auf den demographischen Wandel und den Klimawandel, lassen sich nur in interkommunaler Zusammenarbeit lösen.

Seit ihrem über 40-jährigen Bestehen wurden in Deutschland tausende Stadterneuerungsgebiete in die Programme der städtebaulichen Erneuerung aufgenommen. In Baden-Württemberg waren es allein über 2.800 geförderte Gebiete in über 830 Städten und Gemeinden. Es ist gelungen, zahlreiche Stadtquartiere aufzuwerten, Brachflächen einer neuen Nutzung zuzuführen, Strukturverbesserungen zu erreichen, Stadt-, Ortskerne und das Architekturerbe zu bewahren sowie Wohnraum und Arbeitsplätze zu schaffen.

Die Städtebauförderung ist nicht nur städtebaulich, sondern auch wirtschaftlich, sozial und kulturell von großer Bedeutung für die Stadtentwicklung in Deutschland. Tragfähige Konzepte der integrierten Stadterneuerung müssen verstetigt, Instrumente weiterentwickelt und neue Herangehensweisen erprobt werden, beispielsweise im Rahmen der Nationalen Stadtentwicklungspolitik des Bundes, die auf den Zielen der Leipzig Charta von 2007 aufbaut und seither vielfältige Projekte unterstützt und den Erfahrungsaustausch fördert. Die Aufgaben wandeln sich, aktuell sind es insbesondere Fragen der Energieeffizienz auf Quartiersebene und des demographiegerechten Stadtumbaus.

20 Entwicklungsmaßnahme Tübingen Südstadt, Konversion eines Militärareals nach dem Leitbild der Stadt der kurzen Wege

Literatur

Baugesetzbuch

Bundesministerium für Verkehr, Bau und Stadtentwicklung (Hg.): 40 Jahre Städtebauförderung. Berlin 2011

Bundesverband deutscher Wohnungs- und Immobilienunternehmen e.V. GdW (Hg.): Wozu Städtebauförderung? Berlin 2010

Bundesamt für Bauwesen und Raumordung (Hg.): Städtebauförderung – historisch gewachsen und zukunftsfähig. Informationen zur Raumentwicklung Heft 9/10 (2001). Bonn 2002

Bundesministerium für Verkehr, Bau und Stadtentwicklung (Hg.): Nachhaltige Stadtentwicklung – ein Gemeinschaftswerk. Städtebaulicher Bericht der Bundesregierung 2004. Berlin 2004

Haag, Theodor/ Menzel, Petra/ Katz, Jürgen: Städtebauliche Sanierungs- und Entwicklungsmaßnahmen. Ein Handbuch für die Praxis mit zahlreichen Mustern, Bespielen, Schemata und Übersichten. Stuttgart 2007

Ministerium für Finanzen und Wirtschaft Baden-Württemberg/ Wüstenrot Stiftung: 40 Jahre Städtebauförderung in Baden-Württemberg. Stuttgart 2011

Wirtschaftsministerium Baden-Württemberg in Zusammenarbeit mit der Architektenkammer Baden-Württemberg: Zukunftsfähige Stadterneuerung in Baden-Württemberg 2004/2005. Stuttgart 2005

Wirtschaftsministerium Baden-Württemberg in Zusammenarbeit mit der Architektenkammer Baden-Württemberg: innerorts – Zukunftsfähige Stadterneuerung in Baden-Württemberg: Bauherrenpreis 2000-2006. Stuttgart 2007

Weiterführende Literatur

Verwaltungsvereinbarung Städtebauförderung (VV Städtebauförderung)

Leipzig Charta (Beschluss der europäischen Bauminister vom 24. Mai 2007; www.bmvbs.de)

Deutsches Institut für Urbanistik: 5 Jahre Leipzig Charta – Integrierte Stadtentwicklung als Erfolgsbedingung der nachhaltigen Stadt. Berlin 2012

Bundesministerium für Verkehr, Bau und Stadtentwicklung (Hg.): Programme der Städtebauförderung. Merkblatt über die Finanzhilfen des Bundes. Berlin 2007

Köhler, Horst: Stadt- und Dorferneuerung in der kommunalen Praxis. Berlin 1999

Links

www.mfw.baden-wuerttemberg.de
(Ministerium für Finanzen und Wirtschaft Baden-Württemberg)

www.staedtebaufoerderung.info

www.bbsr.bund.de (Bundesinstitut für Bau-, Stadt- und Raumforschung im Bundesamt für Bauwesen und Raumordnung)

www.bmub.bund.de
(Bundesministerium für Umwelt, Naturschutz, Bau und Reaktorsicherheit(BMUB))

www.nationale-stadtentwicklungspolitik.de

Endnoten

1 vgl. www.staedtebauforderung.info, Bundesministeriums für Verkehr, Bau und Stadtentwicklung

2 Zu den gesetzlichen Grundlagen und Verfahrensvorschriften vgl. auch Beitrag Hans Büchner, Reinhard Heer. Die auf den ländlichen Raum zugeschnittene Förderungen, z.B. das „Entwicklungsprogramm Ländlicher Raum (ELR)" in Baden-Württemberg wird in diesem Beitrag nicht thematisiert (vgl. hierzu www.mlr.baden-wuerttemberg.de; Beitrag Kerstin Gothe).

3 Zu den jeweils aktuellen Zahlen vgl. www.bmub.bund.de, Städtebauförderung und VV Städtebauförderung jeweils in der aktuellen Fassung.

4 vgl. mfw.baden-wuerttemberg.de

5 Zur EU-Politik für den ländlichen Raum und den entsprechenden Förderprogrammen ELER, LEADER+ vgl. www.leaderplus.de; Beitrag Kerstin Gothe

Abbildungsnachweis

1 Landesmedienzentrum Baden-Württemberg
2 Christina Simon-Philipp
3 Stadt Ulm
4 Stadt Ulm
5 Sanierungstreuhand Ulm
6 Stadt Mannheim
7 Stadt Stuttgart
8 Christina Simon-Philipp, Grundlage: Wirtschaftsministerium Baden-Württemberg 2004
9 Peter Cheret
10 Stadt Stuttgart, Amt für Stadtplanung und Stadterneuerung
11 Stadt Stuttgart, Bildarchiv Amt für Stadtplanung und Stadterneuerung
12 Karin Hopfner
13 Stadt Stuttgart
14 Stadt Stuttgart
15 Christina Simon-Philipp
16 Stadt Albstadt
17 Stadt Mössingen
18 Stadt Mössingen
19 Christina Simon-Philipp
20 Gerd Kuhn

BERND EISENBERG
KAROLINE BROMBACH

Geoinformationssysteme in der Stadt- und Landschaftsplanung

Der Atlas für jedermann ist Realität und erlaubt eine unkomplizierte Abfrage raumbezogener Informationen an (fast) jedem Ort über jeden beliebigen Ort – google earth, GPS-gestützte Navigationsgeräte, Geotagging (Fotoalbum einschließlich Landkarte) oder Geocaching (digitale Schnitzeljagd) gehören heute für viele Menschen zum Alltag, seien sie nun offline oder online (Abb. 1). Das Geoweb oder die „ortsgebundenen Medien" – locative media, in denen Daten und Adressen verknüpft werden – dienen als wichtige Hilfsmittel für die Orientierung im realen Raum. Grundlage all dieser Anwendungen sind Geographische Informationssysteme (GIS).

Ein Geoinformationssystem dient der Erfassung, Speicherung, Analyse und Darstellung aller Daten, die einen Teil der Erdoberfläche und die darauf befindlichen technischen Einrichtungen sowie geowissenschaftliche ökonomische und ökologische Gegebenheiten beschreiben. Nach Bill wird es definiert als „ein rechnergestütztes System, das aus Hardware, Software, Daten und den Anwendungen besteht. Mit ihm können raumbezogene Daten digital erfasst und redigiert, gespeichert und reorganisiert, modelliert und analysiert sowie alphanumerisch und graphisch präsentiert werden."[1] Der Begriff GIS wird heute homonym sowohl für GIS-Software, wie auch für GIS-Produkte (etwa Auskunftssysteme oder Geoviewer) verwendet.

1 Bedeutung EDV-gestützter, quantitativer Analysen in der raumbezogenen Planung

1 Heiratsantrag per google earth

Von jeher werden in der Stadtplanung querschnittsorientierte Aufgabenstellungen bearbeitet, in deren Verlauf unterschiedliche Informationen (zum Beispiel einzelner Fachämter) zusammengeführt und als graphisch orientierte Entscheidungsgrundlage aufbereitet werden. Die Bedeutung von quantitativen Analysen in der räumlichen Planung steht in Deutschland aber auch in engem Zusammenhang mit der Dominanz bestimmter städtebaulicher Leitbilder (Abb. 2). Die von einer Technikeuphorie geprägten, umfassenden Planungen der 1960er und 70er Jahre, häufig in Form gesamtstädtischer Konzepte für den Autoverkehr und die Wohnungsversorgung, erzeugten einen großen Bedarf an Daten und quantitativen Analysen sowie ein großes Interessen an einer automatisierten Auswertung.

Im Lauf der 1980er Jahre verloren quantitative Analysen durch den Paradigmenwechsel zu „weicheren" Themen des Städtebaus (zum Beispiel Stadtbildpflege und Stadterneuerung) und der Hinwendung zu kleineren Planungs- und Analyseeinheiten (zum Beispiel ein städtischer Block im Rahmen der Quartierserneuerung) und prozessorientierten Vorgehensweisen (zum Beispiel Partizipation) zunehmend an Bedeutung. Die Erfassung qualitativer Bewertungskriterien (zum Beispiel subjektive

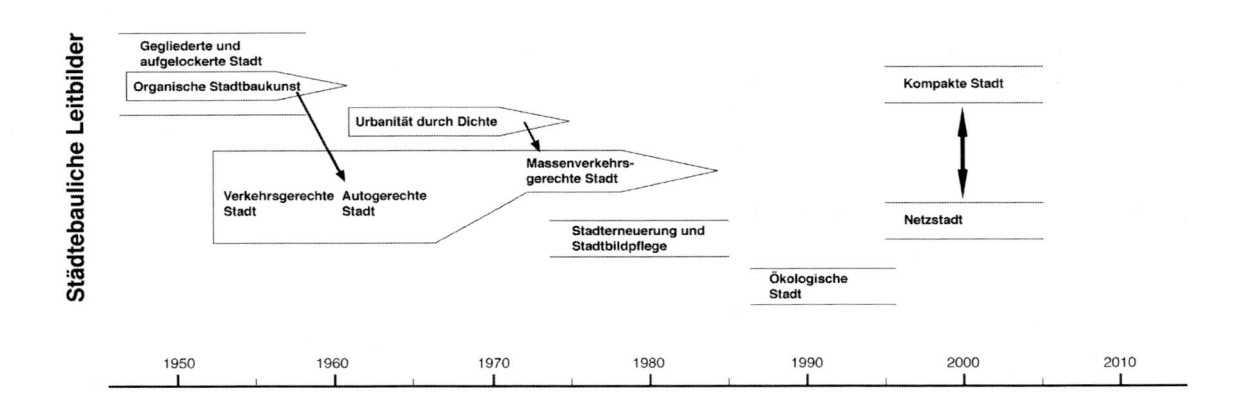

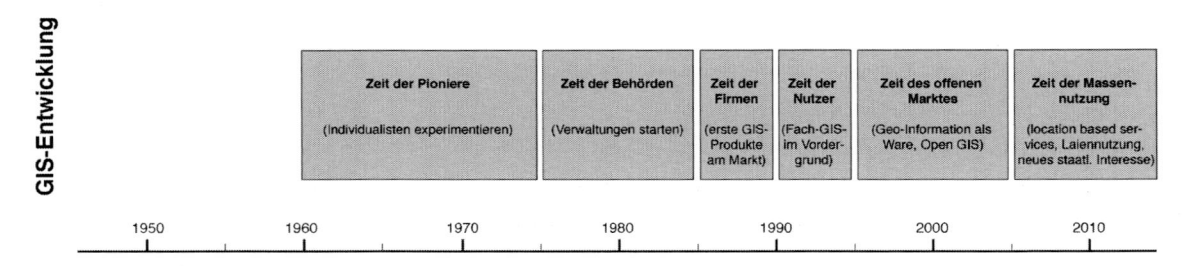

2 Städtebauliche Leitbilder und GIS-Entwicklung

Nutzersicht, Nachhaltigkeit einer Maßnahme) wurde wichtiger, ebenfalls die Visualisierung von Planungen und Maßnahmen.

Die Landschaftsplanung ist diesem Trend nicht im gleichen Maße gefolgt, da die Maßstäbe 1:5.000 bis 1:25.000 kontinuierlich Verwendung fanden. Zum anderen gehören das Sammeln, Kombinieren und Generieren von raumbezogenen Informationen zu den Kernaufgaben, so dass das Interesse an EDV-Lösungen für diese Aufgaben weiterhin bestand. Lange Zeit erwies sich jedoch der erhebliche finanzielle Aufwand für die Schulung des Fachpersonals, die Datenerhebung und Lizenzkosten als hemmend für den Einsatz von GIS in der Landschaftsplanung.

Heute ist in der deutschen Planung ein Comeback räumlicher Informationssysteme zu beobachten. Zum einen haben mit der zunehmenden Siedlungsentwicklung und Suburbanisierungen (Leitbild: Netzstadt oder Zwischenstadt) Planwerke an Bedeutung gewonnen, die auf regionaler Ebene wirken. Mithilfe eines GIS lassen sich hier Geodaten aus unterschiedlichen Quellen zusammenführen und auswerten. Zudem sind viele für die Planung wichtige Grundlagendaten mittlerweile in GIS-Austauschformate überführt worden. Beispielsweise können heute die von der Stadtplanung benötigten Informationen anderer städtischer Fachressorts in Kommunalen Informationssystemen (KIS) bereitgehalten werden. Zum anderen werden, auch durch die rückläufigen demographischen Entwicklungen in Deutschland, planerische Konzepte, die eine Flächenbilanzierung oder ein Monitoring in komplexem Ausmaß erforderlich machen, wichtiger. Dies ist etwa bei den durch das Bundesprogramm „Stadtumbau Ost" initiierten Stadtentwicklungskonzepten (STEK) der Fall, die auf einer gesamtstädtischen Bewertung von Flächen hinsichtlich ihres Rückbau- oder Entwicklungspotenzials aufbauen. Auch regionale oder gesamtstädtische Versorgungs- und Erreichbarkeitsstudien zum Zwecke der Standortoptimierung (zum Beispiel Einzelhandel, Schulen) lassen sich mithilfe von GIS umsetzen.

Mit der Novellierung des Bundesnaturschutzgesetzes von 2002, aber auch aufgrund europäischer Vorgaben, sind erhöhte Anforderungen an den Naturschutz und die Landschaftsplanung entstanden, die in diesem Umfang nur mithilfe von GIS bewältigt werden können. Zu nennen sind in diesem Zusammenhang die Umsetzung des Biotopverbundes (§ 3 Bundesnaturschutzgesetz (BNatSchG)), die Umweltbeobachtung beziehungsweise das Monitoring (§ 12 BNatSchG und § 4 c Baugesetzbuch BauGB), die Betrachtung der biologischen Vielfalt (§ 2 BNatSchG) sowie umweltrelevante Europäische Richtlinien zur Umweltverträglichkeitsprüfung (UVPG) und zur Umweltinformation (UIG), die Wasserrahmen- und FFH-Richtlinie.[2] Mithilfe von GIS lassen sich etwa landesweite Naturschutzkonzepte koordinieren oder Planungsvarianten, die im Rahmen von Umweltverträglichkeitsprüfung oder Eingriffsregelung erstellt werden, hinsichtlich ihrer Auswirkungen auf den Naturhaushalt sehr flexibel bilanzieren und vergleichen.

Wichtige Einsatzgebiete quantitativer Analysen in der Planung, die sich mithilfe von Geoinformationssystemen durchführen lassen, sind heute somit:

Kataster und Informationssysteme
- auf der Ebene der Landesplanung: Umweltinformationssysteme, Landesinformationssysteme
- gesamtstädtische Informationssysteme, etwa zu Grünflächen, Bauflächenmanagement, Liegenschaftskataster, Bürgerinformationssystemen
- gesamtstädtische Planungen: Kommunale Flächennutzungsplanung (FNP) inklusive Flächenbilanzen
- kleinräumige Planungen: Bestandserhebung, etwa im Rahmen der vorbereitenden Untersuchung für Maßnahmen der Stadterneuerung (städtebauliche Gutachten)

Planwerke und Monitoring
- Forschung und Raumbeobachtung (Monitoring): besonders auch im regionalen Maßstab, zum Beispiel zur Siedlungsflächenentwicklung oder Biotopvernetzung, Versorgungs- und Erreichbarkeitsstudien
- Screening- und Scoping-Ebene der Umweltverträglichkeitsprüfung (UVP), Eingriffs-/ Ausgleichsbilanzierung, Ökokonto und im Rahmen der Eingriffsregelung

2 Entwicklung der Geoinformationssysteme

Die Entwicklung der Geoinformationssysteme ist eng verbunden mit dem technologischen Fortschritt in der EDV, aber auch mit den sich wandelnden Fragestellungen und Anforderungen unterschiedlicher Disziplinen und Körperschaften (Abb. 2).

Als Vater des GIS gilt Roger Tomlinson, der 1962 das Canadian Geographic Informationssystem (CGIS) für die kanadische Landinventurbehörde konzipierte. Es folgte eine Phase der Pioniere, in der eine Vielzahl von Forschungseinrichtungen und Firmen GIS entwickelten und einsetzten. Parallel dazu wurde damit begonnen, die Datengrundlagen zu modernisieren. In Deutschland wurde in den 1970er Jahren erstmals ein länderübergreifendes Fachkonzept für eine Automatisierte Liegenschaftskarte (ALK) aufgestellt. Es sah vor, die Liegenschaftskarten (Flurkarten) der Bundesländer auf Grundlage einer logischen, hierarchischen Datenstruktur zu vereinheitlichen, um diese künftig leichter mithilfe von EDV-gestützten Systemen (Datenbanken) verwalten zu können.

Die „Quantifizierungseuphorie" der Verwaltungen scheiterte allerdings an der kostenintensiven, aber zu wenig leistungsfähigen Hardware. Während in Deutschland aus diesen Gründen die EDV-Unterstützung räumlicher Planung in den 1980er Jahren weitgehend eingestellt wurde, wurden in den USA – unter entscheidender Einflussnahme von Planern – Geoinformationssysteme und ihre Methodik fortentwickelt. Ein wesentlicher Grund für die dortigen Entwicklungen war zudem die Freigabe von kostengünstigen Grundlagendaten. Die 1990er Jahre waren geprägt von GIS-Fachanwendungen, die durch Spezialisten angelegt wurden. Dies ging in Deutschland einher mit einer Verbesserung und Standardisierung des Datenbestandes.

So begann man mit dem Aufbau des Amtlichen Topographisch-Kartographischen Informationssystems (ATKIS), in dem die topographischen Karten aller Bundesländer auf Grundlage einer einheitlichen Systematik und kompatibler Formate digital erfasst werden. Aber auch kleinere Initiativen zur systematischen Erfassung und Verwaltung raumbezogener Daten wurzeln in den 1990er Jahren, wie die Hamburger Grünflächenversorgungsanalyse (Kellermann) oder das Landschaftsprogramm Baden-Württemberg (IER, ILPÖ).

Heute ist eine massenhafte Verbreitung von einzelnen GIS-Komponenten zu beobachten: „Waren Geographische Informationssysteme in der Vergangenheit vor allem Domäne von finanzstarken Organisationen mit spezialisiertem Know-How und hochspezialisierter Technikausstattung, so ist gegenwärtig eine Diffusion der Anwendung dieser Technologien von den Technologieinseln der GIS-Spezialisten in die Breite der Massenanwendungen festzustellen."[3] Dies ist unter anderem auf die vermehrte Verbreitung von GPS-Technik und Anwendungen in Verbindung mit dem Internet (WebGIS) zurückzuführen, aber auch auf eine bessere Standardisierung der Software und eine erhöhte Benutzerfreundlichkeit mithilfe einfacher Viewer-Anwendungen. Die ortsbezogenen Dienstleistungen „location based services" läuten die nächste Generation von GIS-Anwendungen bereits ein.

Die nationale Bedeutung von Geoinformation als Wirtschaftsgut steigt. Ebenso wird Geoinformation vom Bund heute als „modernes Instrument für staatliches Handeln" angesehen.[4] Seit 2001 wird das bundespolitische Ziel des Aufbaus einer einheitlichen Geodateninfrastruktur für Deutschland (GDI-DE) nachdrücklich verfolgt. Hierfür sollen Daten aus unterschiedlichen Ressorts der Bundesverwaltung (Raumplanung und Bodenordnung, Umwelt- und Naturschutz, Klimaforschung, innere Sicherheit und Landesverteidigung) in ein System zusammengeführt werden. Auch im Rahmen der EU wird eine Harmonisierung und Vereinheitlichung der räumlichen Grundlagendaten angestrebt.

3 Funktionsweise und Bestandteile eines GIS

3.1 Funktionsweise eines GIS

Mit einem GIS lassen sich Informationen geographisch organisieren und bearbeiten. Das bedeutet, über einen geographischen Bezug (etwa Lage, Geometrie, Topologie/Benachbarung) und nach Attributen lassen sich graphische Objekte abfragen und verschiedenen fachlichen Themen zuordnen (Abb. 3–6). Eine große Bedeutung kommt topologischen Beziehungen zu, mit deren Hilfe auf nicht metrische Weise die Strukturen des Raumes untersucht werden können.

3.2 Bestandteile eines GIS

Die Systemkomponenten eines GIS werden üblicherweise in Anwender, Daten, Hardware und Software unterteilt.[5] Abb. 7 stellt die Systemkomponenten ergänzt um Methoden dar und ordnet Aufgaben zu, die in unterschiedlichen Phasen des Aufbaus und des Betriebes eines GIS zum Tragen kommen.

Die größte Bedeutung sind der Komponente Geodaten zu zuordnen. Der Großteil der Gesamtkosten eines GIS muss für Daten veranschlagt werden. Neben Lizenzkosten für Daten der Vermessungsämter schlagen insbesondere die Kosten für Fortschreibung von eigenen Daten zu Buche.[6]

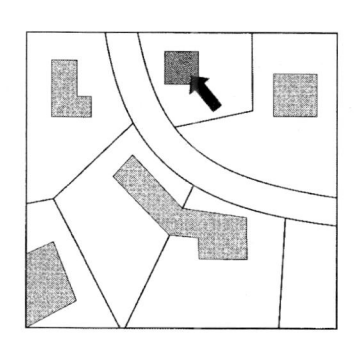

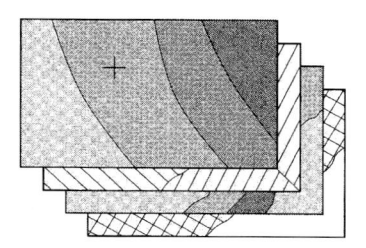

3 Anfrageformen

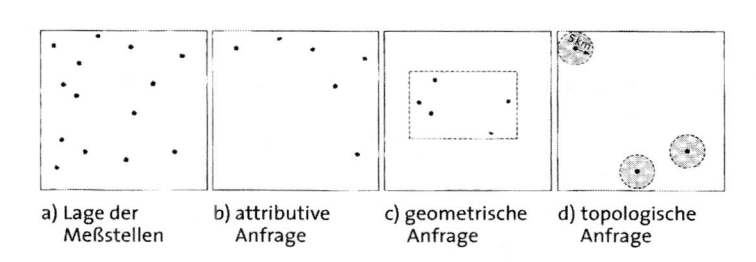

4 Anfragen über Attributwerte und Lage

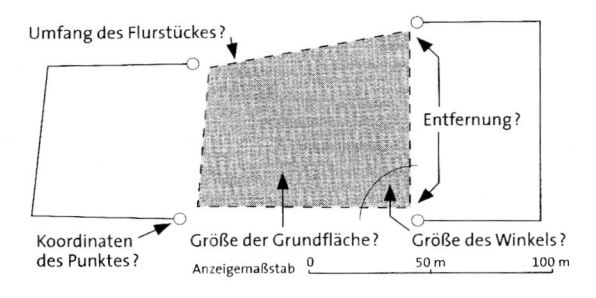

a) Lage der Meßstellen
b) attributive Anfrage
c) geometrische Anfrage
d) topologische Anfrage

5 Geometrische Anfragen an ein GIS

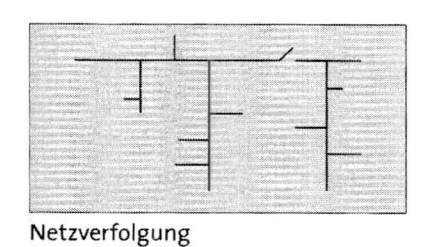

Umfang des Flurstückes?
Entfernung?
Koordinaten des Punktes?
Größe der Grundfläche?
Größe des Winkels?
Anzeigemaßstab 0 50 m 100 m

6 Topologische Anfragen an ein GIS

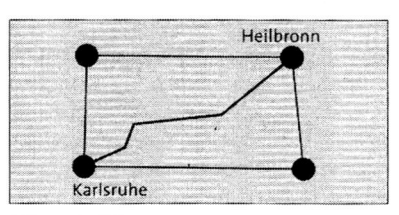

Netzverfolgung

Inklusionsbezeichnung

Nachbarschaftsbeziehungen

kürzeste Wege

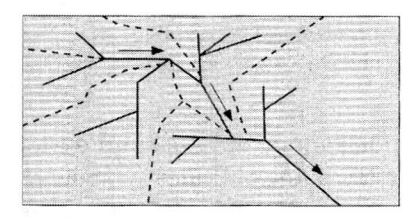

Bestimmungen von Einzugsgebieten und Abflußrichtungen

7 Systemkomponenten und deren Aufgaben bei Aufbau und Unterhaltung eines Professional GIS

	Aufbau	**Unterhaltung**
Anwender	Ziel des GIS-Einsatzes Vorkenntnisse Schulungsaufwand	Fachanwender ⇔ Endnutzer Weiterbildung Einsatz ext. Dienstleister
Daten	Ersterfassung Datenimport, -export Datensicherung, -haltung	Datenfortschreibung Integration neuer Daten Qualitätssicherung, kom. Nutzung
Software	Programmumfang Unterstützte Datenmodelle Austauschbarkeit (OGC, CAD)	Lizenzierung, Programmupdate Schnittstellen Datenbankanbindung
Hardware	Arbeitsplatzrechner / Server Eingabe: Scanner, GPS Ausgabe: Drucker, Plotter	Wiederbeschaffung Hardware Eingabe: Mobile Erfassung, GPS Ausgabe: Plotter, Auskunftsclients
Methoden	Entwicklung /Anpassung fachspezifischer Methoden	Fortführung und Anpassung

4 Formate, Datenquellen und Software

Im Nachfolgenden sollen gebräuchliche Datenformate und Software, sowie wichtige Datenquellen, die bei der Anwendung eines GIS zum Einsatz kommen, vorgestellt werden.

4.1 Datenmodell

„Als Geographisches Informationssystem können digitale Informationssysteme zur Erfassung, Verwaltung, Analyse, Verarbeitung, Modellierung und Visualisierung raumbezogener Informationen bezeichnet werden. Ein GIS versucht [also] einen definierten Ausschnitt der Erdoberfläche abzubilden beziehungsweise über ausgewählte Merkmale dieses Ausschnitts zu informieren. Hierzu ist es notwendig, eine abstrakte Abbildung der Erdoberfläche zu akzeptieren. Besonderen Stellenwert nimmt die Definition eines sogenannten Datenmodells für raumbezogene Daten ein."[7]

Ganz grundsätzlich kann zwischen Vektordaten- und Rasterdatenmodellen unterschieden werden (Abb. 8 und 9). Wenn ein lagegenaues und formgetreues Modell gefragt ist, wird man zum Vektormodell tendieren, sollen im Raum kontinuierlich auftretende Eigenschaften analysiert werden, ist das Rastermodell besser geeignet. Hierdurch zeigt sich bereits ein Unterschied zu CAD-Anwendungen: Beim GIS steht in der Regel das Modell der Erde im Vordergrund, das am geeignetsten ist für die jeweilige Fragestellung und nicht unbedingt das abbildungstreueste.

Aber häufig entscheidet einfach die Datenverfügbarkeit über den Einsatz des Datenmodells: In Staaten mit einem ausgebauten öffentlichen Vermessungswesen ist die Verfügbarkeit von hochgenauen Vektordaten gegeben, in Entwicklungs- und Schwellenländern sind Satellitendaten häufig die einzige Geodatengrundlage. Da dieser Markt von kommerziellen Anbietern bedient wird, kann man bei entsprechender finanzieller Ausstattung auf sehr aktuelle hochaufgelöste Satellitendaten fast jeden Erdausschnitts zugreifen. Aber auch in den Industrieländern bieten Satellitendaten die Möglichkeit in regelmäßigen zeitlichen Abständen Landnutzungsveränderungen zu bilanzieren oder Folgen von Katastrophenereignissen (Hochwasser, Orkanschäden) zeitnah abzuschätzen. Es empfiehlt sich daher ein GIS, das mit beiden Modellen umgehen kann.

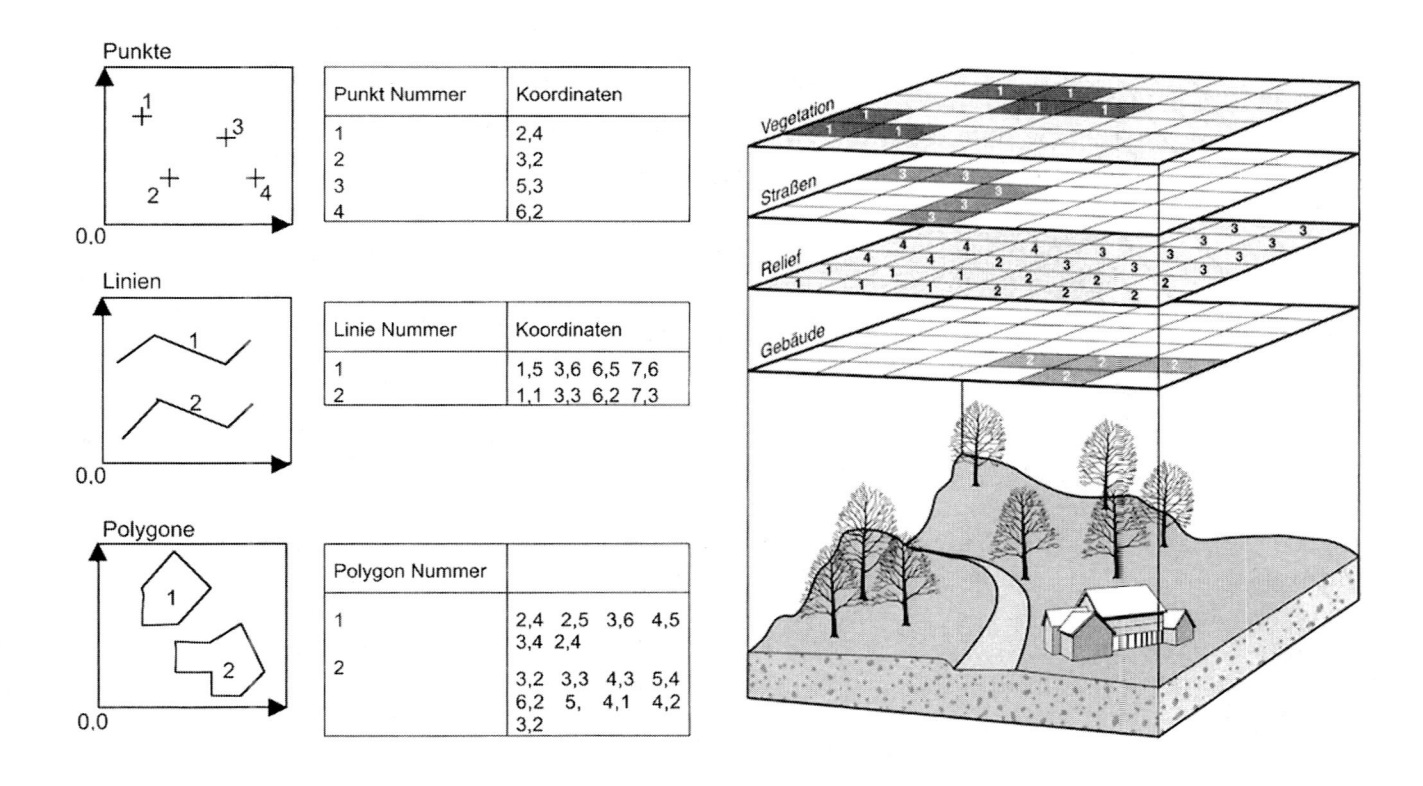

8 Vektordatenmodell links)
9 Rasterdatenmodell rechts)

4.2 Digitale Geodatenformate

Unabhängig vom Format hängt die Qualität von Geodaten (Geometriedaten) in erster Linie vom Erhebungsmaßstab ab, mit dessen Hilfe sich der Grad der Genauigkeit, mit dem die Informationen verortet sind, ermitteln lässt. So sind durch eine Befliegung gewonnene Luftbilder (Rasterdaten) häufig in einer Auflösung von bis zu 20 Zentimetern Kantenlänge vorhanden, die, sofern sie entzerrt und georeferenziert sind (Orthobilder), eine sehr hohe Lagegenauigkeit aufweisen. Die große Popularität haben Anwendungen wie Google-Earth aufgrund der Echtfarbaufnahmen der Erdoberfläche erlangt, mit deren Hilfe die Orientierung relativ leicht ist. Die eigentliche Stärke eines rasterbasierten GIS liegen jedoch in der Analyse von Mehrkanal-, Infrarot- oder Radarbildern mit klassifizierten, also „schlauen" Pixeln, denen eine bestimmte Landnutzungsklasse zugeordnet wird. Die Auflösung ist jedoch nicht das einzige Kriterium, das über die Eignung/ Qualität entscheidet. So sind die Satellitendaten der ESA trotz einer Auflösung von 300 Metern von erheblicher Bedeutung, da sie flächendeckend für die ganze Erde vorliegen und in 16 Landnutzungsklassen unterteilt sind.

Übliche Formate von Rasterdaten: .tif, .jpg, GRID, IMG
Vektordaten werden ebenfalls anhand festgelegter Maßstäbe erhoben, die beispielsweise im Fall des ALK und des ATKIS bundeseinheitlich definiert sind. Der Erhebungsmaßstab hat Auswirkungen auf die Art der Darstellung einzelner Objekte – so sind Straßen ab 1:50.000 eigentlich nur als Linie darstellbar – und die Lagegenauigkeit.

Übliche Formate von Vektordaten: .dxf, .dwg, .xml
Sachdaten lassen sich als Informationen von Ämtern, Unternehmen, Forschungseinrichtungen oder anderen Organisationen beziehen oder können selbst als Messung, Befragung oder Bewertung erhoben werden. Sachdaten liegen meist in Tabellenform

und Datenbankformaten vor. Sie können im GIS mithilfe eines übereinstimmenden Datenfeldes (zum Beispiel Objektschlüssel) den jeweiligen Geometriedaten zugeordnet werden.

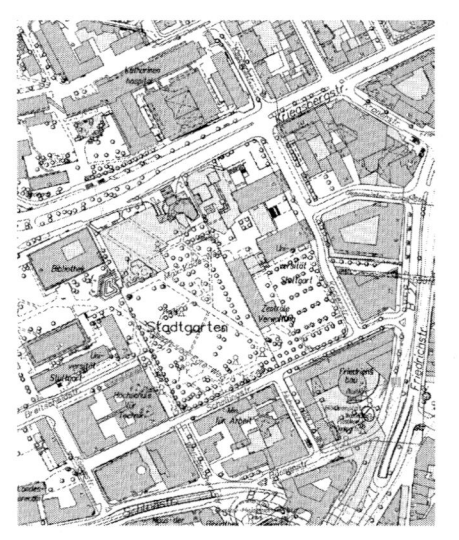

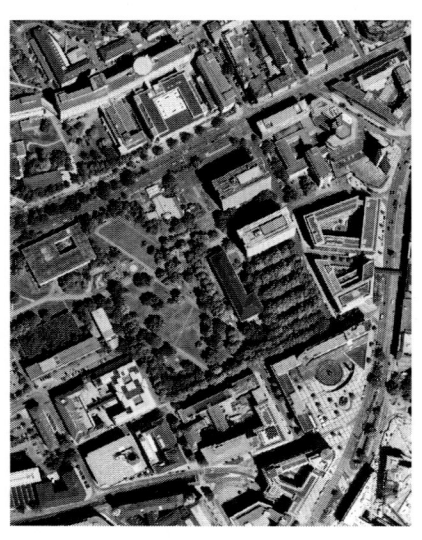

10 Stadtgarten Stuttgart im Rasterformat (links: Digitale Stadtkarte, Mitte: Orthophoto, rechts: Luftbild 1955)

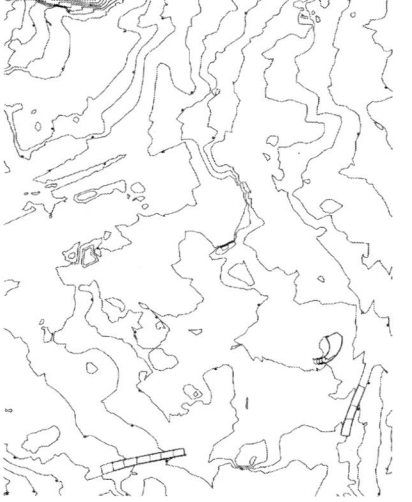

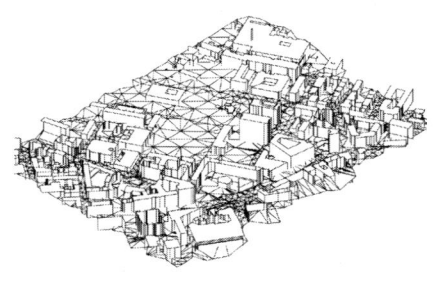

11 Stadtgarten Stuttgart im Vektorformat (links: Digitale Stadtkarte, Mitte: Höhenlinien, rechts: 3D-Modell)

Übliche Formate von Sachdaten: .dbf, .csv, .mdb
Fast jeder Software-Hersteller hat ein oder mehrere GIS-Datenformate, aber es hat sich ähnlich dem DXF-Format bei CAD-Programmen mit dem Shape-Format ein Quasi-Standard herausgebildet. Dieses relativ einfache Format ordnet punktförmige, linienhafte und flächenhafte Objekt jeweils eigenen Dateien zu, so dass Objekte, die in einer DXF-Dateien enthalten sind, in mehreren Dateien gespeichert werden. Übliche Formate von GIS- und Shapedaten: .shp, Geodatabase, Coverage, .MIF

4.3 Datenquellen

Wichtige Quellen für Geodaten sind in Deutschland öffentliche Vermessungsämter, bei denen Kataster und amtliche Kartenarten (in deren jeweiligen Gebietseinheiten) geführt werden. Der Aufbau von kostenlosen Austauschplattformen wie Wikis wird erst seit den letzten Jahren verstärkt verfolgt. Bei der Beschaffung von Daten für die GIS-Anwendung muss zwischen den Sachdaten und den Geodaten unterschieden werden. Eine Vielzahl an statistischen Informationen kann mithilfe von Schlüsselnummern (zum Beispiel Postleitzahlen) mit Geodaten verknüpft werden. Auf Landesebene führen die Landesvermessungsämter ATKIS als Geodatenbasis, topographische Karten, welche das Digitale Landschaftsmodell (DLM) im Maßstab 1:25.000 umfassen, sowie das Digitale Gelände Modell (DGM) und Digitale Orthophotos (DOP). Stadtmessungsämter bieten digitale Stadtpläne, Liegenschaftskatasterauszüge (1:500), Verwaltungsgliederungen (Bezirke, Stadtteile, Viertel, Baublöcke), Orthophotos und 3D-Gelände- und 3D-Gebäudemodelle an.

Geobasisdaten und Geodatendienste der Vermessungsverwaltung Baden-Württemberg können im Rahmen der Umsetzung der Open-Data-Strategie des Ministeriums für Ländlichen Raum und Verbraucherschutz Baden-Württemberg unter den Bedingungen einer Creative Commons Lizenz unentgeltlich genutzt werden (Offene Geobasisdaten). Mehr Informationen unter http://www.geoportal-bw.de.

4.4 Softwareprogramme

Ähnlich wie bei anderen Softwareentwicklungen gibt es auch bei GIS mehr als ein Produkt und einen Hersteller. GIS werden sowohl von kommerziellen Anbietern vertrieben, was die Regel ist, aber auch in diesem Feld gibt es – ähnlich den Entwicklungen bei Betriebssystemen und Office-Software – Open Source-Software, die von einer unabhängigen Entwicklergemeinschaft gewartet und modifiziert wird.

Eine Unterteilung der GIS-Programme hinsichtlich der Aufgaben liefert Abb. 12, in der zwischen Auskunftssystemen, Fachanwendungen und vollwertigen GIS unterschieden wird.

Eine technikorientierte Unterteilung liefern Buhmann/ Wiesel 2007, die verschiedene

12 GIS-Nutzergruppen am Beispiel einer öffentlichen Verwaltung

GIS-Produktgruppen unterscheiden, wie Professional GIS, Desktop-GIS, Viewer- und Internet-GIS.

4.5 Unterschiede zu CAD-Systemen

Die traditionellen Unterschiede zwischen CAD (Computer Aided Design) und GIS Anwendungen sind heute am Verschwinden, da in zunehmendem Maße einzelne Programmkomponenten wechselseitig integriert werden (zum Beispiel in Form von Hilfsskripten und Programmerweiterungen im GIS oder dem Building Information Modeling (BIM) im CAD).

Grundsätzlich lässt sich aber festhalten, dass CAD zunächst als ein Konstruktions- und Zeicheninstrument konzipiert ist, mit dessen Hilfe sich bestimmte Geometrien zeichnen und Elemente einfärben, bemaßen und beschriften lassen. Dem gegenüber ist ein GIS eine an der kartographischen Ausgabe orientierte Verknüpfung, bei der den graphischen Elementen alphanumerische Daten zugeordnet werden können, was eine Überlagerung der Daten und rechnerische Auswertung erlaubt (Abb. 13).

Um die Unterschiede zwischen GIS- und CAD-Anwendungen zu verdeutlichen, mag das folgende Beispiel einer raumbezogenen Analyse (Pufferbildung) dienen (Abb. 14):

Man zeichne um a) einen Standort b) eine Fläche und c) mehrere Flächen ein Einzugsgebiet. Dabei wird vereinfachend auf die Luftlinienentfernung zurückgegriffen, beispielsweise 300 Meter.

Während im CAD eine Auswahl der Objekte „per Hand" (über Mausklick, Layer oder Objekteigenschaften) erfolgt, können sie im GIS über Attribute (Merkmal des Objekts im zugehörigen Datenfeld) selektiert werden. Im CAD erfolgt für jedes selektierte Objekt eine eigene Zeichenoperation, im GIS wird diese für alle Objekte gleichzeitig durchgeführt, unabhängig von der geometrischen Beschaffenheit der Objekte. Im GIS wird die Größe der neu erzeugten Pufferflächen automatisch berechnet, überzählige Schnittmengen durch Überlappungen entfallen.

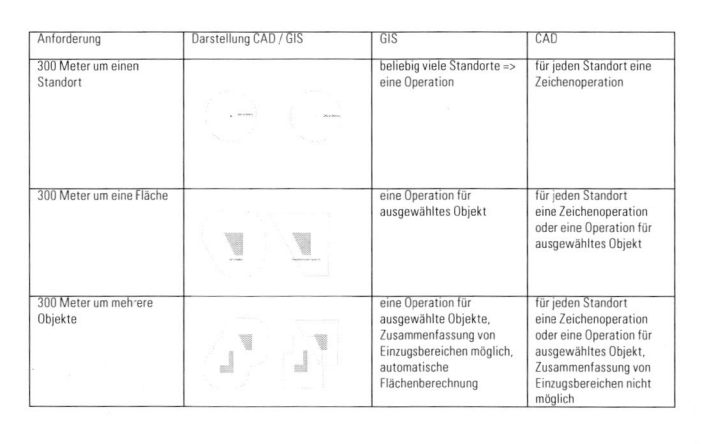

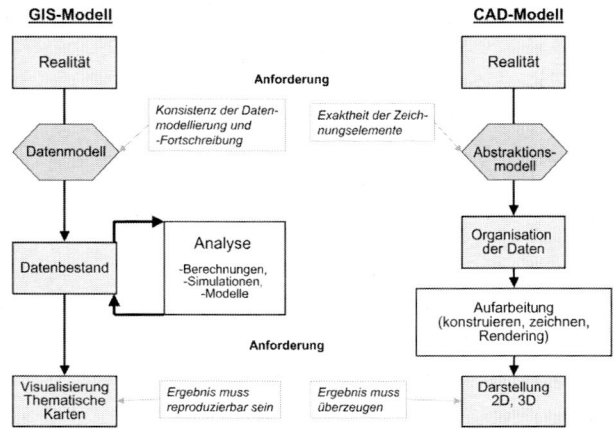

Anforderung	Darstellung CAD / GIS	GIS	CAD
300 Meter um einen Standort		beliebig viele Standorte => eine Operation	für jeden Standort eine Zeichenoperation
300 Meter um eine Fläche		eine Operation für ausgewähltes Objekt	für jeden Standort eine Zeichenoperation oder eine Operation für ausgewähltes Objekt
300 Meter um mehrere Objekte		eine Operation für ausgewählte Objekte, Zusammenfassung von Einzugsbereichen möglich, automatische Flächenberechnung	für jeden Standort eine Zeichenoperation oder eine Operation für ausgewähltes Objekt, Zusammenfassung von Einzugsbereichen nicht möglich

13 GIS- und CAD-Modellvorstellung (links)

14 Unterschiede CAD und GIS (rechts)

5 Anwendungsarten von GIS

Geoinformationssysteme bieten eine Vielzahl von Funktionen. Anhand ausgewählter Projektbeispiele sollen die wichtigsten kurz dargestellt werden.

5.1 Erfassung von Geodaten

Eine grundsätzliche Funktion von GIS ist das Erfassen und Importieren von Daten sowie deren Aufbereitung als Karten.

Projektbeispiel: Baumkataster Hamburg
In Hamburg wurde in einem gemeinsamen Projekt von Umweltbehörde und Bezirken ein digitales Baumkataster entwickelt, mit dessen Hilfe inzwischen etwa 410.000 Bäume verwaltet werden. Bei der Baumkontrolle vor Ort ermöglichen Pencomputer die direkte Dateneingabe in das System. So wurde eine umfassende Zustandserfassung für Bäume aufgebaut. Fortlaufende Schulungen sichern den Einsatz fachlich ab, ein Systemsupport garantiert den technischen Betrieb. Die Stadt Hamburg zieht eine positive Bilanz aus den Erfahrungen mit Baumkataster und mobiler Erfassung. Das System wird inzwischen in vielen Städten Deutschlands und der Schweiz eingesetzt.

15 Baumkataster Hamburg

5.2 Verwaltung von Geodaten

Mit der Verwaltungsfunktion von GIS lassen sich Datenbestände anlegen und pflegen, sowie für andere Anwendungen exportieren.

Projektbeispiel: AROK Baden-Württemberg
Künftig sollen alle raumrelevanten Planungen und Maßnahmen in Baden-Württemberg (unter anderem Siedlungsflächen, Schutzgebiete, Straßentrassen) in einem automatisierten Raumordnungskataster (AROK) fachübergreifend zusammengefasst werden. AROK soll langfristig zu einem Instrument der Raumbeobachtung und Raumordnung werden, das bei den Regierungspräsidien geführt wird. Es dient, auch für die beteiligten Kommunen als wichtige Informationsgrundlage bei der Durchführung von Raumordnungs- und Zielabweichungsverfahren, Standort- und Trassensuchverfahren, der Abstimmung raumbedeutsamer Planungen und Maßnahmen und bei der Aufstellung von Entwicklungs- und Regionalplänen. Ziel von AROK ist ein vereinfachter Datenaustausch, die frühzeitige Erkennung von Nutzungskonflikten durch systematische Dokumentation von Planungsabsichten, eine Erleichterung und Beschleunigung von Planungs-, Genehmigungs- und Zulassungsverfahren, größere Transparenz und Kostenersparnis.

16 AROK Baden-Württemberg (derzeit im Aufbau)

5.3 Analyse von Geodaten

Mithilfe eines GIS lassen sich Datenbestände räumlich überlagern, geometrisch analysieren und Bewertungen durchführen.

Projektbeispiel: Sichtfeldanalyse Verkehrsbauwerk
Die visuelle Wirkung zweier Verkehrsstraßen mit Brückenbauwerken sollte ermittelt werden. Auf der Basis eines Digitalen Geländemodells (50 mal 50 Meter) wurden die Sichtfelder, das heißt die von ausgewählten Brückenelementen (Pfeileroberkante) einsehbaren Bereiche, ermittelt. Als Maß für die Intensität der visuellen ‚Belastung' wurde die Anzahl der Sichtbeziehungen je Höhenzelle herangezogen. Das heißt, je höher die Anzahl der sichtbaren Pfeiler, desto stärker die Wirkung.

17 Sichtfeldanalyse der Brückenbauwerke der BAB8- und des ICE-Albaufstieg auf der Basis eines 50m-Höhenrasters

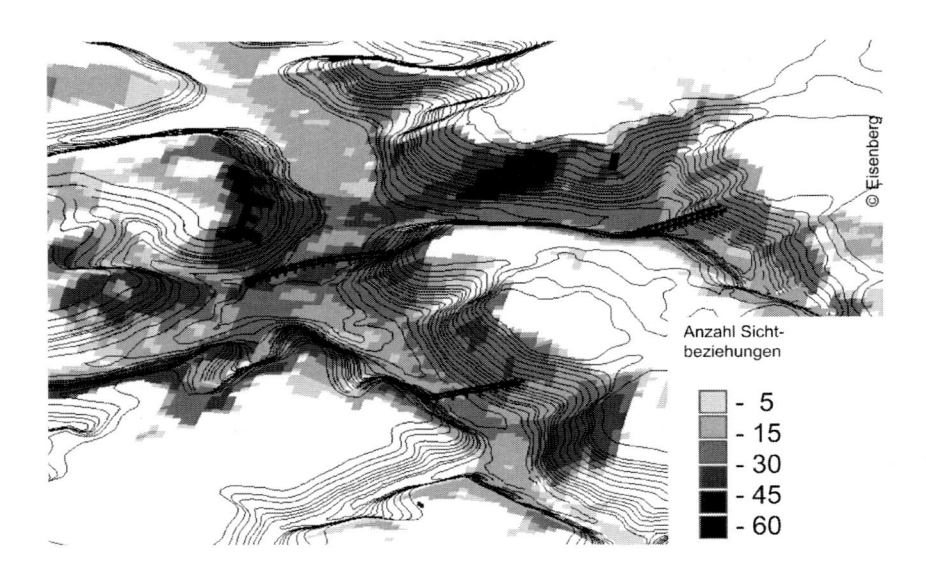

18 Bevölkerungsprognose INKAR PRO

5.4 Modellierung – Visualisierung

GIS erlaubt die Berechnung und Darstellung von Zeitreihen, Szenarien und Prognosen auf Grundlage von Modellen.

Projektbeispiel: INKAR Bevölkerungsprognose
Das Bundesamt für Bauwesen und Raumordnung (BBR) ist auf Bundesebene für die Raumbeobachtung zuständig, es wertet auf Grundlage amtlicher Statistiken eine Vielzahl an Indikatoren zur Raum- und Stadtentwicklung in Deutschland aus und analysiert die Lebensbedingungen raum- und zeitvergleichend. Zu seinen wichtigen, wiederkehrenden Aufgaben gehört auch die Raumordnungsprognose, die sich mit Modellen für die künftige Entwicklung der Bevölkerung, des Wohnungs- und Arbeitsmarktes und der Siedlungsflächen befasst. Diese Prognosen lassen sich mit GIS auf Basis der administrativen Grenzen (Länder- und Kreisebene) modellhaft räumlich berechnen. Die kartografische Visualisierung der zeitlich-räumlichen Dynamiken der Prognose erfolgt in Form einer CD-ROM (INKAR PRO), die regionalisierte und altersspezifische Bevölkerungsvoraussschätzungen bietet. Zeitreihen werden als Filme dargestellt, wie etwa die erwarteten Entvölkerungsprozesse für viele Landkreise in Ostdeutschland in den nächsten Jahrzehnten.

5.5 Präsentation von Geodaten

Geodaten lassen sich in unterschiedlichen Formen präsentieren. Die klassischen Datenbanken, Karten und Atlanten werden heute zunehmend von interaktiven, webgestützen Präsentationsformen abgelöst. Einige Grundsätze für eine gute Kartendarstellung gelten aber nach wie vor:

- Wichtige Bestandteile einer Karte sind Kartenbild, Kartenrahmen, Kartentitel, Kartenautor, Legende, Maßstab und Nordpfeil.
- Information soll lesbar und übersichtlich dargestellt werden.
- Benutzte Quellen sollen kenntlich gemacht werden.
- Die Auswahl von Signaturen (Punkt, Linie, Fläche), Symbolen und Farbskalen (einpolig, zweipolig, komplex) soll mit den Dateninhalten korrespondieren und sich auf kartografische Konventionen stützen (zum Beispiel Planzeichenverordnung).
- Die Aussagekraft einer Karte kann durch inhaltliche Reduzierung und grafische Generalisierung gesteigert werden.

Projektbeispiel: Geodatenserver Rhein-Ruhr
Für private und nicht kommerzielle Nutzer stellt der Geodatenserver des Regionalverbandes Ruhr Karten und Luftbilder der Metropolregion Rhein-Ruhr zur Verfügung. Adressen, öffentliche Gebäude und Kultur- und Freizeitstätten können gesucht, Kartenausschnitte ausgedruckt, heruntergeladen oder per E-Mail verschickt werden. Informationen zur „Route der Industriekultur", aktuelle und historische Luftbilder, verfügbare Gewerbe- und Industrieflächen und Flächennutzungen wurden eingebunden.

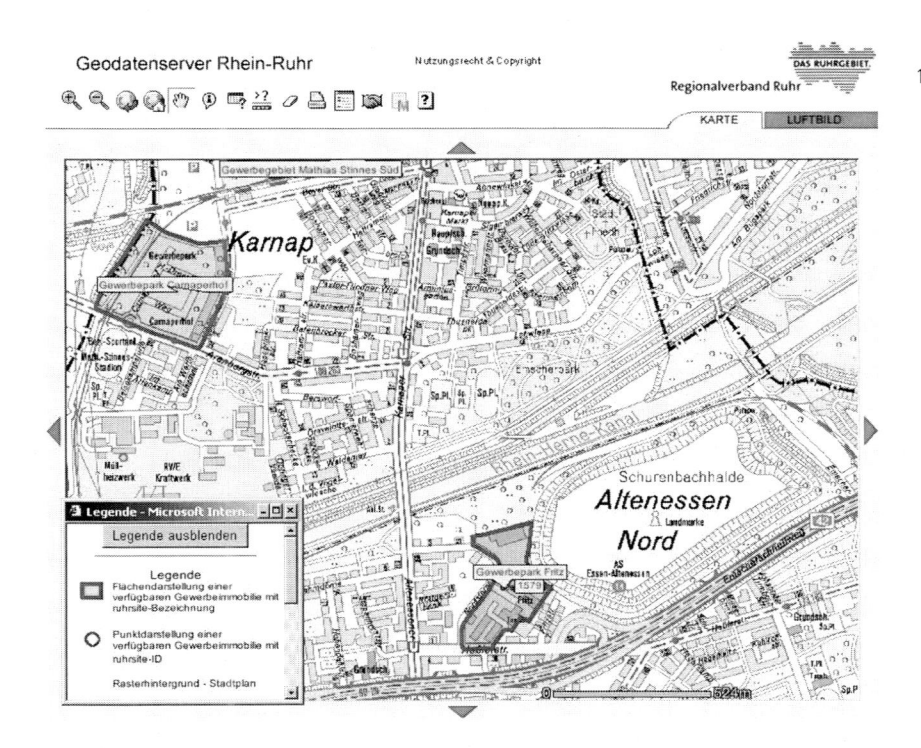

19 Geodatenserver Rhein-Ruhr

6 Ausblick

In der deutschen Stadtplanung werden GIS-Systeme vermehrt eingesetzt. Allerdings gibt es mehrere Schwierigkeiten zu überwinden: gewachsene, heterogene EDV-Umgebungen in den Verwaltungen, hohe Startinvestitionen, Spezialisten und Personal werden für Unterhalt benötigt, Datenbestände sind nicht kompatibel oder nicht gepflegt, fehlende Kooperation der Fachressorts untereinander, technische Probleme... GIS als modernes Kataster, also als digitaler Kartenschrank, findet bisher die meiste Verbreitung. Während sich in der freien Wirtschaft GIS-basierte Geomarketing-Anwendungen immer mehr durchsetzen, verlassen die umfangreichen raumbezogenen Analysemethoden, die es mittlerweile gibt, noch zu selten das Umfeld der Forschungseinrichtungen. Es wäre zu wünschen, dass die Wiederentdeckung des Landschaftsmaßstabs in der Stadtplanung auch zu einem verstärkten Einsatz adäquater Planungs- und Analysemittel führte. Weitere Impulse zu verstärkter GIS-Anwendung sind nicht zuletzt durch die technischen Entwicklungen wie Internet-GIS-/ Web-GIS-Applikationen und die Umsetzung gesetzlicher Vorgaben zur Umweltinformation zu erwarten.

Literatur

AG EDV in der Stadtplanung (Hg.): Datenverarbeitung in der Stadtplanung – Praxisorientierte Ansätze – Ein Diskussionsbeitrag. Broschüre 2/1999

Akademie für Raumforschung und Landesplanung ARL (Hg.): Geographische Informationssysteme in der Regionalplanung: Dokumentation des Workshops der Akademie für Raumforschung und Landesplanung und des Kommunalverbands Großraum Hannover. Hannover 2001

Bill, Ralf: Grundlagen der Geo-Informationssysteme. Band 1: Hardware, Software und Daten. Heidelberg 1999

Bill, Ralf: Grundlagen der Geo-Informationssysteme. Band 2: Analysen, Anwendungen und neue Entwicklungen. Heidelberg 1999

Buhmann, Erich/ Wiesel, Joachim: GIS-Report 2007/08, Karlsruhe 2007

Bundesamt für Kartographie und Geodäsie (Hg.): Geoinformation und moderner Staat. Frankfurt a. M. 2004

Gartenamtsleiterkonferenz beim Deutschen Städtetag (GALK-DST):, http://www.galk.de/; 20.März 2008

Greve, Klaus: Tendenzen der GIS-Entwicklung für die Planung. In: ARL (Hrsg.): Geographische Informationssysteme in der Regionalplanung. Hannover 2001, S. 1–6

Greve, Klaus/ Stahl, Roland, 1998: Das GIS-Tutorial. Version 3.0. http://www.giub.bonn.de/gistutor; 19. März 2008.

Kaule, Giselher: Umweltplanung. Stuttgart 2002

Kilchenmann, André/ Schwarz-von Raumer, Hans-Georg (Hg.): GIS in der Stadtentwicklung. Methodik und Fallbeispiele. Berlin/ Heidelberg 1999

Mayer-Föll, Roland/ Schulz, Klaus-Peter (Hg.): Konzeption RIPS 2006 Räumliches Informations und Planungssystem. Umweltministerium Baden-Württemberg. Stuttgart 2007

Saurer, Helmut/ Behr, Franz-Josef: Geographische Informationssysteme: eine Einführung. Darmstadt 1997

Scholles, Frank: Geographische Informationssysteme. In: ARL (Hg.): Handwörterbuch der Raumordnung. Hannover 2005, S. 369–376

Wilke, Torsten/ Schiller, Jens (Hg.): GIS-gestützte Landschaftsplanung zur Bewältigung neuer Anforderungen. In: Vilmer Standtpunkte zur Landschaftsplanung (Bundesamt für Naturschutz). Vilm 2005. http://www.bfn.de/fileadmin/MDB/documents/0312_vilm_papier_bfn.pdf; 6. März 2008.

Links

Landesvermessungsamt Baden-Württemberg: http://www.lv-bw.de

Stadtmessungsamt Stuttgart: http://gis.stuttgart.de/

Freie Geodaten: http://www.giswiki.org/index.php/Freie_Geodaten

Website zu GIS und Geodaten an der Fakultät 1: http://www.ilpoe.uni-stuttgart.de/gis/geodaten.htm

Endnoten

1. Bill, Ralf: Grundlagen der Geo-Informationssysteme. Band 1: Hardware, Software und Daten. Heidelberg 1999, S. 4

2. vgl. Wilke, Torsten/ Schiller, Jens (Hg.): GIS-gestützte Landschaftsplanung zur Bewältigung neuer Anforderungen. In: Vilmer Standtpunkte zur Landschaftsplanung (Bundesamt für Naturschutz). Vilm 2005. http://www.bfn.de/fileadmin/MDB/documents/0312_vilm_papier_bfn.pdf; 6. März 2008, S. 1–2

3. Greve, Klaus: Tendenzen der GIS-Entwicklung für die Planung. In: ARL (Hrsg.): Geographische Informationssysteme in der Regionalplanung. Hannover 2001, S. 1–6, hier S. 3

4. Bundesamt für Kartographie und Geodäsie (Hg.): Geoinformation und moderner Staat. Frankfurt a. M. 2004, S. 5

5. Bill, Grundlagen der Geo-Informationssysteme. Band 1 (1999), S. 5

6. Knapp zwei Drittel der Kosten entfallen bei Versorgungsunternehmen auf Datenbeschaffung und -bewirtschaftung. (vgl. Jeschkeit, Susanna, GIS und Geodaten (2001), S. 1. Von den Kosten für die Einführung eines Grün-Informationssystems entfallen zirka 40 Prozent auf die Datenerhebung (vgl. GALK-DST, Leitfaden Grünflächeninformationssysteme (2000), S. 22. http://www.galk.de/gris/down/leit1.pdf; 7. April 2008

7. Kaule, Giselher: Umweltplanung. Stuttgart 2002, S. 262

Abbildungsnachweis

1. Google earth: http://earth.google.com; 8. März 2008

2. Schaubild nach Kilchenmann/ Schwarz-von Raumer 1999: S. 3 und Bill 1999, Band 1: S. 18; ergänzt um Jessen 1998: S. 497; Greve 2001: S. 1 und Buhmann/ Wiesel 2007, S. 16

3–6. Saurer/ Behr 1997, S. 124

7. Brombach/ Eisenberg 2008

8. Kaule 2002, S. 263 (nach ESRI 1995)

9. Kaule 2002, S. 263 (nach ESRI 1991)

10, 11. Landeshauptstadt Stuttgart, Stadtmessungsamt

12. RIPS 2006, S. 66

13. Eisenberg 2008, verändert und ergänzt nach Greve/ Stahl 1998

14. Eisenberg 2008

15. Gartenamtsleiterkonferenz beim Deutschen Städtetag, http://www.galk.de/; 20. März 2008

16. Regierungspräsidium Stuttgart, http://www.rp-stuttgart.de; 19. März 2008

17. Kaule/ Eisenberg/ Esswein

18. Bundesamt für Bauwesen und Raumordnung (BBR), http://www.bbr.bund.de/nn_68334/DE/Veroeffentlichungen/INKAR/INKAR__PRO/INKAR__PRO.html, 20. März 2008

19. Regionalverband Ruhr, http://www.rvr-online.de/publikationen/geodatenserver/geodatenserver.php; 19. März 2008

KLAUS SELLE

Stadtplanung und Kommunikation – Gründe, Methoden und Voraussetzungen

„Mein Plan spricht für sich." Einen solchen Satz konnte man früher öfter hören. Planer und Entwerfer gingen damals anscheinend davon aus, dass andere Fachleute ihre Konzepte auch ohne Kommentare verstehen würden – und Gespräche mit Nicht-Fachleuten erschienen ihnen ohnehin nicht hilfreich. Daher galten Architekten und Stadtplaner als wenig kommunikativ. Noch vor wenigen Jahren wurde in einer angesehenen deutschen Tageszeitung halb ernsthaft, halb süffisant gefragt, ob Architekten „sprach- und kommunikationsgestörte Autisten" seien. Das würde man heute vermutlich nicht mehr lesen müssen. Denn seit „Baukultur" ein wichtiges Thema geworden ist, darf man unterstellen, dass die damit verbundenen Kommunikationsaufgaben allen geläufig und als Herausforderung an unseren Berufsstand und damit als Bestandteil unserer Professionalität unstrittig sind.

Dennoch mag es angemessen sein, einen Beitrag zum Thema „Stadtplanung und Kommunikation" mit einer kurzen Zusammenfassung wesentlicher Antworten auf die „Warum"-Frage einzuleiten (Kapitel 1): Warum gehört Kommunikation zum Wesen der Stadtplanung? Warum ist sie ein unverzichtbarer Teil der Berufspraxis?

Der Methodenbaukasten, mit dem Planungs- und Projektprozesse kommunikativ gestaltet werden können, ist groß und reichhaltig bestückt. Daher kann es an dieser Stelle nur darum gehen, einen kurzen Überblick zu geben und ansonsten auf hilfreiche Literatur zu verweisen (Kapitel 2). Aber es soll nicht versäumt werden, auf Voraussetzungen für erfolgreiche Kommunikation hinzuweisen, denn allzuoft werden die nicht angemessen beachtet – und so scheitern dann gut gemeinte Verständigungsversuche an zum Teil sehr banalen Dingen. Damit das vermieden werden kann, hier also einige einfache Grundsätze (Kapitel 3).

1, 2 Kommunikationsaufgaben sind wichtiger Bestandteil der Arbeit eines Planers. Formen und Partner der Kommunikation können sich allerdings gewaltig voneinander unterscheiden.

1 Warum?

Wer eine Reise plant, könnte dies ganz mit sich allein abhandeln. Aber das dürfte die Ausnahme sein: Man wird sich vielmehr Informationen beschaffen, Angebote einholen, sie erörtern, vor allem aber mit Reisepartnern Ziele und Wege hin und her wägen, Interessen abgleichen und Überlegungen verwerfen, Alternativen ins Spiel bringen... Eine Reiseplanung ist also schon ein intensiver, kommunikativer Prozess. Umso mehr gilt das für Planungen, die sich auf die Entwicklung von Stadt und Region beziehen – mit den zahlreichen Beteiligten und Betroffenen, sowie der großen Zahl von Interessen, Belangen und Rahmenbedingungen, die dabei zu berücksichtigen sind. Hier steht nicht mehr zur Debatte, ob kommuniziert wird, sondern nur wie: Wer einbezogen, was berücksichtigt und erörtert wird und auf welche Weise die verschiedenen Gesichtspunkte, Belange und Interessen zur Sprache gebracht werden.

3 Die Präsentation eigener Arbeiten vor Bürgerinnen und Bürgern im Studium lässt den Studierenden erfahren, was sie in der Praxis erwartet: Von „Experten des Alltags" zu lernen.

1.1 Stadtplanung ist Kommunikation...

Es lassen sich im Wesentlichen vier Gründe benennen, die Kommunikation zu einem unverzichtbaren Bestandteil von Stadtplanungsprozessen machen:

1. *Problemstellungen der Stadtplanung bedürfen der Argumentation*
Der Stuttgarter Planungstheoretiker Horst Rittel hat schon in seinen Arbeiten aus den 1970er Jahren zwischen „gutartigen" und „bösartigen" Planungsaufgaben unterschieden. Erstere entsprächen etwa den Problemstellungen eines Schachspiels: Das Ziel ist klar, das jeweilige Problem abschließend definiert, die möglichen Lösungswege festgelegt und die einzelnen Züge eindeutig als „richtig" oder „falsch" zu erkennen... Solche „gutartigen" Probleme könne man, so fügte Rittel spöttisch hinzu, auch in Einzelhaft lösen.

Ganz anders die Probleme, denen sich die Stadtplanung zu stellen hat: Sie sind – zum Beispiel – nicht abschließend definiert, haben keine festgelegten Lösungswege und lassen kein „richtig" und „falsch" als Beurteilung zu, sondern nur ein „gut" oder „schlecht". Daher bedürfen solche Probleme stets der Kommunikation unter den Beteiligten, also der Verständigung darüber, was das Problem sein könnte, welcher Art die Lösungswege und was gute oder schlechte Lösungen sein könnten. Daher bezeichnete man Rittels Überlegungen auch als „argumentatives Modell": Der Prozess lebt vom Austausch der Informationen und Argumente. Daraus folgt: Die Organisation dieses Prozesses, das Ermitteln, Vermitteln, Austauschen und Verständigen ist ein wesentlicher Teil planerischer Arbeit (vgl. dazu mehr bei Reuter 2006).

2. *Stadtentwicklung resultiert aus dem Handeln vieler Akteure*
In der Praxis heißt das: Wer sich mit einem konkreten Raum auseinandersetzt, stößt auf Nutzungen, Rechte, Interessen und Zuständigkeiten. Wer diesen Raum verändern will, muss sich folglich mit jenen auseinandersetzen, die Rechte inne haben, Interessen verfolgen, Räume nutzen.

Das ist jedem privaten Developer unmittelbar einsichtig. Daher nimmt zum Beispiel eine „Stakeholderanalyse", also die Identifizierung all derjenigen, die positiv wie negativ auf das Projekt einwirken könnten, bei Machbarkeitsstudien für neue Projekte nicht selten eine wesentliche Rolle ein.

3. *Für öffentliche Planungen ist die Auseinandersetzung mit der Vielfalt von Interessen und Gesichtspunkten gesetzlich vorgeschrieben*: In § 1 des Baugesetzbuches wird eine Reihe von „Belangen" benannt (Anforderungen an gesunde Wohn- und Arbeitsverhältnisse, Wohnbedürfnisse, soziale und kulturelle Bedürfnisse der Bevölkerung, Belange der Wirtschaft ...), die im Planungsprozess ebenso ermittelt werden müssen wie die privaten Interessen, die vom Vorhaben berührt sind. Diese Interessen und Belange sind dann „gegeneinander und untereinander gerecht abzuwägen". Die Ermittlung dieser Belange ist im Kern eine kommunikative Aufgabe – und gehört zum „Kerngeschäft" öffentlicher Planung. So sieht es jedenfalls Gerd Albers (Albers 1999, 33): „Die Abwägung öffentlicher und privater Belange gegeneinander und untereinander stellt den Kern der Planungsaufgabe dar". Abwägungs-, Aushandlungs- und Vereinbarungsprozesse stehen also im Mittelpunkt der öffentlichen Stadtplanung.

4. *Der Arbeitsalltag von Planerinnen und Planern ist in hohem Maße durch Kommunikation geprägt*: Von der Abstimmung mit den Kolleginnen und Kollegen aus dem engeren und weiteren Arbeitsumfeld über die Kontakte zur Politik bis hin zu der schier unübersichtlichen Zahl an Akteuren im jeweiligen Planungsgebiet wollen ganz viele Interessen und Meinungen berücksichtigt werden. Vom Telefonat und dem Gespräch zwischen Tür und Angel, über die Amtsleiter- oder Dezernentenkonferenz

und das Gespräch im Ausschuss bis zu den zahlreichen Abstimmungen mit Grundeigentümern und Investoren, Wettbewerbsverfahren, die Werkstatt mit Anliegern und Betroffenen... wird auf vielfältige Weise kommuniziert.

1.2 ...auch mit den Bürgerinnen und Bürgern?

Während vieler Jahre wurde das Thema „Planung und Kommunikation" mit „Bürgerbeteiligung" gleichgesetzt. Heute ist klar, dass es sich hier nur um eine der kommunikativen Aufgaben in der Stadtplanung handelt – allerdings eine, die besondere Anforderungen stellt: Einerseits wird der Teilhabe der Bürgerinnen und Bürger in der (Kommunal-)Politik immer wieder besondere Bedeutung beigemessen (aktuelle Stichwörter „Bürgerorientierung", „Potenziale der Zivilgesellschaft"). Andererseits erweist sich der Dialog mit den Bürgerinnen und Bürgern gelegentlich als konfliktreich und endet durchaus nicht immer mit Ergebnissen, die sich beide Seiten gewünscht hätten. Das ist gelegentlich auf Fehler – wie die unzureichenden Beachtung zentraler Voraussetzungen (dazu mehr in Kapitel 3) – zurückzuführen, liegt aber oft auch in der Natur der Sache, denn widerstreitende Interessen kennzeichnen viele Aufgaben der Stadtplanung, und nicht immer bekommt man sie „unter einen Hut".

Aber warum sollen sich die Fachleute überhaupt mit Bürgerinnen und Bürgern auseinandersetzen und können sich nicht auf den ohnehin schon schwierigen Dialog mit Auftraggebern, Eigentümern und den anderen Fachleuten beschränken? Auch hier gibt es, neben den oben bereits genannten, eine Reihe weiterer guter Gründe:

Zunächst ist auch hier eine gesetzliche Vorschrift zu erwähnen. In § 3 des BauGBs heißt es: „Die Öffentlichkeit ist möglichst frühzeitig über die allgemeinen Ziele und Zwecke der Planung, sich wesentlich unterscheidende Lösungen, die für die Neugestaltung oder Entwicklung eines Gebiets in Betracht kommen, und die voraussichtlichen Auswirkungen der Planung öffentlich zu unterrichten; ihr ist Gelegenheit zur Äußerung und Erörterung zu geben". Mit dieser Regelung werden die Menschen in der Stadt zu Beteiligten an den Verfahren der kommunalen Stadtplanung. Der Grad ihres Interesses an diesen Planungsprozessen wird in dem Maße zunehmen wie sie auch von den Vorhaben betroffen sind.

Aber Bürgerinnen und Bürger haben weitere „Rollen", die ihre Einbeziehung in Planungs- und Entscheidungsprozesse notwendig oder doch wünschenswert machen:

- *„politische Auftraggeber"*: In einer Demokratie ist das Volk der Souverän. Es delegiert seine Macht im Rahmen von Wahlen an Abgeordnete, die in diesem Fall in den kommunalen Parlamenten über die Angelegenheiten der Gemeinde (und damit auch viele Aufgaben der Stadtplanung) entscheiden. Es herrscht aber Einigkeit darin, dass Demokratie erst dann lebendig wird und stabil bleibt, wenn die Bürgerinnen und Bürger nicht nur im Wahlkampf den Eindruck vermittelt bekommen, dass ihre Stimme etwas zählt. Insofern ist es politisch sehr bedeutend, dass über Vorhaben der Stadtplanung frühzeitig und umfassend informiert wird, um sie dann mit allen Interessierten intensiv erörtern zu können. Dieser (gelegentlich durchaus kontroverse) Meinungsbildungsprozess ersetzt die Entscheidungen der Räte und Parlamente nicht, ergänzt sie aber in einer Weise, die den Bürgerinnen und Bürgern die Gewissheit gibt, dass sie gehört werden – auch dann, wenn die Politik ihren Meinungen nicht immer zu folgen vermag.
- *„Kunden"*: Kommunale Verwaltungen sollen sich nicht mehr als hoheitliche Organe verstehen, sondern als „Dienstleister" für die Bürgerinnen und Bürger. Diese Forderung ist schon alt. Unter dem Leitbegriff „Kundenorientierung" hat sie vielerorts zu weitreichenden Umstrukturierungen von Verwaltungen geführt. Auch in der kommunalen Stadtplanung hat sich die Erkenntnis durchgesetzt, dass zum Beispiel umfassende Information der „Kunden" zu den alltäglichen Selbstverständlichkeiten eines Dienstleisters gehört. Zwischenzeitlich ist darauf hinge-

4, 5 Kommunikation ist Alltag der politischen und damit auch der stadtplanerischen Praxis.

Laie

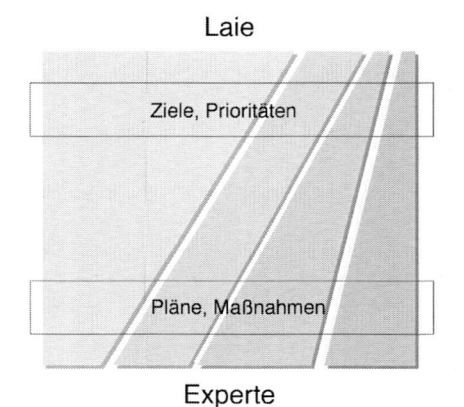

Ziele, Prioritäten

Pläne, Maßnahmen

Experte

Deontisches Wissen: was soll sein?
(Ziele Werte, Normen, Ethik)
Faktenwissen: was ist der Fall?
(Tatsachen, Daten, Bestandsaufnahmen)
Erklärendes Wissen: welche Zusammenhänge gibt es?
(nachweisbare Abhängigkeiten, Wirkungen, Bezüge etc.)
Instrumentelles Wissen: wie kann gehandelt werden?
(Methoden, Modelle, Pläne, Rechtsvorschriften etc.)

6 Laienwissen und Expertenwissen

7 Laienwissen: Jugendliche wissen sehr genau, wo die Defizite im öffentlichen Raum liegen. Collage eines türkischen Mädchens im Rahmen des Projekts Esslingen 2030

wiesen worden, dass im Falle öffentlicher Verwaltungen der „Kunden"-Begriff zu eng sei. Schließlich seien Verwaltungen nicht beliebige Unternehmen, sondern eingebunden in einen politischen Auftrag. Statt „Kunden-" spricht man also eher von „Bürgerorientierung" – womit das Gebot der umfassenden Kommunikation zwischen Verwaltung und Bürgerschaft noch deutlicher unterstrichen wird.

- *„Partner"*: In vielen Angelegenheit der Stadt sind die Bürgerinnen und Bürger selbst aktiv – sei es im Kulturverein, bei der Gründung von Kindertagesstätten, beim Betrieb von Sportanlagen, bei der Organisation eines interkulturellen Treffpunktes, im Naturschutz und so fort. Das war schon früher so (etwa im 19. Jahrhundert, als zum Beispiel viele Aktivitäten im sozialen Bereich von der Bürgerschaft initiiert wurden) und wird als „Potenzial der Zivilgesellschaft" in den letzten Jahren wiederentdeckt. Mit diesen Aktivitäten werden die Bürgerinnen und Bürger in vielen Handlungsfeldern der Stadtentwicklung zu (potenziellen) Partnern bei kommunalen Vorhaben und als solche erwarten sie zu Recht eine intensive Kommunikationsbereitschaft.
- *„Nutzer"*: Bürgerinnen und Bürger sind vor allem aber auch die „Nutzer der Stadt". Sie kennen sich in deren „Gebrauch" aus, wissen um Probleme und Möglichkeiten und können so vielfältige und wichtige Anregungen geben. Jeder, der als professioneller Planer schon einmal zum Beispiel mit Kindern durch deren Quartier gestreift ist, wird es nachher mit anderen Augen sehen. Auf vielen Bürgerversammlungen ist immer wieder zu hören (und zu sehen), wie die Menschen aus dem Quartier die Eindrücke und Meinungen der von Außen kommenden Fachleute zurechtrücken müssen, weil sie hier die Nutzung einer Brache als Abenteuerspielplatz, dort die Bedeutung eines kleinen Platzes für die alten Menschen und an anderem Ort das Fehlen von Stellflächen nicht „gesehen" haben.

Damit wird auch jenes Vorurteil angesprochen, dass die „richtigen" Experten oft gegenüber der „Meinung der Laien" pflegen: *Wir wissen doch viel besser, was richtig und schön ist*. Diese Auffassung verkennt, dass es verschiedene Arten des Wissens gibt: Während Experten in besonderer Weise über *erklärendes und instrumentelles* Wissen verfügen sollten, hält es sich beim *Faktenwissen* schon die Waage, denn alle bringen verschiedene Sichtweisen und Fakten mit ein. Bei der Frage nach dem, *was sein soll*, bei der Auseinandersetzung über Ziele, Werte, Ethik sind natürlich die Laien kompetent – und gefordert zugleich. Für die Qualität von Planungsprozessen ist es von großer Bedeutung, diese verschiedenen Wissensarten zusammenzuführen.

2 Wie?

Kommunikation findet statt, wann immer sich Menschen zusammenfinden – ob mit Worten oder ohne sie, ob mit dem Einsatz von Kommunikationstechnologien oder ohne ihn, ob absichtsvoll oder gleichsam nebenher. Von alledem kann hier nicht die Rede sein. Vielmehr konzentrieren wir die Betrachtung auf die absichtsvoll gestaltete, fachliche Kommunikation und wählen dabei zwei typische Situationen aus:

- die Kommunikation mit der lokalen Öffentlichkeit – das kann sich auf Bürgerinformationen, -versammlungen, Werkstätten und andere Formen beziehen (Kapitel 2.1);
- die Kommunikation in und mit Gruppen, die in verschiedenen Kontexten stattfinden kann – etwa in einer der oben genannten Versammlungen, aber auch in kleineren Fachleuterunden... (Kapitel 2.2).

2.1 Informieren, beteiligen, kooperieren

Bevor ein kurzer Überblick über die verschiedenen Möglichkeiten des kommunikativen Umgangs mit städtischen Öffentlichkeiten gegeben werden kann, müssen wir uns noch einmal dem im Mittelpunkt stehenden Begriff zuwenden, denn es ist eine der Tücken der Diskussion über „Kommunikation", dass der Begriff selbst für Verständigungsprobleme sorgt. Um genauer benennen zu können, was gemeint ist, unterscheiden wir zunächst vereinfachend drei Bestandteile von „Kommunikation":

- *Information* ist Voraussetzung aller Formen von Kommunikation.
- *Partizipation* meint die Beteiligung an von Dritten gestalteten Planungsprozessen (zumeist: Erörterung öffentlicher Planungen mit Bürgerinnen und Bürgern, gegebenenfalls auch: Mitentscheidung).
- *Kooperation* kann als Zusammenarbeit selbständiger Akteure verstanden werden (wir beziehen hier die *Koordination* – also das Abstimmen von Aktivitäten innerhalb einer Organisation oder eines Verbundes – der Einfachheit halber mit ein).

8 Wichtige Voraussetzung für Kommunikation ist es, informiert zu sein und informiert zu werden.

Dieses Begriffsverständnis deckt sich weitgehend mit dem lateinischen Stamm des Wortes, auf den Donald Keller (1996, 140) hinweist: sich besprechen (Information), teilnehmen lassen (Partizipation) und zusammenlegen, gemeinsam machen (Koordination, Kooperation).

Kommunikation ist also ein Sammelbegriff für die verschiedensten Tätigkeiten in Prozessen der Stadt- und Landschaftsplanung, der Quartiers- und Stadtentwicklung... – und weil das so ist, muss man sich bei der Kommunikation über Kommunikation immer wieder vergewissern, wovon gerade genau die Rede ist.

Das Spektrum der Verfahren und Methoden zur Gestaltung dieser verschiedenen kommunikativen Aufgaben ist breit. Und jedes Verfahren, jede Methode bedarf einer hinreichend genauen Beschreibung, um sinnvoll angewendet werden zu können. Das füllt Bücher. An dieser Stelle kann nur ein knapper Überblick gegeben werden, der verbunden wird mit Hinweisen auf weiterführende Lektüre in einem dieser Bücher (Bischoff, Selle, Sinning 2005): Dort finden sich zu den jeweiligen, hier *kursiv gesetzten* Stichworten kurze Artikel, in denen die jeweilige Methode näher erläutert wird.

Informieren
Mit dem Stichwort „Informieren" werden hier zwei Bedeutungen verbunden: Sich informieren, andere informieren... Die erste Gruppe von Methoden dient also dem

- *Erkunden und Informationen beschaffen*: Hier geht es darum, die Einstellung, das Wissen, die Handlungsmotive und das Verhalten der Projekt- und Prozessbeteiligten zu ermitteln. Sie können zu Beginn einer Planung wichtige Beiträge zur Bestandsanalyse, zur Problemfindung und -bewertung liefern und geben zudem erste Hinweise auf Handlungsinteresse und Kooperationsmöglichkeiten. Als typische Methoden sind hier *Interviews* oder *Befragungen* zu nennen. Besonders hinzuweisen ist auf die *Aktivierende Befragung*: Mit ihr werden nicht nur Meinungen abgefragt, sondern auch Anstöße gegeben. Im Verlaufe des Gesprächs erhalten die Befragten Hinweise auf Handlungs- und Mitwirkungsmöglichkeiten und werden so unter Umständen zu eigenen Aktivitäten angestiftet.
- *Informieren anderer, der Meinungsbildung*: Kaum ein Projekt der Stadtplanung kommt heute ohne frühzeitige und umfassende Information der Bürgerschaft über das Vorhaben aus. Dabei kann unterschieden werden zwischen „one-way-" und „two-way-communication": Im ersten Fall (zum Beispiel *Wurfsendung*, *Plakate*, *Presse*) werden Zielgruppen oder die „breite Öffentlichkeit" über spezifische Inhalte in Kenntnis gesetzt. Reaktionen werden jedoch in der Regel nicht erfasst. Im zweiten Fall, der wechselseitigen Information, werden jedoch Informationen,

9 Anregungen äußern, Interessen einbringen, an Erörterungen teilnehmen: wichtige Bausteine der Beteiligung

Erfahrungen und Positionen ausgetauscht. Das gilt etwa für *Bürgerversammlungen*, *Bürgerfragestunden* oder entsprechende *Dialogangebote im Internet*.

Beteiligen
Wenn von „Beteiligung" oder „Partizipation" die Rede ist, sollte sich dies immer auf Kommunikationen beziehen, die durch Dialog und die Mitwirkung an Meinungsbildungsprozessen gekennzeichnet sind. Nur ausnahmsweise wird es um die Teilhabe an Entscheidungen gehen, denn die werden – jedenfalls in den meisten Stadtplanungsprozessen – von den kommunalen Gremien getroffen. Da also am Ende Entscheidungen von Politik und Verwaltung stehen, sind Verantwortung und Rollenteilung klar geregelt: Die einen nehmen an Erörterungen teil, bringen ihre Interessen zum Ausdruck, äußern Anregungen – die anderen ermöglichen diese Kommunikation, geben Informationen weiter, nehmen an den Erörterungen teil und entscheiden, was von den Ergebnissen der Meinungsbildung in die Entscheidungsprozesse einfließt.

Es lassen sich formal definierte und informelle Beteiligungsverfahren unterscheiden. Die ersteren sind gesetzlich definiert und administrativ verankert – zum Beispiel *Anhörung, öffentliche Auslegung*, oder als weit reichende Form der Einflussnahme auf kommunalpolitische Entscheidungen: *Bürgerbegehren und Bürgerentscheid*. Nicht gesetzlich definierte, hier als „informell" bezeichnete Verfahren – zum Beispiel *bürgernahe Beratung, Zielgruppenbeteiligung, Bürgergutachten, Zukunftswerkstatt...* – können unabhängig von gesetzlichen Verfahrensnormen zum Einsatz kommen und erweitern so das Spektrum der Kommunikationsmöglichkeiten wesentlich. Entsprechend vielgestaltig ist die Praxis in den Kommunen.

Kooperieren
Wenn zusammengearbeit, also „kooperiert" wird, gibt es nicht mehr den einen Akteur, der andere an seinen Entscheidungen teilhaben lässt. Vielmehr tragen alle Kooperanden etwas zur Lösung einer Aufgabe bei und bringen eigene Entscheidungskompetenz ein. Der „*Runde Tisch*" bringt dies bildhaft zum Ausdruck. Hier zeigt bereits die Sitzordnung, dass alle gleichberechtigt sind und in gemeinsamer Verantwortung entschieden wird, was das Problem ist und wie es gelöst werden soll – alle sind dafür gemeinsam verantwortlich. Die Formen, in denen kooperiert wird, können sehr verschieden sein: Mit der *Anwaltsplanung* wird Laien fachlicher Beistand zur Verfügung gestellt, mit dessen Hilfe sie eigene Positionen erarbeiten, aber auch eigene Projekte angehen können (diese Form liegt also auf der Grenze von der Beteiligung zur Kooperation). In *Werkstätten* oder *Foren* werden Bürgerinnen und Bürger als „Fachleute des Alltags" (siehe oben) ernst genommen und erhalten die Chance, zum Beispiel gemeinsam mit verschiedenen Planungsbüros und Fachleuten aus kommunalen Verwaltungen Probleme zu analysieren und Lösungsvorschläge zu entwickeln. Mit *Mediationsverfahren* wird versucht, komplizierte und verfestigte Streitfälle zu schlichten oder aufzulösen. Und so fort.

Auch im Bezug auf das Kooperieren ist das Spektrum der möglichen Verfahren und Methoden vielfältig und die Praxis zeigt, dass immer wieder Modifikationen oder Kombinationen einzelner Grundformen neu entwickelt werden.

10, 11 Die Arbeit mit und in Gruppen stellt auch die Frage, welche Gruppe wie motiviert und beteiligt werden kann. Mit muslimische Frauen zu arbeiten ist etwas anderes, als Jugendliche einzubinden.

2.2 Arbeit in und mit Gruppen

Die Auseinandersetzung mit Aufgaben der Stadtentwicklung findet vielfach in Teams statt. Dabei kommen oft einander Fremde zusammen, um für eine bestimmte Zeit miteinander zu arbeiten. Auch die verschiedensten Formen der Beteiligung oder Kooperation, von denen oben die Rede war, sind als Gruppenprozesse angelegt oder nutzen Gruppen als ein Element der gemeinsamen Arbeit – wenn etwa in einer mehrtägigen Werkstatt in parallel arbeitenden Teams Alternativen entwickelt werden, um dann im Plenum die Lösungselemente zu identifizieren, die am ehesten weiterführen.

Arbeit in und mit Gruppen ist also ein wichtiger Grundbestandteil vieler Kommunikationsprozesse. Stadtplanerinnen und -planer sollten daher wissen, wie sie die „Standardsituation" solcher Arbeit bewältigen: Wie lernen sich die Teilnehmerinnen und Teilnehmer einer Gruppe kennen? Wie überwindet man anfängliche Vorbehalte im Umgang miteinander, um zügig zu einer effizienten Arbeit zu kommen? Wie erschließen sich Gruppen komplexe und meist fremde Inhalte? Wie geht man mit Blockaden und Konflikten in der Gruppe um? Wie evaluiert man die gemeinsame Arbeit?

Auch auf diese Fragen gibt viele Antworten. Insbesondere in der pädagogischen Literatur und in den Methodensammlungen des betrieblichen Projektmanagements findet man zahlreiche Anregungen. Sie wurden um Erfahrungen aus der praktischen stadt- und landschaftsplanerischen Arbeit ergänzt und in der bereits genannten Übersicht zu den Verfahren und Methoden der kommunikativen Gestaltung von Planungsprozessen (Bischoff u.a. 2005) insbesondere für die Arbeit mit Bürgerinnen und Bürgern aufbereitet:

Für den Einstieg in gemeinsame Arbeitsprozesse werden hier etwa *Vorstellungsgruppen* empfohlen, mit denen sich die Teilnehmerinnen und Teilnehmer untereinander bekannt machen und über ihre Bezüge zum Thema austauschen. Auch *Partnerinterviews* dienen diesem Zweck. Oft erweist es sich zu Beginn einer längeren gemeinsamen Arbeitsphase auch als wertvoll, mit Hilfe eines *Erwartungsinventars* zunächst die verschiedenen Ansprüche der Teilnehmenden an Verlauf und Ergebnisse der Veranstaltung zu ermitteln. So können Divergenzen frühzeitig geklärt, Zwischenschritte überprüft und die einzelnen Schritte der Arbeit gezielt gesteuert werden.

12,13 Arbeit in Gruppen ist nicht frei von Konflikten. Für den Planer ist es wichtig zu wissen, wie er mit ihnen umgehen kann.

Für die Einarbeitung in neue Inhalte und das Erörtern von Problemen empfehlen sich neben „Klassikern" wie dem *Impulsreferat* und dem (mediengestützten) *Vortrag* etwa auch *Pro- und Contra-Diskussionen* oder aber die – zunächst möglicherweise befremdlich klingende – *„Sandwich Methode"*, die insbesondere geeignet ist, einen fruchtbaren Dialog zwischen Fachleuten und Laien entstehen zu lassen.

Wenn es dann um das Entwickeln von Problemlösungen geht, kann ein gezielt eingesetztes *Brainstorming* für das Sammeln erster Ideen sehr hilfreich sein. Für „ernsthafte Fachleute" gelegentlich gewöhnungsbedürftig sind *Rollenspiele*, sie können aber – wie kaum eine andere Methode – dazu beitragen, eine Aufgabenstellung auch einmal aus ungewohnter Perspektive zu betrachten. In Praxis und Wissenschaft vielfach erprobt sind auch *Planspiele*, die aber – trotz ihres Namens – sehr ernsthafter Vorbereitung bedürfen, um zur gewünschten Qualität der Ergebnisse zu kommen.

Bei vielen dieser Methoden wird eine Technik angewendet, die zum Sinnbild für Moderationsprozesse schlechthin geworden ist: Die *Metaplan-Technik*, die in den 1970er Jahren vom Quickborner Team entwickelt wurde. Sie zielt darauf ab, Gruppenarbeit dadurch effektiv zu gestalten, dass

- alle Teilnehmerinnen und Teilnehmer aktiviert,
- ihre wesentlichen Gedanken visualisiert
- und in gemeinsamer Arbeit strukturiert werden.

Auf Zetteln werden von allen Antworten auf gemeinsame Fragen oder Positionen zu Problemen in Stichworten notiert, an „Zettelwänden" fixiert und geordnet. Mit diesem Material wird im weiteren Prozess gearbeitet: durch Umhängen, Ergänzen, Bewerten, Gewichten entsteht ein „kollektives Arbeitsprotokoll", das den Stand der jeweiligen Arbeit darstellt. Diese Technik und ihre vielen Modifikationen können dazu beitragen, dass die Potenziale der Gruppenarbeit genutzt werden. Gelingt dies, wird ein für viele immer wieder überraschender Effekt deutlich: Die Gruppe ist „klüger" als ihre einzelnen Mitglieder. Womit ein weiterer Grund für die kommunikative Gestaltung von Prozessen benannt wäre.

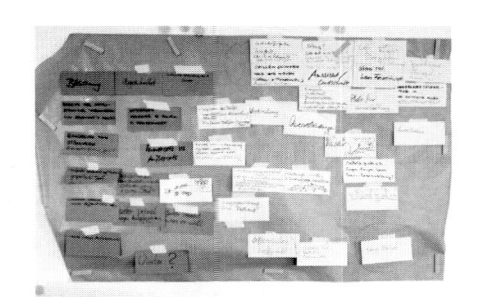

14 Die Zettelwand: ein kollektives Arbeitsprotokoll

3 Voraussetzungen

So gut die Gründe für Kommunikation auch sein mögen – sie gewährleisten nicht, dass kommunikative Prozesse zustande kommen, gut verlaufen oder positive Resultate zeitigen. Das hat viele Gründe. Einer der simpelsten: Jemand, der die Macht hat, zu entscheiden, will nicht mit anderen reden, sondern lieber allein handeln oder im engsten Kreis festlegen, was zu tun oder zu lassen ist. Oft auch werden Kommunikationsprozesse nur pro forma gestartet, aber die Verantwortlichen haben eigentlich kein Interesse an den Ergebnissen – die Frustrationen der Beteiligten ist vorprogrammiert.

Lassen wir aber diese ungünstigen Rahmenbedingungen beiseite und unterstellen im Folgenden ein echtes Interesse an der kommunikativen Gestaltung eines Planungs- oder Projektentwicklungsprozesses und fragen nach den Voraussetzungen dafür, dass diese Kommunikation erfolgreich verläuft.

3.1 Es kommt auf die Reihenfolge an

Viele Probleme in der Praxis entstehen so: Da ist jemand – ein Dezernent, eine Politikerin oder andere – von einer Beteiligungsform (open space, Perspektivenwerkstatt oder Ähnliches) oder einer Kommunikationstechnik (etwa ein Online-Bürgerforum) begeistert und wünscht sich so etwas auch im eigenen Handlungsfeld. Man beschafft also Mittel, kauft sich gegebenenfalls Beratung ein und setzt die Absichten in die Tat um – und trotzdem treten Probleme auf, selbst wenn „technisch" alles richtig gemacht, die Kommunikationsform nach dem Stand der Kunst durchgeführt wurde. Es interessieren sich nur wenige; man beschwert sich darüber, dass doch alles Wesentliche vorentschieden war; die Erörterungen werden als Selbstzweck empfunden, weil nichts bewirkt wird... Solche (und viele andere) Probleme haben fast immer eine Ursache: *Man hat im Vorfeld des Kommunikationsangebotes die klassischen „W-Fragen" nicht gestellt oder nicht angemessen beantwortet.*

- *Was*: Am Anfang einer sinnvoll gestalteten Kommunikation muss die Frage nach ihrem Gegenstand und Gehalt stehen: Über was soll informiert, was soll erörtert, in welchem Punkt kann kooperiert werden?
- *Wer*: Wenn der Kommunikationsgegenstand klar ist, dann lässt sich auch bestimmen, wer informiert, wer beteiligt, mit wem kooperiert werden soll und auf welche Weise diese Gruppen oder die Akteure anzusprechen und einzubinden sind.
- *Warum und Wozu*: Ganz wesentlich ist auch die offene Klärung der Frage, warum man überhaupt über die in Rede stehende Aufgabe in einem größeren Kreis oder mit der städtischen Öffentlichkeit sprechen will und wohin das führen soll.
- *Welche* Rahmenbedingungen: In der Regel wird man bestimmte Voraussetzungen (Zeit, Geld, Personal, politischer Wille, Planungskontext) klären müssen, um später Kommunikationsformen auswählen zu können, die mit diesen Rahmenbedingungen verträglich sind.

Erst auf dieser Grundlage kann die Wie-Frage nach verschiedenen Formen der Kommunikation und ihrem Zusammenhang sinnvoll beantwortet werden.

Wenn hier nach Voraussetzungen für das Gelingen von Kommunikationsprozessen gefragt wird, so kann an dieser Stelle schon geantwortet werden: Die zentrale Voraussetzung für erfolgreiche Kommunikation besteht in der richtigen Reihenfolge bei der Klärung einfacher Fragen.

3.2 Das Kommunikationsangebot muss Substanz haben

Die Frage nach dem „Was", nach der Substanz eines Kommunikationsangebotes ist wirklich wesentlich, wird allzu oft übersehen und muss daher am Anfang der W-Fragen stehen: Worum geht es eigentlich? Über was soll und kann gesprochen werden? Und was hat das für eine Wirkung?

Inhalt und Nutzen der Teilhabe am Kommunikationsprozess müssen sichtbar sein. Dabei gilt es, die Substanz- und Nutzenfrage ganz explizit aus der Perspektive aller Akteure zu stellen: Warum sollten der oder die an der Kommunikation teilhaben wollen? Was gewönnen sie? An was hätten sie teil: An einer Diskussionsveranstaltung? Werden dort wirklich interessante Informationen vermittelt? Gibt es auch etwas zu klären, zu entscheiden? Zieht jemand Folgerungen daraus? Erhalten die Teilnehmenden Gestaltungsmöglichkeiten bei Fragen, die ihnen wichtig sind? Verändert sich etwas, wenn sie sich engagieren?

Erst so werden die erheblichen Unterschiede zwischen verschiedenen Beteiligten sowie die Diskrepanz zwischen guter Absicht der Anbieter auf der einen und den Interessen der Zielgruppen auf der anderen Seite klar. Erst so wird etwa auch deutlich, warum die Kommunikation über verfahrensbezogene Themen – wie „Rahmenplan", „Regionales Entwicklungskonzept" oder „Landschaftsplan" – für viele Adressaten schlicht uninteressant ist: Das sind die Sorgen von Ämtern oder Fachleuten. Wo liegen die Bezüge der Angesprochenen zu ihren Lebenswelten und Interessen? Dass sich in solchen Planeraufgaben auch Fragen der „wirklichen Welt" verbergen können, ist erstmal nicht klar. Man müsste dies sichtbar machen.

Kommunikation darf also keine Leerformel, kein Selbstzweck sein – sonst läuft sie sich schnell tot. Und der Nutzen des Engagements der Beteiligten muss – in nicht zu ferner Zukunft – sichtbar sein. Sonst erlahmt das Interesse. Eine Kommunikation *an sich* ist also keinesfalls sinnvoll, sondern eher kontraproduktiv.

Damit ist die Frage nach der Offenheit des Prozesses angesprochen: Wenn es um mehr gehen soll als um Information, wenn Erörterung gemeint ist und Dialog, dann muss auch etwas zu verändern sein. Dann können auch die, die Kommunikation anbieten, nicht wissen, wie das Ergebnis der gemeinsamen Arbeit aussehen wird. Positiv ausgedrückt: Man baut auf Lernprozesse. Und zwar auf Lernprozesse aller.

Ist diese Voraussetzung nicht gegeben, fehlt die Basis. Schon Anfang der 1990er Jahre wurde – nicht zufällig in einer Schweizer Untersuchung – kategorisch festgestellt: „Wo Behörden (...) nicht bereit sind, sich auf das Risiko eines offenen und iterativen Planungsverfahrens einzulassen, ist auf die Teilnahme der Bevölkerung grundsätzlich zu verzichten" (Linder 1992). Offene Prozesse stellen auch an Politiker und an die Fachleute aus den Verwaltungen neue Anforderungen. Sie müssen neue Rollen finden. Sie leiten nicht an, sondern wirken mit.

3.3 Nur wer die Richtigen richtig beteiligt...

Um die „Wer-Frage" beantworten zu können, muss man wissen, wer für den Planungs- und Entwicklungsprozess von Bedeutung ist. Das setzt zunächst voraus, dass man die relevanten Akteure identifiziert: Wer sind die „stakeholder"? In welchem Verhältnis stehen sie zum Vorhaben? Was können sie bewirken? Wie sind sie anzusprechen und einzubinden? An dieser Stelle muss klar sein, wen man warum in die Kommunikation einbeziehen will. Dazu bedarf es einer Differenzierung von Zielen, Zielgruppen und deren Rollen („Bürger", „Kunden", „Betroffene", „Kooperanden"...). Man muss sich klar machen, was zur Teilnahme und Mitwirkung motivieren könnte.

Fragen wie diesen wird vielerorts noch immer nicht die gebührende Beachtung geschenkt. Man wendet sich undifferenziert an die Öffentlichkeit insgesamt oder konzentriert sich gleich auf einige wenige, vermeintlich zentrale Akteure und unterstellt dabei auf allen Seiten Interesse an Beteiligung oder Mitwirkung. Dabei wird

15–17 Kommunikation muss zu Ergebnissen führen, und Ergebnisse können selbst wieder Ausgangspunkt neuer Kommunikation sein. Temporäre Gärten in Paris (Abb. 15) und mit Jugendlichen entwickelte Muster, die in Mannheim auf die Straße übertragen wurden. (Abb. 16, 17)

übersehen, dass die Auswahl des Beteiligtenkreises (richtiger: der verschiedenen Beteiligtenkreise) eine zentrale strategische Variable aller Kommunikationsprozesse ist und die Frage, ob und wie man sie zur Mitwirkung motivieren kann, wesentlich über den Erfolg des ganzen Vorhabens entscheidet.

Gern übersehen wird auch, dass diejenigen, die über die in Rede stehende Angelegenheit zu entscheiden haben, angemessen eingebunden werden. Das gilt für Politiker oder Unternehmensvertreter, die etwa im Vorfeld, in gesonderten Runden oder direkt einbezogen werden können.

Wer viele verschiedene Akteure in eine Kommunikation einbinden will, muss auf deren unterschiedliche Kommunikationsgewohnheiten und -anforderungen eingehen. Das heißt oft, verschiedene Kommunikationsformen anzubieten, die im Rahmen einer übergreifenden Strategie einander ergänzen. Mit anderen Worten: *Viele Boote bauen, um alle ins Boot zu bekommen.*

Bei alledem ist zu beachten, dass die einbezogenen Personen bei längerfristigen Prozessen möglichst wenig wechseln. Denn längerfristige Kommunikationen leben von Lernprozessen. Die aber setzen Kontinuität des Personals voraus.

3.4 Rahmenbedingungen frühzeitig klären

Rahmenbedingungen frühzeitig klären, so lautet eine weitere wichtige Anforderung. Nur dann sind Kommunikationsprozesse sinn- und wirkungsvoll zu gestalten. Es geht dabei unter anderem um die politische Absicherung, die Einbindung weiterer „Entscheider", die Bereitstellung notwendiger finanzieller und personeller Ressourcen, Klärungen von Zuständigkeiten und Umsetzungsfragen... Diese Voraussetzung ist aber oft nicht gegeben. Nur ein Beispiel: Wer ein Online-Forum anbietet, ohne zu klären, wer die Bürgerfragen und -äußerungen beantworten soll und kann, hat zentrale Voraussetzungen aus dem Auge verloren. Das klingt unmittelbar einleuchtend. Umso erstaunlicher, dass Unterlassungen dieser Art weit verbreitet sind.
Hier daher noch einmal einige zentrale, vorab zu klärende Rahmenbedingungen:

- Ist der Wille zur Kommunikation gegeben – auch und besonders bei denen, die zu Entscheidungen befugt sind und/ oder über die Ressourcen zur Umsetzung verfügen?
- Steht ausreichend Zeit zur Verfügung?
- Stehen die benötigten finanziellen Mittel zur Verfügung? Beteiligungsprozesse kosten Geld – sei es für Personal, sei es für Räume, Ausstattungen, Dokumentation und Evaluation. Lässt sich die Bereitstellung entsprechender Mittel nicht sicherstellen, kann eine Umkehrung der Betrachtung vonnöten sein, indem man fragt: Was lässt sich mit den vorhandenen Ressourcen bewirken, was nicht?
- Sind die zur Prozessgestaltung benötigten Personen verfügbar und hinreichend zur Mitwirkung motiviert?
- Lassen sich die erforderlichen Strukturen innerhalb und außerhalb der Verwaltungen (nachhaltig) schaffen?
- Ist der Kontext zu anderen Kommunikationsformen und Erörterungsgegenständen gewahrt?

Rahmenbedingungen schaffen heißt übrigens nicht, dass sich die Kommunen als Wohltäter gerieren müssen, sondern als faire Partner. Dazu kann auch gehören, dass sie auf die Grenzen ihrer eigenen Möglichkeiten hinweisen. Geschieht dies frühzeitig und offen, kann dies eine Kooperation sogar eher fördern als behindern.

Es gilt also festzuhalten: Erst stabile Rahmenbedingungen fördern die Bereitschaft zu Beteiligung und vor allem zur Eigeninitiative. Die Aufgabe wird überschaubarer, das Engagement aussichtsreicher, ein Sprung ins kalte Wasser erträglicher.

3.5 Transparenz gewährleisten und lernbereit bleiben

Aus der Vielfalt von Voraussetzungen für sinnvolle Gestaltungen kommunikativer Prozesse seien hier lediglich beispielhaft zwei weitere genannt:

1. Transparenz ist conditio sine qua non: Klarheit hergestellt werden muss über Inhalte und Hintergründe, Absichten und Ziele, über Beteiligte, Rollen, Verfahrensgestaltung und wichtige Etappen, über Rahmenbedingungen, Zuständigkeiten, Entscheidungswege, die Verwendung von Arbeitsergebnissen ... Selbst – um an dieser Stelle mit einem Paradoxon zu enden – über die intransparenten Punkte im Verfahren muss Transparenz hergestellt werden. Will sagen: Es gibt in fast allen Prozessen Aspekte und Konstellationen, die einer gewissen Vertraulichkeit unterliegen. Auch dies kann man deutlich machen und erläutern.

2. Lernbereitschaft (der Fachleute) ist unerlässlich: Dass kommunikative Prozesse Lernprozesse sein müssen (wenn sie sinnvoll sein sollen), ist bereits erwähnt worden. Das setzt voraus, dass sie so gestaltet sein müssen, dass sie den Beteiligten (individuelles und kollektives) Lernen – die Inhalte der Aufgabe, die Interessen der Beteiligten und mögliche Lösungswege betreffend – ermöglichen. Zugleich müssen die an der Kommunikation mitwirkenden Akteure zu diesem Lernen bereit sein...

Wenn Planungskultur vor Ort „nachhaltig" verändert werden soll, sind die kritisch-auswertende Begleitung und die auf nächste Schritte gewandte Auswertung von Kommunikationsprozessen unerlässlich. Ohne Evaluation, ohne systematisches Lernen aus den eigenen Erfahrungen, wird sich auf Dauer wenig ändern.

3.6 Geduld und Chaostoleranz

Abschließend sei lediglich noch ein Aspekt erwähnt, der den Katalog von Anforderungen und Voraussetzungen nicht weiter verlängern, sondern eher zur Relativierung der Ansprüche beitragen soll: Vielfach gerät der mühsame und von außen oft nur unzureichend wahrnehmbare Prozess der Verständigungsarbeit in Konflikt mit dem Erwartungs- und Verwertungsdruck von außen, mit engen Programmzeiträumen oder der Eigengeschwindigkeit von Projekten. Manche Außenstehende oder Beteiligte erwarten schnell – oder doch schneller – vorzeigbare Ergebnisse. Diese Ungeduld nimmt den Kommunikationsprozessen leicht den notwendigen langen Atem – aber eben dieser wird benötigt. Allein eine sachgerechte Vorbereitung, die auch nur in etwa den oben genannten Voraussetzungen entspricht, benötigt mit ihren zahlreichen Vorklärungen Zeit. Dann müssen Verbindungen hergestellt, Zielsetzungen verständlich gemacht, Vertrauen aufgebaut, Verständigungsformen gefunden und unter Umständen Möglichkeiten des Zusammenarbeitens behutsam erkundet und erprobt werden. Das lässt sich nicht übers Knie brechen. Das ist ein – oft langer – Prozess. Das bedeutet: Bohren dicker Bretter. Und das braucht Geduld.

Geduld muss man auch mit der eigenen Arbeit haben, denn selbst gelingende Kommunikationsprozesse sind – trotz aller Stringenz der Vorbereitung – durch Rückschläge, Verweigerungen, überraschende Wendungen sowie Sprünge vor und zurück gekennzeichnet. Das sind nun einmal Merkmale offener Prozesse. Nicht zufällig heißt es oft in Interviews mit denen, die solche Prozesse gestalten: „Ein wenig Chaos gehört dazu".

Mehr zum Thema aus eigener Arbeit

Zur Entwicklung des Kommunikationsverständnisses und zu den Grundlagen von Beteiligung und Kooperation: Selle 2013 und 2005a, insbesondere die Kapitel 10 bis 15

Zu den einzelnen Formen, Verfahren und Methoden der Kommunikation wurde im Text bereits mehrfach auf Bischoff u.a. (2005) hingewiesen.

Was Gestaltung von Kommunikationsprozessen wirklich heißt wird oft erst in der Praxis deutlich. Daher ist die Auseinandersetzung mit konkreten Beispielen sehr hilfreich. Über 90 solcher Praxisbeispiele aus verschiedenen Aufgabenbereichen der räumlichen Planung und Entwicklung sind zu finden bei Rösener/ Selle 2005

Auf den Internet-Seiten des Lehrstuhls Planungstheorie und Stadtentwicklung (http://www.pt.rwth-aachen.de/content/view/135/93/lang,de/) stehen zum Download die Ergebnisse eines Workshops und zweier Expertisen zur Gestaltung von Kommunikationsprozessen bereit.

Britta Rösener und Klaus Selle: Erfolg! Erfolg? Kriterien für „gute" und „schlechte" Kommunikation bei Planung und Projektentwicklung. Aachen 2003

Britta Rösener und Klaus Selle: Schwierige Kommunikationen gestalten Zwei Expertisen im Rahmen des Projekts »Kommunikative Planungskultur in NRW«. Aachen 2004

Im Rahmen des Projekts »Teilhabe«, der Lehrstuhl gemeinsam mit dem vhw (Verband für Wohnungseigentum und Stadtentwicklung, Berlin) durchführt und in dem Fragen des Bürgerengagements und der Bürgerorientierung im Mittelpunkt stehen, erscheinen – insbesondere im »vhw Forum« – laufend Artikel, die als PDF zur Verfügung stehen: http://www.pt.rwth-aachen.de/content/view/35/44/lang,de/

Literatur

Albers, Gerd: Wie sähe heute das Gründungskonzept einer Raumplanungsfakultät aus? Betrachtungen eines Dortmunder »Gründervaters«. In: Schmals, Klaus M. (Hg.): Was ist Raumplanung?, Dortmund 1999, S. 28–41

Bischoff, Ariane/ Selle, Klaus/ Sinning:, Heidi: Informieren, Beteiligen, Kooperieren. Kommunikation im Planungsprozess Band 1. Völlig neu bearbeitete 4. Auflage. Dortmund, 2005

Keller, Donald: Planung als Verstandes- und Verständigungsarbeit. In: Selle, Klaus (Hg): Planung und Kommunikation. Wiesbaden/ Berlin 1996. S. 133–142

Linder, Wolf/ Lanfranchi, Prisca/ Schnyder, Damian/ Vatter, Adrian: Mitwirkungsverfahren und -modelle. Vorschläge für eine Mitwirkungspolitik des Bundes nach Art. 4 RPG. Bundesamt für Raumplanung. Bern 1992

Reuter, Wolf: Rittel revisited – oder von der Notwendigkeit des Diskurses. In: Klaus Selle (Hg., unter Mitwirkung von Lucyna Zalas): Zur räumlichen Entwicklung beitragen. Konzepte. Theorien. Impulse. (Planung neu denken Band 1). Dortmund 2006, S. 210 ff.

Rösener, Britta; Selle, Klaus (Hg.): Kommunikation gestalten. Aus der Praxis für die Praxis. Kommunikation im Planungsprozess Band 3. Dortmund 2005

Selle, Klaus: Planen. Steuern. Entwickeln. Über den Beitrag öffentlicher Akteure zur Entwicklung von Stadt und Land. Dortmund 2005 (2005a)

Selle, Klaus: Über Bürgerorientierung auch am Montag reden. In: VHW Forum Wohneigentum, Heft 6/2005, S. 281 f. (2005 b)

Selle, Klaus: Beredte Sprachlosigkeit? Die kommunikative Dimension der Baukultur. In: Europäisches Haus der Stadtkultur e.V. (Hg.): 5 Jahre Landesinitiative Stadtbaukultur. Düsseldorf 2006

Selle, Klaus Über Bürgerbeteiligung hinaus… Stadtentwicklung als Gemeinschaftsaufgabe? Analysen und Konzepte. Dortmund/Detmold 2013

Links

www.uni-essen.de/issab
www.mitarbeit.de
www.burckhardthaus.de
www.aktive-buergerschaft.de
www.buergerstiftungen.de
www.netzwerk.nrw.de
www.soziale-stadt.nrw.de
www.stadtteilarbeit.de
www.wegweiser-buergergesellschaft.de

Abbildungsnachweis

1	Stadt Ludwigsburg (Hg.): Dokumentation der Zukunftskonferenz, Teil 1. Ludwigsburg 2005
2	Wüstenrot-Stiftung (Hg.): Zukunftswerkstatt Wohnbauen. Gemeinsam individuell – Wohnen in Leipzig. Ludwigsburg 2007
3	Christian Holl
4 - 6	Klaus Selle
7	ORPlan, Stuttgart
8, 9	IBA Stadtumbau Sachsen-Anhalt 2010 (Hg.): Die anderen Städte. Band 1: Experiment. Berlin 2005
10, 11	Deutsches institut für Urbanistik (Hg.): Die Soziale Stadt. Eine erste Bilanz des Bund-Länder-Programms „Stadtteile mit besonderem Entwicklungsbedarf" –die soziale Stadt. Berlin 2002
12, 13	Klaus Selle
14	Christian Holl
15	Architecture d'aujourd'hui, Nr 1/2007, Paris
16, 17	db deutsche bauzeitung, Nr 1/2005, Leinfelden-Echterdingen

Autoren

Hans-Joachim Aminde, Prof. Dr.-Ing.; Professor für Stadtteilplanung und Entwerfen (im Ruhestand), Universität Stuttgart

Gerd Baldauf, Prof. Dr.-Ing.; Honorarprofessor für Städtebauliches Projektmanagement, Universität Stuttgart

Helmut Bott, Prof. Dr.-Ing.; Professor für Städtebau und Entwerfen, Universität Stuttgart; Architekt und Stadtplaner

Karoline Brombach, Dr.-Ing.; Akademische Mitarbeiterin am Fachgebiet Grundlagen der Orts- und Regionalplanung, Universität Stuttgart

Hans Büchner, Prof. Dr. jur.; Lehrbeauftragter für Planungs- und Bauordnungsrecht, Universität Stuttgart; Rechtsanwalt

Sigrid Busch, Dr.-Ing.; Akademische Mitarbeiterin am Lehrstuhl Städtebau und Entwerfen, Universität Stuttgart; Architektin

Sven Eckardt, Dr.-Ing.; Energie- und Umweltberater, Tellerrand, Gärtringen

Bernd Eisenberg, Dr.-Ing.; Akademischer Mitarbeiter am Institut Landschaftsplanung und Ökologie, Universität Stuttgart

Kerstin Gothe, Prof. Dipl.-Ing.; Professorin für Regionalplanung und Bauen im ländlichen Raum, KIT Karlsruhe

Ursula Grammel, Dr.-Ing., Regierungsbaumeisterin; Leitung der Fakultätsbibliothek und akademische Mitarbeiterin am Städtebau-Institut (im Ruhestand), Universität Stuttgart

Thomas Hafner, Dr.-Ing. habil.; Privatdozent im Fachbereich Architektur, Umwelt und Gesellschaft, TU Berlin

Christine Hannemann, Prof. Dr. phil. habil.; Professorin für Architektur- und Wohnsoziologie, Universität Stuttgart

Reinhard Heer, Dr. jur.; Lehrbeauftragter für Öffentliches Baurecht, Universität Stuttgart; Rechtsanwalt

Christian Holl, Dipl.-Ing.; Architekturkritiker, frei04 publizistik, Stuttgart; Geschäftsführer des Bundes Deutscher Architekten (BDA) Hessen

Ralf Huber-Erler, Dr.-Ing.; Lehrbeauftragter für Städtischen Verkehr, Universität Stuttgart; Verkehrsplaner

Britta Hüttenhain, Dr.-Ing.; Akademische Oberrätin am Lehrstuhl Stadtplanung und Entwerfen, Universität Stuttgart

Johann Jessen, Prof. Dr. rer. pol.; Professor für Grundlagen der Orts- und Regionalplanung, Universität Stuttgart

Johannes Jörg, Dipl.-Ing.; Akademischer Mitarbeiter am Institut für Landschaftsplanung und Ökologie, Universität Stuttgart

Johannes Kappler, Prof. Dipl.-Ing., M.Sc.; Professor für Entwerfen und Städtebau, Hochschule München; Architekt und Stadtplaner

Thomas Krüger, Prof. Dr.-Ing, Bauassessor; Fachgebiet Projektentwicklung und Projektmanagement in der Stadtplanung, HafenCity Universität Hamburg

Anne Mayer-Dukart, Dr.-Ing.; stellvertretende Leiterin des Stadtplanungsamts Ludwigsburg; Architektin und Stadtplanerin

Franz Pesch, Prof. Dr.-Ing.; Professor für Stadtplanung und Entwerfen, Universität Stuttgart; Architekt und Stadtplaner

Eckhardt Ribbeck, Prof. Dr.-Ing.; Professor für Städtebau in Asien, Afrika, Lateinamerika (im Ruhestand), Universität Stuttgart

Frank Roser, Dr.-Ing.; Akademischer Mitarbeiter Institut Landschaftsplanung und Ökologie, Universität Stuttgart; Landschaftsarchitekt

Klaus Selle, Prof. Dr.-Ing.; Professor für Planungstheorie und Stadtentwicklung, RWTH Aachen

Antonella Sgobba, Dr.-Ing.; Architektin und Stadtplanerin beim Stadtplanungsamt in Karlsruhe

Stefan Siedentop, Prof. Dr.-Ing.; Wissenschaftlicher Direktor des Instituts für Landes- und Entwicklungsforschung (ILS) Dortmund

Christina Simon-Philipp, Prof. Dr.-Ing.; Professorin für Städtebau, Hochschule für Technik Stuttgart; Architektin und Stadtplanerin

Tilman Sperle, Dr.-Ing.; Stadtplaner bei Reschl und Höschele, Stuttgart

Heidrun Steinmetz, Prof. Dr.-Ing.; Professorin für Siedlungswasserbau, Wassergüte- und Abfallwirtschaft, Universität Stuttgart

Anette Stiehle, Dipl.-Ing.; Architektin beim Stadtplanungsamt Albstadt

Antje Stokman, Prof. Dipl.-Ing.; Professorin für Landschaftsplanung und Ökologie, Universität Stuttgart

Dan Teodorovici, Dr.-Ing.; Honorarlehrkraft am Städtebau Institut; Architekt, Autor und Kurator

Stefan Werrer, Dipl.-Ing.; Architekt und Stadtplaner, 711LAB, Stuttgart

Philipp Zakrzewski, Dipl.-Ing. (FH), M.Sc.; wissenschaftlicher Mitarbeiter am Institut für Landes- und Entwicklungsforschung (ILS) Dortmund

PLATZ FÜR

NOTIZEN 399